繁忙的龙口港

产名扬海内外，煤、石油、天然气等天然资源多种多样，是物华天宝，造化独钟的富饶之地。

1991 年，龙口市跨入全国综合实力百强县，2006 年跃升至第 16 位，2009 年第九届全国县域经济基本竞争力评价中，列全国百强第 11 位，山东省首位。连年在山东全省 30 强县综合评价考核中名列第一。

近年来，在市委、市政府的正确领导下，全市上下戮力同心竭力推进大发展，众志成城矢志建设新龙口。一个蒸蒸日上，活力无限的沿海开放港口城市，犹如镶嵌在渤海之滨一颗明珠，发出耀眼夺目的光芒！

轻合金铝箔生产线

龙矿集团外景

辽宁省瓦

中共瓦房店市委书记 刘兴伟

瓦房店市人民政府市长 赵 阳

⊙瓦房店

瓦房店市位于辽东半岛中西部，西临渤海，东依千山余脉，北距沈阳290公里，南临大连102公里，是联结工业重地沈阳和港口城市大连的重要经济区。全市总面积3793.53平方公里，人口102.6万。

瓦房店人杰地灵，有共和国将军多达30余位，是北方有名的将军县。瓦房店工业基础十分雄厚，是中国轴承工业的发祥地和摇篮，素有“轴承故乡” 的美誉，被授予“中国轴承之都”称号，轴承产业入选“中国产业集群50强”。 瓦房店农业基础较好，是全国十大优质果菜生产基地之一，重要的畜牧业基地，肉鸡生产加工基地，有辽宁省肉鸡养殖加工第一市之称，海参规模环渤海最大，质量全国一流。瓦房店物华天宝，资源丰富，已探明的金刚石储量占全国的54%，被称为“东方钻石城”；海岸线长达461.5公里，居全国县级地区第二位，素有“黄金海岸”之美称。瓦房店自然风光秀美，海滨休闲、温泉滑雪等特色旅游声名远播，是辽宁省旅游强市。境内海陆空交通十分发达，哈大铁路、沈大高速公路、黑大公路和在建的哈大铁路客运专线纵贯南北，连接长兴岛临港工业区的城八线公路横贯东西，辽宁沿海经济带重要纽带——滨海公路穿越全境；拥有松木岛港、将军石港等多处港口，是东北亚航运中心的重要组成部分；距离大连空港不足1小时车程。瓦房店电力、电信发达，供水、供电充足，坐落境内的辽宁红沿河核电站是国家“十一五”重点能源项目，是东北地区投资最大的能源项目和第一座核电站。

近年来，瓦房店市深入贯彻落实科学发展观，紧紧抓住中央实施东北地区等老工业基地振兴战略和辽宁沿海经济带开发开放上升为国家战略的双重机遇，主动承接大连市产业转移和城市产业辐射，探索出一套以大工业集群和现代农业为“主打牌”的全新发展模式，县域经济迅猛发展，综合经济实力不断攀升。在第十届全国县域经济基本竞争力评价中列18位，东北三省第1位，是东北县级首家“国家卫生城市”和“国家环保模范城市”。

WA

房店市

新建城市商住楼

城市建设日新月异

新建五星级大酒店

大连九久光电LED展厅

风力发电

瓦轴工业园

FANG DIAN

昌南古县 百强新颜—

中牧股份

黄马茶园

南昌县又名昌南，置县于公元前 202 年，地处江西省中部偏北，赣江、抚河下游，鄱阳湖之滨，从东、南、北三面环绕省会南昌，国土面积 1683 平方公里，辖 16 个乡镇和小蓝经济开发区，总人口 90.45 万人。是江西的“首府首县”，也是鄱阳湖生态经济区的重要组成部分。地处赣抚平原，属亚热带季风区，自然条件优越，农业资源丰富，素有“鱼米之乡”的美称，是江西省典型的平原县，也是全国 50 个商品粮基地之一，被誉为“江南第一粮仓”。

2009 年，全县地区生产总值完成 255.3 亿元，可比增长 14.3%；财政总收入达到 24.1 亿元，同比增长 19%，跃居全省第一；地方一般预算收入达到 12.2 亿元，同比增长 16.6%；全社会固定资产投资完成 245 亿元，同比增长 45.7%；社会消费品零售总额实现 48.1 亿元，同比增长 18.2%；城镇在岗职工年平均工资 22128 元，同比增长 11.6%；农民年人均纯收入 6571 元，同比增长 9.4%。在第九届全国县域经济基本竞争力评价，列第 88 位。全年引进项目 69 个，其中新批外商投资企业 10 家，投资 5000 万元以上的重大制造业项目 49 个。实际利用外资 2.35 亿美元，同比增长 10.16%；现汇进资 3915 万美元，总量位列全省 100 个县（市、区）第一名；实际利用内资 52.7 亿元人民币，同比增长 13.3%；出口创汇 2.35 亿美元。总投资额 10 亿元以上的天津宝迪、泰豪动漫产业园、直方数控高压共轨发动机电喷系统等一批重大项目成功落户。

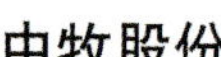

澄碧湖公园一角

—江西南昌县

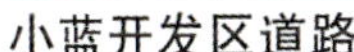

小蓝开发区道路

世界 500 强——韦世通公司

创立广电网络公司

康师傅生产线

江铃控股整车生产线

三鑫医疗

汇仁集团 GMP 车间

陕西省吴起县

中共吴起县委书记 冯振东

吴起县人民政府县长 王彦龙

吴起县位于延安市的西北部，地处农牧业过渡带，全县辖 6 镇 6 乡 1 个街道办，总面积 3791.5 平方公里，总人口 13.4 万，其中农业人口 10.6 万。全县地貌由“八川两涧两大山区”构成，属黄土高原梁状丘陵沟壑区，曾是黄河中上游地区水土流失最为严重的县份之一。境内以白于山为界，分为两大区域，其中东北部属无定河流域，约占总面积的 15%，东南部为北洛河流域，约占总面积的 85%。全县海拔在 1233 ~ 1809 米之间，年均气温 7.8℃，无霜期 96 ~ 146 天，年均降雨量 466.4 毫米。

吴起是一块英雄的土地，战国时期，著名军事家、政治家吴起曾在此屯兵戍边 23 年，吴起县名即源于此。吴起是一块红色的土地，因刘志丹在此“闹红”，1935 年 10 月 19 日中央红军长征落脚而闻名于世。吴起是一块绿色的土地，因全国退耕还林实施最早、面积最大、成效最好，群众得实惠最多而名播九洲。吴起是石油大县，全县拥有资源面积 2142 平方公里，探明面积 690 平方公里，探明储量 2.75 亿吨，境内有长庆油田四家采油厂和延长股份有限公司吴起采油厂实施石油开发。

吴起新县城高楼林立

退耕还林森林公园大吉沟一角风景如画

美丽的吴起夜景流光溢彩

退耕后的金佛坪流域草木繁茂

中国陶瓷花炮历史名城—

中共醴陵市委书记 谢清纯

醴陵市人民政府市长 蒋永清

醴陵地处湖南东部、湘赣边境，古称“吴楚咽喉”，今为湘东门户。东汉初置县，1985年撤县设市。现辖26个乡镇、4个街道办事处，总人口103万，总面积2157平方公里，其中725.8平方公里被纳入长株潭城市群“两型社会”建设综合配套改革试验核心区。因盛产陶瓷、花炮，且为釉下五彩瓷原产地、中国“红官窑”所在地和花炮祖师李畋故里，被誉为“中国陶瓷花炮历史名城”，是湖南省唯一拥有海关、国检和危险品储运火车站的县级市。

醴陵市作为中部内陆省份中的县级市，在推动县域经济发展的过程中，坚持走内生型发展道路，着力增强经济增长的内生动力，有效提高了县域经济发展的自主性、可持续性和抗风险能力。紧扣“百亿园区、千亿产业”发展目标，大力实施“1511”工程（即打造1000亿陶瓷产业集群、500亿花炮产业集群、100亿产业园区，培育1个新兴支柱产业），建立四大基地（电瓷电器生产基地、新型陶瓷材料基地、釉下五彩瓷制造基地、精品烟花和鞭炮生产基地），对陶瓷、烟花两大传统产业进行重新洗牌，优化产业内部结构，加速传统产业提质升级步伐，着力将陶瓷产业培育成以新型陶瓷材料、工业瓷为核心的战略性产业，将花炮产业培育成安全、环保、时尚产业。突出特色立园，加快四大“园中园”建设，着力构建“一区多园”的新格局，年内园区产值可突破30亿元、税收过2亿元。2009年，全市实现生产总值213.1亿元，增长16.1%；完成财政收入14.2亿元，增长20.03%，其中一般预算收入完成9.03亿元，增长29.6%；城镇居民人均可支配收入和农民人均纯收入分别达16150元、7701元，增长12%、13.8%。列中国中部百强县第12位，湖南省第5位。

醴陵全景

醴陵市

致富路

醴陵大道

状元洲

醴陵陶瓷产业园区

中共肥西县委书记 陈晓波

肥西县人民政府县长 李海鹰

三河对越桥

安徽省肥西县

肥西地处安徽中部、合肥西南、巢湖之滨，古为“淮夷”、楚国、九江郡、庐州府辖，1948 年建县。现辖 4 乡 10 镇 5 园区，总面积 1970 平方公里，人口 90 万，素有“淮军故里、改革首县、巢湖明珠、花木之乡”之美誉。

“十一五”以来，肥西县深入贯彻落实科学发展观，积极抢抓沿海先发地区产业资本加速转移的历史机遇，紧紧围绕“全省创第一、中部进十强、全国争百强”奋斗目标，锐意进取，奋力拼搏，闯出了一条科学发展的崛起新路，创造出令人惊叹的“肥西速度”。2009 年，实现地区生产总值 214.6 亿元、规上工业产值 368.1 亿元、固定资产投资 204.5 亿元、财政收入 20.2 亿元、社会消费品零售额 30.5 亿元、农民人均纯收入 6047 元，分别是 2005 年的 3.1 倍、4.75 倍、8.14 倍、2.78 倍、2.33 倍和 1.88 倍。全县综合实力已连续 7 年位居全省十强、连续 6 年跻身中部百强，并于 2008、2009 连续两年荣获安徽省科学发展先进县一类县的第一名。

在加快经济发展的同时，肥西县始终把民生问题摆上极其重要的位置。大力实施民生工程。自 2007 年安徽实施民生工程以来，肥西县已投入 15 亿多元，扎实推进民生工程建设，尤其是覆盖城乡的养老、医疗、住房、就业、特困救助等社会保障体系已逐步建立，惠及人口达 100%。加快发展社会事业。全县教育、文化、卫生服务体系不断完善，群众性文化体育活动日益丰富，中央电视台《乡村大世界》、“激情广场”爱国歌曲大家唱、中央八部委全国“三下乡”启动仪式等大型专场文艺演出先后在肥西成功举办，广大人民群众的幸福感、满意度不断提升。着力打造平安肥西。始终把群众呼声作为第一信号、群众满意作为第一标准，积极建立起领导接访、带案下访、专人包案、跟踪督查等一系列信访案件落实机制，确保群众合理诉求得到有效解决；深入开展“走近矛盾、破解难题”等系列活动，积极构建畅通快捷的社会治安大防控体系，成功获得了省级平安县荣誉称号。

紫蓬山敬老院

人民西路游园

中央电视台“激情广场”大型文艺活动在肥西县举行

2009 中国·合肥苗木花卉交易大会在肥西县中国中部花木城

美的生产车间

安徽江汽第一辆“和悦”轿车下线

中国·三河第二届水文化节龙舟赛

长枣之乡

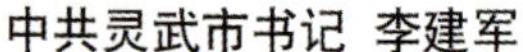

中共灵武市书记 李建军

灵武市人民政府市长 陈淑慧

灵武，古称灵州。地处宁夏中部经济核心区，水资源丰富，土地肥沃，物产丰饶。全市总面积 4639 平方公里，总人口 23.4 万人，其中回族人口 11.9 万，占 51.0%。闻名遐迩的水洞沟文化，证明早在三万多年前，中国古人类就在这里繁衍生息。西汉惠帝四年（公元前 191 年）置灵州县，县制历史达 2200 年。灵武各类资源丰富。主要有煤炭、石油、天然气、粘土、石灰岩、陶土、石膏等，尤其以煤炭资源最为突出，已探明储量 273 亿吨，是国家级储量较大的亿吨级整装大煤田之一。

宁东能源化工基地：依托丰富的煤炭资源，重点发展煤炭开采、电力、煤化工、石油化工等能源产业和高载能产业。规划到 2020 年，总投资规模达 2600 亿元，建成全国重要的千万千瓦级火电基地、煤化工基地和煤炭基地，全部建成后，每年可新增工业增加值近 300 亿元，拉动相关产业产值近 900 亿元。宝丰项目区占地 5000 亩，总投资 150 亿，开发洗煤、煤焦化、焦油、焦炉气、甲醇、发电等煤炭深加工行业。

空港物流中心：项目占地面积 5782 亩，项目总投资 50 亿元。建设保税物流区、仓储配送物流区、办公生活区、物流信息系统等，建成以辐射中东、中亚、北非、欧洲为重点的货运中转基地和全国清真食品、保健品及穆斯林用品集散地。

羊绒产业园区：羊绒产业是灵武市重点打造的县域经济支柱产业，园区规划面积 4000 亩，2009 年现入园企业 58 家，预计产值 55 亿元，被自治区人民政府列为区级园区，我市先后被中国畜产品流通协会授予“中国灵武优质山羊绒分梳基地”、“中国（灵武）国际精品羊绒之都”、被中国社会科学院授予“中国产业集群品牌 50 强”、被中国产业集群研究院和国家发改委授予“全国百佳科学发展示范园区”称号。

灵州综合工业园区：是宁东能源化工基地规划建设的四大工业园区之一，经国家发改委正式批准。园区距银川市 50 公里，灵武市 30 公里，宁夏河东机场 37 公里，西依大古铁路，东靠灵新煤矿，交通便利，水、电、煤等资源丰富，具备地理位置、资源条件和投资环境三大优势。园区占地面积 21.34 平方公里，规划总投资 165 亿元，建成后预期可实现年销售收入 190 亿元。园区主要规划建设煤化

廊桥

紫云楼

宁东能源化工基地

工、太阳能发电、新材料、冶金、机械、建材、再生资源、仓储物流等产业。

再生资源循环经济示范区：依托我市传统的有色金属冶炼业，建成“一区四园”、“五大主业”协调发展的综合性再生资源示范区。重点发展金属型材加工、电子废弃物处理及废旧塑料加工、再生铅及铅深加工业、再生铝、再生铜、再生塑料、报废汽车拆解及二手车交易等。现入园企业达 20 家，预计 2009 年实现产值 7 亿元，利税 4000 万元。到 2010 年一期工程建成后，预计入园企业总投资可达 27.53 亿元，年均销售收入达 78.8 亿元，实现利税总额 12 亿元。

粮食加工业：依托周边的粮食种植资源，重点发展了以水稻、小麦加工、销售、仓储运输为一体的粮食加工物流业，现有加工企业 56 家，预计 2009 年实现产值 5.2 亿元，已成为中国优质商品粮基地。力争到 2012 年，粮食加工业产值达到 10 亿元以上。

灵武长枣产业：灵武长枣在我市有 1300 多年的种植历史，以其优良的品质、良好的口感、独特的风味成为枣中鲜食珍品。国家质检总局批准对灵武长枣实施地理标志产品保护，国家林业局命名灵武市为“中国灵武长枣之乡”。目前，灵武长枣种植总面积达 10.9 万亩，规划到 2010 年，实现农民人均 1 亩枣目标。

灵武开发前景广阔：近年来，灵武的经济实力明显增强，产业结构不断改善。2009 年 7 月第九届全国县域经济基本竞争力评价结果中，灵武在全国 2001 个县（市）中列 217 位，比上年前进 175 位；列西部百强第 29 位，比上年前进 28 位。在未来发展进程中，灵武市将依托煤炭资源和宁东“一号工程”的建设打造国家级能源化工基地，依托中国精品羊绒产业名城打造国际型羊绒基地，依托灵武长枣之乡打造国家级果品基地，力争到 2010 年，进入西部前十强，用三到五年的时间，实现进入中国百强的目标。

广场

羊绒工业园区

江苏省沛县

中共沛县县委书记
沛县人民政府县长 冯兴振

沛县位于江苏省最北部，面积 1576 平方公里，辖 15 个镇，1 个经济开发区，1 个农场，324 个行政村，58 个居委会，人口 125 万。2009 年，全县实现地区生产总值 249.9 亿元；财政收入实现 30.4 亿元、增长 31.3%，一般预算收入实现 15.1 亿元、增长 39.7%。社会消费品零售总额实现 81 亿元，增长 18.1%。新增规模以上工业企业 131 家，增量全市第一。综合实力继续保持苏北前五强。

刘邦故里。沛县是汉高祖刘邦故里，秦时置县，有“千古龙飞地，一代帝王乡”之美誉，以汉文化发源地著称四海。境内有歌风台等省级文物保护单位 12 处，大风歌碑、汉画像石、汉代陶器等重点文物 2000 余件，建有融汉城公园、汉街等为一体的国家“AAAA”级汉文化景区，新建了世界刘氏宗亲会馆，倾力打造“刘邦故里、大汉之源”城市品牌。沛县还是明太祖朱元璋的祖籍地，有“明先世家”之称。

煤电之都。沛县资源富集，是我国华东地区最大的煤炭工业基地的重要组成部分，已探明煤储量 24 亿吨，可均衡开采 100 年，境内有部省市属 8 对矿井，年产原煤 1200 万吨，发电装机容量 60 万千瓦。工业基础雄厚，目前已形成铝加工、煤盐化工、农产品加工三大特色支柱产业

肉鸭之乡。沛县农产品资源独具特色，已形成生态肉鸭、特色蔬菜、优质稻米农业三大主导产业。高效农业面积增量、增幅全省第一。生态肉鸭养殖突破 1.5 亿羽、年孵化苗鸭 2 亿羽、年加工肉鸭 2 亿羽，实现了肉鸭养殖、孵化、加工三个全国第一，被授予“中国肉鸭之乡”称号，成为全国肉鸭产业第一县；蔬菜复种面积达到 115 万亩，其中设施蔬菜 65 万亩、特色蔬菜 50 万亩，成为全省特色蔬菜种植第一县。全县农产品加工企业发展到 313 家，其中国家级龙头企业 5 家。新农村建设亮点纷呈，创造了“政府规划、群众自建、社会共助”的新农村建设“沛县模式”。

园林县城。沛县坐落在美丽的微山湖畔，是一座滨湖亲水城市，功能完善，风光秀美。城市绿地面积达 900 万平方米，城市大园林、大绿化格局初步形成，是国家级园林县城。确立了“50 平方公里、50 万人口”中等城市建设发展目标，制定大生态、大旅游、大物流的发展战略，正朝着环境优美的滨湖生态城市、特色鲜明的产业集聚城市、发达繁荣的区域性商贸中心城市、社会和谐的优秀人居城市迈进。

文明城市。沛县是省委、省政府首批命名表彰的江苏省文明城市。2008 年成功创建“全国文明县城”，受到中央文明委表彰。近几年来，沛县坚持以文明城市创建为龙头，深入开展文明村镇、文明行业、文明单位、文明社区等群众性精神文明创建活动，居民文明素质和城乡文明程度全面提高。始终坚持富民优先，大力发展各项社会事业，高度关注民计民生，倾心关注弱势群体，全面落实创业富民、就业惠民、保障安民、实事利民各项措施，社会保持和谐发展。近年来，沛县先后获得“全国文化先进县”、“江苏省社会治安安全县”等 30 多个省级以上荣誉称号，被命名为全国武术之乡、江苏省民间艺术之乡、唢呐之乡、古筝之乡。

汉城公园

滨河公园

沛县公园全景

大棚

铝加工企业

姚桥煤矿

沛城全景

铝城枣乡 全国百强

中共茌平县委书记　任晓旺

茌平县人民政府县长　陈秀兴

茌平县，地处鲁西平原，版图面积 1117 平方公里，辖 6 镇 8 乡 2 个办事处，814 个行政村，59.8 万人，系山东省改革开放试点县。

茌平秦时置县，因县境在“茌山之平陆”而得名，是战国时期著名纵横家鲁仲连、唐初名相马周、宋代医学家成无已、清代画家董立元、二十四孝之一鲁义姑等历史名人的诞生地。境内有仰韶文化遗址、大汶口文化遗址和龙山文化遗址，有孔子回辕处、鲁仲连祠等名胜古迹。

茌平区位优势明显，交通便利。105 国道纵贯南北，804 省道横穿东西，济聊馆高速公路紧侧县城，京九铁路在县城西 20 公里通过，可 1 小时到达济南空港，4 小时到达青岛海港，20 分钟到达聊城客、货运火车站。

近年来，茌平县按照“团结实干建设铝城枣乡，科学发展跨入全国百强”的总体工作思路和目标，坚定不移地走“抓二带一促三”的县域经济发展之路，综合实力显著增强，社会事业长足进步。2009 年，完成 GDP210.8 亿元，地方可支配财力 16.2 亿元，农民人均纯收入 5850 元，分别是 2002 年的 5.68 倍、10.94 倍和 2.3 倍。先后荣获全国“产业百强县”“科技工作先进县”“农田水利基本建设先进县”“粮食生产先进县”“沼气工作先进县”“城市环境综合整治优胜县”和全省“基层组织建设先进县”“精神文明建设先进县”“社会治安综合治理模范县”“小城镇建设先进县”“外经贸工作先进县”“人居环境范例奖”“生态示范区”、“双拥工作模范县”等荣誉称号。

茌山公园

——山东茌平县

外环路新景

县城区一景

信发集团

茌平县被评为“中国圆铃大枣之乡”

中共榆林市委常委、神木县委书记 郭宝成

神木县人民政府县长 雷正西

神木县位于陕西省北部，秦晋蒙三省（区）接壤地带，是国家级陕北能源化工基地的核心区域。建制始于秦汉，隋唐置麟州，明代称神木至今。素为“南卫关中，北屏河套，左扼晋阳之险，右持灵夏之冲”的塞上重镇。北宋名臣范仲淹曾到此巡边，留下“塞下秋来风景异，衡阳雁去无留意”等不朽名句。神木是杨家将的故乡，杨业父子从这里走向抗辽疆场，一门忠烈，英雄业绩，流传千古。神木也是著名的革命老区，革命战争年代，是陕甘宁边区重要组成部分，为中国人民的解放事业做出了重要贡献。

神木县境内储煤面积达4500平方公里，探明储量500亿吨，煤质优良，属特低灰、特低磷、特低硫、中高发热量的优质动力煤、气化煤和化工用煤。此外，还蕴藏着丰富的石英砂（436万吨）、岩盐（14亿吨）、石油、天然气、铁矿、石灰石、膨润土等数十种矿产资源，为各类工业集群、规模发展创造了得天独厚的原料条件。从2005年到2009年，全县地区生产总值由67.8亿元增长到452.7亿元，年均增长61%，人均生产总值达到1.6万美元；财政总收入由19.8亿元增长到93.6亿元，年均增长48%；地方财政收入由6.7亿元增长到21.6亿元，年均增长34%；城镇居民可支配收入达到19102元，农民人均纯收入达到7223元。县域经济综合实力由2005年的全国第188位、西部第15位，跃居到2009年全国第59位、西部第5位，成为神木历史上发展最快最好的时期。

陕西省神木县

神木东山夜景

神木东兴街

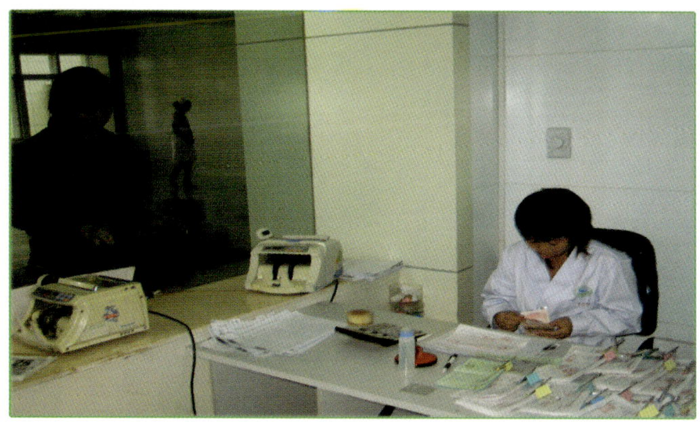

免费医疗报销窗口

神木杏花滩公园

西北第一渔业大县

中共贺兰县委书记 马凯

贺兰县人民政府县长 方仁

贺兰县地处宁夏回族自治区首府银川北郊，东临滔滔黄河，西依巍巍贺兰山，南接银川市区，北临国家5A级旅游景区沙湖。全县土地面积1599平方公里，总人口20万人，有16个少数民族，其中回族占总人口的24%。境内地势平坦，交通便利，通讯发达，物流畅通，县城距自治区首府银川市区8公里，距河东机场20公里。包兰铁路、京藏高速、银川绕城高速和109、110国道穿境而过，西线有西夏王陵、贺兰山岩画等闻名全国的旅游景点，古汉墓遗址、拜寺口双塔、宏佛塔等历史古迹和黄河古渡、黄河湿地等自然景观更让贺兰充满了诗情画意。贺兰县也是国家重要的商品粮生产基地，是西部地区第一渔业大县和西部四季蔬菜之乡。

近年来，全县经济社会保持了又好又快的发展势头。自2005年连续五年全县主要经济指标保持两位数增长，增幅处在全区各县区的前列。先后获得了国家文明县城、国家卫生县城、国家园林县城、全国农田水利建设先进县、全国文化建设先进县等12项国家级殊荣。2009年，全县地区生产总值42.9亿元，增长23.9%，创历史之最；完成财政一般预算收入3.6亿元，增长55%，位居宁夏灌区第二位；完成全社会固定资产投资32.8亿元，增长39.4%；实现社会消费品零售总额增长96.4%；城镇居民人均可支配收入达到13416元，增长12%；农民人均纯收入达到5480元，增长11.6%，位居宁夏灌区首位。跻身第九届全国县域经济基本竞争力提升速度最快百县（市）行列。

月亮湖

—贺兰县

深入推进兴工强县战略。工业是支撑贺兰县域经济发展的主导力量。2009 年，在全区工业普遍下滑、经济出现萎缩的情况下，贺兰县工业经济逆势上扬，为全区工业企稳回升发挥了带动示范作用。2009 年完成工业总产值 61.1 亿元，同比增长 32.6% ，完成工业增加值 18.9 亿元，同比增长 35%，工业主要指标增幅全区第一，增速是全区平均水平的 2.3 倍。

不断加快现代农业发展步伐。贺兰县是国家确定的首批 50 个现代农业示范县之一。县委、政府坚持推动“一优三特”产业向区域化、规模化、产业化的方向迈进，加快建设现代农业示范县步伐。2009 年全县粮食总产达到 22.6 万吨，创历史新高，荣获全国粮食生产先进县。全力打造“西有贺兰、东有寿光”特色瓜菜品牌，荣获中国果菜无公害十强县和绿色食品标准化生产基地县。适水产业向精深层次迈进，成功示范稻田养蟹，河豚、泥鳅等一批经济效益好的名特优水产品得到示范推广，贺兰县西北渔业第一大县的地位得到不断巩固和提升。

着力提升现代服务业发展水平。贺兰县是自治区首府银川市的卫星城，区位交通优势明显，“房、车、河、山”四大特色产业已经成为拉动投资、活跃市场的重要抓手，全县汽车销售服务企业达到 70 家。抓住自治区实施区域中心城市带动战略机遇，以打造最佳人居县城为目标，房地产业成为拉动投资快速增长的支柱产业。以“一山两河”为依托的文化旅游产业已逐步形成，加快培育沿山旅游文化产业带。积极引进长河湾国际休闲度假中心项目和国际穆斯林生态环保城项目落户贺兰，依托黄河、爱伊河、贺兰山、自治区园艺产业园“两河一山一园”的旅游产业发展格局逐步形成。

渔业大县

宝生纺织生产车间

银川德胜工业园区

江西省丰城市

剑邑大桥

丰城是一个位于江西省中部的县级市，有1800年建县历史，史传为干将、莫邪宝剑藏地，故别名"剑邑"，人口136万，面积2845平方公里，下辖32个乡镇（街道），有"中国生态硒谷"之称，是江南最大的主煤焦基地、全国再生资源集散地、全国粮食生产先进县市、全国社会治安综合治理先进县市，全国高产油茶示范县市、全国水稻机械化育插秧示范县市，全国劳务输出示范县市。2009年，全市GDP 201.45亿元，增长17%；财政总收入20.87亿元，增长23.4%，列江西省第2位，其中地方财政收入12.9亿元，增长38.4%，列江西省第1位；固定资产投资完成126亿元，增长49.5%，列江西省第1位；金融机构贷款余额147.26亿元，增长22.4%；居民储蓄余额114亿元，增长22.7%；城市建成区面积36.8平方公里，城镇人口达59.2万，城镇化率43.5%；县域经济基本竞争力从2002年的第270位到2009年跃居第99位，历史性地进入全国百强行列。2010年，丰城市将始终围绕加快发展方式转变、加速县域经济发展主题，突出低碳、生态、高效要求，把总部经济作为新亮点来培育，把高新技术产业作为突破点来打造，把节能产业作为主攻点来推进，把富硒产业作为大卖点来发展，把资源循环产业作为支撑点来建设，重点培育四个百亿元产业，即100亿元的生态富硒农业产业、200亿元的设备制造产业、500亿元的资源循环利用产业和500亿元的高新技术产业，力争用三年的时间即2012年实现"六个五"目标，即全市GDP超500亿元、园区主营业务收入超500亿元、财政收入超50亿元、城市实际建成区面积超50平方公里、高新技术企业产值占工业总产值比重超50%、森林覆盖率超50%，确保"十二五"期末实现"十百千"目标，即全市本土上市企业达10家、财政收入达100亿元、园区主营业务收入达1000亿元，努力争当鄱阳湖生态经济区县域生态与经济协调发展的"领头羊"。

丰水湖公园

剑邑广场绿化

高产油茶

“一大四小”造林绿化

尚庄街道洪塘新村

华伍公司

徐福故里 江苏赣榆

赣榆位于江苏省东北部，苏鲁两省交界，海州湾畔，素有江苏“北大门”之称，全县辖 18 个镇、424 个行政村，人口 109.9 万，县域面积 1427 平方公里，沿海、平原、山区各占三分之一。赣榆是全国首批沿海开放县、渔业百强县、农业百强县、绿化模范县、最大的河蟹育苗基地县；是江苏沿海开发的最北极；是连云港市一纵一横“T”型产业带的重要节点、“一体两翼”组合港的凤凰北翼、“一心三极”城市布局的重要组团。

赣榆历史悠久、人文荟萃。史称东夷，为炎帝后裔生聚之地。“赣榆”之称最早见于秦代，公元前 210 年，奉秦始皇之命率三千童男女及百工武士东渡扶桑求长生不老药的著名方士徐福，其故里就在赣榆的徐福村。赣榆有许多古文化遗址，如孔子相鲁会齐侯的夹谷山，秦始皇鞭石成桥的秦山岛神路等。赣榆是革命老区，刘少奇、陈毅、罗荣桓等老一辈无产阶级革命家曾在这里战斗过，世界上唯一以“抗日”命名的山峦座落境内，抗日山烈士陵园是国家级重点烈士纪念建筑物保护单位，已列入全国红色旅游专线。

赣榆区位优越、交通发达。处于中国沿海南北过渡和海陆东西连接的枢纽部位，紧邻“一桥如虹贯欧亚”的大陆桥洲际铁路，距大陆桥东桥头堡连云港仅 30 公里，204、310、327 三条国道在境内交汇，同三高速自北向南贯穿全境，半小时内能够到达连云港港、岚山港和连云港机场；242 省道年内通车，赣榆将融入连云港 20 分钟城市圈；连临高速、沿海大道正在建设；通榆运河赣榆段、赣榆港区建设加快推进；沿海铁路连云港至赣榆港区段等项目即将进入实施阶段，集港口、公路、铁路、内河航运于一体的“海河联运、铁海联运”的沿海“大通道”正在逐步形成。

赣榆地处沿海、潜力无限。江苏沿海开发已上升到国家战略层面，各类资源、要素、信息、人才必将强力涌入。江苏省委、省政府抢抓机遇，大力推进沿海开发，9 月 1 日，省委常委会讨论并原则通过《关于贯彻落实＜江苏沿海地区发展规划＞的实施意见》；即将配套出台交通、水利等 12 项专项规划。连云港市制定出台了沿海开发三年行动方案。赣榆作为江苏沿海 14 个县（市）之一，迎来了新一轮的发展契机，潜力和动能无限；同时，近年来，赣榆举全县之力建设 4 大工业园区，新城开发取得突破性进展，发展平台已初步具备。随着江苏沿海开发的实施，赣榆必将以更快的步伐融入全省沿海产业带和长三角一体化发展。

海头渔村

罗阳镇农民公园

风光旖旎的上关湖景区

金山镇农民公园

赣榆新城建设

赣榆新城区一角

新海石化

鹏程化工

赣榆县沿海开发 新城区规划总鸟瞰图

泾渭河畔的明珠

中共高陵县委书记 张忠堂

高陵县人民政府县长 赵寓科

高陵县历史悠久，建县 2360 年，是全国建县最早的县份之一。高陵县地处陕西省关中平原腹地，位于西安市北郊，地势平坦，土壤肥沃，素有关中的“白菜心”之称，属西安市近郊县，是“泾渭分明”自然景观所在地。全县总面积 294 平方公里，总人口 28.63 万人，每平方公里人口密度约 950 人。

高陵县距西安市中心 20 公里，距西安市新的行政中心仅 7 公里，距咸阳国际机场 20 公里；县内泾河、渭河二水横贯东西，西禹高速、西铜高速及西铜高速复线穿境而过；210 国道及西延铁路贯穿南北，315、316、318、319 四条公交线路直达西安市中心，西安铁路枢纽新筑集装箱中心站至高陵的铁路专用货运专线即将兴建

高陵县始终将投资环境建设作为招商引资、经济发展的生命线，举全县之力呵护和经营，经过多年来的不断完善创新，已经形成了配套齐全的基础设施、周到细致的服务机制和成熟的产业发展模式，为全县经济社会的发展提供坚强的保障。

2009 年，在“陕西十强县”评比中位列第五名，第九届全国县域经济基本竞争力与科学发展评价中跻身到“西部百强县”的行列，荣获了“中国最具发展潜力县”、“全国食品安全示范县”、“全国果菜产业科技发展十强县”、“全国果菜无公害生产十强县”等新的荣誉称号。

泾河工业园之大城区的纽带——渭河特大桥

陕西高陵县

高陵新牌楼——人文盛地

千古奇观——泾渭分明

高陵县泾河工业园泾渭苑中心广场

高陵县泾河工业园长庆龙凤苑住宅楼

高陵县鹿苑健康农业体验园设施农业

高陵县通远镇无公害疏菜温室大棚基地

总投资60亿元之巨的泾渭分明财富中心项目在泾渭三角洲隆重奠基

陕重汽高陵基地首批重卡成功驶下生产线

中共海门市委书记　曹斌

海门市人民政府市长　姜龙

江苏省海门市

海门位于江苏省东南部，东濒黄海，南依长江，通江达海，素有“江海门户”之称，是长三角上一颗璀璨的明珠。全市总面积1149平方公里，人口101万，下辖19个乡镇、2个工业园区和2个省级经济开发区，是全国著名的“教育之乡”、“科技之乡”、“纺织之乡”和“建筑之乡”。2009年，面对国际金融危机扩散蔓延、保增长保民生保稳定压力加大的严峻挑战，全市上下始终坚持科学发展、率先发展、和谐发展不动摇，准确把握国内外宏观经济形势，危中抓转机，难中攀新高，全市经济仍然逆势而上，保持了良好的发展势头。全市实现GDP430亿元，同比（下同）增长14%。其中，第一产业增长4.1%，第二产业增长14.9%，第三产业增长14.7%。财政总收入完成53.02亿元，其中地方一般预算收入完成22.7亿元，分别增长29.2%和37.6%。全市社会消费品零售总额实现150亿元，增长18.3%。全市城镇居民人均可支配收入20600元，农民人均纯收入10000元，分别增长11%和10%以上，继续保持苏中苏北领先。年末各项存款余额443亿元，同比增长33%。全年减排COD2652吨，超额完成省政府下达任务，减排总量列南通各县市区第一。万元GDP能耗下降5.6%。在2009年度“全国县域经济基本竞争力百强县（市）”中名列第31位，成功跻身全省十强、“长三角地区商业十强县（市）”。

张謇大道

海门市三星叠石桥床上用品展示

海门繁花解放路夜景

海门叠石桥家纺市场一景

海门沿江万吨级码头

通光集团光缆

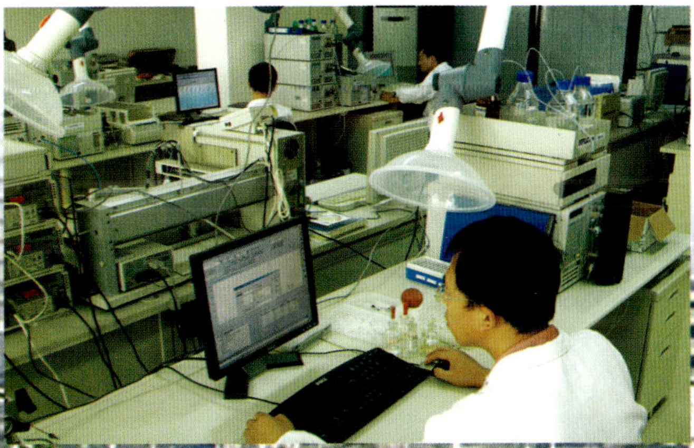

巴塞利亚药业

中共长沙县委书记　杨懿文

长沙县人民政府县长　张庆红

湖南省长沙县

长沙县自古为三湘“首善之区”，处于长株潭“两型社会”综合配套改革试验区核心地带，从东、南、北三面环绕湖南省会长沙市，黄花国际机场坐落境内，京珠高速、107 国道和 319 国道交汇于此，长株高速、武广高铁、建设中的沪昆高铁穿越县境。全县国土面积 1997 平方公里，人口 78 万，辖 19 个乡镇、3 个街道办事处、228 个行政村、41 个居委会。

近年来，长沙县坚持科学发展，实力与形象、经济与社会、城市与农村统筹推进，2009 年，完成地区生产总值 514.9 亿元，增长（同比，下同）17.1%；完成工业总产值 875 亿元，增长 20.8%；完成财政总收入 52.7 亿元，增长 29.6%。在第九届全国县域经济基本竞争力与科学发展评价中，位居第 34 位。农业方面，坚持城市支持农村、工业反哺农业，规划建设了面积达 1150 平方公里的现代农业创新示范区，全面吸引资金、人才、技术等生产要素向农村聚集。工业方面，以国家级长沙经济技术开发区为龙头，全力打造“中国工程机械之都”和“湖南汽车

美丽星沙

产业走廊”。服务业方面，积极推进“产城融合”，以现代物流、电子商务、金融投资、研发设计为重点，促进生产性服务业与新型工业化的交汇；以商贸流通、社区服务、酒店餐饮、娱乐休闲为重点，实现生活性服务业与新型城市化的有机融合。

长沙县相继获得“中国改革开放 18 个典型地区之一”、“中国十佳两型中小城市”、“中国最具幸福感城市（县级）”、“2009 中国改革年度十佳县”等殊荣，县城星沙先后获得“国家卫生县城”、“全国文明县城”、“国家园林县城”、“中国人居环境范例奖”等称号。

长风猎豹

金色家园——黄花镇农村

三一重工

星沙夜景

市委书记祈彪（右二）市长葛启发（右一）陪同省委书记梁保华（中）常务副省长赵克志（左二）视察东台沿海开发

★全国县域经济基本竞争力百强县
★全国科技进步示范市
★国家级生态示范市
★国家级农业产业化示范市
★中国优秀旅游城市
★中国城乡建设范例城市
★长三角最具投资潜力城市
★江苏省文明城市
★江苏省社会治安安全县（市）

东方湿地○生态家园

黄海明珠○全国百强

东台地处江苏沿海中部，市域面积3221平方公里、全省县级最大，人口115万，1987年撤县建市，1988年成为沿海对外开放地区，素有“黄海明珠金东台”的美誉。东台历史悠久、人文深厚。西汉入志、南唐得名、乾隆建县，是神话传说“天仙配”的发源地。宋代三相晏殊、吕夷简、范仲淹治海兴盐造福人民，明清两朝王艮、吴嘉纪、魏源等文人志士目运四海关注苍生，革命年代陈毅、粟裕、陈丕显等无产阶级革命家策马东台运筹帷幄，现代以来走出了新闻巨擘戈公振、翻译家戈宝权、作曲家周巍峙等时代骄子。东台区位优越、环境优美。地处江苏沿海开发主战场、苏北接轨上海第一站、长三角一体化经济圈。新长铁路、204国道、沿海高速公路、国家三级航道泰东河、通榆河贯穿全境，南通港、上海港、南通机场、盐城机场分列南北，形成海陆空大交通体系。境内四季分明、水绿相融，发展协调、社会和谐。经济与社会、城市与农村同步发展，社会保障体系健全，城镇居民人均可支配收入、农民人均纯收入位居苏北第一。中心城区都市气息凸显，海滨新城建设全面启动，城乡一体的基础设施配套加快推进。民风淳朴，社会安定，连续六年被评为江苏省社会治安安全县(市)。

东台沿海生态优美，风（能）光（能）互补，风光无限。

健康糖源——润洋甜菊糖生产车间一角

泰胜风电风机塔筒生产基地

现代农业示范园智能温室大棚

滩涂养殖，人欢鱼跃

苏北风情特色步行街

东台发绣，天下一绝

社区和谐人豪迈

国际酒店不夜天

磊达汽车轮胎钢帘线

马佐里自动络筒机

中国最大玻璃生产基地——东台中玻

电缆之都 鱼米之乡

世界文化遗产——退思园

“千年水天堂，人间新吴江”。吴江东邻上海，西濒太湖，南连浙江，北依苏州，地处以上海为龙头的长三角的腹地。面积1176平方公里，人口145万，其中户籍人口79.3万，辖9个镇和2个省级经济开发区。境内苏嘉杭高速公路、227省道、京杭大运河纵贯南北，沪苏浙高速公路、318国道、太浦河横穿东西。吴江离上海虹桥机场80公里，距京沪铁路苏州站22公里，与上海洋山港和苏州太仓港的距离分别为190公里和105公里。

吴江是著名的“鱼米之乡”、“丝绸之府”。古往今来，吴江大地英才辈出，据史料记载，自春秋起至明清的2000多年间，涌现了140多位著名历史人物，其中较为杰出的有春秋时期的范蠡，唐代文学家陆龟蒙，清代天文学家王锡阐等。近现代更是诞育了辛亥革命风云人物陈去病，民主主义战士、爱国诗人柳亚子，社会学家费孝通等一大批仁人志士，现今国家两院院士中吴江籍院士有9位。中国首批“历史文化名镇”、“十大魅力名镇”同里以其“小桥、流水、人家”的神韵，被誉为“东方小威尼斯”， 世界文化遗产——同里退思园等人文胜迹，每年吸引700多万海内外游客。吴江已连续多年雄居全国百强县（市）前十位，并先后荣获国家卫生城市、中国优秀旅游城市、国家园林城市、国家环保模范城市等20多项国家级荣誉称号，2008年顺利通过国家生态市国家级验收。

吴江集群产业现已形成电子信息、丝绸纺织、装备制造、电缆光缆4大支柱产业；缝纫机、彩钢板、羊毛衫3个特色产业和电梯制造、日用化工、汽车配件、环保机械等一批成长型产业，其中前6个产业已被列入江苏省重点扶持的20个产业集群名单。以电梯、缝纫机、纺织设备、环保设备、汽车零部件、输变电设备等6大行业为主体的装备制造业迅速崛起，成为又一大支柱产业。产业集群的不断发展壮大，使吴江赢得了“电子之城”、“电缆之都”的美誉，获得了中国绸都——盛泽镇，中国毛衫名镇——横扇镇，中国出口服装名镇——桃源镇，中国亚麻蚕丝被家纺名镇——震泽镇等诸多荣誉称号。

吴江经济开发区

电子之城　丝绸之府

江苏·吴江

运东开发区

电子资讯业

纺织车间

市区一角

不夜城

中共东港市委书记　王 军

东港市人民政府市长　刘胜军

辽宁省东港市

DONG GANG

东港市是中国万里海疆最北端的一座新兴沿海港口城市。全市陆域面积2445平方公里，海域面积3500平方公里，总人口63万。

区位优势独特。东港东依鸭绿江，南临黄海，隔江、隔海与朝鲜半岛相望，具有沿江、沿海、沿边、临港的区位优势，是连接中韩朝的交通枢纽，是欧亚大通道的必经之地。境内机场、铁路、港口、高速公路等交通设施完备，海关、商检、边检等联检服务部门齐全。大东港是天然不冻良港，目前已开通了8条国际国内集装箱航线和1条国际客运航线，以及通往朝鲜、韩国、日本等50多个国家和地区的80多个港口的货运航线。丹东机场坐落境内，现已开通一条国际航线和三条国内航线。东北东部铁路横贯全境，丹大、丹沈、丹海高速在境内交汇，至辽宁中部城市群和辽南城市群行车时间均在两小时以内。

旅游风光优美。大孤山是国家级森林公园，千年古刹集南北建筑风格之大成，融佛、儒、道三教于一体。大鹿岛是国家4A级旅游景区，景色宜人，风光无限，是休闲避暑、旅游观景和举行会展的绝佳场所。面积居世界第三大、亚洲第二大的鸭绿江口湿地，是国家级自然保护区，是大洋洲候鸟迁徙的重要中转站。

物产资源丰富。肥沃辽阔的退海平原，滩平水稳的浅海滩涂，绿意盎然的低丘缓坡，蕴藏着丰富的资源宝藏，造就了闻名全国的“鱼米之乡”。“东港大米”驰名中外，这里是中国优质稻米生产基地。“东港草莓”声名远播，是全国最大的优质草莓生产基地，同时也是欧美草莓加工产业最重要的原料补给地。渔业生产闻名全国，拥有全国著名的鸭绿江口渔场和园山渔场，鱼虾蟹贝等水产品145种，是中国北方最大的海蜇、梭子蟹、对虾、贝类等水产品养殖基地和加工出口基地。矿藏储量比较丰富，现已探明矿种20余种，其中高岭土储量全国最大，“丹东绿”大理石享誉海内外，黄金开采连年突破万两。

未来之东港，将直挂云帆，乘风破浪，紧紧抓住国家发展振兴东北老工业基地和辽宁沿海经济带上升为国家战略的机遇，全面实施“三区两港三带”发展战略，加快对外开放步伐，努力打造祖国万里海疆最北端、最具经济活力的黄金海岸。

大鹿岛

市容市貌全景

东港夜景

城市建设

大东港

湿地

鸭绿江口国家级湿地自然保护区

增城文化广场

广东省增城市

区位优势明显。增城市是广东省广州市下辖的县级市，地处中国改革开放的前沿阵地——珠江三角洲腹地，是广州、东莞、深圳、香港发达城市群和产业带的重要节点。市域面积1616平方公里，户籍人口83.36万，下辖6个镇、3个街道办事处，拥有1个国家级经济技术开发区，是中国著名的荔枝之乡、牛仔休闲服装名城、新兴的汽车产业基地和生态旅游示范区。

产业基础雄厚。拥有增城（国家级）经济技术开发区以及广汽本田、豪进摩托、康威服装、皇朝家私等中国知名品牌，培育了汽车、摩托车和牛仔休闲服装三大支柱产业，高端产业集群集聚发展程度不断提高，辐射带动效应不断增强。2009年完成生产总值574.34亿元，比上年增长14.3%；人均生产总值 69193元，增长13.22%；财政总收入117.37亿元，增长14.52%；地方一般预算收入31.66亿元，增长18.36%。

人居环境优越。全市拥有12个森林公园和自然生态保护区，林地面积达到118万亩，森林覆盖率达到55.38%，城市建成区绿地率达到44.5%，绿化覆盖率达到49.8%，人均公共绿地面积达到19.7平方米。城市建设了多座垃圾压缩站和垃圾填埋场，正在建设垃圾焚烧发电无害化处理设施，城市生活垃圾无害化处理率达98%。有中国最大的优质生活社区凤凰城和一大批公园式居住社区，还有西南村等一批中国绿色小康村和生态文明村。

交通设施便利。对市域内高快速路、城乡主干道路和市区道路进行了全面升级改造，启动了城际轨道、地铁、客运交通枢纽、汽车客运站等一批重大交通设施项目建设，穗莞深城轨、广州地铁13、16号线正在加紧规划建设，全市拥有道路总里程2378公里，拥有广惠、广园东、增莞深等7条高快速公路，每百平方公里高速公路里程数达12.78公里；新塘口岸至香港70海里，至广州20海里，客货及大型集装厢运输方便快捷，每天有客货轮直达香港；一小时内可到达周边五大机场，逐步融入广州东莞半小时生活圈和珠三角一小时经济圈。

教育文化繁荣。拥有各类学校286所，其中高等院校7所。在校大学生4万多人，人力资源丰富，劳动者普遍素质较高。全市中、小学入学率均为100%，职业教育毕业生就业率98%，高等教育毛入学率34.01%，高考上线率达92.75%，成为广东省教育强市。在普及九年制义务教育的基础上，率先实现高中阶段免费义务教育。以"全国特色文化广场"增城广场为核心，整合周边增城图书馆、广播电视中心、科技文化博物馆、增城歌剧院等资源，建设富有影响力的群众文化中心区。每年办好“广场音乐文化节”和新年音乐会，每周举办广场文艺晚会，打造音乐文化品牌，群众文化活动蓬勃开展。

民生保障健全。建立和完善了公共财政投入保障体系，坚持财政资金在公共服务领域的高投入。推动社会保障体系全覆盖，初步构建起职工工资增长与经济社会同步增长保障体系，公职人员、教师和退休职工的工资待遇不断提高；建立了以养老、医疗、失业、工伤、生育五大保险为主要内容的城乡居民社会保障体系，实施了农村社会养老保险和城镇老年居民养老保险；建立了城镇居民医疗服务保障体系，全市城镇居民基本医疗保险参保率达83.17%，新型农村合作医疗参合率达到99.6%；建立了教育扶助保障体系，对义务教育、普通高中、高考上线大学生等阶段家庭困难学生实施扶助；建立了包括低保、五保、残疾人、重大疾病、慈善基金在内的社会救济保障体系，实现应保尽保；建立了市、镇、村三级就业服务保障体系，实行免费培训和推荐就业。

增城第一峰

增江画廊

白水寨省级风景名胜区

鹤之洲风景区

广州本田增城工厂

增城夜景

增城自行车休闲绿道

金叶子温泉度假酒店

中共迁安市委书记　胡国辉

迁安市人民政府市长　李 忠

魅力钢城　绿色迁安

迁安市位于河北省东北部，总面积1208平方公里，总人口72万，其中农业人口58万，共辖19个镇乡、1个城区街道办事处，有534个行政村。1996年10月撤县设市，2005年被河北省政府列为22个扩权（县）市之一。市域综合经济实力连续八年位居河北省县级30强之首，在第九届全国县域经济基本竞争力评价中列百强县第24位。先后荣获国家卫生城市、国家园林城市、国家级生态示范区、全国绿化模范县（市）等荣誉称号，连续两年入选"中国特色魅力城市200强"，2010年初被确定为"国家可持续发展实验区"。2009年，全市实现地区生产总值534亿元，完成全社会固定资产投资200.1亿元，实现全部财政收入71.6亿元，地方财政收入29.4亿元，城镇居民人均可支配收入18090元，农民人均纯收入9776元。

紧紧围绕转变经济发展方式，加快构建新型产业格局．立足发展基础和国家宏观发展趋势，以调整优化产业结构为主线，以提升产业综合竞争力为核心，以科技创新为动力，以大项目为支撑，做好"整合、延伸、循环、提升、拓展"五篇文章，加快构建"三足鼎立（以精品钢铁、装备制造、现代物流为支柱）、两翼齐飞（以传统产业和战略性新兴产业、现代农业和旅游业为驱动）"的新型产业发展格局。

白羊峪长城

白羊峪绵羊神泉

农村新居

迁安博物馆

迁钢公司高炉

紧紧围绕加快城镇化进程，全力打造魅力城市．近年来，迁安紧紧抓住被河北省政府确定为优先支持发展的中等城市的机遇，按照提升树形象、出品位、生财富的要求，实施了一批城市重点工程。其中，总投资近 30 亿元的黄台湖水利风景区被评为国家级水利风景区，三里河生态走廊被评为“全国人居环境范例奖”，形成了“两带相环、东西相映”的环城水系，北方山水园林城市风貌逐步显现；城市建成区面积达到 32.2 平方公里，城镇化率达到 51.8%。

紧紧围绕提高人民群众幸福指数，努力构建和谐迁安．在教育文化方面，实现了 12 年免费教育全覆盖，被评为全国文化先进单位、全国群众体育先进单位。在医疗卫生方面。2002 年以来，累计投入 8.1 亿元实施了新建市人民医院、乡镇卫生院、村卫生室标准化改造等工程，构建了城乡一体化卫生服务网络。深入开展“健康迁安、幸福人民”工程，为全市 45 岁以上的 18.2 万人进行了免费体检。在社会保障方面。实现了城乡低保、医疗保险、养老保险、生育保险全覆盖。新型农村合作医疗制度荣获国家“政府创新奖”，被评为“全国新型农村合作医疗先进市（县）”。

辽宁省开原市

中共铁岭市委常委 开原市委书记　魏俊星

开原市人民政府市长　于洪波

开原市位于辽宁省北部，松辽平原中段，是铁岭所辖的县级市，区域面积 2838 平方公里，总人口 60 万，其中城市人口 31.2 万，1989 年撤县建市。

开原距今已有 1300 多年的历史，曾是扶余国、大金国、东辽国、东夏国四国故都，辽、金、元、明、清五朝重镇，是辽金文化的发源地。开原人杰地灵，名人辈出，最具代表性的有“满清文化第一人”纳兰性德；被周恩来总理誉为“东北人民师表”的原全国政协副主席高崇民等。开原是东北二人转之乡，是全国农村题材影视剧的重要拍摄基地。开原首创的城乡共建精神文明活动经验得到了中宣部和辽宁省委的充分肯定，并在全国推广。

开原的经济快速发展从 2001 年起步，当时，全市生产总值 18.9 亿元，财政一般预算收入 5390 万元，人均财力只有 252 元，处于全省贫困县的边缘。

经过连续 9 年的艰苦创业，到 2009 年，开原地区生产总值实现 245 亿元，从 2001 年全省 32 位跃升到第 7 位；财政一般预算收入实现 12.21 亿元，从全省 33 位跃升到第 5 位；全社会固定资产投资实现 211 亿元，从全省 35 位跃升到第 5 位；综合经济实力从 2001 年全省第 34 位跃升到全省第 5 位。2009 年，在全国 2003 个县（市）中，开原被评为发展速度最快的 100 个县（市）之一。

2010 年 8 月 15 日，第十届全国县域经济百强县名单发布，开原首次进入了全国百强县，列第 85 位、东北三十强县第 8 位，跻身 2009 ~ 2010 年度全国县域经济科学发展十大范例。

开原鸟瞰

文化路夜景

孙台商业广场

金山国际饭店

人力资源和社会保障服务中心

苗木花卉生产基地

三洋重工集团

益海嘉里生化有限公司

江苏三笑集团泸县分公司

中国陶都·生态水城

宜兴市位于江苏省南端、美丽的太湖之滨，地处中国最具活力的长江三角洲中心地带、苏浙皖三省交界处。全市总面积 2038 平方公里，人口 106 万，共辖 14 个镇、4 个街道办事处、1 个国家高新技术产业开发区、2 个省级经济开发区，是江苏省重点发展的三级 I 类新兴中心城市。先后荣获国家卫生城市、国家环保模范城市、国家园林城市、中国优秀旅游城市、全国生态示范区等多项国家级荣誉称号。

历史文化悠久厚重 宜兴历史悠久、文脉厚重，是江苏省历史文化名城。宜兴古称荆溪，秦时设为阳羡县，是当时全国最早的县之一，至今已有 2200 多年的建县史，1988 年撤县设市。宜兴是中国著名的“陶都”，陶瓷文化源远流长、博大精深，7000 多年的制陶史绵延至今。宜兴还是世界上紫砂泥矿的唯一产地，紫砂工艺独树一帜，始于北宋，盛于明清，繁荣于当今，集书画、诗文、篆刻、雕塑于一体，堪称世界一绝，“人间珠玉安足取，岂如阳羡溪头一丸土”就是最好的写照。宜兴自古名流辈出、人文荟萃，崇文尚教、耕读传家之风盛行，历史上曾出过 4 位状元、10 位宰相，400 多名进士、920 名举人，近现代又涌现出周培源、蒋南翔、徐悲鸿、潘汉年、吴冠中等一大批杰出人物，现有两院院士 23 位、教授 8000 余人，是享誉中外的“教授之乡”、“书画之乡”。宜兴还是历史记载最早、史料最丰富的梁山伯与祝英

秀美文峰

中共无锡市委常委、宜兴市委书记　蒋洪亮

宜兴市人民政府市长　王中苏

龙窑全景

团氿风光

——江苏省宜兴市

台爱情发源地，被中国民间艺术家协会授予"中国梁山伯祝英台之乡"的称号。

自然禀赋得天独厚 宜兴阳羡景区是全国闻名的太湖风景名胜区，素有"陶的古都、竹的海洋、茶的绿洲、洞的世界"之美称，自然禀赋得天独厚。境内山明水秀，景色宜人，一望无际的竹海、千姿百态的溶洞、郁郁葱葱的茶园、旖旎秀美的太湖，构成了一道道靓丽的风景线，成就了宜兴"阳羡山水甲江南"的美誉。中心城区山、水、城融为一体，南面群山蜿蜒，北望一马平川，东西两 相依，中有六条长河如玉带般穿城而过，仿佛"山在城中，城在水中，人在园中"。善卷洞风景区、竹海风景区、陶祖圣景风景区、龙背山森林公园、宜园风景区等5个国家4A级风景区，及优美灵谷风景区、玉女潭、龙池山风景区、阳羡茶园等所构筑的"生态园林游"更是闻名遐迩。宜兴资源丰富，土地肥沃，是江苏省重要的粮产区和水产区，茶叶和毛竹居全省之首。宜兴阳羡紫笋茶历来与杭州龙井茶、苏州碧螺春齐名，茶圣陆羽品评荐举的"阳羡唐贡茶"名扬天下，唐代诗人卢仝更是写下"天子须尝阳羡茶，百草不敢先开花"的咏茶名句，2008年宜兴被中国茶叶学会命名为江苏省唯一的"中国名茶之乡"。

不夜陶都

氿滨华灯

茶海绿韵

辽宁省调兵山市

铁岭市副市级干部、中共调兵山市委书记 李德俊

调兵山市人民政府市长 王耀华

调兵山市位于辽宁省北部，距沈阳市中心城区70公里，区域面积263平方公里，总人口25万，城市化率83.2%，辖3个镇、2个街道办事处。1982年经国务院批准成立铁法市，2002年更名为调兵山市。八百多年前，金国四太子兀术进兵中原，在这里调集兵马，“调兵山”因此得名。境内探明煤炭储量22.59亿吨，占辽宁省总储量的近1/2，全国500强企业铁煤集团坐落境内，是全国八大煤炭生产基地之一。2004年以来，调兵山市委、市政府，以科学发展观为统领，提出了工业化和城市化“双轮驱动”的发展理念，实施了“优化环境、构筑平台、项目支撑、加快发展”的经济发展措施，探索出了一条用大项目牵动、小项目集聚，加速工业化、带动城市化、推进城乡一体化的科学发展之路，实现了经济社会又好又快发展。2009年，全市GDP实现180亿元，同比增长50.2%；地区财政收入实现19.8亿元，同比增长46.5%；地方财政一般预算收入实现6亿元，同比增长42.6%；城镇居民人均可支配收入和农民人均纯收入实现25000元和11000元，同比分别增长25%和26.8%；城乡居民储蓄存款余额实现61.5亿元，人均达到25413元，提前一年完成了“十一五”规划目标，在辽宁省县域经济社会发展综合评价中排名第七。相继获得了“国家园林城市”、“全国平安建设先进市”、“全国卫生先进城市”等殊荣。

调兵山广场

站前广场

风力发电场

留德润滑油有限公司

上海浦东电线电缆辽宁有限公司

兀术街农民新村

明月禅寺

兀术城

街景

平罗文博会展中心，为县城标志性建筑之一

宁夏平罗县

平罗县位于银川平原北部，西依贺兰山，东临黄河，东、西、北分别与内蒙相毗邻，南距首府银川60公里，总面积2086.13平方公里，总人口29.5万人，其中回族人口9.7万人。现辖7镇6乡，141个行政村，农业人口21.18万人。于清雍正二年（1724年）正式建县，至今已有286年的历史。

近年来，平罗县牢固树立"产业第一、项目推动、调整转型"的发展理念，按照"一城两翼"战略布局，大力实施工业强县、项目推动、调整转型、开放合作、改善民生五大战略，全县经济社会呈现出又好又快发展的良好态势。2009年，全县完成地区生产总值64.9亿元，同比增长13%；县级财政收入6.43亿元，同比增长29.4%；城镇居民可支配收入和农民人均纯收入分别达到12196元和5431元，同比分别增长7.2%和8.5%。在全国第九届县域经济基本竞争力与科学发展评价中，居西部872个县的第78位，并被评为全国县域经济科学发展创新范例。

坚定不移地实施工业强县战略，把完善产业体系、打造产业集群作为调整经济结构和转变发展方式的重要举措，主攻煤基炭材、精细化工、特种合金、能源化工、装备制造、光伏材料、农产品加工七大产业，优化平罗工业园、石嘴山生态经济区、宁夏精细化工基地、煤炭集中区等产业发展平台，初步形成了传统产业与新兴产业相结合，规模与效益相统一的工业经济体系。2009年全县工业企业达到850家，规模以上工业企业发展到111家，完成工业总产值110.4亿元，工业经济对全县经济的贡献率达到60%以上。

以打造沿黄城市带重要节点为目标，加快推进城镇化进程，坚持新区建设与老城改造并举，不断完善基础设施，着力提升城市品位，打响"置业金岸、宜居平罗"品牌。县城新区累计完成投资13.2亿元，城市面积由6.9平方公里扩大到13.4平方公里，新区行政中心办公楼、社会事业服务中心、平中新校区、职业教育中心、体育健身中心、文化中心等公益设施相继投入运行；实施了城市生态植物园和道路绿化工程，城市人均绿地面积10.6平方米，现代化园林城市和基础服务设施功能日臻完善，城市形象明显提升。

新区建设靓丽转身

黄河大桥使黄河两岸天堑变通途

平罗中学新校区是全面改善办学条件的一个缩影

城乡统筹惠及千村万户

繁荣的文化体育事业

"六百工程"是彰显社会主义核心价值观的有效载体

走进农家，品尝具有回族特色的美味

NEI MENG GU

内蒙古自治

中共准格尔旗委书记 潘志峰

准格尔旗人民政府旗长 祁・毕西勒图

准格尔旗地处鄂尔多斯东部、晋陕蒙交界处，总面积7692平方公里，2009年末总人口37.36万（其中户籍人口29.87万），辖1个自治区级开发区、1个新区、9个苏木乡镇。地貌以丘陵沟壑区为主，占74%，北部是库布其沙漠尾端和黄河冲击平原，称“七山二沙一分田”。境内资源富集，已探明煤炭储量544亿吨，远景储量1000亿吨，年产1.4亿吨，石灰石总储量50亿吨，铝矾土总储量1亿吨。此外，高岭土、硫铁矿、白云岩、石英砂的储量也相当大，特别是煤层气的储量十分可观，国内罕见。水资源丰富，北、东、南为黄河环绕，过境长度197公里，年均过境水量248亿立方米。电力资源得天独厚，现已建成并投入运营的坑口火电厂有5座，装机容量244.4万千瓦；水电站一座，装机108万千瓦；年发电量80亿度；正在建设的火电站1座、水电站1座，装机总容量100万千瓦；500千伏、220千伏、110千伏输变电工程均已配套，且供电半径小。交通条件优越，109国道横贯东西，大准电气化铁路、准东铁路和呼准铁路穿境而过，年货运能力接近1亿吨，是出省到北京、秦皇岛、黄骅港的重要通道；呼东高速公路与建成的呼包、包东高速公路连为一体。旗内有神华准能、国华准电和万家寨水利枢纽等国家重点建设项目。

2009年，全旗GDP完成539.48亿元，财政收入突破100亿元、达到100.01亿元，城镇居民人均可支配收入达到23106元，农民人均纯收入达到7945元，固定资产投资完成320.46亿元，在第九届全国县域经济基本竞争力与科学发展评价中位列全国百强第37位、西部百强第2位，同时是改革开放30周年内蒙古总结推出的十个典型旗县市区之一，2009年荣膺中国全面小康十大示范县和中国金融生态县等称号。

ZHUN GE ER

区准格尔旗

准格尔广场

黄河峡谷

社区景观

千年油松王

阿贵庙自然景区

万家寨水利枢纽

露天矿

能源新都 塞上名城

中共榆林市委常委、靖边县委书记 马宏玉

靖边县人民政府代县长 李永奇

靖边县位于陕西省北部偏西，地处毛乌素沙漠南缘。总面积 5088 平方公里，年平均气温 7.8℃，年平均降水 395 毫米。全县辖 13 个乡、9 个镇、1 个国营农场，214 个行政村、6 个社区，总人口 31 万人。

靖边历史悠久、文化灿烂，史称"夏州"、"朔方"。东晋十六国时期，匈奴族"大夏国"建都于此，现距县城东北 58 公里处的大夏国都统万城遗址基本保存完好，是匈奴族在人类历史上遗留下的唯一都城遗址。解放战争时期，毛泽东、周恩来等中央领导人率中共中央机关转战陕北，在靖边小河、大赐湾、青阳岔等地生活战斗了 65 个日夜，领导指挥了西北和全国的解放战争。至今，这些革命旧居保存完好，成为陕西省重点文物保护单位和爱国主义教育基地。靖边县的剪纸、信天游等民间艺术，风格独特，久负盛名，被誉为"民间剪纸之乡"、"信天游故里"。

靖边物华天宝、资源富集，是国家级陕北能源化工基地的核心区域。境内天然气控制储量 3200 亿立方米，属世界级整装大气田；石油探明储量达 3 亿吨以上；煤炭探明储量达 35 亿吨以上、总储量预测 150 亿～200 亿吨；岩盐预测储量 1500 亿～2000 亿吨。靖边建有亚洲最大的天然气净化厂，年净化能力达 50 亿立方米，承担着向北京、西安、银川、上海等 20 多个大中城市供气的重任，是"西气东输"的中枢。目前，由陕西延长石油集团一期投资 430 多亿元建设的靖边能源化工综合利用产业园区已经开工，最终将建成投资过千亿、产值过千亿的国内一流、国际知名的新型能源化工基地。此外，靖边的水、土地等资源也储量丰富，开发前景广阔。

统万城

——陕西靖边

靖边县城一角

民乐园广场

靖边能源化工综合利用产业园开工奠基

亚洲最大的天然气净化厂

县委政府业务办公大楼

步行桥

纯阳观

宝资山

渔舟唱晚

成南门

中共新津县委书记、县长　巫　敏

新津位于四川盆地西部、成都南部，县城距成都市区 28 公里，距西南航空港 18 公里，自北周定名以来已有 1450 多年历史，古为“南方丝绸之路第一站”。全县幅员面积 330 平方公里，辖 11 镇 1 乡，总人口 30.48 万。2009 年，全县完成地区生产总值 100.09 亿元，增长 16.1%；全口径财政收入 35.22 亿元，增长 75%；地方财政收入 25.19 亿元，增长 80.8%；全社会固定资产投资 133.16 亿元，增长 69.3%；城镇居民人均可支配收入 14616 元，增长 16.8%；农民人均纯收入 6962 元，增长 8.5%。位居中国西部百强县第 34 位，位列四川省县域经济发展先进县榜首、四川省十强县第 10 位。

新津是川西平原重要的交通枢纽和物资集散地，境内有机场和 8 条国家、省级公路，成雅（成乐）高速、牧山大道（大件路）、川藏路等 3 条快速通道直通成都，成绵乐城际高铁、成新蒲快速通道已启动建设；成昆铁路穿境而过，成昆铁路成都枢纽新津货运中心及成都四大物流园区之一的新津物流园区规划建设已全面铺开。

户　水城新津

新津是成都市重要的现代制造业基地，这里有省级工业园区——四川新津工业园区，重点发展新材料产业、以路桥机械及构件为主的机械制造业和以肉类、方便食品为主的食品加工业，园区聚集工业企业216户，拥有多家国内外知名企业，如：美国开利空调和法国液化空气等世界500强企业、中国化工集团和希望集团等国内500强企业、新筑路桥和建中香料等全国行业排名第一的企业等，县内规模以上企业146户，工业集中度达69.1%，工业对县域经济增长的贡献率达61.9%。

新津是居家休闲的福地，气候宜人、风光旖旎、五河汇聚、山水多娇，素有“蓉城南路第一景，川西名胜上河图”的美誉，以“黄辣丁”为代表的河鲜美食饮誉全国。境内文化旅游资源得天独厚，有国家级文物保护单位——龙马宝墩遗址和观音寺、“天下第一忠孝儒林”——纯阳观、老子归隐地——老君山、“亚洲第一”水上运动场等。依托独特的山水资源优质，新津邀请国际国内知名规划机构编制了“水城新津”总体规划，不久的将来，一座以水为主题的生态宜居之城将呈现在人们眼前。

近年来，新津按照城乡统筹、“四位一体”科学发展总体战略和成都试验区建设的总体要求，围绕“成南门户、水城新津”城市定位，大力实施“工业强县、三产兴县、城建靓县”发展战略，城乡一体化发展成效明显，国内外知名度不断提高。2010年，新津将围绕“扩大开放年”、“城乡形象提升年”和“生态环境建设年”，以七大功能区建设、城乡统筹“整县推进”和城乡环境综合治理为抓手，全面推进经济、社会、文化、生态协调发展，致力建设一座“水在城中（城在水中）、园在城中、山在城中、田城相融”的现代山水田园城市。

县城夜景

南河夜景

新农村

花舞人烟

四川新津工业园区

中国茶都—

璀灿凤城

幅员广阔 全县土地面积3057.28平方公里，约占泉州市土地总面积的1/3，境内拥有矿藏20多种，其中花岗岩、高岭土、石灰石、铁矿、煤矿等储量均居全省前列；水力资源理论蕴藏量37万千瓦，可供开发利用28万千瓦；旅游资源非常丰富，清水岩为全国4A级旅游风景区；安溪茶文化之旅被列为全国三大茶文化旅游黄金线之一，千年文庙、龙门温泉、湖头李光地文化等也都久负盛名。

人口众多 安溪总人口110万，占泉州总人口的1/6， 是福建省第三人口大县，下辖24个乡镇，458个村（居）；旅外乡亲多，现有旅居港澳台侨胞300多万人，其中，台胞有200多万人，约占台湾人口的十分之一，台湾的王永庆，新加坡的唐裕，马来西亚的林梧桐，印尼的李尚大、李陆大等，都是安溪旅外乡亲的杰出代表。

交通便捷 安溪距厦门85公里，泉州60公里，居山而近海。随着泉安公路拓改，龙门隧道打通，安溪与泉州、厦门、漳州往来十分便捷，是沿海发达地区产业转移的关键节点、首选地。

特色鲜明 安溪是中国乌龙茶（名茶）之乡，名茶铁观音、黄金桂的发源地，是中国藤铁工艺之乡、福建省重要的建材冶炼基地。茶业、藤铁工艺、建材冶炼三大特色产业年产值100多亿元，是安溪经济的最重要支撑，是财政收入、农民生活的最主要来源。

凤城一隅

—福建安溪

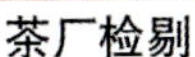

茶厂检剔

美丽的中国茶都

茶叶产业化

国家 AAAA 级风景旅游区

河滨十里诗廊

山川秀美 安溪是晋江西溪的发源地，境内的云中山省级自然保护区，茂林修竹，有野生动植物 4000 多种；全县林地面积 2200 多平方公里，林木蓄积量 235 万立方米，森林覆盖率近 70%；现有生态茶园 20 多万亩，茶园种树植草，形成“茶－林－草”三位一体的景观。

发展迅猛 安溪致力实施“工业强县、茶业富民”发展策略，经济社会各项事业持续快速发展，2009 年全县实现生产总值 248.95 亿元，地方财政一般预算收入 8.72 亿元，农民人均纯收入达 7701 元，城镇居民人均可支配收入 12815 元。

中共高密市委书记　吴建民

高密市人民政府市长　范福生

山东省高密市位于广袤富饶的胶莱平原，东依美丽海滨名城青岛，西依世界风筝都潍坊，版图面积1526平方公里，辖7个镇、3个街道、1个经济开发区，960个村(居)，人口84.9万，是国务院批准的山东半岛沿海开放重点县市之一

高密历史悠久，文化灿烂。自秦时置县，距今已2200多年。被誉为高密“三贤”的春秋名相晏婴、汉代经学大师郑玄、清代大学士刘墉和当代著名作家莫言都出生在这里。以扑灰年画、泥塑、剪纸、茂腔为代表的民间艺术“四宝”久负盛名，全部被列入国家非物质文化遗产保护名录，被国家文化部命名为“中国民间艺术之乡”、“中国扑灰年画之乡”。

地理位置优越　基础设施完善。高密地理位置优越，交通十分便利。位于“青岛一小时经济圈”、“山东半岛城市群”、“山东半岛蓝色经济区”和“胶东半岛高端产业聚集区”内，胶济电气化铁路、胶新铁路、济青高速公路穿越境内，高等级公路纵横交错，距青岛机场、港口仅40分钟车程，是山东沿海地区通往内陆腹地的交通枢纽。

经济基础雄厚，产业布局合理。高密自古就有“粮仓”、“棉乡”的美誉。如今，现代农业快速发展，已建成酿酒葡萄、蜜桃、芦笋、草莓等20多个万亩无公害农产品基地，形成了粮食、蔬菜、果品、蚕桑、肉牛、生猪、肉鸡等十几个主导产业，全市农业龙头企业发展到446家，年加工能力达到166万吨，出口日本、韩国、加拿大等几十个国家和地区，带动生产基地90万亩。畜牧业综合指标位居全国前列，被评为全国畜牧百强县。

近年来，高密坚持以邓小平理论和“三个代表”重要思想为指导，深入学习实践科学发展观，高举进位争先旗帜，建设富强和谐高密，取得明显成效。2009年，全市实现地区生产总值288.21亿元、增长13.5%，完成地方财政收入14.28亿元、增长21.4%。先后荣获省文化工作先进市、省平安建设先进市、省绿色小康县、省级园林城市、省文明城市创建工作先进市等称号。在第九届全国县域经济基本竞争力和科学发展评价中位居83位，比上一届前进6个位次。

凤凰公园一角

山东省高密市

扑灰年画：孟母教子

泥塑作品：叫虎

高密剪纸：金牛奋蹄

综合改造后的小康河

南湖植物园

高密市区俯瞰

孚日集团新厂区

豪迈机械科技公司生产车间一角

中国枸

县委书记张兴斌、县长左新波调研城市建设

中宁县是国务院命名的中国枸杞之乡，是世界枸杞的发源地和正宗原产地，隶属地级中卫市管辖，位于宁夏回族自治区中部、宁夏平原南端，县城距宁夏首府银川市140公里，为内蒙古高原和黄土高原过渡带，属北温带大陆性季风气候区。西汉元鼎三年（公元前114年）设县，已有2123年的置县史。政区总面积4226.5平方公里，现辖5镇6乡、118个行政村、7个居委会、8个农林牧渔场，总人口32万人，得黄河自流灌溉之利，县内盛产枸杞、红枣、粮油、瓜果、畜禽等产品，素有“塞上江南、鱼米之乡”的美称。

近年来，在区市党委、政府的正确领导下，中宁县按照建设“枸杞之乡、冶金重镇、物流之都、金岸明珠”的发展定位和争创西部百强县的奋斗目标，振奋精神，坚定信心，抢抓机遇，开拓进取，全县经济社会呈现出科学发展、快速发展的良好局面。2009年，全县实现地区生产总值53.3亿元，增长17.6%，地方财政收入达到5.7亿元，增长66.7%，其中一般预算收入达到2.52亿元，增长32.3%；完成固定资产投资33.6亿元，增长42.4%，农民人均纯收入达4618元，增长11.4%；城镇居民人均可支配收入达12476元，增长10.4%。全县经济社会发展的主要指标提前一年完成了“十一五”规划目标，被评为“第九届全国县域经济基本竞争力提升速度最快的百县市”之一，被国家相关部委授予“中国绿色名县”等称号。

杞之乡——中宁县

中宁枸杞荣获“中国驰名商标”

中宁枸杞甲天下

采摘枸杞芽茶

新能源项目落户中宁

教育事业长足发展

中国枸杞博物园项目启动

2010年一季度，全县实现地区生产总值10.2亿元，同比增长24.1%；完成地方财政收入1.98亿元，同比增长32.3%；完成一般预算收入8455万元，同比增长54.7%；完成固定资产投资20亿元，增长5.8倍；完成工业总产值16.18亿元，增长43.6%；实现工业增加值5.2亿元，增长28.5%；招商引资到位资金64亿元，再创历史新高。各项发展指标均实现了首季“开门红”。

华夏广场

偃师夜景

河南省偃师市

偃师市位于河南省中西部，南屏嵩岳，北临黄河，总面积960平方公里，辖13镇3乡1个工业区、332个行政村，总人口85.7万人。综合经济实力位居河南省县（市）前列，是全国县域经济基本竞争力百强县（市）和河南省经济扩权县（市）、对外开放重点县（市）、首批小康达标县（市）、城乡一体化试点市。

历史底蕴丰厚，人文景观荟萃。夏、商、东周、东汉、曹魏、西晋、北魏七个朝代先后在此建都，是古老的“丝绸之路”东起点、中原客家人首次南迁出发地。偃师是全国文物工作先进县（市），现有国家级文物保护单位7处、省级17处。

区位优势明显，资源储藏丰富。东距省会郑州90公里，西距古都洛阳30公里，与龙门石窟、白马寺、少林寺等风景名胜区毗邻，位于河南省“三点一线”旅游热线上。陇海铁路、郑西高铁和连霍、二广高速公路穿境而过，310和207国道在此交汇贯通。矿产资源丰富，境内探明储量的有煤炭、铝、钼、金、银等20多个品种，其中原煤7亿吨、铝矾土3500多万吨、花岗岩6亿立方米。

工业门类齐全，产业优势明显。各类工业企业总数达1.2万家，其中规模以上企业443家，年实现规模以上工业增加值121亿元。民营经济蓬勃发展，民营企业现有4360多家、个体工商户4.8万家。2009年，民营经济完成营业收入720亿元、利税15亿元，形成了能源、机械加工、建材、石化、轻纺、农副产品加工等

偃师的葡萄享誉中原，有“冰糖葡萄”的美称

偃师银条获国家地理标志保护

偃师市标

九龙角水库风光

六大优势行业，建成了在中原乃至全国有影响的钢制家具、三轮摩托车、管件、制鞋、针织和电线电缆等六大特色产业基地。偃师是全国质量立市工作先进县（市），130余家企业通过ISO9000质量体系认证，拥有国家级驰名商标（名牌产品）2个、省级著名商标38个，总量居河南省县（市）第一。

农业结构不断优化，小麦生产蜚声全国。是国家优质专用粮生产基地县（市）、农业机械化服务中心试点县（市）、小麦良种重要繁育基地和全国小麦高产、稳产、优质、低成本栽培技术发源地，粮食总产保持在3.7亿公斤左右。农业结构调整步伐加快，形成了以优质专用小麦和小麦良种、无公害蔬菜、鲜食葡萄、花卉苗木、畜牧养殖等五大优势产业为支撑的新格局；催生了一大批农字号龙头企业，初步形成了“公司＋基地＋农户”的农业产业化发展模式，有力促进了农业增效和农民增收。

城镇面貌日新月异，人居环境明显改善。最新通过的城市五期总规规划城市用地面积48.4平方公里，其中建成区面积20平方公里，人口20万人，是国家园林城市、全国绿化模范县（市）、环境综合整治先进城市、卫生先进城市和省级卫生城市、文明城市，荣膺“中国人居环境范例奖”，是河南省村镇建设先进县（市），顾县镇被中宣部等5部委命名为“全国创建文明小城镇示范点”，城镇化率达到52.04%。

科教兴市步伐加快，社会事业蓬勃发展。是全国科技工作先进县（市）、全国科技进步示范市、全国科普示范县（市），被批准建设国家级星火密集区、区域性支柱产业和河南省可持续发展实验区，科技进步对经济增长的贡献率达到57.02%。全市现有省市级科技型企业12个、科技示范园区6个，建成国家级钢制办公家具研发中心1个、省市级工程技术研究中心 7 个；拥有各类专业技术人员1万余人。

偃师是全国最大的钢制办公家具生产和销售基地

偃师是全国最大的三轮摩托车生产销售基地

西施故里 产业高地

诸暨市委书记王继岗和市长钱三雄

诸暨是越国古都、西施故里，区域面积 2311 平方公里，户籍人口 107 万，现辖 27 个镇乡（街道），468 个行政村，67 个城镇社区（居委会）。2009 年，全市实现生产总值 527.50 亿元，财政总收入 54.69 亿元，全社会固定资产投资 227.75 亿元，消费品零售总额 144.01 亿元，城镇居民人均可支配收入 27897 元，农村居民人均纯收入 12762 元。

区位优势明显。位于长江三角洲南翼、浙江省中北部，浙赣铁路、杭金衢高速公路、诸永高速公路和正在建设的铁路杭长客运专线、诸暨至绍兴高速公路贯穿全境，距上海 200 公里，杭州 90 公里，萧山国际机场 60 公里，是规划中的杭州都市经济圈大城市。

人文历史厚重。建县已有 2000 多年历史，是越国古都、西施故里和於越文化的发祥地之一。古有王冕、杨维桢、陈洪绶并称“诸暨三贤”，近有著名教育家、北大首任校长何燮侯，著名的核物理学家赵忠尧，早期革命运动家张秋人、俞秀松、宣中华、何赤华等，有两院院士 13 人。

产业集群发达。县域经济基本竞争力居全国第 13 位，福布斯最佳商业城市县级市居全国第 10 位，城市综合创新能力居全国县市第 9 位，商标品牌综合实力位居全国县市第 6 位，是长三角最具投资价值县市。诸暨产业集群特色明显，共有工商登记注册的个体工商企业 10 万余家，形成了袜业、珍珠、铜加工及新型材料、机械装备制造、纺织服装、环保新能源等六大工业主导产业集群，是“中国珍珠之都”和“中国袜业之都”。

诸暨城市全貌

城西工业新城商务区企业总部

新农村建设

东白湖

——浙江诸暨市

当前，诸暨市正着力加快建设“6+2”现代产业体系。“6”是指工业六大产业集群，它们是袜业、珍珠业、铜加工及新型材料业、机械装备制造业、纺织服装业、环保新能源产业等六大产业；“2”是指现代服务业和现代农业。力争通过几年努力，使主导产业的主导地位更加突出，对全市经济发展的支撑作用更加凸现，产业结构调整和转型升级取得实质性成效。具体目标为为：

——打造最具影响力的“国际袜都”。

——打造国际一流的珍珠创意产业中心。

——打造全国铜加工研发中心，国内最大的专业化铜加工、高品质塑料管道和新型包装材料制造基地。

——打造中国知名时尚服饰中心和国际提花布之都。

——打造国内外知名的装备制造产业基地。

——打造国内一流世界领先的环保装备产业基地，构筑新技术、新能源、绿色经济、低碳经济发展高地。

——打造以长三角商旅名城和区域性物流枢纽城市为核心，三次产业共促共进的现代服务业体系。

——打造以“香榧之都”和“全国无公害茶叶之乡”为特色的现代农业政策示范区。

五泄风景区

占民居建筑群，国家重点文保单位
——千柱屋

全国十大民营学校之一
——海亮学校

华东国际珠宝城

袜业博览会

国际先进的漆包线生产线

食品业生产线

港口

福建省晋江市

晋江是全国著名侨乡，距金门仅 5.6 海里。全市陆域 649 平方公里，海岸线长 121 公里。辖 13 个镇，6 个街道，293 个村，93 个社区。户籍人口 104.45 万，外来人口 100 多万。祖籍晋江的华侨、华人和港澳同胞 110 多万人、祖籍晋江的台湾同胞 100 多万人。1992 年撤县设市，2001 年被福建省列为中等城市，是全国县域经济百强县（市）、福建省十强县（市）。

改革开放以来，晋江充分发挥侨台优势和海交文化优势，率先走出一条依靠民营经济和产业集聚形成产业集群，以发展产业集群提升工业化、带动城市化的独具特色的县域经济发展道路，经济和社会发生了巨大变化。县域经济基本竞争力连续七届位居全国第 5 ~ 7 位，综合实力连续 17 年位列福建县域之首。2009 年，在国际金融危机的影响下，晋江负重前行、克难而上，经济社会发展总体平稳、总体持续，完成地区生产总值 775.86 亿元，财政总收入 81.53 亿元。

产业集群茁壮成长。形成纺织服装、鞋业、陶瓷、食品和石材、伞业、玩具等一批较具区域特色的传统产业集群。2009 年，全市工业总产值完成 1724.48 亿元。

知名品牌竞相崛起。实施品牌战略五年规划。先后获得世界茄克之都、中国鞋都、中国拉链之都、中国伞都、中国纺织产业基地市、国家体育产业基地等“国字号”区域品牌 14 项。 资本运营卓有成效。通过引导企业改制上市，推动企业建立现代企业制度、加快自主创新步伐、引进高端人力资源、规范企业经营运作，推进民营企业现代化步伐，初步形成了证券市场上的“晋江板块”。

创新活力充分迸发。积极引导企业引进先进技术设备、争取各级技术中心资质，推进技术改造和创新。据不完全统计，全市年均技改投入近 20 亿元。

对外开放不断拓展。拥有自营出口超千万美元企业 25 家，与 100 多个国家和地区建立了经贸合作关系，安踏、七匹狼等一批品牌企业相继在境外设立品牌销售网络，围头对台小额贸易口岸正式获批，深沪、围头港区正式对外开放，晋江机场国际航线即将开通。

城乡一体扎实推进。按照“现代制造基地、商贸中心、滨海港口城市”的定位和“一城两镇三组团”的规划布局，将全市 649 平方公里土地、121 公里海岸线作为一个城来规划建设。

民生质量持续改善。城乡居民生活水平继续提高，实现城镇居民人均可支配收入 19552.59 元、农民人均纯收入 9827.59 元。

晋江机场

鞋业生产线

摩托车市场

服装生产线

江滨公园

中共霍林郭勒市委书记　宫秉祥

霍林郭勒市人民政府市长　徐　辉

内蒙古霍林郭勒市

霍林郭勒市位于内蒙古自治区通辽市西北部、科尔沁草原与锡林郭勒草原交汇处，地处锡林郭勒盟、兴安盟、通辽市"两盟一市"交界地带，是中国重要的能源基地和优秀旅游城市。全市总面积585平方公里，辖5个街道办事处，总人口10万人。对接东北、呼应西部，交通网络四通八达，304国道、101省道在境内对接，具有良好的地域优势、交通优势和区位优势。全国五大露天煤矿之一的霍林河煤矿位于霍林郭勒市境内，低硫优质褐煤探明储量131亿吨，适合发展煤炭转化产业，可转化为电、油、气等，高含量腐植酸储量1.2亿吨，还有食盐、硅石、石灰石、铜、铁、铅锌等矿产资源。而且拥有国内为数不多的原始草原，及金界壕、古方城等历史遗迹。

2009年，霍林郭勒市坚持以科学发展观统领经济社会发展全局，紧紧围绕创建内蒙古东部地区收入最高、环境最美、产业最优、活力最强、社会最和谐的"五项之最"的发展目标，不断优化产业结构，促进产业升级，壮大经济规模，积极应对国际金融危机带来的各种挑战，实现了国民经济和社会平稳健康发展。县域经济基本竞争力跻身全国第120位，跃居中国西部百强第15位。

怪山旅游区

铝厂

东山风电场

霍林郭勒市城区

草原美景

广场

美丽的辉特扎哈淖尔草原区

沸腾的煤都

崛起的长吉图前沿

中共延吉市委书记 金永默

中共延吉市委副书记、市长 赵哲学

延吉市位于吉林省东部，是延边朝鲜族自治州的首府，是国家规划实施的长吉图先导区开放前沿，是联合国开发计划署确定的图们江流域大开发“金三角”内的中方支点城市。现已跨入“全国百强县（市）”、“东北十强县（市）”、“吉林第一强县”和“中国特色魅力城市200强”，并获得了“中国优秀旅游城市”、“全国科技进步示范城”、“全国民族团结进步模范市”、“全国创建文明城市工作先进城市”的殊荣。全市幅员1748平方公里，总人口60万人，朝鲜族人口占58%，是一个具有朝鲜族民族特色的宜居旅游开放中心城市，已成为吉林省东部最大的商贸、金融、信息、IT、物流、消费中心。

延吉边疆近海，开放兼容。已形成了海、陆、空四通八达的立体交通网络。延吉国际空港有连接北京、上海、广州、烟台、青岛等十多条国内航线和延吉到韩国首尔的国际航班。海运借俄罗斯波谢特港、扎鲁比诺港、朝鲜罗津港出海，可抵达韩国釜山，日本秋田、新泻等港口。铁路、高速公路贯穿境内，已成为韩国、日本和北美国家通向中国东北亚及亚欧大陆最便捷的国际通道。同时享受西部大开发、东北老工业基地振兴和边疆少数民族政策，以及长吉图先导区先行先试权，是优惠政策的叠加区。

延吉风光绮丽，资源丰富。属中温带湿润气候区，自然资源丰富，地上有700平方公里的森林资源，800多种经济植物和几十种珍贵的野生动物；地下有原煤、石油、天然气能源，还有大理石、矿泉水、硅石灰、麦饭石等丰富的矿产资源；地表有大米、玉米、烟叶、人参、药材等农作物和土特产。延吉水电资源丰沛，土地成本低，能够为产业发展提供充足的资源保障。延吉南依长白山，北临镜泊湖，东入陆岛防川，市内有海兰湖高尔夫度假村、海兰湖风景区、梦都美滑雪场、帽儿山国家森林公园等观光景区。

延吉布尔哈通河景色

城——延吉

▲延吉卷烟厂

▼2009 第五届中国延吉．图洽会开幕式

▲ 延吉喜来健实业有限公司生产车间

延吉底蕴深厚，人才辈出。是中国最大的朝鲜族聚居的中心，素有“歌舞之乡”、“足球之乡”、“教育之乡”的美誉。这里完整地保留着传统的朝鲜族文化、艺术、礼仪、饮食、服饰、节日民俗等民族特色。素有“白衣民族”之称的朝鲜族重视礼仪、热情好客、能歌善舞。延吉文化教育事业也十分发达，拥有已被列入国家“21 世纪 100 所重点大学建设工程”的延边大学，每年向社会输送 4000 多名毕业生。延吉每万人拥有科技人员和大学生数是全国平均数的两倍。

延吉工业主导，经济繁荣。延吉坚持工业强市，强化项目拉动，突出工业经济主导地位，加快推进农业产业化进程，发展壮大服务业，形成了食品医药、电子信息、能源建材、汽车机械为主导的优势产业框架，经济社会呈现出快速、协调和可持续发展的良好态势。现有经济开发区和新兴工业区 2 个省级开发区，规划面积均在 10 平方公里以上。2009 年，全市规模以上工业总产值完成 142 亿元，比 2006 年翻了一番；规模以上工业企业增加值实现 64.6 亿元，同比增长 21.4%，“十一五”期间年均增幅达到 25.5%。工业产业发展的主体地位已基本形成，全市经济发展开始步入工业化中期阶段。

延吉海兰江高尔夫球场

中共铜山县委书记 周宝纯

铜山县人民政府县长 毕于瑞

江苏省铜山县

铜山县位于江苏省西北部，地处苏鲁豫皖四省交界处和淮海经济区中心，环抱历史文化名城徐州。铜山因境内微山湖中铜山岛而得名。古称大彭氏国，秦始置县，汉列“天下九州”之一，历称大彭、彭城、铜山，迄今已有4000多年历史。铜山县土地总面积1877平方公里，2009年末全县总人口124.21万人。现辖20个镇、1个农场、1个省级经济开发区，307个行政村，14个居民社区。

铜山县，东临沿海开放区，西接中原腹地。欧亚大陆桥横贯东西，京杭大运河穿境而过，京沪、陇海两大铁路干线在此交汇，徐州观音国际机场距县政府驻地40公里。三条高速公路（霍连、京福、宁宿徐）、四条国道（104、206、307、310国道）、六条市县一级公路及县乡公路网通达四面八方，在建的京沪高速铁路纵贯南北，交通十分便利。

2009年铜山人民在县委、县政府的正确领导下，紧紧围绕“率先达小康，建设新铜山”的总体目标，全面落实科学发展观，采取有效措施积极应对世界金融危机的严重冲击和影响，克服各种困难积极应对区域经济发展的激烈竞争和挑战。一手抓“调结构、促发展”，一手抓“保稳定、促民生”，团结拼搏，迎难而上，县域经济实力在逆境中得到快速提升，为2010年全面达小康奠定了坚实的基础。

2009年全县实现GDP 362.7亿元，比上年增长14.9%；财政总收入47.6亿元，地方一般预算收入19.6亿元，分别比上年增长44.1%和47.4%；农民人均纯收入7988元，比上年增长11.5%。主要经济指标总量全省进位，增速位居全省前列；GDP总量、财政一般预算收入、规模工业增加值、城镇固定资产投资、工业用电量等五大主要经济指标领跑苏北，总量继续保持苏北第一。在第十届全国县域经济基本竞争力百强县评价中位居第66位，比上届前移12位。

铜山新区优美的居住环境

铜山新区行政区一角

铜山新区凤凰广场一角

铜山新区珠江路西段

铜山新区泉新路

铜山新区彭祖路景观带一角

江苏省新沂市

中共徐州市委常委、新沂市委书记陈德荣

新沂市人民政府市长赵立群

新沂地处苏鲁两省交界，是江苏的北大门，东陇海产业带中心城市，古为兵家必争之地，今为商家必到之所。总面积1616平方公里，下辖16个镇，总人口103万，其中城区人口27万。因其重要的战略地位，国务院于1998年批准了新沂中等城市规划。江苏省委、省政府先后将新沂定位为“苏鲁接壤地区新兴的交通枢纽和商贸旅游中心、江苏新兴工业城市”，江北唯一的“三级一类中心城市”，“东陇海线上第三大城市、第三大工业城市”。

开放新沂有优越的交通区位。新沂是亚欧大陆桥东起第一座枢纽城市，距徐州、连云港、临沂、淮安等大中城市均在100公里左右，区位优势十分明显。陇海铁路与新长、胶新铁路，京沪高速与连霍高速，205国道与323、249省道在此交汇。新沂水运通江达海，周边80公里范围内分布着三个机场，构建了立体化交通网络。

矿产资源较多，现已开发利用的有石英砂、水晶、金红石等27种。石英砂储量达54.6亿吨，含硅量高达99.8%以上，金红石探明储量200万吨，储量和品位位居全国前列。新沂水资源充沛，沭河、沂河、京杭大运河纵贯南北，中小河流20多条，骆马湖是江苏省第四大湖泊，总面积60多万亩，水质达到国家二类标准，可调用水量14亿立方米。

新沂是苏北工业基础较好的城市，精细化工、绿色食品、纺织服装、机械冶金、资源加工等“五大传统产业”不断壮大，新能源、新材料、新医药、新环保、服务外包等“五大新兴产业”加速集聚，呈现出传统产业与新兴产业“两轮驱动”的局面。

新沂旅游资源独具魅力，“一山一湖一古镇”享誉全国。马陵山方圆55平方公里，是国家AAAA级风景区。骆马湖是江苏省第四大湖泊，总面积60多万亩，水质达到国家二类标准，极具旅游开发价值。被誉为“中国大运河第一古镇”的窑湾，保留了众多明清建筑，具有很高的开发价值。

近年来，新沂经济社会发展步伐进一步加快，先后获得全国绿化模范县（市）、全国科技进步先进县（市）、江苏省文明城市、江苏省卫生城市等荣誉称号。在江苏省城市发展研究院公布的2008年江苏27个县级市可持续发展综合评价报告中，新沂位居全省第6位。被评为全省首批、徐州唯一的“金融生态示范县（市）”、“第六批中国金融生态城市”和“中国最佳文化生态旅游城市”。前不久，又被江苏省政府授予“江苏省园林城市”荣誉称号。

国家AAAA级旅游风景区马陵山

新沂市区鸟瞰

江苏新沂经济开发区

改造后的城中引河

全国七大淡水湖之一——骆马湖

窑湾古镇景点之一——赵信隆酱园店

京沪、连霍高速公路在新沂境内交汇

云南省安宁市

安宁市全貌

安宁是昆明市唯一的县级市，市域面积 1301 平方公里，辖 7 镇、2 个街道，总人口 32.2 万。建成区面积 20 平方公里，城镇化率 65.8%。自西汉设县以来，已有 2100 多年历史。

安宁区位交通优越，距昆明主城 28 公里，是昆明通往滇西的门户，320 国道直通缅甸，昆安、安晋、安楚高速及成昆铁路穿境而过。

安宁矿产资源丰富，已发现 32 种、开发利用 23 种，其中盐矿储量 140 亿吨，磷矿储量 14 亿吨，被誉为“连然金方，螳川宝地”。

安宁环境优美，有昆明后花园之称，是集生态旅游、文化观光、康体休闲为一体的旅游胜地。全市植被覆盖率 64.3%，城市绿地率 40.8%，人均公共绿地 17.8 平方米；“天下第一汤”温泉驰名中外。

安宁是投资创业的热土。早在西汉年间就开创了冶金、制盐业，1939 年建立钢铁厂。近 60 年来，特别是改革开放 30 年来，先后掀起了多次大工业开发建设高潮，形成了以钢铁、盐磷化工、新型建材为主的工业体系，成为云南省主要的钢铁、盐磷化工基地。

近年来，安宁市经济社会快速健康发展。目前，安宁处于工业化进程后期。2009 年，全市地区生产总值实现 120.7 亿元；地方一般预算收入 12.8 亿元；城镇居民人均可支配收入达 18138 元，农民人均纯收入达 6170 元。县域经济竞争力连续多年位居中国西部百强县前列、云南省首位。

当前，安宁正处于工业化加速、城市化提升的关键时期，进入了一个大规划、大开发、大建设的阶段。我们将以科学发展观统揽全局，紧紧围绕全面建设小康社会目标，紧紧抓住现代新昆明建设及国家把云南省作为面向南亚、东南亚开放的重要门户和桥头堡的历史机遇，大力实施“环境立市、工业强市、城乡一体化”三大战略，着力打造太平国际体育小镇、省级温泉旅游小镇、省级职业教育基地和省级工业园区，把安宁建设成为森林式、环保型、园林化的现代绿色工业强市和休闲养生名城，建设成为现代新昆明的西部新城、中国西部重要的工业基地。

城市一角

森林温泉

田园风光

宜居城市

漂流

建湖 国家产业基地 全国文明县城

▲中国节能电光源制造基地

森达鞋业

▼城市一角

▶中国石油装备制造业基地、国家火炬计划建湖石油装备特色产业基地

▼现代农业

经济开发区

双湖公园

中共海阳市委书记　王玉波

海阳市人民政府市长 姜仕礼

山东省海阳市

海阳市地处黄海之滨、山东半岛南翼，位于青岛、烟台、威海三市经济发展黄金三角的中心地域，距三市均为1小时车程，是胶东地区重要的交通节点城市。这里有风光旖旎的山海情韵，凝重深厚的历史文化，更有日新月异的经济发展和与时俱进的现代文明。69万海阳人民勤劳而智慧、1886平方公里土地和230公里海岸线美丽而富饶！

海阳市区位优越，交通便捷。境内蓝烟铁路横贯东西，威乌高速公路、烟青一级公路、烟凤一级公路和309国道纵横交错，青、烟、威三大空港和三大海港与海阳毗邻，形成海陆空全方位的对外交通运输网络。正在建设的海阳港、海阳至即墨跨海大桥、烟台至海阳高速公路以及规划中与蓝烟铁路接轨的海阳港国家二级电气化铁路——海凤铁路，将使海阳的区位和开放优势更加明显。

海阳是一座朝气与活力之城。现在，海阳的核电、造船及海洋工程、机械装备制造、电子信息、生物化工、新型能源“六大新兴产业”正蓬勃兴起，工业经济发展后劲十足，全市综合实力不断增强。2009年，全市生产总值达到204.5亿元，完成固定资产投资191亿元，规模以上工业企业达到340家，地方财政收入突破10亿元，城镇居民人均可支配收入达到17575元，农民人均纯收入达到8051元。

蓝天碧海金沙滩

招虎山国家森林公园

城区滨河风景

海阳万米海滩浴场

海阳大秧歌“参奥”演出

海阳核电设备制造厂

海阳国际针织毛衫城

中共孝义市委书记　张旭光

孝义市人民政府市长　郭保平

山西省孝义市

孝义市位于山西省中部，西靠吕梁山，东临汾河水，人杰地灵，素有“三晋宝地、吕梁明珠”之美誉。市域面积 945.8 平方公里，人口 45.3 万，辖 7 镇 5 乡 4 个街道 2 个办事处、379 个行政村，1992 年经国务院批准撤县设市。

历史悠久，源远流长。周定王十三年（公元前 594 年）始置瓜衍县，是有记载的全国置县历史最早九县之一。唐贞观元年（公元 627 年），因邑人郑兴“割股奉母”，孝行闻于朝，唐太宗李世民敕赐改名孝义县。历史的长河孕育了孝义人民“行孝仗义、包容大气”的淳朴民风，郑兴行孝大孝堡、义虎救樵夫、霍冀捎书仁义巷、锯树留邻等美丽动人的故事流传至今。明清时期，孝义是晋商的核心区，“义利共兼、诚实守信”的晋商风骨影响至今。“行孝仗义、包容大气”是立市之本，也是孝义立于全国 2800 多个县（市、区、旗）的“金字招牌”、“驰名商标”，成为孝河儿女共同的精神家园。

人文荟萃，人才辈出。古有春秋时期孔子门生卜子夏、段干木、田子芳讲学孝义；今有著名作家马烽，“全军将士楷模”苏宁，“伟大中华母亲”马牡丹，体育世界冠军郭秋香、梁艳以及两院院士王浚、武维华等人才辈出。数千年历史积淀了深厚的文化，被誉为“文化三绝”的皮影、木偶、碗碗腔异彩纷呈，成为孝义文化最具特色的亮点，被列入中国非物质文化遗产，孝义皮影更是代表山西走上了上海世博会的舞台。

地滋百宝，资源丰富。境内有煤、铝、铁等矿产资源 10 余种，其中煤炭探明储量 90 亿吨，储量大、品种全，是全国首批 50 个重点产煤县市之一。铝矿探明储量 2.6 亿吨，品位高、易开采，储量约占全国总储量的 20%、山西储量的 41%。铁矿、耐火粘土、白云石、石膏、瓷土、硫铁矿等矿产资源储量丰富，极具开采价值。境内富有核桃、柿子、苹果、花椒、红枣、葡萄等经济林木十余种，其中汾州核桃超过 30 万亩，“中华核桃王”树龄超过 580 年，被誉为“全国核桃之乡”。

迎宾路

胜溪湖森林公园

胜溪湖畔

西王屯村

铭信禽业肉鸭生产线

城市夜景

府前广场一角

山东省邹平县

中共邹平县委书记　王传民

邹平县人民政府县长　范连生

魏桥创业集团总部及部分厂区外景

西王集团

邹平县开发区

三星集团玉米油小包装生产车间

中国棉纺织名城——魏桥创业集团

中国畲乡——浙江省

民族文化——民族风情

生态文明——春满畲乡

畲族是我国人口较少的民族之一，散居在我国东南部浙江、福建、江西、广东、安徽省境内，其中90%以上居住在浙江、福建广大山区。畲族是我国典型的散居民族之一，畲民自称“山哈”，只有自己的语言，没有文字。景宁畲族自治县地处浙江南部，与福建寿宁县接壤，是全国唯一的畲族自治县，也是华东地区唯一的少数民族自治县。景宁境内畲族历史悠久，早在唐永泰二年（766）就有畲民从福建迁入，是浙江省畲族的发源地。景宁县域面积1950平方公里，现辖22个乡镇（管理区），总人口17万，其中畲族人口1.8万。1984年6月国务院批准建立景宁畲族自治县。

景宁畲族自治县25年前设县当年，固定资产投资仅391万元，经过25年的发展与积累，景宁已累计完成固定资产投资89亿多元，年度投资规模增加到2009年的15.4亿元（为1984年的394倍），平均每年增长27%。尤其是“十一五”期间的前四年，投资总量达到49亿元，远超设县至“十五”末21年40.2亿元的总和。25年来，按可比价计算，地区生产总值年均增幅为9.5%，三大产业比重由1984年的60：14：26调整到2009年的17：36：47。一产形成了“茶、竹、菌、果、菜、药、花等多种经济作物齐头并进的构局；二产培育了小水电、农产品加工、洁净钢管等产业，特别是在“飞地”工业——占地4平方公里的丽景民族工业园全面动工建设；三产初步形成大均、大 、望东洋等景区，成功创建了1个4A级景区。在产业不断发展的同时，生态环境质量也不断的优化，全县森林覆盖率达80%（1984年为62.5%），省级以上生态公益林面积达130万亩，生态环境总体质量全国第五。在第九届全国少数民族自治县县域经济基本竞争力评价中，景宁畲族自治县列第15位，居民收入水平列第7位。

县城全貌

景宁畲族自治县

产业发展——大均 4A 景区

产业发展——茶叶基地

民生建设——康庄公路

民族文化——《千年山哈》

千佛洞

文化生活

陕西省府谷县

中共府谷县委书记 张惠荣

府谷县人民政府县长 王效力

府谷位于陕西最北端，地处陕西、山西、内蒙古三省区交汇处。全县总面积3229平方公里，辖12镇8乡，总人口23万。境内有丰富的第四系松散层孔隙水和奥陶纪岩溶水，区域年水资源总量5.91亿立方米，已形成每天123万立方米的供水能力，堪称陕北能源化工基地的"水龙头"；有优质的侏罗纪煤和石炭二叠纪煤，已探明储量161亿吨；有丰富的煤层气，预测储量约3000亿立方米；有富集的高岭土、铝钒土、石灰岩、耐火粘土、膨润土等矿产资源，其中高岭土储量属全国之首，铝钒土占陕西全省总储量的85%；有充足的电力供应，投产和在建的电力装机容量达到600万千瓦。2009年，先后被评为陕西最佳投资环境县、陕西文化先进县、中国金融生态县、中国新能源产业百强县和中国最具发展潜力县，在陕西2009年度县域经济社会发展监测综合排名中名列陕西省第一。

河滨公园一角

府谷夜景

文庙

府谷县中心敬老院

2009年，府谷县完成地区生产总值162.56亿元，增长18.4%，超出全省4.8个百分点、全国9.7个百分点；人均GDP达到9723美元，分别比陕西省、全国高出6723美元和5723美元；财政总收入42.03亿元，增长41%；地方财政收入10.57亿元，增长59.2%，首次突破10亿元大关；城镇居民人均可支配收入16922元，增长20.6%；农民人均纯收入5615元，增长19.4%，首次超过全国平均水平；城镇化率达到56%。府谷县把地区优势特色产业融入国家经济建设、能源安全和低碳发展的大局中思考、谋划、推进，坚持“园区带动、项目支撑、产业奠基”的发展思路，走“大项目、大循环、大园区、大产业、大市场”的发展路子，促使府谷由资源大县向经济强县转变。通过采取强有力的政府调控措施，抓投入、上项目、促产能，全年实现工业总产值230亿元，增加值130.7亿元，分别增长15.8%和35.3%。“四区八园”建设快速推进，清水川、庙沟门两大电厂二期，冯家塔、三道沟、榆林神华等六大现代化矿井，兴茂“3052”化工、18条60万吨以上兰炭生产线等十大能源化工项目顺利实施，煤炭资源整合步伐加快，发展后劲进一步增强。

芦草畔新村

墙头高效农业区

环渤海农产品开发有限公司

沙川沟电厂

山东省新泰市

郭德文书记、刘学保市长在一起研究工作

新泰市位于山东省中部，地处泰山、蒙山连接带，黄、淮流域分界处，总面积 1946 平方公里。新泰辖 18 个乡镇，2 个街道办事处，总人口 138.4 万。境内有京沪、宾枣两条高速公路。磁莱铁路贯穿全境，西与京沪铁路相接，北与胶济铁路相连，东（东都）平（平邑）铁路南与兖州至日照港铁路相连。距济南国际机场 1 小时车程，距青岛港 2 小时车程。全市等级公路通车总里程 3907 公里，高速公路通车里程 78.4 公里。新泰是国家园林城市，自然景色优美，山、水、城融为一体，是一座独具特色的生态型现代化山水园林城市。全市森林覆盖率达到 30.7%，园林绿化总面积 2300 公顷，城区绿化覆盖率达 43.9%。新泰是中国优秀旅游城市，莲花山被评为国家 4A 景区、国家地质公园、国家森林公园，境内有国家级森林公园徂徕山，省级地质公园青云山、太平山，山东奇石第一山墨石山等景点。

2009 年以来，新泰市委、市政府把保持经济平稳较快发展作为首要任务，把“转方式、调结构”作为应对金融危机、提升经济运行质量效益的重要手段，加强规划引导，突出战略重点，明确主要任务，调动各方面积极性，积极作为、科学务实，推动经济加速转型升级，实现了又好又快发展。2009 年，全市实现生产总值 500.1 亿元，同比增长 14%；完成地方财政收入 23.3 亿元，其中税收收入 18.4 亿元，同比分别增长 18.9%、23.7%；城镇居民人均可支配收入和农民人均纯收入分别达到 17548 元、7826 元，同比分别增长 10.8%、7%；提前一年超额完成了“十一五”规划确定的主要目标。在全省 30 强中，新泰市 GDP 和地方财政收入均居第 8 位，分别前移 3 个位次和 1 个位次，增幅分别列第 8 位、第 3 位；在全国县域经济基本竞争力与科学发展百强评价中居第 25 位，比上届前移 2 个位次，获得了中国绿色名县、中国中小城市科学发展百强、中国最具区域带动力中小城市百强等荣誉称号。

新泰市开发区

新泰市城市建设

宏益达玻纤毡生产车间

乾元不锈钢极薄板项目生产车间一角

乾元不锈钢生产车间

特变电工鲁缆公司生产车间一角

莲花山风景区

哈大齐明珠

——肇东市

黑龙江省肇东市地处东经 125° 58′、北纬 46° 04′，境域呈西北——东南走向的长方形，为典型平原地带，地势西北略高，东南稍低，平均海拔 140 米。全市幅员面积 4332 平方公里，其中，城区规划面积 50 平方公里，建成区面积 49 平方公里。全市现辖 22 个乡镇，186 个行政村，1228 个自然屯，人口 93.4 万，其中城区人口 30 万，农村人口 63.4 万。

肇东市位于黑龙江省西南部，松嫩平原中部，松花江北岸，南距黑龙江省会哈尔滨 53 公里，北距油城大庆 74 公里，处在哈尔滨都市圈和哈大齐工业走廊内，是哈大齐黄金经济带上的一座重要城市。滨洲铁路、哈大高速公路、绥满公路纵穿南北，绥肇公路横贯东西，距哈尔滨太平国际机场 90 公里，境内国道、省道、乡村公路纵横交错，人流、物流、信息流通畅顺达。

肇东市现有耕地 378.3 万亩、草原 150 万亩、林地 100 万亩、水面 20 万亩，盛产玉米、水稻、瓜菜，是黑龙江省奶牛、肉牛、生猪、家禽、水产品的主要养殖区，是国家商品粮和畜产品的重要生产基地。地下蕴藏大量石油、天然气、地热资源，具有巨大的开发潜力。松花江流经南部 4 个乡镇，全长 68 公里，沿岸两侧设有 3.4 万公顷的省级沿江湿地自然保护区，城区建有占地面积 1500 亩的生态园林，城市绿化覆盖率已达 34%，现已形成了大小水系连通、湿地绿地遍布城乡的自然生态环境。

中共肇东市委书记 张锡才

肇东市人民政府市长 张亚忠

肇东市人民广场

城区鸟瞰

肇东市体育场鸟瞰

伊利集团肇东分公司

黑龙江汇丰动物保健品有限公司

畜禽加工企业——黑龙江大庄园集团

国家大型粮食精深加工企业——中粮生化能源（肇东）有限公司

中国西部航都

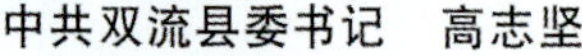

中共双流县委书记　高志坚

双流县人民政府县长　森　林

双流拥有悠久的历史文化。双流县始建于公元前 316 年，距今已有 2300 多年的历史，古称广都，与古蜀国的成都、新都并称“三都”。因境内有锦江、江安河两条河流，至隋朝避炀帝（杨广）讳改称双流。双流三面环绕成都市区，县城距成都市中区仅 10 公里，全县幅员面积 1067 平方公里，辖 21 个镇，4 个街道，总人口 93 万。

双流是四川的第一经济强县。2009 年，双流县完成地区生产总值 397.7 亿元、规模以上工业增加值 143.3 亿元、全社会固定资产投资 315.9 亿元、社会消费品零售总额 92.7 亿元、地方财政一般预算收入 26.1 亿元、城乡居民储蓄存款余额 315.5 亿元，分别比 2002 年增长 231%、571%、580%、209%、564%、353%；产业结构由 2002 年的 10.1：52.3：37.6 优化为 7.2：49.5：43.3；城镇居民人均可支配收入 18977 元、农民人均纯收入 7718 元，分别比 2002 年增长 111.6%、144.6%，城乡居民人均收入比由 2002 年的 2.55：1 缩小到 2.46：1。县域经济综合实力连续 14 年位居四川省“十强县”榜首，全国百强县的排名由 2002 年的 52 位提升至 27 位。

双流拥有完善的基础设施。双流拥有水、陆、空、铁于一体的立体交通网络，具备了较强的物流承载和运输能力。境内有全国第 5 大国际机场——成都双流国际机场，连接全国各地并开通了多条国际航线，是四川乃至整个西部的门户；五条高速公路穿境而过，十余条主要干道与成都相连；成昆铁路的三个货运站坐落在双流境内；正在建设中的成都地铁 1 号线、6 号线将双流与成都紧密相连；成都锦江航运通往长江和外海的第一码头——成都港码头位于双流。

双流拥有西部一流承载平台。西南航空港经济开发区现落户有世界 500 强企业 2 家，上市公司 5 家，高新技术企业 23 家，已形成生物制药、电子信息、新型建材、绿色食品、光机电共五大主导产业。同时，双流还启动了 5 平方公里成都航空物流园区，5.1 平方公里现代商贸集中区和 28 平方公里县城新区建设，为双流经济发展提供了更为广阔的空间。

双流拥有优良的投资软环境。双流在四川省率先提出并实施争创全国一流投资软环境活动，不断完善政务服务中心、招商促进中心和投资环境投诉中心工作，努力打造优质高效的政务服务环境、公平公正的法制环境、规范有序的市场环境、健康向上充满活力的社会环境、讲求诚信快捷方便的金融生态环境，取得明显成效。国家西部大开发优惠政策和上级出台的各项优惠政策，在双流都能得到充分落实。

双流拥有突出的科教优势。县内有中科院成都光电所、西南化工研究院等 30 多个科研机构，有国家重点实验室 12 个，国家工程技术中心 1 个，国家 863 计划重点实验室 2 个，博士后工作站 4 个。有四川大学、西南民族大学、成都信息工程学院等 7 所院校；国家级示范中学 2 所，省级重点中学 2 所，省级重点小学 2 所，教育科研优势在西部首屈一指。

双流国际机场外景

成都南部新城

——四川双流

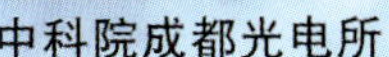
中科院成都光电所

快速发达的航空物流

日本黑大豆生产基地

蔬菜大棚

棠湖公园海棠春韵

乡村酒店

西航港工业集中发展区——成都南玻玻璃有限公司

白家立交桥

中共泰兴市委书记　张兆江

泰兴市人民政府市长　高亚梓

江苏省泰兴市

新区概貌

泰兴位于江苏省泰州市南部，东接如皋，南界靖江，西濒长江，北邻姜堰，东北与海安接壤，西北与高港毗邻。置县于南唐 元元年（937 年），迄今已有 1000 多年历史。全市总面积 1172 平方公里，总人口近 120 万，辖 15 个镇、1 个乡和 1 个省级经济开发区。泰兴，寓意“国泰民安、百业兴旺”，素有“银杏之乡”、“教育之乡”、“建筑之乡”和“减速机之乡”、“小提琴之乡”的美誉，曾先后被评为全国文化先进市、全国科技进步示范市，连续九届跻身全国县域经济基本竞争力百强县（市），2009 年，全市完成地区生产总值 337 亿元，增长 13.7%。完成财政总收入 50.8 亿元，其中，一般预算收入 18.8 亿元，分别增长 26.7%、18.9 %。城镇居民人均可支配收入达 17849 元，农民人均纯收入达 8179 元，分别增长 11.6% 和 11.2%。根据江苏省全面建设小康社会进程统计监测，全面小康实现程度达到 100%，被评为“2009 中国全面小康成长型百佳县（市）”。

泰兴新区一瞥

码头

仙鹤湾

TAI XING SHI

世界的“藻都”、中国的“硅都”

蒙西工业园夜景

棋盘井工业园一角

精神文明晚会

全民健身运动会暨那达慕大会

神奇的阿尔寨

鄂托克旗位于鄂尔多斯高原西部，总面积 2.1 万平方公里，辖 6 个苏木镇、两个自治区重点工业园区，总人口 16.37 万。区位优势明显，是呼包鄂大金三角经济区的重要组成部分和自治区西部“小三角”的核心一级。文化底蕴深厚，百眼井、阿尔寨石窟等人文胜景星罗棋布、享誉全国。矿产资源丰富，现已探明煤炭、石膏、铁矿石、硅石、天然气等可供工业开采的矿产 48 种。近年来，鄂托克旗以科技为支撑，以项目为切入点，成功引进了希望、鄂绒、神华、宜化等一批国内 500 强企业和美国高盛、日本三井、挪威艾肯等世界 500 强企业，培育了蒙西、星光、双欣等一批本土企业，成功构筑

内蒙古鄂托克旗乌兰镇详细规划设计

内蒙古鄂托克旗

恐龙化石

美国维蒙特大型喷灌机

鄂尔多斯电力冶金公司

驰名中外的阿白山羊

了蒙西、棋盘井两个自治区重点工业园区。完成投资500多亿元，实施项目300多个，形成煤炭及煤化工、电力、冶金、建材、高新技术、农畜产品深加工等六大主导产业，初步培育了煤—电—冶金—下游产品、煤—焦—油（气）—化工和高新材料产业链，国家级PVC产业和焦化基地正在崛起。2009年，实现地区生产总值221.8亿元，财政收入25亿元，完成社会固定资产投资160亿元，城镇居民人均可支配收入19332元、农牧民人均纯收入7826元。荣膺“全国民族团结进步模范旗”、“全国科技进步先进旗”、“中国绿色名旗”称号，位列全国西部百强第10位。

DAFENG JIANGSU DAFENG JIANGSU

新兴港口城市

—— 江苏省大丰市

中共大丰市委书记　倪　峰

大丰市人民政府市长　陈　平

大丰位于江苏省中部、上海市北翼，总人口 72 万，总面积 3059 平方公里，辖 14 个镇，两个省级经济开发区，连续 7 年跻身中国县域经济基本竞争力百强县（市）行列。大丰是中华麋鹿之乡，拥有世界上最大的麋鹿自然保护区。大丰是滩涂湿地宝库，拥有亚洲最大的一片湿地，被联合国列入世界重要湿地名录。大丰是新兴港口城市，国家重点工程大丰港是江苏中部唯一的深水海港和一类开放口岸。大丰是上海“飞地”，境内拥有上海驻丰农场 3 个，辖区面积 307 平方公里。近年来，大丰被命名为全国首家生态建设示范市、国家可持续发展实验区，是中国优秀旅游城市、苏北首家国家级卫生城市。2009 年，全市人均 GDP、人均一般预算收入、城乡居民人均储蓄存款、利用外资、全国小康综合评价得分等主要指标位居苏北之首，全国县域经济百强县第 67 位。

DAFENG JIANGSU

DAFENG JIANGSU

海边风电场

风电设备主装车间

新兴产业蓬勃发展

发展中的开发区一隅

大丰 · 上海知青纪念馆

水绿人居

内蒙古伊金霍洛旗

中共伊金霍洛旗委书记　杨　博

伊金霍洛旗人民政府旗长　云卫东

伊金霍洛（意为“圣主的苑囿”）旗，享有“煤海绿洲，天骄圣地”美誉。地处鄂尔多斯高原东南部，地理坐标：东经108° 58′ ～110° 25′ 、北纬38° 56′ ～39° 49′ ，总面积5600平方公里，辖7个镇，138个嘎查村，总人口15.5万人，其中少数民族1.1万人，是一个以蒙古族为主体，汉族居多数的少数民族聚居区。境内资源富集，区位环境优越，交通便捷，人文资源独特，经济实力雄厚，是国家重要能源重化工基地之一，一代天骄成吉思汗的长眠之地，也是鄂尔多斯城市核心区的重要组成部分和周边地区的重要立体交通枢纽。

伊金霍洛旗的县域经济名列内蒙古第一梯队。进入新世纪，秉承“转型发展、统筹发展、和谐发展”的理念，伊金霍洛旗人用创新的思维和举措，走出了独具特色的科学发展道路，丰富了“鄂尔多斯模式”的内涵，创造了令人瞩目的发展速度。伊金霍洛旗立足资源、区位、人文和交通优势，作出收缩传统农牧业战线、发展现代农牧业，做优做强第二产业、推进新型工业化进程，做大做活第三产业、推动可持续发展的总体战略，按照集群化、集约化、多元化的原则，调整优化产业结构和布局，三次产业整体实力明显提高。2009年，三次产业结构优化调整为1.32：61.41：37.27，以原煤生产

成吉思汗陵园

坐落于伊金霍洛旗的鄂尔多斯机场

世界珍稀动物遗鸥保护区

绿色小镇——伊金霍洛旗文化馆

神华新村

单极支撑的产业结构正在向多元化发展转型。2009 年全旗地区生产总值完成 393.5 亿元，增长 20.7%；财政收入完成 80 亿元，增长 57.2%；全社会固定资产投资总额完成 219.9 亿元，增长 20.3%，城镇居民人均可支配收入和农牧民人均纯收入达到 23098 元和 7959 元，分别增长 13.2% 和 9.6%。跃居全国县域经济百强第 54 位，稳居西部百强第 4 位。荣膺“全国群众体育先进单位”、“全国文化先进单位”、“全国科技进步示范旗”、首批“全区文明旗县”、“中国全面小康生态文明县”、“中国十佳和谐可持续发展城市”。

江苏省句容市

中共句容市委书记　童国祥

句容市人民政府市长　尹卫东

句容市地处苏南，东连镇江，西接南京，是南京的东南门户，素有“南京新东郊、金陵御花园”之美誉。市辖10个镇，1个省级开发区，3个风景区管委会，15个国有农林场圃。全市总面积1385平方公里，总人口60万。

句容于西汉朔元年（公元前128年）置县，迄今已有两千余年的历史，是江苏省最早建县的13个文明古县之一。1995年4月经国务院批准撤县设市，是国务院最早公布的对外开放地区之一。

句容是中国优秀旅游城市、国家级生态示范区、全国科技工作先进市、国家卫生城市、国家环保模范城市、中国草莓之乡、江苏省文明城市。境内气候温和，山水秀丽，人文荟萃，古迹众多，有道家“第一福地、第八洞天”——茅山，“律宗第一名山”——宝华山，江苏”九寨沟”——九龙山。

句容拥有优越的发展条件，自然资源丰富，矿产品种多样，旅游资源独特，农业资源丰富，以及3.7公里的长江深水岸线。区位优越，交通便捷，沪宁高速、宁太高速、宁杭国道、312国道等八条国、省道横贯东西南北，距上海200公里，处于上海—苏锡常—南京经济辐射区内。

2009年，句容市积极应对金融危机的困难和挑战，咬定赶超目标，全力以赴保增长，凝心聚力促发展，全市经济与社会发展取得了令人振奋的成绩，呈现出跨越赶超良好态势。2009年，实现地区生产总值215.12亿元，按可比价计算，增长13.2%。完成财政总收入30亿元，增长33.3%。群众收入稳步提高，实现城镇居民人均可支配收入20533元，农民人均纯收入8835元，分别增长12.5%和12%。

仑山湖风光

JU RONG SHI

茅山老子神像

宁武化工“牵手”世界 500 强亨斯迈

江苏光电子产业园开工

小康句容

农民新居

新农村美景

南疆重镇 水韵之都

黄宫湖

中共阿克苏市委书记　牛学兴

阿克苏市人民政府市长　穆塔力甫·肉孜

在中国西部雄伟壮丽的天山南麓，塔里木盆地西北边缘，镶嵌着一块碧玉般的绿洲，它就是被誉为塞外江南的西部丝路明珠“水韵之城、人居最佳”的新疆阿克苏市。阿克苏市辖区总面积1.43万平方公里，市辖4乡2镇1场、5个街道办事处，人口由维、汉、回、哈等30个民族组成。

近年来，在新疆维吾尔自治区党委、人民政府，地委、行署的正确领导下，阿克苏市坚持以科学

城市一隅

国际大酒店

城市中心

——新疆阿克苏市

多浪河改造工程绘就了一幅江南水乡的水墨丹青

发展观为指导，积极树立首府意识，以争创一流的精神，把握全局、突出重点、团结拼搏，推动了经济社会又好又快发展，先后荣获“国家森林城市”、“全国园林绿化先进城市”、“国家卫生城市”、“中国西部百强县”“中国优秀旅游城市”、“中国人居环境范例奖城市”、“全国双拥模范城”四连冠、“全国科技进步先进县（市）”、“中国西部大开发新疆十座投资环境最佳城市”、“中国红富士苹果之乡”和“国家级优质商品棉基地”等荣誉称号。

托木尔峰

多浪公园

花市

远眺城市

湖南省望城县

中共望城县委书记 黄佳惠

望城县人民政府县长 谭小平

望城县三面环抱湖南省会长沙，属长沙市辖区。她南枕岳麓毓秀，北连浩瀚洞庭，湘江穿越而过，是伟大的共产主义战士雷锋的故乡，曾被中央领导同志誉为“希望之城”。下辖19个乡镇、177个村、39个社区居委会，总面积1345平方公里，人口72万。望城县城距长沙市政府仅16公里，距湖南黄花国际机场仅40分钟车程，境内公路、铁路、水路交通四通八达，319国道、京珠西线、长常高速、长湘公路、京广铁路、石长铁路、长沙市三环线等形成便捷的陆路交通网络；湘江流经县境58公里，千吨级码头四季通航，水路由湘江入洞庭过长江直达海洋，不仅具有同长株潭城市群全面对接的区位优势，而且有走向全国、走向世界的交通优势。2008年，县域全境纳入长株潭“两型社会”综合配套改革核心区，是长沙市大河西“先导区”建设的主战场。近年来，望城全面贯彻落实科学发展观，立足“建设省会新城区”发展定位，大力实施“工业主导、城乡统筹”发展方针，加速推进新型工业化、新型城市化、农业现代化，县域经济综合实力成功跻身“全国百强”。

普瑞温泉大酒店

WANG CHENG XIAN

WANG CHENG XIAN

望城经济开发区

春到望城

黑麋峰电站

雷锋纪念馆

伟人故里 中部明珠

宁乡治邑于三国，建县于北宋，取“安宁之乡”而得名。面积2906平方公里，人口135万，辖33个乡镇，隶属湖南省会长沙。

区位优越，交通便捷。宁乡地处湘中东北部，居长株潭通往湘中、湘西北之要冲，洛湛铁路贯通南北，石长铁路连接东西，长常高速公路及319国道横穿县境，金洲大道使宁乡与省会长沙实现无障碍快速对接，区位优势得天独厚，历来为商家必争之地。

人杰地灵，英才辈出。从三国蜀相蒋琬、宋代状元易祓、大理学家张 ，到共和国主席刘少奇、中共创始人之一何叔衡、人民司法奠基人谢觉哉，到原中国科学院院长周光召，一大批名人俊杰生于宁乡长于宁乡，为这一脉文化一方山水作了最好的诠释和注解。

物产丰饶，山水秀美。宁乡属亚热带季风气候，光热充足，土壤肥沃，粮食和生猪产量长期位居全国十强县之列，是全国闻名的“鱼米之乡”、“牲猪之乡”、“茶叶之乡”，先后被列为全国优质米、瘦肉型猪、水产品生产基地。矿产资源丰富，已探明储量的有40多种，重点开发利用的有煤、锰、硅、温泉等20多种。水利枢纽完备，县境内有沩水、乌江、楚江、靳江四条主要河流，其中沩水、靳江为湘江一级支流，楚江、乌江是沩水一级支流，黄材水库为全国三大土坝水利工程之一。奇观胜景密布，灰汤温泉水温高达89.5℃，是全国三大高温温泉之一；密印寺传承千年而不衰，为佛教禅宗五派之首；千佛洞十三奇洞洞洞相连，绵延数十公里，有如鬼斧神工；四羊方尊、人面纹方鼎等2000余件青铜国宝震惊世界，被誉为“南中国青铜文化中心”。

经济繁荣，活力迸发。近年来，宁乡始终坚持以科学发展观为指导，抓牢发展第一要务，积极探索传统农业大县向现代工业强县转变的路子，经济实力不断增强。县域经济基本竞争力挺进全国百强，跃居第73位。工业经济长足发展，楚天科技、族兴铝颜料成为国家行业标准制定企业，青岛啤酒、兆山水泥等知名企业加速发展，加加酱业、圣得西服饰等本土企业茁壮成长，工业整体实力跃升全省第二，国家级品牌数量居中部县级之首。

城镇发展提速提质，县城建成区面积24.5平方公里，人口22万，沩江两岸三洲和新城区开发如火如荼，现代山水城市初具规模；新农村建设扎实推进，广东温氏、福建超大、北京资源、泰国正大等重大企业成为带动农民致富的龙头；旅游开发持续升温，成功创建首批中国旅游强县；融城战略取得突破，全新发展平台金洲新区短短三年时间在长沙“两型”社会先导区崭露头角，碧桂园、三一重工等重大项目慕名落户，县域经济迈入全新发展阶段。

迈向三湘名院的县人民医院

—宁乡县

灰汤温泉

城市建设——沩水河畔

宁乡高档住宅区——富豪山庄

碧桂园

花明楼

青岛啤酒

超大蔬菜基地

山东省荣成市

一类开放港口——石岛港

荣成市位于山东半岛最东端，三面环海，海岸线长500公里，与韩国、日本隔海相望，是我国距离韩国最近的地区。陆地面积1495平方公里。辖两区、12镇、10个街道、826个行政村、125个居委会，66.8万人。

2009年以来，荣成市委、市政府紧紧围绕打造“城乡一体化和山东半岛蓝色经济区先行区”的战略目标，以改革开放为动力，以自主创新为抓手，建立倒排工作机制，以为求机、狠抓落实，着力改造升级传统产业、培植扶持新兴产业、做大做强支柱产业，不断丰富充实发展内涵，持续拓展提升发展外延，经济社会各项事业呈现出蓬勃向上的发展态势。2009年全市实现生产总值613.5亿元，财政总收入52.9亿元，其中地方财政收入27.7亿元。全年粮食总产量30.6万吨，水果产量13.2万吨，禽畜养殖1199万只；水产品产量108万吨，渔业总收入449亿元，水产品总产

槎山云海

《荣成月 中华情》2008中央电视台中秋晚会在荣成成功举办

日出成山头

荣成滨海生活小区

华泰车间

荣成体育馆体育场

荣成已成为山东省最大的风力发电基地之一

量连续28年位居全国县级首位；全年实际利用外资0.7亿美元，引进国内资金79亿元，外贸进出口总值22.5亿美元，其中出口创汇14.3亿美元，增长10%；现有限额以上工业企业600多家，限额以上工业增加值409亿元；接待中外游客629万人次，旅游总收入50.05亿元，分别增长25%和30%，其中境外游客30万人次，旅游创汇2亿美元。三次产业比达到8.83∶58.75∶32.42，集群经济占规模以上工业比重达到80%。全市在岗职工平均工资28827元，农民人均纯收入9900元，城乡居民储蓄余额213.5亿元；启动了新型农村养老保险试点，年满60周岁未参加城镇职工养老保险的农村居民可享受每月55元的养老保障；对50周岁以上老人实行免费查体。

被评为全国农村社区建设实验市、全国平安畅通县、全省基层组织建设先进市、全省基层党建工作先进市、省级文明城市和平安山东建设先进市。先后荣获国家生态市、国家环保模范城市、国家园林城市、中国魅力城市等称号，被授予中国人居环境范例奖。

天鹅

中国板材之乡　中国银杏之乡　中国大蒜之乡　中国石膏之乡

江苏·邳州

中共邳州市委书记　冯其谱

中共邳州市委副书记、代市长　王强

邳州位于江苏省北部，东临亚欧大陆桥东桥头堡连云港，西依历史文化名城徐州，位于徐连都市圈的中心，地理位置极为优越。全市幅员面积 2088 平方公里，辖 24 个镇，人口 161 万，是江苏省人口第二大县（市）。邳州历史悠久，境内大墩子文化遗址距今 6000 年，是江苏文明最早的起源，寨山摩崖石刻、梁王城遗址、九女墩、关帝庙等省、市级文物保护单位 68 处。历史上，邳州是兵家必争之地，楚汉相争、三国角逐、宋金交兵、台儿庄战役、淮海战役都在邳州发生的。邳州是共产主义战士王杰烈士牺牲地；是新中国年龄最小的烈士宋绮云，也就红岩小说中的小萝卜头的故乡。

2009 年，全市 GDP 达到 298.46 亿元，三次产业结构调整为 18.1：43.3：38.6；财政总收入 47 亿元，一般预算收入 19.2 亿元；全社会固定资产投资 260.2 亿元，其中规模以上工业投入 167.7 亿元；实际到账外资 9600 万美元，自营出口 3.8 亿美元；社会消费品零售总额 71.4 亿元；城镇居民可支配收入 13536 元；农民人均纯收入 7267 元，首次进入全国百强县，名列 91 位。

沙沟湖农业示范园

少林寺下院——九龙山铁富寺

国家大蒜标准化示范区

发达的电力能源产业

木质家具检测检验中心

邳州经济开发区

墨子故里——山东

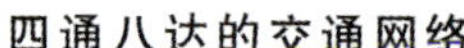
四通八达的交通网络

滕州市体育中心体育场

滕州位于山东省南部，东依沂蒙山，西濒微山湖，南与中原重镇徐州接壤，北与孔孟圣地邹城、曲阜毗邻，总面积1485平方公里，辖17个镇、4个街道，1226个行政村（居），总人口167万，是山东省人口最多的县级市。

一个历史悠久、文化底蕴深厚的城市。古为“三国五邑之地，文化昌明之邦”，境内有7300年前的“北辛文化”遗址，表明这里是中华民族最早的人类文明发祥地之一；西周时期就在此建立了滕国、薛国、小邾国三个国家；滕州名士辈出、人文荟萃，是“科圣”墨子、“工匠祖师”鲁班、勇于自荐的毛遂、招贤纳士的孟尝君、人类造车鼻祖奚仲的故里。

一个区位优越、交通方便快捷的城市。地处淮海经济区和鲁南经济带中心位置，104国道、京福高速公路、京沪铁路、京杭大运河和正在建设的京沪高速铁路穿境而过、纵贯南北。特别是京沪高铁明年建成通车，滕州居于中间位置，到上海两个半小时、到北京两个小时，进一步融入两大都市圈。

一个资源丰富、风景优美宜人的城市。矿产资源丰富，已探明的矿产资源30余种，其中煤炭储量近60亿吨，是全国有名的能源基地。电力资源充足，全年供电量为30亿千瓦时。水资源充沛，境内水资源总量7亿立方米，是北方有名的富水区。人文古迹荟萃，自然风光秀美，风景名胜众多，享有“墨子故里、江北水乡”的美誉。滕州先后被评为“中国文化旅游名城”、“山东省最具竞争力旅游强县”、“山东省县域旅游品牌十强县”。

一个经济繁荣、结构不断优化的城市。农业基础良好，平畴沃野，林茂粮丰，被国家确定为商品粮基地、优质蔬菜基地、“中国马铃薯之乡”。工业产业集群加速发展，培植形成了机械制造、煤化工、能源、食品医药、新型建材、轻纺六大支柱产业和电子信息、太阳能、汽车配套三大新兴产业。招商引资成果显著，2009年全市共引进各类外来投资项目410个，实际利用市外资金210亿元，增长

滕州市

全国面积最大的国家级湿地公园、国家级水利风景区——滕州微山湖湿地公园

25.5%；实际利用境外资金7455万美元，增长48.2%，成功引进世界500强企业2家、国内500强企业4家。服务业繁荣活跃。2009年，服务业增加值完成190.7亿元，占GDP的比重达到35%；社会消费品零售总额实现165.4亿元，增长19%。

一个宜商宜居、发展环境优良的城市。城市基础设施完善，供水、供热、供电、通讯设施配套齐全，生态环境良好，城市建成区面积发展到43.7平方公里，城市化水平达到45%，滕州先后被评为“省级文明城市”、“省级历史文化名城”、“省级园林城市”、“省级环保模范城”。

一个社会和谐、人民安康幸福的城市。覆盖城乡的十大保障制度不断完善。在全省县级市率先推行全民医疗保险和全民养老保险，城镇居民医疗保险参保人数达到12.1万人，新型农村合作医疗参合率达到100%。城镇失业率控制在3.1%以内，全面消除零就业家庭。21个镇街均建立了高标准的敬老院。城乡低保实现应保尽保，被评为全省低保规范化建设先进单位。

和谐号动车组

总投资131亿元的新能凤凰（滕州）能源有限公司

广东省博罗县

生态农业基地湖镇一隅

博罗县位于广东省东南部，珠江三角洲东北端，东江中下游北岸。岭南文明古县之一，秦时置县，距今已有 2200 多年历史。全县总面积 2858 平方公里，辖 17 个镇，户籍人口 80 万，外来人口 40 万。

近年来，博罗以建设"统筹城乡协调发展示范县"为目标，全面推动经济社会又好又快发展，荣获了"全国双拥模范县"、"全国粮食生产先进县"、"全国荔枝产业十强县"、"全国农业综合开发先进县"、"全国水果生产百强县"、"全国农村社区建设实验县"、"全国电子信息产业基地"、"广东林业生态县"等荣誉称号，2009 年位列全国百强县第 92 位。

博罗区位优越，东连惠州市区，西接广州，北接河源、龙门，南与东莞隔江相望。县城距惠州市区 15 公里，距广州、深圳 80 公里。交通发达，广惠、惠河高速公路贯通全县，拥有高速公路 108 公里和 10 个互通口，成为广东省高速公路里程最长的县之一；京九铁路和广梅汕铁路途经博罗并设有两个货运站；324 国道、205 国道纵贯全县，博罗公路通车里程 2895.5 公里，公路密度每百平方公里达 103 公里。

博罗境内青山绿水，生态环境良好，在珠三角区域中是无可比拟的。国家 4A 级景区罗浮山是全国道教十大名山之一，素有"岭南第一山"的美称，并正在创建国家 5A 级景区；国家级自然保护区象头山是著名的生态休闲旅游胜地，还有缚娄古国遗址等一大批名胜古迹。全县森林覆盖率达 50%以上，被评为广东省林业生态县，是珠三角大工业圈的"绿肺"和绿洲。2009 年，提出"生态强县"理念，坚持以人为本、生态优先，大力发展生态经济，加快推进总长 100 公里的省立绿道 3 号和 5 号线建设，并在县内延伸成绿道网，连通全县各镇，着力打造珠三角中心花园，巩固和强化博罗在珠三角核心地区的生态优势地位，努力把生态优势转化为发展优势。

“生态示范镇”横河镇一景

博罗体育中心夜景

新建成的省运会场馆之一——博罗县体育中心

风光秀美、装机容量 240 千瓦的惠州抽水蓄能电站

生态型企业——景田百岁山矿泉水厂区外景

内蒙古鄂温克族自治旗

中共鄂温克族自治旗委书记　姚庆

鄂温克族自治旗人民政府旗长 色音图

鄂温克族自治旗是我国三个少数民族自治旗之一，位于内蒙古自治区东部，大兴安岭西侧，呼伦贝尔大草原东南部。自治旗以鄂温克族为主体、由蒙古、汉、达斡尔等 24 个民族组成，总人口 14.42 万，土地总面积 19111 平方公里，辖 4 个镇、1 个民族乡和 2 个苏木。有两个国家级自然保护区：辉河湿地生态自然保护区和红花尔基樟子松自然保护区。自治旗先后荣获全国文化先进县、全国体育先进县、全国民族体育模范先进集体、全国残疾人工作先进旗、全国民族团结进步模范单位、全国封山育林先进单位、全国关心下一代工作先进集体、全国森林病虫害防治先进单位、全国中蒙医先进县、中国旅游强县等荣誉称号、全国歌舞艺术之乡。在第九届全国县域经济与科学发展评价中，列中国西部百强县第 66 位。

华能伊敏煤电公司

鄂温克瑟宾节

牧民民歌演唱会

枪银碗表演

辉河湿地保护区

灌草混播网格状治沙带

银色世界

中国县域经济年鉴

CHINA COUNTY-LEVEL ECONOMY YEARBOOK

2010

主编

刘福刚　孟宪江

社会科学文献出版社

图书在版编目（CIP）数据

中国县域经济年鉴．2010/刘福刚，孟宪江主编．—北京：社会科学文献出版社，2010.12

ISBN 978-7-5097-1925-1

Ⅰ.①中… Ⅱ.①刘… ②孟… Ⅲ.①县-地区经济-中国-2010-年鉴 Ⅳ.①F127-54

中国版本图书馆 CIP 数据核字（2010）第 215951 号

中国县域经济年鉴（2010）

主　　编／刘福刚　孟宪江
著　　者／《中国县域经济年鉴》编辑部（http://www.china-county.org）

出 版 人／谢寿光
总 编 辑／邹东涛
出 版 者／社会科学文献出版社
地　　址／北京市西城区北三环中路甲 29 号院 3 号楼华龙大厦
邮政编码／100029
网　　址／http://www.ssap.com.cn
网站支持／（010）59367077
责任部门／皮书出版中心（010）59367127
电子信箱／pishubu@ssap.cn
项目经理／邓泳红
责任编辑／周映希　田玉荣
责任印制／董　然　蔡　静　米　扬

总 经 销／社会科学文献出版社发行部（010）59367081　59367089
经　　销／各地书店
读者服务／读者服务中心（010）59367028
排　　版／方圆设计
印　　刷／北京画中画印刷有限公司

开　　本／880mm×1230mm　1/16
印　　张／28.5
插图印张／16
字　　数／758 千字
版　　次／2010 年 12 月第 1 版
印　　次／2010 年 12 月第 1 次印刷

书　　号／ISBN 978-7-5097-1925-1
定　　价／380.00 元（精装）

县域经济专家学者

艾　丰　　《经济日报》原总编辑、中国发展研究院院长
丁学东　　国家财政部副部长
曾业松　　中共中央党校研究室副主任、研究员
黄守宏　　国务院研究室司长
叶兴庆　　国务院研究室司长
陈剑波　　中央财经领导小组办公室副局长、研究员
李　铁　　国家发展和改革委员会小城镇中心主任
王一鸣　　国家发展和改革委员会宏观经济研究院副院长、研究员
马晓河　　国家发展和改革委员会宏观经济研究院副院长、研究员
张红宇　　农业部政策法规司司长、研究员
宋洪远　　农业部农村经济研究中心主任
张晓山　　中国社会科学院农村发展研究所所长
陈　凡　　中国政策科学研究会副秘书长
肖金成　　中国区域经济学会副会长
　　　　　国家发改委国土开发和地区经济研究所副所长
柯柄生　　中国农业大学校长
陈秀山　　全国经济地理学会会长
　　　　　中国人民大学区域经济与城市管理研究所所长
温铁军　　中国人民大学农业与农村发展学院院长
陈建光　　国家农业部产品加工局研究员
张占斌　　国家行政学院经济学部副主任、教授
周金堂　　中国井冈山干部学院副院长、教授、研究员

主编

刘福刚　　中郡县域经济研究所所长
　　　　　县域经济基本竞争力与县域科学发展评价中心主任
孟宪江　　《经济日报》管理部主任

《中国县域经济年鉴》编辑部

刘福刚　　孟宪江　　范广伟　　郝振峰　　朱金钢
黄宏清　　陈海鹏　　张建卿　　王　辉　　宋元生

协作单位

安徽省加快县域经济发展领导小组办公室
甘肃省区域经济与社会发展研究会
广东省县域经济研究与发展促进会
广西县域科学发展工作领导小组办公室
广西县域经济研究会
贵州省建设经济强县领导小组办公室
河南省政府发展研究中心
黑龙江省县域经济工作领导小组办公室
湖北省经济委员会
湖北省县域经济研究会
湖南省县域经济工作领导小组办公室
湖南省县域经济研究会
吉林省县域突破办公室
辽宁省农村工作领导小组办公室
辽宁省区域经济研究会
山东省加快县域经济发展领导小组办公室
山东县域经济研究会
山西省县域经济发展领导组办公室
山西省县域经济促进会
陕西省县域经济社会发展领导小组
四川省县域经济学会
云南省县域经济发展协调小组办公室
重庆市发改委区县经济发展办公室

县域经济观察家

林绪文　　中共安徽省无为县委书记
张祖武　　安徽省无为县人民政府县长
林万明　　中共福建省惠安县委书记
许荣勇　　中共福建省龙海市委书记
骆国清　　中共福建省南安市委书记
陈荣法　　福建省南安市人民政府市长
徐志彪　　中共广东省增城市委书记
叶牛平　　广东省增城市人民政府市长
王西冀　　中共广西壮族自治区田东县委书记
王　军　　广西壮族自治区田东县人民政府县长
刘　剑　　中共贵州省盘县县委书记
房国兴　　中共贵州省仁怀市委书记
许胜高　　河南省渑池县人民政府县长
尚英照　　中共河南省偃师市委书记
刘尚进　　河南省偃师市人民政府市长
张松林　　中共河南省义马市委书记
吴孟铎　　中共河南省永城市委书记
张锡才　　中共黑龙江省肇东市委书记
张亚忠　　黑龙江省肇东市人民政府市长
荣绪俭　　湖北省大冶市人民政府市长
宋文豹　　中共湖北省宜都市委书记
庄光明　　湖北省宜都市人民政府市长
杨懿文　　中共湖南省长沙县委书记
黎石秋　　中共湖南省宁乡县委书记
黎春秋　　湖南省宁乡县人民政府县长
黄佳惠　　中共湖南省望城县委书记
谭小平　　湖南省望城县人民政府县长
金永默　　中共吉林省延吉市委书记
赵哲学　　吉林省延吉市人民政府市长
王　翔　　中共江苏省常熟市委书记
倪　峰　　中共江苏省大丰市委书记
陈　平　　江苏省大丰市人民政府市长
裔玉乾　　江苏省丹阳市人民政府市长

县域经济观察家（续）

祈　彪　　中共江苏省东台市委书记
葛启发　　江苏省东台市人民政府市长
曹　斌　　中共江苏省海门市委书记
姜　龙　　江苏省海门市人民政府市长
朱民阳　　中共江苏省江阴市委书记
王锡南　　江苏省江阴市人民政府市长
冯兴振　　中共沛县县委书记、人民政府县长
冯其谱　　中共江苏省邳州市委书记
王　强　　江苏省邳州市人民政府代市长
周铁根　　中共江苏省如东县委书记
詹立风　　江苏省如东县人民政府县长
陈惠娟　　中共江苏省如皋市委书记
张兆江　　中共江苏省泰兴市委书记
高亚梓　　江苏省泰兴市人民政府市长
蒋洪亮　　中共江苏省宜兴市委书记
王中苏　　江苏省宜兴市人民政府市长
肖玉文　　中共江西省南昌县委书记
牛学兴　　中共新疆维吾尔自治区阿克苏市委书记
王立群　　辽宁省大石桥市人民政府市长
刘胜军　　辽宁省东港市人民政府市长
王　潜　　中共辽宁省海城市委书记
项世伟　　辽宁省海城市人民政府市长
魏俊星　　中共辽宁省开原市委书记
张跃良　　中共辽宁省普兰店市委书记
杨增海　　辽宁省普兰店市人民政府市长
刘兴伟　　中共辽宁省瓦房店市委书记
赵　阳　　辽宁省瓦房店市人民政府市长
徐宝华　　中共辽宁省新民市委书记
焦正家　　中共辽宁省庄河市委书记
宫秉祥　　中共内蒙古自治区霍林郭勒市委书记
徐　辉　　内蒙古自治区霍林郭勒市人民政府市长
张　平　　中共内蒙古自治区乌审旗委书记
杨　博　　中共内蒙古自治区伊金霍洛旗委书记

县域经济观察家（续）

潘志峰　　中共内蒙古自治区准格尔旗委书记
马　凯　　中共宁夏回族自治区贺兰县委书记
方　仁　　宁夏回族自治区贺兰县人民政府县长
李建军　　中共宁夏回族自治区灵武市委书记
陈淑惠　　宁夏回族自治区灵武市人民政府市长
蒋文龄　　中共宁夏回族自治区平罗县委书记
仇旭辉　　宁夏回族自治区平罗县人民政府县长
高万金　　中共宁夏回族自治区青铜峡市委书记
冀晓翀　　宁夏回族自治区青铜峡市人民政府市长
夏夕云　　中共宁夏回族自治区永宁县委书记
丁建懿　　宁夏回族自治区永宁县人民政府县长
张兴斌　　中共宁夏回族自治区中宁县委书记
左新波　　宁夏回族自治区中宁县人民政府县长
初建波　　中共山东省博兴县委书记
任晓旺　　中共山东省茌平县委书记
吴建民　　中共山东省高密市委书记
赵豪志　　中共山东省广饶县委书记
王立胜　　中共山东省青州市委书记
孙忠礼　　山东省青州市人民政府市长
王忠林　　中共山东省滕州市委书记
张旭光　　中共山西省孝义市委书记
郭保平　　山西省孝义市人民政府市长
张乃卫　　中共陕西省凤县县委书记
李智远　　陕西省凤县人民政府县长
张惠荣　　中共陕西省府谷县委书记
王效力　　陕西省府谷县人民政府县长
马宏玉　　中共陕西省榆林市委常委、靖边县委书记
李永奇　　陕西省靖边县人民政府代县长
张忠堂　　中共陕西省高陵县委书记
赵寅科　　陕西省高陵县人民政府县长
曹明周　　中共陕西省黄陵县委书记
呼世杰　　陕西省黄陵县人民政府县长
雷正西　　中共陕西省神木县委书记

县域经济观察家（续）

黄建军　　陕西省神木县人民政府县长
冯振东　　中共陕西省吴起县委书记
王彦龙　　陕西省吴起县人民政府县长
肖荣华　　中共四川省泸县县委书记
朱　华　　四川省泸县人民政府县长
高志坚　　中共四川省双流县委书记
李　俊　　四川省西昌市人民政府市长
巫　敏　　中共四川省新津县委书记
李树勇　　中共云南省安宁市委书记
武　昌　　中共浙江省景宁县委书记
潘孝政　　中共浙江省乐清市委书记
邵　毅　　中共浙江省临安市委书记
谭志桂　　中共浙江省诸暨市委书记
王继岗　　浙江省诸暨市人民政府市长

（注：排名以所在单位汉语拼音为序）

目　录

第一部分　中国县域经济基本竞争力与县域科学发展评价

第二部分　中国县域经济动态

第三部分 中国县域经济论坛

第四部分　中国县域经济推荐

第一部分
中国县域经济基本竞争力与县域科学发展评价

全国县域经济基本竞争力与县域科学发展评价体系日趋完善

郡县治，天下安。

“科学发展观”赋予“郡县治，天下安”新的历史性内涵。

县是我国经济、社会、政治、文化等功能比较完备的行政区划单元，在全面建设小康社会的进程中，在实践科学发展观的活动中，是统筹发展的主体和客体的统一体，是最直接、最有效的操作平台。

科学发展评价助推科学发展。

建立完善的科学发展评价体系对推动县域科学发展意义重大。通过十年来的探索，全国县域经济基本竞争力与县域科学发展评价体系日趋完善。

一、全国县域经济基本竞争力与县域科学发展评价体系探索过程

中郡县域经济研究所成立于1998年，是一家专门从事全国县域经济研究和服务的独立性研究所，被称为“中国县域经济第一所”。全国县域经济基本竞争力与县域科学发展评价工作开始于2000年，其探索过程大致经历了体系建设、体系改进和体系完善三个阶段。

1.2000年到2006年，第一届到第六届，体系建设阶段

进行全国县域经济基本竞争力评价。

进行县域经济基础性研究，发表的文章主要有《正确认识和把握县域经济内涵》、《科学规范县域经济单位》、《壮大县域经济是一个新思维》、《壮大县域经济是一个系统工程》、《壮大县域经济是推动“市管县”体制改革的新动力》”等。

主要目的是引导全社会来关注县域经济，为全国县域经济发展提供一个动态的、相对的参照坐标，营造一个“比学赶帮超”的竞争氛围，推动县域经济发展。

2.2007年到2009年，第七届到第九届，体系改进阶段

进行全国县域经济基本竞争力评价＋区域经济强县统筹发展组团研究＋居民收入水平比较（县域相对富裕程度评价）＋县域科学发展环境评价。

提出“县域经济发展进入在社会主义市场经济体制下实践科学发展观的新时期”的观点。倡导县域经济科学发展要加快向县域（包括县域经济、县域社会、县域文化、县域政治、县域生态等）科学发展转变。

总结了《新时期县域经济科学发展范例与新模式》(2008年6月由中央党校出版社出版发行)，推出新时期县域经济科学发展三大新模式，即以城乡统筹为内涵的“双流模式”、以区域统筹为内涵的“增城模式”、以提高幸福指数为内涵的“江阴模式”。

3.2010年，第十届，进入体系完善阶段

进行全国县域经济基本竞争力评价＋区域经济强县统筹发展组团研究＋县域相对富裕程度评价＋县域相对绿色指数评价＋县域幸福指数为主要内涵的科学发展人文环境评价。

主要目的是一加快县域经济发展；二避免非正常竞争，促进区域协作；三强县富民要一致；四促进县域经济社会发展与环境相协调；五促进县域经济、社会、文化、政治、生态等全面、协调、可持续的科学发展；六发挥中央、省、市、县等多方力量，统筹推进县域科学发展。

将县域经济基本竞争力与县域科学发展评价结合起来，完善评价体系。在以后的评价中将进一步完善县域科学发展人文环境评价，特别是着重进行“县域幸福指数”的专项调查。

二、全国县域经济基本竞争力与县域科学发展评价体系内涵

全国县域经济基本竞争力与县域科学发展评价体系包括县域经济基本竞争力评价和县域科学发展评价两个组成部分，两者有所侧重、有所区别、相对独立、相互联系、相互促进，县域经济

与县域相关联，量与质相统一，物质与精神相结合，自然与人文相和谐，动力和目标相一致。县域经济是县域的重要组成部分，县域科学发展是县域经济科学发展的约束条件，全面评价和考察县域经济与县域科学发展情况，促进县域经济又好又快发展，促进县域全面、协调、可持续科学发展。

评价指导思想：一是壮大县域经济；二是建设“富裕县域”、“绿色县域”和“幸福县域”，提高富裕程度、绿色指数和幸福指数；三是统筹推进县域科学发展。简称“一壮大三提高，科学评价助推科学发展”。

县域经济基本竞争力与县域科学发展评价体系是一个比较完善的评价体系，体现了县域科学发展的多样性和科学发展的丰富内涵。

1．完善县域经济与县域科学发展评价体系是一个探索过程

县域经济与县域科学发展是一个系统工程，县域经济与县域科学发展评价也是一个系统工程；县域经济与县域科学发展是一个探索过程，县域经济与县域科学发展评价也是一个探索过程；对县域经济与县域科学发展规律的认识不断深入，使县域经济与县域科学发展评价体系不断完善。

县域经济发展进入新时期，新时期的市场经济体制条件下实践科学发展观为“郡县治，天下安”赋予新的历史性内涵。

县域经济基本竞争力是采用公开的、客观的、可比的、核心的县域经济数据对全国所有县市进行评价，评价结果以强弱排序增加可较性，促进发展；县域科学发展评价采用客观数据与调查分析相结合的方式评价，评价结果分等级分类型，不强调排序，利于促进统筹。县域经济基本竞争力与县域科学发展评价的探索过程就是一个促进县域经济与县域科学发展的过程。县域经济与县域科学发展评价系统示意图见图1。

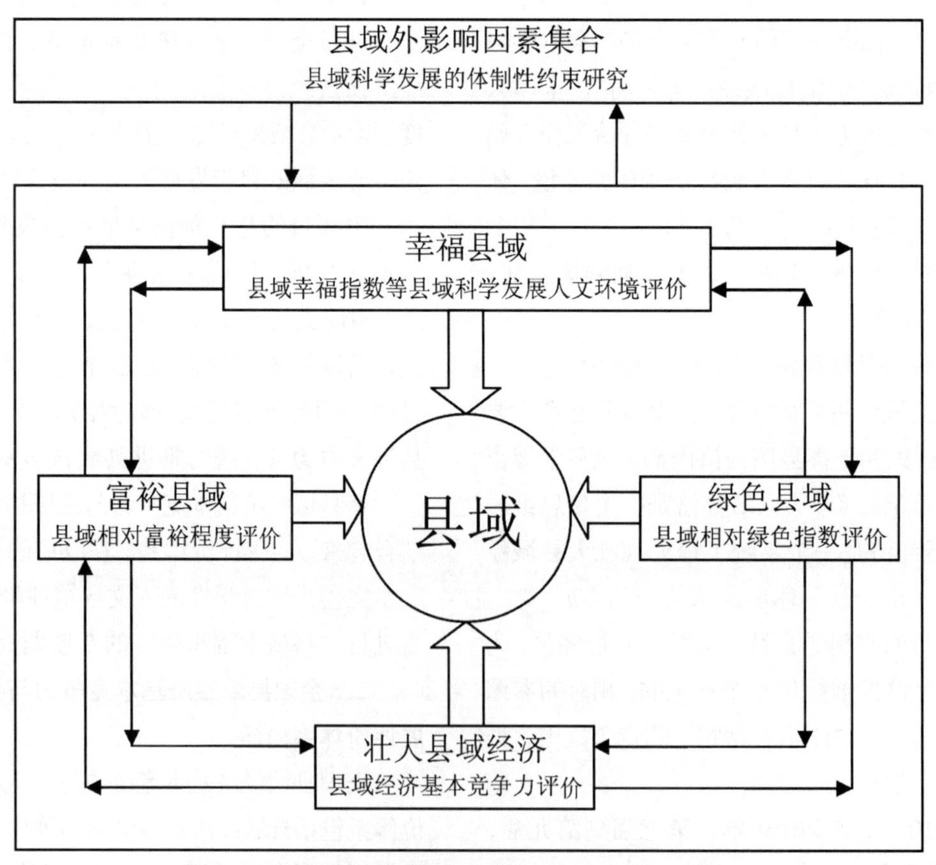

图1 县域经济与县域科学发展评价系统示意图

2．强调壮大县域经济

县域经济之所以被广泛关注，主要原因就是县域经济的差异性，就是在建设全面小康社会的进程中，县域经济是“弱的一元”，是一条“短腿”。全国县域经济总量占到全国经济总量的50%，而县域人口超过70%，县域人均地区生产总值是全国平均数的70%，是全国中心城区的50%；再者县域经济间差异性也非常大，全国人均地区生产总值最高100县的平均值是最低100个县的平均值的15倍以上。

由于县域发展的巨大差异性、县域科学发展的内涵丰富性和对县域科学发展规律的认识递进性，县域科学发展评价现阶段只能做到相对的、基本的、核心的评价和把握，把握县域科学发展的主流和趋势，引导和推动县域经济和县域在科学发展的大道上勇往直前。

应该将壮大县域经济提高到一个基础性、战略性的高度来认识，壮大县域经济是解决“三农”问题、推进城镇化的工作抓手。没有县域经济加快发展，建设全面小康社会的任务就不可能实现。

壮大县域经济在县域科学发展中地位重要。壮大县域经济为县域统筹发展提供坚实的物质基础，增强县域科学统筹能力。县域的发展不能“等靠要”，要发挥县域发展的主动性和积极性。同时，壮大县域经济为全国统筹工作提供了条件和可行性。

县域经济基本竞争力评价为全国所有县市提供了一个动态的相对的参照坐标，营造一个县域经济发展的“比学赶帮超”的氛围，推动县域经济竞相发展。

3．强调强县富民一致性

全国县域经济的差异性非常大，在面积上，大的有几万平方公里，小的只有几百平方公里；在地形上，有高原山区，有丘陵，有平原，有海岛；在人口上，多则超过200万人，少则不到1万人；在资源禀赋上，有富集煤炭、石油、天然气、金属矿藏的资源优势县，有地下无矿藏、地上无良田又缺少资金和人才的劣势县；在产业上，有的是工业主导，有的是农业主导，有的是旅游和商贸主导；在发展水平上，有相对发达的东部沿海县，有相对落后的西部山区县。

根据资源环境承载能力、现有开发密度和发展潜力，统筹考虑未来我国人口分布、经济布局、国土利用和城镇化格局，将国土空间划分为优化开发、重点开发、限制开发和禁止开发四类主体功能区，按照主体功能定位调整完善区域政策和绩效评价。

根据主体功能区来统筹发展还不够，还需要建立以人为本的以富裕程度为尺度的统筹机制。不管县域经济的差异性有多大，不管县域处在什么样的主体功能区，生活在每块国土的社会主义公民应该享受到均等化的富裕程度和社会文明。县域经济发展就要满足人民日益增长的物质和精神的需要，提高富裕程度。

县域经济发展要做到“强县”和“富民”一致性。“富民”的“强县”才具有生命力。“强县富民”不仅是发展县域经济的动力源，也是推动县域经济发展方式转变的重要力量。

4．突出绿色县域建设，促进经济社会与生态环境协调、可持续发展

现阶段，推动县域经济社会与生态环境协调、可持续发展成为一个紧迫的重大课题。县域经济发展不能走“先污染后治理”的老路，要走新型工业化和城镇化道路，要走科技含量高、经济效益好、资源消耗低、环境污染少、人力资源优势得到充分发挥的道路。

建设绿色县域是一个综合性概念，涉及新型工业化和城镇化中相关工作，包含绿色经济、生态保护、宜居环境、两型社会、低碳经济等内容，增强分析经济发展的成绩与代价、产出与投入、节能减排等工作能力，加强技术进步和统筹发展等工作手段。

县域经济要在激烈的工业化和城镇化的竞争态势中保持“绿色”。县域经济要发挥后发优势，学习区域经济发展经验，少走弯路，又好又快发展。一是注重规划，制定区域规划、产业规划、城镇规划等，加大工业园区建设，形成产业集中集聚集约效应；二是注重功能区建设，将县域划分不同功能区，统筹发展，可拓展县域经济可持

续发展空间；三是注重城乡统筹，将城市文明与乡村文明、工业文明与农业文明有机结合起来；四是注重环境生态建设，在招商引资、项目建设中能主动选择污染少的合适项目。

绿色环境、绿色宜居与绿色经济同样重要。保护大气环境，保护水环境，提高绿化覆盖率，搞好生活垃圾处理，人民生活更加宜居。建设绿色也是发展生产力。

建设绿色县域，进行县域相对绿色指数评价，强化县域经济科学发展的约束条件，推动县域经济发展方式转变。

5.着重开展以“幸福指数”为主要内涵的县域科学发展人文环境评价

我们在进行县域经济与县域科学发展评价中，除上述提到的县域经济基本竞争力评价、县域相对富裕程度评价、县域相对绿色指数评价等评价外，还将进行县域科学发展人文环境评价。县域科学发展人文环境主要是指县域的先进文化和人的全面发展，包括社会安定和谐、人民满意幸福等。县域科学发展人文环境作为精神层面和上层建筑将对县域经济和县域科学发展提供强大的推动力量。县域科学发展人文环境是县域经济与县域科学发展的约束性因素，这些约束性因素反作用于并要求县域经济与县域需要科学发展。

县域科学发展人文环境评价依据现有的国家有关部门开展的针对县域的有关考核信息和将要开展的人民满意度和幸福指数调查信息来进行。在“县域科学发展人文环境”中，“县域幸福指数”工作是一个核心内容。幸福是人类永恒的理想，实现人民幸福是党和政府的历史使命。县域幸福指数反映出人民满意度，反映了县域经济、县域社会、县域文化、县域生态、县域政治的方方面面，体现了县域经济与县域科学发展的综合性。县域幸福指数将通过专项社会调查的方式进行。下一步，将着重研究和开展县域幸福指数的调查工作。

6.评价特点和原则

评价特点：公开、客观、可比。县域经济基本竞争力评价采用公开的县域经济基本核心数据，数据来源于政府工作报告、统计公报、统计年鉴等公开资料；评价结果客观可比，为全国省市区、县市旗提供了一个动态的、相对的参照坐标。

评价原则：“三不原则”，即不收费、不发证、不授牌。

7.评价对象

（1）全国县域经济基本竞争力评价对象

全国县域经济基本竞争力评价对象是全国所有县（市）。采用公开数据，对全国所有县（市）都进行县域经济基本竞争力评价。截止到2009年12月31日，全国县域经济单位共有2001个，其中县级市366个、县1463个、自治县117个、旗49个、自治旗3个、特区2个、林区1个。

由于我国行政区划和“市制”问题，县级市辖区将单列进行评价。

（2）县域相对富裕程度评价、县域相对绿色指数评价和县域科学发展人文环境评价对象

县域相对富裕程度评价、县域相对绿色指数评价和县域科学发展人文环境评价对象首先是百强县，然后是相关工作比较突出的县市，最后推广到全国所有县（市）。

全国百强县是全国县市的突出代表，具有强大的“集聚效应”、“区域崛起效应”和“科学发展示范效应”，因此做好全国百强县的“县域科学发展评价”将为全国县（市）科学发展提供航标性的“参照样本”，促进县域经济与县域科学发展。

8.县域经济基本竞争力评价与县域科学发展评价相结合，全面评价县域科学发展

县域经济基本竞争力评价与县域科学发展评价相结合，构成县域科学发展评价的完整体系。县域经济竞争力评价更加关注县域经济的区域经济属性，主要是对县域经济方面的评价，评价结果揭示的是区域经济发展非均衡现象，考察的是县域经济强县的空间分布和发展规律。县域经济发展的规模大小、速度快慢在很大程度上与县域的资源秉赋、地理区位、人文历史、发展基础甚至外部政策相关联，具有一定的客观性。全国县域经济强县的空间分布为金融、经贸单位的分支机构设置以及全国工业化和城镇化空间布局提供导向。

开展县域科学发展评价，将评价内容扩展到

包括县域经济在内的县域社会、县域文化、县域政治、县域生态等整个县域系统。县域科学发展评价不仅是县域的综合评价，也是县域经济的科学发展必须遵守的约束条件，比如强县富民要统一、经济社会与环境发展相协调、要以人为本，注重民生幸福，等等。

新时期县域科学发展也不单单是县域本身的科学发展，还要受县域外因素的影响，比如国家宏观政策、中心城市的带动作用、主体功能区建设等。

县域经济基本竞争力评价与县域科学发展评价相结合，构成完整的科学发展评价体系。科学发展评价助推科学发展。

9．构建县域经济与县域科学发展评价体系具有现实意义

(1) 县域经济基本竞争力评价的历史意义在于：一是开创了全国县域经济竞争力研究和评价的先河；二是积极地引导了全社会对县域经济的关注和重视；三是为全国所有县市提供了一个动态的、相对的参照坐标，营造了县域经济的“比学赶帮超”的发展氛围，极大地促进了县域经济大发展；四是为探索县域经济发展规律提供了非常有益的帮助。

(2) 县域经济基本竞争力与县域科学发展评价体系建立和完善是认识县域经济发展规律和县域科学发展评价的一大进步。

首先，县域经济基本竞争力评价与县域科学发展评价相结合可以从思想上更好地推动县域经济又好又快发展。县域经济是一个比较新的概念。有些人错误地把 “县域经济”与“县域”等同，容易引起误导。“县域经济”与“县域社会”、“县域政治”、“县域生态”等概念的内涵和外延是不同的，应当正确把握。将“县域经济”概念泛化、万能化，不利于探索县域经济规律，不利于科学指导县域经济工作，不利于县域经济的科学发展。

其次，县域经济基本竞争力与县域科学发展评价相结合为整个县域的社会、经济、政治、生态等方面评价以及省市区对县（市）领导的考核提供了新思路。县域经济发展进入新时期，科学评价才能促进科学发展。体现科学发展观的“全面评价”不是“归一评价”，在没有把握指标规律的情况下，不能把所有指标简单的累加归一，否则得到的结果没有可比性和现实意义。在对县域经济的基本指标进行评价排列的同时，要对与县域经济相关联并起到科学性约束的县域发展的指标进行分类、分等级单独评价，体现“又好又快”思想。实际工作中既能抛弃计划经济体制下的“简单划一”思想，又能使用多个评价尺子，更能说明问题，更具有针对性，更能发挥相关部门的积极性，更能做好各方面的工作。

最后，县域经济基本竞争力与县域科学发展评价相结合为县域经济转变发展方式和政府转变管理方式提供新思维和新机制。在“富裕县域”、“绿色县域”和“幸福县域”的约束下壮大县域经济，建立起县域经济转变发展方式的新机制。县域经济要转变发展方式，政府的管理方式也要转变。国家的管理事务要以县域（或工作区）为单元、进行分类别、等级化管理，再制定最基本的保障性等级，可以体现市场经济体制下的法制规范化的要求，体现“以人为本”的理念，又能体现国家管理更加科学化的进步。

三、全国县域经济基本竞争力与县域科学发展评价实证研究

1．全国县域经济基本竞争力评价

县域经济基本竞争力可以简要地理解为县域经济单位进行资源优化配置取得某些竞争优势的能力。县域经济基本竞争力体现的是县域经济单位在资源利用、产品开发、技术创新、市场开拓及服务中具有的与其他区域经济主体竞争的竞争优势。

全国县域经济的基本竞争力评价采用县域经济公开的、基本的、综合的、可比的数据来进行评价，评价数据的获取和客观性的核实可以进行，评价结果客观可比，县域经济基本竞争力基本上反映出县域经济竞争力。

(1) 县域经济基本竞争力评价体系

县域经济基本竞争力评价指标分总量、均量和速度三类 12 个指标，见表 1。

表1 县域经济基本竞争力评价指标体系

<table>
<tr><td rowspan="4">总量</td><td colspan="2">人口</td><td>1</td></tr>
<tr><td colspan="2">城镇化率</td><td>2</td></tr>
<tr><td colspan="2">地区生产总值</td><td>3</td></tr>
<tr><td colspan="2">地方财政一般预算收入</td><td>4</td></tr>
<tr><td rowspan="4">均量</td><td rowspan="2">经济均量</td><td>人均地区生产总值</td><td>5</td></tr>
<tr><td>人均地方财政一般预算收入</td><td>6</td></tr>
<tr><td rowspan="2">居民收入</td><td>农民人均纯收入</td><td>7</td></tr>
<tr><td>城镇居民人均可支配收入</td><td>8</td></tr>
<tr><td rowspan="4">速度</td><td rowspan="2">经济
增长速度</td><td>地区生产总值增长速度</td><td>9</td></tr>
<tr><td>地方财政一般预算速度</td><td>10</td></tr>
<tr><td rowspan="2">居民收入
增长速度</td><td>农民人均纯收入增长速度</td><td>11</td></tr>
<tr><td>城镇居民人均可支配收入增长速度</td><td>12</td></tr>
</table>

（2）县域经济基本竞争力评价体系说明

评价体系简洁明了。体现了“大道至简”的思想和评价的基本原则——指标真实、客观、可比，指标规律可以把握或大致可以把握，评价对象的范围有针对性，评价结果有确切导向性，评价工作具有可行性和连续性。由于全国县域经济差异性大，且县域是一个复杂的系统，所以影响因素众多；由于对影响县域科学发展的指标规律需要把握，因此对县域经济竞争力的评价采用县域经济的基本的核心数据来进行。

经济结构指标。县域经济基本竞争力评价指标体系中没有经济结构性指标，如非农产业比重、经济密度、进出口额与GDP的比例，等等。因为在全国范围内，这些指标与竞争力的规律没有把握或者没有可比性。由于县域经济的差异性非常大，有些指标没有统一规律。如进出口额与地区生产总值的比值反映的是外贸依存度，处在东部与处在中西部的县表现不一样，相当多的中西部县没有大的外贸需求，这些县的资源配置可能在国内就可以完成。再如非农产业比，由于县域经济是特色经济，“宜工则工、宜农则农、宜商则商、宜游则游”，粮食大县也有存在的必要。有些指标（比如经济密度等）对县域经济竞争力的影响是正相关或是负相关需要深入研究。

评价指标多少的问题。县域经济竞争力评价指标多不一定就好，评价结果不一定就正确。一是竞争力本身就没有唯一的标准，仁者见仁，智者见智；二是在每个指标与竞争力以及指标之间的规律没有把握的情况下，众多的指标放在一起，得到的竞争力就不确切。评价工作在缩小评价对象范围的情况下，采用比较多的指标是可行的。

评价与考核。全国县域经济基本竞争力评价是评价，不是考核。现在，全国许多省份结合省情和特点，结合领导发展县域经济的要求，甚至结合政治和经济方面的奖惩，制定并实施县域经济综合考核。

评价必须保持连续性。县域经济基本竞争力评价结果主要反映现在状态，辅以反映未来，反映的主要是现在竞争力强弱。一是评价指标主要是“现在完成式”的；二是通过连续几届的评价结果对比，连续的“现在完成式”可以推导大致的“未来式”，关联起来考察县域经济竞争力的现状和变化趋势。

县域经济将进行分类评价。全国县域经济的差异性非常大。县域经济应该是特色经济，县域经济发展路径也不应只有一个模式，应该百花齐放。县域经济要分类研究，分类指导，县域经济竞争力评价也要分类评价，进行完善。

2．区域经济强县统筹发展组团研究

县域是区域统筹的基本单元，是城乡统筹的最直接、最有效的操作平台。为贯彻科学发展观，结合城市群和区域发展一体化规律，进行“区域经济强县统筹发展组团”研究。

所谓“区域经济强县统筹发展组团”就是在某一区域内，地理位置相连、经济总量或县域相对富裕程度相当、经济发展方式相近的几个经济强县组成的集合。区域经济强县统筹发展组团的提出是基于以下考虑：一是淡化相邻经济强县的非正常竞争（特别是招商引资、数据攀比等方面），促进经济强县之间的经济协作；二是促进政府转变职能，工作重点放到促进“强县富民”相统一和经济社会与环境相协调上；三是打破行政区划，推动城乡统筹和区域统筹，推动区域一体化进程；四是有利于推进城市群建设，提高整个区域的竞争力；五是促使县市在大区域中正确定位，促进县域经济的科学发展；六是促进县域经济发展方式转变。

现在比较成熟的“区域经济强县统筹发展组团”有：苏南组团（无锡江阴市、苏州昆山市、苏州张家港市、苏州常熟市）、苏中北组团（南通如皋市、盐城东台市、南通海安县、南通如东市、泰州兴化市、泰州姜堰市、盐城大丰市）、中原组团（洛阳偃师市、郑州新郑市、郑州荥阳市、郑州新密市、许昌禹州市、郑州登封市）、胶州湾组团（青岛即墨市、青岛胶州市、青岛胶南市）、莱州湾组团（烟台莱州市、烟台招远市、青岛平度市、青岛莱西市）、浙北组团（嘉兴海宁市、嘉兴桐乡市、嘉兴平湖市、湖州长兴县、嘉兴嘉善县、湖州德清县）、浙东组团（宁波宁海县、宁波象山县、宁波奉化市）。

浙北组团城乡统筹工作走在全国前列，一是县域内的城乡差距非常小，均在1.9～2.1之间，并且远低于全国的平均水平3.31。二是县域之间的差距小，县域相对富裕程度均是A+级Ⅰ类。

区域经济强县统筹发展组团是动态的，不是一成不变的。随着行政区划调整、发展定位和组团内县市发展差异性变化，组团也可能出现分化。在第十届评价中，由于行政区划调整取消了原“苏中组团”；由于组团发展差异性变化，“浙北组团”也出现了调整。

3．县域相对富裕程度评价

为了体现“以人为本”的科学发展观，做到“强县”与“富民”的统一，进行“县域经济强县”的“县域相对富裕程度”评价。

富裕程度的表达方式有许多种，例如人均地区生产总值、人均居民收入、人均城乡居民储蓄存款余额、恩格尔系数、人均用电量、受教育年限以及联合国开发计划署的综合发展指数，等等。这些指标或者简单，或者复杂，或者结果不能反映实际情况，或者操作性不强。

为了体现以人为本和可操作性，我们采用“相对富裕程度”的表达方式。县域相对富裕程度是以全国平均水平为参照坐标，考察居民收入、基本公共服务、经济发展和财政调控能力等，体现了以人为本、强国富民、统筹发展的科学发展观。

（1）县域相对富裕程度特点

一是以全国平均水平为参照坐标；二是以居民收入为主，统筹基本公共服务；三是以区域经济发展为基础；四是以财政转移支付为公共财政的主要手段。

（2）县域相对富裕程度坚持“三相对”规则

一是相对核心内涵的富裕程度。县域相对富裕程度体现了县域的富裕程度的核心部分，反映了县域发展的基本水平；二是相对全国平均水平的富裕程度。县域相对富裕程度以全国平均数为基准，反映了县域与全国平均水平的比较情况；三是相对历史发展进程的富裕程度。县域相对富裕程度与社会主义现代化时序相关联，反映了历史进程中共同富裕水平。

因此，相对富裕程度是一个动态的、相对的、基本的发展水平概念，是考察县域发展水平和文明程度的基本尺度。相对富裕程度评价工作是进行区域统筹的基础性工作，为统筹发展、实现共同富裕提供量化导向。同时我们还应注意到

共同富裕不是“同步富裕”，也不是“均等富裕”。共同富裕是目标和方向，也是发展动力。

（3）县域相对富裕程度评价指标体系

县域相对富裕程度评价指标体系包含五类三级22个指标，见表2。五类指标包括人口类指标、居民收入类指标、公共服务类指标、地区发展类指标、财政统筹类指标。在指标体系中，居民收入类和公共服务类指标构成富裕程度的居民富裕部分，地区发展类和财政统筹类指标构成富裕程度的统筹发展部分。

表2 县域相对富裕程度评价指标体系

<table>
<tr><td rowspan="2">人口类指标</td><td>总量</td><td colspan="2">人口总数</td><td>1</td><td rowspan="2">人口集合</td></tr>
<tr><td>城镇化</td><td colspan="2">城镇化率</td><td>2</td></tr>
<tr><td rowspan="7">居民收入类指标</td><td rowspan="3">收入</td><td colspan="2">城镇居民人均可支配收入</td><td>3</td><td rowspan="14">居民富裕集合</td></tr>
<tr><td colspan="2">农民人均纯收入</td><td>4</td></tr>
<tr><td colspan="2">在岗职工平均工资</td><td>5</td></tr>
<tr><td>储蓄</td><td colspan="2">人均城乡居民储蓄存款余额</td><td>6</td></tr>
<tr><td>消费</td><td colspan="2">人均社会消费品零售额</td><td>7</td></tr>
<tr><td rowspan="2">恩格尔系数</td><td colspan="2">城镇居民恩格尔系数 *</td><td>8</td></tr>
<tr><td colspan="2">农村居民恩格尔系数 *</td><td>9</td></tr>
<tr><td rowspan="7">公共服务类指标</td><td>医疗</td><td colspan="2">千人拥有医生数</td><td>10</td></tr>
<tr><td>教育</td><td colspan="2">百名普通中小学生拥有专任教师数</td><td>11</td></tr>
<tr><td>经费</td><td colspan="2">人均科教文卫事业费支出 *</td><td>12</td></tr>
<tr><td rowspan="2">双通</td><td>交通</td><td>公路里程密度</td><td>13</td></tr>
<tr><td>通讯</td><td>百人拥有电话数（固定+移动）</td><td>14</td></tr>
<tr><td rowspan="2">社会保障</td><td colspan="2">新型农村合作医疗覆盖率 *</td><td>15</td></tr>
<tr><td colspan="2">城镇基本养老保险覆盖率 *</td><td>16</td></tr>
<tr><td rowspan="3">地区发展类指标</td><td>总值</td><td colspan="2">人均地区生产总值</td><td>17</td><td rowspan="6">统筹发展集合</td></tr>
<tr><td>财政</td><td colspan="2">人均财政总收入</td><td>18</td></tr>
<tr><td>密度</td><td colspan="2">经济密度</td><td>19</td></tr>
<tr><td rowspan="3">财政统筹类指标</td><td>收入</td><td colspan="2">人均地方财政收入</td><td>20</td></tr>
<tr><td>转移</td><td colspan="2">人均财政转移支付 *</td><td>21</td></tr>
<tr><td>支出</td><td colspan="2">人均地方财政支出</td><td>22</td></tr>
</table>

注：带 * 指标为需要进一步完善指标。

(4) 县域相对富裕程度评价指标体系说明

在指标体系中，强调：

以人为本，全部以人均等均量数据，以全国平均数为基准。

突出居民收入，还统筹考虑与居民收入相关联的工资、储蓄、消费等因素。

突出居民富裕，还统筹考虑教育、医疗卫生等公共服务。

不仅强调居民收入和公共服务，还强调县域经济发展和财政统筹能力。

县域经济发展是提高县域富裕程度的物质基础，财政统筹是弥补因经济发展不足而引起的富裕程度的差异。县域经济发展和财政统筹体现了市场和政府的两种力量，发挥地方和中央两个层级在提高富裕程度和强县富民工作的两个积极性。

4. 县域相对绿色指数评价

县域相对绿色指数评价旨在推动县域经济社会与环境协调发展，促进县域经济发展方式转变。县域相对绿色指数评价包括绿色经济、绿色环境、绿色宜居和绿色调查等四部分。参照全面建设小康社会、生态县、绿化模范县、园林城市、森林城市等工作的理念和有关要求，规范出县域相对绿色指数指标体系和各指标的参照数据，综合评价全国县域相对绿色指数，并公布全国各县市的县域绿色指数大小和等级，供全国县市参照对比，促进建设绿色县域。县域相对绿色指数评价指标体系见表3。

县域相对绿色指数评价首先以全国百强县和生态、环保、绿化、卫生等工作比较突出的县（市）为对象，然后扩展到全国所有县（市）。

表3 县域相对绿色指数评价指标体系

指标		参照数据
绿色经济	工业三废处置利用率（%）	90
	单位 GDP 能耗(吨标煤/万元)	0.84
	环保投入占当年 GDP 比例(%)	3.5
绿色环境	县域森林覆盖率(%)	23
	县域空气质量好于或等于二级标准天数（天/年）	300
	县域集中式饮用水水源水质达标率（%）	100
	城镇绿化覆盖率(%)	45
	城镇人均公共绿地面积(m2)	12
绿色宜居	城镇生活污水集中处理率（%）	80
	城镇生活垃圾无害化处理率（%）	90
	农村规模化畜禽养殖场粪便综合利用率（%）	95
	农村生活垃圾集中收集处置率（%）	80
绿色调查	建设绿色县域的有关工作的综合资料	

5．以幸福指数为主要内容的县域科学发展人文环境评价

县域科学发展人文环境评价是通过收集整理国家有关部门针对县域的考核信息和开展幸福指数社会调查两个方面来进行的。收集整理国家有关部门的考核信息初步从考察社会安全、社会和谐、精神文明、政治廉洁、民主法制、文化建设等方面工作着手。现在初步纳入县域科学发展人文环境评价的信息主要有：中央社会治安综合治理委员会开展的“全国平安建设先进县市”信息、中央精神文明建设指导委员会开展的“全国文明城市”信息、文化部开展的“全国文化先进县”以及有关部门和重要媒体关注的信息。

县域科学发展人文环境评价还需要进一步完善。一是加大评价信息量，国家有关部门需要及时公开有关信息，增加透明度；二是要加强对主要媒体相关信息的收集和整理，继续建立和完善评价信息网络。三是着重开展“幸福指数”的调查活动。幸福不幸福，满意不满意，百姓说了算。通过县域幸福指数调查，形成“提高幸福指数与推动县域经济发展方式转变的良性循环”。

四、全国县域经济基本竞争力与县域科学发展评价结果说明

县域经济基本竞争力与县域科学发展评价结果可以用表4表达。

表4 全国县域经济基本竞争力与县域科学发展评价结果表达表

县域	县域经济基本竞争力			县域科学发展				
	中郡指数	竞争力动态	竞争力等级	县域相对富裕程度		县域相对绿色指数		县域人文环境
				等级	类型	等级	类型	等级
县市	R x T2001	上升	A 级	A^+级	Ⅰ类	A^+级	Ⅰ类	A^+级

1．中郡指数

中郡指数是指县域经济发展水平及县域经济基本竞争力的指数。R后的数字为县域经济基本竞争力排位数；T后的数字为在该年度评价中，参加评价的全国县域经济单位总数。参加第十届全国县域经济基本竞争力评价的县域经济单位总数为2001个。

2．竞争力动态

竞争力动态是指县域经济基本竞争力的排位在本届和上届评价中的动态变化情况。竞争力动态分上升、相对稳定、注意三种情况。

3．竞争力等级

竞争力等级是指县域经济基本竞争力的强弱等级。全国县域经济基本竞争力等级由强到弱分十个等级，即由A级到J级。从第十届开始，将全国百强县的竞争力等级从A级中特列出来，划为A^+级。

4．县域相对富裕程度等级

县域相对富裕程度等级分A^+级、A级、A^-级、B级等四级，全国相对富裕程度平均为100，各等级规范：

A^+级：125以上，全国相对富裕县域

A级：125～100，全国中等偏上县域

A^-级：100～75 ，全国中等偏下县域

B级：75以下，全国相对落后县域

A级和A^-级为全国中等水平县域。

5．县域相对富裕程度类型

县域相对富裕程度类型可以用“县域相对富裕程度类型坐标图”来分析，见图2。

县域相对富裕程度类型坐标解释：横坐标是统筹发展指数，纵坐标是是居民富裕指数。

县域相对富裕程度的类型分Ⅰ、Ⅱ、Ⅲ、Ⅳ类，各类规范：

Ⅰ类：居民富裕指数和统筹发展指数都高于全国平均水平。图2中a–c–b区域。

Ⅱ类：居民富裕指数高于全国平均水平，统筹发展指数低于全国平均水平。图2中b–c–y100区域。

Ⅲ类：居民富裕指数低于全国平均水平，统筹发展指数高于全国平均水平。图2中a—c—x100区域。

Ⅳ类：居民富裕指数和统筹发展指数都低于全国平均水平。图中x100—c—y100区域。

全国县域相对富裕程度类型坐标图为全国县域统筹发展提供导向。不同类型的县域将会有不同的统筹方式。

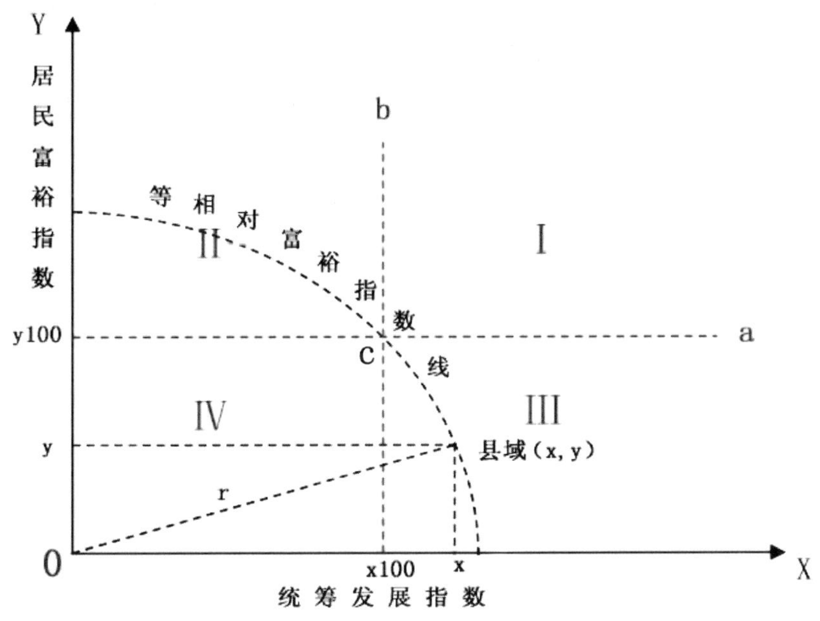

图2　县域相对富裕程度类型坐标图

6．县域相对绿色指数等级

县域相对绿色指数以参照指标数据基准为100，分A⁺、A、A⁻和B等四个等级，具体规范为：

A⁺级：95以上，相对绿色级县域

A级：85～95，相对浅绿色级县域

A⁻级：75～85，相对欠绿色级县域

B级：75以下，相对绿色警示级县域

7．县域相对绿色指数类型

县域相对绿色指数依据绿色经济和绿色环境的情况分以下四种类型：

Ⅰ类：绿色经济和绿色环境均突出

Ⅱ类：绿色经济突出

Ⅲ类：绿色环境突出

Ⅳ类：绿色经济和绿色环境均一般

8．县域科学发展人文环境等级

县域科学发展人文环境评价采用定性评价的方法，分A⁺、A、A⁻和B等四级，具体规范为：

A⁺级：人文环境相对满意（幸福）级县域

A级：人文环境一般偏上级县域

A⁻级：人文环境一般偏下级县域

B级：人文环境警示级县域

县域科学发展人文环境等级坚持“A⁻级一票评价制”，即若一个方面出现“A⁻级”，即使其他方面在正常的情况下，整个县域为“A⁻级”。

县域科学发展人文环境中“幸福指数”评价以公开调查的方式进行，将在第十一届评价中着重开展。

五、全国县域经济基本竞争力与县域科学发展评价体系进一步完善

为了推动县域经济转变发展方式，推动县域经济与县域科学发展，全国县域经济基本竞争力与县域科学发展体系将进一步完善。

1.丰富“全国县域经济百强县”的“富裕、绿色、幸福”的科学内涵，强化“县域相对富裕程度、县域相对绿色指数和县域幸福指数”的评价，将“壮大县域经济”与“建设富裕、绿色、幸福县域”的两方面工作结合起来，加快县域经济科学发展向县域科学发展转变，推动县域经济

与县域科学发展。

2.着重开展县域科学发展人文环境的“县域幸福指数”评价。建立和完善幸福指数体系并开展社会调查。建立起“人民满意幸福与县域科学发展”的目标与动力的互动、上进机制。

3.开展与县域科学发展相关联的专项研究和评价工作，如县域经济结构、县域技术进步、县域教育、县域卫生、县域文化等，更加深入研究和把握县域经济与县域科学发展规律，推动县域经济与县域科学发展。

县域科学发展无穷期，县域科学发展评价探索无止境！

全国县域经济基本竞争力评价与县域科学发展评价相结合，评价“县域经济基本竞争力”、“县域相对富裕程度”、“县域相对绿色指数”和“县域幸福指数”等科学发展人文环境，构建起推动县域经济转变发展方式与县域科学发展的新机制。

第十届全国县域经济基本竞争力与县域科学发展评价报告

中郡县域经济研究所?县域经济基本竞争力与县域科学发展评价中心在有关单位和专家学者的支持下，以公开资料为基础，经资料的对比、核实、甄别，完成了“第十届全国县域经济基本竞争力与县域科学发展评价报告”。

全国县域经济基本竞争力与县域科学发展评价包括县域经济基本竞争力评价和县域科学发展评价两部分，为继续推动县域经济又好又快和县域科学发展做出新的探索。

第一部分　县域经济基本竞争力评价

参加第十届全国县域经济基本竞争力评价的县域经济单位不包括县级市辖区，共有2001个，其中县级市366个、县1463个、自治县117个、旗49个、自治旗3个、特区2个、林区1个。

一、全国县域经济百强县

1.第十届全国县域经济百强县

第十届全国县域经济基本竞争力百强县（市），简称全国县域经济百强县（市），或简称全国百强县（市），在19个省市区有分布，具体是：河北省4个、山西省1个、内蒙古自治区2个、辽宁省7个、吉林省1个、黑龙江省1个、上海市1个、江苏省28个、浙江省25个、安徽省1个、福建省7个、江西省2个、山东省27个、河南省8个、湖南省4个、广东省2个、四川省1个、陕西省3个、新疆维吾尔自治区1个。

全国县域经济百强县（市）前10名分别是：【江苏江阴市、昆山市、张家港市、常熟市】、江苏吴江市、浙江慈溪市、江苏太仓市、浙江绍兴县、江苏宜兴市、福建晋江市、浙江义乌市、广东增城市、浙江余姚市。其中江苏江阴市、昆山市、张家港市和常熟市地理位置相连的四个县级市作为“区域经济强县统筹发展组团”并列第一名。

全国县域经济百强县（市）的平均规模：人口83.49万人，地区生产总值407.10亿元，地方财政一般预算收入22.93亿元，人均地区生产总值为54350元，城镇居民人均可支配收入约19750元，农民人均纯收入约9240元，其分别比上年增长0.76%、14.15%（当年价比，下同）、20.86%、13.31%、12.57%、10.99%。

新进全国县域经济百强县（市）有8个：辽宁东港市、江苏沛县、辽宁开原市、陕西府谷县、安徽肥西县、山东茌平县、江西丰城市、江苏建湖县。

2.第十届全国县域经济百强县变化特征

全国百强县排序变化仍然比较大。

全国百强县空间分布上仍然存在“北上”和“西进”的趋势，江苏省由苏南向苏北“北上”；山东省由胶东半岛向鲁西“西进”；中西部地区具有资源优势和区位优势的强县迅速崛起，在本届评价中，中部安徽省和西部陕西省各有一县新进百强，继续改变百强县格局。

在第十届评价中，出现了“辽宁现象”和“苏北速度”。辽宁省和苏北地区两个板块的县域经济发展突出。

辽宁省在全国省市区中推进县域经济发展工作非常突出，基本形成了“省部署、办推进、市联动、县倍增”的“辽宁现象”。主要做法有：指导思想上，提出了以县域经济为重要载体，推进社会主义新农村建设的发展战略；组织上，领导重视，主要领导亲力亲为，深入基层研究解决县域经济发展问题，推进重大项目建设，部门密切协作，积极配合；政策上，加大政策支持力度，出台了一系列支持政策，真金白银地支持，强力推进；执行上，明确目标和重点，制订县域经济三年倍增计划，突出工业化、城镇化和农业产业化等三化工作重点，省市县三级联动，召开现场交流会，加强指导；监督上，加强考核和奖励，

每季度召开协调会，抓进度；县域经济主要指标高位增长，县域经济竞争力快速提升；县域经济科学发展，带动整个县域科学发展。

苏北地区县域经济发展速度突出。由于“长三角规划实施”、“江苏沿海开发”和“跨江联动”等政策效应的叠加，苏北地区县域经济出现了快速发展的势头。苏北地区县域经济出现“三快于”的局面，即苏北地区县域经济增长率快于苏北地区增长率，更快于江苏省县域经济增长率，更快于江苏省经济增长率，见表1。在本届评价中，苏北地区有两个县新进全国百强县。

表1　苏北地区县域经济增长率比较表

地区	地区生产总值增长率(现价比)	地方财政一般预算收入增长率(现价比)
苏北县域经济	22.59%	43.81%
苏北地区	22.27%	35.60%
江苏省县域经济	19.02%	31.97%
江苏省	13.54%	18.21%

3.江苏－山东－浙江三省县域经济及百强县对比

在全国百强县中，江苏、山东、浙江三省占的比例最大，各有特点。在上届对比分析的基础上，本届再进行细化比较，为全国其他省市区发展县域经济提供参考。

(1) 县域经济占省域经济比：县域经济单位数、人口比重、县域经济比重，山东省最多，见表2。

(2) 县域经济平均规模：人口规模、地区生产总值规模、地方财政一般预算收入规模，江苏省最大。

(3) 经济发展速度：地区生产总值和地方财政一般预算收入，江苏省最快，山东次之。

(4) 全国县域经济基本竞争力数：江苏省最高，浙江省与山东省基本相当。

(5)百强县数量：江苏省的百强县数量最多，比例最高，规模最高，经济发展速度最快，见表3。

(6) 百强县城乡居民收入：浙江省的城镇居民收入和农民人均纯收入最高。

(7)百强县县域相对富裕程度：浙江省最高，均是最高级A+级，江苏省和山东省都有A级存在。

(8)百强县地方财政一般预算收入与地区生产总值比：浙江最高，江苏省次之，山东省最小。

(9) 县域相对绿色指数：山东省较好，A+级县（市）数量比例大。

表2　江苏—山东—浙江三省县域经济在省域经济中的地位

省份	行政区划			县域经济占省域经济的比例					城乡比
	县级行政区划数(个)	县市数(个)	县市比例(%)	人口比例(%)	地区生产总值		地方财政一般预算收入		
					比例(%)	增长率(%)	比例(%)	增长率(%)	
江苏	106	51	48.11	62.08	54.56	19.02	37.44	31.97	2.02
山东	140	91	65.00	70.60	60.41	13.72	37.32	16.13	2.20
浙江	90	58	64.44	63.10	52.41	6.48	19.00	10.49	2.43

表3　江苏—山东—浙江三省百强县对比表

省份	百强县数量		百强县平均规模及增长率					地方财政一般预算收入与地区生产总值的比（%）
	数量（个）	比例（%）	人口（万人）	地区生产总值		地方财政一般预算收入		
				数值（亿元）	增长率（%）	数值（亿元）	增长率（%）	
江苏	28	54.90	97.49	537.15	17.60	35.11	24.90	6.16
山东	27	29.67	84.17	420.52	11.73	19.75	15.93	4.75
浙江	25	43.10	74.04	347.91	5.26%	23.49	11.66	6.74

省份	百强县城乡居民收入		城乡比	百强县竞争力指数		
	城镇居民人均可支配收入（元）	农民人均纯收入（元）		第九届	第十届	变化
江苏	20120	9660	2.08	1947	1953	↑
山东	18280	8350	2.21	1956	1957	↗
浙江	25740	11870	2.18	1958	1958	—

省份	百强县县域相对富裕程度							
	等级分布				类型分布			
	A^+级	A级	A^-级	B级	Ⅰ类	Ⅱ类	Ⅲ类	Ⅳ类
江苏	16	10	2	—	26	1	—	1
山东	20	7	—	—	26	1	—	—
浙江	25	—	—	—	23	2	—	—

省份	百强县县域相对绿色指数							
	等级分布				类型分布			
	A^+级	A级	A^-级	B级	Ⅰ类	Ⅱ类	Ⅲ类	Ⅳ类
江苏	6	21	1	—	3	7	5	13
山东	14	13	—	—	2	—	15	10
浙江	7	15	3	—	4	2	6	13

二、中国西部百强县

评价中心将参加全国县域经济基本竞争力评价的西部十二个省市区的县（市）单列出来，按照县域经济基本竞争力进行排列，评价出西部县域经济基本竞争力百强县（市），简称中国西部百强县（市）。

1．第十届西部百强县评价

第十届中国西部百强县（市）在西部十个省市区有分布，具体是：内蒙古自治区18个、广西壮族自治区7个、重庆市7个、四川省22个、贵州省7个、云南省12个、陕西省11个、青海省1个、宁夏回族自治区4个、新疆维吾尔自治区11个。

西部百强县（市）前10名分别是：内蒙古准格尔旗、四川双流县、内蒙古伊金霍洛旗、新疆库尔勒市、陕西神木县、陕西府谷县、陕西靖边县、四川郫县、四川西昌市、内蒙古鄂托克旗。

西部百强县（市）的平均规模：人口55.49万人，地区生产总值132.85亿元，地方财政一般预算收入8.01亿元，人均地区生产总值40950元，城镇居民人均可支配收入约14640元，农民人均纯收入5830元，其分别比上年增长0.34%、16.70%（当年价比，下同）、27.45%、17.43%、13.28%、13.04%，增长率大多低于上年。

新进西部百强县（市）有10个：贵州金沙县、广西横县、贵州都匀市、新疆喀什市、陕西黄陵县、陕西子长县、宁夏贺兰县、云南景洪市、内蒙古克什克腾旗、云南文山县。

2．第十届西部百强县变化特征

“西部百强县在各省市区分布变化表”显示：内蒙古自治区、陕西省和宁夏回族自治区的西部百强县数量增加比较多，其中陕西省的西部百强县从第一届的1个增加到第十届的11个。四川省和广西壮族自治区的西部百强县数量下降比较多，四川省从第一届的29个减少到第十届的22个，广西壮族自治区从第一届的19个减少到第十届的7个（有5个变成市辖区），重庆市的强县已变成中心城区的重要组成部分，见表4。

3．西部大开发与县域经济

西部大开发战略已实施十周年，成就世人瞩目，但差距仍不能忽视。

(1) 西部的差距不单单表现在省域经济上的差距，更大的、更深层的表现在县域经济的差距。西部地区县域经济在全国县域经济基本竞争力最高等级A级（包括A+级）中的比例占其全部县（市）数量（872个）的11.50%，在最低等级J级中的比例占82.50%。

表4　西部百强县在各省市区分布变化表

省市区	第一届	第二届	第三届	第四届	第五届	第六届	第七届	第八届	第九届	第十届
内蒙古	8	5	9	12	19	20	21	22	20	18
广西	19	19	16	12	10	9	10	9	9	7
重庆	12	12	14	13	12	12	8	7	7	7
四川	29	30	30	30	25	21	21	22	23	22
贵州	5	6	6	6	6	4	5	5	5	7
云南	10	9	10	10	10	10	10	10	10	12
西藏	—	—	—	—	—	—	—	—	—	—
陕西	1	3	2	4	5	7	7	6	9	11
甘肃	4	3	1	1	1	1	1	1	—	—
青海	1	1	1	1	1	2	2	2	2	1
宁夏	1	1	1	1	1	1	2	3	3	4
新疆	10	11	10	10	10	13	13	13	12	11

(2) 西部地区县域经济平均规模比较小，与全国其他地区的相比较情况见表5。

表5　全国四大区域县域经济规模表

地区	人口（万）	地区生产总值（亿元）	地方财政一般预算收入（亿元）
东部	59.07	138.13	9.21
中部	59.13	70.70	2.76
东北	46.28	83.93	3.01
西部	33.21	36.31	1.69

(3) 虽然西部地区县域经济规模小，但其在西部地区的地位特殊、作用重要。

一是西部地区中心城区单位少，县域单位多，县域经济比重高，决定了县域和县域经济在西部地区的地位高、作用大，详见表6和表7。

在西部所有县级行政区划单位中，县域单位占80.97%。以云南省、贵州省为例，云南省在129个县级行政区划单位中，市辖区只有12个，县级市、县、自治县有117个，县域单位占90.70%，市辖区的面积仅占总面积的2.7%，县域人口比例达到86.3%。贵州省在88个县级行政区划单位中，市辖区只有10个，县级市、县、自治县有78个，县域比例占88.6% 。

表6　全国四大区域县级行政区划比例表

地区	县级行政区数(个)	市辖区数（个）	县域单位数(个)	县域单位比例(%)
东部	786	302	484	61.60
中部	707	208	499	70.60
东北	288	140	148	51.40
西部	1077	205	872	80.97

表7　全国四大区域县域经济占省域经济比例表

地区	人口比（%）	地区生产总值比（%）	地方财政一般预算收入比（%）
东部	50.45	36.56	20.95
中部	80.31	55.83	31.83
东北	62.44	42.70	19.39
西部	76.36	54.76	28.65

二是西部县域经济体现了西部经济的区域特色，是西部经济的比较优势所在，后发优势所在，竞争优势所在，是西部实现赶超战略的重要支点。

西部大开发第一个十年，开局良好，打下基础，建设了一批基础设施和世纪工程，如交通、水利、能源、通信、市政基础设施、青藏铁路、西气东输、西电东送、退耕还林，等等。第二个十年，承前启后，是深入推进的关键时期，《国务院进一步推进西部大开发的若干意见》提出“大力调整产业结构，积极发展有特色的优势产业”，如能源化工、矿产资源、开采加工、装备制造、高新技术、农牧产品深加工、旅游产业。可以看

到，县域经济是西部地区优势产业的集聚区域。一批具有优势产业的强县会在西部大开发中崛起，成为区域经济增长极。

(4) 西部大开发要大力发展县域经济，将发展县域经济摆在突出的位置。县域是“三农问题”的集中区域，发展县域经济是解决“三农问题”的切入点。发展县域经济是西部大开发新十年“经济综合实力、人民生活水平和质量、生态环境保护上一个大台阶”三大目标的重要抓手。

在发展县域经济进程中，不能走老路，一定要吸收科学发展的成果，注重主体功能区建设、区域统筹；注重基本公共服务均等化、城乡一体化；注重县域经济社会与环境相协调，建设生态文明；注重科学规划，规划先行，将“开发区”与“不开发区”结合起来，统筹推进；突出重点，重视西部百强县和州盟首府在西部大开发中的区域带动和开发先锋的作用，西部百强县和州盟首府是西部大开发在空间布局上的重要着力点；努力形成“中央领导、区域协作、省市区部署、地市州盟推进、县市旗竞相科学发展”的新局面。

三、中国中部百强县

评价中心将参加全国县域经济基本竞争力评价的中部六省的县（市、区）单列出来，按照县域经济基本竞争力进行排列，评价出中部县域经济基本竞争力百强县（市），简称中国中部百强县（市）。

1．第十届中部百强县评价

第十届中国中部百强县（市）在中部六省中分布是：山西省15个、安徽省12个、江西省11个、河南省39个、湖北省13个、湖南省15个。

中部百强县（市）前10名分别是：湖南长沙县、河南巩义市、【河南偃师市、新郑市、荥阳市、新密市、禹州市、登封市】、湖南浏阳市、山西孝义市、湖南宁乡县、江西南昌县、湖南望城县、河南永城市、安徽肥西县。其中河南偃师市、新郑市、荥阳市、新密市、禹州市、登封市地理位置相连的六个县级市作为“区域经济强县统筹发展组团”并列中部第三位。

中部百强县（市）的平均规模：人口73.31万人，地区生产总值173.59亿元，地方财政一般预算收入7.44亿元，人均地区生产总值26960元，城镇居民人均可支配收入13880元，农民人均纯收入6220元，其分别比上年增长0.46%、13.61%（当年价比，下同）、21.12%、13.16%、11.69%、9.85%，增长率大多低于上年。

新进中部百强县（市）有7个：安徽长丰县、河南叶县、江西高安市、湖北武穴市、湖北应城市、安徽南陵县、山西沁水县。

2．第十届中部百强县变化特征

“中部百强县在各省市区分布变化表”显示：山西省、安徽省和江西省的中部百强县数量有所增加，湖北省、湖南省的中部百强县数量有所减少，河南省中部百强县数量变化不大，见表8。

表8　中部百强县在各省市区分布变化表

省市区	第五届	第六届	第七届	第八届	第九届	第十届
山西省	9	12	13	15	16	15
安徽省	10	10	11	12	11	12
江西省	5	9	8	9	10	11
河南省	39	40	42	41	40	39
湖北省	18	9	10	11	11	13
湖南省	19	20	21	17	17	15

四、中国东北三十强县

评价中心将参加全国县域经济基本竞争力评价的东北三省的县（市）单列出来，按照县域经济基本竞争力进行排列，评价出东北县域经济基本竞争力三十强县（市），简称中国东北三十强县（市）。

中国东北三十强县（市）在东北三省的分布是：辽宁省16个、吉林省11个、黑龙江省3个。

中国东北三十强县（市）前十名是：辽宁瓦房店市、辽宁海城市、辽宁普兰店市、辽宁庄河市、辽宁大石桥市、吉林延吉市、辽宁东港市、辽宁开原市、黑龙江肇东市、吉林前郭县。

中国东北三十强县（市）的平均规模：人口70.45万人，地区生产总值239.95亿元，地方财政一般预算收入9.15亿元，人均地区生产总值35950元，城镇居民人均可支配收入13190元，农民人均纯收入7610元，其分别比上年增长0.49%、26.48%（当年价比，下同）、35.88%、29.42%、15.49%、17.07%。

中国东北三十强县的城乡比为1.73，低于全国百强县(2.14)、中部百强县(2.23)和西部百强县(2.51)的城乡比。

在第十届评价中，辽宁东港市、开原市进入全国县域经济百强县（市）。

第二部分　县域科学发展评价

为了推动县域经济与县域科学发展，对县域经济强县的县域科学发展进行深入评价，县域科学发展评价包括“县域相对富裕程度”评价、“县域相对绿色指数”评价和“以幸福指数为主要内容的县域科学发展人文环境”评价等三个方面。

一、县域相对富裕程度评价

为倡导“强县富民”的理念，促进“强县”与“富民”的统一，对县域经济强县的“县域相对富裕程度”进行评价。“县域相对富裕程度”评价是以“居民收入水平”为基础，结合消费、储蓄、公共服务和公共财政等方面来开展的反映富裕程度的评价工作。

在第十届评价中，全国县域经济强县（包括全国百强县、西部百强县、中部百强县和东北三十强县）共329个，其县域相对富裕程度在四个等级中分布是：A^+级101个，占30.70%；A级71个，占21.58%；A^-级125个，占37.99%；B级32个，占9.73%，见表9；其中A^+级、A级和A^-级县（市）数量均比上届增加，B级县（市）数量有所减少，说明县域经济强县的县域相对富裕程度得到较快提高。

报告还显示，第十届的“强县富民指数”为113.92，比上届提高了4.1个百分点，也说明“强县富民一致性”得到改善。

在第十届评价中，县域经济强县的县域相对富裕程度在四种类型中分布是：Ⅰ类153个，占46.50%；Ⅱ类17个，占5.17%；Ⅲ类31个，占9.42%；Ⅳ类128个占38.91%。Ⅳ类县（市）数量占了相当大的比重，说明县域经济强县的居民富裕指数和统筹发展指数存在不足，提高县域相对富裕程度的手段和路径可以从这两方面来开展工作。

表9　第十届全国县域经济强县的县域相对富裕程度评价表

等级分布			类型分布		
等级	个数	比例（%）	等级	个数	比例（%）
A^+级	101	30.70	Ⅰ类	153	46.50
A级	71	21.58	Ⅱ类	17	5.17
A^-级	125	37.99	Ⅲ类	31	9.42
B级	32	9.73	Ⅳ类	128	38.91

二、县域相对绿色指数评价

为了倡导“县域经济社会发展与环境相协调”的理念，促进生态文明建设，促进转变发展方式，对县域经济强县的“县域相对绿色指数”进行评价。

县域相对绿色指数评价包括绿色经济、绿色环境、绿色宜居和绿色调查四个方面，参照国家有关部门业已开展的全面建设小康社会、生态县市、绿化模范县、园林城市、森林城市等工作理念和有关指标，制定出县域相对绿色指数评价的基准指标值，再评价各强县的相对绿色指数。

在第十届评价中，县域经济强县的县域相对绿色指数分四个等级，最高等级A⁺级的有41个，占12.47%；A级的有165个，占50.15%，比例最大，接近总数的一半，见表10；A⁺级和A级的比例占到62.62%；说明全国县域经济强县还是比较注重绿色县域建设的。

县域相对绿色指数类别分四种，绿色经济和绿色环境均突出的Ⅰ类有13个，占总量的3.95%；绿色经济和绿色环境一般的Ⅳ类有227个，占总数的69.00%；说明建设绿色县域需要加强绿色经济和绿色环境两方面工作。

表10　第十届县域经济强县的县域相对绿色指数与类型分布表

等级分布			类型分布		
等级	个数	比例（%）	类型	个数	比例（%）
A⁺级	41	12.47	Ⅰ类	13	3.95
A级	165	50.15	Ⅱ类	22	6.69
A⁻级	107	32.52	Ⅲ类	67	20.36
B级	16	4.86	Ⅳ类	227	69.00

三、县域科学发展人文环境评价

为了促进县域经济科学发展向县域科学发展转变，体现以人为本的科学发展观，对县域经济强县的“县域科学发展人文环境”进行评价。县域科学发展人文环境评价是通过收集整理国家有关部门针对县域的有关考核信息和专门开展的幸福指数社会调查两个方面来进行的。本届纳入县域科学发展人文环境评价的信息主要有：中央社会治安综合治理委员会开展的“全国平安建设先进县（市）”信息，中央精神文明建设指导委员会开展的“全国文明城市”信息，文化部开展的“全国文化先进县”信息，国家安全生产监督管理总局公布的“特别重大安全事故”信息等。

第十届全国县域经济强县的科学发展人文环境分四个等级，具体分布是：A⁺级132个；A级196个；A⁻级1个。

县域科学发展人文环境评价还需要进一步完善。一是加大评价信息量，国家有关部门需要及时公开有关信息，增加透明度；二是要加强对重要媒体（中央和省市区党报）相关信息的收集和整理，继续建立和完善评价信息网络；三是专项开展“幸福指数”的调查活动，初步安排下届将对全国县域经济强县进行幸福指数调查，建立起“提高幸福指数与推动县域经济发展方式转变的良性互动机制”。

第十届全国县域经济基本竞争力百强县（市）

10th CHINA COUNTY-LEVEL ECONOMY BASIC COMPETITIVENESS Top100

排序	县域经济单位	县域经济基本竞争力			县域科学发展				
		中郡指数	竞争力动态	竞争力等级	县域相对富裕程度		县域相对绿色指数		县域人文环境
					等级	类型	等级	类型	等级
国 1	江苏江阴市	R1T2001	相对稳定	A+ 级	A+ 级	Ⅰ类	A+ 级	Ⅲ类	A+ 级
国 1	江苏昆山市	R1T2001	相对稳定	A+ 级	A+ 级	Ⅰ类	A+ 级	Ⅲ类	A+ 级
国 1	江苏张家港市	R1T2001	相对稳定	A+ 级	A+ 级	Ⅰ类	A+ 级	Ⅰ类	A+ 级
国 1	江苏常熟市	R1T2001	相对稳定	A+ 级	A+ 级	Ⅰ类	A+ 级	Ⅰ类	A+ 级
国 2	江苏吴江市	R2T2001	相对稳定	A+ 级	A+ 级	Ⅰ类	A 级	Ⅳ类	A+ 级
国 3	浙江慈溪市	R3T2001	相对稳定	A+ 级	A+ 级	Ⅰ类	A 级	Ⅳ类	A+ 级
国 4	江苏太仓市	R4T2001	相对稳定	A+ 级	A+ 级	Ⅰ类	A 级	Ⅱ类	A+ 级
国 5	浙江绍兴县	R5T2001	相对稳定	A+ 级	A+ 级	Ⅰ类	A+ 级	Ⅲ类	A+ 级
国 6	江苏宜兴市	R6T2001	相对稳定	A+ 级	A+ 级	Ⅰ类	A 级	Ⅲ类	A+ 级
国 7	福建晋江市	R7T2001	相对稳定	A+ 级	A+ 级	Ⅰ类	A- 级	Ⅳ类	A+ 级
国 8	浙江义乌市	R8T2001	相对稳定	A+ 级	A+ 级	Ⅰ类	A 级	Ⅱ类	A+ 级
国 9	广东增城市	R9T2001	相对稳定	A+ 级	A+ 级	Ⅰ类	A+ 级	Ⅰ类	A 级
国 10	浙江余姚市	R10T2001	相对稳定	A+ 级	A+ 级	Ⅰ类	A 级	Ⅳ类	A+ 级
国 11	山东龙口市	R11T2001	相对稳定	A+ 级	A+ 级	Ⅰ类	A+ 级	Ⅲ类	A+ 级
国 12	山东荣成市	R12T2001	相对稳定	A+ 级	A+ 级	Ⅰ类	A+ 级	Ⅲ类	A+ 级
国 13	浙江诸暨市	R13T2001	相对稳定	A+ 级	A+ 级	Ⅰ类	A 级	Ⅳ类	A+ 级
国 14	山东文登市	R14T2001	相对稳定	A+ 级	A+ 级	Ⅰ类	A+ 级	Ⅲ类	A+ 级
国 15	浙江乐清市	R15T2001	相对稳定	A+ 级	A+ 级	Ⅰ类	A- 级	Ⅳ类	A+ 级

第十届全国县域经济基本竞争力百强县（市）（续一）

10th CHINA COUNTY-LEVEL ECONOMY BASIC COMPETITIVENESS Top100

排序	县域经济单位	县域经济基本竞争力			县域科学发展				
		中郡指数	竞争力动态	竞争力等级	县域相对富裕程度		县域相对绿色指数		县域人文环境
					等级	类型	等级	类型	等级
国 16	江苏丹阳市	R16T2001	相对稳定	A+ 级	A+ 级	Ⅰ类	A 级	Ⅱ类	A+ 级
国 17	山东即墨市	R17T2001	相对稳定	A+ 级	A+ 级	Ⅰ类	A+ 级	Ⅲ类	A 级
国 17	山东胶州市	R17T2001	相对稳定	A+ 级	A+ 级	Ⅰ类	A+ 级	Ⅲ类	A 级
国 17	山东胶南市	R17T2001	相对稳定	A+ 级	A+ 级	Ⅰ类	A+ 级	Ⅲ类	A 级
国 18	辽宁瓦房店市	R18T2001	相对稳定	A+ 级	A 级	Ⅰ类	A− 级	Ⅳ类	A 级
国 19	辽宁海城市	R19T2001	上升	A+ 级	A+ 级	Ⅰ类	A− 级	Ⅳ类	A 级
国 20	内蒙古准格尔旗	R20T2001	上升	A+ 级	A+ 级	Ⅰ类	A− 级	Ⅳ类	A+ 级
国 21	浙江温岭市	R21T2001	相对稳定	A+ 级	A+ 级	Ⅰ类	A 级	Ⅲ类	A 级
国 22	山东邹平县	R22T2001	相对稳定	A+ 级	A+ 级	Ⅰ类	A 级	Ⅳ类	A 级
国 23	山东新泰市	R23T2001	相对稳定	A+ 级	A 级	Ⅰ类	A 级	Ⅲ类	A 级
国 24	河北迁安市	R24T2001	相对稳定	A+ 级	A+ 级	Ⅰ类	A 级	Ⅲ类	A 级
国 25	湖南长沙县	R25T2001	上升	A+ 级	A+ 级	Ⅰ类	A 级	Ⅲ类	A 级
国 26	山东邹城市	R26T2001	相对稳定	A+ 级	A 级	Ⅰ类	A 级	Ⅲ类	A+ 级
国 27	四川双流县	R27T2001	相对稳定	A+ 级	A+ 级	Ⅰ类	A 级	Ⅱ类	A+ 级
国 28	福建福清市	R28T2001	相对稳定	A+ 级	A+ 级	Ⅰ类	A 级	Ⅳ类	A 级
国 29	福建惠安县	R29T2001	相对稳定	A+ 级	A+ 级	Ⅰ类	A− 级	Ⅱ类	A 级
国 30	浙江富阳市	R30T2001	相对稳定	A+ 级	A+ 级	Ⅰ类	A+ 级	Ⅲ类	A 级
国 31	江苏海门市	R31T2001	相对稳定	A+ 级	A+ 级	Ⅰ类	A 级	Ⅱ类	A+ 级

第十届全国县域经济基本竞争力百强县（市）（续二）

10th CHINA COUNTY-LEVEL ECONOMY BASIC COMPETITIVENESS Top100

排序	县域经济单位	县域经济基本竞争力			县域科学发展				
		中郡指数	竞争力动态	竞争力等级	县域相对富裕程度		县域相对绿色指数		县域人文环境
					等级	类型	等级	类型	等级
国 32	浙江瑞安市	R32T2001	相对稳定	A+ 级	A+ 级	Ⅰ类	A− 级	Ⅳ类	A 级
国 33	山东滕州市	R33T2001	相对稳定	A+ 级	A 级	Ⅰ类	A 级	Ⅳ类	A+ 级
国 34	山东寿光市	R34T2001	相对稳定	A+ 级	A+ 级	Ⅰ类	A 级	Ⅳ类	A+ 级
国 35	山东诸城市	R35T2001	相对稳定	A+ 级	A+ 级	Ⅰ类	A 级	Ⅳ类	A 级
国 36	江苏靖江市	R36T2001	上升	A+ 级	A+ 级	Ⅰ类	A 级	Ⅳ类	A 级
国 37	内蒙古伊金霍洛旗	R37T2001	上升	A+ 级	A+ 级	Ⅰ类	A 级	Ⅳ类	A 级
国 38	新疆库尔勒市	R38T2001	相对稳定	A+ 级	A 级	Ⅰ类	A+ 级	Ⅰ类	A+ 级
国 39	河南巩义市	R39T2001	相对稳定	A+ 级	A 级	Ⅰ类	A 级	Ⅳ类	A 级
国 40	江苏溧阳市	R40T2001	相对稳定	A− 级	A+ 级	Ⅰ类	A 级	Ⅳ类	A 级
国 41	山东章丘市	R41T2001	相对稳定	A− 级	A+ 级	Ⅰ类	A 级	Ⅲ类	A 级
国 42	山东莱州市	R42T2001	相对稳定	A− 级	A+ 级	Ⅰ类	A 级	Ⅲ类	A+ 级
国 42	山东招远市	R42T2001	相对稳定	A+ 级	A+ 级	Ⅰ类	A+ 级	Ⅰ类	A+ 级
国 42	山东平度市	R42T2001	相对稳定	A+ 级	A+ 级	Ⅱ类	A+ 级	Ⅲ类	A 级
国 42	山东莱西市	R42T2001	相对稳定	A+ 级	A+ 级	Ⅰ类	A+ 级	Ⅲ类	A 级
国 43	浙江上虞市	R43T2001	相对稳定	A+ 级	A+ 级	Ⅰ类	A+ 级	Ⅲ类	A+ 级
国 44	陕西神木县	R44T2001	上升	A+ 级	A+ 级	Ⅰ类	A 级	Ⅳ类	A 级
国 45	浙江海宁市	R45T2001	相对稳定	A+ 级	A+ 级	Ⅰ类	A 级	Ⅳ类	A+ 级
国 45	浙江桐乡市	R45T2001	相对稳定	A+ 级	A+ 级	Ⅰ类	A+ 级	Ⅰ类	A+ 级

第十届全国县域经济基本竞争力百强县（市）（续三）

10th CHINA COUNTY-LEVEL ECONOMY BASIC COMPETITIVENESS Top100

排序	县域经济单位	县域经济基本竞争力			县域科学发展				
		中郡指数	竞争力动态	竞争力等级	县域相对富裕程度		县域相对绿色指数		县域人文环境
					等级	类型	等级	类型	等级
国 45	浙江平湖市	R45T2001	相对稳定	A+ 级	A+ 级	Ⅰ类	A 级	Ⅳ类	A 级
国 45	浙江长兴县	R45T2001	相对稳定	A+ 级	A+ 级	Ⅰ类	A+ 级	Ⅰ类	A+ 级
国 45	浙江嘉善县	R45T2001	相对稳定	A+ 级	A+ 级	Ⅰ类	A 级	Ⅱ类	A+ 级
国 45	浙江德清县	R45T2001	相对稳定	A+ 级	A+ 级	Ⅰ类	A 级	Ⅲ类	A+ 级
国 46	江苏泰兴市	R46T2001	相对稳定	A+ 级	A 级	Ⅰ类	A 级	Ⅳ类	A+ 级
国 47	山东肥城市	R47T2001	相对稳定	A+ 级	A+ 级	Ⅰ类	A+ 级	Ⅲ类	A 级
国 48	福建南安市	R48T2001	相对稳定	A+ 级	A 级	Ⅱ类	A 级	Ⅳ类	A+ 级
国 49	福建石狮市	R49T2001	相对稳定	A+ 级	A+ 级	Ⅰ类	A− 级	Ⅳ类	A+ 级
国 50	辽宁庄河市	R50T2001	上升	A+ 级	A 级	Ⅰ类	A+ 级	Ⅲ类	A+ 级
国 51	河北武安市	R51T2001	相对稳定	A+ 级	A 级	Ⅰ类	A 级	Ⅲ类	A+ 级
国 52	山东兖州市	R52T2001	相对稳定	A+ 级	A+ 级	Ⅰ类	A 级	Ⅳ类	A+ 级
国 53	江苏启东市	R53T2001	相对稳定	A+ 级	A+ 级	Ⅰ类	A 级	Ⅱ类	A+ 级
国 54	江苏江都市	R54T2001	相对稳定	A+ 级	A 级	Ⅰ类	A 级	Ⅳ类	A+ 级
国 55	山东乳山市	R55T2001	相对稳定	A+ 级	A 级	Ⅰ类	A+ 级	Ⅲ类	A 级
国 56	上海崇明县	R56T2001	相对稳定	A+ 级	A+ 级	Ⅰ类	A 级	Ⅱ类	A 级
国 57	浙江玉环县	R57T2001	相对稳定	A+ 级	A+ 级	Ⅰ类	A− 级	Ⅳ类	A 级
国 58	辽宁普兰店市	R58T2001	相对稳定	A+ 级	A 级	Ⅰ类	A+ 级	Ⅱ类	A 级
国 59	河北遵化市	R59T2001	相对稳定	A+ 级	A 级	Ⅰ类	A 级	Ⅳ类	A 级

第十届全国县域经济基本竞争力百强县（市）（续四）

10th CHINA COUNTY-LEVEL ECONOMY BASIC COMPETITIVENESS Top100

排序	县域经济单位	县域经济基本竞争力			县域科学发展				
		中郡指数	竞争力动态	竞争力等级	县域相对富裕程度		县域相对绿色指数		县域人文环境
					等级	类型	等级	类型	等级
国 60	浙江永康市	R60T2001	相对稳定	A+ 级	A+ 级	Ⅰ类	A 级	Ⅳ类	A 级
国 61	辽宁大石桥市	R61T2001	上升	A+ 级	A 级	Ⅰ类	A 级	Ⅱ类	A 级
国 62	江苏金坛市	R62T2001	相对稳定	A+ 级	A+ 级	Ⅰ类	A 级	Ⅳ类	A 级
国 63	浙江宁海县	R63T2001	相对稳定	A+ 级	A+ 级	Ⅰ类	A+ 级	Ⅰ类	A 级
国 63	浙江象山县	R63T2001	相对稳定	A+ 级	A+ 级	Ⅰ类	A 级	Ⅳ类	A 级
国 63	浙江奉化市	R63T2001	相对稳定	A+ 级	A+ 级	Ⅰ类	A 级	Ⅳ类	A 级
国 64	河南偃师市	R64T2001	相对稳定	A+ 级	A 级	Ⅰ类	A 级	Ⅳ类	A 级
国 64	河南新郑市	R64T2001	相对稳定	A+ 级	A 级	Ⅰ类	A 级	Ⅳ类	A+ 级
国 64	河南荥阳市	R64T2001	相对稳定	A+ 级	A 级	Ⅰ类	A 级	Ⅲ类	A 级
国 64	河南新密市	R64T2001	相对稳定	A+ 级	A 级	Ⅰ类	A 级	Ⅳ类	A+ 级
国 64	河南禹州市	R64T2001	相对稳定	A− 级	A− 级	Ⅳ类	A 级	Ⅳ类	A 级
国 64	河南登封市	R64T2001	相对稳定	A+ 级	A 级	Ⅲ类	A 级	Ⅳ类	A 级
国 65	湖南浏阳市	R65T2001	上升	A+ 级	A 级	Ⅱ类	A− 级	Ⅳ类	A+ 级
国 66	江苏铜山县	R66T2001	上升	A+ 级	A 级	Ⅰ类	A 级	Ⅳ类	A+ 级
国 67	江苏如皋市	R67T2001	相对稳定	A+ 级	A 级	Ⅰ类	A 级	Ⅳ类	A 级
国 67	江苏东台市	R67T2001	相对稳定	A+ 级	A 级	Ⅰ类	A 级	Ⅳ类	A 级
国 67	江苏海安县	R67T2001	相对稳定	A+ 级	A+ 级	Ⅰ类	A 级	Ⅱ类	A+ 级
国 67	江苏如东县	R67T2001	相对稳定	A+ 级	A 级	Ⅰ类	A 级	Ⅱ类	A 级

第十届全国县域经济基本竞争力百强县（市）（续五）
10th CHINA COUNTY-LEVEL ECONOMY BASIC COMPETITIVENESS Top100

排序	县域经济单位	县域经济基本竞争力			县域科学发展				
		中郡指数	竞争力动态	竞争力等级	县域相对富裕程度		县域相对绿色指数		县域人文环境
					等级	类型	等级	类型	等级
国 67	江苏兴化市	R67T2001	相对稳定	A+ 级	A− 级	Ⅱ类	A− 级	Ⅳ类	A 级
国 67	江苏姜堰市	R67T2001	相对稳定	A+ 级	A 级	Ⅰ类	A 级	Ⅳ类	A 级
国 67	江苏大丰市	R67T2001	相对稳定	A+ 级	A 级	Ⅰ类	A 级	Ⅳ类	A+ 级
国 68	山东广饶县	R68T2001	相对稳定	A+ 级	A+ 级	Ⅰ类	A+ 级	Ⅳ类	A+ 级
国 69	福建龙海市	R69T2001	相对稳定	A+ 级	A 级	Ⅰ类	A 级	Ⅲ类	A+ 级
国 70	山西孝义市	R70T2001	相对稳定	A+ 级	A+ 级	Ⅰ类	A 级	Ⅳ类	A+ 级
国 71	山东蓬莱市	R71T2001	相对稳定	A+ 级	A+ 级	Ⅰ类	A+ 级	Ⅰ类	A+ 级
国 72	福建长乐市	R72T2001	相对稳定	A+ 级	A+ 级	Ⅰ类	A+ 级	Ⅰ类	A 级
国 73	湖南宁乡县	R73T2001	相对稳定	A+ 级	A 级	Ⅱ类	A− 级	Ⅳ类	A 级
国 74	浙江东阳市	R74T2001	相对稳定	A+ 级	A+ 级	Ⅰ类	A 级	Ⅳ类	A+ 级
国 75	浙江临海市	R75T2001	相对稳定	A+ 级	A+ 级	Ⅱ类	A+ 级	Ⅰ类	A 级
国 76	山东青州市	R76T2001	相对稳定	A+ 级	A 级	Ⅰ类	A+ 级	Ⅲ类	A+ 级
国 77	山东高密市	R77T2001	相对稳定	A+ 级	A+ 级	Ⅰ类	A 级	Ⅳ类	A 级
国 78	山东桓台县	R78T2001	相对稳定	A+ 级	A+ 级	Ⅰ类	A 级	Ⅳ类	A+ 级
国 79	河北三河市	R79T2001	相对稳定	A+ 级	A+ 级	Ⅰ类	A− 级	Ⅳ类	A+ 级
国 80	江苏邳州市	R80T2001	相对稳定	A+ 级	A− 级	Ⅳ类	A 级	Ⅲ类	A+ 级
国 81	浙江临安市	R81T2001	相对稳定	A+ 级	A+ 级	Ⅰ类	A 级	Ⅳ类	A 级
国 82	吉林延吉市	R82T2001	上升	A+ 级	A+ 级	Ⅰ类	A+ 级	Ⅲ类	A+ 级

第十届全国县域经济基本竞争力百强县（市）（续六）

10th CHINA COUNTY-LEVEL ECONOMY BASIC COMPETITIVENESS Top100

排序	县域经济单位	县域经济基本竞争力			县域科学发展				
		中郡指数	竞争力动态	竞争力等级	县域相对富裕程度		县域相对绿色指数		县域人文环境
					等级	类型	等级	类型	等级
国 83	辽宁东港市	R83T2001	上升	A+ 级	A 级	Ⅰ类	Ⅰ类	Ⅳ类	A 级
国 84	江苏沛县	R84T2001	上升	A+ 级	A 级	Ⅰ类	Ⅰ类	Ⅲ类	A+ 级
国 85	辽宁开原市	R85T2001	上升	A+ 级	A 级	Ⅰ类	Ⅰ类	Ⅳ类	A+ 级
国 86	江西南昌县	R86T2001	相对稳定	A+ 级	A 级	Ⅱ类	Ⅱ类	Ⅳ类	A+ 级
国 87	黑龙江肇东市	R87T2001	相对稳定	A+ 级	A− 级	Ⅳ类	Ⅳ类	Ⅳ类	A+ 级
国 88	江苏仪征市	R88T2001	相对稳定	A+ 级	A+ 级	Ⅰ类	Ⅰ类	Ⅳ类	A 级
国 89	广东博罗县	R89T2001	相对稳定	A+ 级	A 级	Ⅱ类	Ⅱ类	Ⅲ类	A 级
国 90	江苏句容市	R90T2001	相对稳定	A+ 级	A+ 级	Ⅰ类	Ⅰ类	Ⅰ类	A 级
国 91	陕西府谷县	R91T2001	上升	A− 级	A+ 级	Ⅰ类	Ⅰ类	Ⅳ类	A 级
国 92	湖南望城县	R92T2001	相对稳定	A− 级	A 级	Ⅰ类	Ⅰ类	Ⅲ类	A 级
国 93	河南永城市	R93T2001	相对稳定	A− 级	A− 级	Ⅳ类	Ⅳ类	Ⅳ类	A 级
国 94	安徽肥西县	R94T2001	上升	A+ 级	A− 级	Ⅳ类	Ⅳ类	Ⅳ类	A 级
国 95	陕西靖边县	R95T2001	相对稳定	A+ 级	A 级	Ⅰ类	Ⅰ类	Ⅲ类	A 级
国 96	浙江嵊州市	R96T2001	相对稳定	A+ 级	A+ 级	Ⅱ类	Ⅱ类	Ⅲ类	A+ 级
国 97	山东博兴县	R97T2001	相对稳定	A+ 级	A 级	Ⅰ类	Ⅰ类	Ⅳ类	A 级
国 98	山东茌平县	R98T2001	上升	A+ 级	A 级	Ⅰ类	Ⅰ类	Ⅳ类	A 级
国 99	江西丰城市	R99T2001	相对稳定	A+ 级	A− 级	Ⅳ类	Ⅳ类	Ⅲ类	A 级
国 100	江苏建湖县	R100T2001	上升	A+ 级	A 级	Ⅰ类	Ⅰ类	Ⅱ类	A+ 级

第十届中国西部百强县（市）

10th CHINA WESTERN COUNTY-LEVEL ECONOMY BASIC COMPETITIVENESS TOP100

排序	县域经济单位	县域经济基本竞争力			县域科学发展				
		中郡指数	竞争力动态	竞争力等级	县域相对富裕程度		县域相对绿色指数		县域人文环境
					等级	类型	等级	类型	等级
国 20	内蒙古准格尔旗	R20T2001	上升	A+ 级	A+ 级	Ⅰ类	A− 级	Ⅳ类	A+ 级
国 27	四川双流县	R27T2001	相对稳定	A+ 级	A+ 级	Ⅰ类	A 级	Ⅱ类	A+ 级
国 37	内蒙古伊金霍洛旗	R37T2001	上升	A+ 级	A+ 级	Ⅰ类	A 级	Ⅳ类	A 级
国 38	新疆库尔勒市	R38T2001	相对稳定	A+ 级	A 级	Ⅰ类	A+ 级	Ⅰ类	A+ 级
国 44	陕西神木县	R44T2001	上升	A+ 级	A+ 级	Ⅰ类	A 级	Ⅳ类	A 级
国 91	陕西府谷县	R91T2001	上升	A+ 级	A+ 级	Ⅰ类	A− 级	Ⅳ类	A 级
国 95	陕西靖边县	R95T2001	相对稳定	A+ 级	A 级	Ⅰ类	A 级	Ⅲ类	A 级
西 8	四川郫县	R102T2001	相对稳定	A 级	A+ 级	Ⅰ类	A 级	Ⅳ类	A 级
西 9	四川西昌市	R105T2001	相对稳定	A 级	A 级	Ⅱ类	A+ 级	Ⅲ类	A 级
西 10	内蒙古鄂托克旗	R106T2001	相对稳定	A 级	A+ 级	Ⅰ类	A− 级	Ⅳ类	A+ 级
西 11	内蒙古达拉特旗	R113T2001	相对稳定	A 级	A 级	Ⅰ类	A 级	Ⅳ类	A 级
西 12	内蒙古霍林郭勒市	R115T2001	相对稳定	A 级	A+ 级	Ⅰ类	A 级	Ⅲ类	A 级
西 13	陕西吴起县	R117T2001	相对稳定	A 级	A+ 级	Ⅰ类	A+ 级	Ⅲ类	A 级
西 14	新疆库车县	R132T2001	相对稳定	A 级	A− 级	Ⅲ类	A− 级	Ⅳ类	A 级
西 15	青海格尔木市	R133T2001	相对稳定	A 级	A+ 级	Ⅰ类	A− 级	Ⅳ类	A 级
西 16	陕西志丹县	R142T2001	相对稳定	A 级	A+ 级	Ⅰ类	A 级	Ⅳ类	A 级
西 17	云南安宁市	R143T2001	相对稳定	A 级	A+ 级	Ⅰ类	A 级	Ⅲ类	A+ 级
西 18	宁夏灵武市	R150T2001	上升	A 级	A 级	Ⅲ类	A− 级	Ⅳ类	A 级

第十届中国西部百强县（市）（续一）

10th CHINA WESTERN COUNTY-LEVEL ECONOMY BASIC COMPETITIVENESS TOP100

排序	县域经济单位	县域经济基本竞争力			县域科学发展				
		中郡指数	竞争力动态	竞争力等级	县域相对富裕程度		县域相对绿色指数		县域人文环境
					等级	类型	等级	类型	等级
西 19	云南个旧市	R155T2001	相对稳定	A 级	A 级	Ⅱ类	A 级	Ⅲ类	A+ 级
西 20	内蒙古托克托县	R163T2001	相对稳定	A 级	A 级	Ⅰ类	A− 级	Ⅳ类	A+ 级
西 21	贵州盘县	R169T2001	相对稳定	A 级	B 级	Ⅳ类	B 级	Ⅳ类	A 级
西 22	云南大理市	R171T2001	注意	A 级	A− 级	Ⅲ类	A 级	Ⅲ类	A+ 级
西 23	新疆昌吉市	R174T2001	相对稳定	A 级	A 级	Ⅰ类	A− 级	Ⅳ类	A 级
西 24	内蒙古锡林浩特市	R175T2001	相对稳定	A 级	A+ 级	Ⅰ类	A− 级	Ⅳ类	A 级
西 25	内蒙古满洲里市	R176T2001	相对稳定	A 级	A+ 级	Ⅰ类	A− 级	Ⅳ类	A+ 级
西 26	重庆铜梁县	R181T2001	相对稳定	A 级	A− 级	Ⅳ类	A 级	Ⅲ类	A+ 级
西 27	内蒙古乌审旗	R188T2001	相对稳定	A 级	A+ 级	Ⅰ类	A+ 级	Ⅲ类	A+ 级
西 28	内蒙古土默特左旗	R195T2001	相对稳定	A 级	A 级	Ⅰ类	A− 级	Ⅳ类	A 级
西 29	新疆石河子市	R218T2001	相对稳定	B 级	A+ 级	Ⅰ类	A 级	Ⅲ类	A 级
西 30	内蒙古阿拉善左旗	R222T2001	相对稳定	B 级	A+ 级	Ⅰ类	A− 级	Ⅳ类	A 级
西 31	内蒙古达茂联合旗	R226T2001	相对稳定	B 级	A+ 级	Ⅰ类	B 级	Ⅳ类	A 级
西 32	宁夏青铜峡市	R235T2001	相对稳定	B 级	A− 级	Ⅳ类	A 级	Ⅳ类	A+ 级
西 33	贵州仁怀市	R237T2001	相对稳定	B 级	B 级	Ⅳ类	A 级	Ⅳ类	A+ 级
西 34	四川新津县	R238T2001	相对稳定	B 级	A 级	Ⅰ类	A 级	Ⅳ类	A 级
西 35	贵州兴义市	R239T2001	相对稳定	B 级	A− 级	Ⅳ类	A 级	Ⅳ类	A 级
西 36	内蒙古土默特右旗	R240T2001	相对稳定	B 级	A− 级	Ⅲ类	A− 级	Ⅳ类	A 级

第十届中国西部百强县（市）（续二）

10th CHINA WESTERN COUNTY-LEVEL ECONOMY BASIC COMPETITIVENESS TOP100

排序	县域经济单位	县域经济基本竞争力			县域科学发展				
		中郡指数	竞争力动态	竞争力等级	县域相对富裕程度		县域相对绿色指数		县域人文环境
					等级	类型	等级	类型	等级
西 37	重庆璧山县	R241T2001	相对稳定	B 级	A－级	Ⅳ类	A 级	Ⅱ类	A＋级
西 38	重庆綦江县	R242T2001	相对稳定	B 级	A－级	Ⅳ类	A 级	Ⅳ类	A 级
西 39	云南楚雄市	R243T2001	注意	B 级	A－级	Ⅳ类	A 级	Ⅳ类	A＋级
西 40	新疆哈密市	R251T2001	相对稳定	B 级	A－级	Ⅱ类	A－级	Ⅳ类	A 级
西 41	贵州遵义县	R253T2001	相对稳定	B 级	A－级	Ⅳ类	A 级	Ⅳ类	A＋级
西 42	新疆阿克苏市	R265T2001	相对稳定	B 级	A－级	Ⅳ类	A 级	Ⅳ类	A 级
西 43	重庆荣昌县	R267T2001	相对稳定	B 级	A－级	Ⅳ类	A＋级	Ⅲ类	A＋级
西 44	四川都江堰市	R270T2001	上升	B 级	A－级	Ⅲ类	A 级	Ⅳ类	A＋级
西 45	陕西定边县	R274T2001	上升	B 级	A－级	Ⅲ类	A 级	Ⅳ类	A 级
西 46	四川简阳市	R277T2001	相对稳定	B 级	A－级	Ⅳ类	A 级	Ⅱ类	A 级
西 47	云南富源县	R282T2001	上升	B 级	B 级	Ⅳ类	B 级	Ⅳ类	A 级
西 48	新疆阜康市	R288T2001	相对稳定	B 级	A 级	Ⅰ类	A－级	Ⅳ类	A＋级
西 49	重庆大足县	R290T2001	相对稳定	B 级	A－级	Ⅳ类	A 级	Ⅳ类	A 级
西 50	四川广汉市	R300T2001	相对稳定	B 级	A 级	Ⅰ类	A 级	Ⅳ类	A 级
西 51	内蒙古和林格尔县	R310T2001	注意	B 级	A 级	Ⅲ类	A 级	Ⅳ类	A 级
西 52	四川峨眉山市	R326T2001	相对稳定	B 级	A 级	Ⅱ类	A 级	Ⅲ类	A＋级
西 53	四川江油市	R330T2001	上升	B 级	A－级	Ⅳ类	B 级	Ⅳ类	A 级
西 54	云南宣威市	R338T2001	注意	B 级	B 级	Ⅳ类	A－级	Ⅳ类	A 级

第十届中国西部百强县（市）（续三）

10th CHINA WESTERN COUNTY-LEVEL ECONOMY BASIC COMPETITIVENESS TOP100

排序	县域经济单位	县域经济基本竞争力			县域科学发展				
		中郡指数	竞争力动态	竞争力等级	县域相对富裕程度		县域相对绿色指数		县域人文环境
					等级	类型	等级	类型	等级
西 55	四川会理县	R339T2001	上升	B 级	B 级	Ⅳ类	A 级	Ⅳ类	A 级
西 56	四川什邡市	R343T2001	上升	B 级	A 级	Ⅰ类	A− 级	Ⅳ类	A+ 级
西 57	广西临桂县	R348T2001	相对稳定	B 级	A− 级	Ⅳ类	A 级	Ⅳ类	A 级
西 58	陕西韩城市	R363T2001	相对稳定	B 级	A− 级	Ⅳ类	A− 级	Ⅳ类	A+ 级
西 59	云南弥勒县	R370T2001	相对稳定	B 级	B 级	Ⅳ类	A 级	Ⅲ类	A 级
西 60	内蒙古乌拉特后旗	R373T2001	相对稳定	B 级	A+ 级	Ⅰ类	A− 级	Ⅳ类	A 级
西 61	陕西安塞县	R382T2001	相对稳定	B 级	A− 级	Ⅲ类	A+ 级	Ⅰ类	A+ 级
西 62	四川彭州市	R387T2001	上升	B 级	B 级	Ⅳ类	A− 级	Ⅳ类	A 级
西 63	广西平果县	R392T2001	注意	B 级	A− 级	Ⅳ类	A− 级	Ⅳ类	A 级
西 64	四川威远县	R397T2001	相对稳定	B 级	A− 级	Ⅲ类	B 级	Ⅳ类	A 级
西 65	新疆伊宁市	R401T2001	上升	C 级	A− 级	Ⅳ类	A− 级	Ⅳ类	A 级
西 66	广西武鸣县	R404T2001	相对稳定	C 级	A− 级	Ⅳ类	A 级	Ⅳ类	A 级
西 67	四川仁寿县	R413T2001	相对稳定	C 级	B 级	Ⅳ类	A− 级	Ⅳ类	A 级
西 68	四川射洪县	R417T2001	注意	C 级	A− 级	Ⅳ类	A 级	Ⅳ类	A+ 级
西 69	新疆鄯善县	R420T2001	注意	C 级	A− 级	Ⅲ类	A− 级	Ⅳ类	A+ 级
西 70	宁夏平罗县	R422T2001	相对稳定	C 级	A− 级	Ⅳ类	A− 级	Ⅳ类	A+ 级
西 71	重庆开县	R425T2001	注意	C 级	B 级	Ⅳ类	A 级	Ⅳ类	A 级
西 72	四川金堂县	R428T2001	相对稳定	C 级	A− 级	Ⅳ类	A− 级	Ⅳ类	A 级

第十届中国西部百强县（市）（续四）

10th CHINA WESTERN COUNTY-LEVEL ECONOMY BASIC COMPETITIVENESS TOP100

排序	县域经济单位	县域经济基本竞争力			县域科学发展				
		中郡指数	竞争力动态	竞争力等级	县域相对富裕程度		县域相对绿色指数		县域人文环境
					等级	类型	等级	类型	等级
西 73	新疆奎屯市	R435T2001	相对稳定	C 级	A+ 级	Ⅰ类	A− 级	Ⅳ类	A 级
西 74	陕西高陵县	R440T2001	上升	C 级	A 级	Ⅰ类	A 级	Ⅳ类	A 级
西 75	重庆梁平县	R443T2001	上升	C 级	B 级	Ⅳ类	A 级	Ⅳ类	A 级
西 76	贵州金沙县	R446T2001	上升	C 级	B 级	Ⅳ类	B 级	Ⅳ类	A 级
西 77	四川崇州市	R447T2001	注意	C 级	A− 级	Ⅳ类	A 级	Ⅳ类	A 级
西 78	四川会东县	R451T2001	上升	C 级	B 级	Ⅳ类	B 级	Ⅳ类	A 级
西 79	四川绵竹市	R456T2001	相对稳定	C 级	A− 级	Ⅲ类	A 级	Ⅳ类	A+ 级
西 80	广西桂平市	R457T2001	相对稳定	C 级	B 级	Ⅳ类	A− 级	Ⅳ类	A+ 级
西 81	四川达县	R461T2001	相对稳定	C 级	B 级	Ⅳ类	B 级	Ⅳ类	A+ 级
西 82	四川泸县	R464T2001	相对稳定	C 级	B 级	Ⅳ类	A− 级	Ⅳ类	A+ 级
西 83	四川大竹县	R465T2001	相对稳定	C 级	B 级	Ⅳ类	A− 级	Ⅳ类	A+ 级
西 84	广西横县	R469T2001	上升	C 级	B 级	Ⅳ类	A 级	Ⅲ类	A+ 级
西 85	云南呈贡县	R470T2001	相对稳定	C 级	A 级	Ⅰ类	A 级	Ⅲ类	A 级
西 86	内蒙古乌拉特前旗	R475T2001	相对稳定	C 级	A− 级	Ⅳ类	A− 级	Ⅳ类	A 级
西 87	贵州清镇市	R477T2001	相对稳定	C 级	A− 级	Ⅳ类	A− 级	Ⅳ类	A+ 级
西 88	内蒙古鄂温克旗	R479T2001	注意	C 级	A+ 级	Ⅰ类	A 级	Ⅳ类	A+ 级
西 89	贵州都匀市	R483T2001	上升	C 级	A− 级	Ⅳ类	A− 级	Ⅳ类	A 级
西 90	新疆喀什市	R492T2001	上升	C 级	A− 级	Ⅳ类	A− 级	Ⅳ类	A+ 级

第十届中国西部百强县（市）（续五）

10th CHINA WESTERN COUNTY-LEVEL ECONOMY BASIC COMPETITIVENESS TOP100

排序	县域经济单位	县域经济基本竞争力			县域科学发展				
		中郡指数	竞争力动态	竞争力等级	县域相对富裕程度		县域相对绿色指数		县域人文环境
					等级	类型	等级	类型	等级
西 91	云南蒙自县	R496T2001	相对稳定	C 级	A－级	Ⅳ类	A 级	Ⅳ类	A+ 级
西 92	广西灵山县	R498T2001	注意	C 级	B 级	Ⅳ类	A－级	Ⅳ类	A 级
西 93	广西博白县	R501T2001	相对稳定	C 级	B 级	Ⅳ类	A－级	Ⅳ类	A 级
西 94	陕西黄陵县	R504T2001	上升	C 级	A 级	Ⅰ类	A－级	Ⅳ类	A 级
西 95	陕西子长县	R508T2001	上升	C 级	A－级	Ⅳ类	A－级	Ⅳ类	A 级
西 96	宁夏贺兰县	R513T2001	上升	C 级	A－级	Ⅲ类	A 级	Ⅳ类	A 级
西 97	云南景洪市	R515T2001	上升	C 级	A－级	Ⅳ类	A 级	Ⅲ类	A 级
西 98	云南开远市	R518T2001	注意	C 级	A－级	Ⅳ类	A－级	Ⅳ类	A 级
西 99	内蒙古克什克腾旗	R519T2001	上升	C 级	A－级	Ⅲ类	A 级	Ⅱ类	A 级
西 100	云南文山县	R530T2001	相对稳定	C 级	A－级	Ⅳ类	A－级	Ⅳ类	A 级

第十届中国中部百强县（市）

10th CHINA MIDDLE COUNTY-LEVEL ECONOMY BASIC COMPETITIVENESS TOP100

排序	县域经济单位	县域经济基本竞争力			县域科学发展				
		中郡指数	竞争力动态	竞争力等级	县域相对富裕程度		县域相对绿色指数		县域人文环境
					等级	类型	等级	类型	等级
国 25	湖南长沙县	R25T2001	上升	A+ 级	A+ 级	Ⅰ类	A 级	Ⅲ类	A 级
国 39	河南巩义市	R39T2001	相对稳定	A+ 级	A 级	Ⅰ类	A 级	Ⅳ类	A 级
国 64	河南偃师市	R64T2001	相对稳定	A+ 级	A 级	Ⅰ类	A 级	Ⅳ类	A 级
国 64	河南新郑市	R64T2001	相对稳定	A+ 级	A 级	Ⅰ类	A 级	Ⅳ类	A+ 级
国 64	河南荥阳市	R64T2001	相对稳定	A+ 级	A 级	Ⅰ类	A 级	Ⅲ类	A 级
国 64	河南新密市	R64T2001	相对稳定	A+ 级	A 级	Ⅰ类	A 级	Ⅳ类	A+ 级
国 64	河南禹州市	R64T2001	相对稳定	A+ 级	A− 级	Ⅳ类	A 级	Ⅳ类	A 级
国 64	河南登封市	R64T2001	相对稳定	A+ 级	A 级	Ⅲ类	A 级	Ⅳ类	A 级
国 65	湖南浏阳市	R65T2001	上升	A+ 级	A 级	Ⅱ类	A− 级	Ⅳ类	A+ 级
国 70	山西孝义市	R70T2001	相对稳定	A+ 级	A+ 级	Ⅰ类	A 级	Ⅳ类	A+ 级
国 73	湖南宁乡县	R73T2001	相对稳定	A+ 级	A 级	Ⅱ类	A− 级	Ⅳ类	A 级
国 86	江西南昌县	R86T2001	相对稳定	A+ 级	A 级	Ⅱ类	A 级	Ⅳ类	A+ 级
国 92	湖南望城县	R92T2001	相对稳定	A+ 级	A 级	Ⅰ类	A 级	Ⅲ类	A 级
国 93	河南永城市	R93T2001	相对稳定	A+ 级	A− 级	Ⅳ类	A 级	Ⅳ类	A 级
国 94	安徽肥西县	R94T2001	上升	A+ 级	A− 级	Ⅳ类	A 级	Ⅳ类	A 级
国 99	江西丰城市	R99T2001	相对稳定	A+ 级	A− 级	Ⅳ类	A 级	Ⅲ类	A 级
中 12	湖南醴陵市	R118T2001	相对稳定	A 级	A 级	Ⅱ类	A− 级	Ⅳ类	A 级
中 13	河南新安县	R120T2001	相对稳定	A 级	A− 级	Ⅲ类	A 级	Ⅳ类	A 级

第十届中国中部百强县（市）（续一）

10th CHINA MIDDLE COUNTY-LEVEL ECONOMY BASIC COMPETITIVENESS TOP100

排序	县域经济单位	县域经济基本竞争力			县域科学发展				
		中部指数	竞争力动态	竞争力等级	县域相对富裕程度		县域相对绿色指数		县域人文环境
					等级	类型	等级	类型	等级
中 14	河南安阳县	R124T2001	相对稳定	A 级	A− 级	Ⅳ类	A− 级	Ⅳ类	A 级
中 15	河南林州市	R138T2001	相对稳定	A 级	A− 级	Ⅳ类	A− 级	Ⅳ类	A+ 级
中 16	河南灵宝市	R144T2001	相对稳定	A 级	A− 级	Ⅳ类	A− 级	Ⅳ类	A+ 级
中 17	河南中牟县	R149T2001	上升	A 级	A− 级	Ⅲ类	A− 级	Ⅳ类	A 级
中 18	河南汝州市	R154T2001	上升	A 级	A− 级	Ⅳ类	A− 级	Ⅳ类	A 级
中 19	湖北大冶市	R156T2001	相对稳定	A 级	A− 级	Ⅳ类	A 级	Ⅳ类	A 级
中 20	安徽肥东县	R160T2001	相对稳定	A 级	A− 级	Ⅳ类	A− 级	Ⅱ类	A 级
中 21	河南沁阳市	R164T2001	相对稳定	A 级	A 级	Ⅰ类	B 级	Ⅳ类	A+ 级
中 22	湖北宜都市	R166T2001	上升	A 级	A− 级	Ⅲ类	A+ 级	Ⅲ类	A+ 级
中 23	江西贵溪市	R167T2001	注意	A 级	A− 级	Ⅳ类	A 级	Ⅱ类	A+ 级
中 24	河南长葛市	R170T2001	相对稳定	A 级	A 级	Ⅰ类	A− 级	Ⅳ类	A 级
中 25	河南渑池县	R177T2001	相对稳定	A 级	A− 级	Ⅲ类	A− 级	Ⅱ类	A+ 级
中 26	河南义马市	R178T2001	相对稳定	A 级	A+ 级	Ⅰ类	A 级	Ⅳ类	A 级
中 27	湖北仙桃市	R179T2001	相对稳定	A 级	A− 级	Ⅳ类	A− 级	Ⅳ类	A 级
中 28	湖南耒阳市	R180T2001	相对稳定	A 级	A− 级	Ⅳ类	A− 级	Ⅳ类	A 级
中 29	河南伊川县	R182T2001	相对稳定	A 级	B 级	Ⅳ类	A− 级	Ⅳ类	A− 级
中 30	河南辉县市	R183T2001	相对稳定	A 级	A− 级	Ⅳ类	A 级	Ⅳ类	A+ 级
中 31	安徽凤台县	R184T2001	相对稳定	A 级	A− 级	Ⅲ类	A 级	Ⅲ类	A 级

第十届中国中部百强县（市）（续二）
10th CHINA MIDDLE COUNTY-LEVEL ECONOMY BASIC COMPETITIVENESS TOP100

排序	县域经济单位	县域经济基本竞争力			县域科学发展				
		中郡指数	竞争力动态	竞争力等级	县域相对富裕程度		县域相对绿色指数		县域人文环境
					等级	类型	等级	类型	等级
中 32	安徽当涂县	R187T2001	相对稳定	A 级	A− 级	Ⅳ类	A 级	Ⅳ类	A 级
中 33	湖北潜江市	R189T2001	相对稳定	A 级	A− 级	Ⅳ类	A 级	Ⅳ类	A+ 级
中 34	山西柳林县	R197T2001	上升	A 级	A− 级	Ⅲ类	A− 级	Ⅳ类	A 级
中 35	安徽无为县	R201T2001	相对稳定	B 级	A− 级	Ⅳ类	A− 级	Ⅳ类	A 级
中 36	山西灵石县	R209T2001	上升	B 级	A+ 级	Ⅰ类	A 级	Ⅳ类	A 级
中 37	山西河津市	R214T2001	注意	B 级	A+ 级	Ⅰ类	B 级	Ⅳ类	A 级
中 38	江西新建县	R215T2001	相对稳定	B 级	B 级	Ⅳ类	A 级	Ⅲ类	A 级
中 39	山西襄垣县	R221T2001	相对稳定	B 级	A 级	Ⅰ类	A 级	Ⅳ类	A+ 级
中 40	山西高平市	R230T2001	相对稳定	B 级	A 级	Ⅰ类	A− 级	Ⅳ类	A 级
中 41	安徽宁国市	R231T2001	相对稳定	B 级	A 级	Ⅰ类	A 级	Ⅲ类	A+ 级
中 42	湖南攸县	R233T2001	上升	B 级	A 级	Ⅱ类	A 级	Ⅳ类	A 级
中 43	河南栾川县	R236T2001	注意	B 级	A− 级	Ⅲ类	A− 级	Ⅳ类	A 级
中 44	河南邓州市	R249T2001	相对稳定	B 级	A− 级	Ⅳ类	B 级	Ⅳ类	A+ 级
中 45	山西泽州县	R254T2001	相对稳定	B 级	A− 级	Ⅳ类	A− 级	Ⅳ类	A+ 级
中 46	山西介休市	R261T2001	相对稳定	B 级	A 级	Ⅰ类	A 级	Ⅳ类	A+ 级
中 47	河南孟州市	R264T2001	相对稳定	B 级	A− 级	Ⅲ类	A− 级	Ⅳ类	A+ 级
中 48	湖北天门市	R271T2001	相对稳定	B 级	A− 级	Ⅳ类	A 级	Ⅳ类	A 级
中 49	山西山阴县	R275T2001	上升	B 级	A+ 级	Ⅰ类	A 级	Ⅳ类	A 级

第十届中国中部百强县（市）（续三）

10th CHINA MIDDLE COUNTY-LEVEL ECONOMY BASIC COMPETITIVENESS TOP100

排序	县域经济单位	县域经济基本竞争力			县域科学发展				
		中部指数	竞争力动态	竞争力等级	县域相对富裕程度		县域相对绿色指数		县域人文环境
					等级	类型	等级	类型	等级
中 50	河南武陟县	R281T2001	注意	B 级	A− 级	Ⅳ类	A 级	Ⅳ类	A 级
中 51	河南舞钢市	R283T2001	注意	B 级	A− 级	Ⅲ类	A− 级	Ⅳ类	A 级
中 52	湖南湘潭县	R284T2001	上升	B 级	A− 级	Ⅳ类	A− 级	Ⅳ类	A 级
中 53	江西广丰县	R285T2001	相对稳定	B 级	A− 级	Ⅳ类	A 级	Ⅲ类	A 级
中 54	湖南冷水江市	R291T2001	相对稳定	B 级	A+ 级	Ⅰ类	A− 级	Ⅳ类	A 级
中 55	河南襄城县	R292T2001	相对稳定	B 级	A− 级	Ⅳ类	A 级	Ⅲ类	A 级
中 56	湖南汨罗市	R295T2001	上升	B 级	A− 级	Ⅳ类	A− 级	Ⅳ类	A 级
中 57	安徽繁昌县	R296T2001	相对稳定	B 级	A 级	Ⅰ类	A 级	Ⅳ类	A 级
中 58	湖北汉川市	R297T2001	相对稳定	B 级	A− 级	Ⅳ类	B 级	Ⅳ类	A 级
中 59	安徽天长市	R298T2001	相对稳定	B 级	A− 级	Ⅳ类	A− 级	Ⅳ类	A+ 级
中 60	山西洪洞县	R302T2001	相对稳定	B 级	A− 级	Ⅳ类	A− 级	Ⅳ类	A 级
中 61	安徽长丰县	R304T2001	上升	B 级	B 级	Ⅳ类	A− 级	Ⅳ类	A 级
中 62	江西乐平市	R313T2001	上升	B 级	A− 级	Ⅳ类	A 级	Ⅳ类	A 级
中 63	江西樟树市	R317T2001	相对稳定	B 级	A− 级	Ⅳ类	A 级	Ⅲ类	A 级
中 64	河南宝丰县	R319T2001	相对稳定	B 级	A− 级	Ⅳ类	A− 级	Ⅳ类	A 级
中 65	河南博爱县	R320T2001	相对稳定	B 级	A− 级	Ⅲ类	A 级	Ⅳ类	A 级
中 66	湖南资兴市	R322T2001	相对稳定	B 级	A 级	Ⅱ类	A 级	Ⅳ类	A+ 级
中 67	河南新乡县	R327T2001	相对稳定	B 级	A 级	Ⅲ类	B 级	Ⅳ类	A 级

第十届中国中部百强县（市）（续四）

10th CHINA MIDDLE COUNTY-LEVEL ECONOMY BASIC COMPETITIVENESS TOP100

排序	县域经济单位	县域经济基本竞争力			县域科学发展				
		中郡指数	竞争力动态	竞争力等级	县域相对富裕程度		县域相对绿色指数		县域人文环境
					等级	类型	等级	类型	等级
中 68	江西德兴市	R329T2001	上升	B 级	A- 级	Ⅳ类	A 级	Ⅲ类	A 级
中 69	河南长垣县	R333T2001	相对稳定	B 级	A- 级	Ⅳ类	A 级	Ⅳ类	A 级
中 70	湖北钟祥市	R336T2001	上升	B 级	B 级	Ⅳ类	A 级	Ⅳ类	A+ 级
中 71	湖南湘乡市	R341T2001	相对稳定	B 级	A- 级	Ⅳ类	A 级	Ⅳ类	A+ 级
中 72	山西长治县	R345T2001	相对稳定	B 级	A- 级	Ⅲ类	A 级	Ⅳ类	A 级
中 73	江西分宜县	R346T2001	上升	B 级	A- 级	Ⅲ类	A 级	Ⅲ类	A 级
中 74	河南濮阳县	R351T2001	注意	B 级	B 级	Ⅳ类	A- 级	Ⅳ类	A 级
中 75	湖北枝江市	R354T2001	相对稳定	B 级	A- 级	Ⅳ类	B 级	Ⅳ类	A 级
中 76	湖北当阳市	R355T2001	相对稳定	B 级	A- 级	Ⅳ类	A 级	Ⅳ类	A+ 级
中 77	湖南桂阳县	R356T2001	相对稳定	B 级	A- 级	Ⅳ类	A 级	Ⅳ类	A+ 级
中 78	河南唐河县	R358T2001	上升	B 级	B 级	Ⅳ类	A 级	Ⅳ类	A 级
中 79	湖北枣阳市	R360T2001	上升	B 级	A- 级	Ⅳ类	A 级	Ⅳ类	A+ 级
中 80	河南西峡县	R367T2001	注意	B 级	A- 级	Ⅳ类	A 级	Ⅳ类	A 级
中 81	山西阳城县	R368T2001	相对稳定	B 级	A- 级	Ⅳ类	A 级	Ⅳ类	A+ 级
中 82	河南项城市	R372T2001	相对稳定	B 级	A- 级	Ⅳ类	A- 级	Ⅳ类	A+ 级
中 83	江西进贤县	R374T2001	注意	B 级	A- 级	Ⅳ类	A- 级	Ⅳ类	A 级
中 84	河南固始县	R375T2001	相对稳定	B 级	B 级	Ⅳ类	A- 级	Ⅳ类	A 级
中 85	河南临颍县	R377T2001	相对稳定	B 级	A- 级	Ⅳ类	A- 级	Ⅳ类	A 级

第十届中国中部百强县（市）（续五）

10th CHINA MIDDLE COUNTY-LEVEL ECONOMY BASIC COMPETITIVENESS TOP100

排序	县域经济单位	县域经济基本竞争力			县域科学发展				
		中郡指数	竞争力动态	竞争力等级	县域相对富裕程度		县域相对绿色指数		县域人文环境
					等级	类型	等级	类型	等级
中 86	河南许昌县	R381T2001	注意	B 级	A− 级	Ⅳ类	A− 级	Ⅳ类	A 级
中 87	湖南常宁市	R389T2001	上升	B 级	A− 级	Ⅳ类	A− 级	Ⅳ类	A 级
中 88	河南叶县	R398T2001	上升	B 级	B 级	Ⅳ类	A− 级	Ⅳ类	A 级
中 89	河南尉氏县	R405T2001	注意	C 级	B 级	Ⅳ类	A− 级	Ⅳ类	A 级
中 90	安徽桐城市	R411T2001	相对稳定	C 级	A− 级	Ⅳ类	A− 级	Ⅳ类	A+ 级
中 91	安徽广德县	R416T2001	注意	C 级	A 级	Ⅱ类	A 级	Ⅲ类	A 级
中 92	山西清徐县	R423T2001	注意	C 级	A− 级	Ⅳ类	A 级	Ⅳ类	A+ 级
中 93	湖北赤壁市	R426T2001	相对稳定	C 级	A− 级	Ⅳ类	A− 级	Ⅳ类	A 级
中 94	山西沁源县	R427T2001	相对稳定	C 级	A− 级	Ⅲ类	A 级	Ⅳ类	A+ 级
中 95	湖南永兴县	R429T2001	相对稳定	C 级	A− 级	Ⅳ类	A− 级	Ⅳ类	A 级
中 96	江西高安市	R430T2001	相对稳定	C 级	A− 级	Ⅳ类	A 级	Ⅲ类	A 级
中 97	湖北武穴市	R432T2001	上升	C 级	A− 级	Ⅳ类	A 级	Ⅳ类	A 级
中 98	湖北应城市	R433T2001	上升	C 级	A− 级	Ⅳ类	A− 级	Ⅳ类	A+ 级
中 99	安徽南陵县	R444T2001	上升	C 级	A− 级	Ⅳ类	A+ 级	Ⅲ类	A 级
中 100	山西沁水县	R449T2001	相对稳定	C 级	A− 级	Ⅲ类	A 级	Ⅲ类	A 级

第十届中国东北三十强县（市）

10th CHINA NORTHEAST COUNTY-LEVEL ECONOMY BASIC COMPETITIVENESS TOP30

排序	县域经济单位	县域经济基本竞争力			县域科学发展				
		中郡指数	竞争力动态	竞争力等级	县域相对富裕程度		县域相对绿色指数		县域人文环境
					等级	类型	等级	类型	等级
国 18	辽宁瓦房店市	R18T2001	相对稳定	A+ 级	A 级	Ⅰ类	A− 级	Ⅳ类	A 级
国 19	辽宁海城市	R19T2001	上升	A+ 级	A+ 级	Ⅰ类	A− 级	Ⅳ类	A 级
国 50	辽宁庄河市	R50T2001	上升	A+ 级	A 级	Ⅰ类	A+ 级	Ⅲ类	A+ 级
国 58	辽宁普兰店市	R58T2001	相对稳定	A+ 级	A 级	Ⅰ类	A+ 级	Ⅱ类	A 级
国 61	辽宁大石桥市	R61T2001	上升	A+ 级	A 级	Ⅰ类	A 级	Ⅱ类	A 级
国 82	吉林延吉市	R82T2001	上升	A+ 级	A+ 级	Ⅰ类	A+ 级	Ⅲ类	A+ 级
国 83	辽宁东港市	R83T2001	上升	A+ 级	A 级	Ⅰ类	A− 级	Ⅳ类	A 级
国 85	辽宁开原市	R85T2001	上升	A+ 级	A 级	Ⅰ类	A 级	Ⅳ类	A+ 级
国 87	黑龙江肇东市	R87T2001	相对稳定	A+ 级	A− 级	Ⅳ类	A− 级	Ⅳ类	A+ 级
北 10	吉林前郭县	R127T2001	相对稳定	A 级	A 级	Ⅰ类	A− 级	Ⅳ类	A+ 级
北 11	辽宁凤城市	R134T2001	相对稳定	A 级	A− 级	Ⅳ类	A− 级	Ⅳ类	A 级
北 12	辽宁大洼县	R141T2001	上升	A 级	A 级	Ⅰ类	A 级	Ⅳ类	A 级
北 13	吉林磐石市	R161T2001	相对稳定	A 级	A− 级	Ⅲ类	A− 级	Ⅱ类	A+ 级
北 14	黑龙江双城市	R165T2001	相对稳定	A 级	A− 级	Ⅳ类	A 级	Ⅲ类	A 级
北 15	辽宁新民市	R168T2001	相对稳定	A 级	A− 级	Ⅳ类	A− 级	Ⅳ类	A+ 级
北 16	辽宁调兵山市	R185T2001	上升	A 级	A+ 级	Ⅰ类	A 级	Ⅲ类	A+ 级
北 17	黑龙江安达市	R194T2001	相对稳定	A 级	A− 级	Ⅳ类	A− 级	Ⅳ类	A+ 级
北 18	吉林公主岭市	R200T2001	相对稳定	A 级	A− 级	Ⅳ类	A− 级	Ⅳ类	A 级

第十届中国东北三十强县（市）（续一）

10th CHINA NORTHEAST COUNTY-LEVEL ECONOMY BASIC COMPETITIVENESS TOP30

排序	县域经济单位	县域经济基本竞争力			县域科学发展				
		中郡指数	竞争力动态	竞争力等级	县域相对富裕程度		县域相对绿色指数		县域人文环境
					等级	类型	等级	类型	等级
北 19	吉林九台市	R210T2001	相对稳定	B 级	B 级	Ⅳ类	A－级	Ⅳ类	A 级
北 20	辽宁铁岭县	R212T2001	相对稳定	B 级	A－级	Ⅲ类	A 级	Ⅳ类	A 级
北 21	辽宁辽中县	R213T2001	相对稳定	B 级	A 级	Ⅰ类	A 级	Ⅱ类	A 级
北 22	辽宁灯塔市	R217T2001	相对稳定	B 级	A－级	Ⅳ类	A－级	Ⅳ类	A 级
北 23	吉林农安县	R228T2001	相对稳定	B 级	B 级	Ⅳ类	A－级	Ⅳ类	A 级
北 24	吉林榆树市	R246T2001	相对稳定	B 级	B 级	Ⅳ类	A－级	Ⅳ类	A+级
北 25	吉林德惠市	R248T2001	相对稳定	B 级	B 级	Ⅳ类	A－级	Ⅳ类	A 级
北 26	辽宁辽阳县	R256T2001	相对稳定	B 级	A－级	Ⅳ类	B 级	Ⅳ类	A 级
北 27	辽宁凌海市	R258T2001	相对稳定	B 级	A－级	Ⅳ类	B 级	Ⅳ类	A+级
北 28	吉林梨树县	R269T2001	上升	B 级	A－级	Ⅳ类	A－级	Ⅳ类	A 级
北 29	吉林桦甸市	R278T2001	相对稳定	B 级	A－级	Ⅳ类	A－级	Ⅳ类	A+级
北 30	吉林梅河口市	R287T2001	相对稳定	B 级	A－级	Ⅳ类	A－级	Ⅳ类	A+级

第二部分
中国县域经济动态

2010年度中国县域经济发展情况（部分省市区）

广东省县域经济发展情况

县域经济是国民经济的基本单元，加速县域经济的发展，是巩固基础政权，繁荣地方经济，增加农民收入的主要途径。广东省委、省政府对广东县域经济研究与发展十分关注和重视。在2009年4月11日广东省县域经济发展与研究促进会成立大会上，中共中央政治局委员、广东省委书记汪洋作了重要批示："我省县域经济发展潜力巨大，加强研究，促进发展大有可为。"

一、广东县域经济的总体发展情况

近年来，广东省委、省政府把加快县域经济发展作为深入贯彻落实科学发展观，推动全省加快发展、率先发展和协调发展的重要举措，先后出台了一批文件。仅从2004年开始，就出台了《关于加快县域经济发展的决定》、《关于加快山区发展的决定》和《关于推进产业转移和劳动力转移的决定》等文件，有效地推动了我省县域经济发展工作。从总体看，我省县域经济取得了很大的发展成就，但发展不平衡，经济总量小等问题依然存在，在一定程度上影响了全省经济发展的质量。

1.县域经济综合实力不断增强。目前，广东省县域共计67个县（市），包括23个县级市、44个县，县域面积达14.58万平方公里，占广东省总面积17.98万平方公里的81.1%；县域人口4901万人，占广东省户籍人口的60.9%。2008年广东县域GDP6601亿元，约占广东GDP（35696亿元）的1/5，其中突破200亿的县(市)有6个：增城市、潮安县、高州市、博罗县、普宁市和惠东县；地方财政一般预算收入243.7亿元，占全省总量的7.36%，其中突破10亿元的县(市)有4个：增城市、从化市、台山市和博罗县；县域城乡居民储蓄存款余额达到4216.68亿元，占全省的14.96%，其中储蓄存款余额超过100亿元的县(市)有9个：增城市、从化市、台山市、博罗县、鹤山市、开平市、高要市、四会市和普宁市。这些都说明广东县域经济是全省国民经济的重要组成部分。从GDP增长速度看，广东县域经济总体上发展速度较快，全省县域经济保持了10%以上增长速度，占全省经济总量的份额略有增加。其中有42个县（市）GDP增长率超过10%，13个县（市）GDP增长率超过15%，显示出广东省县域经济尽管受到全球金融危机的影响，但总体上处于快速发展阶段。

2.县域经济结构不断优化。2008年广东省委、省政府出台《关于推进产业转移和劳动力转移的决定》和《广东省产业转移区域布局指导意见》，要求结合广东省主体功能区规划，遵循产业转移和区域布局的一般规律，合理利用政府调控手段，促使珠三角地区产业有序转移和东西两翼、粤北山区选择性承接，促进珠三角地区的产业转型升级和东西两翼、粤北山区的工业化进程，加快广东省产业合理布局的步伐。随着"双转移"的逐步推进，劳动密集型、资源开发型工业逐渐从珠三角向周围地区辐射和扩散，县域的资源、劳动力优势与珠三角的资金、技术优势得到整合，使县域二、三产业发展迅速，产业升级加快。2008年，广东省产业转移园入园项目973个，已动工建设项目611个，实现工业总产值302.66亿元，利税27.72亿元，分别是2007年的4.67倍和5.33倍。广东已在粤北和东西两翼

地区建立了32个省级产业转移工业园。在办好东西两翼和北部山区现有产业转移工业园的基础上，省里还将再规划建设1～2个大型产业转移园，在县域经济发展中将形成一批布局合理、产业特色鲜明、集聚效应明显的产业转移集群。这些推动产业转移的措施对增强广东县域的产业竞争力与发展后劲作用巨大。同时，许多县（市）还依托自身的经济优势和特点，大力发展具有地方特色的产业集群，如增城市的汽车、摩托车及配件制造业等。这些特色产业的兴起，有力地增强了广东县域的产业竞争力，进一步促进了县域产业升级。

3.县域经济发展不平衡问题依然突出。受自然资源、经济发展基础等诸多因素的影响，我省县域经济发展水平参差不齐，不平衡性问题十分突出。从经济总量看，2008年位于珠江三角洲地区的15个县（市）的总人口仅占全部县域人口的18.7%，而其GDP却占整个县域的33.7%，地方财政收入占46%，城乡居民储蓄存款余额占36.3%，其他主要经济指标也均在我省县域经济中居举足轻重的地位。县域人口最多的北部山区30个县（市）GDP合计数只是县域总和的25.2%，地方财政收入占27.9%，城乡居民储蓄存款余额占26.2%。包括10个县（市）的东翼拥有21.5%的县域人口，其GDP占县域总和的17.8%，地方财政收入占12.1%，城乡居民储蓄存款余额占16.9%。西翼12个县（市）的总人口占27.9%，GDP只有整个县域的23.2%，地方财政收入占14%，城乡居民储蓄存款余额占20.7%。2008年珠三角县域人均GDP22790元，东翼12026元，西翼13497元，北部山区12987元；人均地方财政收入从高到低的依次是珠三角2119元，北部山区787元，西翼596元，东翼492元，说明县域经济发展不平衡问题依然比较严重。

4.县域经济整体还比较薄弱。广东总体经济实力在全国名列前茅，但县域经济却落后于江浙等省份，甚至与全国县域经济相比，优势也不明显。2009年第九届全国百强县评选，浙江有26个县域，山东有26个县域，江苏有27个县域进入百强，广东只有2个县域进入。广东省百强县数目历史上曾达到15个之多，后来有6个改成市辖区，有7个退出百强县。虽然这与广东部分经济实力强的县(市)转为市辖区，在相当的程度上降低了我省县域经济竞争力有关，但与我省县域经济发展工作与全国许多省区相比相对滞后关系更密切。以目前我省的67个县(市)而言，面积占全省的81.81%，人口占全省的60.9%，GDP和财政收入却只占全省的18.49%和7.36%。据资料反映，2008年浙江全省58个县的GDP为15310亿元，占全省的71%；财政收入为1083亿元，占全省的56.02%。2008年江苏全省52个县GDP为16385.79亿元，占全省54.06%；财政收入为1187.89亿元，占全省的43.49%。相比可见，我省县域经济在全省经济总量中的比重严重偏低，落后面还比较大。从人均水平看，2008年广东县域人均GDP15126.48元，比全省平均水平低22431.52元；人均财政收入1006.91元，比全省平均水平低943.61元；人均储蓄存款9176元，比全省平均水平低5103.04元；全年农民人均纯收入低于全省平均水平的县(市)58个，占县(市)总数的86.6%。说明广东县域经济还相当薄弱，县域经济对全省经济的贡献率还亟待提升。

二、进一步促进广东县域经济总体发展的对策建议

从上述对广东县域经济发展状况的分析可以看出，今后广东县域经济发展还需要从多方面采取有效对策，以推动县域经济实现发展方式转变，加快发展速度。

1.以产业转移和自主创新为重点调整优化县域经济结构。调整县域经济结构是提高县域经济发展质量的重要手段。我省县域经济要以办好32个产业转移园为重点，制定出台产业园区管理办法，探索园区建设和管理的市场化运作机制，要规范园区的管理行为，引导园区向将大型化、规模化、集约化发展，要将产业转移园区建设当做带动当地工业发展上水平的得力措施来抓。同

时，要重视县域经济的自主创新工作，要通过建立有效的县域自主创新政策激励体系、投融资体系，促进当地中小企业、民营经济提高深加工水平和高附加值生产环节的生产能力。特别是要引导本地民营企业以原来的产业体系为基础和依托，通过不断的技术引进、吸收、改造、消化和突破创新，提升本地产业在全球产业分工中的地位，推动产业向价值链两端延伸。

2.以体制改革和提高政府服务水平为重点推动富县强镇。要继续深化行政管理体制改革，按照“能放都放”的原则，赋予县（市）更大的行政自主权和决策权。要认真贯彻落实第一批扩大县级政府管理权限事项，切实抓好配套政策的制定和落实。针对一些强县，进行扩权试点，跟踪评估，及时发现问题，不断完善政策。按照财权、事权统一原则，启动和推动“省直管县”财政管理体制和“乡财县管”财政管理方式的改革，将义务教育、基本卫生防疫及保健等最基本公共服务的事权全部划归中央和省，调减中央省市县分成比例，扩大县域财政收入来源，使县域各级政府事权与财权对等。县域各级政府，要进一步明晰自身在市场经济发展中的定位，进一步推动各级政府将职能从管理型向服务型转变，优化当地的市场竞争环境，为各种性质经济主体公平竞争创造良好条件。

3.以土地优化开发与人口及产业集聚为重点加快县域城镇化。城镇化是今后县域经济发展的一项中心工作。推动县域经济中的城镇化发展必然与土地开发相联系。今后，广东县域应制定科学的土地开发策略，一要实施高品质中心城区控制性规划，明确城镇开发的意向，借助高品质规划吸纳投资。对城镇进行功能分区，形成多功能组团发展的格局。二是适当储备县域城镇建设用地，确定合理增长边界，通过对城镇规划区范围内的土地有预见性地进行储备，为未来城镇发展留下空间。三是同时引入土地开发资本对中心城区进行综合开发，主要可采用分期拍卖和出售的方式进行开发，通过招拍挂土地转让增加土地财政收入，将增加的这些收入按步骤进行基础设施建设，实现城镇发展从规划期到半成熟期、成熟期的不断转变。在推进城镇化工作的同时，还应实现人口和产业向城镇的适当集聚。一方面要放宽购房入户政策，对购房入户者实行鼓励政策，加快农村人口进入城镇的速度，另一方面要引导第二和第三产业适当向县域城镇周边集聚。为此，在基础设施投资建设、产业配置、贷款额度、用地指标等方面应给予县域城镇更多的政策倾斜。要通过完善教育、医疗等生活配套设施引导人口和产业向县域城镇集聚。

4.以加大财政转移支付和调整收入分配结构为重点扩大内需。扩大内需是县域经济发展的重要动力来源。目前，在扩大内需方面，县域经济要解决的一个突出问题是相当一部分县（市）还存在较为严重的“吃饭财政”现象，省、地级市，特别是发达地区要进一步加大财政转移支付力度，努力帮助这些县域走出吃饭财政的困境，使县域财政在扩大内需方面发挥的作用不断提高。此外，目前我省城乡居民收入在总体稳步增长的同时，不同群体之间的收入差距却在拉大，特别是由于劳动报酬在初次分配中的比例过低，“干得多，挣得少”，制约着消费能力和生活质量的提高。要通过调整国民收入分配结构，提高居民收入占国民收入的比重，真正让人们“劳有所得”、“干有所值”，全面突破激励县域经济内需增长的制度瓶颈。要加强税收对收入分配的调节，一是改革税种安排。开征资产税、遗产税和赠与税，从而形成以个人所得税为主体、多种财产税为辅的税收调节体系，同时对个人收入的流量、存量和转让进行调节。实行综合与分类相结合的个人所得税制，并规范地方税收减免政策，从而使得个人所得税在调节居民收入分配中发挥积极作用。通过个人所得税将收入从高收入者向低收入者转移，在实现社会公平的同时缩小收入差距。

5.以实现与珠三角有效对接为重点促进区域协调发展。珠三角为了谋求自身的发展，与外围

的联系也在不断加强。目前，珠三角与外围地区还存在较大的经济发展落差，这种落差的存在，使外围县域经济低成本优势凸显，增强了珠三角产业向外围县域扩散的动力。今后，随着广东沿海及珠三角外围县域交通、电力等基础设施不断完善，沿海及珠三角外围的县域将基本被纳入珠江三角洲3小时经济圈，这些地区对珠三角产业转移的承接作用将更大。珠三角与周边地区在实现共同发展的同时，产业也将实现互补（珠三角重点发展先进制造业和现代服务业，珠三角外围重点发展资源加工业、能源工业、劳动密集型加工业），要素同样也将实现互补（珠三角在资金、市场、人力资源等方面有优势，珠三角外围在土地、劳动力、水力、矿产资源等方面有优势）。为了促进珠三角与外围县域之间人流、物流、资金流与信息流的对流，实现协同发展，需要在构建互为补充的产业配套体系方面做好工作：一方面要围绕珠三角核心区的主导产业进行生产性配套建设；另一方面紧密结合大项目如大商业、大石化、大物流、大临港工业等发展，有预见性地在外围地区预留发展用地空间，积极引入国内外大型集团参与县域经济的发展，形成以大型集团为主导的，带动配套中小企业为特征的较大区域产业集聚体。

6.以农民增收和农业产业化为重点促进县域“三农”发展。以农民增收为目标，在不断提高粮食综合生产能力的前提下，积极调整广东县域经济的农业和农村经济结构，推广“市场+公司+农户”模式。以农业产业化经营为突破口，大力发展农产品加工业，重点培育特色农产品产业，形成农业生产区域化、专业化、规模化的布局；与此同时，以集约发展潜力大的镇作为中心镇和副中心，进行乡镇行政区划的合理调整，撤销规模过小的乡镇，与邻近城镇合并；引导乡镇企业向中心镇的工业园区或工业集中区集中，引导农业产业化发展分离出的第二、三产业向中心镇集中，引导自然村人口居住向中心镇新住宅区集中，要积极实施就业培训和劳务输出，鼓励劳动力转移，降低农村人口密度。要全面推进城乡总体规划的编制，统筹安排生产、生活和生态要素，积极推进社会主义新农村建设，规划一批宜居村镇示范点，探索新农村建设的新模式。

7.以合理规划和金融服务支撑为重点提升基础设施上水平。广东县域需要协调好统一的跨境规划，特别是交通网络建设的规划，形成统一的规划体系并付诸实践，从而实现区域的互动发展。其中规划建设高效、完善、统一的广东基础设施体系，是促进广东县域经济与珠三角核心区以及县域经济间各种生产要素在空间流动、降低企业生产成本和交易成本的重要条件。如依托沿海高速公路和铁路沿线，结合港口建设，发展专业港（如危险品专用码头、旅游港和游艇港等），并通过无水港向内地开拓腹地，可将广东有条件的县域经济打造成为内地货物的出海口与产品集散地，从而进一步增强华南地区与华东、华北和西北地区的通道连接能力，创造出区域经济合作发展的新局面。同时完善县域金融服务功能，建立多层次的县域金融服务体系，应开展农村金融服务试点，可选择若干县（市）进行农村金融服务试点，在推动政策性金融、商业性金融、民间金融的协调配合及功能互补上多做探索，使金融服务也成为推动县域经济发展基础设施的重要组织部分。

8.以选择不同发展模式为重点推动县域多样化发展。针对生产要素和资源禀赋状况，广东67个县应选择不同的发展模式：

①经济实力大、活力大的县（市）工作重点在于通过“优化”实现发展。实力大、活力大的县（市）今后发展应以调整和优化经济结构为主，积极实施大企业战略，推动各类生产要素向优势产业、优质企业集中，运用高新技术改造提升传统产业，大力发展低能耗、低占地、低污染的集约型产业。通过工业的做大做强，更好地发挥极点作用，辐射带动周围各县。进一步完善区域服务功能，加大与现代服务业相关配套设施建设的力度，为产业提供更优质的发展环境，增强地区

对新兴产业的吸引力与集聚力。

②经济实力大、活力有待提升的县（市）工作重点在于通过“集聚”带动发展。以完善地区交通基础设施为导向，将县域城镇功能设施进行升级与改造，为产业与人口集聚创造条件。借助自身具有的资源优势，积极引入外部资本、技术，并促使其与本地项目与土地优势相结合，形成内外源相互促进发展的新局面。

③经济实力小、活力大的县（市）工作重点在于通过 “引导”促进发展。中等发展水平县大多存在产业规模小，过于分散的特点，今后应制定政策逐步引导产业向专业化、特色化方向发展。要着力培育壮大一批具有比较优势和鲜明特色的骨干支柱产业，把这些县潜在的资源优势和劳动力优势转化为现实生产力，使中等发展水平县成为广东省县域经济加快发展的中坚。

④具有发展潜力县（市）工作重点在于努力获取 “扶持”的同时提高自主发展能力。广东省全省，特别是发达地区对这些县（市）的生态建设作用应高度重视，并在资金等方面大力采取扶持措施，做到让这些地区通过生态建设，也能得到可观的发展回报。对其中的贫困县扶持重点应从扶贫款划拨为主逐步转为项目建设为主。省市应进一步加大对这些县财政转移支付的力度，使这些县（市）财政实力尽快从“吃饭财政”向服务型财政过渡。同时，具有潜力县（市）还应在生态文明、产业转移园区和城镇化建设以及扩大内需方面多探索，进一步改变“等、靠、要”的观念，使这些县域的发展一方面能分享全省经济发展的果实，另一方面也能充分开发潜力，不断增强自主发展能力。(广东县域经济研究与发展促进会提供)

贵州省县域经济发展情况

从2008年实施第三轮经济强县建设以来，面对国际金融危机严重冲击和重大凝冻、旱灾等不利影响，全省经济强县深入学习实践科学发展观，认真贯彻落实省委、省政府关于发展壮大县域经济、建设经济强县的重大决策，坚定不移地把中央、我省各级党委、政府关于调结构、扩内需的总体部署和保增长、保民生、保稳定的各项要求落在实处，解放思想，沉着应对，多措并举，开拓创新，在危机和灾害面前，艰苦奋斗，不屈不挠，在转危为机中较好地发挥了中流砥柱作用，呈现出全省经济强县建设新局面。

一、经济建强

截至2009年底，全省27个建强县(市、区)生产总值预计达到2492.99亿元，占全省GDP完成数3893.51亿元的64.03%。其中有9个县(市、区)增速在15%以上，小河、息烽、桐梓、金沙4个县(区)分别达到17.8%、19.6%、20.6%和22.06%。人均生产总值达到17256.46元，比全省10258元高出6998.46元。税收总收入达到257.6亿元，地方税收收入达到118.24亿元，分别比2008年高出26.08亿元和16亿元，增长11.26%和15.65%。其中规模达10亿元以上的县(市、区)，依次有云岩(22.78亿元)、南明(17.96亿元)、仁怀(28.07亿元)、盘县(35.72亿元)、兴义(13.55亿元)、金沙(12.38亿元)。人均地方税收收入890.23元。社会消费品零售总额达891.78亿元，占全省总量1247.25亿元的71.5%。城镇居民人均可支配收入14478.87元，比全省12862.53元高出1616.34元，农民人均纯收入3956.91元，比全省的3005元高出951.91元。

各建强县突出以推动经济结构战略性调整为主线，加快发展方式转变，突出发挥优势特色，壮大优势产业，狠抓基础设施建设项目投资，充分发挥消费对经济增长的拉动作用，把发展非公有制经济作为做大做强县域经济的突破口，努力在转变发展方式中优化经济结构，促进三次产业结构优化。一是认真贯彻工业反哺农业、城市支持农村和多予少取放活的方针，落实中央各项支农强农惠农政策，按照建设现代农业的要求，加快农业结构调整，推进特色高效农业快速发展，千方百计增加农民收入，实现农村经济发展提速。二是大力支持能矿、冶金、化工、有色、建材等优强企业加快恢复生产和技术改造，加大对原材料加工业、农产品加工业、高技术产业的扶持力度，努力拓展市场、节能降耗，做大做强工业经济，强力推进新型工业化进程。三是抓住扩内需、保增长、促发展的重要机遇，依托中心城区和城镇优势加快发展现代物流业和各类中介服务业，依托旅游资源大力发展旅游业，三产发展呈现强劲态势。

坚持改革开放，改善投资环境。各建强县加快推进行政管理体制改革和国有企业改革，支持有条件的企业“走出去”加强对外合作交流，促进市场开拓、工程承包和劳务输出。充分利用“泛珠三角”区域、中国—东盟自由贸易区等合作平台和我省与四城市对口帮扶的合作关系，进一步加强区域合作以及与有关省市区的双边合作。努力适应加快发展开放型经济的需要，大力创新投资环境和服务环境，推动招商引资工作上新台阶。

二、民生建强

坚持一手抓发展、一手抓民生，切实把提高人民生活质量作为加快经济发展的出发点和落脚点，努力促进社会事业加快发展，各建强县社会指标优于全省水平。2009年城镇化率高于50%的有10个县(市、区)，最高的达98.6%；科技三项费占财政决算总支出最高的达4%；高中阶段毛入学率有15个县(市、区)达到50%以上，最高的达89.5%；城镇登记失业率有17个县(市、区)低于全省3.81%的指标；符合政策生育率均达到控制目标。各地重视高质量编制城市规划，切实增强规划对城市综合交通、土地利用、生态环境、产业布局、历史文化传承保护等重大问题的指导作用，扩大城市规模，完善城市功能，提升城市档次，不断增强城市综合承载能力。一是把加快城市化作为促进消费的重要载体，促进城乡消费群体结构调整，努力增加城乡劳动者劳动报酬和居民消费能力，大力发展现代服务业，提高城市就业容纳能力，促进更多农村劳动力向城市转移就业。二是依托城市加快游客集散地和旅游目的地建设，规范旅游市场管理，提高服务质量，拓展客源市场，扩大旅游消费。三是围绕建设社会主义新农村目标实施城乡统筹发展战略，加大对农村基础设施投入，改善农民基本生产生活条件，进一步做好家电、汽车、摩托车下乡工作，增加农村群众消费。四是把城乡低保作为事关民生改善和长远发展的大事来抓，深入推进社会保障体系建设，认真抓好以农村危房改造为重点的保障性安居工程建设。

三、生态建强

坚持用生态文明建设的理念来统筹发展，大力推动科技创新和技术进步，促进节能减排降耗，各建强县森林覆盖率保持增长，二氧化碳排放量、化学需氧量达到减排目标。一是实施创新发展战略，加强技术创新体系建设，加快科技成果的应用转化，支持传统工业企业制造业信息化推广应用示范项目建设，重点扶持具有自主知识产权的专利新产品。二是着重以制度安排为切入点，落实固定资产投资项目节能评估和审查制度，制定节能规划，扩大能耗监控范围，加快节能技术改造和推广应用，强化工业、建筑、交通、商业和公共机构领域的节能工作。三是大力发展循环经济，促进大宗工业固体废弃物资源综合利用，推进流域污染防治工作，切实降低化学需氧量和二氧化硫排放量，确保推进可持续目标的实现。用节能减排为突破口，大力推进“五个三”建设，发展循环经济。

四、平安建强

坚持经济发展与社会建设相协调，着力加强社会管理，推进和谐社会建设。一是加强社会治安综合治理，开展平安创建活动，切实担负起保一方平安的政治责任。二是千方百计化解社会矛盾，通过系统制度安排统筹解决人民群众最关心、最直接、最现实的利益问题，维护社会政治稳定。三是强化安全生产，尽最大努力降低安全事故，确保人民群众生命财产安全，亿元生产总值安全事故死亡率达到年度控制目标。

全省建强工作的好成效好形势，是省委、省政府科学决策的结果，是省建强领导小组加强领导、省直部门齐抓共管和各地各建强县奋力拼搏取得的。实施第三轮建强以来，省建强领导小组29个成员单位齐抓共管，其中省委组织部、省发改委、财政厅等9个部门出台了支持建强的配套措施并抓好落实，为大力推进建强县经济社会又好又快发展营造良好环境。省建强办认真履行职能，会同省建强领导小组成员单位营造支持建强、推进建强、服务建强的良好环境，有力地推进了建设经济强县的新发展。

与此同时，各市(州、地)党委、政府加强领导，按照中央关于科学发展、推进农村改革、建设小康社会的一系列重大方针政策和省委、省政府关于加快实现历史性跨越的部署要求，把建强工作纳入重要议事日程，始终坚持“一手抓扶贫、一手抓促强”，着眼于实施重点区域加快发展战略，带动全局发展，三轮建强工作有新举措，工作创新有新深化，区域发展有新特点。一是建强措施进一步充实。二是基层建强进一步深化。三是工作机制进一步健全。四是工作思路进一步完善。

随着新一轮西部大开发的实施、“十一五”经济社会发展目标的实现和“十二五”规划的启动、省直管县改革的深化等一系列重大政策的推进，经济强县建设势将迎来新的更好的发展机遇。(贵州省建设经济强县领导小组办公室提供)

湖北省县域经济发展情况

湖北省委、省政府高度重视县域经济发展，始终坚持把推进县域经济又好又快发展作为湖北经济社会发展的一项重大战略，确立并始终坚持发展县域经济“一主三化”方针，抢抓国内外资本和产业转移、中部地区崛起和“两圈一带”战略实施等机遇，成功应对国际金融危机冲击，全省县域经济发展进入速度加快、质量提升、结构改善、后劲增强和城乡协调发展的新时期。

一、湖北县域经济发展基本情况

1.综合实力跃上新台阶。2009年，全省县域地区生产总值突破7000亿元，达到7208.57亿元，增长15%，占全省生产总值的56.2%，对全省经济增长的贡献率为59.3%。县域经济“半壁江山”已经形成，“基石”作用更加明显。县域社会消费品零售额达到3153.04亿元，增长22.2%，高出全省社会消费品零售额增速3.2个百分点。县级财力进一步增强，县域地方一般预算收入达到239.5亿元，增长27%，增幅高出全省12.3个百分点，占全省一般预算收入的29.4%，对我省财政增长的贡献率达到49.1%。

2.结构调整取得新进展。一是工业的主导地位更加突出。2009年，县域规模以上工业增加值达到2363.75亿元，占县域地区生产总值的比重为32.8%。县域三次产业结构为23.0∶43.4∶33.6，县域工业化率达到38.5%。二是产业发展特色化和集群化更加明显。2009年，61家省重点成长型产业集群规模以上工业企业2366家，实现销售收入2941亿元、上交税金115.2亿元，分别增长23.6%和12.1%。其中，销售规模过50亿元的产业集群19个、过100亿元的4个，最高的十堰市汽车零部件产业集群达到552.7亿元。宜昌磷化工和仙桃无纺布2个产业集群入围“第三届中国百佳产业集群”。一批特色产业在县域崛起，如荆州区的石油机械、鄂州的金刚石刀具、京山的轻工机械、曾都的专用车改装、大冶的保健酒等产业在同行业具有较强的优势和竞争力。三是产业、企业布局向园区聚集。各地抢抓机遇加大开发区、工业园区建设和改造提升力度，呈现出产业园区化、园区专业化的发展态势。工业园区已成为工业化的加速平台，区域经济的增长极，推进产业化、城镇化的有效途径。四是企业组织结构进一步优化。在应对危机过程中，县域工业企业的应变与适应能力、抗御市场风险的能力逐步提高，成长出一批重量级的“巨人”企业，涌现出一大批生机勃勃的“小老虎”企业。2009年，县域年销售收入过1亿元的企业发展到1045家，实现销售收入6648亿元，其中过10亿元的企业131家，销售收入达到4347亿元。

3.发展方式转变迈出新步伐。一是传统产业改造提升步伐加快。2009年，全省县域工业企业完成技改投资1079亿元，增长55.2%，高出全省13.3个百分点，高出上年9.1个百分点，占全省技术改造投资总额的比重由上年的78.8%升至80.5%。二是自主创新步伐加快。不少企业危中寻机，努力调整优化产品结构和市场结构，增加投资，扩大规模。三是名牌产品建设步伐加快。各地引导龙头企业强化质量意识和品牌意识，重奖名牌、打造品牌、打响品牌。2009年我省县域新增6件“中国驰名商标”，总量达到24件，占全省的一半；“湖北名牌”达到349件，占全省的60%以上。四是节能减排和环境保护步伐加快。各地把“资源节约、环境友好”摆在突出位置，加强治污、供热、供气等设施建设，推广节能、节水新技术，新工艺，新设备。建设和发展循环经济工业园和产业集群。坚决依法关停和搬迁一批规模不经济、资源浪费、污染环境的小企业，淘汰了部分落后产能。2009年，有75个县（市、区）的万元GDP能耗降低率在5%以上。同时强力推进生态环境建设。2009年，全省县域新增污水处理厂42个，是我省县域历史上建成污水处理厂数量最多的一年。目前，共有63个县（市、区）建立了污水处理厂，县域污水处理厂的覆盖率达到75%。

4.后劲和活力得到新提升。一是投资和招商引资规模不断扩大。2009年，全省县域全社会固定资产投资额4426.59亿元，增长50.1%；其中引进到位资金907.61亿元，实际利用外资13.39亿美元，增长20.9%。工业投资增势强劲，全年完成工业投资1834.3亿元，增长42.9%，占全省县域投资的41.4%。二是高起点承接产业转移。各地抢抓沿海产业升级、腾笼换鸟的大好机遇，积极承接沿海产业转移，着力引进了一批行业领军型企业和投资规模大、科技含量高、产业带动强、具有产业集聚效应的大项目。全年在建的亿元以上项目达到642个，比去年同期增加230个，增长55.8%，完成投资额766.3亿元，增长43.4%。三是全民创业热情高涨。全省上下不断强化"产业第一、企业家老大"意识，完善和落实促进全民创业的各项政策措施，在政策、资金、土地、技术、人才等方面给予倾斜，极大地激发了民间创业热情，激活了民间资本，各类市场主体快速成长。2009年全省民间投资达到3697.32亿元，增长49.7%，高出全省7.8个百分点；全省新发展私营企业4.41万户，新登记个体工商户29.4万户，净增规模以上工业企业2741家，其中县域1953家。各地大力支持返乡农民工自主创业，回归创业热潮涌动。充满活力的民营经济已成为县域经济的主体。四是一批具有活力和竞争力的县（市、区）脱颖而出。地区生产总值过100亿元的县（市、区）发展到29个，比上年增加了8个，最高的仙桃市达到261.93亿元；规模以上工业增加值过50亿元的县（市、区）发展到14个，比上年增加了8个，最高的潜江市达到116.94亿元；拥有规模以上工业企业超过100家的县（市、区）达到47个，比上年增加6个，最多的仙桃市有359家。

5.环境建设实现新突破。一是争先进位的氛围日益浓厚。省委、省政府坚定不移地推行争先进位考核奖励制度，特别是近三年在表彰县域经济综合发展20个先进县（市、区）的同时，表彰奖励5个发展进位快的县（市、区），极大地增强了各地争先进位、加快发展的积极性和紧迫感。二是行政服务经济的能力增强。各地以开展"能力建设年"、"作风建设年"活动为契机，进一步解放思想，破除不适应、不符合科学发展观的观念，狠抓行政效能建设，大刀阔斧优化行政审批流程，严格依照法定权限和程序行使权力、履行职责，严查行政不作为、慢作为、乱作为，深入推进政府职能转变。三是信用环境明显改善。全省最佳金融信用县（市、区）发展到59个，金融机构加大了对县域的信贷支持力度。2009年县域净增金融贷款610.65亿元，是上年的3.7倍，有力地支持了重点项目建设。四是硬环境改善全面提速。全省铁路、港口等基础设施建设步伐加快，沪蓉西、随岳、汉十、十漫等高速公路通车极大地改善沿线县（市、区）交通瓶颈，一批特色工业园区正加快形成，有力地促进了当地经济的发展。

6.区域协调发展取得新成效。省委、省政府大力实施"两圈一带"战略，推动区域经济协调发展。鄂西山区县（市、区）交通瓶颈得到明显改善，招商引资步伐加快，资源禀赋优势得以逐步发挥，特色产业加快发展。十堰市、恩施州土家族苗族自治县域经济生产总值分别增长13.3%和14.3%，比上年提高0.4个和2个百分点；投资分别增长62.7%和35.7%，比上年提高28.1个和30.2个百分点。宜昌、襄樊两个省域副中心城市对县域经济的带动和辐射作用增强。近年来，宜昌市统筹城乡经济社会发展，在应对金融危机中，危中寻机，化危为机，采取超常措施，强力推进项目建设、园区建设，着力培育大企业、大产业，涌现出一批县域经济发展先进县（市、区）。襄樊市县域经济走出低谷，摆脱了前几年停滞不前的局面，由小步慢跑实现了加力快跑，2009年县域生产

总值增速为16.2%，高出2005年7个百分点；全社会固定资产投资为336.7亿元，是2005年4.74倍。一些资源丰富、区位欠优的山区县（市、区），打破县域地缘界限，大力发展“飞地经济”，与区位条件较好的地区合作共赢，兴山、远安、五峰、兴发集团都在宜昌开发区建立了“工业园”，保康在襄城开发区建立了保康工业园。

二、湖北发展县域经济的主要做法

1.把发展壮大县域经济摆上全省经济社会发展全局的重大战略位置。

2003年，省委、省政府《关于加快县域经济发展的若干意见》指出：“加快推进县域经济发展是全省上下一项重要而紧迫的战略任务。”

2004年，全省县域经济工作会议提出：“把发展壮大县域经济作为加快构建促进中部崛起重要战略支点的战略重点。”

2008年，省委、省政府出台《关于在新的起点上推进县域经济又好又快发展的若干意见》强调：“发展壮大县域经济是必须长期坚持的一项重大战略。”

2009年，省委书记罗清泉、省长李鸿忠在全省县域经济工作会上要求：“在新的起点上，实现县域经济发展新跨越。”

2010年，在全省县域经济工作会上，省委书记罗清泉提出：“要始终把发展壮大县域经济放在各项工作的首位，把加快转变发展方式摆在更加突出的位置，毫不动摇地加快发展，坚定不移地加快转变。”

2.始终坚持“一主三化”工作方针，在工作部署上强力推进。

（1）明确提出并始终坚持“一主三化”工作方针。2003年提出县域经济“一主三化”，即坚持县域经济以民营经济为主体，加速推动工业化、农业产业化和城镇化进程。

（2）在工作部署上强力推进。2002年以来，省委、省政府先后出台了8份文件，连续10次以现场会的形式召开高规格的全省县域经济工作会议，不断总结分析，不断动员部署，方式不断创新，力度不断加大。

3.推进体制机制创新。

（1）扩大县级经济管理权限。一是减少行政审批事项。2002年以来，共取消、下放和调整省级行政审批事项1527项。二是全面开展扩权试点。省对县（市）实行项目、资金、计划、信息“四个直达”，2003年在20个县（市）进行试点，2005年试点范围扩大到32个，2006年扩大到42个，2008年赋予所有县（市）地市级经济管理权限。

（2）建立县（市）财政稳定增长机制。一是建立财政直管体制。从2004年起，对52个县（市）实行省直管的财政体制。二是税收增量返还。对县域新增工商四税（营业税、增值税、企业所得税、个人所得税）省级分成部分全部返还县（市），四年省级财政共返还资金约48亿元。三是加大专项资金支持。省财政每年安排1亿元产业集群发展专项资金，利用财政间歇资金安排20亿元的县域经济发展调度资金和10亿元农产品加工园区发展调度资金（年初借年底还）。

（3）建立评价考核机制。建立和完善县域经济发展综合评价考核体系和办法，实行一年一考核、一年一排序、一年一公布，一年一表彰。每年表彰20强和进位5快。

三、对发展县域经济基本路径的几点思考

县域经济发展要坚持以科学发展观为指导，把发展作为第一要务，以富民强县为目标，以改革创新为动力，以工业强县为主战略，以现代农业为基础，突出发展民营经济，着力发展特色经济，大力培育产业集群，加快推进城乡一体化步伐，努力实现县域经济发展新跨越。

1.坚持工业优先发展战略。分析全国县域百强、中部县域百强以及我省县域20强，一个普遍规律，就是强在工业，强在工业的主导和支撑。要坚持把工业优先作为核心战略，把工业经济作为县域经济发展的第一推动力和首要支撑，把抓发展的主要精力向工业集中，保障发展的

资源向工业汇集，促进发展的政策向工业倾斜，通过加快县域工业化进程推动县域经济发展新的跨越。

2.坚持开放促发展，大力开展招商引资。坚定实施开放先导战略，以开放促改革、促发展。把招商引资作为实施开放先导战略的重中之重，通过大招商促进大开放、大引进、大发展，把县域经济发展落实到项目上。一是搞好项目策划，提高招商引资的针对性和成功率。二是创新招商引资方式。特别要强化产业链招商、产业集群招商，从产业链条和产业集群各个环节入手，找点补链，“强筋壮骨”，延伸和壮大产业链条，做大做强产业集群。三是成立得力专班，搞好项目跟踪服务。

3.大力培育市场主体，推动全民创业。一是要推动全民创业。倡导不怕吃苦、敢于冒险的创业精神，培育崇尚创业、宽容失败、致富光荣的创业文化，进一步落实创业扶持政策，放宽市场准入条件，拓宽准入领域，在催生企业上下工夫。二是要下大力一手抓中小企业成长，一手抓大企业培育。引导中小企业向园区集聚，走“专、精、特、新、配”的发展路子。策划引进一批国内外知名企业来湖北投资，鼓励支持优势企业兼并重组，培育发展一批技术先进、核心竞争力强、主业优势明显的大企业大集团，带动中小企业和县域经济发展的新跨越。三是要加大公共服务体系建设力度。推动建立以公共服务为引导、公益服务为基础、商业服务为支撑的中小企业社会化服务体系。特别要加快建立完善创业辅导服务体系和中小企业担保服务体系。

4.着力培育优势产业，大力发展产业集群。优势产业是在发挥自身比较优势和在市场竞争过程中培育起来的，没有优势就没有竞争力。要避免县域经济发展趋同化现象，确立差异化发展战略，努力挖掘特色、创造特色、放大特色。一是挖掘特色。要根据自身的历史文化、区位特点、资源禀赋、环境条件，找准比较优势，变潜在优势为现实优势，变特色优势为经济优势。二是创造特色。要在把握全局中打造特色，在扬长避短中培育特色，在资源整合中形成特色，在差异发展中突出特色，做到无中生有、人无我有、人有我优、人优我特、人特我新、人新我精。三是放大特色。对于已经形成的特色产业，要在科技进步中提升特色，推动特色进一步“升级”，实现进一步做大做强。放大特色，要做大龙头企业、做大产业规模、做大产品品牌。

产业集群是生产力的一种先进组织方式，也是一种共生互融的产业环境，一种良好的产业生态。产业集群的基本特点体现在集中度高、关联性强、特色鲜明、大中小企业协调、竞争优势明显等方面。培育产业集群要在延长产业链、提升竞争力上下工夫。要重视培育集群领军企业，通过引进龙头骨干企业，推动集群内企业的重组联合。推动集群内服务体系建设，搭建物流、展示、共性技术攻关、融资担保等共性服务平台，降低企业生产成本，提高资源配置效率和市场响应速度，构建良好的产业生态环境。

5.抓好园区建设，打造产业聚集平台。目前，我省开发区和园区共124个，实现规模以上工业增加值占全省规模以上工业总量的一半以上。工业园区已成为工业化的加速平台，区域经济的增长极，推进产业化、城镇化的有效途径。要着力提升工业园区产业集聚、项目集群能力，努力打造一批销售收入过百亿元的工业园。一是要高起点搞好园区规划，将园区规划与产业发展及城镇长远发展相结合，把园区纳入国民经济和社会发展规划、城市（城镇）总体规划和土地利用总体规划一并谋划。二是要突出产业特色和产业定位，合理确定园区空间布局、功能配套等，切实做到高起点谋划、高水平发展，提升园区产业承载能力。三是要不断改善园区基础设施条件，根据园区产业特点和企业需求，通过政府引导，市场化运作，建立开放、共享的公共服务平台，提升服务功能，提高服务水平。（湖北省经信委提供）

吉林省县域经济发展情况

扩权强县改革以来，吉林省各县（市、区）坚持以科学发展观为指导，以工业突破为核心，以发展民营经济为重点，全力推动全民创业和招商引资，大力实施百镇建设工程，着力发展现代农业，县域工业化、城镇化和农业现代化进程全面提速，县域突破战略取得显著成效。

一、吉林省县域突破战略取得重大成效

总体上看，有以下几个突破性发展。

产业结构调整和优化升级取得重大进展，县域综合实力显著增强，经济总量已经接近全省60%。县域主要经济指标增幅连年超过全省平均水平2～3个百分点，呈现出速度、质量、效益稳步提升的良好态势。2008年，42个县（市、区）GDP实现3571亿元，是“十五”末期的1.9倍。县均GDP由“十一五”初期的51.5亿元，首次突破100亿元，达到104.7亿元。县域第二、第三产业发展迅速，工业比重明显提高。县域三次产业结构由2005年的30∶32.3∶37.7提升到2008年26.6∶39.9∶33.5，农业大、工业小、三产弱的局面被彻底打破，工业主导型的经济格局已经形成，县域经济已经成为全省经济发展的重要增长极。2009年，县域GDP预计可达到4400亿元，占全省GDP比重接近60%。全口径财政收入和地方级财政收入继续保持较高增长速度，预计同比分别增长10.27%和21.2%，可达到247.67亿元和142.7亿元。全口径财政收入超5亿元的县（市、区）达到19个，超10亿元的达到5个。地方级财政收入超3亿元的县（市、区）达到19个，超5亿元的达到8个，其中最高的为延吉市达到12.9亿元。一些县（市、区）财政增幅更大，其中全口径财政收入有12个县（市、区）增幅超过30%，增幅最高的农安县达到80%。地方级财政收入有11个县（市、区）超过30%，增幅最高的东辽县增幅达到43.5%。

粮食生产连创历史新高，农业和农村经济持续稳步发展。增产百亿斤商品粮能力建设工程和现代农业示范区建设发展顺利，畜牧业“三年攻坚”起步较好，农产品加工业稳步发展。省委、省政府充分利用我省粮食、畜产品、特产业和林业等资源优势，发展了一批农产品加工的龙头企业，以龙头企业发展带动农业产业化发展，带动农村经济发展。2008年粮食产量达到2840万吨，比2005年增加，再次成为全国唯一人均吨粮的省份。农村产业结构调整呈现新格局，畜牧业产值实现751亿元，林业经济总产值实现500亿元，园艺特产业总产值实现474亿元，农产品加工业实现销售收入1860亿元，分别比上年增长10%、21.5%、13.5%、18.5%。农民人均纯收入实现4933亿元，连续6年保持两位数增长。2009年，农业在大旱之年仍获较好收成，粮食总产量达到530亿斤，农民人均纯收入达到5450元，连续7年保持两位数增长。

加速推进城镇化进程，全民创业取得丰硕成果。“百镇建设工程”正式启动，争取到2020年把100个重点小城镇建设成为辐射带动能力强的小城市，首批25个镇的开行、中行贷款已到位，建设资金也在陆续到位中。百镇建设工程的实施将进一步把城镇化与新农村建设有机结合起来，能够有力加强城镇基础设施建设、强化城镇规划和管理，打造良好城镇发展的基础平台，加速推进我省城镇化进程。2009年初，省政府出台了《关于促进全民创业的若干政策》，主要包括采取税费减免、无形资产作价出资等有效措施，鼓励和支持各类创业主体自主创业；建立省、市（州）、县（市、区）三级政府财政补贴、奖励制度和金融贷款扶持制度、创业培训制度、风险补偿制度等。真正做到了放开、放手、放活，极大地拓展了全民创业的空间，培养和扶持了一批规模大、效益好、有核心竞争力的重点民营企业。

更加重视和谐社会建设，民生状况得到较大改善。坚持将全省新增财力的70%用于改善民生，规划建设了一大批民生工程和社会公共设

施，城乡居民生活生产条件逐步改善。2008年，全省农村已经实现了“三个村村通”，百分之百的行政村有了水泥路、通信和广播电视；“两个全覆盖”，农村人口普遍参加新型合作医疗，贫困人口普遍享有最低生活保障；在全国率先实施了农村中小学“两免一补”政策。县城棚户区、煤矿棚户区、林业棚户区、农村泥草房和城市廉租房建设，成为全国第一个实施“五路安居”的省份。强化促进就业政策，开展百万特别职业培训工程和系列公共就业服务，全省城镇新增就业38.48万人。深入实施农村饮水安全工程，解决118.5万人的安全饮水问题。农村中小学校舍、乡镇及农林牧场卫生院改造进展顺利。新农村建设试点实施了1000个村，并在6个县（市、区）进行了整体推进试点，群众生产生活条件得到明显改善。扎实有序开展甲型H1N1流感等传染病的防控工作，有效控制疫情，保障人民群众生命健康安全，维护正常生产、生活和工作秩序。有二十多万户困难农民居住条件得到改善。

二、吉林省实施县域突破战略的主要经验

从2005年开始，吉林省委、省政府相继出台了下放经济社会管理权限、实行省管县的财政管理体制、将县（市、区）党政主要领导纳入省委管理、启动实施工业集中区建设等一系列政策措施，开始将县域突破战略向纵深推进。主要经验如下：

着力转变发展思路，紧紧抓住工业突破这个重点。省委、省政府提出实施县域突破战略的核心是经济突破，重点是工业突破，关键是项目突破。各县（市、区）积极确立“兴工强县”的发展思路，大力推动工业突破，加速了县域经济由农业主导型向工业主导型的转变。

着力推进扩权强县改革，为县域发展不断注入活力。2005年省委、省政府作出扩权强县的决定，先后三次向县（市、区）下放一系列管理权限，实行省管县财政体制，从体制机制上给县域松绑、让利、减负，推动解决县域经济社会管理功能不完备的问题，极大地调动了县域加快发展的积极性、主动性和创造性。

着力强化投资拉动，不断夯实县域经济发展基础。各地把投资作为拉动经济增长的第一动力，持续加大投资力度，全方位开展招商引资，突出工业集中区建设，干了许多以前想干干不了的事情，弥补了大量基础设施和基础产业欠账，加快了县域工业化、城镇化和农业产业化进程。

着力加大政策支持力度，焕发广大群众的创业热情。近年来，全省上下坚持放开、放活、放手的原则，采取税费减免、免费就业服务和职业培训补贴等政策措施，放宽市场准入、注册登记和贷款担保等方面限制，实施民营经济腾飞和服务业跨越发展计划，县域创业环境明显改善，鼓励和支持劳动者敢于创业、能够创业、成功创业的氛围更加浓厚。

坚持以人为本的发展理念，着力保障和改善民生。只有县域实现小康，才能实现全面小康。我们始终把保障和改善民生作为推动县域突破的出发点和落脚点，坚持不懈地为群众办实事、办好事，解决了一大批老百姓最关心、最直接、最现实的利益问题，得到了人民群众的拥护和支持。

三、今后推进县域经济社会发展的主要措施

从工业化进程的历史规律看，结合当前我省县域经济社会发展实际，今后一个时期，特别是“十二五”期间，吉林省县域发展的首要任务仍然是加快推进县域工业化、城镇化和农业现代化进程。主要是：坚定不移地走好新型工业化道路，大力提高县域工业化水平。进一步强化农业基础地位，加快提升农业现代化水平。加快经济转型步伐，进一步提高现代服务业水平。做大做强民营经济，全面提升全民创业的层次和水平。以加快县城发展为龙头，提高县域城镇化水平。

1.启动省直管县改革，加快体制机制创新力度。实行省直管县的好处也是显而易见的，能够提高行政审批效率减少行政成本，能够极大程度地提高行政执行力，能够更加有利于推动服务型政府的建设，最主要的是能够还县（市、区）一

级政府的权力和地位，增强县（市、区）加快发展的动力、压力和活力。在今后五年吉林省将逐步进行大胆的探索和实践。

2.推动工业集中区上档次、上水平，大力实施“投资拉动、项目带动、创新驱动”战略。对工业集中区实行分类指导，推动工业集中区快速发展。结合城市发展需要，及时做好规划修编，确保工业集中区建设具有10～20年的发展空间。加大政策性资金支持力度，促进工业集中区扩展建设面积，力争两年内工业集中区建设规模提高一倍。加快项目摆放进度，县（市、区）新上项目要优先向园区摆放，推进县域产业集群化发展。从实际出发积极探索租赁、承包、股份合作或若干工业集中区集中打包等多种运作模式，提高工业集中区建设市场化运作水平。要瞄准打造县域新城建设目标，花大力气加快园区基础设施建设，进一步完善配套服务体系，形成促进发展的支持保障能力。加强工业集中区管理，严禁“三高”企业和项目进入工业集中区，确保工业集中区建设的高速度、高效益、可持续，更好地发挥聚集要素，促进经济发展的平台和龙头作用。

3.实施“双十工程”，加快县城建设，推动县域城镇化进程。县城是县（市、区）政治、经济、文化的中心和聚集地，县城发展是县（市、区）综合发展实力的具体体现，加快县城建设对推动城镇化进程至关重要。按照高起点规划、高标准建设，加快县城和中心大镇的发展。注意产业支撑，加快培育具有区域优势的主导产业。加快人口聚集，放宽城镇准入条件，着力发挥县城的辐射带动能力。有条件的县（市、区）要探索统一户籍管理的办法和措施，逐步取消人口二元管理制度。结合县域工业集中区建设，加快开发建设新城区步伐，着力提升城市建设品位，扩大城市规模、县域经济总量。从2010年起，在全省县域启动实施“双十工程”，用5～10年左右的时间，把10个县城发展成为中等城市，10个中心大镇发展成为小城市。同时，继续深入实施“百镇建设工程”，带动农村经济社会快速发展，进一步加大社会主义新农村建设力度，提高新农村建设水平。到“十二五”末期，吉林省县域40个县城人口规模由现在的平均10万人发展到30～50万人，达到中等城市规模；中心大镇人口由现在平均1万人发展到5万人左右；三分之一的农业人口稳定地进入城镇生活，县域城镇化率在现有基础上再提高3个百分点左右。

4.推动县域金融创新，积极破解县域发展制约瓶颈。资金问题一直是县域发展的首要制约因素。“十二五”期间，吉林省必须把激活民间资本放在县域突破工作的重要位置，研究出台具有操作性强、有针对性的政策，支持县域经济发展。可以探讨出台地方性放贷人管理条例，鼓励民间钱庄等非金融机构发展。发展壮大各级各类村镇银行。通过上市融资、发展债券，特别是充分挖掘各类资源的市场化、资本化的整合与运作潜力。要充分抓住外资涌入、南资北上、东资西进、产业全球化梯次转移的历史机遇，招大商、招名企、招战略投资者、招国际大资本。[中共吉林省委财经办（县域办）提供]

辽宁省县域经济发展情况

辽宁辖14个市，100个县（市、区），其中县（市）44个。全省总人口4319万人，约占全国人口总数的3.2%。其中城镇人口2606.5万人，占总人口的60.3%。全省陆地面积14.8万平方公里，占全国的1.5%。2009年全省实现地区生产总值15065.6亿元，同比增长13.1%，三次产业构成为9.4∶51.9∶38.7；全省地方一般预算收入1591亿元；全社会固定资产投资13074.9亿元；利用外商直接投资154.4亿美元；城镇居民可支配收入15761元，农村居民人均纯收入5958元。

近年来，辽宁省委、省政府根据中央关于加快社会主义新农村建设的决策部署，结合辽宁实际，提出了以县域经济为重要载体，推进社会主义新农村建设的发展战略，并出台了《关于加快县域经济发展的若干意见》。2008年6月，省委、省政府召开了全省县域经济工作会议，进一步明确了县域经济发展的指导思想、奋斗目标和工作重点。提出了实施县域经济三年倍增计划，出台了一系列有力措施，支持县域经济发展。今年5月，省委、省政府在开原召开了全省县域经济现场会，省委书记王珉、省长陈政高出席会议并作重要讲话。会议深刻总结了开原县域经济发展经验，进一步明确了推动县域经济发展的一系列政策措施，提出了县域经济的阶段性目标，推动全省县域经济快速发展。

经过全省上下的不懈努力，辽宁县域经济实现了快速发展，主要经济指标基本上以高于全省一倍的速度增长，在全国县域经济的排位逐步前移。2009年，全省县域地区生产总值6700亿元，比上年增长26%，占全省总量的比重为44.5%，比2007年提高了6.8个百分点；地方一般预算收入实现290亿元，同比增长42.4%，占全省总量的比重为18.5%，比2007年提高了4.8个百分点。到2009年底，全省基本提前一年实现了第一个倍增目标，县域经济基本竞争力明显提升，区生产总值同比增长25%，一般预算收入增长50%，固定资产投资增长45.5%。

一、明确了发展思路和目标

长期以来，县域经济基础薄弱，一直是困扰辽宁经济发展的短板。2008年初，省委、省政府做出了加快县域经济发展，实施三年倍增计划的决策。进一步明确了县域经济三年即到2010年的发展目标：一是县域经济总量GDP超100亿元的县（市）由2007年的9个增加到29个，力争有一批县（市）进入全国百强县；建设一批较高水平的县城。二是县（市）级地方一般预算收入都超过3亿元，44个县（市）级地方一般预算收入规模翻一番。三是农民人均纯收入达到沿海省份平均水平。围绕上述目标，重点抓好三项任务，一是大力推进农业产业化经营。突出“一县一业”，做大做强龙头企业；二是大力推进工业化进程。每个县集中建设一个工业园区，打造超百亿元工业产业集群；三是大力推进城镇化。集中抓好县城建设，三分之一左右的县城达到30万城市人口。

二、形成了政策支持体系

省委、省政府高度重视县域经济发展，出台了一系列支持政策，强力推进。一是实行财政鼓励支持政策。实施省对县共享税种定比增量全额返还政策。二是省财政对县域重点工业园区每年给予2000万元定额补助政策，作为引导资金，支持每个县重点工业园区基础设施建设，到今年累计安排专项资金35.2亿元。三是省政府新增7.9亿元资金，支持设施农业、养殖基地、林地经济、水产养殖及加工产业发展。其中4.8亿元扶持设施农业小区发展；2亿元扶持畜禽业的发展；9000万元扶持水产养殖和水产品加工重点龙头企业；2500万元扶持发展林地经济、奖励技术创新和争创省级以上名牌产品。四是省财政每年安排2亿元贴息资金支持县域产业项目的发展。同时，要求技改贴息资金向县域倾斜。五是

搭建融资平台，推进银政合作，为县域重点工业园区协调贷款融资，2009年共协调各金融机构向县域贷款170亿元。六是帮助解决项目建设用地。建设用地指标直接到县，确保重大项目土地供应。七是开展百强县创建工作。对进入全国百强县和全国前十强的分别给予奖励。八是开展了县域经济社会综合评价工作，进一步完善评价指标体系，制定评价办法，每年对县域经济社会发展情况进行综合排序，对外公布并兑现相应的奖励政策。九是建立了县域经济通报考核制度。对44个县（市）主要经济指标每月进行内部通报、每季度电视电话会议通报；并将县域经济发展工作纳入省政府对市政府绩效评价的重要内容。

三、强力推进县域经济发展重点工作

采取有效措施，强力推进县域经济“三化”发展。一是推进农业产业化。全省重点支持设施农业、畜禽业、渔业、林业经济产业发展，各县（市）根据当地实际，选准主导产业，通过扩大农业对外开放，引进、培育、做强做大农业产业化龙头企业，形成品牌和市场，提高产业的辐射带动能力。目前各县（市）完成了主导产业规划编制工作，“一县一业”已初具规模。新民的蔬菜制种、长海的海参和虾夷扇贝、庄河的大骨鸡和杂色蛤等滩涂贝类、岫岩的柞蚕和滑子蘑、海城市南国梨等产业规模和质量标准达到全国一流水平。二是推进工业化。大力扶持每个县（市）建设一个重点工业园区，进一步完善园区基础设施，拓展发展空间，积极培育县域百亿工业产业集群，推进企业向县域工业园区集中，县域主导产业及其产业集群发展。每个县都规划一个重点工业园区，在省里政策支持下，各县加大了工业园区基础设施建设力度，各重点工业园区普遍具备了企业入驻条件，创造了良好的投资环境。在此基础上，纷纷制定了各具特色的超百亿元工业产业集群发展规划，根据工业产业集群发展规划，大力开展以主题概念招商、专业招商活动，大量的工业项目和企业纷纷入驻县级重点工业园区。2009年底，全省超百亿元工业产业集群达到9个，今年争取有三分之一的县工业产业集群达到百亿元以上，如瓦房店轴承、法库陶瓷、庄河食品加工、海城市和大石桥市的镁质材料、辽阳县钢铁精深加工、开原起重设备等在全国具有一定的影响力。三是推进城市化。重点是加快县城建设，通过搞好县城规划、实施县城基础设施建设“六个一”工程、加快县城房地产业发展等措施，完善县城功能，经过几年努力规划建设一批人口达30万～50万人口的中等城市。目前有11个县县城规划已完成审批，10个县县城规划已上报到市政府待批，5个县县城规划已完成评审，县级市均已开展总体规划修编工作。

在推进县域三项重点任务过程中，我们主要把握住几个重要环节，一是规划先行。高水平、高标准编制规划，加强农业“一县一业”、超百亿元工业产业集群和县城建设规划的编制；二是突出开放。围绕三重点任务，扩大对内对外开放，积极开展主题概念和专业招商；三是项目建设。帮助企业和重点项目解决遇到的突出问题，主要是土地、资金等生产要素配置及立项审批等问题，推动一批重大项目落地投产。

四、切实加强县域经济工作的领导

一是领导重视。省委、省政府把实现县域经济科学发展作为实现辽宁老工业基地全面振兴大事来抓，主要领导亲力亲为，深入基层研究解决县域经济发展问题，推进重大项目建设。二是部门密切协作，积极配合。省农办专门负责县域经济综合协调工作，省直有关部门大力支持，积极配合，密切协作，服务县域经济发展。三是深化激励措施。对在同一县（市）党政正职岗位连续工作7年以上和在同一县（市）的党委书记岗位连续工作5年以上的干部，确属德才兼备、实绩突出、群众公认的，可提任副市级干部。四是建立健全机制。建立了县域经济发展通报制度和县域重大项目调度制度，开展了县域经济社会发展综合评价工作，并将县域经济发展工作纳入到省政府考核各市政府绩效评估体系中，有效地调动了各市、各县（市）政府积极性。(辽宁省农村工作领导小组办公室提供)

陕西省县域经济发展情况

2009年，在省委、省政府的正确领导下，全省各级政府、各部门认真贯彻落实全省县域经济工作会议精神，紧紧围绕保增长、保民生、保稳定大局，采取各种有效措施，积极应对国际金融危机给经济社会带来的不利影响，以增加城乡居民收入为核心，以工业强县为抓手，强力推进县域工业化、农业产业化和城镇化进程，县域和城区经济综合实力明显增强，各项社会事业取得重大成就，城乡居民收入显著提高，人民群众生活得到较大改善。全年全省GDP达到8186.65亿元，比2008年增长13.6 %，实现人均GDP21732元，增长13.3 %，财政总收入1389.5亿元，增长25.8 %，全省农民人均纯收入3438元，比2008年增长9.6%，城镇居民人均可支配收入14129元，增长9.9%。

一、2009年陕西县域经济社会发展的主要特点

1.县域经济较快发展，比重占据半壁江山。83个县（市）县均GDP接近50亿元。2009年，83个县（市）常住人口2416万人，占全省总人口的64.0%，实现GDP 4148.76亿元，比上年增长15.1%，高出全省平均水平1.5个百分点，GDP占全省的比重为50.7 %。县均实现GDP 49.99亿元，较上年增加5.28亿元，人均GDP达到17205元，较上年增加2638元。

24个区平均GDP 166.36亿元。2009年，24个区常住人口1357万人，占全省的36.0%，实现GDP3992.6亿元，GDP占全省的比重为48.8 %。其中7个区GDP超过200亿元，较上年增加2个。区均实现GDP166.36亿元，是83个县（市）平均值的3.3倍，人均GDP29455元，比83个县（市）平均水平高出12250元，高于全省水平7723元。

2.工业化进程继续加快，城镇化水平不断提高。2009年，全省工业增加值为3578.9亿元，比上年增长12.7%。其中83个县（市）工业增加值2142.71亿元，增长13.8%，高于全省平均水平1.1个百分点。有60个县（市）高于全省水平，20个县（市）增长速度超过20%。

2009年，全省工业增加值占GDP的比重为43.7%，较上年下降0.4个百分点。其中83个县（市）比重为51.6%，较上年下降1.8个百分点，但仍高于全省平均水平7.9个百分点；24个区比重为34.6 %。有26个县（市）、8个区超过全省平均水平，22个县（市）和4个区比重达到50%以上，12个县（市）达到70%以上。

2009年，全省城镇化率为43.5%，比上年提高1.4个百分点。其中83个县（市）城镇化率为34.6%，比上年提高2个百分点。有14个县（市）高于全省平均水平，其中7个县（市）超过50%，比上年增加2个。

3.财政收入大幅增加，民生得到较大改善。2009年，针对金融危机的不利影响，我省采取多项促进经济增长、增加财政收入的政策措施，保证了财政收入的快速增长。83个县（市）平均实现财政总收入5.81亿元，较上年增长19.1%，24个区平均实现财政总收入21.56亿元，增长30.4%，12个县（市）和13个区超过10亿元。31个县（市）和12个区财政收入增长速度超过全省25.8%的水平。

在财政支出中，农、科、教、文、卫和社会保障支出所占的比重，83个县（市）为60.8%，县均支出4.7亿元；24个区比重为62.5%，区均支出5.79亿元。有38个县（市）和8个区分别超过县、区平均水平。45个县（市）和18个区超过4亿元，分别较上年增加32个和8个。

2009年，83个县（市）县均地方财政收入2.14亿元，较上年增长28.9%。有17个县超过2亿元。24个区平均地方财政收入5.77亿元，较上年增长24.6%。有9个区超过5亿元。

4.惠民政策成效显著，城乡收入再创新高。2009年，全省农民人均纯收入3438元，较上年

增加302元。在83个县（市）中，有57个超过全省水平，较上年增加21个，8个县高于全国5153元的水平，较上年增加6个。神木县突破7000元大关，达到7223元，分别高出全省和全国平均水平3785元和2070元。

2009年，全省城镇居民人均可支配收入14129元，较上年增加1271元。有29个县（市）和18个区超过全省水平。神木县和雁塔区分别达到19102元和19762元，分别高出全省平均水平4973元和5633元，同时比全国 17175元的水平高出1927元和2587元。

5.非公经济比重提高，城镇投资增长强劲。2009年，全省非公有制经济增加值占GDP的比重为48.6%，较上年提高1.4个百分点。有26个县（市）和6个区达到或超过全省平均水平，21个县（市）和4个区超过50%。

2009年，83个县（市）平均完成城镇固定资产投资30.34亿元，较上年增长53.2%，12个县（市）超过50亿元。53个县（市）增长速度超过50%，8个县（市）超过100%；24个区平均完成城镇投资141.4亿元，较上年增长30.4%，12个区超过100亿元，5个区增长速度超过50%。

6.节能降耗卓有成效，社会保障日益完善。2008年，全省万元GDP能耗较上年下降5.92 %。在全省107个县（市、区）中，仅有3个县能耗降低率在4%以下，其中有45个县和19个区超过5%。

2009年，83个县（市）农村已参加养老保险和低保人数达到382.64万人，较上年增长47.4%。有16个县（市）农村社会保障覆盖率超过50%。其中10个在80%以上。在83个县（市）中，有56个县（市）城镇社会保障覆盖率超过60%，其中29个在80%以上。

2009年，全省公众安全感满意率为90.6%，比上年提高 1.3个百分点，有51个县和9个区超过全省平均水平。

7.强县强区再换新丁，竞争实力更加明显。2009年，按照新的监测考评办法，对监测考评部分指标进行了调整。根据新的指标体系测评，“十强县”和“五强区”及其位次发生了新的变化：一是凤县和新城区分别跻身全省强县强区，二是府谷县以其快速的经济增长和良好的社会指标由上年的第三跃居第一，取代了神木县连续五年名列全省之首的地位，同时在“十强县”中，部分县由于受到金融危机的冲击，位次也有所后移。

2009年，“十强县”人口占全省的6.2 %，创造了17.4 %的GDP，县均实现GDP142.75亿元，为83个县（市）平均水平的2.9倍；实现工业增加值1059.38亿元，占全省县域工业增加值的49.4%，工业增加值占GDP的比重为74.2%，比全省平均水平高30.5个百分点；人均GDP达到61731元，是全省平均水平的2.8倍，全国水平的2.4倍。

二、我省县域经济社会发展面临的主要问题

以上情况表明，2009年，我省各县（市、区）在省委、省政府的坚强领导下，面对国际金融危机的冲击，克服多重困难，砥砺奋战，主要经济指标好于全省平均水平，实现了县域经济的平稳较快发展，县域经济发展基础进一步巩固，活力进一步显现，综合实力进一步增强。但我们还必须看到，我省县域经济深层次的问题和矛盾依然存在，必须引起各级党委、政府的高度重视。

1.县域经济发展水平不平衡的矛盾依然突出。一是各县域发展水平差异较大。2009年，83个县（市）平均生产总值49.99亿元，有53个县未能达到这一水平；县域人均GDP17205元，有63个县低于平均水平；二是县域非农产业差异较大。2009年，陕西县域二、三产业占GDP比重为84.99%，仅有25个县超过平均值；县域工业增加值占GDP比重超过50%的县（市）有22个，而低于40%的县（市）却有54个；三是县域人均GDP差距还在扩大。2004年，人均GDP的最高县与最低县之差为21689元，到2009年上升为103407元，是2004年的4.8倍，2004年，“十强县”人均GDP与后10位人均GDP的差额为6231元，2009年上升为52948元，差距扩大了46717元。

2.县域主要经济社会发展指标差距悬殊。据测算，2009年，我省83个县（市）生产总值、财政收入、城镇居民人均可支配收入、农民人均纯收入的前10名平均值分别为后10名县平均值的21倍、100倍、1.4倍和1.8倍。在24个区中，生产总值、财政收入、城镇居民人均可支配收入、农民人均纯收入的最大值分别为最小值的13.7倍、52倍、1.5倍和2.7倍。

3.城镇化水平普遍较低。2009年，我省城镇化率43.5%，较全国46.6%的水平低3.1个百分点。浙江为57.9%，河南为37.7%，内蒙古达到53.4%。特别是与浙江、内蒙古相比，我省大部分县域由于缺乏长期稳定的优势产业支撑，县城建设相对滞后，城市功能不完善，带动经济的作用十分有限，中小城镇数量少、层次低，转移农业人员的作用不明显。2009年，在83个县（市）中，只有14个县（市）达到全省平均水平。

4.多数县域经济缺乏长期持续的支撑产业。在我省县域中，“十强县”大部分依靠能源产业支撑，随着资源的逐渐减少，经济发展的压力日益增大，而且这些产业对提高当地居民收入的传导带动作用不太明显。由于主导产业过分单一，在当今经济发展全球化的趋势下，抗御风险的能力将受到很大限制，2008年以来世界金融危机对我省能源县经济的冲击就是一个明显的例证。同时，其他多数县（市）由于经济实力不强、基础薄弱，经济社会发展的长期性、稳定性和可持续性较差，在连续几年的县域经济监测评价中，位次变化波动较大的县就是最好的例证。

5.县域财政困难局面没有得到根本改变。县域财力不足一直是困扰陕西县域经济发展的突出障碍。2009年，全省县域财政支出 641.14亿元，财政总收入为482.18亿元，收支相抵财政赤字158.96亿元；83个县（市）中，仅13个县（市）财政收入大于支出。绝大多数县（市）要依靠中央、省、市财政转移支付才能维持正常运转。县域普遍面临着必须依靠自身努力消化许多刚性财政支出的压力，特别是为改变落后面貌，又必须改善基础设施，优化发展环境，建立开发区，提供更多公共产品，加之增资、社保等方面的刚性支出增长远远高于财政经常性收入的增长速度，这在一定程度上加剧了县级财政收支失衡的矛盾。

从2009年度监测结果看，除“十强县”和排在30位之前部分发展较快的县域外，绝大多数仍属于经济小县、工业弱县、财政穷县，总体上表现为县域经济素质不高，产业层次较低、工业化程度偏低、需求水平不大，县域城乡收入差距仍在继续扩大。

各级党委、政府要认真贯彻落实省委十一届三次全会确定的各项目标任务，按照全省县域经济工作会议的要求，抓好各项政策措施的落实和实施，各级领导干部要以强烈的责任感和使命感，自我加压，克难奋进，为全省县域经济跨越式发展做出新的更大贡献。(陕西省统计局提供)

重庆市县域经济发展情况

2009年，全市上下按照市委、市政府的总体部署，积极应对金融危机，认真落实中央扩内需保增长的一揽子政策，在抓项目争投资、抓产业调结构、抓开放促合作、抓民生促和谐四个方面狠下工夫，推动全市经济持续快速协调发展。全市实现GDP6530.01亿元，同比增长14.9%；人均GDP达到22920 元；完成固定资产投资5317.92亿元，同比增长31.5%；社会消费品零售总额达到2479.01亿元，同比增长15.5%；财政一般预算收入达到681.83亿元，同比增长18.1%；农村人均纯收入4621元，同比增长12%；城镇居民人均可支配收入15749元，同比增长9.6%。

一、2009年县域经济发展的主要特点

1.县域经济总体企稳回升，个别区县形势不容乐观。全年31个区县共实现GDP3652.26亿元、同比增长17.0%，有20个区县经济增速高于全市14.9%的经济增速，总体上呈现出逐季回暖态势。其中：万州区、酉阳县在狠抓园区建设、大力招商引资等举措的促进下，全年经济增速分别增长25.7%、20.8%，分列全市第一、第二位。此外，长寿区、綦江县、梁平县、垫江县、云阳县、巫溪县经济增长也高于2008年增速。但是，受金融危机影响，锰等矿产资源加工业萎缩，城口县经济增速仅6.8%；受上汽依维柯红岩公司搬迁等因素影响，双桥区经济增速仅6.6%；彭水县由于投资增速大幅回落（电站投资主要在往年）导致经济增速同比下降14个百分点（仍达12.3%）。

2.投资强力拉动经济增长，内需拉动发展作用显现。实施扩内需政策以来，31个区县争取中央新增投资58.5亿元（不包括市级部门和有关单位在区县实施的项目），项目实施较好带动了社会投资的快速增长。全年31个区县固定资产投资完成3067.83亿元，同比增长38.3%；其中丰都县、酉阳县、巫溪县、潼南县、长寿区、万盛区投资增长超过50.0%，为后期经济快速发展奠定了一定基础；双桥区、璧山县、彭水县投资增速低于10.0%，可能对后续经济增长带来不利。全年31个区县社会消费品零售总额平均增幅19.5%，有8个区县增幅超过20.0%，保持了消费对经济增长的有效拉动。

3.农业和旅游保持平稳，工业支撑作用有所增强。粮食、油菜等传统农业基本稳定，铜梁、潼南、璧山、武隆等核心蔬菜基地建设加快，忠县柑橘、石柱辣椒、涪陵榨菜、江津花椒、丰都肉牛等一批区县特色农业产业进一步发展壮大。库区旅游开发继续推进，中山古镇、涞滩古镇等10个名镇旅游专题年活动项目启动建设。县域工业经济实现恢复性增长，全年工业增加值实现1423.79亿元，同比增长23.2%，大大高于同期第一、第三产业的增速，工业增加值占GDP比重提高到40.0%。其中，万州、江津、永川、大足、荣昌、忠县、酉阳等一批区县工业增长强劲，有效拉动了县域经济增长。

4.经济效益整体趋好，农民收入稳定增长。随着工业经济增长，规模以上工业经济效益综合指数呈现恢复性上升，带动县域财政收入整体好转。全年31个区县地方财政收入达到318.34亿元，同比增长35.9%；区县级财政一般预算收入达到201.16亿元，同比增长36.7%，增幅均明显高于预期，且实现一般预算收入增幅高于区县级财政收入。其中，酉阳县区县级地方财政收入、区县级财政一般预算收入分别增长81.2%、103.1%，增幅均列全市首位；双桥区区县级地方财政收入、区县级财政一般预算收入分别增长7.0%、−5.9%，万盛区、璧山县、巫山县财政一般预算收入增幅远远高于区县级财政收入，其非税收入下跌趋势值得关注。通过扶持农村特色产业发展、促进劳动力转移就业，县域农村居民收入继续保持稳定较快增长。

5.招商引资好于预期，部分区县引资总量仍

然偏小。全年31个区县招商引资情况好于预期，共引进内资762.83亿元，同比增长95.0%，比全市增幅高20个百分点；实际利用外资4.83亿美元，同比增长54.0%。从内资增速看，黔江区、酉阳县、垫江县分别以616.8%、595.7%、425.8%的增速名列前三。

6.圈翼发展协调性增强，区域中心增长极作用凸显。虽受金融危机影响，但渝东北、渝东南地区仍然保持快速增长的良好势头。全年“一圈”、两翼GDP增速分别达14.2%、17.7%，继续保持2008年以来“两翼”明显快于“一圈”的良好态势。六大区域性中心城市的主要经济指标全面向好，GDP增速全部在16.0%以上，其中万州区增速名列全市首位。中心城市区域功能和经济辐射带动力进一步增强。江津至合江高速公路即将开通，渝利铁路、南涪铁路等加快建设，以中心城市为核心的区域交通网络更加完善。万州高笋塘商圈和永川人民广场新引进沃尔玛等大型超市，永川农副产品和家电批发市场产品配送远抵四川资阳和黔东北腹地，万州第二届名车名校名房展销会、渝西家具博览会、发展武陵论坛等区域性展会活动进一步增强了中心城市的影响力。区域公共服务覆盖面进一步扩大，永川职教城、渝东南职业教育基地以及万州、合川的职业教育辐射能力增强，三峡中心医院近2/3门诊来自周边地区，黔江中心医院外科大楼即将完工投用。

7.城镇建设规建管并重，城乡面貌进一步改善。围绕“森林、宜居、畅通、健康和平安”五大主题，结合实际实施了“万州五大工程”、“五大黔江”、“四个合川”、“五大梁平”、“五个奉节”等专项，深入推进以区县城为重点的城镇建设。更加注重城镇和城乡建设规划，黔江区完成新城区控制性详细规划，铜梁县实施了县城规划区控制性详细规划整合编制、重要干道城市风貌设计和城市色彩规划编制工作，石柱县编制完善了12个小城镇总体规划，璧山县《县域空间发展规划》基本完成并与市地产集团签约联合开发重庆绿岛新区核心区。重大城建项目推动城市建设提档提速，永川区依托神女湖、兴龙湖、凤凰湖加快打造“精美城市”，合川新城区文化艺术中心、规划展览中心竣工投用，潼南县旧城改造工程和滨江路二期工程全面启动，荣昌县人民路商业步行街及北部新区奥林匹克广场建成投用，酉阳县城东大道、西山大道、入城迎宾大道等城市干道全面完工。小城镇建设管理有序推进，2009年已落实专项补助资金7050万元启动实施了中心镇150多个市政设施、风貌改造等项目，并提高了中心镇过境省道公路养护费标准（达到2万元/公里·年）解决其过境路况差问题。以农村道路、民房建设为重点推进新农村建设，黔江区“五在五心”工程取得积极成效，城口、巫溪等区县借助生态和扶贫移民工程引导退耕农户、高山和高寒地区人口向小城镇及集中居民点集聚。

虽然县域经济在诸多方面取得了可喜成绩，但还存在一些影响和制约发展的突出问题：一是基础设施薄弱影响发展环境。特别是对于城口、巫溪、巫山等边远区县，缺乏快速出入境通道是其发展的瓶颈制约。二是产业层次和结构不良。县域产业结构不尽合理，部分区县主导产业单一（如秀山、城口锰加工业，武隆铝加工业以及双桥区汽车工业一业独大），极易受市场波动、政策调整以及企业投资策略变动影响；特色农业进展不明显，链短质弱状况没有根本改变，特色旅游缺乏吸引力，对经济贡献度太低。三是资金匮乏严重制约发展。金融资金外流突出，中小企业融资难，民间投资缺乏活力和动力；部分项目特别是农业类项目进展缓慢，项目储备数量和质量与争取国家资金支持的要求有差距。四是土地利用效率不高。土地利用较为粗放，存在批而未供、供而未建等土地闲置现象，集约、节约用地亟须加强。五是生猪等大宗农产品价格波动频繁，农资价格居高不下，农业生产效益仍然十分低下，农业“靠天吃饭”仍没有得到根本改观，农民增收缺乏持续性和稳定性。六是部分“两翼”区县的矿产资源开发需更加重视环境保护工作。

二、县域经济发展面临的形势和机遇

虽然全市经济总体上呈现出企稳回升的趋利态势，但2010年经济形势仍然不容乐观，特别是在后经济危机时期推动我市县域经济持续、快速、健康发展难度仍然较大。从国际国内形势看，虽然一些发达国家经济开始复苏，但基础不稳、动力不足，全球经济复苏将是一个缓慢曲折的过程；由于外需萎缩、内需不足、产能过剩等诸多方面影响，我国经济回升的基础也还不稳定、不巩固、不平衡。中央经济工作会议提出，2010年的宏观经济政策从“保增长”调整为“促转变”，要保持宏观经济政策的连续性和稳定性，继续实施积极的财政政策和适度宽松的货币政策；要以扩大内需特别是增加居民消费需求为重点，以稳步推进城镇化为依托，优化产业结构，使经济结构调整取得明显进展；要重点在促进发展方式转变上下工夫，在发展中促转变，在转变中谋发展；要把解决符合条件的农业转移人口逐步在城镇就业和落户作为推进城镇化的重要任务，放宽中小城市和城镇户籍限制。国内外形势和宏观政策微调将对我市县域经济发展产生复杂影响。

不利影响突出体现在：一是“外向型产业”仍将不景气。受国际贸易保护主义影响，出口贸易短期内形势难以根本扭转，东部沿海发达地区“南货北上、东货西进”可能进一步加剧，对我市部分外向型产业将产生挤压。二是产业结构调整带来不利影响。2010年国家还将进一步抑制产能过剩行业发展，加之金融危机导致的建材等需求萎缩，将对我市铝、锰等矿产资源产业、水泥等建材业以及其他高能耗产业发展造成不利影响，可能较大程度影响部分区县发展。三是投资增速可能放缓。中央经济工作会议提出，2010年要保持适度投资增速，重点完成在建项目，严格控制新上项目，可能影响我市部分项目上马和争取中央投资；中央对地方政府及其平台公司举债和担保进行规范，将对地方政府融资带来巨大影响；虽然货币政策总体保持连续性，但信贷增长规模将有所控制，可能直接影响我市区县政府扩大融资。四是招商引资难度加大。一方面，国际投资受金融危机影响放缓了步伐，新引进重大国际投资项目难度大；另一方面，东部沿海产业转移减速和中西部同质竞争加剧对我市招商引资造成巨大挤压。

当然，今后一个时期发展也面临一些机遇，特别是国家出台促进民间投资的政策措施、继续实施扩内需政策、扶持新兴产业发展、加大重点领域改革进程、加大对社会民生的投入以及我市推进国发3号文件落实、实施三峡工程后续工作规划、设立“两江新区”、加快“五个重庆”建设、实施“两翼”农户万元增收工程等有利形势将带动和促进我市县域经济发展。

三、2010年推进县域经济发展的重点

2010年县域经济发展必须以科学发展观为统领，紧扣圈翼城乡协调发展这一主线，坚持扩权强县，充分发挥区县主战场作用，创新机制体制，激发县域活力，推动县域统筹城乡改革发展；坚持产业兴县，积极对接国家宏观政策，完善平台建设，强化要素保障，加快结构调整，促进县域经济持续增长和综合实力快速提升；坚持分类指导，以主体功能定位为导向，细化区域政策，以圈带翼，扶强援弱，推动圈翼联动协调发展。

2010年推进县域经济发展应突出抓好以下几项重点工作：

1.依托园区集聚培育特色工业。一是加快园区基础设施建设。按照集约用地、节约用地、循环经济和低碳经济的要求，立足园区产业定位，科学规划园区功能布局和基础建设。协调进出口银行50亿元贷款按期到位，力争发行区县园区集合债券，多渠道筹集园区建设资金。在现有特色园区的基础上，推进“1+15”移民生态工业园建设，争取国家将其纳入三峡后续工作规划并安排专项资金对其基础设施给予支持。继续安排库区产业发展基金对园区标准厂房等配套基础设施建设予以支持。二是完善园区配套服务体系建设。重点加强服务园区产业的物流专业市场建设，鼓励支持重点园区配套建设专业物流体系或物流园，尽快启动长寿化工园区、大足五金产业园区等配套服务集聚区建设。三是借助园区平台扩大招商引资。围绕市政府确定的园区主导产业，本着“求差、找点、补链”思路，细化入园产业目录，策划园区引资项目，定向定点开展招商引资。鼓励并支持区县借助全市“十大经贸活动”、东部沿海省市姊妹区县结对等载体，开展集群式、链条式招商，有针对性地引入关键性、节点性的重点项目和企业，进而带动配套产业引进，推动工业园区专业化。四是依托园区载体促进循环经济发展。把园区作为全市循环经济试点重点，组织实施好长寿化工园区等国家第二批试点项目，积极推进永川工业园区市级试点工作，指导涪陵区以特色工业园区为重点开展市级区县试点。鼓励并支持特色园区申报市级第二批循环经济试点。五是争取国家政策支持。争取国家出台支持重庆内陆型加工贸易产业政策、审批并尽快启动实施《重庆沿江承接产业转移示范区规划》、将万州经济技术开发区和长寿化工区升格为国家级开发区。

2.联动城乡加快农业产业化进程。在稳定粮油、巩固基础、推广农业机械化、实施“千百工程”的同时，按照壮大基地、培育龙头、发展中介、扩大营销的思路，结合实施“两翼”农户万元增收工程，深入推进农村土地流转经营、农业投融资改革，积极引导城市资本下乡推动农业产业化、规模化和标准化。一是突出支持发展生猪产业。加大力度推进荣昌现代畜牧业示范区核心区建设，着力打造涪陵、黔江等一批重点生猪养殖示范基地，通过循环经济推进污染问题解决。加强生猪供需调度情况监测预警，为生猪规模化生产提供预期性指导。力争年出栏生猪增加到2010万头。二是突出支持发展柑橘产业。坚持建设、加工、销售同时抓，继续推进长江三峡柑橘产业带建设，新建标准化果园12万亩、改造老果园4万亩，力争柑橘种植超过170万亩。继续扶持万州汇源、三峡建设、恒河果业等柑橘加工企业做大做强做优。三是突出支持蔬菜基地建设。按照做大体量、注重生态、扩大市场的要求，推动县域蔬菜产业发展，新、改建重点蔬菜基地10万亩，建设蔬菜专业村100个，力争蔬菜播面达到800万亩，产量1100万吨以上。重点支持潼南蔬菜基地、武隆高山蔬菜基地等发展壮大。

3.着力完善县域城镇功能。一是着力破除交通瓶颈制约。加快推进渝利铁路、渝怀二线主城至涪陵段、兰渝铁路重庆段、南涪铁路和渝湘高速黔江至秀山段、渝宜高速云阳至巫山段、奉节至巫溪高速公路建设，尽快开工重庆——大足高速公路，加快推进开县——城口等高速公路前期工作。二是推进县城功能完善工程。按照建设“五个重庆”的要求，以区县城市为重点，充分利用市支持31个区县城上档升级专项资金，整合资源，进一步推进区县城功能完善。突出中心镇建设，加快建设形成一批经济实力较为雄厚、人口转移承载力较大、辐射周边地区能力较强的中心镇。三是提升区域性中心城市服务功能。增强六大区域性中心城市的辐射、带动、服务周边的综合能力，重点帮助万州区、黔江区建设区域性商贸物流中心、区域性教育培训基地以及区域性公共服务设施，支持渝惠江津双福农产品物流园前期工作。四是增强县域商贸流通功能。指导完善县域中心商圈、特色商业街、专业市场、万村千乡工程等城乡商贸体系建设，落实“家电下乡”等拉动消费政策。重点引导重百等大型商贸名店加快入驻区县城，指导推进区县物流规划编制。五是完善政策促进人口转移。进一步探索促进农村劳动力向区县城和小城镇转移的政策措施，促进农村和“两翼”人口加快转移。

4.深入推进圈翼帮扶和互动。进一步完善“一圈两翼”对口帮扶机制，调动结对区县参与圈翼帮扶和互动的积极性。加大工业园区、城镇基础设施和整村扶贫等项目援建力度，力争援建项目投入在帮扶实物量中占比达到80%以上，确

保30%以上帮扶实物量用于整村脱贫，发挥好对口帮扶对“两翼”农户增收的促进作用。以对口帮扶为切入点，引导“一圈”优势企业加速向“两翼”拓展，帮助“两翼”特色产业扩大市内外市场。支持主城区县与“两翼”区县共创工业基地，探索圈翼区县异地建园机制。加大力度推进对“两翼”富余劳动力的对口援助培训、就业指导和后续服务，带动“两翼”人口加速向“一圈”转移；完善制度更好发挥党政干部、教师、医务人员选派对“一圈”人才锻炼和“两翼”人才培养的作用。

5.扶持贫困地区和特殊地区加快发展。一是实施“整村脱贫推进年”。争取国家加大扶贫投入，集中力量推进整村扶贫。完善2000个贫困村的脱贫规划，新启动250个村的整村脱贫工作；加大片区开发力度，新启动4个区县的片区开发试点，使片区开发试点覆盖到18个扶贫开发工作重点县。二是支持渝东南地区扶贫开发。力争国家尽早批准渝东南地区作为特殊贫困片区并加大扶贫开发力度，抓紧推进武陵山经济协作区规划编制工作。三是争取国家支持库区后续发展。继续跟进三峡工程后续工作规划编制，争取将移民生态工业园等关系库区移民安稳致富的重大问题纳入后续工作规划，并做好后续工作规划启动实施的准备工作。争取国家延续执行三峡电站税收分配、库区产业发展基金、三峡库区耕地占用税等库区财政性资金扶持政策。争取国家延续并调整对口支援政策，积极衔接对口支援省市在企业引进、技术支撑、人才支援等“造血”帮扶上加大力度。(重庆市发展和改革委员会提供)

第三部分
中国县域经济论坛

打造长三角产业转移高端承接区

中共安徽省当涂县委　当涂县人民政府

当涂县地处安徽最东部、长三角最顶端，隶属钢城马鞍山，拥有长江岸线20公里，与江苏省一界之隔，是安徽省重要的沿江沿边县、东向发展的桥头堡和皖江城市带承接产业转移的前沿阵地。全县总面积1346平方公里，总人口65万人，辖10镇4乡1个省级经济开发区。

一、弯道超越：谱写跨越发展新篇章

2009年，面对全球金融危机冲击，当涂县全面贯彻落实各级促进经济平稳较快增长的政策措施，全力以赴保增长、保民生、保稳定，县域经济综合实力进一步增强。自2003年起，连续七年位居全省经济“十强县”前列；自2005年起，连续五年跨入全国中部“百强县”行列；自2008年起，连续两年入围安徽省“科学发展先进县”。

1.综合实力快速攀升。全县生产总值实现了“三年翻一番”，年均增幅近20%；财政收入、工业总产值、固定资产投资等主要经济指标实现“六年翻三番”，连续多年在全省保持领先位次。2009年，全县生产总值149.2亿元，增长18.4%；财政一般预算收入18亿元，增长15.5%；人均生产总值3388美元，比上年增加602美元；全社会固定资产投资174亿元，增长44.5%；全县工业总产值301.8亿元，增长25.8%，其中，规模工业增加值57.6亿元，增长34%。

2.产业结构日趋合理。2009年，三次产业结构比例为15.1∶61∶23.9，二三产业占GDP的比重比上年提升2.2个百分点，产业结构得到进一步优化。目前，全县基本形成了机械制造、冶金压延、绿色食品加工、纺织服装、生物医药等特色明显的五大支柱产业集群，汽车零配件、能源化工、新型材料和电子信息等新兴产业正在形成加速集聚之势，产业集聚率达到90%以上。

3.人民生活明显改善。坚持以人为本、关注民生，全面推进以民生工程为重点的社会建设，让改革发展成果惠及全县人民。在全省率先实施新型农村养老保险并实现养老保险城乡全覆盖，率先实现医疗保险城乡全覆盖，率先完成农村饮水安全工程，基本建立了“多层次、高水平、广覆盖”的城乡居民社会保障体系。全年在岗职工年平均工资3.3万元，增长16.3%；农民人均纯收入7808元，连续七年在全省县级第一；城镇居民可支配收入1.4万元，增长9.6%。全面小康实现程度88%。

二、项目牵动：助推县域经济新跨越

深入组织开展“项目推进年”活动，按照“在建项目要快、新上项目要好、储备项目要优”的要求，加大有效投入，扎实推进项目建设，夯实项目储备基础，大力培育县域经济发展支撑点、增长点和爆发点。

1.危中寻机“抓”项目。2009年，深入开展“项目推进年”活动，全县109个县重点项目完成投资62亿元，其中，24个省“861”项目完成投资14亿元，25个市重点项目完成投资33.4亿元。建成投产超亿元项目4个、超千万元项目26个。长江钢铁300万吨钢技改、中天型材和华庆石油储备库等重大项目开工建设。马鞍山长江公路大桥、宁安城际铁路和芜申运河航道整治工程征迁工作进展顺利。全年共争取中央投资项目42个，累计投资1.11亿元，创历史新高。

2.招商引资“争”项目。准确把握国家实施积极的财政政策、适度宽松的货币政策和扩大内需的政策导向，抢抓发展机遇，积极主动争项目、抢项目。全年新引进项目192个，其中，投资超亿元项目13个、超5000万元项目24个。实际利用县外资金93.1亿元，增长50.9%。其中，利用省外资金48.3亿元，增长37.7%；利用境外资金6117万美元，增长53.1%。全县各类园区新

增建成区面积4.7平方公里，总面积48平方公里；新入驻工业企业199家，总数1009家。

3.应急谋远“储”项目。狠抓项目库建设，坚持经济发展项目与社会事业项目并重，工业项目与农业项目、三产项目并重，生产发展项目与基础设施项目并重，切实做到策划一批、储备一批、推介一批。2009年，全县谋划储备项目118个，总投资达338亿元。项目融资工作取得新突破，新成立当涂县城乡建设投资公司，实现融资4.98亿元。积极组团参加中博会、徽商大会和厦洽会等境内外重大招商活动。

4.强化服务“推”项目。建立健全“三定四包”责任制和“四个一”推进机制，即定项目当年到位资金目标、定项目建成时限、定项目主要工作职责、包项目当年投资目标到位、包项目建设中重大问题协调解决到位、包项目优惠政策落实到位、包项目形象进度到位和实行一月一次形象进度对外公示、两月一次督察、一季一次调度会议、一季一次联席会议。组织开展以“四比”竞赛为核心的重点项目建设劳动竞赛活动，即比项目开工建设多少、比项目投资额度大小、比项目投资强度高低、比项目建设周期长短，形成项目推进政企联动、全员参与的新格局。

三、投资环境：承接产业转移新优势

当涂位居皖江城市带承接产业转移示范区沿江一轴的轴头，居中靠东、承东启西的区位优势，通信发达，供电、供水等基础设施齐全，蕴藏着广阔的投资空间和无限的发展商机。

1.区位交通的“交会点”。当涂区位优越，以县城为圆心的市场半径覆盖了中国最活跃的区域，拥有3亿人口的消费市场。长江黄金水道、沪皖赣铁路、马芜高速、205国道、314省道穿境而过，县城40公里半径范围内有2座机场、80公里半径范围内有6座长江大桥，水、陆、空交通运输十分快捷。随着马鞍山长江大桥、芜申运河和宁安城际铁路的开工建设，马鞍山、芜湖同城化发展和皖江城市带承接产业转移示范区的启动建设，当涂作为连接长三角和中西部的重要节点城市、枢纽城市和交会城市的综合交通区位优势将更加凸显。

2.自然资源的“蕴藏点”。当涂“一山四水五分田”，属典型的江南“鱼米之乡”。全县耕地面积65万亩，水面47万亩，可养水面27万亩，是全国粮棉生产大县、全国河蟹生产强县、全省水产大县。当涂的大闸蟹金脚红毛，古代为皇室贡品，被誉为中华“三只蟹”之一，畅销海内外。水产生态养殖模式被全国水产专家誉为“当涂模式”，在全国推广，被授予“中国生态养蟹第一县”的称号。当涂地下矿产资源丰富，全县探明的各类矿产地123处，有开采价值的铁、钒、金、铜等10多种矿藏资源约10亿吨，尤其以铁最为丰富，储量达5亿吨，居华东之首。

3.人文景观的“孕育点”。当涂建县已有2200多年历史，县城历史上曾为宋代太平州、元代太平路、明清太平府、清代安徽学政、长江水师提署所在地。自秦代以来，中国文学史上600多位诗人在当涂留下了1000多首至今仍在传诵的诗文。南朝大诗人谢朓称之“山水都”；李白一生七次游历当涂，写就《望天门山》等55首诗文，晚年定居当涂，终老后长眠于当涂青山脚下；北宋著名词人李之仪，在当涂生活十年，去世后葬于当涂藏云山脚下。当涂文化遗产众多，拥有全国重点文物保护单位李白墓园、国家首批非物质文化遗产当涂民歌和建于三国时期的古代护城河。

4.优惠环境的“聚集点”。凡是到当涂投资的客商，企业可享受国家颁布的鼓励外来投资的优惠政策、国家中西部地区特殊的优惠政策、国家关于鼓励企业产品出口、科技创新等优惠政策，在省级当涂经济开发区投资的工业企业，还可以享受《当涂经济开发区产业发展暂行规定》的相关优惠政策，凡是企业固定资产一次性投入2亿元或外资2000万美元以上的重大工业项目，可以一事一议、一项一策。

5.投资成本的“低洼点”。当涂处在皖江城市带承接产业转移示范区的最前沿，其投资环境与沿海城市一样，但商务成本相对较低，具有比较优势，企业可以获得更好的收益。当涂还是建材、建筑之乡，工程建设成本相对较低。当涂劳动力、土地、电力等各类生产要素能够得到保障，综合投资成本只相当于沿海地区的三分之一左右，具有发展加工制造业、服务业和战略性信息产业的优越条件。

6.政务环境的“高效点”。牢固树立“开门大招商、落地倍亲商”的意识，全力优化投资发展环境，建立了外资项目“绿色通道”，简化审批手续，减少办事环节，履行服务承诺，提高服务效率，为每一位投资者办好每一件事。特别是对重大引资项目，实行县领导领衔帮办制，实行项目审批“一条龙”、“一站式”服务、建设过程全方位服务、投产后经常性跟踪服务，提供最佳的行政服务。对投资达到一定规模的企业颁发“绿卡”，实行挂牌保护。

四、特色项目：蕴藏跨越发展新潜力

当涂县护城河综合治理项目。当涂护城河始建于南宋，全程长约6公里，平均水面宽约220米，其历史悠久，水面之宽，保存之完好，在全国县级城市中实属罕见。该项目主要建设包括基础设施、五大景观工程、道路绿化工程等。项目实施后，道路沿线和沿河北岸实际可供开发利用的土地约6000亩。

当涂经济开发区汽车零部件产业园招商项目。当涂经济开发区汽车零部件产业园位于安徽当涂经济开发区南区，紧邻芜湖（国家级）经济技术开发区，依托芜湖经济技术开发区内的奇瑞汽车，致力于打造现代化汽车零部件产业园。项目总体规划面积2平方公里。

马鞍山市当涂现代农业示范园建设项目。项目实施主要包括高档盆花基地、容器苗木生产区、高效设施蔬菜示范基地、辅助基地、水生花卉示范基地、时令鲜果生产示范基地、会展休闲区、粮油生产区、湿地养殖区、新村示范区、发展备用区和森林公园。项目实现后，项目区水产养殖1114亩、粮油生产种植3965亩、现代园艺区4328亩、会展休闲区1837亩。

当涂开发区滨江新城综合开发项目。滨江新城总体规划面积6平方公里，建设高档居民生活区及相关配套服务区。位于姑溪河入江口，包含古迹金柱塔，与长江三矶之一的采石矶遥相呼应，是马鞍山市唯一的濒江生活居住区，沿长江布局高层建筑群，将成为长江航线进入马鞍山的航标。滨江新城距马芜高速5公里、县城2公里，距南京60公里、上海350公里，项目建成后，凭借便捷的交通、优越的区位将为大批的置业者带来丰厚的回报，预计将产生超过20亿元人民币的收益。

超前谋划　积极应对
全力加快县域经济发展步伐

中共安徽省无为县委书记 林绪文　中共无为县委副书记、代县长 张祖武

2009年，面对全球金融危机的冲击和挑战，全县上下坚持以科学发展观为统领，全力以赴落实保增长、保民生、保稳定的各项措施，千方百计做好打基础、利长远、增后劲的各项工作，全县经济社会发展在困难中开局、逆境中奋进，呈现出“总量日益壮大、质量明显提高、后劲不断增强、民生持续改善”的良好态势，实现了经济社会平稳较快发展。全年实现地方生产总值181亿元，同比增长15.7%；规模以上工业增加值77.6亿元，增长23.8%；财政收入15.3亿元，增长15%；固定资产投资155亿元，增长37%；社会消费品零售总额55.8亿元，增长19.5%，主要经济指标均完成或超额完成年初确定的目标，经济社会发展综合考评继续在巢湖市名列第一。

一、优化升级主导产业，工业经济提质增效

坚持把结构调整作为根本性措施来抓，鼓励、支持企业加强自主创新，延伸产业链条，提升竞争力。出台了加快电线电缆产业发展的28条政策，召开产业发展千人大会，组织骨干企业负责人赴外考察，提振发展信心。电线电缆产业全年实现产值185亿元，新增配套企业40家，新上高端产品生产线12条。采取一系列措施，及时引导船舶制造业调整发展方向，成功实现由建造近海船转向建造内河船为主，全年造船完工量80万载重吨，实现产值18亿元。在主导产业企稳回暖的带动下，工业经济持续攀升，全年规模以上工业实现总产值260亿元，增长20%；规模以上企业新增25家、达181家，其中产值超亿元企业48家、税收超千万元企业24家。

二、强力推进项目工作，发展后劲不断增强

在项目争取上，坚持抓早、抓快、抓主动，成立专门班子，落实专项经费，加大项目申报工作力度。全年共争取中央扩大内需项目152个，获中央补助1.79亿元，带动地方投资10.7亿元。在项目建设上，坚持按照“五个一”推进模式，全力加快“三个十”重点项目建设进度，全县重点项目累计完成投资43.2亿元，占年度计划104%。

三、稳步发展农村经济，人民生活显著改善

农业综合生产能力进一步提升，全年实现农业总产值68.6亿元，增长6%；加快推进农业产业化步伐，龙头企业累计实现销售收入36亿元。整合各类资金2600万元，扎实开展第三批70个新农村示范点建设，实施农村危房改造、农村土地综合整治和垃圾集中处理。累计投入1.64亿元，用于农村交通、水利等基础设施建设。认真落实各项强农惠农政策，全年发放补贴1.88亿元，农民增收明显。全县农民人均纯收入5280元，增长10.5%。

四、加快城镇建设步伐，城乡面貌变化喜人

启动无城总体规划修编，完成城南新城设计等9个专项规划和5个乡镇近期控制性规划编制。组建5个城建重点工程指挥所，加快推进39项城建重点工程建设。全面启动无城城南新城开发建设，基本完成2平方公里核心区征地拆迁任务，共拆除房屋11万平方米、征用土地3000亩，为今年城市大建设奠定了基础。按照打造滨江新城的标准，重新修编二坝、高沟建设规划，二坝道路框架全面拉开，高沟城镇建设初具规模。全年累计完成城建投入25亿元，城镇化率达42.5%。

五、努力扩大对外开放，发展活力加速释放

在全省率先编制完成皖江城市带承接产业转移示范区规划，全力加快无为、高沟经济开发区和无城工业园基础设施建设，全年完成投资6.5亿元，园区配套功能明显增强。进一步完善招商思路，转变招商方式，优化设置了9个驻外招商办事处，新成立了13支产业招商小分队。全年共引进内资项目240个，到位资金81.9亿元；引进外资项目6个，到位资金4883万美元，分别增长22.7%和28.3%。

六、扎实推进统筹发展，社会建设取得实效

始终把改善民生作为第一追求，全年共投入4.8亿元，实施28项民生工程，其中县财政配套6068万元。深入推进“科教兴县”战略，被评为“全国科技进步先进县”、“全省专利申请十强县”和“全省义务教育均衡发展先进县”。严格执行环保第一审批权，超额完成年度节能减排任务。信访、安全生产、社会治安综合治理和“双拥”工作成效显著，被省委、省政府命名为“平安县”和“双拥模范县”。

七、不断加强党的建设，政治生态持续优化

坚持“规定动作不走样、自选动作有创新”，有序有效开展了第二批、第三批深入学习实践科学发展观活动。以“巢湖新发展，无为新跨越，我该怎么干”为主题，扎实开展大讨论活动，进一步激发了全县上下干事创业的激情。积极开展“加强党性修养、弘扬优良作风、促进科学发展”主题教育活动，着力提升党性修养。认真落实党风廉政建设责任制，深入推进惩防体系建设，有力促进了党风政风和社会风气的好转。

2010年是巩固经济回升势头、为“十二五”发展奠定良好基础的重要一年。今年和今后一个时期我县总体发展思路是，按照跨越发展的要求，牢牢咬定“一个目标”，加快推进“两大战略”，努力缩小“三个差距”。咬定“一个目标”。就是要奋力推进全县经济社会又好又快跨越式发展，力争早日实现“总量全省争第一，综合中部争十强”。推进“两大战略”。一是“32211”发展战略，即打造国家级煤基多联产精细化工循环经济示范基地、全国最大的特种电缆产业基地、全国内河最大的沿江船舶制造基地，建设二坝、高沟“两座滨江新城”和“两个省级经济开发区”，建设连接皖江两岸、服务皖中的“一个区域物流中心”，提升无城“一座中心城市”功能。二是沿江开发开放战略，即抢抓皖江城市带承接产业转移示范区建设的机遇，充分发挥岸线资源和特色产业优势，打好“沿江牌”，坚定不移强化招商引资，承接产业转移，发展沿江经济，打造滨江城镇群。缩小“三个差距”。一是推进城乡统筹发展，缩小城乡发展差距。二是按照“乡镇发展要快于全县，西乡发展要快于东乡”的思路，加快推动薄弱乡镇发展，缩小东西乡发展差距。三是加快城镇化和社会事业建设步伐，缩小与工业化的发展差距。

实施茶业富民战略　促进农民持续增收

中共福建省安溪县委　安溪县人民政府

安溪县隶属于福建省泉州市，全县面积3057.28平方公里，辖24个乡镇、458个村（居），人口110万人，是名茶铁观音的发源地，1995年被中国国家农业部命名为“中国乌龙茶（名茶）之乡”。安溪产茶始于唐朝，兴于明朝，盛于当代，历经“千年累积、百年发展、十年飞跃”，茶产业实现了由家庭小作坊向社会化分工转变，由单一种植业向多元经营转变，由数量产值型向质量效益型转变。目前，全县茶园总面积60万亩，约占全国茶园面积的1/50；年产茶叶6万吨，约占全国茶叶总产量的1/25；涉茶行业总产值65亿元，受益人口80多万人；农民人均茶叶收入3914元，占农民人均纯收入的55%。“安溪铁观音”荣获“福建改革开放三十年最具影响力、最具贡献力品牌”，入选“2008年度影响世界的中国力量品牌500强”。

回顾安溪茶业30年的发展历程，大体可以分成五个阶段：第一阶段，量的扩张阶段，主要以“扩面积、提单产、增总量”为指导；第二阶段，质的提升阶段，主要以“优质、精品、名牌”为指导；第三阶段，全面发展阶段，主要以“绿色、品牌、诚信、文化”为指导；第四阶段，品牌保护阶段，主要以“规范市场、保护品牌”为指导；第五阶段，就是现阶段，提出“安溪铁观音·和谐健康新生活”的新理念，实施“生态、健康、文化、品牌、素质”五大工程，确定把2009～2011年作为“茶产业提升年”，学习借鉴法国葡萄酒庄园生产经营模式，探索和创新安溪茶业发展机制，引领安溪茶业新一轮发展。采取的主要措施有：

一、建设基地，稳定总量

通过实施“21122”工程和生态茶园建设工程等措施，建成20万亩无公害茶叶生产基地、10万亩茶叶绿色食品基地、10万亩优质铁观音连片生产基地、2万亩有机茶生产基地和20万亩生态茶园。近几年，茶园面积稳定在60万亩左右。

二、科学管理，提升品质

建立茶树病虫害防治服务队伍，健全县、乡、村茶树病虫害测报网络，向农民提供病虫害防治信息和技术服务。推广夏暑茶空调做青技术，举办乌龙茶初制技术大赛、拼配技术大赛和审评技术大赛，开展“茶业万人培训工程”，提高涉茶人员的综合素质，茶叶品质得到了全面提升。

三、注入文化，丰富内涵

组建安溪茶文化艺术团，茶文化研究中心，规划建设茶文化博览园，成立安溪铁观音研究院，举办“铁观音杯”、中华茶韵”等一系列茶摄影、茶书画大赛，出版了《安溪铁观音与和谐健康》、《走进安溪——铁观音的王国》等涉茶书籍，拍摄《婀娜公主》、《铁观音传奇》等反映安溪茶文化的电视剧，全面展示、弘扬安溪茶文化。

四、内外联动，拓展市场

除了在安溪本土举办“海峡两岸茶文化交流会”、“中华茶文化安溪铁观音和谐健康高峰论坛”等重大茶事活动外，重点是开展“安溪铁观音神州行”系列活动，邀请新华社、人民日报等新闻媒体，分赴全国22个大中城市，开展考察交流采风活动。引导茶叶加工企业、茶叶经销人员到全国各地开设茶店、茶庄、茶行、茶艺馆等，形成了福建市场、广东市场、长江流域市场和北方市场等四大国内销售区域。目前，全县有茶业营销队伍10多万人，产品远销日本、俄罗斯、东南亚、欧美等60多个国家和地区。

五、规范经营，保护品牌

建立和完善“安溪铁观音”打假维权网络，依托茶叶质量检测中心，发挥证明商标、地理标志产品保护、驰名商标的法律效力，定期不定期开展市场巡查，规范茶叶产品包装标识、包装物和明码标价等工作，及时查处侵犯消费者权益的各种不法行为。落实扶持茶叶龙头企业优惠政策，引导和鼓励茶叶企业争创名牌，开展认证，实行政府推荐茶叶品牌制度。全县现有涉茶中国驰名商标5件，福建省著名商标8件，泉州市知名商标17件。

六、延伸链条，壮大规模

加强与北大茶文化经济研究所、福建农林大学、福建省茶科所等茶叶科研院所、学术部门的交流合作，围绕茶叶保健功效研究开发，发展茶叶生物科技项目，扩大茶叶在医疗、保健、食品、饮料等领域的运用。大力发展茶叶机械制造、包装印刷、茶文化旅游，加快“安溪海峡两岸茶业合作集中加工贸易区”规划建设，引导在外茶叶企业回乡设立总部，发展壮大茶产业集群。

加快转型升级　打造海西先进制造业基地

福建省福清市人民政府

近年来，我市坚持以科学发展观统领经济社会发展全局，以园区建设为载体，以自主创新为动力，着力培育壮大产业集群，推进产业集聚提升，推动全市经济社会持续健康快速发展。2009年，全市实现地区生产总值435.5亿元，工业总产值909.2亿元，财政总收入51.2亿元，经济总量位居全省第二，县域经济基本竞争力跻身全国百强第20位，先后荣获全国科技进步示范县市、教育“两基”工作先进县市、质量兴市工作先进县市、投资环境百强县市、福布斯中国大陆最佳商业城市和全国最具区域带动力中小城市等殊荣。我们的主要做法是：

一、锻强产业载体

产业的发展需要扎实的载体作为支撑。近年来，我市依托现有产业基础和资源优势，科学界定各大工业区的产业发展定位，致力打造承载工业经济发展的坚实平台，形成了以融侨、元洪、江阴“三区”为龙头，以福厦、大真、海城、新江公路沿线“四带”为辅翼的产业发展格局。国家级融侨开发区按照产业升级和规模扩张相结合的原则，重点发展以电子信息为主的高新技术产业，推进土地资源的集约高效利用，为城市和第三产业的发展留足空间。区内已形成电子、塑胶、玻璃、食品等支柱产业，涌现出冠捷电子、福耀集团等世界知名行业巨头，2009年全区实现规模以上工业产值532亿元。区内正规划建设光电科技园和洪宽机电园两大专业园区，其中光电科技园已引进项目9项，总投资达25亿元；洪宽机电园已引进项目46项，总投资5.5亿美元，从而形成了一区多园、多轮驱动的发展格局。国家级元洪投资区依托区内3万吨元洪散杂货码头和5万吨级元载码头，着力发展粮油食品、生物能源、精细化工、汽摩配等产业，集聚发展中小民营企业，2009年全市实现规模以上工业产值64.9亿元。省级江阴经济开发区依托深水良港优势，以重工、化工、能源、机械为主攻方向，重点发展大进大出的临港工业，区内已引进国电、福抗药业等一批大型企业，成为福清实施“以港兴市”战略的重要平台，被列为海西重点新经济增长区域。该区西部片区已引进落地总投资60多亿元的东南电化、耀隆化工搬迁项目，正在抓紧推进总投资100多亿元的中国化工集团CPP项目和总投资42.56亿元的国电二期热电联产项目，将在江阴工业区建成原料互供、热电联供的循环经济、低碳经济园区。“四带”沿线乡镇工业区通过整合、提升、规范，加速产业集聚，促进集约发展，形成了塑胶管材、水产加工、粮油饲料等一批产值20亿元左右的特色产业群。

二、壮大产业集群

产业是经济的骨架，而产业链条则是经济的脊梁，产业链条的完善程度已成为衡量一个地方经济竞争力的关键因素。我们围绕电子、塑胶、食品、玻璃、医药等五大主导产业，着力加强上下游配套项目引进，不断完善产业链条，发展壮大产业集群。电子产业以全球最大显示器生产商冠捷集团为龙头，集聚带动了50多家配套企业，形成了全球最大的电脑显示器生产基地，入列“中国产业集群品牌50强”。塑胶行业以塑胶管材、沙滩鞋和吹气塑胶玩具为主打产品，是全国最大的吹气塑料玩具、沙滩鞋出口基地，塑胶管材也占据国内市场15%的市场份额。食品行业以烤鳗、对虾等水产品加工和粮油饲料加工为主，是全国最大的烤鳗、对虾加工出口基地，荣获“全国食品工业强市”称号。玻璃行业以福耀汽车玻璃和新福兴建筑装饰玻璃为骨干，其中福耀集团是全国最大、全球第四大汽车玻璃生产商，并荣获“共和国60年自主创新品牌20强”称号。医药行业以福抗药业、福兴医药、福清药业为骨干，是全国重要的原料药生产基地之一。随着国电江阴电厂一期的全面投产，总投资近千亿元的福清核电项目建设的加快推进，以及一批风电项目的相继建成投产，电力能源产业正逐步成为我市第六大主导产业。

三、发展港口经济

港口资源丰富是福清发展的最大优势，也是福清未来发展的希望所在、潜力所在。福清海岸线长达408公里，拥有江阴和元洪两大港区，可兴建5～30万吨级深水泊位100多个，是福建省“两集两散”和福州市“南集北散”港口发展战略中规划建设的深水集装箱枢纽港。港区紧靠贯穿台湾海峡的国际重要海运航线，基础配套完善，发展腹地广阔，集疏运条件便利，具有发展港口经济得天独厚的优势。为此，我市把实施“以港立市”战略作为推进福清新一轮发展的重中之重，举全市之力、聚内外资金，加速推进港口建设，初步形成港口集群化发展格局。

四、提高开放水平

我们依托近台、多侨、民资实力雄厚的优势，认真打好“侨”牌、“台”球，走出了一条“以侨引台、以台促侨、侨台民外共同发展”的开放型经济发展道路，推动福清经济社会发展全面起飞。一是充分用好侨力。福清是全国著名侨乡，有80多万旅外乡亲遍布世界120多个国家和地区。这些旅外乡亲不仅为数众多、实力雄厚，而且爱乡恋土蔚然成风。二是大力推进融台经贸合作。福清与台湾仅一水之隔，是祖国大陆距离台湾最近的城市之一。近年来，我们充分依托与台湾在地缘、血缘、文缘、商缘、法缘等方面的密切联系，主动承接台湾外移产业，取得显著成效。全市已批台资及含台资企业290家，总投资约20亿美元，其中在产在建的有164家。境内洪宽工业村因台资企业众多，被誉为“福建台湾村”。三是全力激活民间投资。福清民间资金实力十分雄厚，截至2009年底，全市居民本外币储蓄存款达365.5亿元。为把雄厚的民间资金转化为推动经济社会发展的强大力量，我们深入开展了“激情创业在福清”活动，着力营造民营经济发展的良好环境，有力激发了民资投资的热情。

五、提升企业素质

企业的竞争力在很大程度上体现了一个地区经济的综合竞争力。近年来，我市一直把提高企业整体素质、培育企业核心竞争力作为经济工作的重中之重，先后出台了鼓励企业创建名牌、推动企业科技创新、扶持企业上市融资等一系列优惠政策，着力促进企业科技和体制创新，涌现出一批在国内外市场具有较大影响力和较高知名度的龙头企业，成为推动福清经济发展的主力军。目前全市共有通过新办法认定的高新技术企业22家，企业技术中心21个；上市企业17家；中国名牌产品、驰名商标8项，省名牌产品、著名商标107项。

当前，海峡西岸经济区建设正在加快推进，福清经济社会发展迎来了重大历史机遇。我们将继续坚持以科学发展观为指导，紧紧围绕建设海峡西岸现代化港口工业城市的奋斗目标，加快推进经济结构调整，促进产业转型升级，加快经济发展方式转变步伐，努力实现经济社会又好又快发展。

着力转变发展方式　加快建设经济强县

中共福建省惠安县委书记、县长　林万明

胡锦涛总书记春节期间亲临福建考察，明确指出“福建要增创发展优势，推动科学发展，就必须在经济发展方式转变上取得突破性进展”，要“加大力度、加快步伐，在发展中促转变，在转变中谋发展”。作为一个处于爬坡过坎、提速跃升新成长期的县份，我们要认真按照胡总书记要求，以科学发展观统领全局，主动融入海峡西岸经济区建设，对接泉州“加快转变经济发展方式、加快打造经济强市”战略部署，坚持观念先行、规划先行、基础先行、生态先行，不断做大总量、提升质量，力争在更高的平台上推动惠安实现新的跃升发展。

一、以打造先进制造业为重点，推进产业优化升级

对接中央和省市产业调整振兴规划，注重大范围调整产业结构、大手笔推进园区项目建设、大力度提升自主创新能力、大气魄发展现代服务业，打造产值上千亿元的泉州先进制造业基地核心区。

一是园区带动。抓住惠安列入国家主体功能开发区时机，分三个层面做大做强做优工业园区，主要是：推进城南、惠东省级工业园区的规划拓展，形成全省重要的轻工材料生产基地；推进泉惠园区、绿谷高新基地的开发建设，形成与石化产业、高新技术产业相配套的专业园区；预留空间推进石雕工业整合提升，致力发展雕刻文化创意产业，提升附加值，并与旅游服务业融为一体，互动发展。

二是项目带动。尤其要在提升增量上下工夫，全力推进中化重油深加工、泉州修造船厂、佰源重工机械、风能及太阳能发电等一批龙头项目建设，力促石化、船舶、装备制造、新能源等新兴产业尽快形成规模。大力实施招商选资，突出龙头项目和产业链招商、上市企业和品牌企业拓展性招商、区域性资源开发互补优势招商、不同关税级别地区差异招商，努力引进一批大项目、好项目在惠安设厂或设总部。

三是规模带动。重点在优化存量上下工夫，大力培植一批产值超10亿元、100亿元及纳税超亿元、超10亿元的龙头骨干企业和企业集团。要分层次推进品牌经济建设，按照已获国家驰名商标、在国内具有一定知名度企业、在省内具有一定影响力企业三个梯队，鼓励企业通过技术进步、管理创新、资产重组、改制上市、节能减排等途径，走内涵式发展道路，新创一批中国驰名商标、名牌产品。对接泉州市“121工程”，以70家产值超亿元企业为重点，力争“十二五”期间新培育一批新的上市公司。

四是三产互动。大力培育新型业态，着力推进现代服务业与先进制造业的互动融合，探讨依托聚龙小镇和福厦高速铁路惠安站为龙头，联动规划、南北拓展，致力打造现代新市镇，力争成为福厦一日生活圈区域重要组成部分。同时，整理预留现代服务业用地，重点发展大型商业、仓储物流等与产业发展相配套的现代服务业。

二、以对接未来海西及泉州交通建设发展趋势为契机，打造区域重要港口交通物流基地

今后一段时期，惠安县域内将布局三条铁路主干和三条支线、一条高速公路主干和两条支线，设立11个道口，未来惠安的港口和陆域，都将成为全省交通的重要枢纽。

一是建设泉州港口物流中心。科学规划港口区、港后区及服务配套区，其中斗尾港重点加快中化4个码头建设，尽快启动斗尾港区5000吨级公用码头前期工作；秀涂港重点加快人工岛建设，争创秀涂综合物流保税园区；崇武港重点加快国家中心渔港建设和闽台贸易码头改扩建，力争建成全省最大的对台渔工劳务合作和自捕鱼贸

易口岸。着力引进和培育一批海运公司、物流企业、专业配送中心，依托高铁、高速公路，在道口周边合理规划建设商业区、物流区和专业市场。

二是建设现代陆域交通中心。加快推进与港区对接的高铁、高速公路和连接线、站点等现代交通运输体系建设，除了配合推进泉三高速公路南惠支线、福泉高速公路扩建、泉州湾跨海通道工程惠安段、湄洲湾南岸铁路支线等一批重大交通设施建设外，重点推进区域内快捷路网与外部网形成无间隙并联，近期建设福厦高速铁路惠安站、县城与站点连接公路、城西大道至绿谷基地的洛阳江滨江公路及惠安一级客运站，进一步完善集疏运体系，纵深扩充腹地，放大辐射半径。

三、以建设现代化工贸港口旅游中等城市为目标，加快推进城乡统筹发展

惠安毗邻泉州中心城市，与泉州主城区具有区位一体、资源互补、产业相依的内在联系，是建设泉州北翼新城重地。我们要认真研究对接海西城市群协调发展规划和泉州城市总体规划（修编），统筹土地、城乡、产业、交通、旅游、海洋等各类总规、控规和详规，努力推进城乡、区域均衡发展。

一是拓展规模。参照一般中等城市的标准，我们提出中心城区面积超50平方公里、城镇人口达到30～40万的规模。目前，我们正在启动县城总规修编并完成城南新区修建性详规，考虑把县城区从原来的24.73平方公里拓展到55平方公里。

二是提升功能。重点完成城镇协调发展规划，按照县城科工贸中心区、斗尾临港重化经济区、崇武旅游对台经济区、洛秀现代新城区、城西生态休闲区五大区域，加快新城区建设。目前，我们正在编制斗尾区域和崇武山霞区域控规，启动城西片区概念性规划，并引导聚龙小镇向南拓展，同时启动临海重化工业及旅游业发展两个产业专项规划。

三是依次推进。重点探索改革小城镇和新农村建设运作机制，把崇武、黄塘等具有一定建成区规模、人口规模、产业支撑的乡镇作为小城镇建设试点镇；侧重在沿海大通道、崇武环岛两侧、聚龙小镇搬迁安置区域、国道324线及旅游景区、产业基地等周边，每年确定5～10个村作为新农村示范村，促进城乡一体化发展。

四是营造环境。着力实施“四绿四进”工程，做好县城区和进出城主干道和通高速路口城区道路两侧景观控制性详规及景观设施，持续实施旧城改造、溪体水域改造、绿地广场建设，以及一批供水、供电、排污、环保等配套建设，通过生态环境改善带动临湾、临江、沿溪、沿山、沿路区域园区开发和集镇建设繁荣。同时，加强中心集镇区及村庄建设规划和土地管理，坚决依法打击“两违”行为。

四、以融入海峡旅游和闽南文化圈建设为动力，加快发展旅游文化业

惠安具有不可多得的港口岸线资源，惠女风情、名胜古迹、雕刻艺术、滨海风光等品牌将不断丰富“闽南文化”和“海峡旅游”的内涵，并为惠安打造国际旅游目的地打好基础。

一是提升旅游产业层次。坚持“保护控制、科学规划、合理建设”，尽快完成《崇武山霞区域控制性详细规划》和其他旅游专项规划编制；以崇武半岛、聚龙小镇、惠女风情为重点，大力发展蓝色滨海休闲旅游、绿色生态旅游、特色文化旅游；加快推进达利世纪酒店、西沙湾假日酒店扩建工程、泉州海洋城、国际游艇俱乐部、聚龙小镇体验农业和休闲运动公园等一批重点旅游项目建设，深化崇武古城旅游综合开发区前期工作。同时，抓紧论证一批滨海生态休闲、文化创意、城市综合体等新型商业业态项目。

二是打造闽南文化精品。启动建设中国石木雕博物馆、中国惠安石雕展示及创意中心等项目，加强惠东文化生态保护示范区建设，努力把惠安建设成为“闽南文化”的综合游览区。探索设立文化专项基金，开展特色文化资源的挖掘与保护、传承与弘扬、创新与发展。今年我们以崇武镇为试点，已筹集建立2000万元的文化专项

基金。

五、以改善和提升民生质量为根本，共建共享社会发展成果

把利民、惠民、为民贯穿于改革发展进程中，加快以改善民生为重点的社会建设，让人民群众真正受益。一是就业工作方面，逐户落实就业援助政策，继续抓好农村劳动力转移培训就业，重点帮扶城镇“零就业”家庭、大中专毕业生、未继续升学的初高中毕业生困难群体就业。二是社会保障方面，重点做好非公有制经济从业人员社保扩面以及破产关闭企业退休人员和困难企业职工参加医保工作，适时推进新型农村养老保险。三是社会事业方面，重点加快推进一批科教文卫事业项目建设，突出抓好提高高中入学率、师资队伍建设、校安工程、卫生院改革、传统特色文化载体建设等。四是维护稳定方面，重点是落实信访十项制度，探索依法依理依情主动有效稳妥解决群体性事件和闹访缠访问题的有效办法；加强社会管理创新，探索城乡结合部整治、流动人口服务管理和特殊群体帮教的长效机制等。

六、以增进发展内在活力动力为要求，推进综合配套改革和体制机制创新

认真学习先进地区勇于突破的思想观念、与时俱进的思维方式、奋发拼搏的人文精神，以及遵循规律目的性、实效性相统一的运作方法，不断加快重点领域和关键环节改革。重点探索加快城乡一体化发展的体制机制：加强专项规划之间以及区域规划和专项规划之间的衔接协调，促进城乡规划一体化；探索整合公共交通资源，突破所有制成分等框束，构建城乡交通一体化机制；探索实施村收、镇运、县处理的体制，建立城乡卫生管理一体化；探索统一调配水资源，整合县供水公司等，提高水资源综合利用及企业经营效益，建立城乡供水一体化；探索新型农民养老保险和被征地农民养老保险相衔接的方案，建立城乡社会保障一体化，等等。

加快向科学发展示范县目标迈进

中共甘肃省华亭县委　华亭县人民政府

华亭是全国十三大产煤基地、西北三大产煤矿区之一和甘肃东部能源化工基地的核心区。近年来，特别是党的十七大以来，华亭县坚持以科学发展观为指导，大力实施项目带动战略，奋力推动发展转型，着力改善民生条件，全县经济社会各项事业呈现出又好又快发展的良好态势。2008年，被党中央确定为全国23个开展深入学习实践科学发展观活动试点单位之一。2009年，县域经济基本竞争力跃居全国2001个县(市)的第880位，在全省69个县（市）中位居第4位。

一、深化县情认识，优化发展思路

华亭作为西部欠发达地区煤炭资源型县份，以2006年人均GDP突破1000美元，工业化指数达到63.8%，城镇化水平达到36%为重要标志，整体进入了推动转型、科学发展的新阶段。在此基础上，县委、县政府深入研究资源型城市成长规律，从而确立转型发展战略，就是按照生态文化山城、绿色能源之都的发展定位，逐步减少对煤炭产业的依赖，大力发展接续产业和替代产业，实现经济社会发展的全面性、协调性和可持续性，努力建设科学发展示范县。近几年来的实践证明，这一思路完全符合科学发展观要求，符合华亭实际。

二、强化工作措施，推动科学发展

县委、县政府紧紧抓住产业结构单一、基础设施薄弱、发展活力不足等制约发展的突出问题，采取了一系列有针对性的措施。从发展接续产业和替代产业入手，实施煤电化运一体化综合开发，大力发展农业特色产业和以旅游等第三产业为主的替代产业，使经济结构不断优化，发展方式逐步转变。坚持以人力资源开发促进经济社会协调发展，大力发展教育、文化、卫生等各项社会事业，开展大规模农民技能培训和劳务输出，形成了以培训促创业促就业的经济发展模式。坚持把扩大对外开放的重点放在招商引资上，有力地促进了新兴特色产业培育和非公有制经济发展，增强了全县经济发展的内在活力。

三、坚持以人为本，保障民生需求

始终把解决人民群众最关心最直接最现实的利益问题放在重要位置。从2004年开始，县委、县政府围绕就业、就医、就学、通路、通水、通电等关系群众切身利益的问题，坚持每年都集中办成十件惠民实事，使群众每年都感受到了实实在在的好处。城市低保、农村合作医疗、城镇居民医疗保险、新农保等各项社会保障制度做到了广覆盖。下大气力解决影响民生的环境问题，加大采空塌陷治理、煤尘污染防治以及安全生产监管力度，实行了煤炭封闭式运输，治理了南北汭河污染，加强企业节能减排工作，使人居环境得到了较大改善。

四、坚持抓主抓重，统筹协调推进

坚持统筹城乡发展，不断加大以城带乡、以工哺农力度，每年用于新农村建设的资金不低于上年地方财政预算收入的13%，用于民生的财政资金每年都有所提高。坚持统筹人与自然发展，坚决淘汰落后生产能力，坚决不上高污染、高耗能的项目，关闭了一些煤矿和水泥企业。同时，又新上了一批煤矿技改和煤炭产业延伸项目，实施了天然林保护、退耕还林等工程，使森林覆盖率达到了37.7%，为华亭的长远发展积蓄了后劲。坚持抓重点促一般，集中精力抓解放思想大讨论、重大项目建设和为民办实事等一些关系全局的重大问题，推行了成果倒逼和每季度督察打分排名等制度，有效地推动了各项工作部署的落实。

五、加强党的建设，提供坚强保障

以加强县委常委会领导科学发展的能力和先进性建设为主线，探索建立了培训、配备、制度、

监督、激励“五位一体”的班子建设与管理体系。注重发挥四大班子的集体智慧和整体功能，建立了八个重点工作领导小组运行机制，县级领导共同抓项目、抓产业、抓招商、抓民生，形成了四大班子团结协调、相互支持的良好氛围。广泛开展科学发展观理论学习活动，先后六次赴发达地区考察学习科学发展的先进经验，增强了贯彻落实科学发展观的自觉性。加大乡镇和部门领导轮岗交流、公开选拔、竞争上岗力度，开展了“万元年薪公选村支书”工作，增强了各级班子的凝聚力和战斗力。

做好“五篇文章”　打造“四新田东”
努力推动县域经济实现跨越式发展

中共广西壮族自治区田东县委　田东县人民政府

田东县位于桂西南部，是邓小平等老一辈无产阶级革命家领导和发动百色起义的策源地，中央政治局常委、全国人大常委会吴邦国委员长深入学习实践科学发展观活动联系点。全县总面积2816平方公里，总人口42万人。

田东县历史悠久，资源丰富，区位优越，科学发展方兴未艾。

县境内有80多万年前的古人类遗址。已探明有石油、天然气、煤炭等30多种矿产资源。因独特的南亚热带季风气候和全年无霜期、无台风的优越条件而成为国内气候和光热条件最优越的地方之一。田东位于中国——东盟自由贸易区和泛珠三角经济区的叠加区域，拥有高速公路、铁路、河道航运、航空等现代交通网络体系，是大西南地区出海的交通枢纽。

近年来，田东县牢记吴邦国委员长关于做好“五篇文章”（即发展特色农业、资源优势转化为经济优势、区位优势转化为经济优势、劳动力优势转化为经济优势和大力发展非公经济）的嘱托，紧紧围绕建设“四新田东”（石化新田东、民营新田东、生态新田东、活力新田东），打造“西部强县”、争创“科学发展先进县”的奋斗目标，不断开创科学发展新局面。2009年，全县生产总值达51.57亿元，全社会固定资产投资完成85.49亿元，财政收入完成7.02亿元，社会消费品零售总额完成9.54亿元，城镇居民人均可支配收入完成15950元，农民人均纯收入达3778元。先后被评为“2009中国全面小康成长型百佳县市”、广西2009年度科学发展“十佳县”等。

一、狠抓项目投资，推动县域经济快速发展

面对金融危机等各种困难和挑战，我们明确把项目建设作为实现“保增长、保民生、保稳定、保良好发展势头”的主抓手狠抓不放。以“项目攻坚年”为载体，推行重大项目服务专员负责制、督察通报制、考核奖惩制等一系列措施，强有力推进项目建设，取得历史性突破。2009年以来，全县累计实施重点项目178个，累计完成全社会固定资产投资120亿元，完成投资量相当于前6年总和。田东杭州锦江集团一期工程、田德铁路田东段、东泥公司日产4000吨熟料水泥新线、中信大锰年产3万吨电解锰、金荣纸业年产6万吨高级生活用纸技改等项目顺利竣工。鱼梁航运枢纽工程等事关全局的重大项目顺利推进，项目建设形成“竣工一批、在建一批、储备一批”的良好格局。

二、发挥资源优势，提高工业质量和效益

我们牢牢把握低碳经济发展趋势，坚持走“以资源换产业”的发展路子，大力发展循环经济。一是做大做强工业经济。以石化为支柱，煤炭、电力、制糖、建材、造纸、冶炼等为支撑的工业布局初步形成。目前全县规模以上工业企业有17家。2009年全县工业完成产值45.73亿元，增加值完成17.38亿元。未来1～2年内全县工业将具备年产150万吨炼油、50万吨烧碱、60万吨聚氯乙烯、800万吨水泥、650万吨煤炭、30万吨纸浆和100万千瓦电力的生产能力。二是园区循环经济初具规模。高标准推进园区建设，田东石化工业园成为自治区级A类产业园区、全区27个重点园区之一。率先入园的杭州锦江工业项目一期20万吨烧碱、20万吨聚氯乙烯、30万吨电石等项目已经竣工投产，成为全县工业经济的重要增长点。三是节能减排成效显著。着力发展低碳经济，优先支持节能减排项目。锦江集团、右江矿务局、南华糖业公司、金

荣纸业公司等四家企业的污水处理工程先后投入使用，田东电厂建成国内最大氨法脱硫工程，东泥公司和登高集团水泥厂熟料水泥生产线分别配套了余热发电厂。2009年列入自治区考核的6家重点用能企业累计节约能源10万吨标准煤。实现二氧化硫减排1.17万吨，化学需氧量减排2163吨。

三、夯实“三农”基础，推动现代农业发展

我们以完善基础设施为切入点，夯实农村农业发展基础，做大做强特色农业，促进“三农”协调发展。一是推动特色农业规模化发展。按照“抓特色、建基地、扶龙头、创品牌”的思路，大力推进农业生产规模化、品牌化。全县目前已建成甘蔗、竹子、蔬菜、油茶、芒果、香蕉等特色农业基地。种植面积分别达到39万亩、22万亩、18万亩、13万亩、13万亩和12万亩。“田东八香”系列品牌之一的芒果成功打入国际市场，获准出口日本、英国、加拿大等国家。田东已成为中国商品粮生产基地、全国糖料生产基地、全国无公害农副产品（种植）生产基地、中国芒果之乡。二是培育和壮大农产品加工龙头企业，打造品牌。田东南华糖业公司通过技改具备日榨2万吨能力，生产的“东星牌”白砂糖荣获“中国名牌产品”称号，实现了百色市全国知名品牌产品零的突破。金荣纸业公司按照“竹—浆—纸”一体化发展思路，新开工建设30万吨竹浆纸生产线。未来两年全县竹子种植将达30万亩的规模。增年山茶油有限公司生产的“增年”牌山茶油获“中国名优品牌”称号和法国巴黎“世界食用油展览会”银奖。全县现有规模以上农产品加工企业4家。三是大力改善农村基础设施。一年多来重点实施了民生水利、村村通油路等工程。涵盖农村饮水安全、水库除险加固、农田水利灌溉等内容的民生水利工程已累计完成投资1.8亿元，超过前20年全县水利投资的总和。其中于2010年初竣工的农村饮水安全工程，解决了13.51万农村人口的饮水不安全问题。为切实解决行路难问题，建设四级通村水泥路95条628公里，总投资1.89亿元。现已完成55条378公里，受益人口达12万多人。其余将于2010年10月底前完成。届时全县所有建制村将全部通上水泥路。四是扎实推进扶贫攻坚和新农村建设。重点实施了人畜饮水、屯级道路建设、茅草房改造、异地安置等大会战，不断取得新的成果。2009年以来全县消除贫困人口1万人，全县农村贫困人口由6.8万人下降到5.8万人。我们实施以“打造核心村屯、建设中心农户、培育骨干农民”为载体的社会主义新农村建设，目前全县市、县级新农村试点总数达到60个。右江河谷四镇已有20个村实现农民年人均纯收入超6000元。五是有序转移农村富余劳动力。依托田东职业技术学校培训平台，深入实施“农民下山进城入谷”工程。2009年以来，全县培训外出务工人员3万多人次，新增劳务输出1万多人，目前全县外出务工人员近10万人，外出务工收入达6亿多元，占农民收入的30%。

四、统筹协调发展，加快城乡一体化步伐

坚持“以城带乡、城乡并进”的发展思路，围绕“拓城、通路、改旧、增绿、添景”目标，拉大县城框架，完善城区路网，打造城市地标建筑和具有田东人文特色的城市景观，提高城市品位，推动城乡发展。一是坚持规划先行。科学编制《田东县城乡一体化规划》，稳步推进城乡建设布局优化建设。二是大力推进公共设施建设。在加快县城中心公园扩建等十大城建重大项目建设的同时，着力推进“一江四园” 建设（一江即江滨路绿色长廊;四园即中心公园、湿地公园、英雄公园、火车站站前公园）。目前，县城区已拓展到10平方公里，全县城镇人口达17万人，城镇化率超过40%。三是强化中心城镇辐射带动。拓展资金筹措渠道，加强中心城镇建设。多渠道筹集资金投入中心城镇建设，注重发挥平马、祥周等作为全国重点镇、全区小康示范镇的示范效应，加强农村城镇化的规划建设管理，实施城乡风貌改造和农村旧危房改造等工程，加快村镇建设发展步伐。

五、创新机制体制，推进农村金融服务改革

我们抢抓作为全国农村金融改革试点县的机遇，不断开创农村金融服务工作新局面。一是完善金融机构主体建设。广西田东北部湾村镇银行、鸿祥农村资金互助社顺利开业，田东县农村信用合作联社顺利改制为农村合作银行，组建了小额贷款公司和融资担保公司，全县金融机构种类齐全度居全区前列。二是优化金融服务环境。构建政银企合作新平台，优化信贷投放措施，为企业发展和群众创业提供强有力资金支持。在全国率先实现资金跨行支付“乡乡通”，建立村级金融服务工作室。农村信用体系和信用担保体系建设协调并进，已建立农户信用信息电子档案3万户，发放贷款证4万多户。三是创新开发金融产品和保险险种。尝试开办林权抵押贷款和土地承包经营权质押贷款。开展了“公司+基地+农户”贷款试点，积极开展农户联保等贷款担保。创新开办青年、妇女、返乡农民工创业贷款。启动实施甘蔗、香蕉种植保险以及农村独生子女爱心保险、村干部和计生干部意外伤害综合保险。

六、扩大招商引资，增强县域经济发展活力

注重营造重商、亲商、惠商、富商的良好环境，打造资金、技术、人才和信息的“洼地”。2009年以来全县共引进重大项目73个，总投资额274亿元，实际到位资金86.1亿元。目前，全县17家规模以上工业企业中有非公有制企业12家，其中年产值过亿元5家。

七、高度关注民生，推进社会各项事业协调发展

我们高度关注民生，全面落实强农惠农政策，推进社会各项事业协调发展。优先发展教育事业。统筹抓好义务教育、高中教育和职业教育。职业教育获得中央领导高度关注和大力支持，吴邦国委员长亲笔为田东职业技术学校题写校名。该校扩建一期工程投入1.1亿元，正在按一流的职业技术培训基地标准完善软硬件。深入开展消除“零就业”家庭活动，城镇就业率控制在2.8%以下。不断丰富农村群众文化生活，投资1000多万元完成农村宣传文化站建设。全面提高城乡卫生医疗保障，两年内共完成了100所村级卫生室建设。千方百计关注弱势群体，着力在住房难、就业难等方面给予全力帮助和支持。

当前，田东县立足新起点，瞄准新目标，创新载体，开拓奋进，力争2010年全县地区生产总值80亿元，地方一般财政预算收入5亿元，城镇居民人均可支配收入1.85万元，农民人均纯收入4344元，稳步向“西部强县”目标迈进。

理清发展思路　找准发展载体　努力实现经济社会又好又快发展

中共贵州省兴义市委　兴义市人民政府

2009年以来，在上级党委、政府的坚强领导下，我市坚持以邓小平理论和“三个代表”重要思想为指导，以科学发展观为统领，深入贯彻落实党的十七届三中、四中全会、省委全会和州委全会精神，紧紧围绕“保增长、保民生、保稳定”大局，强力推进以“三化一业”为重点的强市建设和以“粮、钱、水、电、路、气”为重点的扶贫开发，全市经济社会平稳健康发展。全年生产总值完成120亿元，为年计划的100%，比2008年（下同）增长17.25%；财政总收入完成16.02亿元，为预算的100.11%，增长22.37%，其中地方财政收入完成8.90亿元，增长41.49%；固定资产投资完成60.33亿元，为年计划的125.68%，增长42.82%。全社会消费品零售总额完成50.2亿元，为年计划的101.42%，增长20.85%；农民人均纯收入4114元，为年计划的106.86%，增长14.60%；城镇居民人均可支配收入14500元，为年计划的100.00%，增长7.40%。

一、抓“三化一业”，强力推动发展

工业化方面：《兴义市轻工业产业聚集区控制性详规》（2008～2020）、《兴义市铁合金产业调整和发展规划》（2008～2020）和《贵州省兴义市南昆经济带工业发展规划》已通过评审；兴义电厂（一期）2×60MW新建工程有序推进。全年完成规模以上工业总产值120亿元，比2008年增长5%。实现规模以上工业增加值44亿元，为年计划数的106%，比2008年增长6%。城市化方面：抢抓国家实行积极的财政政策和宽松的货币政策机遇，以建设大中城市和最佳人居环境城市为目标，以项目建设为突破口，以州市共建兴义城为契机，加快推进城市化建设步伐。完成了城市仿真系统、城市沙盘、物流中心战略性定位规划和功能性规划，有效推进了城市控制性详细规划、城市总体规划局部修编、绿地系统规划、老城区建设性详细规划及城市地下管网详细规划制订工作。东环线、民航大道、坪东大道“白改黑”工程、老城区路网“白改黑”工程、内环路人行天桥、“八一”公园，穿云洞公园改造一期工程已竣工投用；文化路、宜化大道、栖霞路等城区主骨架道路建设扎实推进；下五屯污水处理厂、心意商业广场等城市配套设施重点项目有序推进；桔山城市中心区和兴泰、坪东、下五屯、民航、马岭新区开发进展顺利；幸福乐园、万峰林生态小区等房地产开发项目建设进度加快。产业化方面：总投资1094万元的喀斯特石漠化治理工程(2008年度、2009年度)全面完工。珠治工程(2008年度、2009年度项目)已完成中央投资670万元，占计划的100%。库区移民生产发展项目完成投资517．83万元，并通过市级验收。万峰湖渔港建设工程《初步设计方案》已通过省农业厅评审。兴义绿茵公司股份制改造工作已顺利完成。培育了兴义市来富养(屠)殖场、朋联畜禽饲养专业合作社等8家农业产业化龙头企业。新修或硬化通村公路69.2公里，实现村村通公路目标。175个扶贫项目已全面完成。全市夏粮实现总产量5.0万吨，油料产量0.95万吨；秋粮种植面积38.2万亩，预计产量1947万吨。烤烟共移栽8.85万亩，完成烤烟收购24.8万担。预计12月底，全市农业总产值完成29亿元，为年计划数的 100%，比2008年增长7.4%。旅游业方面：以巩固“中国优秀旅游目的地”创建成果为基础，继续加快旅游业基础设施建设。马岭河峡谷国家遗产地保护性基础设施和马岭河峡谷——万峰湖风景名胜区基础设施项目可研已通过省级评审，兴义市国防动员基地项目已报州级备案，马岭河风景区自然遗产地保护、万峰湖(林)景区基础设施项目前期工作顺利推进。通过严格规范旅游经营行为，旅游服务质量不断提高。

二、抓基础设施，努力优化环境

汕昆高速公路兴义段已全线动工，现累计投入资金10亿元，控制性工程马岭河峡谷特大桥全长2130米（含引桥），项目总投资35968.5万元，该工程已全部完工，完成总投资35938.5万元。晴兴高速全长73.56公里，一期（晴隆至万屯）兴义市境内15公里，投资10亿元。前期工作进展顺利，已完成地质灾害评估、环境影响评价、文物保护等工作，项目计划于12月下旬开工建设。万屯至鲁屯、至安龙古里公路，实施里程38.75公里，累计完成投资2539万元。洛万至一心公路，乌沙通乡油路试点工程有序推进，累计完成投资3000余万元。坝佑经七舍至捧乍公路、泥凼至巴结公路已完成施工设计。木浪河水库扩容工程预计投资总3.5亿元，“引马入兴”工程预计投资6404万元、小龙潭水库工程总投资1.677亿元，其中木浪河水库扩容工程可研已批复，正在开展初步设计；“引马入兴”工程、小龙潭水库工程可研省已审查并报发改委。晏家湾、拱桥、下分田、七孔等4座水库除险加固工程年内开工建设。兴中灌区工程已完成三期2008年项目和四期2009年项目，完成投资2710万元。

三、抓社会事业，着力改善民生

全市“两基国检”工作顺利通过验收；白碗窑中学、清水河中学，22所农村薄弱学校改造工程预计年底全部完成。兴义市高级职业中学建设项目正在办理相关手续。兴义八中扩建工程主体工程已完工。贵州婚俗博物馆库房主体工程建设已完工。19个乡镇综合文化站建设工程全部完工。4133座广播电视“村村通”卫星电视接收站设备已全部安装完毕并通过州级验收。45个农家书屋安装完毕并通过省州验收。扎实推进廉租住房建设，建成廉租住房150套，2009年第三期廉租住房建设已全面开工。共为城低保对象4156户6143人发放保障金1246.8万元，共为农村低保对象13097户29500人发放保障金2014.52万元。共救助城市困难群众146人，农村困难群众469人，共发放城乡医疗救助金233.4万元，为全市农村低保对象(含农村五保)29500人交纳新型农村合作医疗参合金59万元。共发放救济粮9.5万公斤，救济家庭1761户6727人，安排使用救灾款369.7万元，发放临时救助金12.5万元救助432人。共发放农村五保对象生活供养金855户934人75.52万元，按标准共发放退役士兵生活补助、抚恤定补、义务兵家庭优待金等1339.8万元。全市共实现新增就业6356人，占全年目标任务6200人的102.5%，转移农业劳动力5184人，占全年目标任务数5000的104%，城镇登记失业率3.62%，低于上级要求4.5%的指标。社会养老保险、医疗保险、生育保险、失业保险、工伤保险累计覆盖人数125308人，完成基金征缴累计8613万元。

四、抓综合治理，全力维护稳定

一是强化社会治安防控体系建设，在“人防、物防、技防、警防、保安防”的基础上，切实加强视频监控巡查、专业巡逻防控和社区（村寨）群防群治。二是加强基层综治工作中心建设，在25个乡镇（街道办）挂牌成立了综治工作中心，有效提高了基层化解矛盾、消除隐患、服务人民群众的能力。三是严厉打击各类违法犯罪活动和犯罪分子，确保社会稳定。1～11月，共立各类刑事案件7666起，破获刑事案件1978起，抓获各类犯罪嫌疑人1379人；受理查处各类治安案件12265起，查处违法人员5268人。四是开展矛盾纠纷排查调处和治安问题排查整治，在全市建立了市、乡(镇、街道)、村、户四级排查化解网络，排查各类民间纠纷1234件，调解1234件，调解成功1186件。进一步加大信访工作力度，重点加强对涉法涉诉、重信重访和老上访户的排查化解工作，力促上访人息诉罢访。五是加强法制宣传教育。以推进“五五”普法规划为契机、开展“两法一条例”(《中华人民共和国治安管理处

罚法》、《中华人民共和国土地管理法》、《信访条例》）普法宣传，为全市经济社会发展营造良好的法制环境，得到了司法领导的肯定。同时，进一步完善安全生产责任制和安全生产事故责任追究制，有效控制了安全责任事故的发生，安全生产形势基本平稳。

五、抓实践活动，大力推进党建

按照中央和省委、州委的部署和要求，认真组织开展了全市第二、第三批学习实践科学发展观活动。全市共87个单位306个党组织4048名党员参加了第二批学习实践活动，坪东办、白碗窑镇两个第三批试点单位72个党组织1449名党员与第二批学习实践活动同步进行。全市23个乡（镇、街道）、194个村（社区）、268个中小学校、25个两新组织，共510个单位15729名党员参加第三批学习实践活动。目前，全市第二批学习实践活动基本结束，第三批学习实践活动正在有序开展。大力抓好基层组织建设、领导班子建设和干部队伍建设，严格执行党风廉政建设责任制，认真贯彻落实《建立健全惩治和预防腐败体系2008～2012年工作规划》，扎实推进惩治和预防腐败体系建设。

魅力钢城　绿色迁安

中共河北省迁安市委　迁安市人民政府

迁安市位于河北省东北部，总面积1208平方公里，总人口72万，其中农业人口58万人，共辖19个镇乡、1个城区街道办事处，有534个行政村。1996年10月撤县设市，2005年被河北省政府列为22个扩权（县）市之一。市域综合经济实力连续八年位居河北省县级30强之首，在第九届全国县域经济基本竞争力评价中列百强县第24位。先后荣获国家卫生城市、国家园林城市、国家级生态示范区、全国绿化模范县(市)等荣誉称号，连续两年入选“中国特色魅力城市200强”，今年初被确定为“国家可持续发展实验区”。2009年，全市实现地区生产总值534亿元，完成全社会固定资产投资200.1亿元，实现全部财政收入71.6亿元，地方财政收入29.4亿元，城镇居民人均可支配收入18090元，农民人均纯收入9776元。

一、紧紧围绕转变经济发展方式，加快构建新型产业格局

立足发展基础和国家宏观发展趋势，以调整优化产业结构为主线，以提升产业综合竞争力为核心，以科技创新为动力，以大项目为支撑，做好“整合、延伸、循环、提升、拓展”五篇文章，加快构建“三足鼎立（以精品钢铁、装备制造、现代物流为支柱）、两翼齐飞（以传统产业和战略性新兴产业、现代农业和旅游业为驱动）”的新型产业发展格局。

1.做强做优精品钢铁业。始终把促进钢铁业转型提升作为首要任务，按照“控制总量、淘汰落后、联合重组、技术改造、优化布局”的思路，努力打造国家级精品钢铁基地。首钢迁钢公司具备了生产汽车板、家电板、冷轧硅钢的生产能力，正在朝着全国领先、世界一流的现代化大型钢铁企业迈进。为彻底解决地方钢铁企业“小、散、弱”的落后状况，以产权联结和要素重组为基本着力点，于2008年正式组建了唐山长城钢铁集团，地方钢铁企业结构调整、工艺提升、装备升级的步伐不断加快。

2.努力做大装备制造业。围绕建设北方重要的大型装备制造业基地的目标，按照“扩大总量、提升质量、优化结构、做大做强”的发展思路，全市初步形成了年产机械配件20万吨、铸件16万吨、铸管25万吨、焊管60万吨的能力。市内有华北地区最大的设备结构制作企业——首钢设备结构有限公司、全国第二大矿山自卸车制造企业——首钢矿山机械厂等52家铸造、机械加工等生产企业，可加工生产300吨转炉等大型铸件、汽车发动机铸件、55吨级以上矿车等产品。随着三大装备制造园区的快速发展，我们将以冶金矿山设备、港口设备为核心，以起重设备、金属制品、基础部件为支撑，以电工电器等其他设备制造为辅助，打造北方重要的大型装备制造业基地。

3.加快发展现代物流业。围绕建设国家级现代物流产业示范基地，规划面积10平方公里的迁安北方钢铁物流产业园区正在加快建设。其中，总投资3.5亿元的中铁物流项目已经完工，投资3亿元的中钢集团合资物流项目投入运营，投资2.2亿元的信天物流项目正在加快建设。目前，“一平台、两园区、七中心、20个配送站”的现代化物流体系正在加快建设。

4.改造提升传统产业，培育发展战略性新兴产业。牢牢把握好造纸包装、地毯服装、化工等传统优势产业，累计完成投资38亿元，实施了148个传统产业技改项目，建成了华北地区最大的地毯加工出口基地、彩印包装基地，弘业公司生产的弘业牌地毯被评为“中国名牌产品”，正元包装集团成为“中国包装龙头企业”。

5.积极发展现代农业和旅游业。大力发展休

闲农业，国家农业部副部长高鸿宾于7月27日专程赴迁安调研。目前，总投资1.6亿元、面积1万亩的瑞阳现代农业示范园区正在加快建设。在根据资源分布和产业现状科学确定功能分区的基础上，把旅游业作为限制工业开发区域的重要富民产业。目前，“三纵一横”的休闲绿道正在加快建设。围绕绿道、按照“顺藤结瓜”的模式，投资1亿元的国明公司成山旅游开发、投资5000万元的山叶口旅游开发等一批项目正在加快建设。

6.始终坚持科技创新。全市企业研发中心达到19家，成立了首钢迁钢公司博士生迁安工作站；中国钢铁研究总院在迁安建有产学研基地，北京科技大学在迁安设立研究生教育基地；在省级现代装备制造业产业聚集区内配套建设了科技企业孵化器。2009年全市科技成果转化率达到87%，科技进步对经济发展的贡献率达到86%，被评为国家科技进步示范市。

7.大力发展绿色经济。始终把节能减排作为推进绿色增长的重要手段。投资7800万元建设在线监控系统，国控、省控重点企业全部实现在线监测。依法取缔关闭非煤矿山179家、危化企业15家；累计淘汰落后炼铁能力480万吨、炼钢能力80万吨、水泥生产能力6.6万吨、强制拆除小竖炉171座，累计年可节能260万吨标准煤、可减排$SO_2$5874吨。

二、紧紧围绕加快城镇化进程，全力打造魅力城市

近年来，迁安紧紧抓住被河北省政府确定为优先支持发展的中等城市的机遇，按照提升树形象、出品位、生财富的要求，实施了一批城市重点工程。其中，总投资近30亿元的黄台湖水利风景区被评为国家级水利风景区，三里河生态走廊被评为“全国人居环境范例奖”，形成了“两带相环、东西相映”的环城水系，北方山水园林城市风貌逐步显现；城市建成区面积达到32.2平方公里，城镇化率达到51.8%。

1.全力建设中心城区。2010年，我们将本着“用不平衡的发展理念打破发展的不平衡理念”，全面实施大城区战略，把全市1208平方公里作为一个整体，划分为西部工业区、生活服务区和农业生态区三大主体功能区。在西部工业区，开发大西区，镇园一体化，全域城镇化。在生活服务区，以河西区为产业支撑、以河东区为服务依托、以河南区为形象展示、以滦河为特色景观，打造主城区“一河三区”空间结构。在农业生态区，坚持生态优先，旅游兴市，农业富民。高水平规划。始终坚持高水平的规划是财富，低水平的规划是包袱的理念，切实做到规划先行。聘请北大、清华等高水平的规划编制单位，适时修编了城市总体规划，把迁安确定为“唐山市域副中心城市，以钢铁产业为主的制造业基地，现代服务业发达的滨河生态园林城市”；委托北京大学、中国社会科学院编制了《城乡统筹规划》等一系列规划，实现了城乡规划全覆盖。目前，正在聘请上海同济规划设计院修编大城区战略相关规划。高标准建设。围绕打造区域性副中心城市，年内计划投资147亿元实施38个城市建设项目，加快“两轴、两带”的城市景观建设。对河东、河西两区之间20平方公里的滦河夹心滩进行集中规划建设，开发水上高尔夫、狩猎等旅游项目和房地产项目，打造城市绿心；按照“先拆后建、以拆促建”的思路，全面启动了10个城中村、企业占地村的集中改造工作，实施了天波酒店、荣福宫大厦等十大城市标志性工程，打造大气、时尚、宜居的现代化标志区。

2.加快建设新型农村社区。大力推广新民居建设“六个一”模式，被河北省政府评为“推进社会主义新农村建设先进县（市）”。科学划分城镇空间布局，不断加快农民向城镇、向社区集中步伐，沙河驿中心镇社区等一批新型农村社区正在加快建设。总投资16.3亿元的37个省级新民居示范村建设工程，累计完成投资9.4亿元，建设面积44万平方米。

3.加快建设城乡一体的基础设施网络。围绕提高城乡产业承载能力，加快建设城乡一体的路网、水网、电网、生态网建设。围绕实施大交通战略，计划总投资24亿元的京秦高速公路迁安支线工程已经省发改委批准立项；计划总投资11.8亿元的新三抚公路、沙河驿老阜杨线改造等7项工程正在加快建设；计划总投资6.9亿元的唐山北500千伏输变电、康官营220千伏输变电等5项电网工程正在积极推进。

三、紧紧围绕提高人民群众幸福指数，努力构建和谐迁安

1.教育文化方面。2002年以来，累计投入8.6亿元用于改善办学条件，先后实施了新一中迁建、陈旧校舍改造和农村中小学取暖设施改造等重点工程。实现了12年免费教育全覆盖。投资7.5亿元的河北理工大学迁安学院和职教中心迁建工程正在加快建设。被评为全国文化先进单位、全国群众体育先进单位。

2.医疗卫生方面。2002年以来，累计投入8.1亿元实施了新建市人民医院、乡镇卫生院、村卫生室标准化改造等工程，构建了城乡一体化卫生服务网络。深入开展“健康迁安、幸福人民”工程，为全市45岁以上的18.2万人进行了免费体检。

3.社会保障方面。实现了城乡低保、医疗保险、养老保险、生育保险全覆盖。新型农村合作医疗制度荣获国家“政府创新奖”，被评为“全国新型农村合作医疗先进市（县）”。

为进一步调整优化产业结构，促进经济社会实现长足发展，迁安市在今年6月召开的市委四届九次全会上提出了建设“魅力钢城、绿色迁安”的奋斗目标，明确了以新型工业化、新型城镇化、城乡等值化、社会治理和谐化、党的建设科学化为总揽，以大城区、大园区、大产业、大交通、大开放战略为核心，以思想大解放、智力大提升、融资大平台、土地大开发、项目大会战为平台，以科学决策机制、工作推进落实机制、大督察机制、干部考评任用机制、扶持奖励机制为保障的“四五”转型攻坚计划，力争到2013年，实现主要经济和社会发展指标比2009年翻一番，GDP达到1100亿元以上，全部财政收入达到140亿元以上，再造一个新迁安。

战危机　保增长
促进县域经济社会全面协调可持续发展

中共河南省巩义市委　巩义市人民政府

2009年，是新世纪以来巩义市经济发展最为困难的一年。面对严峻复杂的经济形势，全市人民迎难而上，奋力拼搏，在困难面前经受住了考验，全市经济形势总体回升向好，社会大局保持稳定。

一、战危机保增长，全市经济保持平稳较快发展

进入2009年以来，国际金融危机快速蔓延，国内经济运行困难加剧，发展环境日益严峻，市场需求矛盾进一步凸显，我市部分行业和企业生产经营陷入困境。在前所未有的困难面前，我们坚持把扶持企业发展作为头等大事，多策并举，积极应对。出台了一系列保增长的政策措施，对企业实施战略重组、技术改造、新产品开发等给予财政补贴；修订土地利用总体规划，实施园区基础设施奖补政策，加快产业集聚区建设步伐，积极搭建经济发展平台；统筹资源配置，强化煤电调度，组织银企洽谈，狠抓供需衔接，推动企业协作；组织开展企业服务年活动，千方百计为企业排忧解难。经过全市上下的共同努力，煤炭、电力、耐材、铝及铝加工等行业运行企稳回升，重点企业经营效益逐步好转，全市规模工业增加值完成208.2亿元，增长9.6%。豫联集团、明泰铝业、万达铝业等6家企业跻身河南企业百强。全年完成园区基础设施投资3亿元，带动工业项目投资98亿元，实现销售收入671亿元，增长18.8%。豫联产业集聚区、巩义市产业集聚区（回郭镇）晋升为省级产业集聚区。新建成郑州市级以上技术中心9家。

坚持以旅游业为带动，提升服务业发展水平。启动了旅游发展新三年行动计划，设立了500万元的服务业发展引导资金，用于重点项目贴息或补助。全年接待游客256万人次，旅游综合收入1.38亿元，增长30.2%，成功创成中国优秀旅游城市。加快商贸流通业发展，投资超亿元的青龙温泉大酒店投入运营，华树购物广场及丹尼斯商场主体完工。深入实施万村千乡市场工程，新建成农家店40家。全社会消费品零售总额完成107.8亿元，增长18.9%。

坚持农业基础地位不动摇。切实抓好粮食生产，在全市基层干部和广大农民群众的共同努力下，我们战胜了多年不遇的旱灾，粮食生产再获丰收，总产达到1.56亿公斤。农业产业化步伐不断加快，全市新增土地规模经营面积1300亩、农民专业合作社15个、无公害农产品基地3个，实现农业增加值5.5亿元，增长3.5%。

二、抓投资促进度，项目建设扎实推进

全市建设百万元以上项目853项，其中新上千万元以上项目473项，超亿元项目11项，完成投资216亿元，增长28.8%。总投资43.8亿元的大唐巩义100万千瓦发电机组项目前期工作有序推进，总投资45亿元的中孚实业30万吨高性能铝合金特种铝材项目、日供水80万吨的城乡供水工程开工建设，永安水泥、鹏泰建材页岩空心砖、恒星科技预应力钢绞线等重点项目进展顺利，永通镍业矿石综合利用实验线、明泰铝业双零箔、永顺铝业铝板带和鑫泰铝业高精度铝板带等项目建成投产。全年争取上级各类项目102项，明泰铝业年产5万吨铝合金预拉伸板、耕生耐材年产2万吨粉体材料项目纳入省“双百计划”项目，分别获得230万元的专项补助资金和7000万元的银行贷款支持。

三、重规划抓重点，城乡建设一体发展

加大城乡规划力度，编制完成市域村镇体系

规划，将全市292个行政村规划整合为132个中心村（社区），为城乡一体化发展绘就了建设蓝图。加速推进东区建设和老城改造，中等城市框架初步形成。全年实施城建项目81项，完成投资12.3亿元，文化艺术中心暨图书馆、河大大厦等一批城镇重点设施和房地产项目进展顺利。总投资6亿元的伊洛河综合治理工程和石河道综合整治工程顺利竣工，全市新增绿化面积190多公顷、水域面积354公顷，进一步改善了城市形象，提升了城市品位，创建国家园林城市和河南省文明城市工作深入开展，一举通过上级考核验收。加快推动以中心村（社区）为重点的新农村建设。坚持示范带动、典型引路，17个示范村全部通过郑州市验收。加大农村基础设施建设力度，全年实施项目523 项，完成投资4.27亿元。新修改造农村公路211公里；完成造林4.83万亩，建成8个林业生态村；完成扶贫搬迁338户1310人。

四、破难题建机制，改革开放不断深化

大力推进城镇居民基本医疗保险和城乡居民基本养老保险体制改革，市财政投入补助资金4600万元，初步搭建了制度保障平台，为实现全市居民基本医疗、基本养老保险全覆盖，全面解决城乡居民病有所医、老有所养问题奠定了坚实基础。加快企事业单位改革，瑶岭煤矿、种子公司改制完成，文化体制改革、医药卫生体制改革进展顺利。强化对企业上市的指导服务，恒丰钢缆、神牛铸造、华德地毯等企业上市工作稳步推进。深化投融资体制改革，引进设立了巩义浦发村镇银行和郑州银行巩义支行，永安担保公司、河南省新农社投资担保公司等小额担保公司开业运营。大力发展开放型经济，以大招商活动为载体，完善措施，南下北上，开展小分队招商、展会招商、以商招商，积极承接产业转移，取得了良好成效，全年累计引进域外资金75.8亿元，其中引进内资65.1亿元，实际利用外资1.52亿美元；实现进出口总额1.56亿美元，其中直接出口8030万美元，我市荣获河南省和郑州市对外开放先进县市称号。

五、惠民生促和谐，社会事业全面加强

全年投入民生资金达到9.3亿元，比上年增长1.1倍。加强就业服务和职业技能培训，多策并举扩大就业，全市新增城镇就业10209人，农村劳动力转移就业23494人，实现“零就业家庭”动态为零。强化社会保障工作，城镇职工基本养老保险、基本医疗保险参保人数分别增加3605人和4950人，失业、工伤、生育保险参保人数继续增长。新型农村合作医疗参保率达到92.5%。不断提高城乡低保水平，城市低保标准提高到235元，农村低保标准提高到130元，实现了动态管理下的分类施保、应保尽保。加大困难群众住房保障力度，建筑面积5.4万平方米的滨河花苑经济适用房交付使用，200户农村贫困家庭“安居工程”顺利完工。深入开展对弱势群体的帮扶救助，为全市1560名白内障患者免费实施复明手术、100名下肢缺肢者免费安装假肢、100户贫困残疾人家庭进行危房改造，对724名农村五保对象实施集中供养，对1032名符合条件的人员进行慈善救助。坚持教育优先发展，深入实施教育发展三年行动计划，不断加大教育投入，完善基础设施，东区高中按计划推进，成功学院附属中学如期竣工，巩义二中附属外国语初中顺利招生。大力发展文化事业，继续实施达标文化站、文化大院创建工程，全市达标文化站达到12个，达标文化大院达到250个。不断完善医疗卫生服务体系，改善群众就医环境，改造镇卫生院8所，新建标准化村卫生室130个。坚持不懈地抓好人口和计划生育工作，成功创建国家计划生育优质服务先进市。认真开展食品安全专项整治活动，顺利创成河南省食品安全示范市。

推动全民创业　打造特色板块　着力加快县域经济跨越式发展

中共河南省新郑市委书记　吴忠华

近年来，在上级党委、政府的正确领导下，新郑市认真贯彻落实科学发展观，按照“加快发展、维护稳定、为民谋利”的总基调，坚持全党抓经济、全民抓创业、关键上项目、努力创环境、党建作保障，认清形势迎挑战、扩大内需保增长、抢抓机遇促发展、一心一意惠民生，有力促进了县域经济持续快速健康发展。

一、突出全民创业这一主线，为县域经济发展注入活力

把全民创业作为应对危机、加快发展的重要举措。推行“百名领导干部联系百家工业企业、协调百项重点工程、新招百个投资5000万元以上企业和项目”制度。深入开展以“进企业、访企情、解企难、增企效”为主题的企业服务年活动。制订出台全民创业30条《意见》，推行培育创业主体方面的“五鼓励、一支持”和降低创业门槛方面的“五放宽、一实行”等政策措施。拿出680万元对纳税大户和招商引资第一引荐人等进行表彰和重奖。

二、突出城乡建设这一载体，为县域经济发展构筑平台

作为全省加快城乡一体化进程试点市，坚持城市总体规划、土地利用规划、产业集聚区规划“三规合一”，《城乡总体规划》和《土地利用总体规划》已经获省政府批准。按照“两年打基础、四年出形象、六年成规模、八到十年建新区”的思路，全面启动中心城区新区建设。通过统一规划设计、统一建设标准、统一对外招商、统一项目协调、统一管理模式，加强组织协调，加大对临空、临郑、临煤“三大板块”的资源整合力度，“三大板块”已占新郑经济总量的70%以上。

三、突出项目建设这一抓手，为县域经济发展积蓄能量

全力抓好总投资423亿元、149个项目的一揽子“十个十”项目，靠项目优化结构、提升产业、增强后劲、激发活力。新培育省级农业产业化龙头企业5家、郑州市级8家。大力实施万亩低产田机井综合配套、中产田机井升级改造、高产田节水灌溉、特色林果节水灌溉和具茨山小流域生态综合治理等五个万亩示范工程。在全力承办黄帝故里拜祖大典和黄帝文化国际论坛的同时，推动文化经济和三产服务业持续增长。

四、突出民生改善这一根本，为县域经济发展增强动力

全面推行全市60岁以上老人免费乘坐城乡公交车。全面实施农村安全饮水工程，基本实现村村通干净卫生的自来水。全面免除职业高中新郑籍学生学杂费，并免费提供职业技能培训。全面落实就业再就业政策，由市财政出资安排1000个城乡公共服务公益性岗位，带动企业安置1.5万名农民工和城乡富余劳动力。全面启动城镇居民医疗保险，农民参合率达到99.6%。全面推行社会保障体系建设，城乡居民养老保险参保人数达到3.7万人，五保老人集中供养率达90%。

五、突出优化环境这一手段，为县域经济发展破解难题

研究出台了《规范项目用地管理、推进节约用地暂行办法》，大力推行标准化厂房建设，实现了节约土地与招商引资的双赢。制定了《争取项目资金奖补政策》，充分发挥城市开发经营公司、城市建设投资公司等的作用，加强资本运作，搭建融资平台。深入开展5月份环境综合整治月活动，依法依规定依政策打击处理扰乱经济社会发展环境的人和事。坚持变群众上访为领导下访、变领导下访为群众家访、变群众家访为群众息诉罢访。设立疑难信访问题救助专项基金，启动建设政府公共资源交易中心。

六、突出党的建设这一保障，为县域经济发展营造氛围

研究出台了市委议事规则、市委常委会重大问题研究若干意见，成立了跨越式发展十项重点工作协调推进组。制定了关于干部选拔任用工作的一系列文件，对部分乡镇、办事处和市直单位96个正副科级职位进行公开选拔、竞争上岗。先后举办各类培训班123期，培训1.2万人次。对28个重点村（社区）派出工作队，开展为期半年的基层组织集中建设和治理整顿。开展了“三帮三争”、“双强双有”、“五大员”等活动。在全市范围内全方位推广“四议两公开”工作法。

2009年，全市完成地区生产总值348亿元，同比增长13%；财政总收入38.4亿元，其中财政一般预算收入12.69亿元，增长23.2%；全社会固定资产投资269.2亿元，增长28%；社会消费品零售额96.4亿元，增长18.8%；农民人均纯收入8660元，增长11.1%；城镇居民人均可支配收入1.45万元，增长10%。全国县域经济基本竞争力排名由第71位上升到第65位。获得中国全面小康十大示范县市、全国科学发展百强县市、全国平安建设先进县市、全国十佳和谐可持续发展城市、全国义务教育均衡发展先进集体等荣誉称号。

以经济发展方式转变　促进资源型城市转型

中共河南省义马市委书记　张松林

义马市地处河南西部，是三门峡的东大门，1981年建市，总面积112平方公里，人口16.68万人，煤炭资源已探明储量达79亿吨，是一座以煤炭生产加工为主的资源型工业城市，境内有全国500强企业之一的义煤集团和亚洲最大的人工煤制气生产企业——义马气化厂，素有豫西“百里煤城”之称。

近年来，义马以科学发展观为指导，立足于经济社会发展实际，着眼于实现资源型城市经济转型发展，围绕“率先实现全面小康、率先构建和谐社会”的奋斗目标，解放思想、大胆实践，科学规划、狠抓落实，努力加快经济发展方式转变，积极探索符合义马实际、具有义马特色的经济转型发展之路，在推进产业可持续发展、环境可持续发展和人的可持续发展方面迈出了坚实步伐。2009年，全市完成地区生产总值101.7亿元，地方财政一般预算收入5.02亿元，全社会固定资产投资75.5亿元，城镇居民人均可支配收入13039元，农村居民人均纯收入6285元，综合经济实力居全省第5位。

一、加快优化产业结构，以结构转变推动经济转型

始终把项目建设作为推动产业结构调整的关键和核心，坚持紧盯政策调控选项目，围绕优势产业引项目，排除一切干扰上项目。特别是近年来，先后确定并实施工业重点项目78个，总投资累计达160多亿元，培育形成了以电力能源、煤化工、铬化工、新型建材为主导的工业框架和产业体系。在电力能源产业方面，投资近30亿元，建成了锦江矸石电厂、2×15.5万千瓦环保电厂和跃进煤泥电厂等一批能源项目，原煤产量突破2200万吨，电力装机容量达到80万千瓦。在煤化工产业方面，以气化厂为依托，大力发展煤化工产业，累计投资35亿余元，先后建成了气化厂二期、14万吨甲醇、10万吨二甲醚、25万吨甲醇等一批煤化工骨干项目，正在建设1000万方煤制气、30万吨醋酸项目、20万吨二甲醚等项目。在铬盐产业方面，成功引进了中国蓝星集团，对原振兴化工集团进行了资产重组；与中科院合作，新上了具有世界领先水平的万吨铬盐清洁生产新工艺项目，目前已正常生产且效益明显。总投资5.8亿元的10万吨铬盐项目，已经国家发改委批复立项，其中一期3万吨项目年内可开工建设。项目全部建成后，铬盐总产能可达12.5万吨，义马将成为全国重要的铬盐生产基地。在新型建材产业方面，为解决煤矸石和粉煤灰污染问题，先后建成了煤矸石烧结砖、粉煤灰蒸压砖等一批新型建材项目，年产能折合标砖10亿块，是目前豫西地区最大的新型建材基地。通过持续不断的项目建设，我市的工业核心竞争力和产业聚集带动力明显增强，产业结构在突出特色的基础上，逐步向多元化方向发展，单纯依靠资源开采的传统发展方式正在被集约化、精细化、高科技化的发展方式所取代，强势产业的地位更加突出。特别是煤化工产业的发展引起了省委、省政府的高度重视，明确要求义马要加快煤化工产业集聚区建设，力争早日建成全国有重要影响的“煤化工之城”。

二、大力发展循环经济，以方式转变提升发展质量

按照科学发展观的要求，引进循环经济发展理念，努力探索资源型城市转型发展的路子，在企业、产业、社会三个层面构建起六大循环经济体系，连年被评为“全国十佳节约型中小城市”，初步实现了经济增长由“黑色”向“绿色”的转变。一是固体废弃物利用体系，围绕固体废弃物的再循环、再利用，先后建成了以

烧煤矸石、烧煤泥和铬渣为主的综合利用电厂，以煤矸石、粉煤灰为原料的新型墙体材料生产企业，同步建成了城市垃圾处理厂、医疗废弃物处理中心和废旧物资交易中心，全市固体废弃物的综合利用率达116%，实现了固体废弃物的负增长。二是中水回用体系，为充分利用有限的水资源，解决水污染带来的环保压力，我们积极构建中水回用体系。建成了城市第一污水处理厂和中水回用工程，处理后的城市污水全部供发电企业作为冷却水使用，实现了城市污水“零”排放，每年可节水300万吨。引导气化厂等规模以上企业引进最新科技成果，建设改造污水处理设施，基本实现了工业废水“零”排放，每年可节水86万吨。在辖区大型煤矿实施了矿井深部疏干水综合开发利用工程，每年可节水70万吨。三是清洁生产体系，高度重视节能减排，严格执行国家产业政策，严把项目准入关，累计否决投资千万元以上高污染高耗能项目8个，放弃直接投资2亿余元。关停小火电机组8.6万千瓦，取缔高耗能工业冶炼炉4台，新培育了5家清洁生产企业和6家环保工作先进企业。四是大气治理体系，境内规模以上工业企业全部安装了脱硫除尘设施，关停了一批“十五小”企业，年减排烟尘粉尘1800吨，减排二氧化硫3640吨。大力实施城市集中供热、供气工程，全部拆除了辖区内6万吨以下小锅炉，集中供热率和供气率分别达到80%和90%。五是生态建设体系，坚持开展大规模植树造林，实施三项治理、土地复垦和退耕还林等生态修复工程，累计复垦土地3000余亩，治理小流域11平方公里，完成退耕还林44700亩，荒山绿化率达到95.2%，绿化覆盖率达到47%。六是环境监管体系，在大型企业安装了污染源在线监测系统，启动了污染源在线监控和环境信息数字化监管平台建设，对全市重点工业企业排污口、烟囱和噪声等环境污染进行即时监控。

三、致力打造宜居城市，以城乡一体统筹城乡发展

以全新的规划理念，高起点编制了城市总体规划和城乡一体化发展规划，实现了城乡发展空间布局一体化。在中心城区建设上，近年来，累计投资30多亿元，实施城建重点工程90余个，建成规模化居民小区15个、高层住宅楼16栋，布点专业市场9个，新建城市主干道8条，建成了13万吨水厂、集中供热等18个健全城市功能的重点项目，建设了生态公园、银杏公园等11项改善城市环境的生态工程，开工建设了总投资4亿元的中心体育广场，城市建成区面积由“九五”末的8平方公里扩大到现在的18平方公里，城市影响力和辐射力显著增强。今年，我们又确定了49项城市基础设施建设项目，总投资达18亿元，目前正在抓紧施工。在城乡一体化推进上，按照农村城市化，农民市民化的目标，制定了《促进劳动力就业实施意见》、《居民基本医疗保险暂行办法》等6个配套性文件，撤销了镇建制，设立了与城区管理相衔接的街道办事处，完成了城区居委会整合、行政村改居委会和户籍制度改革，将原来的20个行政村、20个居委会整合成33个社区居委会，城乡居民户口统一改为义马市居民户口，实现了城乡一元化管理。为进一步加快涉农居民生产生活方式改变，早日融入城市环境，对全市20个涉农居委会进行统一规划，全部推行集中居住。出台了“一全免两补贴”优惠政策，即每新建一个集中居住区，全部免除31项基础设施建设行政事业性收费；在此基础上，市财政再补贴100万元启动资金，建成入住后，按每人30平方米、每平方米100元的标准对居民进行补贴。截至目前，市财政共补贴扶持资金近2000万元，已建成入住的集中居住区5个，建筑面积达11万平方米，入住居民520余户；正在建设的涉农居民居住区13个，建筑面积达23.7万平方米。

加速推进经济发展方式转变 实现经济社会又好又快发展

中共河南省禹州市委书记　蔡全法

“深入贯彻落实科学发展观，加快经济发展方式转变”，是党中央科学分析和把握我国经济发展面临的新矛盾新情况，站在历史新的起点上做出的重大战略抉择。禹州作为工业占主导地位的资源型城市，更应该坚定经济转型的决心，尽快明确结构调整的主攻方向，选准突破口，找准切入点，实现后危机时代的新起跳，促进县域经济更好更快发展。

一、认清形势，增强加快经济发展方式转变的历史责任

近年来，禹州始终坚定不移地推进经济结构战略性调整，着力转变经济发展方式。在应对国际金融危机中，将转变经济发展方式作为实现“三保”目标任务的根本途径，全市经济社会发展保持了良好态势。

但是，我们也清醒地认识到，禹州经济发展中存在着严重的“瓶颈”制约因素，主要表现在：一是传统产业唱主角。二是企业质量普遍低。三是第三产业发展不充分。目前，全市三次产业结构比例为7.5∶69.9∶22.6，比例不尽合理，对资源型企业依赖较重，经济增长主要靠工业单轮驱动，离第二、第三产业合力推进、共同支撑的理想发展格局尚有很大距离。

分析现状和基础，禹州要扩大总量、优化结构、提高效益，保持经济持续较快发展势头，必须加快经济发展方式转变；要统筹推进工业化、城镇化和农业现代化，实现三者深度融合、互动发展，必须加快经济发展方式转变；要赢得后国际金融危机时期竞争的主动权，提升区域竞争力，必须加快经济发展方式转变；要加快发展社会事业、改善民生，让人民生活得更加幸福、更有尊严，必须加快经济发展方式转变。加快经济转型已势在必行、刻不容缓。

二、理清思路，选准加快经济发展方式转变的切入点

当前禹州要实现经济转型，就要主攻调整二产、提升拓展三产、稳定优化一产，同时既要推动产业向高端发展，又要促进产业融合发展，形成三次产业协调互动、共同拉动增长的格局。概括起来就是：搞好一个规划、打牢两个支撑、统筹“三化”进程、实现四个转变。

搞好一个规划。与编制“十二五”规划相结合，制定禹州未来的产业发展规划。明确经济转型的思路和方向，确定产业发展的目标和途径，有计划、有步骤地做大做强优势产业，尽快培育战略性新兴产业，早日摆脱对资源的过度依赖。

打牢两个支撑。既要注重招商引资，又要注重企业自身成长。要深化产学研合作，加大对装备制造、生物医药、新能源新材料等科技创新型企业的扶持力度，提高现有特色经济的产业层次、产品档次和企业竞争力，打牢促进转型升级的内在支撑。

统筹“三化”进程。使工业化、城镇化和农业现代化协调推进、互相带动。首先要主攻调整二产，加快工业化进程。依托产业集聚区，通过项目建设壮大总量、提升质量，增强可持续发展能力和抗风险能力。其次要提升拓展三产，加快城镇化进程。通过完善东区、开发北区、提升改造老城区，增强城市对产业的承载能力和对小城镇的辐射带动能力。最后，要稳定调优一产，加快农业现代化进程。在稳定粮食产量的基础上，坚持用工业化理念谋划农业，以品种结构调整和标准化生产为核心，壮大提升特色农业，培育农业龙头企业。

实现四个转变。实现由以煤炭经济为主导向产业多元化格局转变；由传统产业向战略性新兴产业转变；由初加工型产业向高技术、高附加值、高端市场产业转变；由高能耗、高污染、资源性产业向循环经济、低碳经济转变。

三、突出重点，强力推动经济社会科学发展

按照上级要求，联系禹州实际，我们以全面贯彻落实科学发展观为契机，以发展方式转变为主线，强力实施“一五三”工程（即“一”就是指争创科学发展示范市这一目标；“五”就是指安全稳定、项目建设、城乡发展、民生改善、文化繁荣五项重点工作；“三”就是指基层组织建设、执行能力提升、发展环境优化三项保障措施）。重点要：

一是着力抓好平安建设。禹州安全稳定的任务十分艰巨。因此，我们把保平安摆在首要位置，深入推进平安禹州建设，确保全市社会大局稳定。安全生产方面：煤矿兼并重组工作全力做好对接洽谈，严格落实“双停”措施，妥善化解利益冲突。同时，抓好非煤矿山、道路交通、消防、防洪、学校、食品药品等重点领域的隐患治理。信访稳定方面：继续深入开展“矛盾纠纷排查化解年”活动，强化源头治理，注重过程疏导，坚决控制越级非正常上访。社会治安方面：深入开展“打黑除恶”和打击“两抢一盗”犯罪等专项斗争，今年一季度投入专项资金1000万元，确保了社会治安大局稳定。

二是着力抓好项目建设。年初确定了59个重点项目及23个重大项目。按照资源消耗少、技术水平高、财政贡献大的原则上工业项目，围绕促进中药材种植标准化、畜牧养殖无害化、“三粉”加工集团化的目标上农业项目，瞄准房地产、文化旅游、商贸物流等领域上三产项目，实现以项目调优结构。

三是着力抓好民生改善。以十大民生工程为抓手，集中财力，解决好群众反映强烈的难点、热点问题。一要围绕增加群众收入扩大就业。继续实施“创业富民，就业惠民”工程，最大限度地消除城镇“零就业”家庭，动态有序地安置“4050”人员，妥善及时地解决农村贫困家庭和失地农民就业问题。二要围绕解决群众难题改善生产生活条件。继续实施人饮解困、三级道路改造、农村中小学危房改造、乡镇卫生院改造、廉租住房建设等民生项目。三要围绕提高群众生活标准完善社会保障。认真兑付各种政策性补贴，扎实推进医疗卫生体制改革，严格落实住房保障、职业培训、法律援助等有关要求，统筹抓好城乡低保和各类救助工作。

四是着力抓好城乡统筹。禹州东区、北区统称新区。在巩固提升老城区基础上，着力抓好新区开发建设。新区重点确保财税收付中心、汽车城、人民医院、党校新址、广电文化中心、赛车场、体育中心等项目按照计划顺利推进；新区5条市政道路已签BT投资协议，正科学施工。老城区重点启动西北角改造，以中医药博物馆建设和人民医院搬迁为契机，对十三帮、怀帮会馆附近大力改造，透出颍河水面，打造老城新亮点。推动寨子等11个城中村改造项目顺利实施。完善农村基础设施，重点做好“修路、栽树、打扫卫生”，三年内把城乡道路全部改造一遍。

五是着力抓好文化繁荣。依托钧瓷文化旅游试验区建设，突出抓好神垕各项重点工程建设，大力发展钧瓷、中医药、旅游三大特色产业，努力使试验区建设走在全省前列。目前，神垕古镇开发建设已经投资1.3亿元。二要大力繁荣文化事业。钧官窑遗址博物馆力争十一前对外开放，孔家钧瓷文化村、体育中心、广电文化中心、许昌陶瓷职业学院要加快建设。同时，积极推进广播电视村村通、综合文化站、文化信息资源共享、农村电影放映、农家书屋文化等惠民工程。三要推进文化体制改革。有针对性地对市剧团等单位进行改革，搞活文化市场，做大文化产业。

大刀阔斧调结构　加快步伐促转型

中共湖北省宜昌市委常委、宜都市委书记　宋文豹

2009年，我市在应对金融危机过程中，调结构，促转型，保发展。全市实现生产总值144.8亿元，规模工业总产值224.8亿元，完成固定资产投资100.4亿元，财政总收入11.4亿元，一般预算收入6.85亿元，城镇居民人均可支配收入12589元，农民人均纯收入6516元。

一、以壮大产业集群为主导，加快调整产业结构

我们积极响应省委、省政府“一带两圈”战略，努力建设宜都沿江百里经济走廊，围绕打造“500亿园区”目标，着力培育产值200亿元产业集群1个、100亿元产业集群2个、50亿元产业集群3个。

一是瞄准国内一流，大力发展生物医药产业集群。支持东阳光、长江药业等龙头企业引进世界顶尖技术成果，在消化吸收的基础上进行再创新。2009年，生物医药实现产值50亿元。

二是争创行业百强，大力发展精细化工产业集群。积极淘汰高耗、低效化工企业，发展精细磷化工、煤化工企业，形成以宜化楚星、华阳化工等骨干企业为龙头的精细化工产业集群。2009年实现产值80亿元，进入全国县域产业集群竞争力百强。

三是立足全省最大，大力发展新型建材产业集群。支持华新水泥、惠宜陶瓷等龙头企业，发展高标号水泥、中高档卫生洁具和墙地砖。已形成年产500万吨高标号水泥、1000万件中高档卫生洁具、1600万平方米中高档墙地砖生产规模。2009年实现产值25亿元。

四是突出成龙配套，大力发展装备制造产业集群。支持本地民营企业依托国内知名企业，延伸链条、专业配套，大力发展新材料、机械、船舶等装备制造业。2009年，新材料完成产值20亿元；机械、船舶完成产值25亿元。

五是着眼助农增收，大力发展食品加工产业集群。立足柑橘、茶叶、畜牧三大主导产业，积极培育专业合作组织和龙头企业，初步建成了以丰岛食品、土老憨、宜红茶等企业为龙头的食品加工集中区。2009年，全市农产品加工产值突破100亿元。

二、以打造龙头企业为重点，加快调整企业结构

着力培育市场主体。重点打造产值100亿元企业3家、50亿元企业3家、10亿元企业10家、5亿元企业30家、亿元企业50家。

一是坚持不懈抓项目。坚持抓大项目与抓小项目并重，强化项目专班推进机制。2009年，全市招商引资项目160个，其中过亿元项目30个，工业项目投资占比达到60%。全市规模企业发展到177家。

二是扶优扶强壮筋骨。设立100万元“小进规”奖励资金，统筹安排2亿元生产调度资金，帮助一批中小企业“挺”过来，支持一批骨干企业“壮”起来。2009年，全市产值过亿元企业达到27家、过10亿元企业达到7家、过50亿元企业达到2家。

三是全民创业聚活力。财政列支500万元创业扶持奖励基金，支持科技型、外向型、再就业型和农产品加工型民营企业发展。累计提供全民创业小额担保贷款5亿元。2009年，全市民营企业达到1000家，个体工商户达到1.3万户，农民工就地转移就业达到5万人。

三、以争创精品名牌为抓手，加快调整产品结构

我们按照“市场带动、政府推动、部门联动、企业主动”的思路，坚持走质量兴市、精品名牌之路。

一是围绕“高新、尖端”，壮大“宜都创造”。

积极引导企业由低端产品向高端产品扩展、粗放生产向集约生产转变，提高“宜都创造”的核心竞争力。已建成世界最大的红霉素生产基地、世界最大的紫外线吸收剂生产基地、亚洲最大的季戊四醇生产基地、全国最大的化成箔生产基地、湖北最大的卫生陶瓷生产基地。

二是围绕“精深、特色”，打造“宜都原产”。依托优质柑橘、粮油、茶叶、生猪等现代农业示范区，财政引导投入3亿元，大力发展精深加工和规模化养殖。已建成世界最大的鲟鱼鱼子酱生产基地、全国最大的鲟鱼繁育基地、全国最大的“宜红功夫茶”生产基地、全国柑橘标准化生产示范基地、中部最大的波尔山羊繁育基地。

三是围绕“著名、驰名”，叫响“宜都品牌”。制定品牌发展规划，出台奖励政策，争创精品名牌。目前，我市名牌产品达到26个，其中中国驰名商标、中国名牌产品、国家地理标志保护产品达到4个。

四、以推进自主创新为动力，加快调整技术结构

我们把依靠科技进步、推进自主创新作为调整产业结构和转变发展方式的中心环节。

一是引进高端的。引导东阳光等高新企业紧盯国际高端市场，提升核心竞争力。东阳光通过引进先进技术，成为国家抗“甲流”的战略储备药和军需特供药品生产基地。

二是创新自己的。全市累计投资28.9亿元，开发新产品、新工艺285项，取得自主知识产权科研成果169项，形成了PTC热敏电阻、冬虫夏草等高新技术产品群。

三是改造传统的。以产品扩能、工艺改造、设备更新为重点，采取技改贴息、兑现税收优惠政策等措施，引导企业技改投入23.6亿元，实施技术改造项目158个，开发新产品154项，年增新产品产值30亿元。

四是培植高新的。增加高新技术财政专项，孵化和培育省级以上高新技术企业10家，其中1家被列入国家“863”计划。2009年，全市实现高新技术产值67.6亿元，我市连续五届荣获“全国科技进步先进县市”称号。

五、以促进节能减排为目标，加快调整投资结构

“科学发展看生态，两型社会看减排，发展方式看效益，和谐社会看民生。”我们突出优势产业、骨干企业、高端产品，依靠政策导向，把握投资重点，促进经济转型。

一是突出优势产业，扶优限劣。重点发展生物医药、精细化工、新型建材、新型电子等新型产业。制定完善覆盖环境保护、资源消耗、能源综合利用、产品科技含量、企业经营效益等内容的招商引资五大评价体系，推动150家企业投入10亿元转产转型。

二是围绕环保生态，节能减排。全市累计投入环保治理资金8亿元，引导企业投入15亿元，开展工艺改造、设备更新。2009年，全市万元地区生产综合能耗降低5%，化学需氧量排放总量下降29.1%，二氧化硫排放总量下降8.8%。我市被建设部授予国家园林城市称号。

三是发展循环经济，提升效益。全市共引进产业链配套和循环经济项目150多个，组织实施循环技术攻关项目64项。全市余热发电装机容量达到3.3万千瓦，直接为企业年增效8000万元。2009年，循环经济产值达到160亿元，占全市规模企业工业产值的70%以上。

以结构优化增创发展新优势

中共湖南省长沙县委书记　杨懿文

加快经济发展方式转变，是当前中央审时度势而反复强调的一个十分重大的战略问题，也是在后金融危机背景下抓住机遇、抢占发展制高点的关键所在。近年来，长沙县在上级党委政府正确领导下，深入贯彻落实科学发展观，坚持以结构优化增创发展新优势，全力推动经济发展方式转变，在成功应对危机中不断提高了经济增长的质量和效益，增强了发展后劲。

一、突出产业升级，优化资源配置，大力发展先进制造业

我们把金融危机视为难得的发展机遇，以全球视野加快资源聚集，优化产业结构，推进制造业不断向产业链高端攀升。主要坚持“三个结合”：一是坚持“引进来”和“走出去”相结合。加强产业链招商，通过长丰汽车与广汽集团的战略合作，引进了总投资50亿元广汽菲亚特项目，项目将直接带动总投资逾40亿元的配套企业进入，并将极大地整合全县120多家汽车生产企业，将我县打造成一个具备全球领先水平的汽车及零部件生产基地。支持企业向外扩张，三一重工近年先后在印度、美国、德国、巴西等地建立研发中心和制造基地，通过在全球吸收先进技术和高端人才、完善销售网络，抢占新的制高点。二是坚持建大园区与做大产业相结合。深入实施“千亿园区”和“千亿产业”战略。以经开区为龙头，将全县8个乡镇园区（基地）定位为配套产业区，按照统一产业布局、统一建设管理的要求由经开区进行代管，促进资源整合，提升产业竞争力。抓住国家产业振兴机遇，集中优势资源重点支持工程机械和汽车两大产业发展，打造“中国工程机械之都”和“湖南汽车产业走廊”。全县工业不断向园区和主导产业聚集，目前园区工业占到全县总产值的95%，工程机械和汽车两大产业占到全县规模工业产值的70%。三是坚持“腾笼换鸟”和创新升级相结合。坚决淘汰落后产能，利用危机之“机”整体关闭和搬迁了25家高污染、高耗能企业，LG飞利浦曙光、HEG、伊莱克斯等一批大型高耗能企业也停产关闭，为我县加快培育新能源、新材料、太阳能光伏等战略性新兴产业腾出了发展空间。大力支持企业科技创新，县财政每年投入近3000万元用于创新体系建设，目前全县已建立各类工程技术研究中心和企业技术中心51家，有上百家企业与国内60多家科研院所建立了战略合作伙伴关系。

二、突出项目带动，实施精细管理，加快建设新型城市

我们把城市建设作为提升县域形象、聚集资源要素、促进生产方式转变的重要平台和载体，加快推进星沙新城建设。一是以重大项目建设形成优势资源。2009年我们举全县之力启动了总投资40亿元、成湖面积6300多亩的松雅湖项目建设，仅用5个月时间完成全部1275户4044人、60万平方米房屋的拆迁任务，年底前成功实现了一期1300亩深水区蓄水。项目将按照生态、人文、宜居的理念，用三年时间建设成为湖南最大的城市生态湖泊，改善城市生态环境。同时，通过对环湖区域的开发，松雅湖将建成集商贸、金融、会展、旅游、居住等功能于一体的核心经济区，直接拉动200亿元以上的经济增长，成为新一轮加快城市建设和产业升级的起点。二是以体制创新加强城市管理。县城星沙目前面积40平方公里，人口30万人，已达到一个中等城市规模。去年我们撤销星沙镇，建立了三个街道办事处。以此为契机，推进城市管理重心下移，探索实施了城区管理物业化、城市管理市场化、维护管理精细化等一系列创新举措。2009年长沙县被评为全国首批县级“最具幸福感城市”，并成为全国唯一获国家建设部授予的中国人居环境范例奖（城市管理与市容环境建设项目）的城市。三是以国际化理念推进城市建设。我们始终坚持城市建设向国际水平看齐，不断引进国际先进理念。全县城市路牌标识通过提升改造，全部印上中、英、韩三种文字；采用国际文凭组织（IBO）教学体系、以英语为教学语言的星沙国际学校即将投入使用；由英特尔公司技术支持的全国首个基于下一代网络技术的“无线星沙”正在加紧建设。

三、突出资本下乡，创新组织形式，进一步统筹城乡发展

我们坚持以城市化的理念建设农村、以工业化的理念发展农业，积极推动资本下乡，以城市资金、人才、技术等生产要素的聚集实现农村的内生增长。一是优化区域布局。根据乡镇发展现状，我县确立了“南工北农”的总体规划，将全县22个乡镇（街道）按照“3568”的模式划分为县城及经开区服务区域、工业优势区域、农业优势区域和工农综合发展区域，实施区域分类发展。同时，在北部农业优势乡镇规划建设了面积达1150平方公里的国家现代农业创新长沙示范区，大力推进“六个集中”，即产业集中发展、资本集中下乡、土地集中流转、农民集中居住、生态集中保护和公共服务集中推进。二是探索“田园城市”建设。目前我们正在全力推进“板仓小镇”项目建设，依托开慧烈士家乡板仓的生态、人文资源，通过多元项目开发建设平台，在城市远郊建设一个与县城和经开区互动的田园城市，打通农民进城（镇）和市民下乡的通道，努力探索一条可以复制和推广的新农村建设路子。围绕项目建设我们进行了一系列创新：在破解用地瓶颈上，重点引导农民集中居住，并以农民宅基地置换城镇房产，将节约的建设用地用于基础建设和产业开发；在破解资金瓶颈上，重点创新户籍管理制度，以享受村民建房等待遇吸引城市中产阶层落户定居，从而带动城市的资本、产业和消费需求进入农村；在统筹城乡发展方面，积极开展农民“免费门诊”等试点工作。三是发展现代农庄。我们按照工业园区建设和工业招商引资的优惠政策，重点打造了圣毅园等85个现代农庄。目前圣毅园已完成基础设施建设近3亿元，流转耕地1.1万亩，成为全国农产品加工创业基地和全省最大的农庄项目。通过现代农庄建设，近两年全县共吸引各类农业投资超过10亿元，带动100多项农业科技成果和近千名管理技术人才进入，流转土地面积达24万亩，农业机械化率达70.5%，大大提高了农业生产的规模化、标准化、集约化水平。四是创新农村专业合作组织。随着我县农村改革的深入，农村专业合作组织也得到较快发展，目前全县各类专业合作社达到130多家。其中国进食用菌专业合作社是一个由318名农户自愿组成的农业合作组织，通过“市场＋合作社＋基地＋农户”和产供销一体化的模式，带动农户700多户，年销售收入6000多万元，正逐渐演变成为具有较好发展前景的农业公司。下一步我们将千方百计推动其上市发展，促进农村社会资源整合，提高农民财产性收入。

四、突出协同带动，着眼拉动内需，大力发展服务经济

我们把发展现代服务业摆在转方式、调结构的突出位置，积极推进第一、第二、第三产业的融合互动，加快实现经济增长由单一产业支撑向协同带动转变。一是积极推进产城融合。县城星沙（经开区）经过十多年的产业优先发展，已进入到城市发展的第二阶段即城市与产业互动发展阶段。针对城市功能单一、服务业发展滞后的局面，我们积极转变思路，加快推进生产性和生活性服务业进园区，努力实现星沙从“园区经济”向“城市经济”的转变。目前重点实施了中央商业区项目建设，规划将长永高速公路星沙段下沉部分进行覆盖改造，形成用地范围约22万平方米的带形长廊，以“生态、财富、时尚、艺术、创意”为构思，打造现代绿色CBD，并以此为突破口，加强周边1.2平方公里的老城区“退二进三”改造，重点发展现代商贸、信息咨询、金融保险、科技服务、创意设计等现代服务业，切实提高城市和产业的整体竞争力与发展质量。二是

积极建设现代服务业聚集区。立足于增强未来发展后劲和发展优势，重点布局了一批现代服务业聚集区。其中，依托武广高铁站，引进了马王堆蔬菜和水产品批发市场等一批大型综合性市场进入，并运用现代市场理念，积极建设黄兴市场集群，打造长沙高铁东部新城；依托长株潭烟草物流园建设，加快暮云工业园“退二进三”步伐，打造暮云新兴融城商务区。另外，今年我们在松雅湖项目建设进入正常施工状态后，依托黄花机场扩建，全力推进临空经济区建设，该项目将按照“国际一流、特色突出”的理念进行建设，重点发展生态宜居、先进制造和现代服务业，今年将完成项目拆迁和主要道路建设。三是积极拉动城乡消费。近两年我们在每年春节期间，筹集1000多万元资金，以现金和购物券的形式向全县贫困家庭发放“过年红包”，促进节日消费。2009年为响应国家拉动内需的政策，联合有关企业和银信部门在全国率先开展了“汽车下乡”活动，并实施了财政购房补贴，全年共实现汽车销售额75.9亿元，增长136.4%；实现商品房销售额80.5亿元，增长133%。从去年初到今年一季度，全县社会消费品零售总额连续15个月保持了30%以上的增速，消费在GDP中的比重不断提高。

五、突出两型建设，实施环境保护，切实推进可持续发展

我县地处长株潭“两型社会”综合配套改革试验区的核心地带，同时，境内的浏阳河、捞刀河是湘江的主要支流，其水质直接影响到省委、省政府提出的“将湘江打造为中国的莱茵河”目标的实现。近年我们围绕“两型”建设要求，以“两河流域”整治为重点，大力推进城乡生态环境的保护和治理。一是加强工业园区污染治理。坚持新引进工业企业全部进园区，并力争3～5年内现有园区外企业全部搬迁。以经开区创建“国家生态工业示范园”为契机，大力发展循环经济和低碳产业，并实行严格的项目准入制度和严厉的监管处罚制度，近年全县共关闭22家严重损害群众利益的违法企业，责令搬迁和限期治理10家污染企业。加快园区基础设施建设，在进一步改造扩建星沙污水净化中心的基础上，又新建了星沙城北、榔梨两座污水处理厂，全县日污水处理能力达到26万吨。二是加强农村环境保护。长沙县是全国生猪主产县（生猪调出量居全国第二位），畜禽养殖污染较为严重。近年我们通过关闭和限期整改等手段，对全县500头以上的生猪养殖大户进行了扎实、有效治理。在此基础上，今年进一步将全县细分为禁止养殖区、限制养殖区和适宜养殖区，其中禁止养殖区内的畜禽养殖场将在今年年底前全面关停。三是加强环保工作创新。积极探索农村生活垃圾处理长效机制，创造性成立了农村环保合作社，逐步形成“村民自治、分类处置、合作社运营、政府补贴”的农村生活垃圾收集处理模式，取得了良好效果。据测算，经合作社处理后，平均每个乡镇的生活垃圾量减少了近80%。创新环境保护的融资模式，成立了全国第一家农村环境建设投（融）资管理中心和环境建设投资公司，按照“村民出资、政府补贴、公司融资、银行按揭、争取上级支持”的模式，解决农村环境治理资金问题，走出了一条“用未来的钱，办现在的事，解决过去存在的问题”的环境整治投入新机制。

全力转方式　加速大变样

中共湖南省醴陵市委书记　谢清纯

加快发展方式转变是当前县域发展的重大课题和主要路途。近年来，作为一个以传统产业为主体的中部内陆县市，我们坚持把转方式、调结构作为推动发展的核心动力，在发展中促转型，在转型中谋发展，为实现"两年进百强、三年大变样"目标打下坚实基础。

一、明晰"思路"，推动发展转轨

转变发展方式的过程，首先是一个转变发展思路的过程。醴陵拥有陶瓷、花炮两大传统产业，是湖南首个实现财税和外贸出口"双过亿"的县。然而这种以劳动密集型产业支撑的发展模式在进入新世纪后已逐步被后来者赶超，一度排在全省县域经济五强之外。通过深刻反思，我们进一步明晰了以实施"三大战略"（优势产业带动、城市发展带动、先进文化带动）、打好"三大战役"（城市提质、园区攻坚、旅游升温）以及推进以三十大重点项目为主体的"三三发展方略"，以此作为醴陵转型发展的指导思路。三次产业同步发展。在保持农业基础地位、巩固工业发展优势的同时，抓住沪昆高铁在醴设站的机遇，突出打造山水生态、红官窑工业、历史人文等精品旅游线路，彰显生态文化、产业文化、历史文化，加速旅游业发展，促进经济增长由主要依靠第二产业带动向依靠三次产业协同带动转变，促进二产领先向三产优先转变。三驾马车同步上拉。按照统筹发展、协调发展的理念，在不断加大固定投资增长的情况下，特别注重消费和出口对经济发展的拉动作用。面对国际贸易的持续疲软，积极通过组织企业参加各类展会，抱团应对，力推外贸出口逆势上扬。有效落实各类国家补贴政策，不断升温居民消费，加大消费对经济增长的推动。三类收入同步提升。坚持"藏富于民、藏富于企"，对财税贡献大的企业实行重奖，努力实现政府收入、企业收入、居民收入同步提升。上半年完成财政总收入9.8亿元，增长40.4%，财政增幅创十年来新高；全年财政总收入可过20亿元，GDP可过250亿。

二、做强"引擎"，驱动工业转型

转变方式，关键是工业转型。按照"抓发展方式转变，重心在产业、核心在工业"的理念，我们扭住新型工业化这个"牛鼻子"，大力实施"1511"工程（1000亿元陶瓷产业、500亿元花炮产业、100亿元产业园区、1个新兴产业），着力建设"百亿园区、千亿产业"。一是加快传统产业升级。对陶瓷、花炮两大产业重新洗牌，着力将陶瓷产业培育成以新型陶瓷材料、工业陶瓷为核心的战略性产业，将花炮产业培育成安全、环保、时尚产业。制定了陶瓷千亿产业集群发展规划，陶瓷产值有望在"十二五"末过1000亿元。鼓励优势骨干企业通过并购联合等战略性重组实现资源优化配置和低成本扩张，促进企业由生产型扩张向资本型扩张转变，华联、华鑫两家企业上市有序推进。按照"政府做概念，企业做品牌"的思路，落实奖励政策，帮助企业打造品牌。当前，正委托商检等部门订立釉下五彩瓷行业标准，规范全国釉下五彩瓷行业的发展。二是加速特色园区打造。集中优势资源支持省级高新技术园区——醴陵陶瓷产业园开发，按照"做大规模，做大总量，做优管理，做响品牌"的思路，不断加强规划引导，完善园区基础设施，突出特色立园，建造"工业新城，城市新区"。重点抓好园中园建设，形成"一区多园"的新格局。釉下五彩创意园按照"文化搭台、产业唱戏"的思路，打造"中国釉下五彩瓷之都"；电瓷电器工业园按照"培育一个龙头、做活一个产业"的理念，打造"中国电瓷电器基地"；配套株洲千亿汽车产业集群的汽车零部件产业园已有6家企业入驻。目前，园区已经累计投入建设资金近10亿

元，入园企业49家，园区年产值突破30亿元。三是加强产业平台建设。按照“政府主导、企业主体”原则，组建公共技术平台，鼓励企业自主创新，推动“醴陵制造”向“醴陵创造”转变。华联瓷业和泰鑫瓷业、华鑫电瓷电器分别获得国家级和省级技术中心认定，连续五次获得“全国科技进步先进县（市、区）”称号。大力推进“西气东输”二线建设，将能源优势转化为经济优势。全市规模以上陶瓷企业都已用上天然气，燃料成本降低了50%以上、产品标准化率提高了10%以上。充分利用商检、海关优势，改造扩容集装箱货站，设立铁路口岸，与深圳盐田港达成建设内陆港的合作意向，开通醴陵到深圳盐田港的铁海联运，物流成本不断降低，为产业转型构建了良好的物流格局。

三、夯实“根基”，促动干部转身

转变发展方式，关键在人。我们通过加强干部的教育、考核和奖惩，充分调动广大干部的积极性、主动性和创造性，凝聚加快发展的强大动力。做解放思想的先行者。通过落实“五个敢于”，在全市上下树立了敢于负债搞建设，敢于让利促开放，敢于放权活体制，敢于创新谋发展，敢于大胆用干部的发展理念，在敢闯敢试中闯出新路，在边干边试中试出真经，打开了解放思想的“总开关”。凭借思想的进一步解放，在一年内全部完成了本级国有、集体企业的改制任务；3年实现政府融资20亿元，解决了多年来政府建设资金不足的问题。做推动落实的排头兵。大力倡导“白加黑”、“五加二”的工作作风，着力培养“推土机”式的干部，增强攻坚本领，提升落实水平。开展“干部不勤奋，地方没发展；干部不吃苦，百姓少幸福”等主题活动，选拔了一批政治素质过硬、工作作风扎实、群众公认度高的优秀干部。把“上评下”与“下评上”结合起来，开展了千人评机关、千人评股所两个“千人评议”活动，严格兑现评议结果，干部作风明显好转。做创新机制的探索者。不断完善绩效考核制度，建立更加科学的考评体系，开展了经济发展“五强五快”评比，在全市干部中考出了实力，也考出了动力与活力。不断完善用人机制，始终坚持群众公认、德才兼备的用人标准，继续强化“三个不吃亏”和“三有”的用人导向，各级干部干事创业的氛围日渐浓厚。近三年来，根据考核结果提拔重用了35名干部，7名干部被降免职。

培育产业特色　增强区域转型升级实力

中共湖南省宁乡县委书记　黎石秋

宁乡是刘少奇同志的故乡，曾经是农业大省湖南的窗口和缩影。近年来，宁乡把发展特色产业作为提升县域竞争力的重要手段，致力发展工业主导、城镇带动、三产互动、城乡统筹的复合型区域经济，走出了一条具有自身特色和产业特色的转型升级发展之路。2004年至2009年，县域生产总值由124亿元增至367亿元，年均增长15.5%；财政总收入由5.6亿元增至18.4亿元，年均增长26.9%；城镇居民人均可支配收入由8656元增至16672元，农民人均纯收入由3845元增至8216元；县域基本竞争力由全国第177位前进104位，居全国第73位、中部第6位。

一、致力发展特色新型工业

工业是经济发展的先导，区域转变经济增长的方式希望、关键、重点都在如何促进新型工业的结构调整与升级。我们坚持把新型工业化作为强县富民第一战略强力推进，强化兴工是功、无工是过的鲜明导向，营造浓厚的工业发展氛围。一是突出平台打造。采取拉开骨架、优化服务、扩大招商、狠抓项目、突出效益等一系列措施发展壮大已有园区，宁乡经开区初步形成了以天宁热电厂、新源氨基酸等企业为重要纽带的两条循环经济产业链，被评为全国食品产业示范园区和全省循环经济试点园区，引进了日本东洋铝业等世界500强企业，目前正在申报国家级园区。通过拉通融城主干道金洲大道，策划运作出第四代复合型园区——金洲新区，将发展平台向长沙推进10公里，为工业发展打开了广阔天地。目前已引进了三一重工、族兴铝颜料等50多家企业，步入了发展快车道。二是突出产业特色培育。根据产业基础和资源禀赋，明确专门班子对口帮促，与高校开展战略合作，初步形成了机电、食品和新材料等三个具有一定规模的主导产业特色。机电产业通过龙头企业带动，大小并蓄，产业产值达到150亿元；食品产业拥有加加酱油、青岛啤酒、台湾宏全等一批知名企业，产值达到100亿元；新材料产业来势良好，三年时间引进和建成以红宇、邦普等为代表的企业66家，成为长沙高校科技成果的重要孵化平台。三是突出政策引导。相继出台并不断完善“调结构，转方式”若干规定和优化经济环境系列措施，每年召开工业经济大会鼓舞士气，重奖企业家、职业经理和科研人员等有功人员，激励企业通过转方式做大做强。近五年，全县工业总产值以每两年翻番的速度增长，2009年达到551亿元，工业总量跃居湖南县级第二。

二、致力建设特色新型城镇

县城是县域财富积聚的龙头和统筹协调的枢纽。我们坚持建设现代中等山水森林城市的定位，把县城当做最重要的平台来打造、最优质的资产来经营和最有价值的实体来培育。突出东进融城，接受省会辐射带动，承接长沙要素外溢。突出规划先行，引进纽斯凯威等世界知名公司进行城市规划，以先进理念引领城市品质和价值不断提升。以一江两岸三洲为重点，通过植物造景、筑坝蓄水、两岸改造和移洲造湖，建设金洲湖湿地公园，加速滨江开发；以行政中心为重点，抓好金融广场等项目建设，打造现代新城。注重建筑品质，成立专门规划委员会，对主要路段、标志性建筑和重要节点严格控制，确保每个项目都成为精品之作。县城建成区面积由2004年的10平方公里增至30平方公里，城区人口由10万人增至28万人，一个现代气息浓郁的中等城市初具雏形。

三、致力推进特色现代农业

宁乡是农业大县，解决三农问题是工作的重中之重。近年来，我们按照现代农业的理念，根据中央转变增长方式的要求，推动农业大县向农

业强县转变。一是提升传统产业。运用农业机械化水平、推行专业化生产和管理等手段，突出品质提升，粮食产量位居湖南第一，每年可获5000万元以上的粮食直补；抓好生猪产业延伸，实施退村入园、退户入区，引进泰国正大建设现代养殖场，推动传统养殖向现代养殖转变；引进北京资源集团进行生猪加工，一期200万头生猪屠宰生产线建成投产，引进了法国乐福来法式火腿肠项目，积极对接河南双汇等企业，致力拉长生猪产业链，提高附加值，推动传统加工向现代加工转变；引进御邦生猪电子交易所，推动传统交易向现代交易转变。二是培育新兴产业。强力推动烟叶种植，做优质量和品牌，实现烟叶产业从无到有、从小到大、从弱到强的转变，2009年产量居全省第三，带动农民、财政、公司增收分别过亿元，成为湖南现代烟草农业整县推进示范县。

四、致力打造特色旅游品牌

宁乡旅游资源丰富，拥有灰汤温泉、千佛洞等自然资源和少奇故居、炭河里遗址、密印寺等人文资源。我们坚持把旅游产业作为支柱产业、富民产业和朝阳产业来培育，致力打造以沩山为龙头、以灰汤为枢纽、以花明楼为支撑、以县城为依托的黄金线路。沩山立足“盛世禅都，天下福地”的定位，建成了千手千眼观音文化公园，完成了密印寺修复建设，建好了沩山度假山庄和青洋湖游艇俱乐部等配套设施；灰汤立足“温泉之都，休闲胜地”的定位，建成了五星级紫龙湾酒店，引进了华天集团投资40亿元建设中部华天城，市场开发实现了重大突破，形成了一条“圣地瞻伟人，灰汤泡温泉，沩山拜观音，玉潭听故事”的黄金旅游线路。

五、致力谋划特色区域商贸

宁乡地处长沙通往湘中、湘西北第一驿站，具备发展商贸的良好区位和基础。我们喊出“商通天下”的口号，谋求传统县域商贸向现代区域商贸转变。一是延长商业半径。金洲大道拉通以后，我们加快了东进融城步伐，精心规划符合时代发展的现代物流业，不断扩张的城市为商贸的发展提供了更为广阔的空间。二是争取项目突破。成功引进香港豪德大市场，一期建设用地600亩地，建筑面积41万平方米，年底有望建成营业，市场辐射范围将在150公里以上。引进北京欧德宝公司在金洲新区建设中部地区最大的、功能最齐全的汽车城，引进了大润发、家乐福等世界500强商贸企业，积极对接福建钢材专业市场等商贸项目，一个中部商贸物流基地呼之欲出。

科学发展 率先突破 全力打造实力雄厚的长吉图前沿城

中共吉林省延吉市委书记 金永默 延吉市人民政府市长 赵哲学

近年来，延吉市全面实施县域突破战略，以工业突破为核心，以项目突破为关键，以消费突破为主导，以开放突破为手段，以环境突破为保障，全力推动县域经济科学发展，走出了一条经济实力快速增强，社会进步加快推进，人民生活更加富裕的经济发展之路。打造出全国百强、东北十强、吉林最强的延吉县域经济。综合实力始终位居吉林省县（市）第一，成功晋级“全国县域经济基本竞争力百强县（市）”。

一、决战工业，县域经济充满希望

举全市之力支持工业，发展工业，做大工业。全力培育支柱企业，加快工业提速增效，提升了延吉的整体实力。实施“030”扶持工程，全面推动延吉卷烟厂、敖东药业延吉股份有限公司、喜来健医疗器械有限公司等重点工业企业提速增效，努力打造食品医药、能源建材、电子信息、汽车机械等优势产业，筑起工业经济的“脊梁”。2009年，工业企业实现税金28.6亿元，工业对财税的贡献率增至75.3%。加快发展园区经济，打造县域经济新引擎。紧紧围绕经济开发区和新兴工业区创建国家级开发区的战略目标，加快特色园区的建设进程，逐步形成产业特色鲜明，服务功能完备，集聚作用明显，支撑带动强劲的园区工业集群。2009年，开发区入驻企业301户，实现工业总产值96.3亿元，实现财政收入22亿元。成为延吉现代企业的集中区和经济发展的核心轴。

二、攻坚项目，县域经济充满潜力

坚持投资拉动，不断加强项目建设，增强发展后劲。全力推进“040”后劲工程，重点推进两台20万千瓦机组延吉热电厂、年产100万吨直接还原铁等一批续建项目尽快竣工投产；加快推进年产10万辆SUV客车生产基地、年产30万吨啤酒等一批移地改造项目尽快落地实施；发展壮大朝鲜族食品工业、农副产品深加工、长白山资源综合开发等特产资源项目建设；加快生物工程、芯片研发生产项目等高新技术产业集群建设。这些项目全部投产后预计实现工业总产值429亿元，新增税金近40亿元，将成为我市工业经济增长的有力支撑。2009年，全市固定资产投资完成164.1亿元，同比增长30.2%。全年施工项目433个，其中新开工项目396个。

三、拉动内需，县域经济充满活力

加强扶持引导，促进商贸流通业持续繁荣。不断壮大延吉百货大楼、国贸大厦等为主的核心商业圈，积极扶持千盛购物广场、新时代购物广场等企业形成规模，加快推进农副产品批发市场等项目建设，努力形成高效畅通、辐射周边的新型商贸流通体系。2009年，全市社会消费品零售总额达到110.65亿元，同比增长22.2%，步入人均消费2万元的全国消费拉动型前列城市。成功跻身“全国现代物流示范城”，成为全国仅有的两个县级示范城市之一。打造民俗品牌，推进旅游业纵深发展。深度开发民俗旅游产品，重点推进了以“民俗风情区”、“自然观光区”、“休闲度假区”、“娱乐购物区”、“冰雪旅游区”、“乡村体验区”和“生态民俗园”为主要内容的七大精品景区景点建设，推动了我市旅游业的全面升级。坚持深入挖掘民俗文化内涵，精心打造“朝鲜族民俗旅游博览会”等展会载体，不断提升延吉知名度和美誉度。2009年，我市共接待国内外游客312万人次，旅游收入达42亿元。发挥区位优势，着力培育IT产业。编制《延吉市中韩软件产业园规划》，相继出台了《关于鼓励发展信

息技术产业办法》、《延吉市扶持软件与信息服务发展若干规定》等一系列政策，投资1.2亿元建设了面积7.5万平方米的信息产业大厦。截至2009年末，全市IT企业达到154家，实现产值25.2亿元。经过多年的培育和发展，IT产业正成为延吉新的服务业主导产业。

四、塑造环境，县域经济充满魅力

把延吉打造成吉林省东部宜居旅游开放中心城市为目标，不断加大城市建设力度。多渠道筹措城市建设资金，累计投入10亿余元，完成城市北出口等一批城市基础设施工程，延河水库等一批水利设施工程，延边宾馆广场等一批城市绿化美化工程，新增绿地面积56.68公顷，城市绿化覆盖率达到38%，空气质量连续4年达到国家二级标准。投入4600万元，完成88.3公里农村公路及镇（村）绿化、美化等工程建设，全市4个镇全部进入省级卫生镇行列。积极推进“延龙图”三市一体化进程。全力加快对外通道、水利、能源和产业园区等促进三市融合的基础设施建设。“同城规划、同城建设、同城管理”的一体化步伐不断加快，延吉市的区域中心城市地位和对周边县（市）的辐射带动功能正逐步凸显。

五、扩大开放，县域经济充满生机

大力实施开放开发战略，经济活力不断增强。创新开放举措，对外经济合作上新台阶。着力推进贸易经济发展方式转变，贸易层次由传统贸易向双边正规贸易转变，合作方式由单纯的商品贸易向合资合作转变，市场范围由单一的韩、日地区向东北亚及欧、美区域转变；充分发挥“延洽会暨图洽会”、“中韩IT产业论坛”等开放载体作用。加强对外交流与合作，主动参与和推动图们江地区国际合作开发，有效地扩大了延吉在图们江及东北亚地区的影响。积极采取政策招商、产业招商、以商招商、委托招商、民族特色招商等多种招商方式，强势推进招商引资，成效显著。2009年，招商引资项目共261项，实际到位资金34.86亿元，同比增长60.2%。大力发展劳务经济。充分利用朝鲜族特有的人缘和地缘优势，努力拓宽劳务信息渠道，重点发展对韩、日等国家和地区的劳务经济，不断积累民间资本。2009年，全市劳务收入实现8亿美元；全市金融机构本外币居民储蓄存款余额为213.67亿元，城镇居民人均可支配收入达到16462元，同比增长10.0%；农民人均纯收入达到7221元，同比增长8.8%。有力地助推了经济发展。

六、改善民生，县域经济和谐发展

积极落实“保增长、保民生、保稳定”战略方针，大力实施民生工程，不断加大民生投入，详细制订民生行动计划。全年投入9.53亿元，13类、120件民生计划和20件惠民实事得到有效落实，民生得到极大改善。全面做好就业公共基础服务工作，通过建立健全公共就业服务体系、发展对外劳务、强化职业培训等，拓展就业渠道。2009年，全市新增城镇就业岗位16000个，城镇登记失业率控制在4%以内，保持“零就业”家庭动态为零。着力解决群众“看病难、看病贵”等问题，将困难群众的医疗救助、城镇居民医疗保险和农村新农合工作进行有效衔接，形成了覆盖城乡困难群体的医疗救助网络。

七、创新体制，县域经济动力强劲

始终把创新体制机制作为推动县域突破的关键举措来抓，极大地调动了全市发展的积极性和主动性，促进了县域经济科学发展。建立“12+1”和“1+1”工作机制。全力实施责任具体化、利益切身化的“战线负责制”，除党政一把手以外的12位市级领导每人包保一条战线和1个重大项目，每个月要向市委常委会进行专题汇报，及时研究解决县域突破发展中遇到的各类问题。实施“县域突破责任制”。把县域经济发展目标和任务分解落实到具体部门和具体负责人，政府与部门“一把手”签订责任状，层层落实任务，逐级落实责任，形成一级抓一级，层层抓落实的工作机制。实施“工作督察制”。创新“主管直管制、工作周报制、党建督察制”三项制度，充分发挥督察局和6个专项督察组的作用，全面、准确评判工作效能。实施“功过奖惩制”，努力做到“有功必奖、有过必惩、奖则振奋、惩则震动、功过分清、奖惩分明”，以此营造风清气正的干事氛围。

苏北争第一　融入大上海
奋力建成全面小康社会

中共江苏省大丰市委　大丰市人民政府

大丰地处江苏中部、上海市北翼、黄海之滨，总人口72万人，总面积3069平方公里，辖14个镇和两个省级经济开发区，境内有上海市属农场和江苏省属农场各3个。截至2009年，大丰连续七年跻身全国县域经济百强市（县）行列。

一、交通区位优越

国家重点工程大丰港，是江苏省委、省政府重点建设的三大深水海港之一，是承接长三角，特别是上海向北辐射的重要节点。一期工程2个万吨级泊位于2005年建成通航，一类口岸正式对外开放，已开通日本、韩国、俄罗斯、中国台湾和经上海至欧美的航线。二期工程3个万吨级多用途泊位、2个10万吨级散杂货泊位已建成通航，2个8万吨级液体化工码头和1个5万吨级大件码头正在建设之中，三期工程1个大件码头、4个集装箱码头正在加快推进。沿海高速、徐大高速、新长铁路穿境而过，沿海高速紧靠大丰市区，苏通长江大桥通车后，大丰距上海217公里，融入上海两小时经济圈。一类口岸盐城机场紧邻大丰，可直航韩国、香港、北京、广州等地。

二、投资平台一流

大丰经济开发区是江苏省委、省政府重点支持的开发区。沿海高速穿区而过，道路、水电、通信、生活设施完善，实行集中供热、供气、治污，电力来源华东一级电网，供应充足稳定。江苏省委、省政府重点推进的南北合作共建开发区——常州高新区大丰工业园位于大丰经济开发区内，启动区基础设施全面到位。大丰港经济区依港而建，交通、土地、口岸优势得天独厚，区内实现“七通一平”，保税仓储物流中心及出口加工区正在建设，正成为江苏新一轮沿海开发的主战场。

三、发展资源丰富

土地资源是大丰最独特的发展资源。大丰海岸线长112公里，滩涂面积140万亩，另有辐射沙洲东沙岛100多万亩，受洋流影响每年新增土地2万多亩。大丰劳动力素质高，拥有10万熟练产业工人、4万专业技术人才和苏北一流的职业技术培训中心。大丰是全国高品质棉产业化示范市、国家级无公害大蒜标准化示范区、江苏省无公害蔬菜生产基地，拥有国家级无公害农产品66个，有机食品10个，绿色食品42个。

四、服务政策完善

外来投资者不仅可享受对外开放地区、省级经济开发区全部优惠政策和江苏省支持苏北振兴的特惠政策，还可享受国家支持沿海开发的全部优惠政策。所有国家规定的收费项目一律按最低标准执行，重大项目土地出让金、行政规费、税收征缴实行一事一议、一企一策。所有手续均由大丰市行政服务中心全程代理，限期办结。对外来企业正常生产经营由引资单位实行“挂钩式”服务，重点项目和企业实行“部门检查准入制、行政处罚申报制、收费扎口管理制”保护政策。

五、人居环境和谐

大丰是《水浒传》作者施耐庵的故里，是中华麋鹿之乡，拥有世界上最大的野生麋鹿自然保护区和亚洲东方最大的一片滩涂湿地，被联合国列入重要湿地名录，被命名为中国优秀旅游城市、国家可持续发展先进示范市。在苏北率先实现教育基本现代化、城乡低保全覆盖，是全国科技、教育、文化、体育先进市，是首批国家级食品安全示范市、城市环境综合整治优秀城市和苏北首家国家级卫生城市，是江苏省文明城市、社会治安安全市。

六、沪丰渊源深厚

解放初，老一辈革命家、时任上海市长的陈毅同志决策，在大丰建立了上海农场。20世纪六七十年代，8万多名上海知识青年在大丰激情奋斗，建有全国独一无二的上海知青纪念馆。大丰正坚持“两海齐抓”战略，以开发沿海策应接轨上海，以接轨上海提升开发沿海，积极配合建设上海产业转移示范区。

2009年，大丰市认真贯彻落实科学发展观，积极应对挑战，全力抢抓机遇，奋力进位争先，全市完成GDP242.76亿元，同比增长13%；地方财政一般预算收入13.29亿元，同比增长32.6%；工业用电量13.51亿千瓦时，同比增长3.2%；全社会固定资产投资162.73亿元，同比增长34.9%，其中规模以上工业投资94.2亿元，同比增长35.5%；社会消费品零售额68.81亿元，同比增长20.1%；实际外商直接投资19425万美元，同比增长5.5%；城镇居民人均可支配收入14887元，同比增长13.7%；农民人均纯收入8750元，同比增长10.7%。

2010年，大丰市紧紧围绕“苏北争第一、融入大上海，奋力建成全面小康社会”的目标，大力实施“以工强市、‘两海’齐抓、生态立市、旅游兴市”四大战略，着力抓好保增长与调结构的紧密结合，着力推进经济发展的项目化、产业化和园区化，着力改善民生促进社会和谐稳定，着力创新体制机制增强发展动力，努力实现经济社会跨越发展，在苏北率先建成全面小康社会。

一、转变发展方式，全面推进产业结构调整

继续把“三服务”即服务基层、服务项目、服务企业作为保运行保增长的重要抓手，加大挂钩服务力度。大力招商引行，增加金融主体。做大做强规模企业，将一批规模企业培育成产业“龙头”。大力推进效能革命，把大丰打造成“费用洼地、效率高地、服务优地、投资福地”。坚持“经济工作项目化，项目工作节点化，节点工程责任化”，确保各项经济指标、工作任务按时序完成。在全力推动经济平稳较快增长的同时要坚持保增长与转方式的紧密结合，抓住有利时机进行结构调整。大力培植特色产业。培植百亿元级产业基地，四大新兴产业以及四大优势传统产业的培育。同时，加大传统产业技术改造力度，促进产业升级，增强产业竞争力。提高自主创新能力。强化企业自主创新的主体地位，以技改投入为突破口，推动产品结构升级。鼓励企业加快淘汰落后产能，不断提升产品档次和市场竞争力。搭建技术创新平台。按照“政府抓产业、企业抓产品”思路，以开发区为载体，以特色产业为支撑，建立公共创新平台。全力打造特色产业研发中心、科技孵化器和创业中心，加快重点企业博士后工作站、院士工作站建设，为推动特色产业和龙头企业科技创新搭建一流平台。

二、突破重大项目，全面加快推进“两化”进程

坚持“项目为零一切为零”理念，在全市上下形成“有项目就有一切、没有项目就没有一切”的浓烈氛围，通过强势组织领导招商、驻点招商、产业招商，努力在招引重特大项目、高新技术项目、外资项目、产业链龙头项目和招商引园上形成新突破。大力组织实施“一百工程”。组织实施交通基础设施大会战，加快建设大丰港疏港航道、通港大道快速通道、226省道大丰北段、临海高等级公路等四大近期工程，强势推进大丰港铁路支线及新长铁路复线改造和客运站改造、大丰港经大丰市区到盐城市区的轻轨、徐大高速大丰港段、麋鹿线改造等四大中长期工程，确保当年交通基础设施投入20亿元以上。开工建设川东闸等重大水利工程，当年开工、当年见效。通过项目建设加速推进“两化”建设进程。

三、建设一流园区，全面做大做强项目载体

坚持规划引领，基础设施先行，产业招商，核心项目龙头企业支撑，把园区建设作为产业发展的重要载体和重要经济主体，全力推进“三区十园”建设。加快经济开发区、大丰港经济区、常州高新区大丰工业园建设。经济开发区要奋力建设成国家级开发区，并加速扩展，力争年内面积达70平方公里。大丰港经济区要提升基础设施配套水平，强势推进临港产业发展，努力把大丰港经济区建成大丰经济社会发展最重要的增长极。常州高新区大丰工业园要按照规划，向南推进，将二期工程与一期工程建设、基础设施配套建设有机结合起来，形成良好的综合开发格局。加快杨浦区大丰工业园建设，迅速形成规模，集聚产业。加快十大重点特色园区建设。全力打造风电装备产业园、木材产业园、海洋生物医药产业园、石化产业园、光明食品工业园、高新技术产业园、专业市场集聚区、丰收大地现代农业示范园、麋鹿生态旅游景区、海洋科教城等"十大特色产业园区"。加快镇工业集中区建设。加快园区基础设施和配套设施建设，增强园区的项目承载力。要强化管理机制和融资平台建设，组建园区管委会，成立园区开发投资有限公司，推动互助性担保公司建设，进一步扩大担保公司融资担保能力。

四、实施"两海"齐抓，全面带动经济跨越发展

全力突破沿海开发。做大港口，以大丰港二期工程两个10万吨级码头建成通航为新起点，全面加快港口建设。做强港区，努力在工业重特大项目上取得新突破。做美港城，以会战强攻之势，加快建设港城基础设施，全面提升港城形象。加大开放开发，加强与国内外、省内外特大型企业的合作，引进参与大丰港建设的新生力量。做大做强大丰港集团公司，争取早日上市。运作好大丰港（香港）发展有限公司，努力办成境外融资平台、招商窗口、营利实体、上市公司。全面深化接轨上海。认真贯彻落实"积极支持上海大丰农场发展转型，配合建设上海产业转移示范区"的要求。大力度推进"飞地"开发。进一步加强与上海市等重点经济部门的沟通，力争将"飞地"开发建设纳入上海市"十二五"经济社会发展规划。强化与杨浦区、宝山区、闸北区的战略合作，打造上海新兴产业和产业转移的示范区。全方位加快园区共建步伐。加快光明工业区、杨浦工业区、张江生物医药产业园、孙桥农业开发区等园区的合作共建速度。高起点开展全面合作。加强与上海在产业、港口、金融、人才、旅游、教育、文化、卫生等方面的合作。

五、拓展发展空间，全面打造生态宜居城市

进一步加快发展现代旅游业，以建成中国优秀旅游城市为新起点，把旅游业培育成大丰经济的战略性支柱产业。深入挖掘旅游文化。紧紧围绕麋鹿、湿地、知青、水浒四大品牌进行旅游景区的深度打造。做特旅游景区。大力整合旅游资源，加快培育一批精品夜游项目，着力营造"夜大丰"的城市氛围。完善配套功能。大力推进旅游公交专线计划，提升旅游接待能力，鼓励现有酒店创星升级，引进连锁酒店。在草庙等靠近中华麋鹿园地区规划建设旅游功能区，重视旅游景区道路通达工程建设。加大宣传推介力度。通过新闻媒体、网络、活动推介多管齐下的立体宣传，进一步打响"知青旅游看大丰，麋鹿生态旅游在大丰"品牌。

进一步加快发展现代服务业。加快形成以大丰港现代物流园区为中心的物流型服务业集聚区，以经济开发区综合商贸区为龙头的商贸型服务业集聚区，以专业市场为主体的市场型服务业集聚区，不断提升生产生活服务两个功能。

进一步加快推进城镇建设，优化城镇规划。不断优化市镇两级城镇规划，加快老城区改造、城东新区和港城建设，做好"双核一带"，城市区东进，港城西延，打造通港大道产业带，形成双核城市服务功能配套互补，通港大道产业带支撑的城市格局。着力提升服务功能。加大城市公共设施投入，争创省级园林城市。加快推进集镇"六个一"工程和绿化"五个一"工程建设，确保全市重点镇城镇化率提高3个百分点。城东新区在完成道路框架、景观打造和城市主要功能设施建设的基础上，两年内要树起一个现代化新城。打造精品亮点工程。全面推进城建重点工程，建设一批精品亮点工程。搞好城市经营管理，巩固国家卫生城市创建成果，落实长效管理机制，

争创省级优秀管理城市。

六、发展现代农业，全面推进新农村建设

大力促进农民增收。积极发展高效设施农业，建设高效农业特色镇和专业村，提高农民的经营性收入。扎实推进农民就业创业工作，推进农民就近就地转移，提高农民工资性、财产性收入。认真抓好强农惠农政策的落实，努力增加农民政策性收入。加快三大载体建设。丰收大地现代农业示范园完成“北拓、西接、东扩”工程，加快园区展示区、农产品加工集中区、农副产品批发市场建设。加快“三沿”建设步伐，迅速建成沿海高速、204国道、双草线三条高效农业示范带。完善农村改革。大力培植农民专业合作组织，加快推进农村土地流转，积极发展农民资金互助合作，化解农民贷款难问题。推进统筹城乡发展。制订完善全市统筹城乡总体规划，3月底前完成全市74个村庄集中居住点修建性详细规划论证审批工作，上半年完成各项规划的编制评审和报批工作。全面推进统筹城乡发展，试点镇集聚镇域人口40%以上，试点新型农村社区（中心村）集聚所属区域人口25%左右。加快农村基础设施建设。大力实施川东港闸下移、圩区配套建设等重点工程。迅速启动林场4万亩造林计划，确保森林覆盖率提高3个百分点。加快实施万顷良田建设试点工程，全年新增耕地面积5500亩。推动农村路桥工程建设，加大农村环境综合整治力度，探索沟河清理、垃圾集中清运的保洁新机制，努力做到河清、村美、环境优美。

七、切实保障民生，全面构建和谐大丰

坚持惠民生保稳定促和谐，不断提高人民群众幸福指数。切实为民兴办实事。建设中医院门诊病房综合楼、大中镇农贸市场等工程，实施新农保推广、保障性住房提升等工程。实施重点园区、企业治污工程，加快大四河沿线污水管网建设和二卯酉河清淤，加大环境综合整治力度，确保城市生活污水处理率80%以上。切实保护生态环境，争创国家级环保模范城市。加快发展社会事业。教育质量保持盐城市领先水平，市职教中心建成江苏省职业教育课改实验学校。积极推进文化体制改革，健全市、镇、村三级公共文化服务网络。完善广播电视传输体系，大力实施网络双向化改造和有线电视户户通工程。健全社会保障体系。不断扩大社会保险覆盖范围，完善新农保政策，加大优抚和慈善工作力度。加大保障性住房建设力度，新建各类保障性住房3万平方米以上。积极鼓励和支持劳动者自主创业和自谋职业，动态消除社区“零就业”、“双下岗”家庭。全力保持社会稳定。以创建“江苏省法治县（市）”为目标，深入开展“五五”普法。强化社会治安综合治理，巩固大防控体系建设，创建“省社会治安安全县（市）”。高度重视安全生产，全面落实安全生产责任制，强化管理监督，杜绝重特大安全事故发生。

培大育强特色产业　加快推进转型升级

中共江苏省东台市委书记　祁 彪

东台市充分发挥地处江苏沿海开发主战场、长三角一体化经济圈的综合叠加优势，坚持以有效投入和科技创新为重点，以绿色增长为方向，以培植规模企业为关键，大力培育特色产业，奋力抢占新一轮区域竞争的制高点，促进了经济又好又快发展。

一、放眼区域发展大势，优选特色产业

积极策应国家十大产业调整和振兴规划以及江苏省六大战略性新兴产业发展规划，放眼周边区域产业发展动态，按照错位发展、以特取胜的思路，立足现有产业基础和成长空间，重点发展不锈钢制品、新能源及装备、绿色食品加工三大特色产业，力争销售五年翻两番、总量400亿元，占全市工业经济比重达50%以上。大力培植以高端制品为重点的不锈钢产业。依托江苏省三市七镇“千亿级不锈钢产业集群”，充分发挥现有191家规模以上不锈钢企业的生产配套能力，重点发展建筑装饰、化工设备、食品机械、精密仪器等高端不锈钢制品，推动产业从零配件、部件、中承向整机方向发展，计划到2012年实现销售100亿元，2015年达200亿元。大力培植以风电光伏为重点的新能源及装备产业。抢抓国内单期最大的国华风电一期20万千瓦并网发电契机，加快实施国华二期20万千瓦、海上50万千瓦以及华电尚德3万千瓦光伏电站、中粮猪舍屋面光伏电站、中节能沼气发电、中石油甜高粱乙醇等项目，致力建成“风光气醇”互补的百万千瓦级“全国绿色能源基地”。按照“以风能资源培育风电产业、以风电投资获取风场开发”的思路，扎实推进上海电气风机整机、上海联合轴承等风电装备项目，积极引进叶片、变桨系统等风机配套项目，以及太阳能电池与组件、集成系统等光伏设备项目。力争2012年实现销售50亿元、2015年达100亿元。大力培植以农副产品精深加工为重点的绿色食品加工产业。充分发挥年产优质鲜活农副产品1000万吨优势，加快建设中粮集团200万头生猪产业化、润洋甜菊糖精加工生产线等项目，重点发展畜禽肉制品、海产品、西瓜汁饮品、银杏及海洋生物保健品，全力打造“全国绿色食品加工基地”、“世界健康糖源之都”。

二、重抓有效投入，做大特色产业

突出以增量调结构、促转型，扎实开展产业招商，力争三大特色产业年实施超亿元项目30个以上、新增投入50亿元以上。规划引领招商。按照同济大学、江苏大学、江南大学编制的三大特色产业发展规划，遵循“调高调轻调优”原则，排出产业龙头项目聚焦突破，积极争取国家、省重大项目布点，瞄准国际国内500强企业和行业领军企业敲门招商，先后落户了一批投资10亿元以上的产业龙头项目。主攻重点区域。借力世博效应，抓住上海先进装备制造和电子电气等产业调整和升级转移契机，深度接轨上海，力争再承接一批投资规模20亿元以上产业整体转移项目。高度重视日韩港台地区招商，主攻中国香港高新技术企业密集区、中国台湾农副产品加工集聚区、日本大型钢铁转移区，力争每年注册外资产业项目20个、实际到账外资3亿美元。设立绿色门槛。对不符合产业政策、不符合重要生态功能区要求、不符合清洁生产要求、不具备环保处理条件、达不到排放标准和总量控制指标的项目，坚决不予审批，保证新增产能的高效益性和可持续性。同步发展循环经济，形成废钢回收→冶炼铸件→板材型材线材→各类不锈钢成品，猪粪→沼气发电→沼渣沼液肥田→生态种植，煤气→玻璃→玻璃制品以及煤气→碳素＋钢帘线→橡胶轮胎的绿色产业链。

三、强化科技创新，提升特色产业

加快完善以企业为主体、市场为导向、产学

研相结合的技术创新体系，推动特色产业由制造向创造、由产品向品牌、由价格竞争向品质提升转变，大力提高R&D、高新技术产值贡献率。提升企业创造力。充分发挥现有8家国家级高新技术企业和5家省级企业院士工作站的示范作用，激励企业加快技术改造、新品开发、质量和品牌建设，重抓总投资达97亿元的磊达钢帘线、上矽电工钢等十大技改项目建设，装备高性能自动络筒机、高速轨道电缆等十大先进生产线，推动特色产业向终端、高端和尖端延伸。力争到2012年，新增国家级高新技术企业、省级企业院士工作站各15家，新创一批“中国名牌产品”、“国家免检产品”、“中国驰名商标”。加大资源整合力。深化产学研合作，吸引高校院所来东设立研发机构、工程中心，合作开发科技成果转化项目。充分发挥省“333工程”科技成果转化基地东台高新技术创业园的孵化作用，力争三年内在孵特色产业项目超50个。规划建设职教园区，联手知名高校和规模企业创办高职专业，确保每年为企业培养万人以上的先进适用技术人才。增强政策引导力。每年安排1.8亿元特色产业发展基金，奖补企业引进设备、研发新品和品牌创建，组织企业家赴清华、北大等高校或境外培训，帮助企业引进大学本科以上科技人才，评选“十大发展功臣”给予重奖，兴建企业家与先进人才公寓楼，把优惠政策聚焦到敢于做大做强的企业上，聚焦到一流的创业平台建设上。

四、完善园区功能，集聚特色产业

按照高起点、高标准建设的要求，用好省级园区品牌，完善提升三大特色产业园区承载功能，促进企业集中、产业集聚和发展集约。着力提升“不锈钢产业园”。依托省级东台经济开发区“台湾新材料工业园”，加强4平方公里启动区“八通一平”基础设施建设，构建公共技术、信息服务、成果交易三大平台，引进投资亿元以上高成长性不锈钢产业龙头项目，力争实现“两年投入超百亿、经济总量超百亿”目标。开发建设“新能源装备产业园”。依托城东新区省级东台高新技术创业园，抓好3平方公里核心区建设，积极引入“津通模式”，跟进配套商务、信息、物流、创投风投等生产性服务业，致力打造以风电、光伏设备制造为重点的高新技术区、现代物流区、外资密集区。加快推进“绿色食品加工产业园”。依托沿海经济区“江苏省东台沿海外向型农产品加工区”，引进投资超亿元的龙头型加工企业，培育畜禽、甜叶菊、脱水蔬菜、食用油、海产品等七大农产品加工产业链。加快建设“农产品加工区”和“农产品交易市场”，增强“产加销、集疏运”能力，致力建成面向长三角、辐射东南亚的绿色食品供应基地。

扬特色产业之长　走科学发展之路

中共江苏省建湖县委书记　张礼祥

近年来，建湖县坚持以科学发展观为指导，坚持把特色产业作为引领县域经济发展的龙头，大力发展石油装备、节能灯具等特色优势产业，以特色产业发展带动经济结构调整，以经济结构调整推动发展方式转变，初步走出了一条符合县情实际的新型工业化之路。先后被评为中国石油装备制造业基地、中国节能电光源制造基地、中国产业发展能力百强县、江苏省新型工业化产业示范基地，最近又被认定为国家火炬计划石油装备特色产业基地，在刚刚结束的2010年全国县域经济科学发展交流年会上，进入全国县域经济百强县行列。

一、坚持科学规划，着力彰显产业优势

针对发展空间偏小、产业集中度偏低的实际情况，从2007年下半年起，按照“大力发展特色产业，改造提升传统产业，积极培植新兴产业”的思路，坚持有所为有所不为，实行重点重抓，着力推进产业结构优化升级。一方面，关闭县内所有小化工企业43家，全面关停县城范围内花炮企业，停止新上各类小型纺织项目，腾出空间发展优势产业；另一方面，集中力量发展石油装备、节能灯具两个特色产业。目前，石油装备产业拥有企业560多家，石油钻机、采油机进入批量生产，实现了从零部件到大型成套设备的跨越，正在向海洋油田、油气复合开采设备和核电领域进军，今年可望建成百亿产业；节能灯具产业现有企业200多家，是全国最大的螺旋管节能灯生产基地，形成了从石英砂到整灯的完整产业链条，正在向LED、平面光源、陶极管节能灯和灯饰灯具、照明工程等领域拓展，可望明年建成百亿产业。

二、加快培育龙头，着力扩张产业规模

大力实施项目带动战略，围绕产业高端化、规模化、品牌化目标，加大产业招商力度，不断完善产业链条，提高配套水平，增强产业竞争能力。一是培育领军企业。在产业发展过程中，始终把培育领军企业摆在突出位置，聚合要素，倾力扶持，形成了石油装备产业以信得公司、美国WFT公司，节能灯具产业以上海亚明公司、豪迈公司为龙头、一批规模骨干企业为支撑的发展格局。二是加快技改扩能。加快现有企业技改扩能是做大做强特色产业的现实途径。建湖县通过出台专门政策，优化帮办措施，积极鼓励企业抢抓政策机遇，加快技术改造，扩张生产规模。近年来，先后实施了石油钻机、采油机、海洋油气控制设备和LED路灯、冷阴极节能灯等一大批高端项目，推动了产业链条不断完善，促进了产业规模持续扩张。今年全县销售超亿元企业将达50家，入库税金超亿元企业2家、5000万元企业3～5家、千万元企业25家。三是实施挂大靠强。积极鼓励和引导优势企业与国内外大企业、大集团合资合作，借助外力提升发展水平，先后与中石油、中国商用飞机公司、中国长城工业总公司等国内顶级企业以及美国WFT、荷兰飞利浦、德国欧司朗、韩国三星等国外大公司建立了良好合作关系，一批境外项目落户建湖。同时，加快企业上市步伐，信得公司年内可望上市，永林、日月、象王等6家企业正在抓紧做好股改工作，到明年底将再有1～2家企业实现上市。四是强化产业招商。紧紧围绕日韩港台和长三角、珠三角等重点区域，加大产业招商力度，先后引进了美国WFT、宝鸡金钻等国内外重点石油装备企业和上海亚明、上海光达、厦门东林等一批节能灯具知名企业，最近，深圳凯卓立汽车成套设备项目又顺利落户，北京首创集团石油装备项目也即将开工建设，进一步增强了产业发展后劲。

三、打造特色园区，着力加快产业集聚

园区是实现产业集约化经营、集群化发展的

最佳载体。建湖县根据产业发展的要求，坚持因地制宜，积极调整生产力布局，着力打造特色园区，为特色产业发展提供了良好载体。节能电光源产业园规划面积12平方公里，基础设施基本完备，已经落户上海亚明、上海光达、厦门东林等节能灯具重点企业30多家，正在加快江苏省节能电光源研发中心、质量检测中心和资源回收利用中心、商务区等服务平台建设，积极推进节能灯具市场建设，将通过1～2年努力，建成经济总量100亿元的特色园区，逐步成为国内一流的节能电光源产业基地。石油装备产业园一期规划10平方公里，在重点发展石油钻机和抽油机两大系列产品的同时，正在抓紧启动万吨水压机、钻井固控系统等一批重大项目，将通过2～3年努力，实现经济总量100亿元，建成具有较强竞争优势的石油装备特色园区。与此同时，为策应特色产业发展的要求，还规划建设了高新产业区作为产业高端项目以及科技、研发项目的发展平台，民营创业园作为产业配套和全民创业的载体，与特色产业园区形成人才、科技等方面的资源共享，实现了优势互补、联动发展。

四、加强科技创新，着力提升产业层次

科技创新是产业转型升级的主要驱动力。近年来，建湖县紧紧围绕“政府主导、企业主体、人才为本”的方针，切实加大科技投入，强化政策引导，不断增强科技创新能力，推动了产业结构优化升级。一是加强产学研合作。积极引导规模骨干企业先后与清华大学、复旦大学等100多家国内知名高校和科研院所建立了紧密合作关系，不断深化产学研合作，转化了一大批科技成果，为产业发展提供了良好的技术支撑。目前，石油装备、节能灯具两大特色产业拥有省级以上高新技术企业20多家，国家级和省级新产品近40个，使用各类专利500多件，实施了大功率LED道路照明、冷阴极节能灯等一批重大科技成果产业化项目，产业核心竞争力明显增强。二是加强科技创新平台建设。县政府分别与西安石油大学、中国照明电器协会合作，成立了建湖石油机械研究所、建湖照明职业技术学校，负责前沿技术、实用技术的开发研究，为特色产业提供了良好的科技和人才支撑。东南大学建湖电光源研究所、中科院微生物研究所建湖研发中心也即将挂牌成立。目前，全县拥有院士工作站2家、博士后工作站2家、省级以上企业技术（工程）中心12家，江苏省绿色照明研发中心、节能电光源产品质量检测中心正在抓紧建设，高新产业区科创大厦全面开工，省石油装备、节能灯具工程中心和石油装备检测中心也即将启动建设。三是加强标准和品牌建设。依托科技优势，积极实施标准和品牌战略，不断提升标准和品牌在资源整合、产业集聚等方面的作用，夺取市场话语权。目前，全县企业主导或参与制定国家标准27项，拥有中国名牌产品3个、中国驰名商标3个、国家免检产品11个和省级以上商标、名牌45个，成为全国商标发展百强县。年内还将新增象王、豪迈等中国名牌和中国驰名商标1～2个，主导或参与制定国家标准5～8项。

五、强化组织推进，着力优化产业环境

一是聚焦政策。建湖县先后研究制定了推进特色产业做大做强的实施意见、加快工业企业转型升级的激励意见等政策性文件，从财政奖励、人才支撑、要素保障等方面予以倾斜，充分调动了企业积极性。在去年拿出2个5000万元的基础上，今年又拿出3个5000万元，支持企业技改扩能、资产重组、创新创牌，并设立高新技术产业风险投资基金、产业升级专项引导资金各1000万元，设立高端人才引进专项资金2000万元，为产业提档升级提供了有力的政策支持。二是聚合要素。着力推动资金、土地、人才等向特色产业集聚，突出人才队伍建设，不遗余力、不惜代价招引行业领军人才和创新团队，在住房补助、科研经费、人员编制等方面予以支持，为创新人才集聚创造了良好环境。三是聚合力量。专门成立了产业发展办公室，为特色产业发展提供专门服务。组建照明电器、石油装备行业协会，强化内部管理、协调和自律，形成了良性竞争、错位发展的良好态势。

培育创新之魂　铸就创新之城

中共江苏省句容市委书记　童国祥

科学技术是第一生产力，科技创新是经济社会发展第一推动力。进入“后危机时代”后，我们必须抢抓新一轮科技革命带来的重大机遇，大力发展创新型经济，主动推进转型升级，既立足当前保增长，又着眼长远调结构，将经济发展建立在结构改善、质量提高、效益提升的基础上。只有这样，才能牢牢掌握发展主动权，真正实现又好又快发展。

一、加快推进产业优化升级

将加快科技创新与促进产业升级紧密结合，着力构建以新型产业为主导的工业产业结构，走内涵式增长、集约化发展的新型工业化道路。一是大力发展高新技术产业。重点推进新能源、新材料、新医药、环保、软件和服务外包、传感网六大新兴产业，下决心引进一批新兴产业重大项目落户句容，力争用2～3年时间，培植一批年销售收入超10亿元的骨干企业，打造2～3个年销售收入超百亿元的支柱产业，抢占产业发展制高点，培育新的经济增长点。二是推动优势产业向高新化方向发展。引进终端项目和配套项目落户，提高光电子、高端运动器材两大产业的集聚度，推动两大产业向高端攀升。引导建材产业向轻型化和新型化方向发展，不断提升产业层次。抓住国家发展核电、智能电网机遇，促进输变电产业向超高压、特高压方向发展。加快宁武化工新材料产业园区建设，鼓励宁武化工与亨斯迈集团加强合作，将产品向下游延伸，推动聚胺酯新材料产业率先形成百亿产业规模。三是加快改造提升传统产业。运用节能降耗、环保减排等新技术，着力解决传统产业发展中的薄弱环节，提高产品附加值和竞争力。鼓励企业高起点、有重点地引进国内外先进技术和先进设备，大力开展技术改造，提升产业层次。实施信息化工程，引导企业在设计、生产、管理等领域广泛采用信息技术，增强信息技术对传统产业的渗透和倍增作用，以信息化带动工业化水平提升。

二、充分激发企业创新活力

企业是市场竞争的主体。发展创新型经济，就要使企业真正成为研究开发投入的主体、技术创新活动的主体、创新成果应用的主体。一是培育壮大高新技术企业。引导现有高新技术企业进行技术攻关，重点突破一批关键技术和核心技术，以技术领先抢占产业发展制高点。充分调动规模骨干企业积极性，引导企业通过转化科技成果等方式，扩大高新技术产品的规模和总量，尽快跻身高新技术企业行列。认真落实国家、省和镇江市对科技创新的优惠政策，充分发挥中小企业产权清晰、机制灵活、富有创新活力的优势，鼓励企业开展各类技术创新活动，向“小而精”、“小而专”、“小而特”、“小而强”方向发展，实现从跟踪模仿生产向自主创新制造的转变。二是提高企业自主创新能力。支持企业建设国家级和省市级工程技术研究中心、院士工作站、企业技术中心、检验检测中心等研发机构，培育自主知识产权。采取财政奖励资助方式，鼓励企业积极承担国家火炬计划和星火计划项目、国家863和“973”等重大科技创新项目、国家和省级中小企业创新基金和科技成果转化专项资金项目。大力支持发明创造，鼓励企业开发有自主知识产权、市场前景好、附加值高的专利新产品。三是着力增强企业竞争能力。实施品牌战略，加大品牌产品的培育奖励力度，鼓励企业以品牌战略带动科技创新，推动低端产品向高端产品转变、一般产品向品牌产品转变、贴牌加工向自创品牌转变。实施标准化战略，支持企业牵头或参与制定联盟标准、行业标准、国家标准以及国际标准。实施质量兴企战略，加大质量管理、环境管理和职业安全管理体系等先进管理模式的推行力度，持续

改进企业质量管理水平。

三、不断加强创新载体建设

创新平台是集聚创新要素的“梧桐树”。要按照“合理布局、有序开发、错位发展”的原则，推进各类科技创新平台建设，夯实句容科技创新基础。一是推动集聚集约发展。提高省级经济开发区、临港工业集中区、宝华新城和郭庄空港新区的承载能力，努力形成一批创新能力强、产业规模大、市场影响广的现代产业集群，使四大板块成为句容科技创新的先导区、新兴产业的集聚区和集约发展的示范区。鼓励有条件的乡镇依托比较优势，突出自身特色，加快建设各类特色产业基地，会聚各种创新要素，推动创新集群形成、发展和扩散。二是构建创新孵化平台。充分发挥我市紧邻南京的区位交通优势，积极吸纳驻宁高校、科研院所的智力资源和创新要素，加强富达创业园、宝华和郭庄的高新技术园区等科技企业孵化器建设，使之成为我市科技成果的转化基地、科技企业的成长基地、高层次人才的创新创业基地。三是构建创新协作平台。将产学研合作作为加快科技创新的最现实、最快捷、最有效途径，鼓励企业与高校院所建立战略合作关系，组建多种形式的战略联盟，建设产学研结合的研发基地，积极探索建立以资产为纽带、以高新技术为依托、以现代企业制度为规范的“三位一体”产学研联合体。四是构建公共技术服务平台。大力推进生产力促进中心、技术交易市场等平台建设。加快完善科技中介体系，提升科技中介机构的服务水平，推动专利技术项目日常性、专业性的展示交易。建立完善技术装备等共享平台向企业、社会开放的体制机制，并引导共享平台向专业化、规模化和规范化方向发展。

四、全力打造科技人才高地

科技创新，人才为本。谁拥有一流的创新人才，谁就能拥有一流的发展优势，谁就会形成先进的生产力、产生未来的竞争力。一是加大力度招院引所。充分发挥地缘优势，克服困难、创造条件，努力吸引南京高校院所向句容转移，或在句容设立分校、分院、分所，以借用南京丰富的科教资源，形成句容的创新优势和竞争优势。二是广辟渠道吸纳人才。鼓励企业开出优惠条件，面向全球招才引智，加快提升自主创新能力。通过借用、聘用、兼职等多种形式，全方位、多渠道吸纳优秀人才和智力资源。重点吸引一批领军人才、拔尖人才到句容创业，使先进技术、专利成果在句容转化为现实生产力。三是不拘一格使用人才。通过改革用人机制、实行政策引导、提供创业载体、加强就业培训等方式，为科技人才提供创业机会、干事舞台和发展空间。放宽准入条件，鼓励市内外各类科技人员以技术等生产要素作价出资，或以收购、兼并、参股等形式对企业实施资产重组，创办科技型企业。鼓励企业采取股权奖励、期权分配、技术入股等方式对技术人员和管理人员进行激励，激发人才的工作热情。四是因地制宜交流培训。举办俱乐部、沙龙和论坛，组织科研人员进行交流、学习和考察。落实企业教育培训经费政策，鼓励企业足额提取教育培训经费，用于技术人员的教育和培训。整合各类培训资源，建立多层次的学习培训体系，加快提升科技人员研发能力。

五、建立多元高效投入机制

把对科技事业的投入作为战略性投资，调整和优化投入结构，建立以政府投入为导向、企业投入为主体、社会资本为补充的多元化投入机制。一是增加政府投入。市财政每年安排专项经费，并逐年增加，投向支撑经济社会发展的关键领域、科研基地和科技队伍建设等重点领域，充分发挥财政投入的“杠杆效应”。二是加大企业投入。采取有效激励措施，鼓励企业对看准了的项目、技术和装备，敢冒风险、舍得投入，推动研发投入总量快速攀升，以大投入求得大突破、实现大发展。三是鼓励社会投入。积极推进银行与企业对接，采取中小企业联合融资等灵活方式，鼓励金融机构加强对创新型企业的服务支持，为广大科技型中小企业“雪中送炭”。鼓励企业吸引风险投资、私募基金参与战略投资。风险投资、私募基金来我市设立总部或分支机构的，在税收、房租、行政服务等方面建立绿色通道。

坚持特色产业强县　提升县域综合实力

中共江苏省沛县县委书记、县长　冯兴振

近年来，沛县以科学发展观为统领，把发展壮大特色产业作为加快富民强县的关键抓手，坚持一、二、三产协调发展、强县与富民统筹推进、经济与生态和谐互动，着力在应对挑战中谋求产业转型，在改革创新中推动产业升级，在做大做强中促进产业集聚，特色产业成为县域经济综合实力持续跃升的关键动力。全县地区生产总值、财政总收入、一般预算收入三年分别翻一番；2009年，实现地区生产总值250亿元（不包括大屯煤电公司工业增加值52亿元），财政收入30.4亿元，其中，一般预算收入15.1亿元，金融机构存款余额180.3亿元，综合实力居苏北五强。被评为全国文明县城、国家园林县城、全国文化工作先进县、全国科技工作先进县，全国生态肉鸭之乡、全国武术之乡、书画之乡、民间艺术之乡。

一、培育特色产业，壮大县域经济综合实力

依托资源优势，立足县域经济结构现状和发展的阶段性实际，把发展壮大特色产业作为推进新型工业化和农业产业化、加速城镇化的路径选择，县域经济崛起步伐不断加快。一是培育形成了铝加工、煤盐化工、农产品加工三大特色主导产业，产值占据了全县工业产值的半壁江山。铝加工产业已集聚总投资100亿元的项目10个，全部投产后可实现产值200亿元，利税20亿元，年需求铝锭70万吨。煤盐化工产业已集聚总投资150亿元的项目13个，全部投产后可实现产值300亿元，利税33亿元，年转化煤500万吨。农产品加工产业已集聚国家、省、市级龙头企业35家，全部投产后可实现产值120亿元，利税12亿元。2009年，三大产业产值和利税分别占全县规模以上工业的56%、61%。二是培育形成了生态肉鸭、特色蔬菜、优质稻米三大特色农业产业，成为富民增收的支柱产业。以工业化的理念、产业化的思路、市场化的手段强势推进三大农业优势主导产业。被授予全国首家“国际都市农业示范县”称号。生态肉鸭产业年饲养量达1.5亿羽、年孵化苗鸭2亿羽、年加工肉鸭2亿羽，实现了肉鸭养殖、孵化、加工三个全国第一，产值达60亿元以上，带动从业人员10万人，被授予“中国肉鸭之乡”称号；蔬菜年覆种面积达110万亩，成为全省特色蔬菜种植第一县；优质水稻年种植面积57万亩，全部实现了无害化、粳稻化、优质化，是全国重要的优质稻米生产基地之一。沛县高效规模农业成为全省的一面旗帜。三是培育形成了生态旅游、商贸物流、房地产开发三大城市产业，成为助推县域经济发展新的经济增长点。依托丰厚的汉文化底蕴和滨湖亲水自然优势，实施大生态、大旅游、大物流的发展战略，突出生态建设、旅游开发和商贸物流，新建了汉之源景区、沛公园等众多公园景区，改造了国家“AAAA”级汉城景区，积极开发“千岛湿地”，同时加快建设京杭运河千万吨港口，大力发展港口物流业。我县被授予“国家园林县城”、“国家文明县城”称号。

二、加快转型升级，增强县域经济提升潜力

当前，加快转变经济发展方式已经成为刻不容缓的战略任务，推进产业转型升级是竞相发展重压下的制胜之策，是禀赋优势发挥的现实选择，是县域实力提升的必然要求。我县坚持在应对挑战中谋求产业转型，在改革创新中推动产业升级，提高产业集聚度，提升核心竞争力，加快调整经济结构和产业结构，谋求长远发展。我县并被市委、市政府确定为“全市传统产业转型升级实验区”。 一是规划引领升级。按照“大项目——产品链——产业群——产业基地”的思路，分别编制三大主导产业发展规划，规划建设三个特色产业园区，其中，江苏新型铝材产业园是江

苏省唯一发展新型铝材加工特色园区；煤盐化工产业园是全国七大煤化工基地之一，也是江苏省唯一煤化工产业基地；农产品加工产业园被批准为江苏省现代农业高科技园区、全国首批农产品加工创业基地。二是龙头带动升级。通过开展大招商、建设大项目、培育大产业，成功引进了一批投资规模大、科技含量高、经济效益好、带动能力强的龙头型项目。铝加工产业以大屯铝业11万吨电解铝为龙头，已集聚20万吨高精铝板带、21万吨铝型材、10万吨再生铝、6万吨铝棒、3.6万吨铝箔、2万吨铝导杆等项目10个，沛县已成为国内铝行业瞩目的焦点；煤化工产业以徐州观茂焦化、天安化工200万吨冶金焦项目为龙头，已集聚200万吨焦炭15万吨甲醇、20万吨乙二醇等项目6个；盐化工产业以无锡易多集团天成氯碱项目为龙头，已集聚10万吨烧碱10万吨PVC、6万吨三氯氢硅、4.5万吨次氯酸钙等项目7个。三是园区孵化升级。坚持举全县之力建设开发区，明确开发区是全县新型工业集聚区、城市建设新城区、改革创新试验区的定位，围绕发展壮大特色产业，强力推进区划调整、规划修编、机构设置、职能授权、人员配备、财政保障等"六个到位"，着力提升招商能力、提高招商成效，提升承载能力、提高产业集聚，开发区实现了综合实力、管理体制、产业集聚"三个新突破"。沛县经济开发区荣获"江浙企业家投资中国首选开发区"、"全国十大诚信开发区"称号，新型铝材产业园跻身"中国县域产业集群竞争力100强"。

三、创新体制机制，增加县域经济发展活力

坚持用改革创新的方法破解发展难题，推动重点领域和关键环节的改革取得突破性进展，努力以改革的领先造就发展的率先。一是破解发展要素制约。大力实施"五年万亩土地节约计划"，集中抓好采煤塌陷地的复垦治理、综合利用和生态修复，2009年以来已拆迁整理土地1433亩。坚持以金融生态县创建为载体，加强诚信体系建设，深化政银企合作，优化金融生态环境，成功跨入"江苏省第三批金融生态试点县"行列，并被命名为"中国金融生态县"。加大财政支持力度，县财政每年拿出1亿元资金奖补发展"三棚"、5000万元加强园区基础设施建设、1000万元扶持龙头企业。二是破解"五散"制约。围绕破解土地零散、农户松散、市场分散、资金闲散、组织软散等制约现代农业发展的突出问题，率先探索了"支部建在协会上"的新型农合组织模式。全县建成合作组织778家，入社（会）会员13万人，带动农户18万户，占全县农户的70%以上。三是破解软环境制约。深入推进"两集中、两到位"，即部门行政许可向一个科室集中，行政许可科室向行政服务中心集中；许可服务项目进中心到位，许可权限下放窗口到位，进一步提高服务水平，营造亲商富商安商环境。大力推行首问负责、跟踪服务及全程代理制，为企业提供全程服务。

实施四大计划　加快四个转型
不断开创县域更好更快科学发展新局面

中共江苏省邳州市委　邳州市人民政府

邳州，地处江苏省最北部，总面积2088平方公里，辖24个镇、1个办事处、1个省级开发区，人口172万人。2009年，全市GDP达到298.46亿元，三次产业结构调整为18.1∶43.3∶38.6；财政总收入47亿元，一般预算收入19.2亿元；全社会固定资产投资260.2亿元，其中规模以上工业投入167.7亿元；实际到账外资 9600万美元，自营出口3.8亿美元；社会消费品零售总额 71.4亿元；城镇居民可支配收入13536元；农民人均纯收入7267元，首次进入全国百强县，名列第91位。

2009年以来，我们按照江苏省和徐州市对邳州工作的新要求，坚持率先发展不动摇，目标任务不调减，工作力度不放缓，各项要求不降低，加快发展方式转变，加速主导产业升级，加大富民惠民力度，努力开创邳州科学发展的新局面，经济社会实现平稳较快发展。2009上半年，全市GDP达到180亿元，同比增长16%；一般预算收入实现10.5亿元，增长25.5%；全社会固定资产投资实现 179.2亿元，增长30%；实际到账注册外资3345万美元，增长1500%；自营出口总额2.6亿美元，增长100%；城乡居民收入分别增长14.2%和14%。

一、实施主导产业培育壮大计划，加快工业经济转型升级

我们牢固树立“新型工业化第一方略，转型升级第一路径，招商引资第一抓手，推进新型工业第一责任”的理念，立足产业基础、资源优势，结合未来发展方向，确定环保化工、板材家具和机械制造“三大主导产业”，以及食品医药、纺织服装、港口物流、石膏建材、电力能源、精细冶金“六大特色产业”；设立环保化工产业园、板材家具产业园和高新技术产业园，形成“一区三园”和11个镇级工业集中区的发展格局；重抓招大引强和项目建设，新开工3000万元以上项目125个，其中亿元以上项目31个，总投资130亿元，投资8.6亿元的海天石化、投资7亿元的30万吨甲醇等项目正在加快推进；加快发展民营经济，全市77家民营企业实施转型扩张，新增规模以上工业企业28家、总数达到609家，规模以上工业实现总产值280.5亿元、增长42%；坚决淘汰落后产能，加大对小造纸、小焦化企业专项整治力度，关闭“两小企业”36家。下一步，我们将通过招大引强、龙头培育、载体建设、政策扶持和服务保障，进一步做强三大主导产业、提升六大特色产业，力争三年内突破1000亿元的产业规模，营业收入超亿元企业达到50家，超10亿元企业10家，超100亿元企业1家。

二、实施“精心规划、精品建设、精细管理”兴城计划，加快城镇建设转型升级

一是坚持精心规划。我们牢固确立规划的龙头地位，聘请北京清华城市规划设计研究院专家，启动城市总体规划新编；成立市规划委员会，聘请国内知名专家组成顾问委员会，负责审查城镇总体规划、专项规划和重大项目的选址，审批并监督实施控制性详规等。二是坚持精品建设。本着“实事求是、尽力而为、量力而行”原则，对城建重点工程进行优化调整，确定年度实施项目90项、前期推进项目25项，进行了邳州港搬迁改造的前期调研论证，250省道、323省道等一批城建重点工程正加快实施、进展顺利。三是坚持精细管理。成立新城区管委会，创新经营城镇理念，通过土地收储整理、连片开发，提高土地附加值和开发收益；加强城镇环境管理，

加大环卫基础设施投入，完善城市整体服务功能，打造整洁优美、宜商宜居的现代化城镇。下一步，我们将加快建设“三个中心”，即加快建设中心城区，力争明年达到“建成区50平方公里、50万人口”的规模；加快建设中心镇，全力推进徐州市重点中心镇创建工作，把有条件的镇建成小城市；加快建设中心村，结合城乡土地增减挂钩、万顷良田工程，高标准规划建设454个中心村，推进人口集中居住。

三、实施设施农业提标扩面计划，加快高效农业转型升级

加快传统农业转型升级，积极开展农业招商，积极推进高效设施农业、现代畜牧业和生态林业建设，努力实现农业和农村经济快速发展。推进“三大特色产业”转型升级，延伸大蒜、银杏、意杨三大特色产业链，推动农资产品资源大县向农业产业化强县跨越。实施规模养殖小区“三进三退”战略，坚持以镇为单位布局生产基地，以村为单位布局养殖小区，加快养兔、养猪、养三禽和水产四大规模养殖小区建设，引导和带动农户逐步实现“退出散养、退出庭院、退出村庄，进入小区、进入规模、进入市场”的“三进三退”发展战略，推进优势畜禽产品区域化布局。积极发展“生态林业”循环经济，按照“近期得利、长期得林、优势互补、协调发展”的产业化效应，充分依托全市105万亩的林地资源，积极引导农民开展林下养殖，实现每亩林地增收5000元以上。突出抓好设施农业“五棚”建设，规划建设20万亩设施农业连片项目基地，大力发展高效设施农业，加快瓜菜棚、草莓棚、干鲜果棚、花卉棚、食用菌棚等五棚建设，提高设施农业种植规模，增加农民种植收入。大力开展农业招商，以农业龙头企业为招商主体，以项目推进为招商抓手，不断加大优质农产品生产、深加工、物流中心和休闲观光农业招商力度，建成优质农产品的生产、加工基地和贸易基地。

四、实施和谐社会共建共享计划，加快推进社会管理和社会事业转型升级

一是大力发展社会事业，提升公共服务水平。大力发展科技、教育、卫生、文化等各项社会事业，优化城区教育资源的合理配置，促进城乡优质均衡发展。进一步完善新型农村合作医疗制度，切实加强镇村卫生一体化管理，逐步完善重大疾病防治体系和突发公共卫生事件应急机制。二是健全就业和社会保障体系，促进社会公平和谐。加大新农保工作力度，逐步扩大覆盖面。严格执行最低生活保障制度，完善34所敬老院配套设施，推进示范敬老院建设，提高农村五保对象集中入院率，提升农村五保对象供养水平。加快城乡医疗救助平台建设，与全市新农合、城市医保实现无缝对接。三是强化社会治安综合治理和信访工作，确保社会秩序和谐稳定。深入开展“平安邳州”、“法治邳州”创建活动，下决心解决群众反映的热点难点问题，让投资者和全市百姓安心投资、放心工作、舒心生活。四是加强干部队伍建设，不断提高各级干部的执行力。开展以“抓党风抓政风，树正气树形象”为主题的“两抓两树”干部作风集中整顿活动，通过抓党风、促政风，带民风，努力形成“依法行政、按章办事，对内讲规则、对外讲诚信”的社会氛围。

加快产业转型升级　推动经济持续跨越

中共江苏省如皋市委　如皋市人民政府

近年来，我们针对经济欠发达这一市情，坚定不移地走转型升级、创新驱动，增量型、吸纳式开放拉动，沿江开发强“极”带动，工业化、城市化、农业现代化“三化”互动和城乡一体化、统筹推动之路，突出产业转型升级，有力地支撑了全市经济社会持续跨越发展。一是经济总量大幅攀升。2009年全市GDP达到356亿元，“十一五”以来年均递增25.11%；实现财政总收入51.8亿元、一般预算收入21.7亿元，一般预算收入“十一五”以来年均递增53.19%。二是结构调整成效明显。“十一五”以来装备制造业占制造业比重提高30个百分点以上，高新技术产业产值占规模工业比重提高10.3个百分点；2009年，财政收入占GDP比重超过15%，一般预算收入中税收比重达到88.4%，位居全省第四。三是城乡一体进程加快。实现城乡规划全覆盖，积极稳妥地推进“三集中”，“十一五”以来城市化率提高10.7个百分点；加强城乡生态环境建设，全市森林覆盖率达到22.6%，镇污水处理厂实现全覆盖；大力提高农村公共服务水平，教育现代化、城乡公交实现全覆盖，城镇居民基本医疗保险、农村新型合作医疗、城乡居民最低生活保障、新型农村社会养老保险、被征地农民基本生活保障实现全覆盖。四是人民生活显著改善。2009年城镇居民人均可支配收入、农民人均纯收入分别比2005年增加8530元、3456元，“十一五”以来分别年递增16.58%和14.96%；城镇登记失业率控制在2.7%以内。全市经济社会实现又好又快发展，由长期以来“苏中的苏北”迅速跻身苏中第一方阵。

2010年，我们将围绕GDP增长20%以上、一般预算收入增长50%以上、高新技术产业产值占规模以上工业比重达到30%以上、新兴产业产值占高新技术产业比重达到45%以上、研发投入占GDP比重达到1.8%以上、万元GDP能耗下降5%左右等质量、效益、结构目标，深入推进产业转型升级。

一、坚持科学发展，在更高定位上坚定产业转型升级自觉性

当前，我市迎来长三角一体化、江苏沿海开发、上海“两大中心”建设等多重叠加机遇，我市港口现代物流、软件开发等产业快速发展，熔盛、神马等目标千百亿能级企业加快崛起，承载能力不断增强，科技、人才引进力度持续加大。我们将在更高定位上坚定产业转型升级的自觉性，以高起点编制“十二五”规划为引领，努力在快转型、快见效上狠下工夫，勇当新时期“渡江突击队”。

二、凸显产业特色，在更高平台上构建产业转型升级新格局

积极打造新兴产业的先发优势，围绕年倍增目标，大力引进和发展软件和服务外包、新能源、新材料、物联网等新兴产业，确保新兴产业投入占规模工业投入的25%以上，科技城（软件园）今年建成商务公园、产业社区式的省级软件园，入驻北京青牛、上海晟峰等40家软件服务外包企业，2012年建成国家级软件园，营业额达到60亿元；加快培育九鼎风电、赛福特物联网等百亿级企业。积极打造现代服务业的配套优势，大力发展现代物流、特色文化、生态旅游等现代服务业，推进如皋港船货港一体化，确保今年建成保税物流中心，引进美国UPS、中外运等20家知名物流企业，开通集装箱航班，建成亿吨大港能力，通过3～5年努力建成亿吨吞吐量、500亿元钢贸物流、3000万吨液体化学品物流、50万标箱的现代港口物流基地；打造集科研、培训、信息服务、餐饮物流的全国最大花木城；依托五大旅游开发公司，放大上海世博会旅游目的地优

势，提升发展长江生态、长寿文化、古城人文等特色旅游业，确保今年旅游业收入突破40亿元，增长50%以上，游客人数翻番，达到400万人次；依托演艺传媒、教育培训两大集团，大力建设文化产业基地，力争今年文化产业增加值占GDP比重达到5%以上。积极打造高效农业的规模优势，以“高效农业三年倍增”计划为抓手，建成市级2个万亩、“万顷良田”项目区3个共6万亩、各镇千亩、各村300亩连片现代高效农业园区，打造花卉盆景、外向果蔬等六大10亿元高效农业板块，农业适度规模经营面积、高效农业规模化占比均达60%以上。积极打造传统产业的品牌优势，改造提升液压机械、长寿食品等传统产业，“十二五”期间建成南通锻压、联众肠衣2个百亿级企业，形成全国三分之一的市场份额。

三、注重集聚集约，在更高水平上推进产业转型升级再加快

始终把招商选资作为加快转型升级的强引擎，放大一类口岸优势富集效应，更加注重引进大项目、好项目，力争全年到账外资突破10亿美元。始终把“三化”互动作为加快转型升级的突破口，继续坚持以“三集中”为抓手，以“万顷良田”工程、农保区拆迁整理为突破口，以“三大合作”为平台，坚定不移地走“三化”互动并进之路，确保今年规模工业应税销售增长45%以上；加快中心城区和如港新城CBD、RBD建设，强势推进小城镇能级提升，城市化水平达到50%以上，建成江北首家国家生态市；“万顷良田”三大项目区分别连片整理土地2万亩以上，腾出土地空间1万亩，确保用地零违法。始终把特色园区建设作为加快转型升级的主抓手，转型升级，打造以熔盛千亿级企业为龙头，集船舶动力、推进、导航系统的韩国、欧洲高端船舶及海工专业配套园，加快建设以中海油、德源高科、日本丸红为龙头的石油、日用、医用绿色化工材料产业园和以神马科技为龙头的新型电力装备材料产业园等2个千亿级特色园区，集服务外包、软件开发、科技孵化的科技产业园、元升太阳能产业园等8个100～500亿级特色园区，不断提升产业集聚集约发展水平。始终把创新型经济作为加快转型升级的主动力，推动销售亿元以上企业和3000万元以上高新技术企业全部建立创新平台，并建立产学研合作机制，确保今年新建1个国家级孵化园、25万平方米孵化楼、入驻170家孵化企业、引进复旦和东大等10家大学实验室，新建2个国家级、11个省级技术创新平台、船舶和花木2个省级产业技术创新联盟，建成省可持续发展实验区、国家技术创新工程示范县(市)。

四、强化队伍建设，在更高层次上提供产业转型升级强保障

加强干部队伍建设，建立健全有利于促进转型升级的干部考核评价任用机制；加强基层组织建设，充分发挥大学生村官、机关科级干部任村第一书记的“鲇鱼”效应，加快农业农村经济转型升级；加强干部作风建设，大力弘扬腾江跃海、登高致远的新时期如皋精神，以只争朝夕的紧迫感、重如泰山的责任感、如履薄冰的危机感，推动产业快转型、快见效；加快引进“三创”型人才，建设30万平方米人才公寓，打造创业平台，加大与复旦、南航等高校院所的人才培训合作，重点引进10名领军人才、百名硕士以上高层次人才和千名优秀本科人才，抢抓上海世博会机遇，力争引进百名留学人才，为产业转型升级提供智力支持；不断提升企业家素质，大力推进50名优秀企业家EMBA培训等工程，持续提升企业核心竞争力。

坚持以富民强县为核心 走有铜山特色的科学发展之路

中共江苏省铜山县委　铜山县人民政府

铜山县地处苏鲁豫皖四省交界，曾为彭祖封地，古称大彭氏国，秦始置县，迄今有4000多年历史，因微山湖中铜山岛而得名。全县总面积1877平方公里，户籍人口124万人，辖21个镇（场）、1个省级经济开发区。近年来，我县认真落实省市部署，抢抓国家扩大内需和振兴徐州老工业基地战略机遇，坚持科学发展、率先发展、和谐发展，全力打造先进制造业基地、徐州南部综合性新城区、新农村建设先导区、和谐社会示范区，经济社会实现又好又快发展，走出了一条符合科学发展观要求、具有时代特征和铜山特色的发展之路。2009年完成GDP 362.7亿元，增长14.9%；实现财政总收入47.6亿元、增长44.1%，其中一般预算收入19.6亿元、增长47.4%。主要经济指标增幅高于省、市平均水平，继续保持苏北第一，实现全面进位。位列全国第十届县域经济百强县66位、比上届提升12位。全面小康实现程度达98.56%。

一、加大有效投入，推进产业转型升级，着力打造先进制造业基地

坚持走新型工业化之路，实施“产业立县、工业强县”战略，按照集聚、集约、集群理念，以实施重大项目、发展优势产业为重点，加快产业集聚升级与增量扩张，形成工业发展新格局。一是加快培育壮大主导产业。按照规模化、集约化发展思路，加大产业政策引导力度，完善产业发展规划，实施“创业倍增”计划，推进主导产业规模扩张和产业升级，食品、机械、冶金、车辆、电子五大优势主导产业不断壮大，现代产业体系初步形成。2009年规模工业总产值889亿元，增长36.9%；工业用电量23.7亿千瓦时，增长26%，增幅居全省第3位。食品产业龙头维维集团是全国乳业前十强，去年实现销售收入118亿元，利税11.3亿元。实行与徐工集团差别发展战略，机械制造和专用车辆制造业发展迅猛，拥有阿文美驰、爱斯科、约翰迪尔、肯纳飞硕四家世界500强企业和徐锻集团、徐航压铸、徐工特汽等一批特种车辆制造企业，被确定为省工程机械和专用车辆制造基地，成为全国重要的民营工程机械及零配件产业基地。冶金业发展迅猛，东南钢铁、东亚钢铁等重大项目相继建成投产，形成年产500万吨生铁、200万吨钢的生产能力。电子电器业迅速崛起，以医疗电子、汽车电子、称重电子为主体的新兴电子业强劲发展，云意电气为国内汽车整流器企业前三强。大力发展商贸、物流、旅游产业，2009年实现三产增加值124.05亿元，占GDP比重提高2.1个百分点；社会消费品零售总额66.5亿元，增长20.1%，增幅居全市第一。二是全力推进招大引强。紧紧围绕工业园区和主导产业，强力推进招商引资和项目建设。2009年工业投入突破200亿元，增长33%。滚动实施亿元以上项目74个。其中76%的项目集中在主导产业，75%的项目集聚在工业园区。围绕产业招商，分地域设立招商分局，调整充实专职招商队伍，同时鼓励干部离岗招商，着力在引进重大项目上实现突破。三是加快培育大企业、大集团。坚持政府扶持与市场推动结合，外延扩张和内涵创新联动，产品经营与资本经营并举，集中优质资源和要素，积极推进企业技术和管理创新，重点扶持华润电力、维维食品、环球锻压、美驰车桥、东南钢铁、徐挖机械、徐航压铸等一批主业突出、技术先进、核心竞争力强的大型企业加快发展，着力培育百亿为龙头、十亿为支撑、亿元为群体的规模经济。去年，全县规

模以上企业发展到631家、当年净增209家，实现工业增加值221亿元，增长22.5%；销售收入超亿元企业277家、新增89家。全市4个中国名牌产品有3个在铜山。

二、优化生产力布局，提升完善园区功能，着力打造徐州南部综合性新城区

按照“统一规划、科学布局、突出特色、集约发展、重点扶持”的原则，加快以开发区为龙头、工业集聚区为龙身的“一区三园”建设，构建资源共享、发展共荣、双向互动、开放集约的发展新平台。一是科学规划，拉开框架。开发区按照“二次创业、集约扩张、提档升级、融入市区”的总要求，实施“东进、西连、南扩、北融”战略，由中国城市规划设计研究院对《铜山城区城市总体规划》进行修编，超前谋划299平方公里城乡协调发展区，科学规划180平方公里规划控制区和88平方公里中心城区。完成40平方公里工业园区、老城区、西南居住片区等一批控制性详细规划，编制完善城区交通、防洪、供水、截污等专业规划，实现88平方公里中心城区控制性详细规划全覆盖，发展的超前性、工业的主导性、城区的特色性、资源的集约性、与上位规划的协调性进一步突出。二是完善功能，优化硬环境。围绕建设以先进制造业为特色的产业城市、以山水园林为特色的生态城市和以舒适宜居为特色的人本城市的总目标，每年实施一批城建重点工程，着力把铜山城区打造成环境最优、功能齐全、活力最强的徐州南部综合性新城区。大力提升经济支撑功能，强化工业区功能规划，开工建设20平方公里工业新区，推进产业集聚、新型工业企业集群，建设现代工业区。大力提升商务支持功能，加快建设以北京路为主轴的各类功能商圈，南洋国际商城等重点项目有序推进，中行、工行、江苏银行等金融单位设立分支机构，建设繁华商贸区。大力提升公共服务功能，建设大学与中小学名校一体化的一流教育基地，打造产学研一体化优势高地，建设科教聚集区。大力提升人居功能，加快建设现代化标志性小区，改造提升老小区，搬迁城中村，强化管理，建设高尚住宅区。大力提升形象功能，提高居民综合素质和文明程度，构建新型党群关系、政企关系、劳资关系，推进安全社区建设，保护生态环境，实现人与自然、人与社会和谐发展，建设和谐示范区。三是高效运行，做优软环境。调整理顺园区管理体制和运行机制，建立园区建设领导小组和办公室，集中推进园区基础设施建设。组建县行政服务中心、开发区项目服务中心、公共资源交易中心，出台放权减负、集中审批、封闭运行、扎口收费等扶持政策。建立“零距离接触、零投诉服务、零障碍发展”的“三零”服务标准，创造优良的投资服务体系。开发区连续两年荣获“全省投资环境最佳开发区”称号，被评为“全国最具投资价值开发区”。去年开发区业务总收入突破400亿元、财政收入突破17亿元，支撑带动作用不断增强。在加快开发区建设的同时，打破各镇行政区域界限，充分发挥工业集聚区发展专项资金的导向和激励作用，完善进驻园区项目投资额和财税分成办法，重点推进维维产业园、物流产业园、冶金工业园等工业集聚区，高起点规划，高标准建设，以园区吸引项目、以项目拓展园区，形成了产业特色鲜明、承载力强的区域增长极。

三、统筹城乡发展，建设“民富、村美、风正”新农村，着力打造新农村建设先导区

围绕“打造新产业、建设新村庄、培育新农民”，制定新农村建设五年实施规划、全面小康镇、村三年规划及年度推进计划，大力开展“五杯”竞赛活动，组织实施“百千万”帮建工程以及“四在乡村”党员带动工程，加快新农村建设步伐，形成“产业支撑富民、环境提升文明、管理促进和谐、城乡一体推进”的铜山特色。一是以产业支撑富民。按照区域化布局、规模化生产、特色化经营的思路，加大农业产业结构调整力度，大力发展高效规模农业。制定奶牛奶业、设施蔬菜、食用菌、优质林果和休闲观光等五大高效农业发展规划，实施设施农业重点工程，加快培育优质高效生态农业基地，设施农业面积、奶牛存栏量、食用菌产量和无公害农产品数量4项全省第一，被授予“江苏省食品制造特色产业基地”和“中国蔬菜之乡”称号，连续四年被评为“全国粮食生产先进县”。实施品种、技术、知识“三项工程”，中国航天育种基地落户铜山，太空蔬菜有机栽培技术和高效节能日光温室获国家专利。以工业化思路发展农业，市级以上产业化龙头企业发展到26家，全市4个国家级龙头企业中，铜山占据3席。坚持生产性、工资性、经营性和务工性收入“四轮驱动”，不断拓展农民增收空间，农民人均纯收入达7988元，增长11.5%。二是以环境提升文明。加快村庄建设规划编制，全面完成799个农村居民点规划和299平方公里城乡统筹协调区内居民点规划，实现村庄规划全覆盖。按照整村搬迁、村庄合并、旧村改建、村庄整治和保护提升五种类型，开展“百村整治”活动，建成市级新农村示范村25个、环境整治达标示范村41个。以全面小康社会建设为主线，大力开展小康镇、村创建活动，建成1个全国绿色小康村和1个省级人居环境示范村。深入开展“清洁城乡、美化家园”活动，抓好重点镇区综合整顿、卫生保洁和村庄环境美化，农村生产生活条件明显改善。三是以管理促进和谐。紧紧围绕造就新型农民，突出抓好农民培训工程、文明村镇创建和管理制度建设，着力建设民主和谐新农村。积极创新基层党组织设置模式，大力开展“支部加协会”等工作，使农村基层组织建设充满生机与活力。大力推进村民自治，真正做到“村官”村民选、村事村民办。探索深化村务公开新途径，实施“阳光村务”，建立“村务超市”，实行村干部勤廉双述等，党群干群关系融洽。

四、协调发展社会事业，切实改善民生，着力打造和谐社会示范区

坚持经济政治文化社会“四位一体”协调推进，兼顾各方利益，全力办好为民实事，增强改善民生的普惠性，让人民群众共享发展成果。大力抓好城乡居民就业保障，新增城镇就业7000人，城镇登记失业率控制在4%以内，基本养老保险、医疗保险、失业保险参保率均达95%以上，全面启动实施新型农村养老保险，新型农村合作医疗制度全面普及；在徐州地区率先推行基层医疗卫生机构基本药物零差率销售试点工作，已实现全覆盖。大力实施科技创新工程，再次被评为“全国科技进步先进县”；加快实施教育现代化工程，主要指标基本达到省标要求，普通高考本科等3个上线率连续10年全市第一，被评为“江苏省普及高中阶段教育先进县”；大力实施人口和计划生育优质服务工程，被评为全市唯一的省计生工作先进县；人民防空通过省级准军事化验收，荣获“全国征兵工作先进县”和省级“双拥模范县”称号；平安法治建设扎实推进，荣获“全国平安建设先进县”称号，成为全市唯一连续两年获得“省社会治安综合治理先进县”和首家“省综治基层基础建设示范县”荣誉的县份。重点解决群众职工的增收问题，通过多轮驱动、多措并举，城镇居民人均可支配收入和农民人均纯收入分别增长13.9%和11.5%。多方筹资解决县乡工资“同城”待遇问题，实行公务员“阳光工资”。妥善解决历史欠账问题，多方筹措近4亿元资金，化解农村义务教育债务、农村合作基金会所欠本金、市县一级公路建设债券本金等问题。基本完成县属企业改制任务，安置企业职工1.3万人，发放经济补偿金7917万元。切实解决影响民生的突出问题，2009年为民办十大类56项实事工程全面完成年度任务，人民群众满意度更加提高。

按照十七大的新要求、发展阶段的新变化和人民群众的新期待，以党的十七大和十七届三中、四中全会精神为指引，以全面小康社会建设总览全局，继续加快转变经济发展方式，更加注重发展的协调性，更加注重培育富民强县竞争力，更加注重生态文明建设，创新发展路径，统筹城乡发展，奋力开辟以科学发展为特征、以全面改善民生为核心的全面小康之路，确保2010年在苏北率先建成全面小康社会，2020年建设成为可持续发展的经济强县、人与自然和谐相处的生态宜居县和城乡一体化发展的先行示范县。

以创新推动科学发展的实践与思考

中共江苏省徐州市委常委、新沂市委书记　陈德荣

近年来，我们从新沂的发展实际出发，以创新发展思路和创新体制机制为突破口，积极探索实施差别化发展、一权一房抵（质）押贷款、村级集体资产监管和党群一体化建设“四大创新工程”，为推动科学发展注入强劲动力。

一、创新发展思路，用“差别化发展”带动经济快速增长

新沂地理环境差异较大，镇与镇之间资源禀赋和发展基础不平衡。针对这一实际，我们按照区域功能定位、资源环境承载能力和产业布局规划，把新沂市域发展空间划分为“一中心、四片区”，确立了“宜工则工、宜农则农、宜游则游、错位竞争”的差别化发展战略。

围绕宜工则工，着力抓好四项建设。一是狠抓招商引资和项目建设，近几年来我们抓住沿东陇海线产业带开发机遇，引进一批大项目、好项目，把“精细化工、机械制造、纺织服装、电子信息、新型能源”等特色产业板块逐步做强做大。二是狠抓园区载体建设，目前新沂经济开发区和无锡—新沂工业园已具备较强的承载能力，新戴运河产业带和8个镇级工业集中区已初具规模，全市基本形成了“两区一带、群星点缀”的发展格局。三是狠抓交通路网建设，经过两到三年的努力，实现所有镇15分钟左右都能进入高速路网。四是狠抓物流聚集区和专业市场建设，充分发挥交通区位优势，使新沂在发展成为区域性商贸物流中心城市的道路上“提速”。

围绕宜农则农，着力打造现代农业产业链。我们始终坚持推进经济发展和严守基本农田红线不动摇，强化监督管理和目标考核，确保到2010年末全市基本农田保护面积不少于112万亩。在这个前提下，大力发展“两花（花生、花卉）、两水（水稻、水产）、一瓜菜”和畜禽规模养殖等主导产业，培育出一批“国”字头、“省”字号的现代农业园区和农业龙头企业，全市高效农业面积现已发展到58万亩，占耕地面积的50%。

围绕宜游则游，着力打造特色品牌。我们始终秉持生态发展、突出特色的理念，把“来到新沂、心旷神怡”作为城市旅游品牌建设的目标，不断加大“一山（马陵山）一湖（骆马湖）一古镇（窑湾）”等特色旅游资源的开发建设力度，着力改善城市形象、提升旅游品牌的影响力，倾力打造苏北最佳旅游城市。

事实证明，突出特色、错位竞争、差别发展，是推动县域科学发展的有效途径。正是依靠差别化发展的有力带动，我们成功克服了国际金融危机造成的不利影响，使全市经济保持平稳较快增长，形成了主要经济指标“镇级当年翻番，全市两年翻番”的迅猛发展势头。同时，为了保障差别化发展战略顺利实施，我们以创新精神落实干部考核制度，建立了市领导“一体化”、部门“捆绑化”、乡镇“特色化”的差别化考核体系。这种“量体裁衣”的考核体系，突出针对性，强调科学施压与强化约束并重，能够充分调动各级干部干事创业的积极性，是被实践所证明的一个好办法。

二、创新农村金融体制，用“一权一房抵（质）押贷款”激发农民创业潮

随着城乡一体化进程和农业产业化步伐的日益加快，农民创业贷款的需求进一步加大，他们迫切需要获得更多的资金扶持，但实际情况却不容乐观：大量农村资产“沉睡”，农民融资渠道不畅，创业致富力不从心。针对这一问题，我们积极探索建立农户小额贷款担保制度，扩大农村有效担保物范围，在全省率先开展以农村土地承包经营权和农村住房为主的“一权一房抵（质）押贷款”工作。在实施过程中，坚持“依法自愿有偿”原则，按照“先行试点、稳步推进”的要

求，制定简单明了、操作性强的工作流程。农户只需提供土地承包经营权证或农村宅基地房产证等材料，履行相关手续，即可从银行获得贷款。这一惠民利民政策的实施，既盘活了农村的静态资产，又破解了农民融资难的瓶颈，极大地激发了农民创业的热情，进一步加快了农民增收致富的步伐。2009年以来，全市累计发放各类小额支农贷款28.4亿元，同比增长28%，新增各类民营企业2487家，注册资本金总额达93.54亿元，农民创业呈现出一派红红火火的喜人景象。

三、创新农村民主管理，用“村级集体资产监管”架起干群连心桥

针对农村“三资”（资产、资金、资源）缺乏规范监管的现实，我们组建了以镇为单位的农村集体资产交易监管中心，搭建起统一的交易平台，积极开发应用管理软件，规范交易程序和资金使用程序，构筑起村民、巡查、网络三位一体的监督体系，形成了农村集体资产动态监管、阳光操作的管理办法。截至目前，全市共清理村组集体固定资产1.5亿元，挽回集体经济损失320万元，避免资产流失980万元，涉及农村“三资”问题的信访举报量同比下降34.5%。实践证明，村级集体资产监管体系启动以来，产生了双重良效：一方面，保障了村民的参与权、知情权、管理权和监督权，打消了村民的思想疑虑，调动了村民参与民主管理的积极性；另一方面，密切了党群干群关系，起到了凝聚力量、形成合力的作用，从而推动村级经济驶入健康、协调、可持续发展的快车道。

四、创新基层党建模式，用“党群一体化建设”凝聚发展合力

党的十七届四中全会《决定》指出，要坚持继承和创新相结合，坚持用时代发展要求审视自己、以改革创新精神提高和完善自己，不断推进党的建设实践创新、理论创新、制度创新。新形势、新任务要求我们必须用创新的眼光看问题，始终把创新的理念贯穿于党建和群团工作当中。围绕怎样推动党建工作大发展这一命题，我们紧抓两个“关键”，探索出一条“党建带群建、群建促党建、党群同心共建”的创新之路。第一个关键是，坚持党建和群团工作一起抓，全面整合工会、共青团、妇联及统战等各种资源，做到党群共建、资源共享、阵地共用、活动共办，形成了上下联动、统筹协调的“党群一体化建设”工作机制。第二个关键是，在“党群一体化建设”的引领下，扎实开展“三创强基”、“五星争创”活动和以“学习华西村经验、弘扬吴仁宝精神”为主题的实践活动。以此为契机，新建44个农民专业合作组织党组织、10个社区党组织、13个商区党组织、389个非公企业党组织，实现了“两新”党组织全覆盖，使基层党组织的战斗堡垒作用不断增强，为推动新沂经济社会又好又快发展提供了强有力的政治保障。目前，在广大干群的努力下，全市上下形成了“干事创业求发展，争先创优比贡献”的浓厚氛围，呈现出“风正、气顺、心齐、劲足”的和谐局面。

创建自身特色　实现快速崛起

中共江苏省兴化市委　兴化市人民政府

兴化，地处江苏省里下河腹部，俗称“锅底洼”。全市总面积2393平方公里，辖34个镇、1个省级经济开发区，人口154万人。经济社会发展曾长期在苏中后进位置徘徊。近几年来，兴化市委、市政府解放思想，抢抓发展机遇，全面贯彻落实科学发展观，大力弘扬“苦干实干创新干”的精神，瞄准“全面达小康，跻身苏中第一梯队”目标，全国县域经济百强县由2003年第三届第96位上升至2010年第十届第67位，排名前移29位。一直以农业经济为主的兴化，缘何能够稳中有升，实现快速崛起？归根结底，得益于兴化人民凝聚自身力量，创建自身特色，用大手笔建设“富庶兴化、生态兴化、文化兴化、和谐兴化”的结果。

一、全力发展经济，打造“富庶兴化”

经济发展是全面建设小康社会的物质基础。只有经济发展了，才能集聚财富，为构筑全面小康提供物质保证。兴化一直是农业占主导地位，1990年前，第一产业在国民经济中的所占份额超过50%，而第二、第三产业分别占20%左右，国民经济呈“一、二、三”的传统格局。面对工业基础薄弱且起步较晚的现状，兴化市委、市政府大力推进工业强市，把调结构、促转型摆在突出位置，在发展中优结构、在转型中快发展，着力提高质量和效益。为“富庶兴化”强基固本，推进全市跨越式发展。一是注重工业园区建设，全力打造招商引资载体。1992年建立江苏省兴化经济开发区后，各种经济园区似雨后春笋不断涌现，江苏戴南科技园、昭阳工业园、江苏张郭科技园区、兴化科技园区等重点园区和一批工业集聚区迅猛崛起。目前列入统计的工业园区有11家，其中有省级园区4家。总体规划面积9.4万亩，其中已开发利用面积6.1万亩。累计完成基础设施投入26.6亿元，共有入园企业1770家，提供就业7.3万人。实现销售收入378.1亿元，占全市工业企业销售收入44.1%。规模工业日益壮大，全市有672家规模以上企业，工业产值510.1亿元，工业利税52亿元，分别占全部工业的59.1%和68.9%。其中，产销过亿元的企业有104家，工业入库税收过千万元企业6家。2009年，全市工业实现产值863.6亿元，利税45.6亿元，完成工业增加值133.4亿元，占GDP的比重为41.6%，对GDP贡献达50.3%。实现入库税金14.15亿元，占全市税收总收入的32.2%。二是以加大技改投入为重点，提升产品的竞争力。2009年，工业技改投入103亿元，实施3000万元以上技改项目127项，其中投资亿元以上重大项目15项。以兴达钢帘线股份有限公司为龙头，引导企业加快技术创新，做大规模做强品牌，增强核心竞争力，形成了一大批规模企业群体。全市工业已经形成“不锈钢材料及制品、农副产品加工、机械制造、纺织服装”为特色的四大产业，完成产值427亿元，占规模以上工业总量的83.6%。我市年产不锈钢制品50万吨，占全国市场的1/7，并成为“江苏省不锈钢制品出口基地”和“中国百佳产业集群”。全市100多家脱水蔬菜加工企业，生产规模占全国脱水蔬菜的2/3。全市有2家企业产品荣获“中国名牌产品”和“中国驰名商标”、38家企业产品获得“江苏省名牌产品”和“著名商标”称号。三是放手发展私营个体经济和开放型经济，增强工业发展的后劲。近年来，累计招商引资项目1598个，引资总额125亿元。累计实际利用外资3.2亿元。2009年，全市新增私营企业895家，个体工商户5710户，新增注册资本34.9亿元，私营个体经济完成产值817亿元，占全市工业产值的94.6%，实现入库税金10.6亿元，占全市工业税收的74.9%。同时我市坚持服务业与制造业“双轮驱动”，在发展城镇商贸、搞活流通等传统服务业的同时着力推进服务业升级，加快发展房地产、现代物流、信息、金融、保险、中介服务、社区服务、旅游业等新兴服务业。海德国际街区、万源商贸城、宝都国际商城等重点项目加快建设，一批品牌商贸流动企业相继落户兴化。“万村千乡市场工程”覆盖面不断扩大。目前，全市经济比重发展根本改变，呈现出“二、三、一”格局。

二、改善生态环境，打造“生态兴化”

既要金山银山，更要绿水蓝天。良好的生态环境是我们赖以生存和社会生产力持续发展的基本条件，也是全面小康的重要指标。我市以创建国家环保模范城市为目标，重视和加强环境保护和建设，放大生态环境优势。一是发展生态产业。兴化是江苏省河蟹重要产区。近年来，围绕“富民优先、科教优先、环保优先、节约优先”，我市大力发展河蟹养殖业，先后制定并完善河蟹健康养殖技术操作规程等标准化体系，对河蟹产品进行全程质量安全监管，大力推广河蟹健康养殖和高效增氧技术，全市已形成43万亩无公害水产品生产基地、5万亩绿色水产品生产基地和1万亩有机水产品生产基地，已培植10个河蟹品牌。2008年7月，中国渔业协会河蟹分会授予江苏省兴化市“中国河蟹养殖第一县（市）”称号，泓膏等3个品牌的螃蟹入选“中国十大名蟹”。除了河蟹养殖，全市还有10万亩兴化香葱、15万亩稻渔共作跻身国家级农业标准示范区。全市建成98万亩无公害粮油产地和9万亩蔬菜产地。有96个农产品通过“三品”认证，其中兴化香葱、红皮小麦成为国家地理标志保护产品。“兴化大米、兴化香葱、兴化面粉、兴化大青虾、兴化大闸蟹”被批准为“五大集体商标”。我市还注重完善农副产品质量监督检验中心建设。目前已有无公害农产品50个、绿色食品37个、有机食品12个。二是发展生态旅游。我市大力推进湿地保护。以成立省里下河生态湿地保护示范区为契机，认真做好生态湿地示范区的规划编制，抓紧示范区湿地生态体系的恢复和保护，切实改善生态环境质量。坚持合理开发利用湿地资源，重点发展旅游产业，实现经济发展与生态建设的双赢。兴化的“千岛菜花”被人民网评为全国“最美油菜花海”，成功举办了两届“千岛菜花”旅游节，吸引了众多来自全国各地的旅游、摄影爱好者来此观光、采风。位于兴化李中镇的水上森林公园，也是众多游客的留恋之处。公园采用垛林沟鱼的立体模式，是里下河地区规模最大的人工湿地森林生态系统，体现了水乡人与自然的和谐统一，每年吸引游客达20万人次以上。李中水上森林占地1500亩，其中水上森林面积1050亩，遍布水杉、池杉等树木，白鹭、黑杜鹃、野鸭等鸟类常年栖息其中。随处可见的“树梢鸟巢”更是园中一景。园内水系丰富，形成了“林中有水、水中有林、鱼在树下游、鸟在树上飞”的水乡生态景观。此外，还有位于西郊镇的原生态旅游景点徐马荒，景区总面积达到2000亩，原生态的水草、芦苇、蒲蒿、野藕、野菱等湿地植被保护得完美无缺。城区北郊的乌巾荡，目前已建成4A级旅游湿地公园风景区，占地面积3200亩，建有宗教文化区、水上游乐场、三农博物园、渔事文化区、温泉度假区等景点。大纵湖上那支支毛篙撑起道道渔网，宛如条条“水上长城”的壮观画面。兴泰路休闲带的红富堡番茄、红膏蟹、红草莓、水蜜桃等种植基地会让你在了解农民生活、享受乡土情趣中大饱口福。三是加强生态监察。我市严格执行项目审批环保准入制度，认真落实减排目标责任，大力推进重点治污工程建设。深入开展不法排污企业专项整治行动，强化重点企业监管，全面完成化工企业专项整治任务，确保污染物达标排放。我市还围绕国家环保模范市、环境优美乡镇、生态村等系列创建活动，深入开展城乡环境综合整治，不断改善区域环境质量。积极发展循环经济，努力构建低消耗、少污染的现代经济体系。同时认真实施沿路、沿圩、沿河、沿庄及单位绿化造林工程，抓好以兴（化）泰（州）线为重点的对外大通道林业绿化示范带建设，新增绿化造林面积在全省领先。

三、发展社会事业，打造“文化兴化”

近年来，兴化市以城乡建设为载体，以塑造人文精神为核心，加强文化的保护、建设，丰富文化内涵，做强城市文化特色，努力满足人民群众的精神文化需求，不断提升幸福指数。一是加快文化工程建设，城市文化个性进一步彰显。以文化引领城市建设，充实古城文化内涵。赵海仙洋楼、任大椿读书楼修缮工程获泰州市文物修缮优秀工程奖；吴甡故居、东岳庙、大司马府、陈五房进士第等文保单位和文物点修缮竣工；城内东大街整治修缮、儒学广场、四牌楼移建等工程建设顺利完成；高谷故居、李鱓浮沤馆、宋县署复建及八字桥文化广场建设等项目全面完成。新修缮的文物景点和历史街区古朴典雅，魅力四射，成为人们领略古城神韵的好去处。二是加快景观建设，为市民群众增添休闲娱乐场所。城区重点抓好昭阳湖、乌巾荡风景区等城市特色公园以及车路河、直港河、沧浪河等滨河绿化带建设，形成“水、文、园、林、城”融为一体的城市生态景观。同时加快城区“九路三桥”等城建重点工程建设，进一步完善城市功能，打造宜居环境。三是精心策划大型文化活动，全面推进社会事业进步。近年来，全市成功举办郑板桥艺术节、“千岛菜花”旅游节、中央电视台欢乐中国行走进兴化、全国国际象棋个人锦标赛、新春舞龙大赛、乌巾荡龙舟大赛等大型文化活动，“文化兴化”的宣传深入人心，扩大了兴化的美誉度。与此同时，全市通过加快发展文体事业，实行乡镇体育健身中心、村级体育健身工程、社区体育健身点三个全覆盖。进一步完善城乡公共文化基础设施，规划建设一批小型化、多功能文化中心，农村实现农家书屋全覆盖，全市614个行政村全部建有农家书屋，并投入正常运行。市文化馆正式成为国家一级馆；市博物馆成为苏中、苏北地区有较大影响力的国家级博物馆；市图书馆在搬迁改造的基础上，已进入国家一级馆审批程序。全市搜集非物质文化遗产线索4500多条，形成调查项目859个，150项入选《兴化市非物质文化遗产资源汇编》，新增36项非遗保护项目，使全市非遗保护项目总量达到66个，非遗保护项目等级和数量继续领先泰州地区。扎实开展文化进乡村、社区活动，加快实施有线电视与调频广播“双入户”工程，社会事业取得全面进步。

四、不断改善民生，打造“和谐兴化”

只有解决好事关人民群众的切身利益问题，才能让改革成果惠及更多的老百姓，才能使全面小康建设赢得群众的理解和认可。兴化市委、市政府每年以实施惠民十件实事为抓手，从群众最关心、要求最迫切、受益最直接的事情做起，有效解决群众关心的热点难点问题，整体推进各项社会事业发展，让科学发展成果普惠于民，努力实现“学有所教、劳有所得、住有所居、病有所医、老有所养”。一是鼓励扶持创业就业。就业是民生之本，创业是民富之源。市委、市政府出台措施鼓励创业、促进就业，创办“创业服务超市”，进一步完善创业就业培训机制，精心组织实施惠普创业培训项目和万名熟练技工三年培养计划。2009年，全市建成10个创业孵化基地、10个就业实训基地，开展各类就业技能和创业技能培训3.93万人次，189个行政村建立村级劳动保障服务平台。全年新增扶持创业8150人、就业9800人，新增转移农村劳动力1.95万人。同时认真落实扶持创业的税费减免、小额担保贷款、劳动密集型小企业贴息贷款等政策，以及社保、岗位和培训补贴等就业援助政策，建立健全城乡一体化的劳动力就业市场体系。城乡收入不断增加。2009年，农村居民人均收入7741元，城镇居民人均可支配收入16422元。二是健全完善社会保障。坚持城乡统筹，进一步健全完善城乡一体化的居民医疗保障和养老保障体系，重点推进企业养老保险和城乡居民养老保险全覆盖，逐步提高农村新型养老保障水平。进一步健全完善社会救助体系，完善救助中心运行机制，提高城乡最低生活保障标准，着力解决低收入家庭和困难群体生活保障问题。社会保险扩面成效明显，2009年企业职工养老保险、城乡居民养老保险、城镇职工医疗保险、工伤保险分别净增6000人、3万人、6000人和6500人。大力实施城乡居民医疗保险一体化政策，城乡居民医疗保险参保率98.6%。高度关注社会弱势群体生活，提高城乡低保标准，不断健全困难群体生活补助标准自然增长机制。三是加快实施民生工程。重点加快推进饮水安全、“三房”建设和脱贫攻坚三大民生工程。积极推进兴化水厂、兴东水厂建设，完成200个行政村管网改造工程，着力解决24.4万农村人口安全饮水问题。围绕解决城市低收入群众的住房困难，健全廉租房制度。加快改善城区低收入家庭居住条件，新建经济适用房2680套、廉租房1000套。围绕消除绝对贫困现象，进一步落实脱贫攻坚政策措施，大力实施城乡贫困劳动力技能培训和就业帮扶工程，深入开展“万户结对帮扶”活动，全年脱贫2.5万人，确保全面完成薄弱村和贫困户脱贫工作目标。

积极融入鄱阳湖生态经济区建设 争当绿色崛起与科学发展排头兵

江西省南昌县人民政府

南昌县位于江西省中北部，赣江、抚河下游，鄱阳湖之滨，区位优越，三面环绕江西省会南昌，公元前202年建县，属联合国专家组认定的“千年古县”，素有江西省“首府首县”之称。全县总面积1683平方公里，其中94%为赣抚冲积平原，属亚热带湿润气候地带，资源丰富，被誉为“鱼米之乡”、“江南第一粮仓”，先后被授予“全国农业百强县”、“全国菜篮子产品先进县”、“全国渔业重点县”、“全国粮食生产先进县”等称号，是全国“商品粮基地县”、“商品猪基地县”。辖16个乡镇和小蓝经济开发区，总人口 90.45万人。南昌县交通便利，县城距市中心仅15公里，距江西最大的航空港——昌北机场仅30公里。京九铁路、浙赣铁路、向莆铁路（向塘国道——莆田国道），105、320、316国道，乐温高速、温厚高速、南昌南外环高速交会境内。

近年来，南昌县以科学发展观为指导，突出重大项目带动战略，坚持调结构、扩内需、惠民生，经济社会发展迈上新的更高阶段。2009年，全县地区生产总值完成255.3亿元，同比增长14.3%；财政总收入达到24.1亿元，同比增长19%，跃居全省第一；地方一般预算收入达到12.2亿元，同比增长16.6%；全社会固定资产投资完成245亿元，同比增长45.7%；社会消费品零售总额实现48.1亿元，同比增长18.2%；城镇在岗职工年平均工资22128元，同比增长11.6%；农民年人均纯收入6571元，同比增长9.4%。在第九届全国县域经济基本竞争力排名中，我县跃居第88位。工业实力进一步增强。全县工业主战场——小蓝经济开发区被省政府确定为全省汽车及零部件、食品产业两大特色产业基地。中粮可口可乐、中国人民电器等一批世界500强、国内200强、知名品牌项目相继投产；益海嘉里大米加工及油品分装、百事可乐、亚洲啤酒、江铃股份商用车等知名品牌项目顺利开工建设。发展环境进一步优化。县公共资源交易中心顺利组建，县行政服务中心、乡镇便民惠民服务中心功能得到完善，组建了省信用担保南昌县分公司和小蓝投资担保公司，投融资体系不断完善。对外开放进一步深入。新批外商投资企业10家，引进投资5000万元以上的重大制造业项目49个。现汇进资3915万美元，总量位列全省100个县（市、区）第一名。总投资额10亿元以上的天津宝迪、泰豪动漫产业园、直方数控高压共轨发动机电喷系统等一批重大项目成功落户。城市品位进一步提升。全力推进了县城老城区、小蓝经济开发区、象湖新城三位一体的城市建设，完成了2008～2030年县城总体规划纲要和象湖新城控制性详规，一大批市政和公建配套设施投入使用或开工建设，城市环境和城市秩序明显改善。

2010年和今后几年，是南昌县融入鄱阳湖生态经济区建设，争当绿色崛起与统筹发展排头兵的关键时期。南昌县将全面贯彻落实科学发展观，扭住重大项目不放松，心无旁骛抓发展、众志成城促崛起，扎实推进新型工业化标志区、新型城镇化试验区、新型农业产业化示范区和低碳生态经济先行区建设，开创经济社会更好更快发展的崭新局面。

一、突出推进企业向园区集中，大力打造新型工业化标志区

坚持以小蓝经济开发区和向塘铁路公路枢纽型物流基地为主阵地，做优环境，做大产业，做强基础，做活物流，引导企业向园区集中，打造新型工业化标志区。

做优环境。推进流程再造，充分利用行政服务中心、公共资源交易中心平台，为投资者提供“超市式”、“连锁式”服务。推进综合服务，充分发挥、整合各部门优势，为企业在政策、项目、技术、管理、决策等方面提供更高层次的专业化、个性化的服务。促进自主创新，重点扶持汇仁、煌上煌、三鑫医疗、海浩水产、绿滋肴等企业尽快上市。

做大产业。重点围绕江西省汽车零部件产业基地、江西省食品产业基地两个金字招牌，有针对性地开展产业集群招商，拓宽延伸产业链。在汽车零部件产业方面，抓住南昌高铁化、地铁化带来的机遇，围绕整车组装、零部件生产引进项目，尤其要牢牢抓住汽车4S店退城进郊的有利时机，做好规划布局，打造汽车4S店销售一条街。在食品饮料产业方面，把粮食、肉类等资源优势与赣粮实业、天津宝迪等项目建设结合起来，变米袋子、菜篮子为南昌市的中央厨房；着眼于发挥开发区优质的水资源优势，大力引进碳酸饮料、啤酒等上下游项目，争取王老吉、和其正、达利园、娃哈哈等项目入驻开发区。

做强基础。小蓝经济开发区建设站位要立足于跻身国家级开发区行列，打造现代工业新城。高速度建设基础设施。大力实施南拓北连、东融西延“扩区”战略，以道路、给排水管网等基础设施建设为重点，实现主干路网管网全面对接。高品位跟进配套服务。大力推进富山大道商务大街、汽车城商贸区、玉湖及金湖综合开发项目建设，提升公共保障服务功能，为扩大规模、聚集人气创造条件。高标准进行绿化亮化。坚持做到修好一条路，亮化一条路，美化一条路。适时启动城中村改造，提升开发区品位。

做活物流。要以向塘铁路公路枢纽型物流基地纳入省政府重点推进工作为契机，积极跑部进厅，争取铁道部规划立项，争取公路物流项目立项，抓好物流基地土地申报，制定优惠政策招引重大物流项目落户，完善各项基础设施建设，尽快形成与小蓝经济开发区一体发展的新格局，成为我县新的经济增长点。

二、突出推进人口向城镇集中，大力打造新型城镇化试验区

策应南昌“山江湖”综合开发战略，主动接受南昌中心城区的功能延伸与辐射，打造新型城镇化试验区。

主攻一个龙头。即主攻规划这个龙头。大气魄编制128平方公里小蓝莲塘组团（包括莲塘、小蓝经开区、象湖新城和岱山、八一乡、英雄经济开发区部分地区等6大片区）概念性空间战略规划、总体规划和控制性详规，抓好南昌地铁3号线的前期论证工作。大手笔编制2010～2030年147平方公里的向塘商贸物流加工区概念性空间战略规划和控制性详规。大动作编制全县其他13个城镇控制性详规或重点地段控制性详规。

突出两个重点。加快基础设施建设。在县城，要以完善路网体系为突破口，加快推进莲塘大道等“五纵十三横”的路网体系建设，加快推进旧城改造、澄碧湖周围美化亮化等建设。在农村，要以“百镇示范”工程建设为契机，着力完善道路、供排水、垃圾、污水处理等基础设施建设。加快城市产业发展。要以城镇化建设为支点，大力搅动城市三产的繁荣发展，加速推进澄碧湖国际商业街、文化东方大酒店、中国名优产品博览城、同步企业总部大楼建设。

吸纳三类人群。即吸纳市区中低收入者、企业工人、乡村农民等“三类人群”向城镇集中。强化城镇功能吸引人群进城。加快建设城镇安居工程和农村新型社区，增强城镇的承载能力和辐射能力。强化政策配套引导人群进城。制定出台方法，促进农民集中居住。吸引先富起来、在城镇或园区就业的人群在城镇购买商品房。

三、突出推进生产要素向能人集中，大力打造新型农业产业化示范区

加大统筹城乡力度，进一步夯实农业农村发展基础，推进生产要素向能人集中，打造新型农业产业化示范区。

规模化经营。巩固粮食和生猪两个传统产

业，着力壮大蔬菜、养鸭、特种水产和苗木四个特色产业。以县农村土地承包流转服务中心为载体，促进农村土地承包经营权流转，发展适度规模经营，组织实施好各级财政支持现代农业发展项目，重点抓好蒋巷现代农业示范园建设和黄马江西现代生态农业示范园建设。继续加快走无公害、绿色、有机农产品基地和农产品品牌建设之路，不断提升我县现代农业的发展规模和示范功能。

组织化发展。大力发展农民专业合作社，建立和完善农技推广服务体系与网络。进一步抓好防病防疫、防惠农政策不到位、防汛抗旱、防中毒事件、防重大农机安全事故、防火等“六防”工作，加快推进农田水利建设和高标准农田建设，提高耕地的持续增产能力。

生态化推进。按照“本地化经营、本土化管护”的模式，大力推进“森林城乡、花园南昌”建设工程。以“三改三化”及“三绿一处理”为主要内容，扎实推进新农村建设。大力推进农村环境综合整治，建立健全村镇垃圾处理工作机构和村组环卫保洁队伍，形成农村垃圾处理工作长效机制，推动全县乡村环境面貌实现根本性改变。

四、突出推进环境整治向节能减排集中，大力打造低碳生态经济先行区

作为鄱阳湖生态经济区38个县市区之一，我们要以鄱阳湖生态经济区建设纳入国家发展战略、南昌实施“山江湖”综合开发战略为契机，坚持低能耗、低污染、低排放，大力推进工业、城市、农村生态建设，打造低碳生态经济先行区。

低碳化发展。坚持“工业低碳化、园区生态化”的发展思路，小蓝经济开发区要切实提高资源、能源的利用效率，着力提高重点工业企业污染物排放稳定达标率，确保园区万元工业增加值综合能耗和“三废”综合利用率达到全省先进水平。

低碳化运营。编制城市低碳化运营发展规划，广泛开展低碳机关、低碳社区、低碳学校、低碳家庭、低碳宾馆创建活动，引导人们在衣、食、住、行等日常生活各个环节上做到“节能减排”。

低碳化建设。大力推进农村沼气工程建设，加大鄱阳湖区资源以及湿地保护力度，开展“一大四小”植树造林活动，大力推进绿色种养，走绿色生态之路。

五、突出政府公共管理服务职能，大力打造和谐幸福平安南昌

进一步强化政府公共管理服务，大力实施民生工程，发展社会各项事业，努力实现学有所教、劳有所保、病有所医、老有所养、住有所居，让科学发展的成果惠及千家万户。

完善保障体系。加快完善以社会保险、社会救助、社会福利为基础，以基本养老、基本医疗、最低生活保障为重点，以慈善事业、商业保险为补充的社会保障体系。促进以创业带动就业，加强就业培训，广辟就业渠道，支持自主创业、自谋职业。完善扶贫助困长效机制，提高困难群众的生活质量。

发展社会事业。坚持科教兴县战略，促进优质教育均衡发展，大力发展科技事业。加强公共卫生医疗服务体系建设，提高突发公共卫生事件应急处置能力，提升乡镇村社区卫生服务功能，为居民提供安全、有效、方便、价廉的公共卫生服务。积极开展全民健身运动，提高全民身体素质。

维护社会稳定。健全社会管理体制机制，建立健全民意诉求反映机制，做好信访稳定工作，提高协调利益、化解矛盾的能力。进一步完善突发事件应急管理机制。加强社会治安综合治理，依法严厉打击违法犯罪活动，全力维护社会安定团结。全面落实“五五”普法规划，深入开展法制宣传教育，进一步提高全民法律素质，依法加强安全生产监督管理，坚决遏制重特大事故发生。

加快经济结构调整　推动发展方式转变 促进县域经济又好又快发展

辽宁省大石桥市人民政府

大石桥市位于辽东半岛中部，总面积1610平方公里，总人口73万人，辖2个省级开发区，1个省级工业园区，17个镇（区）。这里区位优越，交通便捷，资源丰富，区域综合经济实力较强，是一个“依镁而立，因镁而兴”的资源型城市，被国内外誉为“中国镁都”，2001年开始连年进入全国县域经济基本竞争力百强县（市）行列。近年来，大石桥市从自身特点出发，坚持以科学发展观为统领，把结构调整作为全市经济工作的主线，在结构优化中转变经济发展方式，提高经济发展质量、效益和竞争力，有力地推动了全市经济社会的快速、健康和可持续发展。

一、着力实施结构调整战略，推动产业结构优化升级

结构调整是经济发展的永恒主题，是加快转变发展方式的重要途径。几年来，我们按照“重农、强工、活商、兴城”的发展思路，大力推进农业产业化，工业集群化，城市现代化，不断拓宽服务业发展领域，积极培育新的经济增长点和生长点，全市产业结构渐趋合理，行业结构由单一性向多元化发展，产品结构由粗加工向精加工转变，经济结构调整取得了长足进展。

着力提升农业产业化水平。围绕我市已初步形成的水稻、淡水养殖、畜禽、水果、蔬菜等优势特色产业，按照“特色+规模+档次”的原则，不断加快优势农产品产业带和特色农业基地建设，大力推进农业产业化，努力培育“一县一业、一镇一特、一村一品”生产格局，确定水稻生产和深加工为我市农业主导产业，全市农产品标准化种植基地面积已达74万亩，被列为国家级水稻高产创建示范区整体推进试点县；培育了一批特色明显、类型多样、竞争力强的专业镇、专业村，进一步扩大了产业规模，凸显了主导产业地位。同时，通过实施农业板块工程，改造提升传统产业，突破特色产业，发展新兴产业，构建起有竞争力的高产、优质、高效、生态、安全的现代农业产业体系，促进了农产品向优势产区的集中及绿色农产品基地的形成。

大力发展工业产业集群。为充分发挥我市的资源、区位优势和园区的集聚效应，优化工业产业结构，在认真分析全市工业经济发展现状的基础上，我们规划建设了两个面积各为50平方公里的千亿元产值工业园区。一是依托我市雄厚的镁产业基础，充分发挥国家镁质材料产业化基地的优势，规划了以南楼经济开发区为核心的镁质产业工业园区，着力推进全市镁产业向园区集聚，承接镁产业升级，大力发展高端镁制品，做足镁产业延伸文章，壮大镁产业集群，打造“中国镁都”新品牌。预计2010年镁产业产值实现500亿元，到2015年实现1000亿元。二是以大石桥经济开发区为载体、以有色金属（化工）园为牵动的沿海新兴产业区，园区位于沈大高速公路和长大铁路之间，拥有两个高速公路出口，并可依托我市境内2个铁路货运编组站和营口地区港口，以及有色金属（化工）园被纳入省“五点一线”沿海经济带重点支持区域的优势，是项目摆放的黄金地段。园区将重点承接产业转型，积极培育有色金属、专用车制造、新材料等新兴产业，大力发展低碳经济，尽快形成我市新的产业集群和经济增长极，膨胀县域经济总量，实现以增量调结构，以转型促发展，积极构建现代工业体系。预计2019年园区产值达到1000亿元。

全力推进城市规划建设。按照省委、省政府关于县城建设的相关要求，我市明确了城区南扩

西拓、产业北上东进的发展思路和建设55万人口规模现代化中等城市的发展目标，组织实施了城市战略发展规划、总体规划、控制性详细规划、城市设计等各项规划的修编及编制，城市建成区面积由30平方公里增加到60平方公里。在新城区我们规划了行政中心、文化体育中心、物流中心和医疗中心，在老城区重点实施旧城改造，提升城市品位，完善城市功能，改善人居环境。同时，规划了“六横四纵双环”的城市大路网、“五湖四河一湿地”的城市水系及以“八山”为主的城市绿化等重点工程，制定出台了《大石桥市房地产开发管理办法》等系列文件，为城市开发建设和房地产市场的健康有序发展提供了保障，全面增强了城市建设对经济社会发展的拉动作用。

努力提高服务业比重和水平。近几年来，我们按照《大石桥市服务业发展规划》，不断加大服务业发展力度，第三产业增加值逐年提升。一方面，突出抓好物流、旅游、文化、信息、商贸等服务业“五大优势产业”，充分运用现代经营理念和先进技术，改造和提升传统服务业，提高服务业整体发展水平；另一方面，高度重视发展为产前、产中、产后服务的生产性服务业，努力改变加工企业只是赚取加工环节利润，难以分享研发、设计和品牌销售、金融服务等方面的高额利润的局面，有力促进了服务业效益的提高。

二、着力实施科技兴市战略，全面增强自主创新能力

推进自主创新是加快发展方式转变的中心环节。近年来，我们按照走新型工业化道路的要求，大力推进科技进步和自主创新，为全市经济社会的又好又快发展提供了不竭动力，被评为全国科技先进县。

实施科技兴企。立足我市产业实际，在完善已有企业研发中心的基础上，全面创新产学研联合模式，鼓励和支持企业与高等院校、科研院所开展产学研合作，建立各方优势互补、风险共担、利益共享、共同发展的良性机制。目前全市已有24家企业建立了研发中心，有150家企业与80家高校、科研院所建立了紧密型合作关系。

推进科技兴农。把科技进步作为建设现代农业的重要措施，加快农业新品种的选育、引进和农业先进实用技术的推广应用，加大农产品深加工企业的培育工作力度，加强农业科技示范基地建设，现已拥有农业科技示范基地14家。坚持抓好阳光工程和设施农业培训工作，向农民传授科学技术，提高了农业科技整体水平，促进了农民增收。

突出科技兴品牌。积极引导企业加快产品更新换代步伐，努力培育拥有自主知识产权和核心技术的名牌产品，增强企业市场竞争力。进一步加强资源整合，放大品牌效应，推进与国际国内知名企业的合资合作，引进和吸收先进的技术、工艺和管理模式，打造更多具有国际国内竞争力的名牌产品。加大对技术改造的投入力度，以先进和实用技术提升传统产业，提升已有名牌产品的档次和水平。目前，我市已有盼盼安全门、青花镁碳砖等国家和省级名牌产品20余种。

三、着力实施对外开放战略，增强经济社会发展动力

深化对外开放是加快发展方式转变的内在动力。近几年来，我们牢固树立开放理念，不断加强对外合资合作和经贸往来，全市外向型经济得到较大发展。

进一步解放思想、优化环境。牢固树立“敢闯敢干、敢为人先”的进取精神、“虚怀若谷、海纳百川”的开放观念、“诚实守信、合作共赢”的长远意识，按照市场经济要求，强化服务环境、法制环境、人文环境建设，全力打造全方位扩大开放的平台。

举全市之力招商引资。紧抓东北老工业基地振兴和辽宁沿海经济带上升为国家战略等机遇，积极拓宽招商引资渠道，提高招商引资成效。充分发挥两个千亿元产值工业园区平台作用，坚持筑巢引凤和引凤筑巢相结合，利用省市给予及我市制定的各项优惠政策，不断增强园区的项目和产业集聚效应。同时，充分挖掘我市自身优势和有利条件，鼓励扶持创业者，加快引进战略投资者，采取各种方式招商引资上项目，几年来，全市年均新上投资千万元以上各类项目达200余项，有力地推动全市招商引资工作不断迈上新台阶。

积极拓展对外投资与合作。坚持以质取胜和多元化出口战略，充分利用国际国内两个市场、两种资源，加快推进了我市企业和产品的国际标准认证，提升出口产品的质量和档次，提高商品进入国际市场的能力，扩大对外贸易。在深度开发老市场的基础上，积极研究新市场，加强出口创汇主体的开发，大力兴办三资企业和产品进出口经营权企业，不断扩大出口队伍，增加出口种类，扩大出口规模，全面提高对外开放对全市经济社会发展的贡献度。

四、着力实施可持续发展战略，建设资源节约和环境友好型社会

坚持可持续发展是加快发展方式转变的内在要求。近几年，我们在大力发展县域经济的同时，坚持把环境保护和资源节约利用摆到突出位置，积极探索资源型城市可持续发展的新路子，取得了较好成效。

科学合理开发利用资源。全面实施和完善了电力、水、土地等资源开发和利用规划，加强资源合理配置，大力推广资源节约新技术、新工艺和新设备，实现技术节能。加快实施污水处理工程，开展城市中水回用，缓解水资源短缺危机。切实执行最严格的耕地保护制度，提高土地集约利用水平。依法审批和监督矿产资源勘察和开发利用，最大限度地实现矿产资源整合与综合利用，提高回采率和综合回收率，降低采矿贫化率，延长矿山寿命，实现资源的保护性开发。

切实加强环境保护。严格实施了《大石桥市五年环境综合整治方案》，对全市污染严重、产能落后的产业及企业采取了关闭、搬迁、整改、取缔等一系列整治措施，全市城乡环境取得极大改善。认真贯彻《清洁生产促进法》，对污染物严重超标企业和使用有毒有害原材料企业实施强制性清洁生产审核，逐步建立完善可行的清洁生产管理体制和实施机制。扩大使用清洁能源原料，坚决把住原材料准入关口，减少污染物的产生和排放，努力从生产、服务的源头和全过程实现污染物的减量化、资源化、无害化。

大力发展循环经济。根据全市工业“三废”现状和资源状况，积极开展对低品位矿石、尾矿、矿产品加工废弃物利用等实用技术的研究开发、引进和转化，努力改变传统的“资源—产品—污染排放”的单一模式为“资源—产品—再生资源”的循环利用的发展模式。一方面，不断提高资源综合利用率。以重点企业和项目为龙头，带动全市大力开展低品位矿石、硼泥、尾矿等资源综合利用，对我市上亿吨镁矿尾矿和硼泥实行精深加工，提高资源利用率，变废物为资源，延长产业链。在企业内部提高循环利用程度，对生产过程中产生的废渣、废水、余气、余热、余压，进行再利用，作为二次能源或再资源化。另一方面，加大回收和循环利用各种废旧资源的力度。着力做大铝塑制品等产业集群，积极推进了废钢铁、废有色金属、废纸、废塑料等的回收和循环利用，不断完善再生资源回收、加工、利用体系，增强回收能力，提高废弃物回收率，在此基础上，努力提高拆解和再资源化技术水平，积极培育废弃物再生利用、再资源化产业，初步形成了循环经济的基本框架和良好基础。

站在新起点　创造新优势 谋求新跨越　铸就新辉煌

辽宁省大洼县人民政府县长　孙占和

多年来，大洼人怀揣着建设美好家园的理想，以锲而不舍的精神，用智慧和汗水耕耘着这片富饶的土地。随着基础设施的日臻完善、经济总量的不断扩大和一批重大发展机遇的相继而至，我们又站在了新的起点上，肩负起更大的历史重任。重任面前，我们不辱使命，以科学发展观为指导，始终坚持“一二三四”的发展战略不放松，狠抓“三化一业”不懈怠，变机遇为优势，以优势促发展，实现了经济的高增长，谱写了大洼县跨越式发展的新篇章。

“一二三四”的发展战略，就是锁定“一个目标”，坚持“两个围绕”，突出“三大任务”，狠抓“四项重点工作”。这是我们多年实践总结出的宝贵经验，是新时期我县发展的重要理念，更是我们做好各项工作的有力抓手。

“一个目标”，就是以争进全省十强县和全国百强县为奋斗目标。这是大洼人多年来的梦想，更是树立大洼品牌形象，让更多的人认识大洼、了解大洼、关注大洼的平台。宏伟的目标一直激励着我们奋力前行。

“两个围绕”，就是围绕财政抓经济、围绕富民抓调整。在经济的发展过程中，我们始终致力于提高经济的运行质量，培育和壮大了一批税收贡献大、科技含量高、成长能力强的重点纳税企业，使我们的财政收入连年攀升，为建设魅力大洼提供了有力的资金保障。富民是我们工作的出发点，更是可持续发展的动力所在。为此，我们把更多的精力投入到富民工程的建设上来，通过种植结构的调整、经营模式的创新、先进技术的广泛应用等多种渠道，大力实施“四子”工程（鸭子、稻子、蟹子、棚子），全力推进“一县一品”的发展，从而实现了农民收入的快速增长。

“三大任务”，就是要促进经济发展、民生改善、社会和谐稳定。这“三大任务”是相互促进的统一整体，其中，改善人民生活是经济发展的目的和动力，促进经济发展是实现人民生活改善的方法和手段，社会和谐稳定是实现经济发展、民生改善的前提和保障，放松任何一个，都会对全县的发展造成严重影响。为此，我们以求真务实的精神全面落实“三大任务”，使我县的发展进入了良性循环的轨道。

“四项重点工作”，就是要狠抓招商引资新上项目与扶强做大存量企业两条腿快跑；推进农业产业化经营与扩大小额贷款支持两个轮子快转；增加财政收入与争取国家政策资金支持两项工作并举；改善人居环境与增加城乡居民收入两件事齐抓。这是我们做好各项工作的有力抓手，也是我们实现经济又好又快发展的支撑措施。正是因为我们脚踏实地狠抓四项重点工作，“工业强县”的战略才得以实施，农业产业化进程才得以推进，财政收入连年猛增，和谐新大洼建设取得了新的成果。

在坚持“一二三四”发展战略不放松的同时，我们还提出要全面推进“三化一业”的建设，实现全县的科学发展、创新发展、和谐发展。

推进工业集群化发展，要从园区的建设入手，从招商方向上把握。我们坚持解放思想，变“引资”为“选资”，突出主题招商、集群招商和产业链招商，着力打造了一批布局科学、特色鲜明、关联度高、竞争力强的航母型产业集群。在项目的摆布上，充分考虑交通、资源、环保等因素，尽可能降低成本，创造更高的附加值。另外，我们还制定了多项政策，鼓励企业进行科技创新和资源共享，提高了集群的整体发展水平和综合竞争力。

推进农业产业化发展，要突出龙头企业的带动作用，加强政策引导，延伸产业链条。我们本着富民为本的原则，努力促进农户与企业进行合作，形成了生产专业化、质量标准化、产销一体化、管理企业化、服务社会化，农户、企业、地方政府联手推动、互利共赢的新型农业产业化模式。

推动城乡一体化发展，要提升城镇的承载能力，强化产业的支撑作用。我们利用土地的“增减挂钩”政策，通过合理的布局，有效节约用地，实现了产业向园区集中、人口向城镇集中、耕地向规模化经营集中，从而加快工业化、城镇化的步伐。

推动现代服务业发展，要以旅游产业为龙头，带动餐饮服务、商贸物流等相关产业协同发展。我们在充分利用中国唯一的红海滩湿地景观的优势，加强旅游基础设施建设的同时，依托大洼丰富的水产资源和温泉资源，不断完善餐饮、住宿、购物、娱乐等旅游配套设施，实现从单一的观光旅游向集观光旅游、休闲养生、购物娱乐为一体的现代旅游的转变。在旅游产业蓬勃发展的基础上，我们还依托优越的区位优势，在港口和主干道路旁建设一批现代化物流园，打造辽宁新的商品集散地，大力发展商贸物流产业，形成了旅游和商贸物流齐头并进的良好局面。

通过全县上下的不懈努力，大洼已经具备了雄厚的发展基础和广阔的发展空间，这颗璀璨的明珠正以其独特的魅力诉说着我们发展的理念，那就是站在新起点，创造新优势，谋求新跨越，铸就新辉煌。

发挥优势 创新思路
全力打造沈阳经济区新型工业城市

中共辽宁省灯塔市委 灯塔市人民政府

近年来，灯塔市牢固树立和认真落实科学发展观，坚持工业强市战略，依托独特的区位、资源和产业优势，加快工业园区建设步伐，大力发展主导产业，围绕资源和产业链关键环节上大项目，全力打造沈阳经济区新型工业城市，促进了经济总量和财政收入的大幅增长，全市经济呈现出强劲的上升态势。2009年，地区生产总值实现134亿元，增长30%；地方财政总收入实现17.46亿元，增长25%，在全省44个县（市）中排在第6位；财政一般预算收入实现7.57亿元，增长40.2%，在全省44个县（市）中排在第11位；固定资产投资实现80.3亿元，增长55.2%；农民人均纯收入实现6931元，增长10.6%。

一、依托创业载体 做大做强优势产业

2009年以来，灯塔市下大力气加快工业园区建设，围绕优势产业新上了一批大项目，全市投资额500万元以上重点项目116项，计划总投资172.95亿元，其中投资额超亿元项目37个，5000万元至1亿元项目23个，完成投资82.4亿元。

1.加快工业园区建设步伐，搭建招商引资平台。本着“布局集中、用地集约、产业集聚”的原则，基本上形成了日用化工、皮装裘皮、矿产建材三大产业园区，通过园区建设为壮大县域财源提供运转平台。日化产业园区成立于2005年5月，是辽阳市重点工业园区，省级重点特色工业园区。园区以提供和发展日用化工、精细化工、化工新材料原料和产品为主导方向，总体规划面积20平方公里，现一期起步区为10平方公里。

矿产建材产业园区规划面积18平方公里，是正在建设中的东北极具影响力的生态产业带，东北重要的新型干法水泥生产基地、辽宁省新型建材的重要生产基地。园区内投资条件完备，基础设施完善。

皮装裘皮工业园区规划面积10平方公里，是中国三大皮装基地之一，素有中国皮革之都之称。园区项目建设以皮革、皮草工业产业为主，进一步拉长产业链，开发相关产业，逐步形成皮革、皮草产业规模。现已形成比较完善的企业集群，正在建成全国最大的中、高档皮装、裘皮、各类皮制品批发销售基地。

2.依托资源产业优势，打造优势凸显的产业集群。灯塔市在建设新型工业化城市中，充分依托资源产业优势，打造优势凸显的产业集群。依托日化主要原料优势，全力打造年产值超过500亿元的日化产业集群，建设继长三角、珠三角之后的第三个日用化工产业基地。全国最大的天然脂肪醇生产企业辽宁华兴化工集团坐落在日化园区内。辽宁华兴化工集团年产22万吨天然脂肪醇、12万吨非离子表面活性剂、15万吨AES、5万吨皂粒、2.5万吨甘油和1万吨药用辅料聚乙二醇，国内市场占有率55%，居国内行业第一位，世界第三位。灯塔市委市政府紧紧依托这一优势，目前，日化园区内入驻规模以上企业24户，投资超亿元企业5户。其中2009年日化产业园区实现产值42亿元，占全市工业总产值的12%；税收实现2.6亿元，占全市税收总量的38.5%。

依托丰富的资源，打造年产值超过500亿元钢铁和新型建材产业集群，建成全省重要的铁矿产品供应基地。依托4.6亿吨的优质铁矿石储量，积极构建钢铁和新型建材产业集群。重点培育了西钢、鞍塔、金昌、天成等一批投资规模大、发展前景好的大企业集团，西钢集团、本钢集团已形成采、选、烧、炼、轧完整的产业格局，矿产建材业已向规模化、集群化发展。到今年底，全

市铁精粉产量要达到500万吨。

依托6亿吨的石灰石储量，大力发展新型干法水泥。目前入驻矿产建材园区的仅新型干法水泥生产企业就达7家，建成新型干法水泥熟料生产线5条。年产水泥熟料1000万吨以上。是东北重要的新型干法水泥生产基地。在石膏开发利用方面，积极打造东北最大的石膏产品供应基地。石膏资源在已探明7800万吨储量的基础上，再次发现大量的石膏资源。

依托全国最大的裘皮产业基地，打造年产值超过500亿元的皮装裘皮产业集群。2009年，裘皮产量达到18万件，年产皮装500万件，产值达到50亿元。目前皮装裘皮园区拥有超10万平方米的高档裘皮商场9处和长达1公里的裘皮一条街，是东北地区最大的裘皮、皮装专营市场。销售旺季时每天参加交易的客商近5000人，日交易额可达2000万元。出口创汇实现622万美元。2010年17万平方米的皮装大市场将竣工投入使用，新建标准化工业厂房15万平方米。

二、发展农村经济　推进新农村建设

灯塔市共有耕地面积94.2万亩，其中粮食种植面积71.7万亩，经济作物种植面积22.5万亩，粮食年产量稳定在40万吨以上，年产蔬菜27万吨、花卉8000万株，培育了东荒农场水稻栽培、新特集团蔬菜种植、中圣公司百合花栽植等重点龙头企业。

多年来，市委、市政府在坚持工业立市的同时，坚持两条腿走路，一直把加快推进农业产业结构调整，大力发展养殖业作为增加农民收入的主渠道，不断扩大养殖规模。现已建成高标准畜牧小区93个、水产养殖园区6个，年产肉类、蛋、奶、鱼分别达到7.5万吨、4万吨、3.8万吨和4.3万吨，有力地促进了农民增收。全市共有养殖水面3万亩，养殖业户1400户。以忠信淡水鱼有限公司、新特现代农业园区、东荒农场、利农公司、绿龙公司等为代表农事龙头企业达到20余家，以无公害蔬菜、优质米、花卉、葡萄、奶牛、淡水鱼、肉蛋禽等为主的特色种养业形成规模，淡水鱼出口韩国、日本，优质米获国家“绿色食品”证书，远销广东、海南等地，并成为国家“两会”用粮和外交部、北京驻军等专用粮。农业和农村经济有了长足发展，农民收入不断提高，新农村建设成效显著。2009年，农民人均纯收入实现6931元。

三、培育新产业 实现配套发展

灯塔在大力发展优势产业、实现工农并举的同时还充分发挥区位优势，发挥自身优势，瞄准沈阳的产业需求，紧紧抓住国家批准沈阳经济区为国家级经济区这一千载难逢的有利时机，加快发展配套产业，培植财源，增添经济发展实力，实现经济发展内外并举。

规划建设了以依托沈阳为主的三个产业园区。以万凯峰镍氢动力电池项目和凯达太阳能电池项目为龙头，重点承接沈阳的产业转移和梯度扩散的新兴产业集中区。以德金10万只肉牛屠宰深加工项目和亦农集团年加工2000万只肉鸭屠宰深加工项目为龙头打造食品和农副产品深加工产业园区。以亿丰钢铁年产50万吨圆钢项目和顺兴曲轴年产5000台封闭式油田抽油机生产线项目为龙头打造钢铁和装备制造产业园区。

在学习贯彻科学发展观的热潮中，灯塔市把解放思想与科学谋划未来发展思路紧密结合起来，提出加快推进统筹城乡经济社会发展，始终坚持以思想的大解放推动经济的大发展，按照“三年三步走、三年三大步和三年三级跳”的发展步骤，充分发挥区位优势和干部群众敢闯敢试的拼搏精神，经济社会取得了长足发展。灯塔经济优势、财富含量和回报效益正在彰显，充分展示了其作为沈阳经济区一座新兴工业城市的内在底蕴和潜力，预示着它在区域竞争中率先崛起。

发挥“三沿”优势促进县域协调发展

辽宁省东港市人民政府市长　刘胜军

东港市是中国北方唯一的沿江、沿海、沿边城市，同时也是辽宁沿海经济带的东端起点。近年来，我市以强市富民为目标，统筹区域发展，县域经济综合实力逐年提高，人民群众幸福感不断增强。2009年，地区生产总值完成323亿元，增长26%；固定资产投资120亿元，增长50%；财政一般预算收入12.2亿元，增长49.8%；在辽宁省生活质量排行榜中，居全省县（市）第四位。

在大力发展县域经济、转变经济增长方式工作中，我们始终坚持发挥“三沿”优势，发展特色县域经济，推进强市富民进程，促进了县域的协调、健康、快速发展。

一、依托“三沿”优势，构建具有区域特色发展模式

东港市面临千万吨港口，背靠东北广大腹地，承担着建设东北东部出海大通道和海陆门户的重要任务，同时也是东北地区发展对日、韩、朝经贸合作的桥头堡。为此，我们坚持立足“三沿”区位优势，抢抓我省扩大县域经济管理权限试点和辽宁沿海经济带建设等多重发展机遇，推动县域经济的大开发、大开放、大发展。

一是科学定位产业发展战略。东港不仅占尽了发展的地利优势，更有国家基础设施建设带来的天时。目前，丹东至大连快速铁路、沈阳至丹东客运专线已开工建设。丹东至吉林通化、丹东至辽宁海城高速公路将于明年竣工，这些有利条件，为东港的对外开放打开了更广阔的空间。正是在这样一个大背景下，我们于2008年就确立了“三区两港三带”的区域发展战略，吸引各类资本参与全市产业发展和城市建设，形成了错位发展、特色突出的开放布局。

“三区”，就是以东港、前阳、大孤山三个经济开发区为载体，通过产业聚集促进城市建设，打造辽宁沿海经济带建设的东端增长极。“两港”，就是东部依托大东港，推进港城一体化进程，加快发展临港产业。同时，大力推进海洋红新港建设，打造东北东部辐射能力强、吞吐能力大、服务功能全的新的海陆门户。“三带”，就是以丹大高速、201国道、滨海公路为轴线，建设县域北部特色高效农业带、中部百里工业走廊和南部精品渔业、休闲观光景观带。目前，“三区”已纳入辽宁沿海经济带重点发展区域，“两港”货物吞吐量达到5000万吨，“三带”农业产值占全市80%以上，工业企业数量占全市95%以上，成为全市三次产业快速发展的源泉。

二是全力打造开发开放先导区。我们把东港、前阳两个省级开发区作为加大开发、扩大开放的先导区，加大政策、资金倾斜力度，积极打造建设高标准、审批高效率、服务高水平的招商引资和项目建设环境。两年来，累计投入园区基础设施建设资金20亿元，银企对接投放贷款21亿元。目前，两个省级开发区建成区发展到19平方公里，去年引进国内资金53.9亿元，实际利用外资8200万美元，外贸出口3.6亿美元，实现工业总产值181亿元，销售收入156亿元，实缴税金6.9亿元，财政一般预算收入2.3亿元，入驻规模以上企业99户，外资企业87户，经济总量占全市总量的42%。

三是积极建设丹大产业合作试验区。我们以丹东市大力倡导东北东部“12+1”区域合作为契机，积极开展与大连市的经济合作和产业衔接，利用大孤山经济区丹大结合部的区位优势，积极承接辽东半岛南部的产业转移项目，规划建设丹大产业合作试验区。目前两市最大的合作项目——海洋红港口，已于2009年9月签署合作框架协议，项目计划总投资150亿元，规划建设新的亿吨大港。前期准备工作基本完成，计划本月底开工建设陆域工程，计划明年下半年开工建设泊位工程。与此同时，我们围绕大孤山经济区山、海、岛、泉旅游资源，积极融入辽宁旅游金三角网络，成为丹大两市旅游产业合作的重要节点。

二、围绕“三化”战略，提高县域经济产业发展竞争力

几年来，我们始终坚持把加快推动工业化、城镇化和农业产业化，作为发展县域经济的三大主题，努力提高产业发展的核心竞争力和县域综合竞争实力。

一是做大工业产业集群，提升工业化水平。在生产要素配置和产业项目的摆布上，我市进一步强化沿海意识，突出发挥临港优势，大力发展临港经济和相关配套产业。目前，已形成具有地域特色的再生资源、机械加工、纺织服装、食品加工等四大主导产业集群，成为全市经济快速发展的重要引擎和支撑点。

再生资源产业集群快速成长。我市具有发展再生资源产业的先天优势，大东港与东亚废旧物资主要进口国海上运距短，通关便捷，对进口工业废料进行分类拆解加工，循环利用，成本较低。目前，再生资源产业园区已获得国家批准，现已入驻企业21户，2009年实现集群产值14.1亿元。预计2011年建成后，将成为东北地区最大的废旧物资拆解、加工、技术开发、装备制造、新材料新能源推广、技术培训、市场交易和物流信息中心。

食品加工产业集群已成规模。东港市素有“北国江南”之称，气候温和，四季分明，农产品资源丰富，是国家重要的水产品、果蔬和粮食产区。多年以来，我们坚持以发挥资源优势、提高农产品精深加工能力为重点，大力发展食品加工产业集群。目前，该集群共拥有企业3688户，规模以上企业75户，2009年实现集群产值202亿元。其中“广天罐头”成为国家驰名商标，“阿尔帝”、“比奇”等品牌产品畅销国内和日、韩、欧美市场，成为促进农民增收和扩大出口的重要产业。

纺织服装产业集群迅速做大。我市纺织服装产业发展较早，装备先进，是辽宁重要的纺织服装生产基地。近年来，我们加大了劳动力职业培训力度，积极引进阿迪达斯、保罗等品牌生产线，使行业的整体竞争能力得到不断增强。目前，该集群共拥有企业609户，规模以上企业36户，2009年实现集群产值35.7亿元，年出口创汇达到1亿多美元。

机械加工产业集群实力提升。着眼于提高产业、产品关联度，努力提升行业整体配套能力和生产规模，加快机械加工产业集群建设。目前，该集群共拥有企业1103户，规模以上企业84户，2009年实现集群产值114.7亿元。电磁线、大小电机、造纸机械、精密铸件、火车制动泵等，在全国同类产品中都占有重要份额。

二是超前规划城市建设，提升城镇化水平。坚持高标准规划、高水平建设、高质量管理，努力建设中等规模的现代化港口城市。聘请清华大学修编城市总体规划，城市总体规划建设用地面积127平方公里，城市人口50万人，现已建成27平方公里，人口达到18.5万人。按照“东联西扩北延”的发展思路，我们不断加大中心城市建设力度。近几年，每年投入都在30亿元以上，建设改造城市，向东、西、北三面扩展城市建设空间达15平方公里。房地产开发面积年均超100万平方米。随着污水处理厂、垃圾填埋场、城市内河景观带改造、城市公园、五星级酒店、地下商场等重点项目的陆续建成，城市承载功能得到了空前提升。与此同时，我们围绕201国道和重点交通干线，完成了11个小城镇和前阳、大孤山两个未来城市的总体规划，加快实施城市化战略。2009年，全市城镇化率达到49%。

三是大力发展高效农业，提升农业产业化水平。东港依山傍海的独特自然条件，形成了特色明显的农业产业。草莓、优质水稻、浅海、滩涂养殖产品，成为东港市农业主打产品，在国内外享有盛誉。“东港草莓”已获得国家原产地证明商标，草莓种植面积达到15万亩，产量20万吨，

种植面积、产量、产值、出口创汇均居全国县级第一位，是全国草莓生产第一县。滩涂贝类养殖面积54万亩，产量19万吨，是国家对东亚和欧美贝类产品出口的主要基地之一。东港拥有80万亩水稻种植面积，年产优质水稻40万吨，是国家重要的商品粮生产基地和水稻新品种实验推广基地。日本“越光”、“一见钟情”品种在东港试种获得了极大的成功，自主培育抗病新品种港源8号、辽优5218号得到大面积推广。每年精加工大米达20万吨以上，产品畅销国内外。水果、水产、水稻成为东港农民提高收入的重要来源。与此同时，加强农业专业合作组织和经纪人队伍建设，努力提升农业产业化经营水平。全市农民专业合作社现已发展到150家，农业经纪人5000余人，农业产业化龙头企业130户，其中国家级1户，省级11户，市级以下118户。

三、落实三项措施，努力提高人民群众的幸福感

我们在加快经济发展的同时，始终坚持统筹城乡和经济社会的协调发展，认真落实党的富民惠民政策，不断加强社会公共服务体系建设，让经济发展成果更多惠及于民。

一是切实落实富民举措。多年以来，我们坚持以加快产业发展来拉动就业，以提高城市化来改善群众生活环境，以统筹协调发展来缩短城乡居民收入差距。2006年以来，累计安置就业30292人，转移农村劳动力14428人。2009年，在岗职工平均工资24834元，较2006年增加9678元，年均增长17.9%；城镇居民人均可支配收入14034元，较2006年增加5942元，年均增长20.1%；农民人均纯收入8030元，较2006年增加3192元，年均增长18.4%；城乡居民收入差距为6000元，差距比为1.7：1，低于全国平均水平1.6个百分点；城乡居民储蓄余额112.9亿元，较2006年增加41亿元。

二是切实抓好惠民实事。从解决群众最关心、最需要的实际问题出发，每年都集中力量为群众办一批惠民实事。2006年，以来，累计投入资金20多亿元，为群众办理实事50余件。不断加强社会保障、扶贫帮困等工作，共实现“两保”扩面38783人，企业退休人员基本养老金人均提高了420元，城乡低保对象实现了应保尽保。

三是切实满足人民需要。不断加大教育、医疗、交通、通信等公共服务领域投入，不断满足人民群众生产、生活需要。投入资金1.4亿元实施新农合工程，参合率达到98%；投资2.2亿元实施中心医院、中医院、妇幼保健院新建（改造）工程，每万人拥有医生27人，较2006年增加3人。投资4.5亿元实施三所高中扩建、职教中心新建等工程，中小学专任教师与学生比例7.39%，较2006年提高了1.73个百分点。五年累计投入公路建设资金13亿元，在全省率先实现了村村通油路，公路里程较2006年增加了194公里。固定电话、移动电话数量分别较2006年增加了1.9万部和12万部。

与此同时，我们还不断加强城乡环境综合整治，加强群众休闲娱乐设施和文化艺术基地建设，每年都举办海鲜节、湿地观鸟节、大孤山庙会等大型活动，大大丰富了群众的文化娱乐生活，让群众切实感受到生活富裕了，环境优美了，精神充实了，增强了全市人民凝心聚力、共同建设繁荣富强新东港的信心和动力。

满怀创业激情加速三化进程 把开原建成全国百强县和现代化中等城市

中共辽宁省铁岭市委常委、开原市委书记　魏俊星

开原位于辽宁省北部，是铁岭所辖的县级市，区域面积2838平方公里，总人口60万人。

开原的快速发展从2001年起步，当时，全市生产总值18.9亿元，人均只有3946元；财政一般预算收入5399万元，人均财力只有252元，处于全省贫困县的边缘。

2009年，全市生产总值实现245亿元，从全省32位跃升到第7位；财政一般预算收入实现12.21亿元，从全省第33位跃升到第5位；全社会固定资产投资实现211亿元，从全省第35位跃升到第5位；综合经济实力从全省第34位跃升到第5位。

2009年，在全国2003个县市中，开原被评为发展速度最快的100个县市之一。2010年8月15日，第十届全国县域经济基本竞争力与县域科学发展评价报告在海城发布，开原首次进入全国百强县，列第85位，名列东北三十强县的第8位，跻身全国县域经济科学发展十大范例。

9年多来，开原从全省贫困县的边缘，进入全国百强县的行列，得益于省委、省政府制定出台了发展县域经济的一系列方针政策；得益于铁岭市委、市政府发展县域经济的“五大战略”和“双轮驱动”模式；得益于省市厅局的鼎力支持和帮助；得益于在加速发展的进程中，我们始终坚持以科学发展观为指导，把加速工业化、城镇化和农业产业化作为推动县域经济快速发展的必由之路和必然选择，上升为统领开原经济社会发展的“三大战略”，满怀激情，扩大开放，全面推进“三化”进程；勇于创新，敢于突破，有效解决“三化”难题；真抓实干，忘我奉献，加速实现“三化”目标，推动了经济和社会各项事业的全面建设、全面发展、全面进步，走出了一条欠发达地区超常建设、跨越发展的赶超之路。

一、举全市之力建设工业区，加速推进了工业化的进程

我们牢固树立“开原的工作重点在工业区、开原的发展和富强靠工业区”的理念，自2005年以来，累计投入基础设施建设资金36.5亿元，科学规划建设了51平方公里的开原工业区，并在工业区内规划建设了5平方公里的城市功能区，打造了承载工业化、城市化的工业新城，具备了承接各类企业落户和国内外整体产业转移的能力。紧紧依托工业园区，突出引进工业地产商，建设标准化厂房，打造了7个年产值超百亿的产业集群，形成了产业集群新优势，开原起重机跻身中国县域产业集群竞争力百强；突出大项目招商，共引进亿元以上项目165个，超5亿元项目31个，实际到位资金超过了300亿元，新加坡益海嘉里、美国ADM、德国莱宝公司3个世界500强和江苏雨润、哈尔滨深冷、三洋重工等一批大企业、大集团落户开原。2009年，开原规模工业企业从2001年的9户发展到402户，规模工业总产值实现550亿元，相当于在2001年25亿元的基础上再造了21个开原工业。现代化的工业新城，是我们没有资源打造的最大资源，是开原跨越发展进入全国百强县的最强大支撑。

二、坚定不移做大做强中心城镇，加速推进了现代化中等城市建设的进程

我们始终把做大做强中心城镇作为加速发展的原动力和推动力，自2001年以来，累计投入城市开发建设资金510亿元，深入实施城市规划、建设和管理工程，打造最佳人居创业环境。聘请国内资质高、影响大、有成就的设计单位，完成了城市总体规划，绘就了现代化中等城市的宏伟

蓝图；引进房地产商，建设现代住宅区，在建成区内消灭了棚户区；引进商业地产商，建设了五金城、建材城等十大专业化市场，打造了现代商贸物流服务区，形成了现代化中等城市的产业支撑；实施城市绿化、亮化、美化、净化、文化和畅通“六大工程”，初步实现了城市基础设施和功能现代化、市政装备机械化、城市环境生态化、城市夜色都市化、城市管理规范化。2009年，开原被评为国家园林城市、中国首批绿色名县；荣获了全国企业创业环境最佳城市；在首届省级文明城市评比中，获得了全省县市第一名。开原的城镇人口从2001年的11.4万人增加到了31.2万人，建成区面积从13.6平方公里扩大到了32平方公里，城镇化率从19%提高到了52%。开原这座城市，最宜人居，最宜乐居，商机无限，魅力无限，已经成为一座让人来了就不愿意离开的城市。

三、深入实施“强龙工程”，加速推进了农业产业化的进程

我们以新农村建设为总抓手，以发展现代农业为重点，突出龙头企业建设，做大做强了江苏雨润、赢德肉禽2个国家级和5个省级、10个铁岭市级农业产业化龙头企业，形成了八大种植业基地、七大工厂化养殖基地和十大农业产业化链条，开原苗木花卉产业已经达到“东北第一、全国领先”的水平。2009年，全市72%的农户进入农业产业化链条，农民人均纯收入的70%来源于农业产业化链条，实现了农业增效、农民增收、农村和谐，加速了农村工业化、农村城镇化和城乡一体化的进程。

四、始终突出执政为民，加速推进了民生工程建设的进程

我们把实现好、维护好、发展好全市人民的根本利益作为全部工作的出发点和落脚点，从解决全市百姓最关心、最关注、最需要的重点难点问题入手，连续9年，累计投入资金76.6亿元，完成了高标准幼儿园、妇女就业培训中心、老年康乐中心等162项重点民生工程，不断满足人民群众日益增长的物质文化生活需要，实现了社会各项事业的蓬勃发展，提升了全市百姓的生活质量和幸福指数，打造了幸福开原。

9年多来，我们深深感受到，加速开原发展，关键靠激情。有激情，才能信心倍增，力量无穷；有激情，才能有豁出去的勇气，不服输的精神，逢山开路，遇水搭桥；有激情，才能树雄心，立壮志，发展一方经济，维护一方稳定，造福一方百姓。

9年多来，我们清醒认识到，加速开原发展，核心靠开放。只有扩大开放，才能引进资金，引进项目，引进先进的团队，引进成功的发展模式。我们坚定不移地实施开放立市战略，没有资源打造资源，没有优势创造优势，用开原的开放，建设了开放的开原。

9年多来，我们深刻体会到，加速开原发展，根本靠实干。我们在全市叫响市委常委班子向我看齐，人大、政府、政协和工业区的领导班子向市委常委班子看齐，各乡镇街、各部门的领导班子向五大班子看齐，形成了一个优秀的领导核心，锻造了一个攻坚克难的团队，营造了全党全民共谋发展的强大合力。9年多如一日，我们几乎没有星期天、节假日，每天都工作十个小时以上，把百分之百的时间、百分之百的精力、百分之百的心思、百分之百的力量都用在了开原发展上，会聚形成了开原精神、开原速度和“永不自满、追求卓越”的开原水平，把一个个看似高不可攀的目标都变成了现实，实现了开原几代人的梦想，创造了开原发展史上的奇迹。

保持激情　科学发展
努力实现县域经济新跨越

中共辽宁省新民市委书记　徐宝华

党的十七大以来，按照科学发展观的要求，我们围绕做强做大县域经济，认真抓实“发展、富民、平安”三方面工作，始终坚持跳出新民建设新民，对照先进查摆差距，对照人民期盼查找不足，高点定位、科学发展，提出了“六个一”的总体工作思路：

一、锁定“一个目标”

就是分三步走，第一步成为区域中心强县，第二步进入全国百强县，第三步建成科学发展先进县。2009 年，在应对国际金融危机的冲击下，新民经济社会继续保持强劲发展势头，综合实力连续两年进入全省前十强，提前一年完成省委、省政府提出的“两个三年翻两番”第一个翻番目标。荣获“第十届中国东北三十强县（市）第 15 位”。

二、坚持“一个统领”

就是践行科学发展观，做强县域经济，坚定走兴工、强农、富民、文明之路。兴工是始终坚持“外引内育”，不断扩大工业总量，实现规上企业 1000 户、工业产出 1000 亿元的“双千”规划目标。牢固树立“工业立市”即“项目立市”，项目既决定现在也决定未来的观点，突出抓好重大项目和产业集群建设。节约集约有限资源“招商选资”、“招商引智”，目标锁定在“国字号”和“世界级”企业上，不断做大做强包装印刷、灯饰灯具和电光源、医药健康产业和地板等优势产业集群。同时，按照“沈新一体化”的总体目标，依托沈阳经济区建设，集中精力抓好沈阳胡台新城和辽宁新民经济开发区建设，打造沈阜经济带重要节点，做优发展空间。强农是牢固树立结构调整不是“非粮化”、工业化不是“非农化”的思想，在确保国家粮食安全的基础上，加大传统农业向现代农业大调整、大突破力度。做强蔬菜、淡水鱼、鲜蛋和“两瓜”等优势主导产业，加快建设一批农产品深加工龙头企业，确保农业健康发展、农民持续增收。富民是进一步增加百姓幸福指数，加快区域中心商业强县建设，按照建设大物流、大市场、大文化、大旅游的发展思路，打造具有新民特色的现代服务业。加快推动新型工业和现代农业与服务业有机融合，带动沈阳西部区域商贸流通业发展，努力增加城乡人民收入。文明是建设和谐稳定的社会环境，为经济社会又好又快发展保驾护航。

三、树立“一个理念”

就是加快推进城乡一体化，建设区域中心城市。始终坚持统筹规划、稳步推进、多元投入、量力而行的原则，加快县城和小城镇基础设施建设，扩大城市辐射和服务半径。牢固树立抓环境就是抓发展的观点，科学制定城乡建设总体规划，重点实施“四城三线”带全域的发展战略，合理配置空间资源、促进各区域规划合理衔接、产业协调发展。牢牢把握沈阳市实施浦河生态廊道建设工程有利契机，作为打造生态新民的重大发展机遇。同时，在办好现有城市污水处理厂、垃圾处理厂的基础上，按照国家生态市的标准进行对照，继续抓好重点项目建设，强化节能管理和污染治理，严把项目环评关，对于高能耗、高污染的项目一律礼拒，力求国家级生态县（市）创建工作取得新突破。

四、夯实“一个载体”

就是以人民群众满意为基准，深入开展“察民情、解民难、办实事”三位一体促和谐，推进城乡公共服务均等化。不断完善建设乡镇街政务服务中心(农民服务中心)和村服务站、组服务点，

促进机构网络化、服务全程化、管理规范化。始终坚持“长远谋发展、时刻抓民生”，从解决好人民群众最关心、最直接、最现实的利益问题出发，不断加大公共财政对民生工程的投入，扎实推进城乡环境建设科学发展。同时，办好人民满意教育、医疗卫生、就业再就业、社会保障和文化体育等各项社会事业。

五、抓实“一个保障”

就是坚持依法行政、执政为民，积极稳妥地化解新时期人民内部矛盾，全面推进和谐新民、平安新民建设。牢固树立发展是政绩，稳定也是政绩的“双政绩观”，充分发挥信访大厅的作用，始终按照历史问题尊重历史、还原历史、兑现承诺，现实问题按政策办、政策不突破的基本原则，坚持全部有理全部解决、部分有理部分解决、没有道理讲清道理，突出解决问题。同时，深入抓好乡镇街治安联防队和村(社区)平安志愿者队伍建设，实现社会综合治理全覆盖，创造安定、安心的发展环境。

六、强化“一个根本”

就是搞好党的建设。科学发展关键在党，关键在干部，选人、用人是践行科学发展观的必然要求。要始终把忠诚党和人民、恪尽职守、勇于负责、政绩突出作为考核任免干部的坐标系，坚持品行为本，用靠得住的干部，坚持责任为重，用敢负责的干部，坚持务实为要，用肯实干的干部，坚持民意为上，用口碑好的干部，坚持廉洁为贵，用严于律己的干部。同时，教育各级领导班子和广大党员干部讲党性、重品行、做表率，牢固树立“认真比聪明重要、责任比能力重要”的作风意识，始终在岗、在行、在状态，多想发展之举、善谋发展之策、多办利民之事，争做勤廉兼优的好党员、好干部，努力在科学发展的实践中建功立业创最佳。

坚持以科学发展观为指导
全力推进县域经济又好又快发展

中共内蒙古阿拉善左旗旗委　阿拉善左旗人民政府

阿拉善左旗位于内蒙古自治区西部，贺兰山西麓，东与宁夏相交，西、南与甘肃毗邻，北与蒙古国接壤，国境线长188.68公里。辖8个镇、5个苏木。全旗有蒙、汉、回、满、朝鲜等14个民族，是一个以蒙古族为主体、汉族占多数的少数民族聚居区。

2009年是我们砥砺奋进、经受严峻考验的一年。一年来，阿拉善左旗以科学发展观统领全局，紧紧抓住发展第一要务，全力做好保增长、保民生、保稳定各项工作，经济社会发展取得新成绩。全旗生产总值完成82.79亿元，增长23.4%；完成财政收入12.85亿元，增长25%；全社会固定资产投资完成60.15亿元，增长67%；城镇居民人均可支配收入和农牧民人均纯收入分别达到16516元和6171元，增长11%和15%。综合经济实力位居西部百强县第30位。

一、农牧区经济稳步发展

我旗认真开展了嘎查村级公益事业建设一事一议财政奖补试点工作。全面推行了“一卡通”，发放各类惠农惠牧补贴资金2301万元。全旗农作物总播面积28万亩，粮食总产9673万公斤。改造中低产田2.7万亩，新增节水灌溉面积1.5万亩。扶持华祥、华雨、绿洲等龙头企业发展壮大，自治区级龙头企业增加到5家。培育运作规范、有一定带动能力的农牧民专业合作组织20个。通过良种补贴、推广玉米青储技术，推动了高效养殖业的迅速发展。6月末牲畜总头数122万头（只），其中舍饲养殖规模达61万头（只）。人工围封、种植梭梭林18万亩，年产苁蓉1200吨；开发了苁蓉酒、苁蓉茶等系列保健品。人工接种锁阳1.5万亩。退牧还草、沼气、测土配方施肥等重点项目顺利完成。重大动植物疫情防控成效显著。

二、工业经济持续增长

不折不扣落实各项扶持政策，工业经济继续引领全旗经济增长。完成工业增加值53.6亿元，增长40%，工业对财政的贡献率达74%。实施22个重点工业项目，完成固定资产投资21.6亿元。香港丽源2万吨染料和2万吨染料中间体、银星5万千瓦风力发电等7个新建项目竣工投产，太西煤300万吨、庆华百灵180万吨等煤矿技改扩建稳步实施。加强腾格里工业园区道路、绿化、污水处理等基础设施建设，承接产业转移能力进一步增强。招商引资工作取得新进展，实际到位资金11.2亿元，增长43%。

三、第三产业活力增强

不断完善重点旅游景区景点及基础设施，服务功能日益增强。阿拉善沙漠地质公园晋升为唯一的世界级沙漠地质公园。成功举办了第五届奇石文化旅游节暨首届中国观赏石高层论坛。借助广州国际旅游博览会、首届宁夏国际文化艺术旅游博览会等会展，进一步提升了我旗的影响力和知名度。接待游客85万人次，旅游经营收入4.1亿元，分别增长30%和39%。开展了阿拉善精品奇石建档立卡工作。“万村千乡”农家店不断发展，家电、农牧机下乡工程深入实施，农牧区消费市场得到拓展。社会消费品零售总额达20.6亿元，增长20.7%。

四、城镇建设步伐加快

完成城镇建设投资10亿元。重点实施了营盘山景观公园二期及南坡、生态园、西环路等绿化以及阿拉善亲王陵修缮工程，完成了腾格里路、南环路街景改造等工程，新建了南外环路、锡林南路，拓宽了蒙中至九中段道路，垃圾无害

化处理二期、集中供热二期等工程竣工投入运行。改造旧城平房3.8万平方米，新建廉租住房5400平方米、经济适用房6万平方米。城镇主要街道绿化、美化、亮化成效明显，品位进一步提升。

五、生态和基础设施建设扎实推进

稳步推行了集体林权制度改革。严格落实禁牧退牧政策。加大腾格里、乌兰布和沙漠锁边和城市周边生态治理力度，修订完善并全面推行了《阿拉善左旗公益林生态效益补偿实施办法》。人工造林5万亩、飞播造林50万亩、封沙育林10万亩、退耕还林1万亩。开工建设了巴彦浩特供水、污水管网扩建工程，实施了病险水库除险加固、黄河巴彦树贵段防洪工程。完成了7处安全饮水工程，解决1.3万人、2.9万头（只）牲畜饮水安全问题。巴彦浩特至吉兰泰一级公路、乌力吉至大坝山三级公路、月亮湖旅游公路及临策铁路竣工通车。完成村村通公路11条，建设规模193公里，农牧区公路通达能力进一步提升。铺设天然气输气管道60公里。扎实开展了矿业权核查与矿产资源利用现状调查，全力推进矿产资源整合，完成土地矿产收益1.3亿元。第一次污染源普查工作全面完成。认真落实节能减排目标责任制，预计单位生产总值能耗下降6.48%，主要污染物排放得到有效控制，环境质量进一步改善。

六、和谐社会建设取得新进展

加大惠民政策措施落实力度，全面兑现了为民办十件实事。就业和职业技能培训工作成效明显。通过考试充实人才库，储备高校毕业生93人，转聘128人。新增城镇就业1614人次，城镇登记失业率3.93%。培训城乡劳动力2399人，农牧区劳动力转移就业1911人。结合退牧还草、移民搬迁、公益林生态效益补偿等重点项目，解决13939名农牧民养老保险。加大太阳能路灯、新型秸秆气化炉等新技术试验示范推广力度，农牧民实用技术培训1.1万人（次）。“两免一补”、义务教育保障经费全部落实到位。实行了高中学生免学费教育，为困难家庭学生资助学费、办理助学借款76.6万元。巴彦浩特九年制学校、特殊教育学校建成投入使用，实施了蒙中、九中校园改造工程，办学条件进一步改善。编排创作了首部风情歌舞剧《苍天般的阿拉善》。围绕国庆60周年，举办了百日广场消夏、西部邻近盟市旗县搏克协作赛等一系列丰富多彩的文体活动。降低了新型农牧区合作医疗报销起付线，大幅提高报销封顶线，参合农牧民44924人，参合率达95.3%。新建苏木卫生院、基层计划生育服务站、嘎查卫生室，基层卫生服务体系进一步完善。积极采取各项措施，有效防控甲型H1N1流感疫情。开展了吉祥草原惠民计生行动、出生缺陷一级干预示范工作。人口出生率7.67‰，自然增长率4.59‰。第二次经济普查全面完成。双拥共建工作深入开展，民族、宗教、人防、地震、气象、档案、红十字、妇女儿童、残疾人等工作得到加强。

建好中国马都　打造草原明珠

内蒙古自治区锡林浩特市人民政府市长　闫宏光

锡林浩特市地处内蒙古自治区锡林郭勒大草原中部，是锡林郭勒盟盟府所在地，全盟政治、经济、文化、教育和交通中心。全市总面积14785平方公里，人口23万人，有蒙、汉、回、满、达斡尔、鄂伦春、鄂温克等17个民族，是一个以蒙古族为主体、汉族占多数、多民族聚居的边疆少数民族地区，素有“草原明珠”的美誉。锡林浩特市蒙古族人文特色鲜明，蒙古族民俗民风浓郁，拥有丰富的草地资源、矿产资源、可再生能源和旅游资源，是祖国北疆的生态屏障、国家重要的煤电化能源基地、绿色畜产品加工基地和草原旅游胜地。锡林浩特市还是蒙古马的发源地和中心产区，2010年，中国马业协会授予了以锡林浩特市为中心的锡林郭勒盟“中国马都”称号。

一、科学发展的文明之城

坚持富民与强市并重，以新型工业化带动城镇化和农牧业产业化，推动新兴服务业，全市经济社会呈现出质量和效益提升，协调性和可持续性增强的良性发展态势。地区生产总值、城镇居民人均可支配收入和牧民人均纯收入的年均增速均保持在20%以上，固定资产投资的增速保持在30%以上，财政收入的增速保持在40%以上，人均GDP超过1万美元，人均财政收入超过1万元，城市综合竞争力位列中国西部百强县市第24位。

草原畜牧业实现了产业化发展、增收富民、生态恢复的可喜成果。近60%的牧区人口转移进城，62%的草场实现了围封，54%的牧户加入合作经济组织，48%的转移农牧民从事二三产业，以占锡林郭勒盟10%左右的畜牧业资源发展了全盟42%的畜产品加工业，牧草高度、植被盖度、亩产草量较2004年分别提高了15厘米、15个百分点和14.4公斤，“转人、减畜、增收、增绿”取得明显成效。

新型工业化成为又好又快发展的重要支撑。依托资源优势和政策优势，围绕壮大煤电油化、肉乳矿材等优势特色产业；依托资源但不完全依赖资源，加快发展了高科技、新能源、装备制造等新兴产业，工业结构和产业层次得到进一步优化升级。近三年来，引进实施重大工业项目200余项，工业增加值连续两年保持25%以上的增速，工业对经济发展的贡献率达到66%。

服务业提档升级，提速增效。第三产业占国民经济的比重超过30%，发展速度超过工业。城市功能和品位大幅度提升。工业和三产的发展拉动了城镇化建设步伐，三年累计投资78亿元，城市建成区面积由25平方公里扩展到34平方公里，人均道路、人均公共绿地、人均文化体育休闲场所面积分别达到24平方米、22平方米和26平方米，人均住房面积提高到30平方米，综合公共服务能力提升50%。新区建设、旧城区改造，一大批地标性建筑拔地而起，城市基础设施日趋完善、百姓居住环境不断改善，城市面貌焕然一新，功能品位大幅提升，聚集要素能力明显增强。

发展改善民生，发展惠及百姓。财政投入始终注重向基层、民生和困难群体倾斜，用于社会事业和民生工程的资金占到全部财政支出的45%。构建了就业增收、社会保障、低收入群体住房和市政公共服务四大社会保障体系，实施了旧城区危旧房改造、廉租住房、城镇经济适用住房和牧民转移进城经济适用住房四个层次的住房保障工程，促进了经济发展、社会和谐、民族团结、边疆巩固。

二、博大精深的文化之城

一碧千里，风吹草低。锡林郭勒草原被誉为欧亚大陆典型草原的样板，锡林浩特市白音锡勒自然保护区被纳入联合国教科文组织人与生物圈保护区网络成员，也是我国第一个草地国家自然保护区。锡林浩特拥有美丽的草原自然风光、古

朴的蒙古族风情以及独特的游牧文化，有极具文化内涵和民族特色的传统“祭敖包”和盛大“那达慕”，有内蒙古喇嘛教四大庙宇之一的贝子庙，有展示蒙元文化历史缩影和游牧文化精髓的蒙元文化博物馆。

文化打造城市，提升城市软实力。锡林浩特市始终坚持先进文化建设，不断繁荣发展民族优秀文化，丰富了各族人民的精神文化生活，市民文明素质、城乡文明程度、城市软实力大幅提升。在孜孜不倦的奋进中，全国卫生城市、全国教育“两基”达标市、全国科技先进市、中国优秀旅游城市、内蒙古自治区“十佳”创建文明城市工作先进市等一系列荣誉接踵而来，使“草原明珠”璀璨生辉。

三、生机勃勃的活力之城

锡林浩特市具有享受国家西部大开发战略、振兴东北战略和内蒙古自治区振兴东部盟市战略“三重叠加”的地理政策优势，有被东北、环渤海、呼包鄂“三大经济圈”叠加辐射的区位优势，锡林郭勒盟被列入国家重要新兴能源重化工基地、锡林浩特市被列入国家煤化工基地、胜利煤田被列入国家大型煤电化基地、锡林浩特至锦州被列入国家二级经济开发轴线，具有重要的战略地位和灿烂的发展前景，已成为内蒙古自治区最具活力和发展潜力的地区之一。

全市23万各族人民，将继续在科学发展观的指引下，依托自身独特的区位优势、政策优势和资源优势，团结奋进，开拓创新，坚持以壮大优势特色产业、培育新兴产业为核心，加快推进新型工业化，坚持把“转人、减畜、增收、增绿”作为长期的战略任务，持之以恒地推进“两转双赢”，坚持把完善基础设施建设摆在突出的战略位置，全力突破加快发展的瓶颈制约，坚持把提高人民群众生活水平作为发展的根本目的，在协调发展中促进社会和谐，力争到“十二五”中期经济总量进入内蒙古自治区32个县级市区前10位，综合竞争力进入中国西部地区百强县前20位，全力打造“中国马都”，构建更加富裕、文明、和谐、魅力的“草原明珠”。

促转变　调结构　惠民生
奋力开创镶黄旗科学崛起新局面

中共内蒙古自治区镶黄旗委书记　周金桩

党的十七大报告指出，实现未来经济发展目标，关键要在加快转变经济发展方式上取得重大进展。镶黄旗作为经济发展落后的边疆少数民族地区，必须把加快转变经济发展方式、调整经济结构放在更加突出的位置，坚持富民与强旗并重方针，以此促进县域经济全面协调可持续发展，不断开创科学崛起新局面。

一、强化项目建设，夯实发展后劲

宏观经济学认为，出口、投资、消费是拉动经济增长的"三驾马车"。镶黄旗作为欠发达地区出口、消费的贡献份额小，投资对经济发展起决定和裂变作用。而项目是争取投资、利用外资、吸引内资，发展县域经济的载体和核心。2007年以来，镶黄旗全面实施项目拉动经济增长战略，认真研究国家宏观经济走向和产业发展动态，切实加强与国家、自治区对口部门的沟通联系，争取有更多的项目纳入上级的计划盘子，持续夯实发展后劲。把握好项目选择方向，重点考虑项目的关联度和产业政策、市场、技术、环保因素等，依托项目，不断加大招商引资工作力度，采用多种招商方式，拓展招商渠道，借助外力发展经济，催生自身活力。坚持富民与强旗并重方针，千方百计激活民间投资，把发展民营经济作为推动经济增长、扩大就业、活跃市场、致富群众的重要工作来抓，降低民营经济准入门槛，对个体工商户实施"零负担"政策，推动民营经济快速健康发展。2007年以来，全旗共实施大小项目148个，总投资42亿元，带动GDP、工业生产、财政收入和城乡居民收入持续保持两位数增长。

二、打造特色产业，提升区域竞争力

加快发展特色产业、实施产业聚集，是扩大县域经济核心竞争力、实现质量和效益全面提升的重要手段。近年来，镶黄旗充分考虑自身优势，从延伸产业链、承接发达地区产业转移、盘活存量资产等方面入手，认真落实"既要经济平稳较快发展，又要转变发展方式"的要求，对现有存量进行优化，对未来增量落实低碳方针，切实加强对新增投资的引导和调节，突出以特色产业为主要投向，坚定不移地在"转变"上下工夫、在"发展"上见实效，努力实现经济社会又好又快发展。旗委、政府明确了"一条主线、两大基地、三化互动、四轮驱动"的发展思路：以推动城乡经济社会一体化为主线，以石材建材业和风电太阳能为发展基地，以工业化、城镇化、畜牧业产业化为相互促进，以石油天然气、石材建材、畜牧业产业化和风电太阳能为"四轮"驱动，在提高经济发展的质量和效益的前提下，继续保持经济的适度增长，增强自我发展的机制和能力，推动经济社会进入内生增长的轨道。在产业结构调整方面，第一产业实现稳步发展，通过发展联户经营等经济合作组织，迅速提高产业化水平。产业内部结构调整重点放在"减羊增牛"和畜群改良方面，实施精养、少养走效益型养殖之路，保护草原生态环境。第二产业依然坚持做大做强方针，在巩固和发展"双石"特色经济的基础上，大力发展畜产品加工、风电太阳能开发等绿色产业。产业内部结构调整重点放在延长产业链条，实施精深加工。第三产业突出小企业发展，鼓励家庭创业就业，本着能经营什么就经营什么的原则，继续实施零负担的扶持政策，加大小额担保贷款的支持力度，在民族服装和工艺加工、传统奶食制作、饮食批零等方面形成比较优势。

三、健全体制机制，增强发展动力

优良、高效的运行机制和体制，是实现县域

经济跨越发展的重要保证。近年来，镶黄旗因应县域经济科学发展需求，按照“小政府，大服务”的思路，积极推进政府机构由管理型向服务型转变，真正做到管理有序，服务到位，突出中心，促进发展。建立健全推进工作落实机制，强化责任驱动，围绕经济发展，全方位实行目标责任化，配套考核奖惩制度，严格兑现奖惩。同时把制度建设作为推动转变发展方式的根本措施，进一步加大体制机制创新力度，形成推进城乡统筹发展的长效机制，保证决策民主、政令畅通和群众利益的维护。开展深入学习实践科学发展观活动以来，先后出台了涉及矿山开采、牧区生产、就业创业、医疗卫生、民族文化、基层建设、招商引资等25个制度性文件，进一步规范和创新了旗委、政府工作，提高了工作效率和透明度，推动了经济社会的健康发展，构建了充满活力和生机的和谐社会。

四、优化发展环境，构筑发展平台

毋庸置疑，环境是生产力。镶黄旗在硬环境无法短期内根本改变的情况下，进一步解放思想，更新观念，着眼长远发展，不断优化发展软环境，切实以优惠的政策吸引人，以优质的服务吸引人，以诚实的信用吸引人，靠优质的服务吸引投资者，突出抓好“规范、透明、到位、精简”四个环节，尽可能在各方面为外来企业提供优惠政策和便捷服务，切实营造亲商、爱商、扶商、富商的发展氛围，营造公平、公正、竞争有序的市场环境，不断推动县域经济发展迈出新步伐，实现新跨越。

五、坚持富民和强旗并重，着力保障和改善民生

科学发展观的核心是以人为本，抓发展、搞建设的根本目的是让群众过上富足的生活。旗委、政府始终坚持富民与强旗并重，像抓强旗指标一样抓富民指标，把民生问题、社会发展问题同经济工作同部署、同落实、同验收，下大力气发展就业富民产业，优先发展教育事业，加强社会保险、社会救助、社会福利、优抚安置工作，进一步提高社会保障体系建设水平。切实增加社会保障投入，加快完善城乡居民基本医疗保险和新牧区合作医疗制度，促进社会公平和稳定。

加快经济发展方式转变
争做西部科学发展社会和谐排头兵

中共宁夏回族自治区银川市委常委、贺兰县委书记　马 凯

加快经济发展方式转变是我国经济领域的一场深刻变革。作为自治区首府银川市的卫星城，深化和巩固学习实践科学发展观活动成果，要求我们必须毫不动摇地加快经济发展方式转变，乘势而上，奋力突破，推动贺兰科学发展、跨越发展，争做西部科学发展、社会和谐的排头兵。

一、转变经济发展方式必须解放思想、乘势而上

思想观念影响工作状态，工作状态影响经济发展快慢。近年来，我们立足县情实际和发展的阶段特征，坚持把调结构、转方式作为工作的重中之重，因地制宜提出了一系列推进跨越发展、科学发展的战略举措，取得了明显成效。三次产业协同发展迈出新步伐，特色产业集聚发展实现新突破，社会事业和谐发展增添新活力，提前两年超额完成县委十二次党代会提出的“力争翻一番”奋斗目标，跻身第九届全国县域经济基本竞争力提升速度最快百县（市）行列。这些成绩充分说明，我们确定的发展思路与区市党委、政府加快经济发展方式转变的精神和要求是一致的。结合党的十七大提出的加快经济发展方式的“三个转变”，分析当前贺兰面临的内部条件、外部环境，转变经济发展方式依然任重而道远。从需求结构看，属投资拉动型经济，消费拉动有待激发；从产业结构看，三次产业不尽协调，经济质态还需提升；从要素结构看，资源单位产出效益较低，科技创新仍然偏弱。要保持和发扬来之不易的成就，实现更好更快发展，必须坚持解放思想这一法宝，乘当前发展态势越来越好、发展步伐越来越快的好形势，紧紧抓住国家启动西部大开发第二个十年的重大机遇，紧紧抓住国务院支持宁夏经济社会发展政策的重大机遇，紧紧抓住自治区实施中心城市带动战略和加快建设沿黄城市带的重大机遇，克服小富即安、小进即满、因循守旧、狭隘封闭的思想，强化“跳出贺兰看贺兰，立足全区看贺兰、放眼全国看贺兰”的发展意识，推动全县上下对经济转型的认识不到位、不愿转向主动转、自觉转的根本性转变，以思想的大解放促进经济的大转型。

二、转变经济发展方式必须好中求快、优中求进

正确处理速度与效益的关系，走质量推动型发展之路，是转变经济发展方式的核心。经济总量小、总体实力还不强，处于社会主义初级阶段较低层次仍是贺兰最大的县情。因此，我们必须把“科学发展、好中求快作为贺兰当前最迫切的任务；把社会和谐、优中求进作为贺兰当前最根本的追求”，始终坚持量质并举、供需并重，真正走出一条既有较高速度又有较好效益的路子。根据这一定位，通过对转变经济发展方式的学习理解，通过对贺兰县情的再认识、再分析，县委审时度势，在县委十二届十一次全体（扩大）会议上明确提出要立足当前，放眼“十二五”，展望“十三五”，迈好“三步走”。第一步，按照县委十二届十一次全体（扩大）会议工作部署，今年进入西部百强行列，夯实科学发展基础，巩固全面发展在全区的领先地位。第二步，到2015年即“十二五”结束时，全县经济社会发展指标在“十一五”的基础上再“翻一番”，进入西部百强前十位，成为西部科学发展、社会和谐的排头兵。第三步，到2020年即“十三五”结束时，全县经济社会发展指标在“十二五”的基础上再“翻一番”，进入全国百强县市，一个综合实力更强、城乡面貌更新、社会环境更优、人民生活更好的

新贺兰展示在人民面前！

三、转变经济发展方式必须抓住关键、奋力突破

加快经济发展方式转变贯穿于经济发展全过程。今后一个时期，要在科学发展观的指引下，按照优化供给结构、需求结构、要素投入结构的方向和要求，找到关键点，找准突破口，努力使发展方式越来越优、发展质量越来越高、发展空间越来越大。

一要在发展特色、构建现代产业体系上实现新突破。树立发挥优势、发展特色的理念，突出发展清真食品、汽车销售服务、房地产开发“三大”战略主导产业，加快发展蔬菜、水产、奶牛“三大”特色产业。力争通过3~5年的努力，着力构建以现代农业为基础、新型工业为主导、现代服务业为新的增长点的产业结构。一是着力发展现代新型工业，奋力实现兴工强县战略目标。坚定不移地走科技含量高、资源消耗低、环境污染少、经济效益好的新型工业化道路，紧紧围绕自治区“把宁夏打造成具有国际影响力的清真食品穆斯林用品的生产服务地、连接国内与中东的物流中转地”的发展定位，坚持把做大做强清真食品产业作为实现工业强县战略的突破口，通过3~5年的努力，将德胜园区建设成为全国重要的清真食品生产加工基地，以清真食品产业集群的快发展带动机电电器、新材料、精细化工三大产业集群的提质增效。二是着力发展现代农业，奋力实现全区现代农业示范县目标。要把发展现代农业作为转变农业发展方式的重大任务，坚定不移地走区域化布局、产业化经营、科技化支撑、标准化生产的现代农业发展之路，集中精力发展壮大蔬菜、水产、奶牛“三大”特色产业集群，巩固和提升“中国西部四季鲜菜之乡”地位，倾力打造“西有贺兰、东有寿光”品牌；巩固和提升西北第一精品渔业大县地位；建设全国重要的清真牛羊肉生产加工基地。大搞农田水利基本建设，巩固和提升全国农田水利基本建设先进县地位，夯实“一优三特”产业发展基础。力争2012年在全区率先实现创建现代农业示范县目标。三是着力发展现代服务业，奋力实现经济结构优化升级。牢固树立“大开放观”，在加快融入大银川的同时，借势造势，走差异化道路，突出发展“房车山河”四大特色服务业，打造西北地区最大的汽车销售服务产业带，建设领先西北、全国知名的宁夏国际农产品和穆斯林商贸物流中心，发展沿黄河、爱伊河都市休闲观光旅游产业带和沿贺兰山文化旅游产业带，将贺兰的区位交通优势和巍巍贺兰、绵延黄河的地域人文环境，转化为经济发展优势。

二要在科学统筹、推进城乡一体化上实现新突破。坚定不移地按照规划一体化、产业布局一体化、基础设施一体化、公共服务一体化的要求，抢抓自治区实施区域中心城市带动战略和沿黄城市群战略机遇，在通达上做文章，在特色上见成效，在提升上下工夫，加快黄河金岸建设，加快县城南北宁煤集团、山东新汶矿业集团“两大”生活基地建设，建设城乡水系大动脉和城乡交通大动脉，建设塞上湖城北部后花园。要按照既体现差异性、又体现互补性的原则，积极探索户籍管理制度改革，研究落实推进产业结构调整、加快土地流转、促进农民进城安家落户的政策措施，加快特色小城镇建设，逐步形成以县城为中心，金贵、立岗、常信、洪广四个特色小城镇为节点，功能配套完善中心村为补充的城乡统筹发展布局。

三要在社会和谐、保障改善民生上实现新突破。坚持把保障和改善民生作为加快转变发展方式的落脚点，继续保持贺兰经济社会全面发展走在全区前列。一是大力实施“民生工程”，统筹社会服务资源共享。把群众关心关注的节水排灌、安全饮水、乡村绿化、道路畅通、危房改造、校舍改造、拆迁安置、物业管理、文化建设等问题列入每年县委、政府为民所办实事，逐年分期分批解决。二是推进公共服务均等化，统筹社会事业协调发展。要以巩固提升全国文明县城、文化建设先进县和全区农村基层组织先进县为抓手，统筹城乡教育均衡发展，实现初中以上学生全部在县城就读的目标和普及高中阶段教育的目标；统筹城乡文明建设，深入开展市民素质提升活动和文明乡镇、文明村组、文明家庭创建活动，加强农村文化阵地建设；统筹城乡医疗卫生事业，全面完成新一轮医疗卫生体制改革，完善按病种付费为主的新农合门诊统筹制度，提高城镇医疗保险支付待遇；统筹城乡社会保障，扎实做好新型农村社会养老保险试点扩面工作，全面落实失地农民培训就业和社会保障政策。三是加快实施创业带就业工程，统筹城乡居民收入均衡。将新增财力和国家、区市政策充分整合，制定创业就业扶持政策，充分发挥德胜、暖泉、设施园区和全民创业基地的集聚辐射作用，加大实用技能培训，拓宽就业渠道，千方百计增加城乡困难群众、失地农民等社会弱势群体的收入。

四要在激活要素、创新机制体制上实现新突破。贺兰要实现大发展、增添新动力，就必须坚持体制创新和机制创新并举、协同推进。一是培育科技创新主体。打破部门、行业界限，整合全县科技资源，深入开展院县合作，借助自治区级科研单位原种场、水产研究所、四正公司优势，构建以企业为主体、市场为导向、产学研紧密结合的自主创新科研体系。深化科技服务体制改革，建立从引进补贴、科研启动、项目资助到风险投资等全过程的人才支持体系。二是加快重点领域创新。坚持与特色优势产业结合，围绕清真食品、汽车销售服务、房地产开发“三大”主导产业，蔬菜、水产、奶牛“三大”特色产业，成立关键技术共性技术攻关组，研究制定每个产业领域发展的技术路线。三是激活内需要素活力。要继续实施项目带动战略，强力推进事关长远发展的重大基础设施、产业项目和民生工程建设，以大项目带动大投资、以大投资推进大发展。要进一步优化投资结构，提高招商引资的质量和效益，鼓励企业投资，引导农户投资，大力吸引外资、各类民间资金、社会闲散资金，尽快建立国家投入、地方投入、农民投入、企业投入、社会投入有机结合的投入机制。

加快经济发展方式转变，争做西部科学发展、社会和谐的排头兵，是区市党委、政府对我们的殷切重托，更是贺兰20万各族人民的热切期盼。使命光荣，责任重大。我们要进一步完善政策，加快制定和完善加快转变经济发展方式的总体规划、目标任务，进一步完善工作导向、政策措施和考核体系，引导和推动转变经济发展方式向预期方向发展。要激情干事创业，始终保持蓬勃向上的朝气、不畏艰难的勇气和顽强拼搏的志气，以饱满的热情投入工作，下狠劲、使韧劲、用实劲，凝聚奋力突破的强大精神力量。要强化落实务求实效，敢抓敢管，善抓善管，在“加快”上下工夫、在“转变”上动真格、在“发展”上见实效，坚持不懈地解决好制约经济发展方式转变的主要矛盾和突出问题，切实把经济发展转变到全面、协调、可持续的科学发展轨道上来。

强化奋进意识　实现跨越发展

中共宁夏回族自治区灵武市委书记　李建军

近年来，在宁夏回族自治区、银川市党委、政府的正确领导和大力支持下，在灵武历任领导和全市上下的共同努力下，灵武在全国县域综合实力的位次每年前进近一百位。2009年，在第九届全国县域经济基本竞争力评价中，列全国第217位、列西部百强县第29位。尽管如此，灵武与全国百强县在经济总量、城乡面貌、社会事业、居民收入、对外开放、干部队伍等方面还有较大差距。面对全国各地竞相发展、全区各地你追我赶的激烈竞争态势，要缩小差距、争创百强，我们必须强化责任，履好职责，争先创优，跨越发展，实现“争做全区县域经济排头兵，争创全国综合实力百强县”目标。

一、强化加快科学发展责任，尽到把好方向、理清思路职责

灵武近几年较快发展的实践证明，发展是灵武23万人民的根本利益，做大做强优势特色产业是发展的基本方向，坚持兴工强市和项目带动战略是发展的根本举措。一是围绕上级决策谋思路。做好结合与创新是有效贯彻落实上级精神和决策部署的必然要求。为贯彻落实好自治区第十次党代会提出的跨越式发展、银川市第十二次党代会提出的建设“两个最适宜”城市目标要求，我们抢抓国务院出台《关于进一步促进宁夏经济社会发展的若干意见》和加快宁东基地建设的重大机遇，立足全区看灵武、面向全国看灵武，提出了“争做全区县域经济排头兵，争创全国综合实力百强”的奋斗目标，并制定了实施意见，将目标任务分解到部门、分解到人，紧盯不放、一抓到底。二是联系实际谋思路。根据灵武自然条件、近几年的发展基础，我们提出了优势特色产业的发展方向：农业方面，做大长枣产业和羊产业，建设世界枣树博览园（种植资源库）和全区最大的标准化肉羊养殖示范基地；工业方面，做强煤电化、羊绒、再生资源、农副产品加工业，打造国家级煤电化基地、国际型精品羊绒研发生产交易中心、西北地区最大的再生资源基地和粮食加工集散基地；服务业方面，做活空港物流业和旅游业，打造国际空港物流中心和宁夏东部旅游目的地；城市方面，提出了“城市西移，融入沿黄城市带”发展方向，修编完善城市发展总体规划，加强城市土地利用规划和城市规划的法制化管理，打造集“唐韵、绒都、枣乡、生态”风格于一体的新型工业城市。三是长短结合谋思路。多做打基础、利长远的事。立足当前，积极应对金融危机，筹措3000万元财政资金，帮助企业渡难关。开工建设了103个项目，有力拉动地方经济发展，截至2009年，全市地区生产总值同比增长29.8%，固定资产投资同比增长23.3%，财政一般预算收入同比增长43.0%，规模以上工业增加值同比增长41.8%；切实解决群众反映强烈的城市基础设施建设滞后、社会事业发展慢、部分灌区淌水难、排水难的突出问题。着眼长远，通过制定产业规划和政策措施、园区建设、招商引资，培育未来新的增长点，依托再生资源循环经济试验区，重点发展废旧金属、旧家电回收加工产业；依托宁东基地，在全力支持、主动服务“一号工程”，确保各大项目顺利实施的同时，重点发展煤电化下游产品，延长产业链，加快发展配套产业；推进宁东大环境绿化、防沙治沙等生态工程建设，让宁东的山更青、草更绿。

二、强化构建和谐社会责任，尽到富民惠民安民职责

随着灵武财力的增强，如何适时适度地把发展的成果惠及于民，是一项主要任务，保障和改善民生，能激发全市人民加快跨越式发展的积极性、主动性、创造性，是赢得广大群众的信任、拥护和支持的基础。为此，我们定政策向民生倾

斜、办事情为民生着想，建立了为民办实事的长效机制，集中财力，每年确定实施一批民生工程，让发展的成果体现在满足群众需要、提高群众生活质量上。以创业促就业，认真落实创业扶持政策，设立创业担保贷款基金400万元，搭建创业平台，建立自主创业、自谋职业帮扶机制，推动全民创业、充分就业。办人民满意的教育。围绕提高教育教学质量，加快发展学前教育、义务教育和高中阶段教育。围绕培养产业技能人才，加快发展职业教育。九年义务教育普及率达100%，力争在全区率先实现十二年义务教育。提高全民健康水平，从解决群众"看病贵、看病难"入手，提高城乡居民医疗保险报销比例和大病救助标准，建立了为在职干部职工和50岁以上农民定期免费体检制度，改善基层医疗条件和服务水平。增强社会保障能力，实施农村低保提标扩面工程，将家庭年收入不足1300元的全部纳入低保，人均标准由60元提高到90元。对全市五保户集中供养，较好地解决了低收入群体的生活保障和住房问题。通过旧城拆迁改造和城市环境改善，大大增加了群众的财产性收入。重视维稳工作，依法管理宗教事务，巩固发展民族团结成果；结合书记大接访活动，建立四级矛盾纠纷调处工作网络，及时解决群众反映的合理合法问题，有效防止问题积累、矛盾激化。启动新一轮"平安灵武"创建工作，加大对违法犯罪活动的打击力度。

三、强化提高执政能力责任，尽到抓党建、抓落实、用好干部职责

加强执政能力建设是灵武加快发展的关键，要使各级党组织真正成为经济社会发展的坚强核心，使广大党员干部真正成为加快灵武科学发展的中坚力量。一是加强党的建设。以解放思想为先导，在加强理论学习的同时，注重学习借鉴先进县市区的好做法、好经验，学习全国治沙英雄王有德的敬业奉献精神，自加压力、奋勇争先。以组织建设为基础，不断完善村（居）组织和"两新"组织设置，2009年安排基层党建经费500万元，加大乡村干部培训，提高村支书待遇，改善基层阵地条件，发挥基层组织的号召力、凝聚力、战斗力。以作风建设为抓手，大力培育"三情三苦"精神，在实干中升华"务实创新、激情跨越"的灵武品格。以制度建设为根本，健全重大事项专家咨询、听证制度和四套班子联系会集体决策机制；推行党务政务公开，做到阳光决策。以廉政建设为保障，抓廉政正党风、抓勤政促效能，出台了领导干部廉洁从政"十不准"。二是建立抓落实的工作机制。抓重点、重点抓，每年确定一批事关全局的大事、实事和项目工程，由四套班子领导牵头挂帅，做到任务、人员、标准、时限"四明确"；通过 "一线工作法"推动落实，切实提高执行力；通过"民主评议法"促进落实，定期召开观摩评比会，定期公示重点工作进展情况，接受社会监督。加大问责力度，先后对22名不作为、慢作为、乱作为的干部给予通报批评、行政处分和免职处理。三是坚持正确的用人导向。在实际工作中，如何把合适的人全部选用到合适的岗位，是件难事。但只要坚持用思想解放的干部、用实绩突出的干部、用德才兼备的干部、用清正廉洁的干部，就基本不会出现问题。在下决心解决了超编问题的同时，重点抓好现有干部的培养、使用和管理，主动为干部搭建实践锻炼平台，通过选派年轻干部到信访部门轮岗、挂任村支部副书记、赴企业挂职等形式，在推进发展的实践中检验干部能力，充分调动了干部的工作积极性。四是抓班子、带队伍、做表率。努力做好"三个表率"：做讲民主善集中的表率，既敢于负责、果断决策，又善于发扬民主、集思广益，使班子成为团结一心、积极进取、充满活力的领导集体；做讲风格树形象的表率，严于律己、宽以待人，大事讲党性、讲原则，小事讲风格、讲友谊，心胸坦荡、心态平和，互谅互让，相互补台；做讲原则顾大局的表率，立足全区发展大局，围绕市委中心工作，正确处理个人与集体、局部与全局的关系，一切以大局为重、以发展为重，推动灵武跨越式发展，力争早日实现"争做全区县域经济排头兵，争创全国综合实力百强县"目标。

以调整转型助推县域经济科学发展

中共宁夏回族自治区平罗县委　平罗县人民政府

2008年以来，席卷全球的国际金融危机，冲击强度之大、波及范围之广、危害程度之深世所罕见。长期以来由于经济结构不合理、产业特色不突出、社会发展不均衡，平罗县成为宁夏受金融危机影响最大、损失最重、困难最多的市县。2009年，在县域发展形势复杂，各种困难和矛盾相互交织的背景下，全县上下以学习实践科学发展观活动为动力，把调整转型作为当前和今后一个时期平罗经济社会发展的紧迫任务，应对危机保增长，调整结构促转型，项目推动扩内需，统筹兼顾重民生，各项工作在困难中开局、逆境中奋进、挑战中前行，县域经济整体呈现平稳较快发展的良好态势。全年完成地区生产总值64.9亿元，同比增长13%；县级财政收入6.43亿元，同比增长29.4%，其中，一般预算收入4.2亿元，同比增长14.9%；固定资产投资53.8亿元，同比增长28%；城镇居民人均可支配收入和农民人均纯收入分别达到12196元和5431元，同比分别增长7.2%和8.5%。在第九届全国县域经济基本竞争力与科学发展评价中，平罗县位列西部百强县第78位，比上届上升15位，并荣获县域经济科学发展创新范例。主要做法是：

一、凝聚科学发展共识，坚定调整转型决心

平罗县面对金融危机的严重冲击，坚决贯彻中央和区、市党委、政府重大决策部署，见势早、判断准、出手快、措施实，化危为机，逆中求进，坚定不移地推进调整转型战略，助推县域经济科学发展。

1.坚持把调整转型作为应对危机保持增长的迫切需要。

平罗县工农业产品大部分处于产业链上游，市场行情经常受外部环境影响摇摆不定。必须把调整转型作为抓当前、谋长远的有效举措，利用金融危机形成的倒逼机制，淘汰落后工艺和产能，改造和提升产品结构，通过苦练“内功”摆脱后金融危机时期的影响。抢抓国家扩大内需、促进西部地区经济平稳较快发展、支持宁夏经济社会发展的历史机遇，在“集中上项目、突出抓产业、重点调结构、全力促发展”上求突破，打牢保增长、调结构、扩内需的基础。2009年，实施国家、自治区投资项目85个，批复资金3.88亿元，同比增长135.6%。率先在宁夏启动了重点工业项目建设大会战，反周期开工建设重点工业项目69个，完成工业固定资产投资25亿元，全县101家规模以上工业企业开工率由最低谷时的31.5%上升到92%，赢得了保增长防守反击攻坚战的阶段性胜利。

2.坚持把调整转型作为转变经济发展方式的内在要求。

平罗县在产业发展上缺乏长远规划，企业规模小而散，低水平建设、重复建设现象十分突出。必须依靠调整转型扭转经济发展主要依靠资源消耗拉动增长的局面，着力培育新能源、新材料、节能环保、高端制造业等战略性新兴产业，加快传统产业改造升级，延伸产业链条，培育产业体系，打造产业集群，切实增强自主创新、市场竞争和抵御风险的能力。加快推进经济结构调整，巩固一产，提升二产，做大三产，在调整转型中实现速度、质量、效益的有机统一，努力在转变经济发展方式上取得实质性突破。

3.坚持把调整转型作为推动县域科学发展的现实选择。

平罗经济对资源、能源依赖性强，经济发展结构性矛盾依然突出，三次产业比重明显失衡，基本公共服务投入不足，社会保障体系尚未健全，可持续发展后劲明显不足。必须要把调整转型作为推动县域科学发展的必由之路，按照以人为本，全面协调可持续发展的要求，准确把握调

整转型面临的挑战和机遇，在重点抓好经济转型的基础上，更加注重生态转型和社会转型，全面建设产业突出、环境和谐、民生幸福的西部百强县。

二、把握科学发展主题，创新调整转型举措

加快县域经济调整转型步伐，要牢固树立“产业第一、项目推动、调整转型”的发展理念，着力在调整结构、转型升级，做优存量、做大增量，产业培育、集群发展，金岸建设、城乡统筹上下工夫、求突破。

1.围绕产业突出，在经济结构调整上实现新突破。

坚持把经济转型作为县域经济发展的根本，不断调整优化产业结构，破解发展难题，转变发展方式。一是大力调整产业结构。按照“扶大、关小、上新、延长”的思路，着力培育特种合金、煤基炭材、精细化工等一批具有地方特色和比较优势的产业。围绕清真肉羊、瓜菜、制种、生态水产、枸杞五大优势特色产业，着力发展特色农业、精品农业和观光农业，叫响特色品牌、原产地品牌。加快特色旅游、商贸物流、房地产业等现代服务业发展，以特色产业支撑县域发展。围绕煤基炭材、特种合金、精细化工、能源化工、装备制造、光伏材料、农产品加工七大产业集群，按照上下游配套，专业化协作的要求，紧盯国内500强和行业龙头企业，全力促成了汇源、雨润、中粮、君功等一批科技含量高、带动能力强、财税贡献大、实现就业广的大项目、好项目，以重大项目助推结构调整。二是大力优化板块布局。按照“一城两翼”战略布局，重点发展园区、城镇、带域、乡镇四大经济板块。合理规划园区功能布局，加大工业园区基础设施建设力度，全力推进园区产业整合。完善石嘴山生态经济区总体规划，提升承载发达地区产业转移的能力。全面启动陶乐地区煤炭资源开发工作，把河东地区打造成为石嘴山市乃至宁夏重要的能源化工基地。加快建设生态经济产业带，物流经济产业带、生态旅游产业带，形成特色鲜明、优势互补、协调有序的发展格局。三是大力转变发展方式。切实加强对科技创新工作的引导和支持，积极争取一批国家、自治区级科技攻关项目，在健全完善平罗县活性炭研发中心建设的基础上，围绕特种合金、农药、电石等产业，建设技术研发中心，增强企业自主创新能力。抢抓平罗县被列为宁夏第二批循环经济试点城市的有利机遇，构建特种合金、煤基炭材、精细化工循环经济产业链，全面提升循环经济发展水平。

2.围绕环境和谐，在生态文明建设上取得新成效。

坚持环境立县、生态优先，宁可牺牲GDP，也要坚决抓好环境保护，让老百姓享受蓝天、绿地、清水、净气。一是完善环境保护措施。在充分利用黄河水资源的前提下，对全县湖泊、湿地进行保护性开发，扩大生态水产面积，发挥生态效益。加大对煤炭、化工、冶金等重点行业的环保技改力度，严格控制工业污染和废气排放，提高各类废物的循环利用水平。二是完善生态建设模式。加强天然草地、毛乌素沙漠和贺兰山东麓等生态脆弱地带的综合治理，加快天河湾、瀚泉海、滨河大道、防沙治沙博览园等重点生态林业工程，提高生态防护能力。依托国家5A级沙湖风景旅游区，加快瀚泉海、玉皇阁、天河湾、黄河主题公园、塞上江南博物馆等景点旅游基础设施建设，重点发展以稻香杞红为主的生态农业观光游，以防沙治沙为主的大漠风光游，以展示历史文化为主的塞上江南风情游，以湿地开发与保护为主的黄河湿地休闲游。三是完善污染治理机制。引导企业树立减污就是增效的发展理念，建立排污权有偿使用机制，健全环保绩效目标考核体系，加大环保问责和奖惩力度，严格限制高耗能项目建设。设立污染治理专项资金，采取以奖代补方式扶持城市污水、垃圾处理等治污项目建设，吸引社会资金参与污染治理，形成全社会治污的强大合力。

3.围绕城乡统筹，在黄河金岸建设上迈出新步伐。

坚持“以城带乡、以工促农、城乡联动、协

调发展”的方针，把黄河金岸建设作为缩小与发达地区差距，推进城乡统筹的重大举措，努力构建城乡经济社会发展一体化新格局。一是发挥规划的龙头导向作用。坚持“统筹城乡、适度超前、合理布局、分步实施”的原则，高起点、高水平地编制城乡一体化发展总体规划及专项规划，着力抓好各项规划之间的配套衔接。在明确区分功能定位的前提下，优化城镇建设、农田保护、产业聚集、村落分布、生态涵养等资源配置，举全县之力推进金岸产业、金岸城建、金岸新村、金岸路网、金岸民生等黄河金岸十大项目建设，把平罗打造成为宁夏沿黄城市带北翼核心区。二是促进城乡产业互动发展。把强化产业支撑作为统筹城乡发展的基础，通过标准化生产、产业化经营，引进农业产业化龙头企业，配套建设繁育体系、生产基地和流通组织，提升产业规模和档次。增强县城和中心城镇的辐射带动作用，逐步缩小城乡差距，引导农村人口有序转移，实现农民向产业工人的转变。三是创新统筹城乡发展机制。把机制创新作为统筹城乡发展的强大动力，巩固扩大农村土地信用合作社、村队企业化、农村信息化、城乡居民医疗保险一体化和农村金融改革等试点成果，把创新农村市场体系建设和繁荣农村文化建设，与统筹城乡发展各项任务同步推进，健全城乡市场流通服务网络，满足农村群众的精神文化需求，逐步实现城乡基本公共服务均等化。

4.围绕民生幸福，在社会事业发展上开创新局面。

把保障和改善民生作为改革发展的根本目的，努力解决事关群众切身利益的困难和问题，让广大人民群众持续共享发展成果。一是强化基础设施建设。实施热电联产项目和天然气入户工程，改造完善城市供热管网，加快建设垃圾无害化和中水处理项目，提升城市服务功能，打造“置业金岸、宜居平罗”品牌。加快农村基础设施建设，大力实施土地整理、农业综合开发、中低产田改造项目，加快推进塞上农民新居建设和旧村整治改造，配套完善农村供电、供水、道路、沼气等公共基础设施。二是强化保障体系建设。抓好城乡低保、农村五保以及医疗、住房、教育等专项救助工作，实施农村贫困户和残疾人危房改造，配套建设经济适用房、廉租住房，改善困难群体居住条件。健全社会保险体系，积极稳妥地推进养老、失业、医疗、工伤、生育等社会保险参保扩面，统筹抓好城乡居民医疗保险和新型农村养老保险试点工作，建立多层次、广覆盖、多元化的社会保障体系。三是强化社会事业建设。优先发展教育事业，大力实施名校工程和名师工程，优化教育资源配置，加快中小学布局调整步伐，加强职业教育实训基地建设，促进城乡教育均衡发展。深化医药卫生体制改革，健全完善县、乡、村三级医疗卫生服务体系，增强应对和处置公共卫生突发事件的能力。不断加强思想道德建设，深化“六百工程”创评工作，广泛开展群众性精神文明创建活动。四是优化发展环境建设。扎实推进创业富民工程，加大创业扶持力度，搭建全民创业服务平台，以创业带动就业。改善和优化投资环境，建立招商项目定期回访制度，从严查处涉企乱检查、乱收费、乱摊派、乱罚款行为，切实维护投资者合法权益，努力营造“亲商、重商、富商、安商”的浓厚氛围。完善社会治安防控体系，组织开展专项整治活动，及时解决治安突出问题。进一步健全完善“三调联动”机制，深入开展“平安4+1”创建活动，严格安全生产监管和责任追究，着力提升维护稳定、促进发展的能力，为推动县域经济发展营造和谐稳定的社会环境。

调整转型是经济社会发展的大目标、大方向、大趋势，是实现县域科学发展的必由之路。尽管我们在应对国际金融危机严重冲击、保持经济平稳较快发展、加快经济结构调整和促进发展方式转变等方面取得了积极的进展，但县域发展面临的困难和矛盾仍在不断增多，唯有把调整转型作为破解县域发展难题的治本之策、动力之源，艰苦奋斗打基础，一心一意谋发展，才能推动县域经济在科学发展上实现新跨越。

保障增长 改善民生 努力促进县域经济实现又好又快发展

宁夏回族自治区永宁县人民政府县长 丁建懿

2009年，在区、市党委、政府的正确领导下，在全县广大干部群众的共同努力下，我县全力抓好保增长、保民生、保稳定的各项工作，圆满完成了既定的目标任务。

一是经济发展实现新突破。全年完成地区生产总值47.86亿元，增长17.5%；完成工业增加值23.27亿元，增长21.9%；完成地方财政收入8.3亿元，增长214.5%；财政支出13.87亿元，增长93.4%；完成全社会固定资产投资40.47亿元，增长34.5%；完成社会消费品零售总额5.98亿元，增长18.9%。城镇居民人均可支配收入达13729元，增长11.49%；农民人均纯收入达到5127元，增长8%。二是民生工作迈出新步伐。全年共筹资22亿元，基本解决了历年来城乡基础设施、设施农业等项目建设，以及征地拆迁、村庄环境综合整治等方面的欠账。三是改革开放再获新进展。政府效能建设、政务公开、社会保障等重点领域和关键环节，改革力度不断加大；科学决策、民主决策、依法决策能力不断提升；金融市场、实体经济、农村经济等方面的运行活力不断增强。塞上回族文化旅游名城的影响日益扩大，四季鲜果之乡的美誉度进一步提高。发酵产业走向全国，鲜果贸易跨出国门。四是工业发展取得新成效。全年实施500万元以上项目27个，年内建成投产16项，完成投资10.6亿元。伊品集团8万吨赖氨酸、1.5万吨苏氨酸、北方精工钢构中心一期工程、东方希望20万吨饲料加工、建成建材年产100万吨水泥粉磨站和80万立方米商品砼等重点项目投产达效；望远工业园区扩规提档工作效果显著，"七路五桥"基础设施配套全部建成，园区辐射功能不断增强。五是农业增效凸显新亮点。全年粮食播种面积57万亩，总产量2.5亿公斤，建设连片集中高产示范点37个，推广"冬麦北移"种植1.15万亩。"粮食高产"创建活动被银川市评为第一名；发展设施园艺生产园区15个，新建温棚10000亩，全部实现了当年投产达效；养殖业在发展模式上培育特色，新建养殖园区26个；农田水利基本建设在规模质量上狠下工夫，全年投入农田水利基本建设资金2.9亿元，建设高标准农田16.6万亩，改造中低产田5.8万亩，新增灌溉面积1.5万亩，被列为"全国农业综合开发高标准农田建设示范县"和"全国小型农田水利建设重点县"，荣获自治区农田水利基本建设"黄河杯"竞赛一等奖、银川市"黄河金岸田园风光"建设第一名。六是社会事业跃上新台阶。教育事业全面发展，文化大繁荣、大发展步伐加快，公共服务、公共管理、社会保障及应急管理能力全面提高，基础设施日趋完善。全年用于社会事业的资金投入达4.6亿元，比上年增长21.3%；城镇登记失业率控制在3.6%以内。

2010年，我县将以跑步进入西部百强县为奋斗目标，牢牢抓住有利因素，积极克服不利影响，紧紧围绕县委十二届七次全体（扩大）会议确定的"紧扣一个中心，弘扬银川精神，突出三大定位，实施十大工程"的总体思路，乘势而上，奋力突破，重点抓好以下五方面工作。

一、抓战略支撑，着力推进新型工业化不断提升

一是大力发展优势产业。依托现有产业基础，充分利用市场手段和先进技术，做大做强优势产业，重点围绕发酵和生物制药等工业主导产品，鼓励企业着力加强下游产品、衍生产品的研发，力求在延长产业链、提高附加值、增强产业

集中度等方面有新的突破，提升核心竞争力。重点发展伊品生物45万吨玉米深加工及5万吨苏氨酸、瀛海集团日产4500吨水泥生产线、紫荆花纸业4万吨木浆纸、北方精工钢构中心二期等续建项目建设，力争年内投产达效。二是全力推进园区建设。采取更加有力的措施，加快工业园区建设，突出抓好基础设施配套，提高项目入园门槛，加强园区科学管理，真正把园区打造成为生产要素的集聚区、经济发展的先行区。全力抓好宁东能源化工基地临河综合项目区C区永宁工业园的建设。全力抓好望远工业园区扩规提档工作，进一步完善园区内基础设施及亮化、绿化等配套建设，积极引进科技含量高、投资规模大、产品附加值高的大项目、好项目入驻园区，不断提升园区档次。

二、抓强基固本，着力推进农业农村工作稳步前行

一是坚持用工业化、市场化的理念，推进现代农业建设，按照“优的做强，特的做大”的思路，合理优化产业布局，打造连片种养的规模农业生产基地，全年完成新发展设施农业2万亩，奋力推进设施农业沿着“品种特色化，基地规模化，生产标准化，经营产业化”的方向不断向前迈进。二是大力发展畜牧养殖业，积极发展小区养殖、专业村养殖，力争全县畜牧养殖业产值占农业总产值的比重达45%以上，不断推进畜牧养殖业的规模化和产业化进程。三是努力发展特色经果林产业，加快推进贺兰山东麓10万亩葡萄基地、闽宁镇万亩葡萄基地、滨河大道两侧等重点区域特色经果林的规模化种植。四是以“黄河金岸绿色长城工程、包兰铁路生态及生产力提升工程”为龙头，围绕农田水利基本建设片区、农村庄点以及城乡重点道路建设，开展大面积、多领域的生态绿化，逐步形成“通道景观化、农田林网化、企业公园化、城镇园林化”。

三、抓载体提升，着力推进城乡建设工作再出亮点

坚持“突出重点、分类指导、有序推进”的原则，着力形成布局合理、设施配套、功能完善、特色鲜明的城乡发展体系。一是积极推进黄河金岸建设。科学规划，精心布局，突出特色，做足“水、绿、景、游”四篇文章。结合农田水利建设，实施沟、渠、田、林、路、湖泊、村庄综合整治，打造塞上田园新风光。扎实做好滨河大道两侧的生态绿化美化工作，在确保质量的基础上提高档次，打造生态绿化风景线。二是积极推进城市化建设。按照县城“北扩东移”战略，稳步推进旧城改造，加大新区建设力度。加快城市供热基础设施改造建设，完成县城西区供热管网改造。三是积极推进社会主义新农村建设。按照《永宁县2010年社会主义新农村建设实施方案》，加大农村危房改造工作力度，实施109国道两侧以及旅游景区沿线庄点的整治改造，重点完成沿滨河大道西侧3个标准高、设施配套、环境优美、各具特色的“塞上农民新居”示范庄点建设。四是积极推进小城镇建设。以农产品集贸市场和工业聚集小区为重点，抓好市场、小区、基础设施三位一体建设。强化小城镇的经济功能，把小城镇建设与农业产业化经营紧密结合起来，增强小城镇对农村腹地的经济社会发展聚集和辐射能力，重点实施闽宁镇、李俊镇两个小城镇建设，突出特色，打造亮点。

四、抓市场培育，着力推进第三产业快速发展

一是加快推进现代商贸物流产业。高起点规划、高标准建设，重点发展位于望远工业园区109国道两侧集加工、仓储、交易、商务信息服务为一体的金属、建材、家具、汽车及配件、酒店用品、蔬菜果品、轻纺百货小商品、药材批发等大型综合物流市场，投资规模近100亿元，全部建成运营后，预计年可实现交易额达476亿元以上，年创利税7亿元以上，带动3万多人就业。二是加快推进特色文化旅游业发展。全面完成纳家户民族风情街、纳家大院的建设，加快中华回乡文化园二期、世界穆斯林城项目建设。立足县域资源，充分发挥设施园艺基地、鹤泉湖湿地保护区、特色经果林带、沿山葡萄基地的优势，加大基础设施建设力度，积极推进“农家乐”及沿河沿山观光农业旅游。

五、抓民生改善，着力推进社会事业全面进步

一是大力提高教育水平。加快教育园区建设步伐，实施校园安全改造工程，加大教育布局调整力度，强化教师队伍建设，以硬件的改善、资源的优化和教师素质的提升促进教育事业的发展。认真办好永宁中学“伊品班”和回民高级中学“圣雪绒班”，积极探索永宁教育发展的新思路、新举措，着力打造永宁教育品牌。加快发展职业教育，确保完成普及高中教育工作目标；二是大力提高农村社会保障和就业水平，全面启动新型农村社会养老保险工作，加快建立覆盖农村居民的社会保障体系；加快社会保障性住房建设进度，加大在技术、资金方面的扶持力度，切实解决失地农民的安置和就业问题。加快乡镇民生服务中心建设。三是大力提高医疗卫生服务水平。加强县乡村三级医疗卫生服务网络建设，深入推进人人享有基本医疗卫生服务工作，健全新型城乡社区卫生服务体系，进一步健全突发公共卫生事件应急机制，及时做好重大疫情的预警、预防和控制工作。

总之，我们将以“新”的观念、“争”的意识，“快”的步伐、“实”的作风，“干”的劲头，主动想事、谋事、干事，大干快上，奋力谱写加快永宁发展的新篇章。

发展壮大县域经济　争创“西部百强县”

中共宁夏回族自治区中宁县委书记　张兴斌

郡县治则天下安。县域始终是我国行政经济系统中最基本的层次和最完整的经济单元，是国民经济中相对独立的子系统和支撑点。近年来，中宁县认真贯彻落实党的十七大、十七届四中全会精神，抢抓国家实施第二轮西部大开发战略和国务院《关于进一步加快宁夏经济社会发展的若干意见》、《关于应对国际金融危机保持西部地区经济平稳较快发展的意见》等政策机遇，紧紧围绕发展壮大县域经济这个中心，把解放思想作为推动科学发展的先导，“跳出中宁看中宁”，“立足宁夏看中宁”，“放眼全国看中宁”，深化对县情的再认识，进一步理清了工作思路，确立了建设“枸杞之乡、冶金重镇、物流之都、金岸明珠”的发展定位和要在2012年前跨入西部百强县行列的奋斗目标。

一、大力发展特色优势产业，加快建设“枸杞之乡”

农业和农村经济是县域经济发展的基础。中宁县是国务院命名的“中国枸杞之乡”，全县农民人均仅来自枸杞产业的纯收入达到三分之一以上。争创西部百强县，必须加快大力实施特色兴县战略，深入推进以农业特色优势产业发展。

不断提高优势特色产业种植水平。按照“生态产业化、产业生态化”的思路，以生态文明建设为重点，用产业化、工业化的理念发展枸杞、硒砂瓜、红枣、苹果、生物环保猪、供港蔬菜等特色优势产业，大力推行“企业＋基地＋农户”等现代生产模式，鼓励企业把基地作为生产“第一车间”，实现产、加、销各环节的有机结合和协调发展。到2012年，全县枸杞面积达到20万亩、红枣达到20万亩、苹果达到18万亩、硒砂瓜达到40万亩、优质蔬菜达到5万亩，农民人均来自特色优势产业的现金收入达到6000元以上。

扶持壮大农产品加工龙头企业。大力实施龙头企业振兴工程，制定完善特色产业发展年度规划和扶持政策，成立中宁枸杞产业发展研究中心和质量检测中心，加快建设中国枸杞加工城，为中小型枸杞加工、营销企业成长壮大做好“孵化器”。积极引进枸杞、红枣、苹果、硒砂瓜、生物环保猪、清真牛羊肉深加工龙头企业，形成规模较大、门类齐全、效益较高的农产品加工产业体系。到2012年，全县农产品加工龙头企业发展到25家以上，其中国家级和自治区级农业龙头企业达到10家以上，农产品综合加工转化率达到40%以上。

建立完善现代市场流通体系。重点加强产地市场、冷链储运、物流配送、农超对接和出口外销“五大市场体系”建设。建立中宁枸杞等产业协会，加快电子交易市场建设，积极发展网络交易、期货交易等新型交易方式，规避市场风险，增加销售收入。切实加强“中宁枸杞”中国驰名商标的品牌保护，鼓励企业建立出口创汇基地、有机枸杞特供基地，积极注册国际商标，扩大品牌效应，全面提升“中宁枸杞”等农副产品的国际竞争力。

二、不断调整优化经济结构，加快建设“冶金重镇”

工业是县域经济发展的重要支撑。目前，中宁县已经形成新材料、冶金、能源化工、建筑建材、特色农副产品加工等较为完备的工业体系，中宁新材料循环经济示范园被列入自治区重点支持、差异化发展的“十大特色园区”之一。因此，争创西部百强县，必须大力实施工业强县战略，坚定不移地走新型工业化道路。

努力改造提升传统产业。加快运用先进技术改造提升传统优势产业的步伐，改进工艺技术，提高装备水平，促进企业内部水、电、气、热综合循环利用和企业间资源共享、配套生产，盘活存量、扩大增量、提升总量，巩固壮大传统骨干企业。打造以天元集团12万吨金属锰扩建项目为依托的亚洲最大的金属锰生产基地，以华夏公司、兴尔泰集团80万吨硫酸、24万吨磷酸二铵项目为依托的宁夏重要的化工基地，以赛马公司、瀛海集团230万吨干法旋窑水泥为代表的宁夏知名的建材生产基地，聚集产业发展优势，提升市场竞争实力。

培育壮大新材料新能源产业集群。抢抓中宁列入宁夏循环经济试点县的契机，加快万隆公司100万吨稀土彩钢板、10万吨金属锰和镍铁、铬铁、电解铜、电解铝、建筑砌块及余热回收发电等彩色不锈钢新材料循环经济项目建设，打造全国最大的稀土彩钢板生产基地；加快锦宁公司120万吨铝镁合金、45万吨碳素和以铝镁合金深加工为主体的新材料循环经济项目建设，打造西部重要的铝镁合金及深加工生产基地；加快推进隆基公司3000吨单晶硅、石英坩埚和清洗、切片等新材料循环经济项目建设步伐，建设西部重要的单晶硅光伏材料产业基地；加快宁夏发电集团红寺堡风力发电项目建设步伐，力促华电集团、中电投集团等风电、太阳能发电等新能源项目早日开工建设、达产达效，打造宁夏重要的新能源产业基地。

进一步优化工业发展环境。按照科学发展观的要求，坚持工业项目上山入园、不占耕地的原则，充分利用国有山荒地建设工业园区，在去年投资3亿多元，平山整地1万多亩的基础上，进一步完善中宁新材料循环经济示范园区道路、供水、供气、供电、通信、绿化等基础设施，不断增强园区的承载聚集功能。坚持引资与引智相结合，切实提高招商引资质量和效益，以大招商促进大开放、大发展。今年以来，全县招商引资到位资金已达64亿元，预计全年可突破100亿元大关。到2012年，全县销售收入过亿元的企业将达到20家以上，规模以上企业达到50家以上；工业经济总产值达到300亿元以上，工业增加值达到100亿元以上，地方财政一般预算收入达到10亿元左右，可再造3～5个中宁经济，为争创西部百强县提供坚实的工业产业支撑。

三、大力发展第三产业，加快建设“物流之都”

第三产业是县域经济发展的活力和源泉。中宁地处银川至六盘山、银川至沙坡头两条旅游路线的交会地带，是宁夏乃至西部地区的几何中心，县内三条铁路、五条高速公路、一条国道交会，地理位置优越，交通条件便利，是古丝绸之路的中转要冲、全国铁路交通大动脉的“西部桥头堡”和欧亚大通道东进西出的必经之地，是人流、物流、信息流集散地，被誉为西北的“旱码头”。因此，争创西部百强县，必须加快“物流之都”建设，大力实施商贸富县战略，全力推进第三产业发展。

加快构建现代物流产业发展体系。充分发挥中宁区位、交通、资源、特色产业等优势，规划建设以中宁为中心，以铁路、公路为主脉，以银川河东机场、中卫、固原支线机场和“西气东输”管道为补充，以大宗物资集散为主业，以宁南地区为服务半径、以陕甘宁地区为连接带的两大物流圈。大力培育口岸代理、货运分流、客货营销、仓储运输等物流组织，发展路铁联运，着力构建物流供应链一体化、技术手段信息化、服务方式标准化的新型物流体系。

加快中宁物流园区建设。以中宁物流园区被列入自治区“九大物流园区”之一为契机，加快中宁物流园区战略装车点、集装箱中转站、物流配送区、仓储加工区、综合服务区和汽车城“六大功能区”建设，着力打造功能齐全、设施完善、环境优美、服务优良的现代物流发展平台。积极争取国家和自治区项目资金支持，加快太中银铁路中宁东站建设步伐，争取战略装车点与太中银铁路同步运营，年内汽车城、建材城建成开业，形成买汽车到中宁的便捷优势。中宁物流园区建成后，年吞吐货物量将达到350万吨以上，带动全县物流业实现增加值3.6亿元。

大力培育现代物流企业。充分发挥市场配置

资源的基础性作用，通过招商引资等多种方式，引进和发展一批国内知名大型物流集团，重点培育技术先进、管理科学、辐射带动力强的第三方物流企业和大型连锁经营企业。整合现有信息网络资源，实施现代物流公共信息平台建设，加强与高等院校、物流研究机构和现代物流企业的联系合作，建立物流信息共享机制，促进信息流、资金流的高度融合。

四、坚持统筹城乡发展，加快建设“金岸明珠”

城市化是县域经济发展的外在表现形式。世界各国文明的发祥地大多在大江大河两岸，黄河穿越中宁县境68公里，中宁唯黄河而存在，依黄河而发展，靠黄河而兴盛。因此，争创西部百强县，必须按照自治区加快沿黄城市带建设、打造黄河金岸的战略部署，大力实施环境靓县战略，加快推进城乡一体化进程。

加快县城新区建设步伐。加强与联华国际集团等国内知名企业的合作，加快中国枸杞博物园建设步伐。启动建设了中宁雍华庭、枸杞商贸街、五滨河星级酒店、柏兰德五星级酒店、杞乡黄河体育中心、杞乡宣传文化中心等地标性建筑，加快完善新区供电、供水、供热、供气、通信等市政基础设施，加快以公共绿地、环城道路为重点的生态林带建设，改造提升公园、广场、湿地绿化景观，加快文化休闲娱乐场所建设，切实提高新区文化品位。

加快城市基础设施建设步伐。强化资本运作意识，建立政府偿贷基金，广泛吸引外资、社会资金和银行贷款参与城市建设与经营，将旧城改造与妥善安置拆迁群众、失地农民紧密结合起来，加快旧城改造开发步伐。加快实施重点城市道路、汽车站、城市天然气综合利用、城乡电网改造等公共基础设施项目和房地产开发项目，努力把中宁建成宜居、宜商、宜游、宜创业的金岸明珠城市。

加快推进黄河金岸建设步伐。以自治区加快黄河金岸建设为契机，大力发展中心集镇和一般集镇，完善集镇基础设施，打破乡村界限，引导扶持农民群众到中心集镇和一般集镇建房居住，投资置业，努力构建城乡一体化发展格局。高标准抓好城市美化、亮化和南北滨河大道景观水系和绿化建设，提升黄河金岸园林绿化档次，形成黄河玉带串玉珠、“簌簌衣巾落枣花”、“驿路梨花处处开”的金岸胜景，使黄河金岸成为改善生态的景观带、促进农民增收的经济带、展示中国枸杞之乡的宣传带、彰显“中国绿色名县”的魅力带和提升中宁对外形象的开放带。

抢抓机遇　科学实干
全力打造高效生态经济示范区

中共山东省博兴县委书记　初建波

2009年11月23日，国务院正式批复《黄河三角洲高效生态经济区发展规划》，标志着黄河三角洲开发建设正式上升为国家战略。作为地处黄河三角洲腹地的博兴县，面对这一千载难逢的重大历史机遇，将坚持以科学发展观为统领，按照生态、循环、优质、高效的要求，充分做好县域经济发展与黄河三角洲开发建设的结合文章，解放思想，更新观念，借势借力，错位发展，全力打造高效生态经济示范区，推动县域经济发展再上新水平、实现新突破。

一、突出优化环境，进一步激发县域经济发展活力

继续坚持“环境立县”战略不动摇，标本兼治，软硬并举，整体推进，强力把博兴打造成为招商引资的“环境洼地”、快捷高效的“服务高地”、聚才引凤的“风水宝地”。一是解放思想，凝聚合力。深入开展解放思想大讨论活动，努力在全县形成人人关注发展、奉献发展的浓厚氛围。引导各级各部门和广大干部群众正确处理“得”与“失”关系，牢固树立让眼前利益、求长远利益，让局部利益、求全局利益，让经济利益、求社会效益的观念，放胆放手求发展。二是转变职能，强化服务。进一步改进政府管理方式和工作作风，把服务发展、服务企业作为全部工作的重中之重，既要讲规范，更要讲服务；既要讲程序，更要讲效率，在服务中管理，在管理中服务，切实提高行政效率，全力打造“服务型政府”。三是完善设施，夯实基础。按照统筹规划、适度超前的原则，以城区东进、西拓、中优、南跨、北延发展为方向，大力推进旧城改造、城市核心区打造和生态建设，切实加快铁路、公路、高速公路等基础设施建设步伐，全力建设生态园林型城市。

二、突出项目投入，进一步壮大县域经济发展实力

全力在抓项目的广度、深度和力度上下工夫，以大投入促进规模的大膨胀、结构的大调整和发展方式的大转变。一是突出重点，做大产业。依托现有基础、优势和特色，进一步拉长增粗产业链条，重点培植化工、粮油食品加工、新型材料、电力能源、机械制造、厨具、纺织服装、文化旅游等八大支柱产业，全力建设全国石化行业循环经济示范基地、表面活性剂生产基地、粮油加工循环经济示范基地、新型建材生产基地、华东电力能源基地和全国最大的不锈钢厨房设备生产基地。到2015年，化工、粮油食品加工、新型材料等八大产业主营业务收入达到3000亿元；到2020年，分别达到6000亿元以上。二是建好园区，筑牢平台。按照合理利用资源、发展生态循环经济的原则，突出抓好县经济开发区、兴福民营经济园区、纯化新能源基地三大园区建设，将其打造成为全县经济发展的核心增长极和重要引擎。三是多措并举，扶强龙头。积极培育骨干龙头企业，严格落实各项优惠政策，继续实行县级领导包保项目责任制，不断提高全县工业经济的整体竞争力。到2015年，累计完成工业固定资产投入900亿元以上，主营业务收入过百亿元企业达到10家，其中过500亿元企业达到2家。到2020年，全县规模以上工业增加值达到1000亿元，京博控股公司跻身世界500强。

三、突出机制创新，进一步增强县域经济发展动力

坚持深化改革，推动创新发展，着力构建有利于高效生态经济发展的体制机制，全方位拓展

对外开放的广度和深度，为县域可持续发展提供制度保障。一是创新投资融资体制。深化财税改革，优化收支结构，进一步增强财政对经济发展的调控能力。搭建融资平台，充分利用发行债券、产权交易等方式，加大融资力度，年内上市企业达到3家。积极主动对接国家投资计划，新筛选一批基础设施、自主创新、生态环保、社会民生等方面的重大项目，力争有更多的项目进入国家、省计划盘子。二是打造党建特色品牌。深化干部人事制度改革，实行“三公开、两印证”初始提名制度，推进领导班子任期制及班子成员全员竞岗机制，探索推行干部教育培训项目化管理和市场化运作模式，实施成长型企业管理人才梯度培养工程，努力建立一支创新型人才队伍。全面落实党建工作责任制，加强乡镇党委书记队伍建设，积极探索乡镇党委书记培养、选拔、管理、使用、考核、奖惩的新路子。三是大力实施“跨河入海”战略。滨州北海新区位于县域外，是一块亟待开发的处女地，是国务院批复的《黄河三角洲高效生态经济区发展规划》中四个临港产业区之一。博兴县将立足当前，着眼长远，大力实施“跨河入海”战略。按照“依托港口、拉伸产业、打造航母、服务北区”的总体思路，迅速启动政策、规划、招商、基础设施“四大对接”行动，实行飞地开发，领办临港产业园区，打造博兴参与黄河三角洲开发建设的航母。

科学发展县域经济　努力建设铝城枣乡

中共山东省茌平县委　茌平县人民政府

茌平县，地处鲁西平原，总面积1117平方公里，辖6镇8乡2个办事处，814个行政村，59.8万人，系山东省改革开放试点县。

近年来，茌平县按照“团结实干建设铝城枣乡，科学发展跨入全国百强”的总体工作思路和目标，坚定不移地走“抓二带一促二”的县域经济发展之路，综合实力显著增强，社会事业长足进步。2009年，完成GDP210.8亿元，地方可支配财力16.2亿元，农民人均纯收入5850元，分别是2002年的5.68倍、10.94倍和2.3倍。先后荣获全国“产业百强县”、“科技工作先进县”、“农田水利基本建设先进县”、“粮食生产先进县”、“沼气工作先进县”、“城市环境综合整治优胜县”和全省“基层组织建设先进县”、“精神文明建设先进县”、“社会治安综合治理模范县”、“小城镇建设先进县”、“外经贸工作先进县”、“人居环境范例奖”、“生态示范区”、“双拥工作模范县”等荣誉称号。

一、发挥优势，突出特色，发展特色县域经济

发挥优势、突出特色是加快县域经济发展的基本方向，也是一个非常重要的工作思路和方式方法，在市场经济和各地竞起的大潮下尤为明显。特色就是优势，就是路子；突出了特色，就发挥了优势，就找到了县域经济发展的突破口。

我们紧紧抓住主要矛盾，着眼自身比较优势，大力发展特色县域经济。工业上，以打造东方铝城为重点，带动整个工业经济发展。一是立足电、气优势，大力膨胀发展电解铝产业，延伸发展氧化铝、碳素、铝的深加工。同时，大力膨胀发展密度板产业，延伸发展中、高密度板的深加工。二是立足丰富的农产品资源，膨胀发展味精、纺织产业，延伸发展淀粉、液氨、复合肥等；农业上，以开发鲁西枣乡为重点，加快农业产业结构调整步伐，突出建设10万亩圆铃大枣生产及加工基地；服务业上，以工业为支撑，突出发展物流业。从而找准了工作的突破口和着力点，拉开了县域经济快速发展的大架势。

二、解放思想，干事创业，做好结合文章

解放思想、干事创业是加快县域经济发展的关键。解放思想的实质是以创新思路配置生产要素，促进生产力大发展。解放思想是传统观念脱胎换骨的过程，是思维创新、思路更新、方法翻新、与时俱进的过程。只有不断地解放思想，才能出思路、出办法。

茌平经济近年来的快速膨胀发展正是得益于思想的不断解放。我们始终把解放思想贯穿于落实科学发展观、实现跨越发展的全过程，教育和激励广大干部群众冲破故步自封的束缚，树立敢定大目标、敢争高速度、敢创新业绩的思想；冲破畏难发愁的束缚，树立想大事、干大事、成大事、敢于负责、善于落实的思想；冲破惯性思维的束缚，强化办法总比困难多、积极应对挑战、抢抓发展机遇的思想，努力把解放思想落实到各项实际工作中去。在招商引资工作中，我们坚持“双赢”理念，努力把思想解放到“把项目谈成、把事干成”上来，以存量引增量，以产权换资金，舍得拿出优势资产、优势项目进行招商引资、合作经营，催生壮大了一大批优势企业。

我们坚持把解放思想与解读政策、抢抓机遇、居安思危统一起来，认真贯彻落实国家产业政策。2003年以来，国家不断强化调控措施。在这种情况下，我们审时度势，抢抓机遇，把国家宏观调控作为大有可为的战略期、产业转型的有利时机，作为创造优势、塑造特色的关键阶段，遵循国家“鼓励热电联产、粉铝联营、铝矿进口、民营外资参与”的产业政策，在对国内外同行业进行缜密考察的基础上，着力实施了信发华宇等一大批县内重点项目，实施了“广西信发”、“新

疆信发”、“山西信发”等省外项目，取得了澳大利亚、印度、菲律宾、斐济等多处国外铝矿资源的开采自用权，走出了一条利用国际国内两种资源、两个市场、两块资金加快发展的路子，成为在平铝业发展“资源战略”的核心内容，与加工基地建设相并，成为打造“东方铝城”的关键之举。

三、延伸链条，发展群体，打造工业产业集群

县域经济发展一般要经历培植骨干企业、打造产业链条、发展产业群体三个阶段。产业聚合、群体发展是发展方向，是县域经济由幼稚期向成熟期迈进的战略举措，是县域经济发展的必由之路。

我们坚持“全党抓经济、重点抓工业、关键抓投入”，依托优势产业、优势企业、优势产品，大力实施“三优带动”战略，打造安全产业链条。为此，我们组织实施了具有延伸、配套、深度加工、平衡发展特点的一大批重点项目，初步形成了铝及铝的深加工、密度板及其系列加工、味精、纺织、制药等五大主导产业，企业群体不断发展壮大。

四、转变方式，调整结构，促进产业协调与提升

转方式、调结构是增强县域经济竞争力的必然要求，是优化我县产业结构、实现科学发展、建设百强县的根本途径。工作中，我们狠抓三次产业的协调发展和档次提升。

做优农业。加大基础设施建设力度，完善科技推广网络，积极推进产业化、标准化生产，农业综合生产能力显著提高，成为全国重要的粮食、棉花、蔬菜、林果、畜禽生产基地、加工基地和出口基地。

做强工业。一是基础产业前延后伸、拉长链条。立足原料互补、产品相连，加快上下游产品开发，增强产业整体的综合竞争优势。二是基础产品向高端发展。着眼县内铝、聚氯乙烯、密度板等生产优势，立足全部就地消化加工增值，做精做细做强，建设全国重要的铝、塑料、木地板三大加工基地，打造千亿铝电产业，推动产品由基础型、原料型向科技型、加工型转变。三是大力发展高新技术产业。

做大服务业。迅猛发展的第二产业是我县服务业发展的强力支撑，为服务发展提供了广阔的发展空间。全县日均10万吨原料及产成品的物资吞吐量，带动起我县物流业的大发展。目前，全县仅大型斯太尔货运车辆就达7000余辆，海运、铁运也正在筹划建设之中。农村劳动力的迅速转移，推动了城镇开发建设，房地产业发展迅速。历史文化的开发、课堂教育改革模式的重大突破，以及水系建设、水库建设等，促进了茌平县旅游业的发展。

五、突出环保，加强城建，建设生态宜居新城

良好的生态环境，完善的城市功能，是增强县域经济基本竞争力的重要载体。我们坚持城市建设与环境保护两措施并举，全国卫生城、园林城、生态城“三城同创”，努力建设“生态茌平”，一个“园林式新型工业城市”跃然呈现在济南与聊城之间。

在生态建设上，按照“节能减排、环境保护是县域经济发展的生命线、企业生存的生命线、人民群众生活保障的生命线”的理念，围绕创建“三城同创”，从循环经济、节能降耗、科技创新等方面入手，不断探索建设资源节约型和环境友好型社会的新途径，进一步提高了县域经济竞争力。

在城市发展上，始终坚持“高起点规划、高标准建设、高效能管理”，城市面貌日新月异。近年来，先后高标准实施了9条旧城区主要街道的改造和美化、绿化、亮化工程，城中村改造、城边村改造工程；实施了7条新区街道建设，实施了实验高中、一中分校、实小分校、新外环路、新105省道等建设，以及10多个机关单位南迁新建、12处居住小区建设、以“四馆一场”为内容的文体中心建设、高速公路西口立交建设、茌山公园建设、环城水系建设、信发水库建设，等等，全面进行了县城中心“西移南伸”的新城区建设，城区面积扩大了5倍多，城市功能、城市环境、城市形象进一步完善和提升。

六、统筹发展，协调推进，构建“和谐茌平”、“幸福茌平”

县委、县政府始终坚持以人为本，高度关注民生，真心实意为群众办实事，大力发展各项社会事业，让广大人民群众共享改革发展成果，人民群众的幸福度和满意度大大提高。一是狠抓劳动和社会保障工作。按照“应保尽保、扩面覆盖、动态管理”的原则，扎实有效地开展了劳动保险、失业保险、下岗再就业、失地农民保障、城乡低保等工作。建设高标准中心敬老院7处，全县鳏寡孤独老人全部由县财政集中供养。二是着力解决困难群众在住房、子女上学、就医等方面的实际困难。新建3处农村中小学和2处城区小学、2处高中学校，全县中小学危房改造全面完成，改造高职、技校4处，新建中医院1处，全面完成了县级各医院门诊楼、病房楼的改造，加强了乡村卫生院（室）建设，城乡参合报销补偿标准进一步提高。三是文化大院、农村书屋等设施以及县乡村三级文化网络不断健全，深入开展了社会主义核心价值观教育和系列文明创建活动，精神文明整体水平得到较大提升。四是加强社会治安综合治理工作，深入开展“唱红打黑树新风”活动，突出加强人防、物防、技防，建成了电子监控城，各类矛盾和刑事案件大幅度下降，人民群众的安全感、满意度空前提高。

七、增强能力、提高素质，加强干部队伍和企业家队伍建设

从某种程度上讲，县域经济是政府支持、企业实力和企业家素质的强力组合。没有大气魄、战略眼光、踏踏实实干事创业的企业家，没有企业的一定实力，就不会有企业的跨越发展和企业群体的形成，就不会有县域经济的大发展。同时，企业发展、县域经济发展离不开党委、政府的组织领导和强力支持。在县域经济发展过程中，党委、政府必须立足实际塑造特色、寻求突破；必须准确阶段定位，把握好发展趋势；必须坚决贯彻落实国家产业政策，在对县域经济发展的指导、引导和领导上强化措施，创新工作。

我们坚持把提高推进科学发展的能力作为突出重点来抓，以把握规律性、富有创造性为目标，努力培养专家型、经济型、实干型的干部队伍。在工作指导上，力求站得高、看得远，胸怀全局，放眼未来，突出帮助企业搞好发展研究，注重生产基地建设，更注重加工基地建设、精细化再加工增值，努力把资源优势综合转化为商品优势、经济优势；在工作引导上，坚持以吃透上级的路线方针政策和县情实际为基础，致力于正确判断县域经济发展的特定阶段、存在问题和发展方向，围绕产业链条、规模群体的培育和发展，明确措施、有的放矢，扩大开放、招商引资，启动能人、搭建舞台，优化环境、强化服务；在工作领导上，坚持总览全局、提纲挈领，抓领导、领导抓，统一意志、凝聚力量，突出重点、真抓实干，取得了良好的工作成效。深入学习实践科学发展观活动和连年开展的作风建设工作，极大提升了干部队伍的绩效意识和实践能力；“大中项目一律进园区建设”、“哪个乡镇引进的项目、其地方税收归哪个乡镇”以及重奖招商引资引荐人等措施，充分调动了招商引资的积极性；重点项目联席策划、责任帮包、每周六现场办公会等制度的落实，使项目建设收到了决策准、建设快、节省多、回报早的良好效果。

在企业家队伍建设上，我们以提升战略思维能力和现代管理水平为目标，分批次组织了百名企业家在清华大学进行脱产培训。同时，通过激励引导，在全县形成了“打工不如当老板”、“车间主任、副经理竞相自开炉灶再当大老板”的浓厚氛围，企业数量裂变式急剧增长，并涌现出以4位全国劳动模范、20余位硕士研究生为突出代表的高素质企业家队伍，成为茌平县域经济发展最为宝贵的人才支撑。

以群众工作推动经济社会科学发展

中共山东省高密市委书记　吴建民

高度重视做好群众工作，是我们党的政治优势和优良传统，也是贯彻落实科学发展观的内在要求。近年来，我们认真把握国内外深刻变化的新形势、社会结构和群众思想状况的新变化，积极探索加强和改进群众工作的有效途径，最大限度地增加和谐因素、调动积极因素、凝聚发展因素，为推动科学发展、促进社会和谐提供坚实的群众基础。

一、做好群众工作是发展之基、稳定之本、执政之要

加强和改进群众工作是贯彻落实科学发展观的内在要求。发展依靠人民，发展为了人民，发展成果由人民共享是科学发展观的重要内涵。当前，推进科学发展，缺少的主要不是资金、项目、技术、人才，这些要素资源都可以通过市场运作和政策吸引来解决，现在缺的主要是发展空间。像办工厂涉及向农民征用土地，搞城建需要动员市民搬迁，如果群众工作做不好，得不到群众的理解、参与和支持，就得不到发展空间，也就谈不上科学发展。因此，只有把群众工作做细了、做实了，才能凝聚起推进科学发展的强大力量。

加强和改进群众工作是保持社会稳定的根本方法。随着法制建设的不断推进，越来越多的群众学会依法维护自身权益，法律成为化解社会矛盾的重要武器。但在这个过程中，执法机关常常遇到“案结事不了”的尴尬局面。解决这些问题，基本手段是依法办案，但更重要的是加强与群众的沟通，靠党委、政府做好群众工作。从这个意义上讲，只有把群众工作做扎实了，才能更好地化解社会矛盾，促进社会和谐稳定。

加强和改进群众工作是提高党员干部执政能力的现实需要。现在我们的干部队伍年轻化、知识化程度有了很大提高，但不少人缺乏做好群众工作的基本功。一些干部虽然也有干好工作的愿望，但得不到人民群众的理解和支持，结果事与愿违。因此，高度重视并切实加强群众工作，已经成为我们党执政能力建设的一项十分重要而紧迫的任务。

二、增强群众观念，走好群众路线

群众工作，从根本上来说，就是要切实解决好怎样看待群众、怎样组织群众、怎样维护和发展好最广大人民群众的根本利益。要带领群众落实科学发展观、构建和谐社会，必须着眼于人的全面发展，着手于协调处理各方面的复杂关系，落脚于满足人民群众的各类需求，把握群众脉搏，探索群众工作规律。

深刻把握各类矛盾的内在联系和复杂背景，切实协调好不同群体的利益关系。要正确处理发展多数人长远利益与维护少数人眼前利益的关系。既要发展多数人的长远利益，又要维护少数人的眼前利益，力求达到多方满意和多赢效果。要把握好主观愿望和客观效果的统一。毛泽东同志“关心群众生活，注意工作方法”的名言，启示我们在做群众工作时，既要有好的“想法”，又要有好的“做法”，真正把好事办好、实事办实。要从化解历史矛盾入手处理解决一些现实问题。对一些现实问题不能就事论事、就案办案，要着眼大局，历史地分析原因，正确处理解决一个问题与解决一类问题的关系，积极化解历史积怨，才能解决现实问题。

坚持从群众中来到群众中去的群众路线。群众路线是我们党的生命线。我们通过开展党员领导干部包村、包项目和联系企业、联系学校活动，建立健全“两代表一委员”提案、议案和批评建议办理制度，开展领导干部包信访积案活动，引导各级干部深入基层、深入一线，同群众面对面地打交道，了解群众所思所想所盼，把群众“想

什么”与政府“干什么”有机结合起来。

坚持辩证的民本思想，把尊重群众与引导群众统一起来。既要尊重、依靠、服务群众，又要教育引导好群众，切实把尊重群众与引导群众、宣传群众与服务群众、依靠群众与依法规范群众行为有机结合起来。各级干部特别是基层干部担负着宣传、教育和组织群众的责任，要当群众的“向导”，不能当群众的“尾巴”，但要当好群众的“先生”，先要当好群众的“学生”。

三、坚持富民优先原则，凝聚民心民力促发展

发展群众利益，根本也靠发展。经济发展上不去，群众利益无保障，党委、政府就没有号召力、凝聚力，群众工作也就无从谈起。我们坚持把富民优先作为经济社会发展的重要原则，在科学发展中贯彻民本思想，努力实现强市与富民的有机统一。近年来，在市场准入、场地资金、技能培训等方面出台了一系列扶持政策，按照让利于民的原则，积极鼓励城乡各类人群投身创业，形成了铺天盖地的创业局面。民营经济成为县域经济的主体力量，一大批企业在迅速成长壮大。

四、着力改善民生，解决好“三最”问题

就业上学、住房行路、生老病死、婚丧嫁娶等看似琐碎的小事，却件件关系老百姓的切身利益，关系民生大计。只有切实解决好群众的身边事、手头事、眼前事，才能赢得人民群众的拥护和支持。我市地处胶莱盆地，是全国氟中毒较为严重的地区之一。近年来，我们多方筹资1.9亿元，建成了惠及68万农民的饮用安全水工程，使氟区群众彻底告别了祖祖辈辈饮用高氟水的历史，群众称之为“埋在地下的民心工程”。舍弃土地收益3亿多元，建设了5个能容纳万人以上的主题公园和25个各具特色的街头绿地，市民亲切地称其为“老百姓的会客厅”。我们还不断加大财政投入，重点完善了文化、教育、卫生“三大体系”，构筑养老、就业、保险、救助“四道保障线”，努力破解群众就医难、就业难、上学难等突出问题。自2003年以来，全市共新修县乡道路2510公里，村村通率达到97%，林木覆盖率达到36%，有线电视通村率达到100%，新农合参合率、五保供养率分别达到98%和75%，群众的人居环境和社会环境日益改善。

五、加强党员干部队伍建设，增强群众工作凝聚力和感召力

加强干部作风建设，树立良好形象。坚持以作风建设为主线，以群众满意为标准，从密切与人民群众的联系入手，教育引导干部不断强化群众观念，让各级干部始终带着深厚的感情做群众工作，为了群众干事创业。按照“重点工作项目化、项目建设责任化”的要求，分解落实工作任务，由组织部门建立工作台账，对干部包村、包企业、包项目等服务群众情况进行立项考评，作为干部年度考核奖惩的重要内容，调动各级干部狠抓落实服务群众的积极性。

以基层组织建设为重点，打牢群众工作基础。按照因地制宜、地域相邻、优势互补、稳妥推进的原则，探索了小村与大村联建、强村与弱村联建、村企联建、产业联建等党组织联建方式，推动村级党组织以强带弱、共同发展。目前，已建立农村联合党组织162个，“两高两强”型班子达到80%以上。依托产业链条、行业协会建立村级联合支部11个、产业支部94个，全市238家规模以上企业单独建立了党组织，扩大了党组织在群众中的覆盖面和影响力。

建立完善群众工作领导体制。成立了市委群众工作部，在镇街和有关部门、企业设立群众工作室（科），形成了以党委、政府为主线，有关职能部门密切配合，人大、政协、工青妇等组织广泛参与的群众工作管理新机制，形成了群众工作无缝隙、全覆盖的工作格局。

深入贯彻落实科学发展观 努力促进经济社会平稳较快发展

中共山东省广饶县委　广饶县人民政府

2009年，广饶县在市委、市政府的正确领导下，牢固树立和落实科学发展观，解放思想，干事创业，经济社会保持了良好的发展态势。

一是经济运行平稳健康。积极应对金融危机带来的冲击，全力保增长、保企业、保运行，经济发展态势良好。2009年，全县实现生产总值377.32亿元，比上年增长17.3%；完成地方财政收入18.59亿元，其中一般预算收入12.69亿元，分别增长29.1%和16.4%；全社会固定资产投资达到204.80亿元，增长27.8%。综合实力在全省30强和全国百强的位次稳步前移。新型工业化加速推进，2009年，全县规模以上工业实现主营业务收入1350.51亿元、利税163.45亿元，分别增长25.5%和24.6%。农业产业化步伐加快，新培育国家级农业产业化重点龙头企业2家、省级10家，农民合作组织达到120家，带动建设优质标准化生产基地95万亩、规模化畜牧养殖小区309处。服务业加快发展，2009年实现社会消费品零售总额39.65亿元，增长19.2%。金融运行稳健，截至2009年底全县金融机构各项贷款余额316.62亿元，比年初增加62.2亿元。外向型经济稳步发展，全年实现进出口总值17.65亿美元，其中出口9.6亿美元，增长4.5%。

二是城乡建设扎实推进。突出抓好重点城建项目建设，2009年县城区新开工建筑面积90万平方米，竣工面积30万平方米。园林绿化提升工程全面完成，县城区新增绿地25万平方米，成功创建为国家园林县城。大力加强基础设施建设，修建、改造县乡公路65公里、硬化村内主街道42公里，兴广铁路主体工程基本完成，荣乌高速公路广饶段竣工通车，农田水利、土地开发整理、电力设施建设等工程顺利实施。完成了“三网”绿化年度任务，完成造林面积1168公顷，林木覆盖率达到28.2%。

三是社会事业全面发展。加快推进素质教育，高考取得较好成绩。不断完善公共卫生服务网络，成功创建为全省第二个国家卫生县城。深入开展精神文明创建活动，社会文明程度进一步提高。大力培育文化生产力，成功举办了第五届中国广饶·孙子国际文化节和第四届农民文化艺术节，创建为全国先进文化县。强化计划生育基层基础，低生育水平持续稳定，人口自然增长率为3.6‰。

四是和谐广饶建设取得成效。高度重视保障和改善民生，为民办的12件便民实事圆满完成。群众收入不断提高，2009年农民人均纯收入7678元，增长9.9%；城镇居民人均可支配收入18740元，增长9.4%。大力加强社会保障救助体系建设，完善了城乡居民保障制度，在全省第一个设立了县级大病补偿资金，提高了新农合财政补助、城乡居民低保等补助标准，群众生活持续改善。全面加强就业再就业工作，城镇登记失业率为1.7%。严格落实节能减排目标责任制，万元生产总值能耗比上年下降5.44%，化学需氧量排放削减4%。深入推进平安广饶建设，大力开展交通秩序、安全生产专项整治活动，全面加强社会治安综合治理，不断完善突发事件应急处置机制，社会持续和谐稳定。

2010年，全球金融危机对实体经济的影响仍未见底，经济工作仍面临异常复杂严峻的局面。今后，我们一定要辩证地看待经济发展面临的形势，坚定攻坚破难的信心，按照市委、市政府的工作部署，紧紧抓住黄河三角洲开发建设的重大机遇，以科学发展观统领全局，以保持经济平稳较快发展为首要任务，以转变经济发展方式为根本途径，以保障和改善民生为出发点和落脚点，坚定不移地打好扩大投资、企业运行、结构调整“三大战役”，确保又好又快地促进经济增长。

一、坚持发展第一要务，着力保持经济平稳较快增长

一是抓投资。认真落实各级扩大内需的政策措施，以项目建设为抓手，突出抓好已经确定的项目，论证实施一批新项目，积极争取上级项目，广泛引进外来项目，增强投资对经济增长的拉动作用。对已经确定实施的重点项目，要严格落实县领导和部门帮扶推进责任制，全力抓推进、搞服务、促落实，确保按期竣工投用。抓好后续项目跟进，筛选论证储备一批符合产业政策的大项目，抓好组织实施。认真抓好中央预算内投资项目建设，继续加大争取力度，力争有更多的项目列入国家支持计划。高度重视招商引资，建立招商项目库，组建专业招商队伍，积极组织外出招商活动，强力推进县内企业与国内外500强等大企业合资合作，争取引进一批大高外项目。

二是保企业。建立完善领导帮扶企业制度，帮助企业拓展国内外市场和销售渠道，确保企业生产不停顿、资金不断链、市场不丢失、项目快建设。特别要高度重视解决企业资金困难，切实搞好银企对接，落实好主办银行制度，建立完善中小企业贷款担保机制，不断扩大信贷额度，保障企业资金需求。严格落实扶持企业发展的政策措施，严厉打击扰乱市场秩序的行为，全面清理规范各项收费，努力减轻企业负担，不断优化发展环境。

三是扩外需。把稳定和扩大外需放在重要位置，落实好扶持外经贸发展的各项政策，鼓励企业抓好产品质量，引导企业让利不让市场，积极组织企业参加国内外知名展会，支持企业开拓国际市场，到国外建立战略原料基地和营销网络，有效扩大产品出口，提高企业可持续发展能力。

四是促增收。进一步研究加强税收征管的机制办法，抓好重点税收和非税收征管，加快研究探索发展总部经济，积极推进企业二三产分离，不断拓展增收空间。同时，牢固树立过紧日子的思想，大力压减一般性支出，严格预算控制，确保全年财政收支平衡。

二、坚持转变发展方式，着力调整优化经济结构

按照黄河三角洲高效生态经济的发展定位，切实转变发展方式，以投入促调整、以增量促优化，努力构筑现代产业体系，促进经济向高端高质化发展。

一是加快改造传统产业。坚持走新型工业化道路，围绕传统产业高新化和产业链、产业集群、产业基地的发展方向，制定政策措施，加大对骨干产业、企业技术改造的扶持力度，引导企业瞄准行业发展前沿和尖端技术，大力引进新技术、新设备，加快改造提升传统产业，拉长产业链条，培育和发展产业集群。重点抓好华泰集团70万吨高档铜版纸等52个重点工业项目建设，确保按期投产。

二是加快培育新兴产业。强化政策扶持引导，着力突破新能源、新材料、电子信息、汽车整车制造等高新技术产业和新兴产业，靠增量优化，逐步降低传统产业的比重。同时，加快推进科技创新，加强创新平台建设，深化产学研结合，抓好品牌培育，不断提升创新能力和研发水平。

三是加快发展现代服务业。突出抓好商贸物流、文化旅游、金融服务、房地产四大产业。商贸物流业，重点加强各类市场和广饶物流园区规划建设，争取实现新突破；文化旅游业，突出抓好以孙子文化旅游区为龙头的旅游资源开发，打造特色鲜明的旅游目的地；金融业，要加强金融信用体系建设，鼓励外地股份制银行等金融机构到我县设立分支机构，增强金融对地方发展的支撑作用；房地产业，关键是抓好重点房地产项目开发建设，拉动经济增长。

三、坚持可持续发展，着力加强生态建设和环境保护

以争创国家生态县为目标，以提升环境质量

为目的，严格落实节能减排目标责任制，深入开展重点流域、重点区域污染综合治理，强化重点耗能企业和水、大气污染企业的监管，加强小清河、织女河、阳河、齐鲁石化排海管线广饶段“三河一线”水质监管，加快推进污水、垃圾处理等重点治污设施建设，严格执行“环评”和“三同时”制度，严厉打击违法排污行为，确保废水达标排放，确保圆满完成节能减排目标任务，确保群众生活环境持续改善。同时，积极推进“三网”绿化，建立林业发展的长效机制，着力改善生态环境。

四、坚持统筹兼顾，着力推进城乡一体协调发展

一是抓龙头，着力突破“五大主体板块”。县中心城区，以建设人文名城、品质绿都为目标，突出抓好重点城建项目开发建设，不断完善城市功能，提升城市品位。县经济开发区，着眼打造高端产业聚集区，进一步完善规划，着力发展高新技术产业和现代加工制造业，不断提升产业层次。县滨海高效生态产业区，要积极对接东营高端产业区，加快推进基础设施建设，制定配套政策，加快运作招商，促进加快发展。孙子文化旅游区，以建设世界唯一性的孙子文化旅游目的地为目标，搞好创意策划、规划等工作，着力实施几个影响力、震撼力强的旅游项目，实现良好开端。大王稻庄城乡一体化示范区，要尽快完成规划，科学布局各产业，加快以工带农、以城带村步伐，探索路子，实现突破。

二是促中间，着力发展乡镇经济。认真落实加快乡镇发展的政策措施，加强督察考核，激励乡镇自我加压，因地制宜，新上项目，促进基础好的乡镇更好更快发展、基础弱的乡镇快步赶上。

三是强基础，着力推进新农村建设。围绕农业现代化、农村社区化、农民非农化，加大对农业龙头企业的扶持，抓好优质标准化农产品基地建设，大力发展农民合作组织，完善农业产业化链条，同时积极推进农村基础设施建设，加快新农村示范村、示范片、小康文明村和农村社区建设，促进农村繁荣发展。

五、坚持以人为本，着力保障和改善民生

把以改善民生为重点的社会事业摆在突出位置，不断加大财政投入，切实解决群众关心的热点难点问题，促进社会和谐进步。

一是千方百计扩大就业。认真落实各级鼓励就业和创业的优惠政策，健全公共就业服务平台，大力开发公益性岗位，优先解决大中专毕业生、零就业家庭等群体的就业问题。

二是不断完善社会保障体系。加大社会保险扩面征缴力度，积极探索新型农村养老保险制度，逐步提高医疗保障水平，加快保障性住房建设，不断提升群众生活质量。

三是大力发展各项社会事业。以建设教育强县和教育名县为目标，积极推进素质教育，稳妥实施职业教育资源整合，配套完善教育基础设施，着力提高教师队伍素质和教育教学水平。抓好社区卫生服务中心等卫生基础设施建设，构建覆盖城乡居民的基本医疗卫生制度。加强甲型H1N1流感、手足口病等重点传染病防控，确保不发生大规模流行。进一步健全公共文化服务体系，加快骨干文体设施建设，办好第五届中国广饶·孙子国际文化节，做大做强文化产业，促进文化事业和文化产业协调发展。

四是切实加强社会管理。创新社会管理机制，完善社会矛盾纠纷排查调处和防范化解机制，畅通党委、政府与群众沟通渠道，妥善解决群众合理诉求。深入推进平安广饶建设，强化社会治安综合治理，健全应急管理机制，切实加强安全生产，抓好重点领域监督检查和隐患排查整改，严防重特大安全事故的发生，促进社会和谐稳定。

构筑“一片两带”格局　推动区域协调发展

中共山东省海阳市委书记　王玉波

区域经济协调发展是实现科学发展、全面发展、和谐发展的关键所在。近年来，海阳市本着发挥优势、突出特色的原则，着力构筑起特色鲜明、富有活力的“一片两带”经济新格局，拉开了城乡统筹、协调共进、科学发展的大框架，全力推动经济社会又好又快发展。2009年，全市实现GDP204.5亿元，增长15%；地方财政收入10亿元，增长18.9%；固定资产投资191.1亿元，增长28.5%。

一、因地制宜，精心构筑“一片两带”经济发展新格局

县域统筹发展、区域协调发展，核心在于谋划好总体布局，构筑发展大框架。针对南部是沿海、中部是市区、北部是山区的区位实际，海阳市规划实施了城区经济片、南部沿海经济带和北部山区经济带“一片两带”经济发展布局。将位于中心城区、与城市经济关联度高的两街、两区确定为城区经济片，着力实施“内涵式”发展，发挥龙头带动作用，依托基础设施完善、产业聚集、人员密集的优势，深入挖潜增效，优化产业结构，培育中心城区的核心竞争力。将位于沿海的一区、一街、四镇确定为南部沿海经济带，着力实施“膨胀式”发展，依托丰富的海洋、旅游资源及海阳核电站、第三届亚洲沙滩运动会、海阳港、海阳至即墨跨海大桥、丁字湾海上新城等优势载体，加快膨胀核电、临港、旅游度假三大产业板块，打造城市新区、产业新区和度假新区。将位于北部的七镇确定为北部山区经济带，着力实施“调整式”发展，突出农产品加工和特色旅游两大主题，打造农副产品生产供应基地和山地生态旅游基地。通过两年多的深入实施，城区经济片、南部沿海经济带经济总量持续攀升，GDP年均增幅保持在20%以上；北部山区经济带主要经济指标与城区经济片、南部沿海经济带差距逐步缩小。

二、突出重点，打开实施“一片两带”布局的突破口

实施“一片两带”、实现区域协调发展，关键在于找准着力点和突破口，丰富发展内涵。海阳市把实施大项目带动、民营经济、海洋经济和现代服务业“四大经济工作重点”，作为构筑“一片两带”经济发展布局的突破口，全力增创发展新优势。围绕大项目带动，发挥对外开放这一优势，瞄准央企、国内外500强和高等院校科研院所，全力实施“三个引进”，以大项目、好项目聚集大产业、推进大发展。2007年以来，共引进建设大项目171个，总投资428亿元。围绕发展民营经济，出台实施扶持毛衫业、国际毛衫城、民营经济、原创型企业发展等一系列政策，推动民营经济膨胀发展，年均实现增加值增幅持续保持在22%以上。围绕海洋经济，放大资源优势，培育壮大海洋工程装备、海洋生物、新型化工三大优势产业，优化提升海洋渔业、海洋旅游、海洋交通运输业三大支柱产业，突破发展海洋新能源、海洋新兴服务业、海洋环保与新材料三大新兴产业，海洋产业总产值、增加值年均以25%的增幅增长，海产品精深加工转化率达到60%以上。围绕现代服务业，打好海阳大秧歌、地雷战和亚沙文化三张牌，用好海阳港物流中心、现代物流配送基地和商贸物流集散基地三大平台，重点发展旅游会展、商贸餐饮、现代物流、金融保险四大支柱产业，实现增加值、社会消费品零售总额年均增幅保持在20%以上。

三、强化措施，为“一片两带”布局实施提供保障

为保证“一片两带”布局的顺利实施，海阳市建立健全了三个保障机制。一是政策机制。在投资、产业集聚、园区建设、项目用地、产业扶

持、税收和财政补贴、规费减免、考核奖励等方面，出台了一系列政策，设立了专项发展基金，切实为“一片两带”布局的实施提供了有力的政策支持。二是人才培育机制。把培养、吸引和用好人才作为实施“一片两带”布局的一项重大战略任务来抓，加快高素质、创新型、复合型人才的引进和培养，制定了吸引和聘用高层次人才的优惠政策，努力营造吸引人才、使用人才、留住人才的良好环境。同时，发挥青烟威高等院校众多、人才培养能力强的优势，大力培养适合本地优势产业发展需求的各类专业人才。三是领导机制。成立了“一片两带”规划实施领导小组，统筹考虑产业带的建设与发展，协调、解决“一片两带”实施中的重大问题；层层建立了“一片两带”规划实施责任制，建立了规划实施检查考核制度、奖惩制度以及责任追究制度，进一步调动起全市各级各部门参与“一片两带”规划实施的积极性和主动性。

四化联动　融合发展
加快构筑城乡经济社会发展一体化新格局

中共山东省胶州市委　胶州市人民政府

统筹城乡发展，是改变城乡二元结构的必由之路，是全面建设小康社会的根本要求。胶州市作为山东省首批沿海开放县市，始终坚持以城乡互动、融合发展为基本思路，以“四化联动”为总抓手，走出了一条统筹城乡发展的新路子。

一、推动城乡产业一体化，打造城乡统筹“强引擎”

城乡产业一体化是统筹城乡发展的基础。围绕加速城乡一体化进程，坚持市、镇、村联动，工、农、贸一体，着力构筑覆盖城乡、强市富民的产业体系。壮大县域经济，截至2009年，全市拥有纳税企业8900多家，其中外资企业1100多家、规模以上企业1022家、销售收入过亿元企业337家。众多大高新项目的集聚发展加速了产业转型升级步伐，打造起“4+5”产业发展新格局。“4”即机械装备、食品加工、服装鞋帽、木器家具四大制造业集群；“5”即半导体照明显示、高节能高端化装备制造、风电及超高压输电装备、高档纺织面料、生物制药五大新兴产业基地。现代服务业加速崛起，形成了物流、商贸、房产、金融、休闲旅游五大重点行业。培育强势镇村，全面推进“大项目进区、小项目下乡”，全市18处镇（办）落户工业项目最多的500多家，最少的97家，涌现出一批机械制造、木器家具等特色镇，李哥庄镇荣获“中国制帽之乡”称号，2009年我市各镇办平均地方财政一般预算收入达到1.04亿元。激发三业活力，着力推进创业、就业、守业，形成了融合发展局面，全市有525个村落户工业项目，162个村建成专业村，86个村年集体收入超百万元。全市个体工商业户达到28025户，私营业主达到6528户；农村劳动力第二、第三产业从业比重达到85%，农民人均纯收入中工资性收入达到46%。大力发展高效、规模农业，畜牧、蔬菜、花木、水产四大特色农业占农业总产值的比重达到85%以上，建成专业合作社329家，土地股份合作社42家，流转土地面积13.9万亩，带动了4.6万户农户增收致富。

二、推动城镇建设新型化，打造城乡统筹“融合体”

新型城镇化是统筹城乡发展的切入点，是转移农村剩余劳动力的重要途径和载体。围绕“一城四区两翼”城市发展框架，着力实施三大工程，走出了一条“区域统筹、城乡联动、镇村互融”的新型城镇化路子。实施中心城区提档工程，坚持建新城、疏老城，着力打造总投资6.6亿元的文化、体育、会展三大中心，加快推进总投资70亿元的绿城集团城市综合体和总投资70多亿元的宝佳、丽宝、宝辉等一批重大项目建设，积极实施“三河”整治，提升人居品位和环境质量，有效提升了城区带动能力，打造起新型城镇化发展的龙头。实施重点区域带动工程，抢抓山东半岛蓝色经济区、高端产业聚集区建设和青岛“环湾保护、拥湾发展”战略机遇，开发搭建总面积110平方公里的胶州湾产业新区、少海新城、胶州湾国际物流中心三大发展平台，加速现代高端产业集聚，推动城市布局由沿河到临湖、面海新跨越。实施镇村一体改造工程，坚持把镇作为统筹城乡的节点，引导人口向城镇集中。李哥庄、铺集两大中心镇开发建设体均超30万平方米；全市11个镇全部创建成省级环境优美镇，有8个镇先后被评为国家级环境优美镇；注重以硬化、绿化、亮化、净化、美化为切入点，统筹推进新农村建设，全市811个村庄有770个村庄基本完成“五化”建设，该经验做法由中央农办在全国

推广。

三、推动公共服务均等化，夯实城乡统筹“落脚点”

加强公共服务、注重改善民生是统筹城乡发展的根本立足点。近年来，围绕“水电路医教”，每年实施一批政府实事工程，逐步改善农村基础设施。截至2009年，新农合实现村、户100%双覆盖，城镇居民医疗保险参保率达94%；32万人纳入社会保险范围，1.5万名农村居民加入新型农村养老保险，营造起高标准、广覆盖的社会保障网。所有镇办实现“六个有”，即有工业聚集区、便民服务中心、城管中队、公路养护站、放心超市、物业公司；所有村实现“四个有”，即有便民服务室、卫生室、文化大院、放心店。大力加强三级平安网络建设，建立平安保障机制，山东省法治县（区、市）创建工作现场经验交流会在我市召开，相关经验做法在全省推广。

四、推动工作机制长效化，用好统筹城乡“推进器”

统筹城乡发展是一项长期而艰巨的任务，需要建立健全长效机制。我们在青岛地区率先设立独立建制的行政审批服务中心，实行“一个窗口对外、一站式办理、一条龙服务”。在此基础上，着力健全服务体系，突出加强城市社区建设，实现无缝隙覆盖。建立以市行政服务中心为龙头、镇（街道）便民服务中心为纽带、村（社区）便民服务室为延伸的三级便民服务网络，开通便民服务直通车，实现“一车通”、“一网通”、“一站通”三个100%，实现了“只进一家门、办妥万家事”。积极创建“走进百姓”、“牵手百姓”、“温暖百姓”、“造福百姓”的“四百”党建品牌，构建城乡统筹的基层党建机制。推动村村联合、村企融合、农村合作组织结合，提升了互动发展能力；推行“三制”管理办法，促进农村基层组织运转的制度化和规范化。

高度关注民生民本　倾力打造幸福滕州

中共山东省枣庄市委常委、滕州市委书记　王忠林

全面改善民生，让全体人民共享改革发展成果，是贯彻落实科学发展观的内在要求，是构建和谐社会的关键环节，是坚持立党为公、执政为民的本质要求。近年来，我们紧紧围绕“打造繁荣昌盛、文明富裕、安定和谐的幸福滕州”这一目标，坚持发展为了人民、发展依靠人民、发展成果由人民共享，在经济发展的基础上，更加注重社会建设，着力保障和改善民生，努力使全体人民学有所教、劳有所得、病有所医、老有所养、住有所居，生活更加殷实。

一、以满足人民群众基本需求为重点，着力完善覆盖城乡的社会保障体系

坚持把社会保障作为改善民生的“大底色”工程来抓，进一步健全完善覆盖城乡的全民医疗保险、城乡大病医疗救助、社会就业再就业、零就业家庭就业、城乡养老保险、企业职工最低工资标准、城乡居民最低生活保障、社会救助救济、五保供养、城镇低收入家庭住房等十大保障制度，为群众提供基本的生活保障，解除群众的后顾之忧。市财政2009年投入2.44亿元，在全省县级市率先推行了全民医疗保险和全民养老保险，城镇居民医疗保险参保人数达到12.1万，省委《山东信息》以《滕州市在全省县级率先启动“全民养老”》为题推广了滕州的经验；新发展城乡居民养老保险1.1万人，新型农村合作医疗参合率达到100%。加强城乡统筹就业力度，全年新增城镇就业岗位1.45万个，全面消除了零就业家庭，城镇失业率控制在3.1%以内。加大扶贫济困力度，成人和儿童大病救助报销金额分别提高到11万元、14万元，有效解决了群众因病致贫、因病返贫的问题。21个镇街均建成高标准敬老院，五保老人凡能集中供养的都实现了集中供养。城乡低保实现应保尽保，被评为全省低保规范化建设先进单位。

二、以促进人的全面发展为核心，统筹推进各项社会事业

在全面搞好群众基本生活保障的基础上，及时把工作重心转移到群众的精神文化需求上来，统筹社会各项事业，促进人的全面发展。优先发展教育事业。严格落实“以县为主”的教育管理体制，实行城乡教师工资统筹发放，全面免除中小学义务教育阶段学杂费，全年各级财政教育投入达到6.3亿元，促进了各类教育均衡发展。大力发展卫生事业。以提高全民健康水平为目标，统筹城乡医疗卫生资源配置，推进优质医疗卫生资源均衡化，全年新建4处镇街卫生院、15处社区卫生服务站、355处村级标准化卫生室，增强了城乡居民医疗保障水平。繁荣发展文化事业。把发展公益性文化事业作为保障人民基本文化权益的主要途径，积极实施文化惠民工程，新建镇街综合文化站14处，建成农家书屋428个，有线电视入户率达到70%。大力弘扬“兼爱包容、诚实守信、开放创新、敢为人先”的新时期滕州精神，广泛开展“善国爱星”、“文明标兵”等评选活动，社会文明程度不断提高，滕州被评为“全国文化先进市”、“全国文明礼仪教育示范市”。大力发展体育事业，圆满完成十一运会跆拳道和女足比赛承办任务。

三、以创造适宜人居环境为目标，加快推进城乡建设步伐

围绕建设“特色鲜明、功能完善、环境优美、秩序井然、适宜人居”的现代化城市目标，扎实推进“六城同创”活动，城乡面貌焕然一新。全面推进城市建设。2009年开工城市建设项目121个，竣工41个，完成投资80亿元，城市化水平达到45%，城市绿化覆盖率达到37%，成功创建省级历史文化名城、省级园林城市。扎实推进新农村建设。围绕农民生产、行路、吃水、做饭等

生活需要，狠抓农村基础设施建设，实施了25个村庄整合搬迁工程，完成小城镇开发22.7万平方米；全面实现“村村通”硬化路，被评为“全省农村道路建设养护示范县”；98%的村通上了干净卫生的自来水，被评为“全省村村通自来水先进县”。全市40%以上的村庄全面实现了绿化、亮化、美化，广大农民群众真正过上了现代、文明、健康的生活。切实加强生态环境保护。累计淘汰落后水泥产能490万吨，规模以上工业万元GDP综合能耗降到1.3吨标准煤，下降5.8%，顺利通过国家淮河流域水污染防治核查，滕州被评为全省减排先进县，成功创建省级环保模范城。

四、以“平安滕州”建设为抓手，努力维护社会和谐稳定

生活富裕是人民群众的迫切愿望，平安稳定是人民群众的基本要求。我们始终牢固树立“发展是政绩，稳定也是政绩”的观念，坚持不懈地抓好社会稳定工作。强化社会治安综合治理，着力打击“两抢一盗”违法犯罪和人民群众反映突出的治安问题，保持对违法犯罪的高压态势，群众的安全感明显增强。全力维护公平正义，围绕解决群众“维权难”、“打官司难”和“执行难”等问题，加大法律援助和司法救助力度，探索建立便民诉讼网络体系，维护了群众合法权益。扎实推进信访工作，在全国率先成立了市、镇两级社会矛盾纠纷调处中心和村级调解委员会，实现了调解网络全覆盖；建立健全村情档案动态监管机制，实行村级信访代办员制度，实现了农村社会矛盾源头防控、关口前移，没有发生越级集体上访事件。高度重视安全生产，突出抓好煤矿、非煤矿山、烟花爆竹生产等重点行业、重点领域的安全监管整治，杜绝了重大安全事故的发生。

转方式　调结构
实现经济社会发展新跨越

中共山东省新泰市委　新泰市人民政府

新泰市位于山东省中部，地处泰山、蒙山连接带，黄、淮流域分界处，总面积1946平方公里。新泰辖18个乡镇，2个街道办事处，总人口138.4万。境内有京沪、宾枣两条高速公路。磁莱铁路贯穿全境，西与京沪铁路相接，北与胶济铁路相连，东（东都）平（平邑）铁路南与兖州至日照港铁路相连。距济南国际机场1小时车程，距青岛港2小时车程。全市等级公路通车总里程3907公里，高速公路通车里程78.4公里。新泰是国家园林城市，自然景色优美，山、水、城融为一体，是一座独具特色的生态型现代化山水园林城市。全市森林覆盖率达到30.7%，园林绿化总面积2300公顷，城区绿化覆盖率达43.9%。新泰是中国优秀旅游城市，莲花山被评为国家AAAA景区、国家地质公园、国家森林公园，境内有国家级森林公园徂徕山，省级地质公园青云山、太平山，山东奇石第一山墨石山等景点。

2009年以来，新泰市委、市政府把保持经济平稳较快发展作为首要任务，把转方式调结构作为应对金融危机、提升经济运行质量效益的重要手段，加强规划引导，突出战略重点，明确主要任务，调动各方面积极性，积极作为、科学务实，推动经济加速转型升级，实现了又好又快发展。2009年，全市实现生产总值500.1亿元，同比增长14%；完成地方财政收入23.3亿元，其中税收收入18.4亿元，同比分别增长18.9%、23.7%；城镇居民人均可支配收入和农民人均纯收入分别达到17548元、7826元，同比分别增长10.8%、7%；提前一年超额完成了“十一五”规划确定的主要目标。在全省30强中，我市GDP和地方财政收入均居第8位，分别前移3个位次和1个位次，增幅分别列第8位、第3位；在全国县域经济基本竞争力与科学发展百强排名中居第25位，比上届前移2个位次，获得了“中国绿色名县”等荣誉称号。

一、解放思想，调整思路，打好转方式调结构的主动仗

在认真学习领会上级各级会议精神、正确分析把握当前经济社会发展形势基础上，新泰市委、市政府充分认识到，加快经济发展方式转变是适应新的市场经济形势、增强经济抵御市场风险能力的必然要求，是提高可持续发展能力的必然要求，是后危机时期抢占制高点、争创新优势的必然要求，是实现收入分配合理化、促进社会和谐稳定的必然要求，是实现全面建设小康社会奋斗目标、满足人民群众过上更好生活新期待的必然要求。新泰作为一个资源型城市，传统产业比重大，资源消耗高，科技创新能力弱，过度依赖投资，三产服务业比重低，产业结构不合理，经济发展的稳定性、协调性不强，经济发展转型升级的任务艰巨繁重。推进科学发展、和谐发展、率先发展，必须把转变发展方式、调整经济结构作为刻不容缓的重大任务，痛下决心，狠下工夫，坚定不移地加以落实。研究确立了建设经济文化强市“一个中心工作”，发展稳定“双推进”，服务考核“双强化”两个关键环节，统筹“三次产业发展”，突出“四个着力”，做到“五个坚持”，实现“六个变化”的工作思路，以转方式调结构为主线，把争先进位作为工作的基本要求，把质量效益作为衡量工作成效的根本标尺，和经济增长快的地方比，和经济发展质量好的地方比，和社会协调发展好的地方比，瞄准全省、全国最强县奋勇赶超。

二、着力调整优化经济结构，加快推进经济转型升级

坚持在发展中促转变，在转变中谋发展，把保持经济平稳较快发展、实现跨越赶超争先进位与转变经济发展方式、调整经济结构结合起来，通过规划引领、政策推动、项目支撑、投资拉动、科技驱动，着力调整优化三次产业结构、产业内部结构、产业布局结构，促进了煤炭资源城市的加速转型，经济结构和质量效益有了突破性的跃升。2009年，全市非煤产业增加值实现241亿元，同比增长16.7%，占规模以上工业增加值的比重达到76.9%，同比提高1.6个百分点。

1.大力实施高端高质高效产业发展战略，加快构建现代产业体系。以提升产业层次、增强产业竞争力为核心，统筹三次产业发展，一产调优、二产调强、三产调活，在提升做强工业、巩固加强农业的基础上全力突破做大服务业。三次产业比例由2008年的8.8：61.0：30.2调整为7.9：60.3：31.8。

一是加快推进工业调整振兴。全力打造新能源新材料、机械装备制造、食品加工、生物医药等特色优势产业基地。2009年全市实现规模以上工业增加值313.2亿元，主营业务收入973.4亿元，利税138.1亿元，同比分别增长15.7%、16.4%和19.1%；主营业务收入过亿元、利税过千万元的企业分别达到143家和178家，均增加8家；规模以上工业企业达到348家，新增81家。

二是突破做大服务业。突出大市场、大商贸、大物流、大超市建设，2009年新上了盛世佳苑购物广场、新时代装饰广场、新泰娱乐城、平阳国际商务大厦、钢材批发市场等一批投资过亿元的商贸物流大项目。把旅游业、文化产业作为提升产业层级、发展低碳经济、无烟工业的突破口，初步构建了山水园林生态旅游城、莲花山宗教文化旅游区、和圣故里历史名人文化旅游区、城郊农家乐生态观光旅游区、新汶森林公园休闲旅游区、南部山区生态民俗旅游区“一城五区”大旅游产业格局。2009年实现服务业增加值160.3亿元，同比增长15.5%，占GDP的比重同比提高1.6个百分点；实现社会消费品零售总额126亿元，同比增长20%。

三是进一步调优农业。2009年共新建、改扩建规模以上农业龙头企业26家，培植泰安市级以上重点农业龙头企业11家，各类农产品深加工企业达到108家，实现年销售收入34亿元；新发展专业合作组织162家，总数达到822个，入合农户12.8万户，占全部农户的37%，农民的组织化程度进一步提高。

2.坚持项目立市、项目兴市，打造经济转型升级、提速跨越的强力支撑。坚持把招商引资、新上项目作为加快结构调整、转变增长方式最直接、最有效、最关键的措施，通过集中力量新上一批符合国家产业政策、支撑带动力强、能够持续提供税源的大项目好项目，扩大总量、盘活增量、加速推进经济转型升级。2009年，全市投资千万元以上在建项目163个，其中过亿元项目54个；全市完成规模以上固定资产投资248.7亿元，增长24.6%；引进千万元以上内资项目实际到位资金78亿元，增长16.7%；实际利用外资2.1亿美元，增长12.3%；启用民间资本50多亿元，增长29%。

3.加快园区建设，促进产业集群集约发展。按照“工业园区化、园区产业化、产业集群化”的发展思路，以市开发区为龙头，以9个乡镇民营经济聚集区为依托，完善功能，优化布局，打造全市经济增长的主阵区、特色产业聚集区、集约发展的样板区。市开发区共完成开发面积19平方公里，完成固定资产投资346.3亿元，引进项目总投资508.6亿元，综合实力列山东省县域经济“十大规模企业聚集园区”之首，成为首批“山东省节能环保产业基地”，先后被评为 “全国百佳科学发展示范园区”、“中国最佳投资开发区”、“环渤海省级开发区科技创新竞争力百强，循环经济竞争力百强，投资环境竞争力百强”。

4.加强科技创新、人才建设、节能减排，提升区域经济综合竞争力。大幅提高科技投入，加快对传统产业的嫁接改造，大力发展高新技术产业，与科研院所和高校合作建立科技成果转化孵化基地，加快企业技术中心和工程研究中心建设，2009年全市实现高新技术产业产值330亿元，占规模工业总产值的比重达到31.7%，获得重要科技成果35项，专利400项。新增省级名牌3个、著名商标3个，中国驰名商标实现零的突破，光明起重"金斗山"牌商标被认定为中国驰名商标。

三、大力调整城乡结构，加快城镇化、城乡一体化进程

以破解城乡二元结构矛盾，尽快缩小差距，促进统筹协调发展为着力点，坚持以科学规划为引领，以中心城区建设为龙头，以产业特色突出的小城镇为支撑。一是深化完善城镇总体规划。目前城市建成区面积达到62平方公里，人口48.1万人，城区绿化覆盖率44.6%，全市城镇化水平达到56%。二是完善提升城市功能。完成城市天然气主管道和城区管网铺设150公里，新建污水收集管网15公里，维修改造城区道路面积5.3万平方米，新增城市绿地面积120万平方米。三是加快农村新型社区建设。将916个行政村规划整合成33个城市社区、61个农村社区，配套建设好"八室、四站、两栏、两超市、一广场"，首批确定的4个试点镇新型农村社区建设进展顺利。四是加强农村基础设施建设。新修改造农村公路95公里、县乡道路29公里；新建净水厂3处，铺设联村管道128公里，解决了62个库区移民村4.3万人的饮水安全问题，集中对3座大中型水库和28座小型水库实施了除险加固；通过了省新农村电气化县达标验收。

积极应对挑战 加速战略转型 全面推动邹城科学发展跨越发展

山东省邹城市人民政府市长 侯晓滨

2009年以来，邹城市坚持以科学发展观为统领，紧紧围绕建设“经济强市、文化名市、生态靓市、和谐新市”的战略目标，牢牢把握以经济建设为中心、工业化城市化为重心的总体思路，积极应对国际金融危机带来的挑战，全面落实“三保三促”关键举措，全市呈现出经济回升向好、民生持续改善、社会和谐稳定的良好态势。2009年，全市地区生产总值完成480.88亿元，增长12.2%；地方财政收入完成24.56亿元，增长10.2%；规模以上固定资产投资完成183.91亿元，增长44.9%。

一、采取有力措施，千方百计保增长

面对复杂多变的经济形势，及时成立经济运行指挥部，制定出台了《推进工业跨越发展的若干规定》、《加强中小企业融资的意见》等一系列政策措施，着力破解瓶颈制约，创优企业发展环境，努力保持了工业经济平稳运行。2009年全市新增规模以上工业企业101家，总数达到480家，利税过千万元企业发展到22家，规模以上工业企业完成主营业务收入603亿元、利税91亿元、利润42亿元。深入开展“技术改造年”活动，峄化尿素装置改造等42项技改项目完成投资22亿元，金钢山酒业等企业搬迁升级项目加速实施。高新技术企业达到76家，高新技术产业产值增长33.2%，占规模工业产值的比重提高到20.8%。密切银政银企合作，与建行、工行签订了78亿元的战略合作协议，到位资金65亿元。设立企业联贷互助基金、中小企业续贷过桥周转金等专项资金，破解企业融资瓶颈制约。抢抓国家扩大内需政策机遇，19个项目进入国家投资计划，争取中央资金和省调控资金6444万元，带动投资近10亿元。积极扶持壮大农业龙头企业，抵抗市场风险，增加农民收入。发展规模以上农业龙头企业58家，各类特色种养基地61处，无公害产地认定48个。

二、突出项目建设，蓄足后劲促转型

始终坚持以大投入带动大发展，坚定不移地把招商引资和项目建设作为“一号工程”，继续实行市级层面专业招商、部门层面工作组督帮招商和镇街层面二分之一工作法全员招商，年内实际利用市外国内资金38.6亿元，增长42.9%；直接利用外资6672万美元，增长595%；完成外贸进出口9142万美元。大力实施重点项目建设“3311”工程，全面推行项目专班和指挥部会战模式，全年新开工和在建的投资过亿元项目76个，过10亿元项目5个。荣信煤化一期、国宏化工一期、意可曼高分子材料一期等项目如期投产，兖矿高性能工业铝型材、兖矿机电产业园、峄化DMF、华北钢材城、泰玻四期等项目建设进展顺利，华鲁生物制药、合兴科技研发中心、磷酸铁锂电池、省化工研究院产业园等高新技术项目加速推进，为经济转型蓄足了发展后劲，奠定了坚实基础。

三、加速城镇化进程，优化环境出亮点

按照“建设东城区、完善老城区”的总体思路，确定了28个总投资210亿元的基础设施配套、重点道路改建、园林生态建设等重点城建项目。岚济路、104国道北段、峄山路、唐王河公园、铁山公园二期、新城区水厂等工程全面竣工。华电大道、平阳路东延、牙山路等道路新建工程陆续通车，规划展览馆、商务中心、会展中心、择邻山庄二期等城市标志工程及护驾山植物园、唐王湖公园改造、利用邹县电厂热源供热等民生配套工程加速施工。26个新型农村社区建设稳步

实施，10个济宁市级示范点社区全面竣工。全面推行城乡环卫体制改革，实现了城区全覆盖、16小时不间断保洁。全面实施城区背街小巷改造，基本实现城区"裸露土地全面硬化、大街小巷全面亮化、环卫保洁全面覆盖"。农村建立了"村设保洁员、环卫设施配套、垃圾集中无害化处理"的保洁新模式，解决了环境脏乱差问题。实施了14.4万亩白马河流域涝洼地治理等62项重点水利工程，全面完成西苇莫亭水库联合调度一期工程、29座病险水库除险加固和2个镇集中联合供水工程。新建、改建农村公路113公里、大中桥9座，维修改造农村自来水工程30处。实施了邹县电厂4台33.5万千瓦机组脱硫等5大脱硫改造工程和城市污水处理厂升级改造等5个水污染治理工程，人居环境得到明显改善。

四、坚持以人为本，改善民生保和谐

健全公共就业服务体系，安置困难群体就业1800人，开发公益性岗位300个，新增就业再就业1.12万人，城镇登记失业率控制在3.16%。健全城乡救助体系，城乡低保补助标准再次提高，改造农村贫困户危房1100户，改扩建镇中心敬老院2处，五保户集中供养率达到89%。协调各类教育发展，完成32处校舍改造工程，改造农村校舍3万平方米，第二实验小学东校区、铁西初中、兖矿一中改造等教育设施工程如期竣工。成功举办第三届中华母亲文化节，建成489个村文化健身场所和592个农家书屋。完善公共卫生体系，有效控制甲型H1N1流感和手足口病，新建2个镇卫生院门诊楼和100个村卫生室，新型农村合作医疗参合率达到98.1%，城镇居民医疗保险试点全面推开。建成经济适用房3.5万平方米，解决450户低收入家庭住房困难。城乡客运101路正式开通运行，城乡公交一体化建设迈出坚实步伐。加大社会矛盾纠纷排查调处力度，落实安全生产防控措施，集中开展超限超载治理，着力解决关系群众切身利益的问题，促进社会稳定和谐。

解放思想　科学实干
推进县域经济又好又快发展

山东省邹平县人民政府县长　范连生

近年来，在各级党委政府的正确领导下，全县上下坚持以邓小平理论和“三个代表”重要思想为指导，以科学发展观统领全局，紧紧围绕“学赶全国前十强，争当全省排头兵”、建设全面小康邹平的总体目标，解放思想，科学实干，实现了由农业大县向工业强县的历史性跨越，从经济欠发达县一跃而成为全省经济强县、全国百强县。

一、坚持不懈解放思想，更新观念，不断凝聚推动县域经济科学发展的强大合力

近年来，邹平县始终抓住解放思想这一推动科学发展的总开关，针对不同时期邹平的发展定位和不同阶段干部群众的精神状态，先后组织开展了“远学江浙、近学魏棉，干事创业、跨越发展”、“学赶全国前十强、争当全省排头兵”、“十学”（即统筹城乡学张家港，外向型经济学昆山，民营经济学萧山，现代服务业学东莞，现代农业学寿光，企业上市学江阴，体制创新学顺德，社区建设学诸城，市场建设学常熟，文化产业学长沙）、“大力弘扬敢想、敢为、敢当的‘三敢’精神，坚决破除‘怕、惰、庸’三大思想障碍”等一轮又一轮解放思想大讨论活动，有效解决了思想上影响发展、制约跨越的突出问题，提升了发展境界，营造了浓厚的发展氛围。在解放思想的同时，适时提出切合实际的阶段性发展目标，以明确的目标来统一全县上下的思想，凝聚方方面面的力量，推动了又好又快发展。一个个奋斗目标的提出和定位，得到了全县上下的广泛认同，使各级各部门工作有方向，前进有动力，发展有信心，全县上下不断营造了解放思想、干事创业、科学发展的浓厚氛围。

二、坚持不懈抓大项目、大企业，着力提升产业层次，走新型工业化道路，不断壮大县域经济综合实力

工业强则县强，县强才能惠民。近年来，邹平县坚持把工业作为县域经济的主体和第一推动力，大力实施工业强县战略，积极推进新型工业化进程，努力建设先进制造业基地。一是大力实施重点项目带动战略。坚持每年都筛选和确定一批科技含量高、市场前景好的重点项目，作为投入的重点，实现资金使用效益最大化。一大批重点项目的相继投产达产，为工业经济的大发展提供了源源不断的后续动力，在每年新增工业利税中，有五成以上是来自上年投产的重点项目。二是着力培育大企业集团。县委县政府通过研究创业集团发展历程，及时明确思路，实施“培植大企业、壮大二级台柱子企业、大力发展规模企业”计划。目前，全县规模以上工业企业达420家，其中纳税过100万元的达到146家。全县形成了以创业集团、西王集团、山东焦化集团等全省知名企业为龙头，广富集团、长星集团、创新金属、三星集团等二级台柱子企业为支柱，规模企业蓬勃发展的局面。三是加快建设经济园区。坚持工业项目园区化，构筑发展平台，集聚发展要素，整合各类资源，实现集约发展。四是千方百计招商引资。近三年，邹平县累计引进项目412个，县外资金328亿元，实际利用境外资金3.5亿美元。大力推进企业上市融资，全县上市企业达到6家、7只股票，融资总额达到85亿元，上市公司数量和融资额均居全省县级第一。

三、坚持不懈抓结构调整，不断提升发展层次和水平，夯实县域经济发展基础

近年来，邹平县始终把调整优化结构、转变

发展方式作为推动科学发展的生命线，突出高新技术、自主创新、节能减排、现代服务业等重点，科学谋划，强力推进，发展质量不断提升。一是培育产业集群。在全县培育以大企业为龙头、产业产品为链条、中小企业紧密配套的大中小企业合作共赢的现代产业组织体系，形成了家纺服装、新型材料、食品医药、机械制造、精细化工、高档用纸等六大主导产业，被命名为“中国棉纺织名城”和“中国糖都”。棉纺织产业被评为中国百佳产业集群。2009年六大支柱产业实现产值、增加值、利税均占全县规模以上企业的95%以上。二是大力发展高新技术。以新能源、新材料和生物医药等战略性新兴产业为重点，加快发展高新技术企业，积极运用高新技术改造传统产业，努力打造具有邹平特色的高新技术产业高地。科技创新型企业总数达到125家，省级以上高新技术企业达到40家，2009年实现高新技术产业产值278亿元，科技进步对经济增长的贡献率达到56%。三是大力发展现代服务业。坚持把服务业作为优化结构、促进就业、协调发展的战略举措，以市场、餐饮、物流、房地产、旅游五大产业为重点，以金融、保险、信息、咨询等现代服务业为支撑，加快构筑现代服务业发展体系。2009年实现服务业增加值94亿元、社会消费品零售总额78亿元。四是铁腕抓好节能减排。坚持把节能减排作为推动又好又快发展的重要举措，落实主体责任，严把源头控制，强化治理整顿，突出抓好重点用能工业企业节能建设，节能减排工作成绩显著。投资6亿元的10个热电厂脱硫工程全部建成并正常运行；全县城市污水日污水处理能力达到16万吨，污水处理规模为全省县级最大。2009年全县万元地区生产总值能耗降低6.5%，削减化学需氧量1365吨，削减二氧化硫21381吨。

四、坚持不懈抓城乡统筹，提升城镇化建设水平，加快推进城乡一体化进程

近年来，邹平县按照“以工促农、以城带乡、工农互动、城乡统筹”的思路，不断加大城乡统筹力度，逐步缩小城乡差距，加快推进城乡一体化进程。一是加快推进城市建设。以建设现代化生态园林型鲁中中等城市为目标，按照东部现代工业区、南部旅游度假区、西部休闲生态区、北部特色工业区、城市核心区“五区合一”的总体布局，加快推进城市化进程。二是加快推进小城镇建设。近三年累计实施小城镇建设“百件实事”320项，完成投入30亿元。魏桥镇成为国家级重点镇和全国小城镇建设示范镇，韩店镇跨入全国千强镇，长山镇被评为全国文明镇。三是大力发展现代农业。认真落实上级支农惠农政策，深入实施“一村一品”工程，大力发展优质、高效、特色、生态农业，促进农民持续增收。全县县级以上农业龙头企业达到70家，农民专业合作社发展到122家，“三品”认证总数达到26个，标准化基地面积达到32.6万亩；建成“一村一品”现代农业示范村30个，推进村50个。四是加快推进新农村和新型社区建设。紧紧围绕中央“20字”方针总体要求，以发展农村生产力为中心，以增加农民收入为目的，以基础设施建设和发展农村公共事业为重点，加快推进新农村建设步伐，西王村被授予全国文明村，东尉村被授予全国敬老养老模范村和生态富民家园工程典型村称号。

五、坚持不懈抓民生事业，确保改革发展成果共建共享

坚持一手抓经济，一手抓民生，从群众最关心、最直接、最现实的利益问题入手，全力维护群众利益，切实让全县人民最大限度享受发展成果。一是优先发展教育事业。认真落实中小学校舍维修改造工程、“三免”惠民工程和农村学校“211”工程，改善办学条件，提高城乡教育水平。二是大力发展卫生事业。健全完善县镇村三级医疗卫生服务体系，实施镇村卫生一体化管理，被评为全省新农合试点工作先进县。推进卫生管理体制改革，加快推进医疗机构规范化建设，在全市率先完成镇办卫生院上划县级管理工作。大力实施医疗卫生服务提升工程，农村卫生普惠工程

先进经验在全国推广。三是高度重视就业和社会保障。大力推进城乡充分就业，近年新增城镇就业再就业3.4万人，平均每年转移农村劳动力2万人。不断扩大社会保险覆盖面，各类社会保险参保人数达64.5万人次。城乡低保、农村五保实现了应保尽保，低保标准全省领先，五保集中供养率达85%，被评为全省敬老院建设先进县。高度重视社会弱势群体救助，近几年共救助困难群众和学生4.6万人次。优抚安置工作一直走在全省前列，连续3年被评为全省双拥模范县，现正积极争创全国双拥模范县。四是高度关注和切实改善民生。近几年共实施各类“民心工程”63项，切实解决了群众关心的就医、入学、饮水、出行等一大批热点难点问题，全面完成村村通自来水工程，实现了村村通达等级路、村村通客车、村村通有线电视，成为全省第一个公交车过百辆县，实施了城乡环卫一体化工程和城乡公交一体化工程。实施安康居住工程，对农村危房进行改造，启动了城市廉租住房建设。

六、坚持不懈抓环境建设，不断创新优化发展环境

环境是生产力，也是竞争力。近年来，邹平县始终把环境建设作为立县之本、发展之策，扎实推进平安邹平、文明邹平、诚信邹平、生态邹平建设，不断创新优化发展环境。一是扎实推进平安邹平建设，坚持不懈开展“严打”整治行动，积极推进社会治安防控体系建设，努力营造稳定和谐的社会环境。高度重视信访工作，坚持领导干部接访制度，深入开展矛盾纠纷排查调处，有力地维护了群众合法权益。严格落实安全生产各项规范，健全完善突发事件应急处置机制，针对发展中存在的问题进行了拉网式排查，坚持经常性地开展安全生产大检查，加大事故隐患排查和整改力度，坚决遏制重特大事故发生。二是强力推进文化强县建设，以创建全国文明城市和全国社会文化先进县为抓手，大力弘扬“先忧后乐、创新超越”的邹平精神，深入实施公民文明素质“十大提升工程”，加快发展文化事业和文化产业，提升全社会文明程度，成功创建为首届省级文明城市，被命名为中国书法之乡，2009年又被评为全国文化系统先进集体。三是深入推进效率效能建设。按照“依法管理、公平公正、文明服务、快捷高效”的要求，规范完善行政服务中心建设，实行“一站式”办理、“一条龙”服务，极大地提高了机关效能效率。深入开展“行风评议”、“下评上”、“专项监察”等活动，严肃查处“三乱”行为。加强诚信体系建设，积极创建金融安全区，努力打造“诚信邹平”。四是深入推进生态县建设，积极倡导生态文明和绿色生活方式，广泛开展“绿色社区”、“绿色学校”、“环境优美镇”、“环境友好企业”等绿色创建活动，创建“国家级环境友好企业”1个、“省级环境优美乡镇”2个、省市级绿色学校6个。加快荒山绿化、封山育林和绿色通道建设，全县森林覆盖率达到30.7%。顺利通过国家卫生县城复核和国家级生态示范区验收。通过坚持以生态县建设为主线，积极推进资源节约型、环境友好型社会建设，努力营造了舒适优美的人居环境。

以三高精神为引领　努力建设老百姓最幸福的地方

中共陕西省凤县县委书记 张乃卫　凤县人民政府县长 李智远

凤县是宝鸡市西南部的一个山区县，县域总面积3187平方公里，辖12个乡镇100个行政村，总人口11万人。近年来，我们坚持以科学发展观为统领，始终坚持"高目标引领、高强度推进、高效率落实"的"凤县三高精神"，立足县情，大胆探索，埋头苦干，努力建设老百姓最幸福的地方。2009年，县域综合实力位居陕西省第九位，实现了由2008年刚刚摘帽的省定贫困县向全省十强县的历史性跨越。我们的主要做法是：

一、坚持高目标引领

我县地处秦岭深处，矿产资源和生态资源丰富，长期以来，地区生产总值和财政收入80%以上来自矿山企业。经过反复调研讨论，我们提出不拼矿产抓生态、不拼速度抓和谐、不比总量抓人均，在转变发展方式中加快发展。以统筹发展、差异化发展理念，适时提出生态立县、旅游兴县、工业强县、椒畜富民四大战略，把发展重点从地下矿产资源开发，转到地下矿产资源开发与地上山水资源利用并重，在建设生态型百万吨铅锌产业基地的同时，着力打造百万游客景区、建设百万头生猪大县，推动由矿业一元独大向生态工业、生态旅游、生态农业共同发展的经济转型；在加快城镇建设的同时，强力推进农民增收和新农村建设，努力开创城乡一体、和谐发展局面。以跳起来摘桃子的精神，确立了摘帽（率先脱贫）、进位（跻身全省十强县）、跨越（率先建成老百姓最幸福的地方）"三步走"奋斗目标，补总量短板，增人均指数，积小胜为大胜，以量变求质变。实践表明，及早转变发展方式，能够先人一步；坚持高目标引领，能够激发创造力，推动大发展。

二、坚持高效率落实

在发展过程中，我们以新思路、新方法拓展新空间，以快节奏、高效率谋求好效果。

一是彰显特色，打好生态工业牌。面对金融危机对铅锌行业的重创，我们一手保增长，一手调结构，及时出台十条鼓励性政策，帮助企业坚定信心、卸掉包袱、恢复生产。启动留凤关生态型百万吨铅锌产业基地建设，将温江寺沟内50平方公里作为主阵地，把群众整体搬迁到沟外的生活规划区，在腾出的土地上招引铅锌企业集群发展；启动凤州新型建材工业园，引进尾矿综合开发利用技术，以铅锌黄金尾矿为原料，大力发展微晶板材和水泥，新上10万两黄金冶炼、100万吨水泥项目和6户尾矿余热循环利用企业，形成了冶炼—尾矿—新型建材和水泥辅料的循环产业链。全县铅锌、黄金、水泥产能分别达到30万吨、10万两和100万吨，实现工业增加值32亿元，同比增长22%。

二是放大优势，巧做"山水"文章。坚持把全县当做大景区、把凤县作成大品牌，实施"山青水秀地干净"工程，新栽各类风景树及经济林木800多万株，新增生态水面35万平方米，建成嘉陵江源头国家级水利风景区、国家级湿地公园、凤县紫柏山景区，新开发了高山索道观光、嘉陵江漂流等看点，进一步提升县城夜景、通天河森林公园等观光区的内涵，凤县荣获中国最美小城殊荣。坚持"小题大做"的营销理念，举办了361°全国乒超联赛半决赛和决赛等一系列重大赛事节会活动，利用开通西安到凤县旅游专列、宝鸡至凤县紫柏山免费直通车，大造舆论声势，"七彩凤县、水韵江南"各类宣传报道频频见报、上镜，大量游客慕名而来。2009年共接待游客126万人次，实现旅游综合收入12亿元，完成社会消费品零售总额7亿多元，提前三年实现了年接待游客100万人次的奋斗目标，我县被确定为全省七个旅游示范试点县之一。

三是因户施策，念好富民经。用抓计划生育

的办法抓农民增收，启动“农户增收计划行动”，抽调100个机关企事业单位、100名县乡优秀干部对口包抓100个村，为每户制订一个增收计划、培育一个致富项目、输出一个劳动力。对愿意从事生猪、花椒、核桃、苹果等特色农业生产的家庭，强化政策扶持，全县生猪饲养量由2008年的6万头上升到20万头，农民人均花椒收入净增400元；对愿意外出务工的群众，分类管理、分类培训、多渠道输出，2009年累计转移人数3万人，户均输出1.5人，农民人均工资性收入净增477元；对有创业愿望的家庭，引导其积极投身到投入低、见效快的三产服务业，2009年新发展农家乐、农家宾馆及农产品经销店69家，辐射带动就业1.2万人。基本实现了“土地变车间、农民变工人、农产品变旅游商品”的特色产业富民构想。2009年农民人均纯收入增长速度，由2008年的全省第25位上升到第2位。

四是普惠民生，谱好和谐曲。从群众最关心、最迫切的问题入手，实施“211”住房保障工程，加快灾后重建和保障性住房建设步伐，使223户农村特困群众、4174户灾后重建群众全部搬迁到基础设施完善的新区居住，凤县社会福利园农村五保户、残疾智障人员“三集中”供养能力翻了一番，县城人均住房面积新增10平方米。建起了三道医保救助防线，群众看病实现了一般病有城乡基本医保、大病有民政救助、特大病有财政二次报销，报销比例达到80%以上。提前实施“母婴健康工程”，实现了城乡免费婚前医学检查、孕产妇免费住院分娩、已婚育龄妇女免费健康检查三项政策的全覆盖。对义务教育阶段学生，实施每人每天2元的“蛋奶工程”，每周往返实行车接车送或全额报销车费。不断推动提标扩面工作，城乡社会保障综合覆盖面达到94%。一系列惠民政策的全面实施，极大地减少了社会不和谐因素，加上各类平安创建活动的蓬勃开展，全县公众安全感满意率一直保持在93.8%以上。

三、坚持高强度推进

一是行政强力推动。全面推行一线工作法，实行县乡村三级包抓责任制，把包抓责任人和包抓乡镇、村组及项目一一对应，任务同考核、结果同奖惩。对于久拖不决的“硬骨头”，由县委书记、县长亲临一线协调解决。同时将全县所有领导干部办公电话及职务分工向社会公布，全面推行服务承诺制、首问负责制，严格干部中午不喝酒、下乡不进营业性餐馆、县内不互请的“三不”规定，对违规违纪的，严肃处理。

二是项目强势推进。始终把项目作为加快发展的第一抓手，出台了《县级领导包抓项目考核办法》，把包抓责任锁定在县级领导，县级领导团队发挥了高端发力、强势突破的关键作用，实现了“九牛爬坡、个个出力”的格局。2009年，落实招商引资额14.2亿元，实施重点项目150个，完成全社会固定资产投资44.4亿元，分别是2007年的2.6倍、2.2倍和4.2倍。

三是干部激情干事。坚持以时间换空间，以力度换跨度，在取得经济社会发展辉煌成就的同时，领导干部树威信，一般干部得实惠，人民群众享福祉，极大地激发了干部群众干事创业的激情。县级领导带头把职务当做职责，把国事当做家事，把干事创业当做实现个人价值的难得机遇，埋头苦干，不讲回报；部门及乡镇领导节假日连轴转成为家常便饭；党员干部比干劲、比能力、比作风蔚然成风。上下团结谋事、激情干事、努力成事成为新时期凤县人最鲜明的特征之一。

积极实施“六化”战略 全力推进跨越发展

中共陕西省府谷县委书记 张惠荣 府谷县人民政府县长 王效力

近年来，府谷县大力实施新型工业化、农业产业化、城乡一体化、民企集团化、环境大优化、民生优先化战略，全县经济社会发展取得了长足进步，创造了令人瞩目的发展速度。从2005年到2009年，全县GDP年均增长20.8%，财政总收入增长69.5%，地方财政收入增长65.2%，固定资产投资增长80.1%，城镇居民人均可支配收入增长27.1%，农民人均纯收入增长34.5%，县域经济综合实力由全省第35位跃居第一，成为陕西乃至全国经济发展最具活力的地区之一。

一、实施新型工业化战略，全力打造能源化工新基地

按照“大园区规划、大产业支撑、大项目推动、大集群发展”的思路，全方位推进工业结构优化和产业转型升级。以四大工业集中区、八个兰炭产业园和三个工业小区为主，形成了府谷煤电化载能工业园区总体规划，经省政府审批纳入陕北能源化工基地建设大盘子。不断优化发展环境，坚持扩大对外开放，积极引进神华、华能、大唐、中煤、鲁能、陕煤、陕投等大型企业集团，建设大型能化产业项目，加速资源优势向产业优势、经济优势转化，大力培育新的增长点。目前，清水川、庙沟门、郭家湾等大型煤电一体化项目，镁节能多联产，庙沟门煤干馏，恒源30万吨型焦，30万吨合成氨52万吨尿素，18条60万吨以上大兰炭等一批资源转化项目以及冯家塔、三道沟、段寨、榆林神华等一大批大型矿井加快推进，煤电、煤化工、煤电载能并驾齐驱的新型工业化体系正在形成。目前正在建设7个投资过百亿元的园区、4个产值过50亿元的产业、22个销售收入过10亿元的企业集团。预计到“十二五”末，我县将完成固定资产投资规模达1000亿元，年可实现地区生产总值800亿元，完成财政总收入200亿元，工业集中度和城市化率均达到65%以上。届时府谷将成为国内一流的煤电化载能工业基地。

二、实施农业产业化战略，合力共建社会主义新农村

近年来，我们始终坚持“城市带动、工业促动、社会联动”的“三动”战略，积极推行“政府补助、部门帮助、群众自助、社会赞助”的“四助”机制，精心组织实施“百机关单位帮百村、百工矿企业扶百村”的新农村建设“双百”帮扶工程。在政府引导下，全县涌现出500多位民营企业家，捐资超过18亿元，积极参与新农村建设和教育、卫生等公益事业发展，形成了政府、企业、农民“三位一体”合力共建新农村的新模式，被国务院扶贫办誉为独具特色的“府谷现象”并在全国推广。加快发展设施农业、四季农业等现代特色农业，规划建设四大特色农业园区和100个现代农业小区，着力推进万亩良种糜子、万亩特色海红果、万亩优质红枣、万亩脱毒马铃薯、万亩高产豆类“五个万亩”优质高产示范基地建设和种养加农业龙头企业的发展。县财政注资1亿元，组建府谷县农业产业投资有限公司，推进农业产业化发展；县上每年安排2000万元农业专项资金，重点扶持以日光温室、大棚蔬菜为主的设施种植业和以生猪、羊、蛋鸡为主的规模养殖业。不断深化基础强农、产业兴农、民生惠农等各项工程，认真兑现粮食直补、良种补贴、家电下乡、农机购置补贴、农资综合补贴、农产品保险等各项支农惠农政策，增加政策性收入；继续实施青年农民培训工程，促进农村剩余劳动力转移就业，增加工资性收入；发展土地规模化经营，鼓励农民以地权、林权、财产等方式参股项目，增加经营性收入，实现农业整体竞争力快速提升和农民收入的稳步增长。年内计划建成50个农民人均纯收入过万元的村、5个过万元的乡镇。

三、实施城乡一体化战略，大力建设宜商宜居新城镇

按照“拉大框架、完善功能、突出特色、打造精品”的思路，委托同济大学完成了县城总体规划和新区详细规划、新区开发和全县城镇体系及县域村庄布局规划，加快古城保护、旧城改造、新区开发步伐，构建设施完善、布局合理、环境优化的城市框架。近年来，我们累计投入12.7亿元用于城市建设，大力实施集中供水、供热、供气、绿化、污水处理和垃圾处理六大工程，建成五虎山生态公园、神龙山森林公园、黄河大堤、河滨公园、金三角广场、人民广场等一批展示地方特色、体现时代气息的标志性工程，打造舒适宜居的生态城市。启动8平方公里的县城新区开发建设，使县城总体规模扩大了一倍，其中投资1.8亿元，劈山造地2000多亩，极大地缓解了县城建设用地紧张问题，目前，新区建设初具雏形。县财政注资1亿元，组建城市投资集团公司，统筹实施城市和重点镇开发建设。按照特色立镇、功能兴镇、管理强镇、经营活镇的思路，启动建设新民、庙沟门、老高川、大昌汗、清水、黄甫等重点镇，形成了一批功能完善、产业聚集、吸纳带动力强的中心城镇，推进了城乡融合，形成以县城为中心、以农村重点小城镇为支撑的城镇化体系，全县城镇化率达到60%。

四、实施民企集团化战略，倾力培植跨越发展新支撑

按照“一手抓引进项目、一手抓本土企业”的发展思路，科学有序整合民营资本，集聚民企力量，走产业化、规模化、集团化的发展道路。在政府积极引导下，400多户企业共同出资组建了府谷煤业、镁业、煤化工、煤电冶化四大民企集团，计划投资206亿元，新上大型资源转化和综合利用项目，实现规模发展和循环发展。拓宽民营经济投资领域，吸收民营资本，组建注册资本10亿元的府谷县交通建设投资集团公司，通过公司化运作模式，组织实施县境内高等级公路和铁路的建设和营运；鼓励支持民营企业参与资源配置和重大项目建设，通过积极争取，总储量达2.7亿吨的三个井田，经省政府批准有偿转让给府谷县民企集团，迈出了市场化为民企转化项目配置煤炭资源的第一步。民企集团与中煤、陕煤等集团达成战略性合作协议，共同出资建设2×300MW煤矸石电厂、100万吨电石及PVC、30万吨合成氨52万吨尿素、3×80万吨兰炭综合利用等重大产业项目。按照国家产业政策和环保要求，积极推进兰炭、电石、铁合金、金属镁等民营传统产业改造升级，有效扭转了以往“三低一高”的发展局面，在布局上由分散向集中、产业上由单一向多元、经营上由个体向组团转变，实现了量的扩张和质的提升。全面落实和完善扶持民营经济发展的政策措施，充分发挥国有资产运营公司、担保公司和小额信贷公司的作用，引进各类商业银行，搭建银企合作平台，政府每年设立2000万元中小企业发展专项扶持资金，采取财政贴息、以奖代补、先建后补等办法，努力缓解民营企业融资难题；派遣大学生到民营企业锻炼，帮助民营企业解决人才短缺问题；推行向重点企业、重大项目委派特派专员制度，积极为企业排忧解难。截至2009年底，我县规模以上民营企业达到301户，从业人员5.2万人，非公有制经济实现增加值107亿元，对财政的贡献率达64.9%，在全县经济总量中占到65.8%。

五、实施环境大优化战略，努力树立生态文明新形象

始终坚持生态立县战略，以追求绿色GDP，走清洁发展、低碳发展、循环发展道路为目标，扎实推进生态文明建设。严格按照国家产业政策和环保要求，全面淘汰和关闭了电石、铁合金、兰炭、水泥等行业污染严重的552户企业，累计投入9.1亿元，用于工业企业污染治理和产业结构调整。强势推进节能减排工作，先后组织开展了电石、铁合金、水泥行业和沿黄河企业环保专项整治，有效改变了污染物超标排放现象；开展了整合矿井环境综合整治，规模矿井实现了筒仓储存，厂区全部安装了防尘网，废水实现了综合

利用；清水川、庙沟门两大电厂和地方小电厂都安装了脱硫设施和在线检测系统，实现了二氧化硫的达标排放。积极推进“三个转化”，大力发展循环经济，延长产业链，提高附加值，降低能耗和污染，培植县域经济新的增长点，力争实现资源利用最大化、废渣废物排放最小化和经济效益的最优化，初步形成了企业小循环、园区中循环、全县大循环的发展格局。以创建“省级卫生县城”和“省级环保模范城市”为目标，加大城区和干线公路沿线环境综合整治力度，认真抓好水源地、自然保护区、河道两岸、城镇村庄等敏感区的环境整治，加快锅茶炉改造，全面推广清洁燃料，努力创造良好的人居环境。加快绿色通道建设和生态绿化进度，先后投资约8000万元，建成了府店、府准、野大公路绿色生态长廊；投资约4000万元，实施了环县城绿化；投资2100万元，建设神龙山森林公园。通过几年的努力，府谷县的天变蓝了、山变绿了、水变清了，环保工作得到中央、省、市各级的充分肯定，连续三年被评为全省先进，实现了从“黑三角”到“绿三角”的嬗变。

六、实施民生优先化战略，着力构建和谐发展新局面

高度重视民生事业，四年累计投入25.6亿元，深入实施民生八大工程，把更多的资源配置到直接关乎民生的领域，全力改善民生，促进城乡和谐发展。对全县所有义务教育阶段学生实行“两免一补”，对农村中小学所有寄宿生予以蛋奶补贴，在全县普及12年义务教育。健全农村新型合作医疗体系，全县共有15.7万人参加了合疗，参合率达95.82%，城镇居民医疗保险参保人数达7000多人，工伤保险参保人数1.4万人。高度关注弱势群体，努力扩大社保覆盖面，五保对象给予集中供养，对城乡4万名低保对象给予最低生活保障，实现应保尽保；全面推行新型农村养老保险，对全县农村60岁以上老年人每月给予100元的生活补贴。在政府加大投入的同时，广泛动员社会力量，筹集资金12.8亿元，在府谷新区新建府谷中学高中部、职教中心、第四小学、第四幼儿园和第二人民医院，进一步提高教育和医疗保障水平。新建10万平方米经济适用房和6000平方米廉租房，有效缓解低收入群体住房困难。大力发展劳务经济，财政每年安排1000万元资金，开展农民工技能培训，2008年以来共培训农民4万多人（次），共输出劳务4.8万人，劳务收入占农民纯收入的比例明显提高。每年安排1000万元专项就业资金，积极开发公益性岗位，重点解决大中专毕业生、城镇复转军人、“4050”人员、零就业家庭就业问题。设立了“教育基金”、“大病救助基金”、“慈善基金”，有效解决群众看病、养老、子女上学、就业等方面难题，使全县群众充分享受到了公共财政带来的实惠。

站在新的起点上，府谷县委、县政府认真落实科学发展观，提出了创新转型、赶超跨越的发展战略。一个资源富集、商机无限的能源府谷，一个物阜景美、地灵人杰的魅力府谷，一个城乡统筹、经济繁荣的和谐府谷，正在从塞北高原上崛起！

用统筹城乡发展的积极实践承接西安城市价值的辐射带动

中共陕西省高陵县委书记　张忠堂

统筹城乡发展是科学发展观的题中之义。市委、市政府决定把高陵作为统筹城乡发展的试点县，这既是市委、市政府全面贯彻党的十七届三中全会精神，推动科学发展，实现率先发展，充分兑现城市价值，建设人民满意城市的重大部署，又是高陵打造西部强县、建设城市新区的难得机遇。

西安城市价值充分兑现期辐射和带动的第一目标应该也必须是农村，城乡统筹发展的实践就是对城市价值充分兑现期的承接。中国共产党在各个历史时期都高度重视城乡、工农差别问题。党的十六大以来，中央提出树立和落实科学发展观，统筹城乡发展。十七大进一步提出“形成城乡经济社会发展一体化新格局”的任务，十七届三中全会又明确指出，统筹城乡发展，就是统筹工业化、城镇化、农业现代化建设，加快建立健全以工促农、以城带乡的长效机制，调整国民收入分配格局，巩固和完善强农惠农政策，把基础设施建设和社会事业发展的重点放在农村，推进城乡基本公共服务均等化，实现城乡、区域协调发展，使广大农民群众平等参与现代化进程，共享改革发展成果。这不仅对全面贯彻落实科学发展观、推进小康社会建设、构建和谐社会具有重大的战略意义，而且对破解城乡二元结构，缩小城乡差别，改变农村居民收入少、享受公共服务程度低、生产生活条件差的现状具有积极的现实意义。西安是大城市，也是大农村，城乡二元结构十分明显。市委、市政府关于在高陵进行统筹城乡发展试点的决策部署，既是对十七届三中全会关于我国经济社会“三个进入”总体判断的准确把握，又是遵循经济社会发展规律，对建设人文西安、活力西安、和谐西安战略部署的强力推进。

高陵具有统筹城乡发展、承接西安城市价值充分兑现期辐射带动的基础和条件。一是地缘优势明显。省长袁纯清称高陵具有“两河之优、地域之好、交通之便、发展之快”四大优势。二是城市扩张邻近。市行政中心的北迁，渭河成为城中河规划的实施，西安北客站的建设，地铁二号线的延伸，新筑国际港务区的推进，西安跨渭河北扩发展的势头与日俱增。三是综合实力跃升。目前高陵基本形成了工业向园区集中的发展架构，二次产业占到了80%以上。“十五”期间进入了全省发展快县和全国县域经济基本竞争力提升速度最快的百县行列，2007年、2008年连续两年荣登全省县域经济发展十强之榜，具备了以工促农的条件。四是牵引动力强劲。与经开区战略合作，打造了高陵“开放办县”的金字招牌，实现了理念的对接、规划的衔接、项目的承接、工作的连接；多年来，培育和形成了艰苦奋斗、开拓创新、任劳任怨、同心同德的高陵精神，广大干部群众思想同一、目标同向、事业同心、发展同力的积极性空前高涨。这种外在张力和内在动力的统一，成为统筹城乡发展、承接西安城市价值充分兑现期辐射带动的凝聚力和战斗力。

用统筹城乡发展的实践承接西安城市价值充分兑现期的辐射和带动，必须在产业结构优化、合理规划布局、统筹推进发展上有所突破和创新。优化产业结构是统筹城乡发展的基础，“三产占优、二产居中、一产最低”是城乡统筹发展的方向。

要实现三次产业的协调共进，一是必须促进一般工业向现代工业跨越，主要依托经开区联手打造千亿元现代装备制造业基地，拉长产业链条，发展产业集群；二是必须促进原始服务业向现代服务业跨越，在继续支持长庆集团公司做大做强的基础上，以“香江国际·西安财富中心”项目建设为重心，打造集休闲、行政、旅游、商贸、金融为一体的总部经济集群；三是必须促进传统农业向现代农业跨越，大力发展以规模化经营、标准化生产、产业化带动、科技化支撑为基本特征的现代农业。

合理规划布局就是依据高陵县统筹城乡发展规划以及业已形成的发展格局，在园区、城区和农村三大板块上实现统筹发展。按照提高完善南区、科学发展北区的要求，着眼承接市政中心北迁后城市功能的辐射带动，把泾河工业园区建成产业、居住、生态、文化四位一体的新的城市体系——泾渭新城；按照“扩容、改造、美化、提升”的要求，推进县城西扩、园区东进大规划的实施，逐步建立西高路沿线大工业、大三产的发展格局，把县城建设成经济繁荣型、商贸流通型、居住休闲型的渭北绿城；按照“高产、优质、高效、生态、安全”的要求，以土地流转为基本承载，以增加农民收入、提高土地利用率和产出率为基本要求，发展现代都市型农业。

统筹推进发展主要是指社会建设的协调发展，最大限度地提高农村公共服务均等化的水平和程度，把城市价值充分兑现期的辐射和带动作用，体现在民生工程的建设上。一是必须以高陵县统筹城乡发展规划为纲，以土地利用规划修编为基础，用城乡一体、“全域高陵”的理念规划高陵、发展高陵。二是必须扩大公共财政覆盖农村范围，提升强农惠农普惠政策的运行质量，实施“户均一个大学生工程”，完善新型合疗制度，扩大就业覆盖面。三是必须建立与之相适应的公共服务管理体系，用足用好省市扩权强县的政策和项目，有效承接大企业、大集团的辐射和带动，积极探索城乡一体的户籍一元化管理模式，逐步建立城乡一体的公共交通体系、医疗卫生体系、文化教育体系。

用统筹城乡发展的实践，承接西安城市价值充分兑现期的辐射和带动，需要不断创新。一是要在比较中解放思想，看经济总量大小，比发展速度快慢；看经济结构调整，比三产协调发展；看民生工程建设，比城乡面貌变化。二是要把以农业产业化为基础、工业化为核心、城镇化为承载的经济社会发展“三大战略”的纵向定性发展目标与做大产业集群、做大经济总量、做大城园规模的“三个做大”横向定量目标有机结合，促进国内生产总值稳定增长、财政收入持续增长、城乡居民收入有效增长、经济社会发展水平向前进位的“三增一进”目标的连年兑现。三是要加大投入，把“财政保运转、金融保建设”的理念运用到加大投入的实践上。四是用足用活政策，实事求是出政策。我县最近出台了坚持工业项目不收城市建设配套费，银行新增贷款每增加1000万元政府奖励10000元，凡规模经营在500亩以上的农业产业化项目允许用4%左右的土地建设生产生活设施，允许城市人到高陵，鼓励农村人到城镇置办家业、兴办产业等系列新政策。五是创新机制体制，组建以乡镇为主导、以推进城乡统筹发展为主要任务的现代农业发展公司，用工业化的理念发展农业，用市场化的模式经营农业，把农民变成产业工人。高陵县与西安三元软件集团公司关于一期规模为1400亩的健康农业体验园——“我家菜园”的签约，用土地租赁金保障农民的基本收入，用机制保障农民的务工收入，必将取得良好的经济效益和社会效益。由此，统筹城乡发展，承接西安城市价值充分兑现期的辐射和带动，将在工业与农业、城市与农村这种互动互促的机制中，实现资源的合理配置，生产要素的优化组合，达到预期的目标。

壮大县域经济　推动科学发展

中共陕西省黄陵县委书记 曹明周　黄陵县人民政府县长 呼世杰

黄陵县是中华民族始祖轩辕黄帝的陵寝所在地，位于陕西省中部、革命圣地延安市南端，总面积2292平方公里，总人口12.68万人。黄陵自然条件较好、矿产资源丰富、区位条件优越、人文景观独特，是世界优质苹果最佳适生区、全国绿色苹果示范基地和陕西优质苹果生产出口基地之一，是全国重点产煤基地和陕西四大煤田之一，享有“中国黄帝祭祀文化之乡”、“中华民族人文圣地，炎黄子孙精神家园”等美誉，黄帝陵景区是国家重点风景名胜区、全国文明风景旅游区、爱国主义教育基地、国家首批AAAAA级旅游景区和中国民间文化遗产旅游示范区。

近年来，县委、县政府团结带领全县人民，强力实施“煤炭强县、果业富民、旅游带动、跨越发展”的经济发展战略，励精图治、奋发进取，县域经济实力显著增强，社会事业全面进步，城乡面貌日新月异，人民群众安居乐业，社会大局和谐稳定。先后创建为陕西省首批旅游强县、省级卫生县城、省级平安县。2008年、2009年连续两年在全市年度目标责任考核中被评为优秀单位；继2008年之后，2009年再次跻身“陕西县域经济社会发展十强县”，位居第八位。总的来看，目前我县经济社会步入一个新的发展阶段，但对照科学发展观要求，依然存在经济总量偏小、经济结构不优、内生动力不足等问题，影响和制约着加快黄陵科学发展、和谐发展、跨越发展的整体进程。

发展壮大县域经济是破解发展难题、推进科学发展，提升县域综合实力的根本之策，今后我们继续以加快推进农业产业化、工业化和城镇化为重点，按照“以城带乡、以工促农、城乡联动、统筹发展”要求，强力实施“煤炭强县、果业富民、旅游带动、跨越发展”战略，力保陕西“十强县”，跨入“西部百强县”。

一、“四化”引领夯基础

要全力推进县域工业化。按照“园区承载、产业聚集、深度转化、循环利用”思路，切实加快店头煤化工循环经济产业园和上畛庄科技产业园建设，全力推动4×98万吨焦化、2×300MW煤矸石电厂等煤能转化和煤化工项目如期建成投产，全面提升工业经济的质量和效益。要全力推进农业产业化。按照“产业升级、龙头带动、市场拉动、基地联动”思路，大力实施粮食、苹果、蔬菜、畜牧四大工程，加大资金、市场、科技和信息服务，促进农业生产规模化、专业化、规范化，提高农业比较效益，有效增加农民收入。要全力推进旅游品牌化。按照“品牌引领、深度开发、综合配套、市场运作”思路，加快黄帝文化园区规划建设和轩辕酒文化产业园区建设，深入挖掘黄帝文化内涵，推出特色系列旅游产品，加强对外宣传推介和区域联合，全方位展示黄陵旅游特色，形成大旅游、大产业、大发展格局。要全力推进城乡一体化。按照“科学规划、扩张规模、完善功能、体现特色”思路，抓紧制定完善城镇发展规划，加快市政基础设施、城市重点项目建设和小城镇建设改造，努力争创国家卫生城市省级文明县城和省级园林县城。

二、“四点”支撑增后劲

要壮大非公经济。消除体制障碍，落实优惠政策，优化投资环境，完善服务体系，破解制约瓶颈，着力培植壮大一批民营企业，促进非公经济向科技化、外向化、规模化发展。要狠抓项目建设。紧紧抓住国家扩大内需和东南沿海产业转移机遇，全力做好主导产业开发、基础设施建设、民生工程等重点项目的发掘、包装、推介和洽谈，加大争跑力度，主攻关键环节，真正使一批关乎黄陵经济社会长远发展的大项目、好项目尽快开工、早日建成。要扩大招商引资。依托资源优势，抢占“地利”先机，在更大范围更深程度上加强对外交流合作，积极开展招商引资洽谈活动，加强与大企业、大集团的联系互动，吸引承接更多的转移资本、项目、企业落户我县，实现借船出海、借梯登高、借力发展。要深化改革开放。切实加快国有企业改革，推进行政管理、公共财政管理和投融资体制改革和乡镇综合改革，有的放矢、重点突破，为县域经济发展创造条件。要加强与友好县市、发达地区及周边县市的交流合作，实现互利双赢、共同发展。

三、“四措”并举强保障

要加大政策支持力度，不断拓宽融资渠道，创新财政投入方式，强化人才保障工作，落实各项优惠政策，切实增强县域对生产要素的吸引力和聚集力。要加快政府职能转变，推动政府制度创新和管理创新，促进政企、政资、政事分开，强化政府经济调节、市场监管、社会管理和公共服务职能，实现由全能政府向有限政府转变。要加强干部作风建设，大力倡导调查研究、求真务实、勤政廉政之风，积极推行政务公开制、服务承诺制、办事限时制和“一线工作法”，提升服务水平，提高行政效率。要强化目标责任考核，完善县域经济发展考核指标体系、评价办法和激励机制，建立县域经济发展问责治散、问廉治腐、问效治庸相关机制和定期督察巡查制度，真正使目标责任考核成为县域经济发展的助推器。

以“五基工程”为抓手　促进农民持续增收

中共陕西省靖边县委　靖边县人民政府

靖边是传统的农业大县。长期以来，由于受“十年九冻”、“十年九旱”等自然因素的制约，农业生产发展缓慢，农民增收困难。近年来，我县坚持把农业农村工作作为县域经济发展的重中之重，以增加农民收入为根本核心，以基础设施建设、基本产业发展、农村基本社会保障、基层组织建设、农民基本技能培训“五基工程”为根本抓手，大力转变农业发展方式，积极调整农业产业结构，加大农业投入力度，加强农村基础设施建设，改善农业农村生产生活条件，促进农民增收。

一、加快城乡基础设施建设，统筹城乡一体化发展

农民要致富，基础设施建设是前提。结合社会主义新农村建设，我县统筹城乡发展，积极推进城市基础设施向农村延伸，重点改善农村水、路、电、通信等基础设施条件，基础设施的不断完善，为农民创业增收搭建了平台，创造了条件。四年来，我县用于农村水、路、电和基本农田建设的总投资超过10亿元，其中县本级财政投资超过5亿元。截至目前，我们解决了近26万人的饮水安全问题，基本实现农村人畜安全饮水目标。新修通村油路617公里，182个行政村通油路，成为榆林市率先基本实现村村通油路目标的第一县。大力实施“光明工程”，解决了70个无电自然村通电问题，基本实现了户户通电目标。农村微波数字电视入户率达到80%以上，广播电视覆盖率达到90%以上。加大了中南部地区基本农田建设力度。我县南部白于山区是全省三大贫困地区之一，县财政每年拿出“三农”总投入的10%专项资金用于扶持南部白于山区发展，加快中南部地区涧地开发和基本农田建设。2006年以来，累计建设高标准基本农田32.7万亩，其中开发涧地9.4万亩，有效改善了中南部地区的农业生产基本条件。

二、发展现代特色农业，拓展农民增收新途径

农民要增收，产业是根本。2006年以来，围绕建设现代特色农业基地这一目标，我县积极培植壮大蔬菜、马铃薯、畜牧业等三大主导产业，努力建设三大基地，形成三大支柱。大力发展设施蔬菜。县财政每年拿出1000万元扶持蔬菜产业发展。2009年，全县蔬菜种植面积达12.4万亩，较2005年增加4.4万亩，增长55%；其中设施蔬菜3.2万亩，较2005年增长了10倍。仅此一项，全县农民年人均增收300元以上。大力发展畜牧业。积极推进传统畜牧业向现代畜牧业转型，加快良种繁育体系建设，发展规模养殖。2009年，全县羊饲养量156.5万只，生猪饲养量48.6万头，实现畜牧业产值7.32亿元，畜牧业收入占农民人均纯收入的13%以上。畜牧业已经成为全县农民增收致富的主要途径之一。大力发展马铃薯产业。按照种薯、反季节商品薯和专用薯三薯并举的思路，大力发展优质高效马铃薯产业。2009年，全县种植马铃薯45.2万亩，其中夏马铃薯10.2万亩，马铃薯产业实现产值4.3亿元。马铃薯产业收入对农民收入的贡献人均达到1000元以上。2007年以来，我县现代设施农业发展取得显著成绩，在玉米、马铃薯和小杂粮示范种植中，连续创造了10项全国第一。现代设施农业已成为部分乡镇农民增收的支柱产业。

三、加强农民培训，提高农民素质

建设新农村，发展新产业，必须要有高素质的新型农民。为了提高全县青年农民的科技文化素质和就业能力，促进农民增收，我县财政每年投入100万元用于农民培训，主要用于青年农民培训基地建设、机构运转和抓点示范等三个方面。同时，结合我县农业产业结构调整和区域优势农产品布局规划，因地制宜加强农业实用技术

培训，每年培训农民5万人次左右。通过培训，提高了农民素质，许多农民掌握了先进适用技能。同时，我县每年投入2000万元用于农业科技专项经费，大力引进和推广良种良法。先后引进试验示范新技术40多个，示范推广新品种100多个，实现了作物种植格局、品种结构向精细品种、特色品种、稀有品种转变。随着农民综合素质的不断提高，农民的市场意识明显增强。全县建立起131个菜、畜、薯等农民专业合作社，组织农民进行专业化生产，市场化经营。合作社产品打入国内国际大市场，每年仅外销农产品一项，为全县农民增收1000万元以上。

四、加强基层组织建设

坚强有力的基层组织是农民增收致富的重要保障。为了调动农村基层干部的工作积极性，县委、县政府决定，从2009年开始，每年在全县选拔1名优秀的村支书或村主任任副乡镇长，享受副科级待遇，特别优秀的可以选拔2名。同时，把村支书和村主任的经济待遇提高到每人每年1万元，不断提高农村基层干部的政治待遇和经济待遇。这在全市都是不多见的，极大地调动了农村基层干部发展产业、带领群众致富的热情和积极性。2006年以来，我们在全市率先开展了以农民人均纯收入6000元、7000元、8000元、9000元、10000元及其以上为主要标准的“五星级”新农村“创星达标”创建活动。四年来，全县共建成星级新农村44个，其中“四星级”6个，“三星级”5个，“二星级”8个，“一星级”25个。涌现出红墩界镇尔德井村、东坑镇黄家峁村等一大批在全市全省有典型示范意义的新农村。从2009年开始，全县认真开展村级党组织“升级晋档、科学发展”活动，并在全县村级党组织中实施“‘城乡联动、百村示范、千村晋档’三年行动计划”，通过城乡联创、联建、联动、联帮等活动，县上每年分别在各类村中抓10个升级晋档示范村，按照产业相近、区位相邻的原则，推进“一村一品”、“多村一品”、“一乡一业”，不断强化科技支撑，发展产业化经营，加强基础建设，落实增收措施。同时积极创新组织设置形式，对部分空壳村、自然条件极差的村坚决撤并，以此每年推动60个以上的村党组织按照行动计划设置的目标任务升级晋档、科学发展。三年内，全县要有192个村党组织升级晋档。

五、着力保障和改善民生

四年来，我县累计投入1.64亿元用于保障和改善民生。对年收入低于1000元的农村居民全部纳入农村低保，月收入低于180元的城镇居民纳入城镇低保，实现了应保尽保。四年来累计保障84000人次，拨付农村低保款4320万元。农村新型合作医疗参合率达到90%以上。认真实施民生八大工程，城乡居民住房保障工程累计完成投资1.6亿元，实施城市住房保障工程、农民安居工程和灾民倒房重建工程，建成廉租房4500平方米，农民安居工程500多户，为3400多户农民损毁房屋进行了重建和维修加固。实施积极的就业和再就业政策，先后安置大中专毕业生800多人，开发公益性岗位600多个。民生工程的实施，实现了发展成果全民共享，有力地促进了社会和谐。

经过几年的不懈努力，从2006年到2009年，我县农民人均纯收入分别达到2022元、3007元、4850元和6031元，同比分别增长10%、49%、62%和25%，年均增长36.5%，全县农村居民人均纯收入年均增加1000元以上，实现了“三级跳”。

加快推进四化进程　推动神木跨越发展

中共陕西省神木县委　神木县人民政府

神木是一片神奇的土地。这片千年前杨家将英勇抗辽的塞外疆场，民主革命时期享誉神州的革命根据地，今天已经崛起为国家级能源化工基地。

“十一五”以来，神木县委、县政府紧紧抓住西部大开发和陕北能源化工基地建设的机遇，按照“率先发展、科学发展、和谐发展”的总体要求，以科学发展观为指导，创造性地提出了“新型工业化、城乡一体化、大地园林化、社会和谐化”目标，以创新为先导，强力推进发展方式的转变，实现了经济社会的高速发展。从2005年到2009年，全县地区生产总值由67.8亿元增长到452.7亿元，年均增长61%，人均生产总值达到1.6万美元；财政总收入由19.8亿元增长到93.6亿元，年均增长48%；地方财政收入由6.7亿元增长到21.6亿元，年均增长34%；城镇居民可支配收入达到19102元，农民人均纯收入达到7223元。

一、推进新型工业化，带动神木跨越发展

按照“做大高端、提升传统、发展非煤”的基本思路，加快经济结构调整，大力发展循环经济、绿色经济、低碳经济，着力推进产业转换升级，工业经济质量和效益明显提升，新型工业化道路越走越宽。

建设生态型工业园区。按照集中、集聚、集约的原则，重点发展“六园八区六大产业”，“六园”即大柳塔、店塔、锦界、大保当、石窑店、神木二村六个工业园区；“八区”即柠条塔、陈家湾、燕家塔、赵家梁、乌兰色太、永兴前店、上榆树峁、何家塔八个兰炭工业集中区；“六大产业”即煤炭、兰炭、电力、化工、载能、建材。其中锦界工业园区规划面积42.8平方公里，目前累计完成基础设施投资11.6亿元，共有入园项目52个，已建成投产35个、在建项目11个、待建项目6个，项目总投资450亿元，完成投资300亿元，成为陕西省实施“三个转化”战略和发展循环经济的示范园区。大保当煤化工业园的神华陶氏循环经济综合利用项目、神华西湾煤化一体化项目已于2009年奠基开工，大开发的序幕已经拉开。

大力引进战略投资者。多年来，我们与神华集团、鲁能集团、晶牛集团、陕西投资集团、陕西煤业化工集团进行了卓有成效的合作。神华集团在神木境内建成特大型现代化高产高效煤矿6个，企业主要技术、安全、经济等指标连续11年居国内行业之首。神华陶氏化学公司建设的煤化工项目，总投资1950亿元，建设规模为煤制甲醇900万吨及甲醇制烯烃，建成后将成为世界上最大的化工项目，项目已于2009年奠基开工。陕西投资集团在神木建成了60万吨煤制甲醇项目和年产400万吨的凉水井煤矿。陕煤集团与榆林市、神木县合作建设了柠条塔、张家峁、红柳林煤矿和红柠铁路，并与我县民营企业北元化工合作建设100万吨聚氯乙烯循环综合利用项目，成为全国最大的聚氯乙烯生产企业。民营企业德林化学工业公司引进美国技术建设1,4—丁二醇项目、九江商贸有限公司与香港公司合作建设96万吨型焦项目、恒源集团引进国外技术建设1500吨多晶硅项目正在做前期工作。

积极推动传统产业升级改造。着眼于产业结构的调整，大力转变发展方式，加快传统支柱产业转型升级。煤炭资源整合快速推进，地方煤矿由198个整合为136个，资源回采率和安全生产水平进一步提高，2009年地方煤炭产量达到6000万吨，同比增长32.6%。启动煤炭采空塌陷区和火灾易发区综合治理工程，开工试点项目3个，增产原煤100万吨，采空区安全隐患得到治理，治理区群众收入大幅提高。兰炭产业上大关小、

优化升级工程全面完成。全县170多户小兰炭企业全面关闭，规划建设23户60万吨以上的大型兰炭生产项目，形成了煤—兰炭—电石—聚氯乙烯、煤—煤焦油—成品油、煤—煤气—电（金属镁、还原铁）三条产业链，兰炭生产总规模达1600万吨，年产焦油160万吨，煤气160亿立方米。国家有关部委依据神木兰炭制定了产业标准，神木兰炭走上了规模化、绿色化的循环发展之路，并走向了高炉喷吹等新的领域，实现了新的发展，被省委书记赵乐际誉为“煤炭加工技术上的一次革命”。

节能减排成效显著。在推进兰炭产业升级改造的同时，大力发展循环经济，严格限制高耗能、高耗水、高污染项目，推动各个领域的节能减排降耗。扎实抓好县城禁烧烟煤工作，积极探索建筑、交通等节能减排新空间，形成节约资源的生产和消费方式。西北地区规模最大、总投资2.8亿元的金联粉煤灰综合利用项目建成投产。完成了兴杨镁业、东风镁厂、榆电阳光等企业的节能环保技术改造，神木县城和锦界两个污水处理厂稳定运行。

二、推进城乡一体化，促进城乡协调发展

按照“一体两翼、一河两川、重点村组、梯次推进”的思路，坚持“以工业化富裕农民、以城镇化繁荣农村、以产业化发展农业”，积极促进“产业向园区集中、农民向城镇集中、土地向规模经营集中”，加快了城乡一体化进程。

“一体两翼”城镇带建设步伐加快。县城内规划的4纵21横主干道已建成4纵19横，成功通过国家级卫生县城复核，东兴街中段改造、杏花滩公园扩建、人民广场改扩建、橡皮坝二期等工程完工，城市功能进一步完善。事关民生大计的引水工程输水隧洞全线贯通，今年5月将实现向县城供水。红柠铁路基本完工，榆神高速建成通车，沿黄路、通村油路等道路工程相继实施。大柳塔、店塔、锦界、李家畔等城镇基础设施不断改善，辐射带动能力明显增强。目前“一体两翼”城镇带已集聚人口近30万人，城镇化水平达到75%以上。

加快建设神木新村二村。针对城市人口迅速集聚的实际，不断拓展城市规模，完善城市服务功能，集中力量建设神木新村和第二新村等城市新区，拉大城市空间，增强县城吸纳积聚人口和辐射带动能力。2006年，县上委托上海同济大学在县城北郊河滩地上规划了11.3平方公里的神木新村，将1.6万亩滩涂地改造为10万人的城市新区，相当于再造一个神木县城。目前，新村规划的5纵27横道路已建成3纵8横，水、电、气、热等主干管网全部建成，基础设施建设累计完成投资5.6亿元，已开工产业项目总投资达16.5亿元，达成入园意向项目投资3.5亿元，神南矿区生产服务中心、大通汽车制造、神木酒业、神帝矿山设备、力锐机械制造以及住宅小区、后勤服务基地正在抓紧建设，职业技术学院建成投入使用。

现代特色农牧业基地建设扎实推进。不断加大以工补农、以城带乡力度，2004年以来先后安排涉农重点项目230余个，总投资超过28亿元，农村交通、用电、饮水、通信显著改善。围绕农民增收，发挥比较优势，建设秃尾河川和风沙草滩区蔬菜畜牧基地、黄河沿岸红枣基地、中南部丘陵区小杂粮基地，发展优质高效的特色农业。一大批企业家纷纷投资规模养殖、生态农庄，目前形成投资5000万元以上的农业综合项目10个，100万元以上的有60多个。今年起，我们规划建设尔林兔、四卜树两个现代特色农业示范园区，并对已经发展起来的项目给予基础设施配套建设，特色农业正在成为神木产业发展的一个新亮点。

积极实施“双百帮扶”工程。为加快新农村建设，从2007年开始，我们坚持自愿原则，先后确定288户民营企业结对帮扶了311个行政村，累计完成帮扶资金6亿多元，实施帮扶项目740多个。由民营企业家訾凤高投资3200多万元建设，免费为农民提供住房和房内一切设施的訾家河新村，成为神木企业家帮扶帮带的一个新典型。

三、推进大地园林化，着力改善生态环境

牢固树立生态经济理念，加强生态保护和建

设，实现物质文明、精神文明、政治文明、生态文明同步推进。

加强生态建设总体规划。按照城在林中、人在园中的思路，科学规划城乡布局，建设功能完备的生态体系，形成以城市绿化为中心、通道绿化为轴线、环城绿化为框架、荒山绿化为屏障、森林公园为节点，山川田园相衔接的城乡绿化新格局。

加快推进百万亩生态骨干工程。以城镇周边、工业园区、水源地、重要湿地和稀有林种保护为重点，进一步加大投入，有计划地安排林业重点工程，集中力量加快建设百万亩生态骨干工程，即马场梁10万亩常绿混交林、县城10万亩森林公园、锦界10万亩生态工业园、神湖10万亩湿地保护区、秃尾河20万亩水源保护区、大保当20万亩臭柏保护区、黄河沿岸20万亩红枣经济林，构建坚固的生态屏障，培育生态旅游等后续产业。

大力实施退耕还林封山绿化。坚持大封禁、小治理，造林绿化与林业产业相结合，工程造林和全民绿化相结合，生物措施与工程措施相结合，积极实施退耕还林、天然林保护和“三北”防护林工程。认真落实封山禁牧、舍饲养畜各项措施，促进林草、畜牧业共同发展。目前全县林地790万亩，草地198万亩，林草覆盖率52%。

启动生物质能源工程。积极探索沙漠治理与矿区生态恢复治理，启动建设百万亩长柄扁桃基地，以政府工程造林为主，积极调动企业、个人参与，打造“地下采煤田，地上种油田”的经济新格局，为长远发展构筑新的资源优势。

四、推进社会和谐化，全面建设小康社会

在加快经济发展的同时，更加关注社会发展和民生问题，努力构建“全方位、多角度、高标准、广覆盖、可持续”的社会保障网络。2009年安排惠民工程投资近13.5亿元，其中大社保资金达7.09亿元，人均1688元。

放手发展民营经济。始终将民营经济作为县域经济的主体，先后出台了《关于鼓励非公有制经济发展的若干规定》、《关于推动民营经济又好又快发展的意见》，举办四届民营经济博览会，努力营造民营经济发展的良好环境。创建国有资产运营公司，通过经营国有资产和银行授信，采取入股和提供借款等方式，累计为企业融资20多亿元，投入国有股本16亿元，为各类企业提供借款11.7亿元，带动投资125亿元，扶持上马规模在亿元以上的企业24家。设立中小企业发展专项资金，申办1家中小企业信用担保公司和9家小额贷款公司，村镇银行正在组建。推行干部挂职和民营企业白领派遣计划，建成神木职业技术学院，为当地经济发展培养实用人才。加强与科研院所的合作，推动企业技术创新，形成了煤中低温干馏、干法水煤浆、煤焦油氢质化等一批煤化工领域的自主创新成果，提升了地方工业发展水平。继北元化工与陕煤集团成功合作后，我们又促成了龙华、来喜、联众、五洲、东源等民营企业与陕煤集团的合作，天元化工、四海煤化等企业与延长集团合作也积极推进，民营企业联合重组，做大做强的步伐不断加快。目前全县共有民营企业1930户，个体工商户17162户。2009年民营企业实现税费收入30多亿元，对县财政的贡献率超过70%，全县直接在民营企业就业的农村劳动力已超过10万人。

大力推行“三个免费”。大力推行十二年免费教育、全民免费医疗和孤寡老人、重度残疾人免费供养“三个免费”，全县经济社会朝着“均衡、普惠、和谐”的方向迈进。其中2009年3月1日开始实施的全民免费医疗投入达1.5亿元，截至今年2月底，全县累计报销住院患者37100人，报销医药费1.43亿元，月均1192万元，各项指标均在预期范围之内。全民免费医疗实施以来引起了国内外广泛关注，被有关专家、媒体誉为一场深刻的社会革命和民生革命，中国福利建设史上的一个圣典，极大地扩大了神木的知名度和影响力，成为神木对外开放的一张亮丽名片。

积极推进民生工程建设。高标准推行城乡养老保险，实施特困家庭临时救助，低保、五保保持全省最高水平。设立大学生创业基金，创建大学生创业园，鼓励大学生自主创业。积极实施农民培训“阳光工程”和“人人技能工程”培训，切实提高农民就业能力。分两期建成经济适用房10万平方米，新建廉租房3万平方米。把平安创建作为构建和谐社会的重点内容，实施科技强警战略，完善治安防控网络，加强政法队伍建设，适时开展严打整治，从根本上扭转了社会治安工作的被动局面。

切实加强党的建设。不断提高党建科学化水平，坚持人尽其才、才尽其用，努力建设能够担当重任的干部队伍。开展了“大学生村官”、“企业家村官”、流动党组织建设、城镇社区建设等党建创新工程，不断凝聚加快发展、科学发展的动力。

抢抓扩权强县机遇　实现县域经济三年翻番

中共四川省泸县县委书记　肖荣华

2007年以来，泸县作为全省首批扩权强县试点县之一，立足发展实际，激活发展要素，推动县域经济跨越式发展。三年时间，规模以上工业增加值从13.19亿元增加到51.31亿元，增长289%，民营经济增加值从34.1亿元增加到65.98亿元，增长93.5%，财政收入从3.48亿元增加到7.73亿元，增长122.20%，三项指标全部实现翻番，成为全省三个提前一年实现“三项指标翻番”的扩权强县试点县之一。

一、拓展功能建园区，搭建民营经济“催生地”

把园区作为催生民营经济发展的主战场和承接产业转移、发展归雁经济的主平台，着力打造“百亿工业园区”。

一是科学定位引领发展。围绕东部产业转移和成渝经济圈产业辐射，提出建设“一区两园”、打造四川泸县经济开发区的发展思路。将城西工业园定位为重点承接发展机械加工业、纺织、服装、鞋、帽和医药等产业，尤其是主动配套成渝发展汽摩零配件加工业；依托长江水运优势，将临港工业园定位为重点发展机械制造和装备业、化工业和物流业。

二是提升功能支撑发展。三年间，投入园区基础设施建设资金3.87亿元，建设标准厂房7万平方米。积极搭建园区投融资平台，推进物流、担保、投资、信息“三公司一平台”建设，为园区企业担保融资5.6亿元，为园区建设融资2500万元。

三是产业集聚促进发展。三年来，园区成功入驻企业52家，总投资达10亿元，产业集聚效应逐步显现。2009年园区实现工业增加值28.1亿元，较2006年增长87.3%；税金1.3亿元，较2006年增长44.49%。园区工业产值、增加值和税收贡献均已经超过了全县总量的1/3，成为县域经济发展的主要支撑。

二、狠抓项目扩投资，打造强劲增长“加速器”

将加强项目建设着力增强经济发展内生动力放在经济工作首位，有力加速县域经济发展。

一是突出工业上项目。精心组织实施一批资源加工型、劳动密集型、产业升级型、高新技术型工业项目。三年来，共实施工业投资项目275个，完成投资54.37亿元。

二是围绕基础建项目。对接泸州市大交通战略，主动融入重庆“一小时经济圈”，全力完善县内骨干公路网络，构建经济加快发展的快速通道，三年累计投资2亿元，建设水泥路618.03公里，成功实现水泥路“村村通”。全力抓好能源保障，开工建设2条110千伏输变电工程和Φ 219mm天然气管线及配气站工程。

三是全力招商引项目。充分利用扩权强县政策优势，加强与发达地区的产业对接，积极参与区域合作，突出园区招商、产业链招商、以商招商、专业招商，大力实施亲情感召，发展“归雁经济”，实现引资数量和质量的两大突破。三年时间，全县共引进项目868个，其中“归雁经济”项目226个；项目总投资104.69亿元，到位资金91.94亿元。

三、壮大产业强支撑，培育引领发展“增长极”

泸县加速壮大优势产业，改造提升传统产业，扶持发展新兴产业，培育新的经济增长点。

一是着力培育主导产业。紧紧抓住扩权后对酒类管理相关职权的下放机遇，确立打造优质白酒产业大县的战略目标，出台促进政策，推进酒类企业规模化、集团化发展。三年时间，规模以上酒类企业由15户增加到32户，年销售收入亿元企业达11户；培育中华美酒、中华桥等注册商标136个；销售收入达30.4亿元，增长253%，实现酒业税收1.3亿元，增长294%。

二是改造提升传统产业。通过鼓励建材、纺

织服装、化工等传统产业技改升级，淘汰落后产能，促进内涵式扩张。三年时间，全县技改投入共计47.27亿元。天兴玻纤成长为国内唯一一家通过欧盟标准的无碱玻璃球生产企业，兰良水泥建成120万吨新型干法旋窖水泥生产线。引进制衣、制鞋等劳动密集型项目，发展纺纱、织布等配套产业，实现初级加工向精深加工发展。纺织服装企业从17户发展到80余户，其中规模以上企业30余户，年产值10亿元。加速凯达化工、大洲化工等企业的改造升级，形成以天然气化工、煤化工、精细化工构成的现代化工体系，化工企业从26户发展到47户，年产值10亿元。

三是大力发展新兴产业。加强与泸州医学院、泸州化工职业学院的合作，培育了科瑞德制药等10余家医药制造企业。主动对接重庆机械加工制造业，引进发动机、变速箱等机械的关键零部件制造企业，不断提高机械产业协作配套能力。三年时间，县内电子机械企业由15户增加到100多户，年产值由2500万元增长到10亿元。

四、坚持统筹促共荣，实现城乡互动“一盘棋”

泸县坚持城乡互动，重视政策扶持，形成了县镇共荣的发展格局。

一是激励推动，激发内在动力。考核促进，建立党建与镇域经济相融互促的双向考核评价机制，将镇域经济作为抓党建的一个重要考核内容，促进党政“一把手”致力于加快发展。税收优惠，对生产性固定资产投资达到一定规模，符合国家鼓励类发展的项目或产品有市场的技改和新办企业，以税收留县部分给予一定年限补助。金融促进，积极为镇级企业提供贷款担保，县中小企业信用担保公司为49户镇级企业担保贷款余额1.88亿元，减免担保费用近400万元。2009年，全县19个乡镇中18个镇财政收入超千万元，财政收入超两千万的9个，超四千万的2个。

二是县镇互动，共享发展平台。推行县镇互动、园区共建模式，各镇引进投资上1000万元的项目原则上入驻县经济开发区，税收县镇按7:3分成，其余指标实行谁引进、谁统计、谁考核。三年时间，各镇引进落户经济开发区项目达65个，占园区项目总数的52.9%。

三是扶持撬动，打造镇域特色。根据各镇实际情况，合理布局一批特色经济小区，并在规划、用地、资金等方面予以扶持，对重大项目实行“一企一策”，县级相关部门对口扶持。鼓励、支持和引导镇域间联动发展，构建错位发展、各具特色的块状经济。全县初步形成了嘉明农副产品加工小区、海潮纸业工业小区、兆雅酒业发展小区等特色工业小区；发展了玄滩镇商贸物流小区，以及方洞、得胜等镇的生猪养殖基地，海潮、潮河等镇的龙眼基地，毗卢、嘉明等镇的水产基地。

高水平统筹城乡　中西部率先发展

中共四川省双流县委书记　高志坚

统筹城乡发展既是突破城乡二元结构、解决“三农”问题的根本途径，也是中西部地区实现科学发展的必然选择。近年来，成都市双流县坚持把推进城乡一体化作为贯彻落实科学发展观的主要实践活动，按照成都市城乡统筹、“四位一体”科学发展总体战略和建设世界现代田园城市的战略部署，以统筹城乡发展统揽经济社会发展全局，着力构建以工促农、以城带乡的长效机制，初步走出了一条城乡同发展共繁荣的道路，促进了经济社会持续快速健康发展。2009年，双流县完成地区生产总值397.7亿元、规模以上工业增加值143.3亿元、全社会固定资产投资315.9亿元、社会消费品零售总额92.7亿元、地方财政一般预算收入26.1亿元、城乡居民储蓄存款余额315.5亿元，分别比2002年增长231%、571%、580%、209%、564%、353%；产业结构由2002年的10.1∶52.3∶37.6优化为7.2∶49.5∶43.3；城镇居民人均可支配收入18977元、农民人均纯收入7718元，分别比2002年增长111.6%、144.6%，城乡居民人均收入比由2002年的2.55∶1缩小到2.46∶1。县域经济综合实力连续14年位居四川省“十强县”榜首，县域经济基本竞争力全国排名由2002年的第52位提升至第27位，双流县深化城乡统筹推动科学发展的探索与实践，已成为全国县域经济科学发展的重要代表，其典型经验值得借鉴。

一、树牢统筹城乡发展理念，以思想更新促进思路创新

思路创新源自理念更新，只有牢固树立统筹城乡发展的理念，才能在实践中形成统筹城乡发展的思路。双流县位于成都市近郊，辖区面积1032平方公里，辖21个镇、3个街道，人口90.3万，既地处成都城市向南发展的核心区域，又有面积较广的农村地区，既是全国县域经济基本竞争力“百强”，又是一个发展不平衡的大县，县域经济发展总体不足，城乡“二元”结构比较突出。双流县紧紧抓住这一主要矛盾，牢牢把握灾后重建、扩大内需、统筹城乡综合配套改革试验区建设和国家深入实施西部大开发战略等机遇，深入解放思想，立足统筹兼顾，广聚干群智慧，提出了全县的工作基本取向、发展定位、发展思路和奋斗目标，构建了在更宽领域、更高层次深化城乡统筹、推动科学发展的宏观框架。

1.“统筹城乡、跨越发展，加大投入、扩大内需，群众殷实、实现和谐”既是工作取向，也是双流推动科学发展的基本需要。“统筹城乡、跨越发展”是双流发展的立足点，契合了科学发展的长远需要。“加大投入、扩大内需”是双流发展的着力点，突出了加快发展的现实需要。“群众殷实、实现和谐”是双流发展的落脚点，反映了群众期盼的根本需要。这一工作取向，全面回答了双流实现科学发展的核心问题。

2.打造“一城三基地”既是发展定位，也是双流推动科学发展的重要支撑。“一城” 即通过3～5年的努力，使双流城区建成面积超过100平方公里，居住人口超过100万，基本建成国内一流、国际知名的空港现代田园大城市。具体内涵包括在等级上体现“做大做强”，突出“全域双流”的理念、经济发展的实力、现代产业的支撑、科技创新的能力、生态环境的优越和国内一流、国际知名的水准；在特征上体现运动、文化、生态、怡居、航都，使之成为城市的标签、营销的品牌和产业的特质；在形态上体现“现代田园”，努力建成现代生活和田园生活水乳交融的理想家园。“三基地”即打造以新能源产业为龙头的成都重要的现代制造业基地、以临空经济为引领的成都重要的现代服务业基地、以集体化集约化为特征的成都近郊现代农业发展示范基地。

“一城”和“三基地”是相互依存的统一整体，打造“一城”就是要立足独特的区位优势和生态本底，加快建设现代城市，带动发展现代农村，着力构建新型城乡形态；打造“三基地”就是要立足双流发展的基础、优势和潜力，做大做强城市经济，带动发展农村经济，构建现代产业体系，调整优化产业结构，加快转变发展方式，为以城带乡、城乡互动提供支撑。这一发展定位，集中体现了双流实现科学发展的战略重点。

3.“一主线三战略五加强”既是工作思路，也是双流推动科学发展的基本路径。“一条主线”即坚持统筹城乡发展、推进城乡一体化这条主线，是双流实现科学发展的根本方向。“三大战略”即城市发展战略、现代农业发展战略、改革开放战略，是双流实现科学发展的主要抓手。“五个加强”即加强城乡一体的基础设施建设、加强城乡一体的公共服务体系建设、加强项目建设、加强规范化服务型政府（机关）建设、加强党的建设，是双流实现科学发展的重要保障，综合体现了加快发展的需要、以人为本的理念、全面协调可持续的要求和统筹兼顾的方法。这一发展思路，系统展示了双流实现科学发展的路径选择。

4.实现“两率先两示范”既是奋斗目标，更是双流推动科学发展的美好愿景。双流县通过对县情的深入分析和认真审视，顺应全县人民过上美好幸福生活的期待，结合深入学习实践科学发展观活动，确定了在四川省“率先建成全面小康示范县，率先建成城乡一体化示范县”的奋斗目标，围绕这一目标制定了实现“两率先两示范”的《三年行动计划和五年行动纲要》，并对相关指标进行了细化量化；同时双流县主动比肩标兵、自加压力，提出了用1～2年进入县域经济基本竞争力全国百强县前30位、2～3年进入前20位、3～5年争取靠近甚至跨进前10位的阶段性目标。这一目标体系，整体描绘了双流实现科学发展的远景蓝图。

二、创新统筹城乡发展模式，以资源集中促进发展集约

发展模式决定发展方式，只有通过发展模式的转型，才能从根本上促进发展方式的转变。双流县针对人多地少、资源紧缺等基本县情，顺应工业化、城镇化发展的新趋势和社会主义新农村建设的新形势，积极创新发展模式，创造性地提出并统筹推进工业向集中发展区集中、农民向城镇和新型社区集中、土地向适度规模经营集中“三个集中”，以统筹“三个集中”推动新型工业化、新型城镇化和农业现代化“三化联动”，促进了资源集约利用、产业集群发展、人口集中分布，推动了发展方式由粗放型向集约型转变。随着实践的不断深化，统筹“三个集中”已成为双流统筹城乡发展的基本原则、根本方法和检验标准。

1.推进工业向集中发展区集中。坚持走产业集聚、形态高端的新型工业化道路，强化节约集约发展理念，通过规划引导、业态控制、政策激励和要素配置，坚定不移地推进工业向西航港工业集中发展区和蛟龙工业港“一区两园”集中，同步推动航空物流、商贸市场、现代农业等园区基础设施配套和产业集聚，提升现代服务业和现代农业集约发展水平，促进三次产业集中集约集群发展。着眼打造“工业新城”，统筹配套西航港工业集中发展区基础设施、生活设施和公共服务设施，积极搭建人才培训、产品研发、市场信息等公共服务平台，促进要素集聚、产业集群、发展集约，不断提升园区产业吸聚能力和城市服务功能。目前，西航港工业集中发展区已建成12.9平方公里规模，被纳入四川省“1525工程”500亿元产业园，基本建成了中西部独具特色、服务规范、商务成本低、投资回报高、带动能力强的“工业新城”。创新工业园区市场化投入和建设机制，引入民间资金建成4平方公里的蛟龙工业港，大力支持蛟龙工业港打造创意、研发、设计、商务“四大板块”，促进其转变方式、升级发展。2009年，全县工业集中度达65%，比2003年提高42.9个百分点。

2.引导农民向城镇和新型社区集中。坚持走城乡一体、统筹推进的新型城镇化道路，大力实施城市发展战略，整体推进东升、华阳、西航港等城市组团建设，城镇综合承载能力和辐射带动能力大幅提升，空港现代田园大城市框架基本形成；按照胡锦涛总书记“用统筹城乡发展的思路和办法推进灾后重建”的要求，将重建美好新家园与社会主义新农村建设结合起来，推广灾后重建的经验做法，统筹推进市级重点镇、区域中心镇、一般镇和各具特色的新农村建设，同步加强镇村道路、雨污管网、教育卫生、文化体育等基础设施和配套设施建设，促进公共服务向镇村延伸，农村居民逐步享受到城市化的生产生活条件。目前，已建成配套完善、管理规范、环境优美、文明和谐的农民集中居住区103个，实现2.9万户、8.4万农民集中居住。认真落实国家推进新型城镇化的系列政策，积极探索农民持股(证)进城的机制和办法，着力深化城乡户籍、就业、社保、教育、医疗等领域配套改革，鼓励和引导具备条件和有意愿的农民向城镇集中、向第二、第三产业转移、向城市居民转化，促进了农民生产生活方式根本性转变。根据经济社会发展实际，调整征地拆迁安置补偿办法，适度提高补偿标准，创新货币安置、统建安置等方式，鼓励和引导农民集中居住。2009年，全县城市化率达52.7%，比2003年提高16.3个百分点。

3.推动土地向适度规模经营集中。坚持走集体集约、产业互动的农业现代化道路，综合运用产权制度改革成果，总结推广农村土地承包经营权“长久不变”改革试点经验，着力健全农用地流转、担保、抵押等机制，积极探索托管、转让、股份合作等流转方式，联动推进农村土地整理、农村土地承包经营权流转和农业产业化项目，努力实现多种形式的适度规模经营，并推动现代农业和休闲旅游业互动发展，提高农用地规模经营效益，促进农民多元化持续增收。2009年，全县新增农用地规模经营面积5.7万亩，累计流转农用地实有面积32.3万亩，占全县耕地总面积的46.6%。

三、做强统筹城乡发展支撑，以产业互动促进城乡联动

产业联系决定城乡联系，只有协调城乡产业关系，才能从实质上推动城乡发展融合。双流县始终牢牢把握加快发展、跨越发展这一首要任务，着眼推动发展方式根本性转变，抓住成都市产业功能区建设机遇，主动抢占战略性新兴产业发展先机，按照“西部第一、全国一流”的标准，大力发展以新能源及物联网产业为龙头、以临空经济为特色的城市经济，积极发展以现代农业为支撑的农村经济，加快打造成都重要的现代制造业基地、成都重要的现代服务业基地和成都近郊现代农业发展示范基地，加速构建具有强大竞争力和支撑作用的现代产业体系，促进三次产业互动、城乡经济相融。

1.大力发展高端产业和产业高端。着力打造千亿级新能源产业集群。坚持把发展新能源产业作为调整产业结构、转变发展方式的主攻方向，制定新能源产业发展规划，确定了到2012年、2015年、2017年新能源产业销售收入分别实现300亿元、1000亿元、2000亿元的近期、中期和远期发展目标。在此基础上，以西航港工业集中发展区（新能源产业功能区）为依托，以发展太阳能、核能、风能为重点，以构建自主研发平台为支撑，以引进培育重大项目为突破，全力打造千亿级新能源产业集群，初步形成了龙头项目加速集聚、产业链条拓展延伸、核心技术支撑有力的发展格局。西航港工业集中发展区分别被国家发改委、科技部批准为成都新能源产业国家高技术产业基地和成都国家新能源装备高新技术产业化基地，正积极争取升级为国家级经济技术开发区。目前，新能源产业功能区已成功引进天威新能源、汉能控股、中光电阿波罗、新光硅业、中汉电力等新能源重大项目26个、协议总投资635亿元，重点跟踪洽谈项目12个。2009年，双流县新能源产业销售收入53亿元，增长83.7%，并荣登中国新能源产业百强县榜首。预计2010年底，双流县新能源产业销售收入将突破100亿元，2012年底26个已签约项目全部建成投产后将实现销售收入900亿元以上。着力打造国际知名的物联网产业基地。抢占物联网产业发展先机，制定物联网产业发展规划和实施意见，确定了系统集成、感知识别、新型传感、通信传输、微型控制五大发展重点和实施“智慧双流”应用示范工程。目前，已引进科奥达、飞阳科技等物联网项目8个、协议总投资60亿元，重点跟踪洽谈项目10个，力争到2012年物联网产业实现销售收入100亿元以上，基本建成“国内一流、国际知名”的物联网技术孵化及产业化基地。着力做强以临空经济为引领的现代服务业。放大紧邻双流国际机场的独特优势，主动融入成都国际航空枢纽综合功能区建设，优化临空产业空间布局，着力建设国际航空货运集散地，大力发展航空枢纽服务、航空物流、临空高科技制造、临空总部经济、临空会展、临空商务服务、临空体育休闲、临空文化旅游“八大临空产业”，努力构建西部航空枢纽服务、国际航空物流、临空商贸总部、临空体育休闲和临空高科技制造“五大基地”；加快国际体育赛事、临空经济、文化创意等产业功能区基础设施配套和项目聚集，推动以临空经济为引领的现代服务业加速发展。目前，国际航空枢纽、国际体育赛事、临空经济、文化创意等产业功能区已聚集项目106个。2009年，全县实现服务业增加值155.2亿元，增长13.5%。着力推进现代农业高端化发展。坚持集体化集约化发展方向，大力实施“135610”现代农业发展思路，建立健全以农业技术服务、村级公共服务和农村金融服务为主要内容的现代农业服务体系，加快培育农村新型集体经济组织、家庭农场、现代农庄“三大市场经营主体”，重点发展优质粮油、特色果蔬、无公害畜禽、林业水产、农产品加工及物流“五大产业”，推进现代农业发展产业规模化、组织集体化、投入集约化、生产标准化、服务社会化、产品品牌化“六化合一”，加速建设10个现代农业示范园区。目前，已建成双流冬草莓、双流枇杷、双流二荆条辣椒3个“国家地理标志保护产品”核心区2.6万亩，有机蔬菜水果示范区1万亩，全县农业产业化带动面达87.8%。

2.积极推进政策创新和科技创新。大力营造产业跨越发展环境，围绕壮大主导产业和培育战略性新兴产业，出台打造“三大产业基地”的决定和扶持现代制造业、现代服务业、现代农业发展的系列政策，设立10亿元产业发展引导资金，着力发挥财政资金在产业发展中的导向作用。加强与国内外风险投资公司合作，与上海盛宇、以色列英菲尼迪公司分别合作成立股权投资中心，共同设立3亿元投资基金，通过战略咨询、股权融资，重点扶持高新技术企业发展壮大。深化与中国科学院光电所、中国核动力研究设计院、四川大学、电子科技大学以及以色列物联网研发团队等院校和机构的合作，大力推进国家光伏产品质量监督检验中心、国家级硅材料工程技术中心、国家级太阳能聚光应用工程技术中心、核电设备综合试验中心、国家中低压产品质量监督检验中心和成都未来核能应用技术研究院、成都新能源产业技术研究院、双流绿色能源博览会有限公司“五中心三平台”建设；依托西航港工业集中发展区，整合技术、空间和行政资源，推进科技企业“孵化器”建设，将产业培育从引进成熟项目延伸到孵化科技成果，推动新能源、物联网等高新技术产业加快发展，促进经济加速步入创新驱动、内生增长的轨道。加强对中小企业的金融服务，积极支持有条件的企业通过IPO等方式上市，促进其在转型升级中发展壮大。健全高新技术人才和专业人才的引进、培养和激励机制，形成高端人才聚集效应，增强科技创新对壮大主导产业、培育高端产业和战略性新兴产业的支撑引领作用。

3.大力实施投资拉动和项目带动。用好加大投入、扩大内需的系列政策，坚持投资拉动和项目带动“双轮驱动”、扩大规模和优化结构“双措并举”，在保持投资持续高速增长的同时，重点加大对战略性新兴产业培育、传统产业优化升

级、企业自主创新和成长性中小企业发展的投入，充分发挥投资在调整产业结构、转变发展方式中的重要作用。2009年，全县实现固定资产投资315.9亿元，其中工业投资110亿元、服务业投资120亿元（不含房地产），分别占全县固定资产投资的34.8%和38%。着眼在更高层次参与国际分工、在更宽领域整合优势资源、在更大范围深化区域合作，充分借助新能源国际论坛、物联网国际论坛等国际交流平台，加强与欧美、日韩、以色列、新加坡等发达国家在贸易、技术、产业、人才等领域的交流合作；继续加强与长三角、泛珠三角、环渤海等发达地区的对接合作，主动融入成渝经济区、成都都市圈发展，与周边区县签订战略合作协议，促进了优势互补、合作发展、互利共赢。瞄准高端产业和产业高端，大力实施专业招商、以商招商，全力引进龙头企业和高端项目，先后成功引进总投资达210亿元的汉能光伏、76亿元的中汉电力等一批重大项目。2009年，全县引资到位285.5亿元，实际利用外资1.44亿美元，出口创汇4.77亿美元。出台加快重大项目建设的实施意见，创新项目促建激励约束机制和工作推进机制，加速推动总投资达1426亿元的102个重点项目建设，掀起了项目建设的蓬勃热潮，全县已供地项目动工率达85%以上，为加快跨越、争先进位积蓄了强大动能。

四、构建统筹城乡发展形态，以整体打造促进发展融合

空间距离制约发展距离，只有统筹城乡全域发展，才能在空间上推进城乡一体化发展。双流县在统筹城乡发展进程中，始终把城市和农村作为一个整体系统考虑，统筹规划、整体推进城乡现代化建设，加速构建现代城市与现代农村和谐相融、历史文化与现代文明交相辉映的新型城市形态，初步形成了城乡要素双向流动、城乡经济互动共促、城乡形态和谐相融的局面。

1.立足整体融合，构建城乡规划体系。注重以科学规划引领科学发展，强化规划的龙头作用，按照“全域双流”的理念和城乡统筹协调发展的原则，综合考虑形态、业态、文态、生态等要素，在完善县域总体规划、城市分区规划、重点区域控制性详细规划、产业布局规划和村镇建设规划的基础上，统筹编制城乡基础设施建设、社会事业发展和生态环境保护等专项规划，形成了城乡一体、配套衔接的规划体系和执行监督体系，实现了城乡规划编制、实施和监管全域覆盖。主动对接成都世界现代田园城市发展战略规划和产业功能分区规划，按照“田园城市”和“产城一体”的理念，编制完成天府新城、成都国际航空枢纽、新能源、国际体育赛事、临空经济、文化创意等产业功能区规划，为加快构建现代产业体系，加速城乡现代化进程奠定了坚实基础。

2.着眼全域对接，完善城乡基础设施。围绕构建城乡一体的基础设施体系，大力推进城乡道路、能源、水利、通信等基础设施建设，促进城乡发展加速融合。致力成为西部综合交通枢纽的重要组成部分，积极配合抓好双流国际机场二跑道、成自泸高速、成都第二绕城高速、三岔湖旅游快速通道、成仁快速路、成绵乐城际铁路、成蒲城际铁路、成昆铁路货运外绕线、地铁1号线南延线等省市重大项目建设，其中双流国际机场二跑道已建成投用。2003年以来累计投入上百亿元，大力推进牧华路、临港路、站华路延伸线、元华路延伸线等县域骨干道路和城市区间道路工程，实施镇村公路建设和改造；每年投入资金7000余万元，实行城乡公交“一元通”和客运一体化，截至2009年底全县公路总里程达2321公里，镇村公路通达率100%，城乡公交客运覆盖率达100%，初步构建了城乡一体的大交通格局。大力实施城乡安全饮水、现代农业用水保障、城乡电网改造、城乡输气管网改造、镇镇建污水处理厂、电信移动进村入户“六大工程”，截至2009年底，建成城乡一体的供水管网1194公里，镇镇通自来水，75%的行政村通自来水，基本实现城乡供气供电同网同价，实现镇级污水处理厂（站）全覆盖，全县城镇污水处置率达75%，城乡电子政务和就业、社保、教育、医疗等领域信息化建设扎实推进，初步构建了城乡道路联网、电力供应同网、供水供气并网的基础设施体系，促进了城乡发展空间对接和基础设施共享，为以城带乡、城乡互动创造了条件。

3.突出生态怡居，着力提升城乡文明。着眼促进人与自然和谐、推动社会文明进步，大力实施创建国家级生态县、国家级园林城市、省级文明县城"三创"工程和城乡环境综合治理"五十百千示范"工程，加快推进城市重点区域旧城改造、一般场镇改造和骨干道路、主要河流沿线综合整治及景观打造，扎实抓好环境优美乡镇、生态村、绿色社区、绿色学校等生态细胞工程，建成国家级环境优美镇5个和县级以上生态村、生态家园2万户；广泛开展文明创建进机关、进学校、进企业、进农村、进家庭活动，倡导文明和谐新风，塑造城市文化精神，双流空港现代田园大城市的生态质量、整体形象和文化品位显著提升。双流县被评为全国生态旅游百强县、全国造林绿化百佳县、中国人居环境范例奖、全球生态宜居国际示范区最佳范例奖，被四川省委、省政府授予全省城乡环境综合治理先进县一等奖，成功创建为四川省环境保护模范县、生态县、园林城市和成都市文明县城。

五、健全统筹城乡发展机制，以重点突破促进实践深化

机制优化带来环境优化，只有深化体制机制创新，才能在制度上强化统筹城乡发展保障。双流县围绕改变以往重城市、轻农村的制度安排，抓住统筹城乡综合配套改革试验区建设机遇，以推进重点领域和关键环节改革创新为核心，以实施农村工作"四大基础工程"为保障，以空港现代田园大城市示范建设为突破，着力健全城乡一体化发展体制机制，推动了统筹城乡发展实践不断走向深化。

1.破解发展难题，深化综合配套改革。深化投融资改革。通过资产重组、增资扩股等方式，组建和壮大八个国有投资公司，探索整合县属国有公司组建战略投资集团，提升国有公司市场化融资能力并促进其向实体化方向发展。灵活采取BT、BOT、信托、股权租赁等方式吸引社会投资，充分发挥了政府投入的杠杆作用和社会投资的主体作用，初步形成了政府引导、市场运作、社会参与的多元化投入机制。2009年，吸引上百亿元社会资金投入双流建设发展。深化公共财政体制改革。加强城乡一体的公共财政体系建设，优化财政支出结构，逐年加大对公共服务、民生工程和"三农"领域的投入，2009年全县公共财政支出占总支出的88%。创新农村金融服务机制。规范发展新型农村金融机构，探索建立涉农银行、农业担保、农业保险和民间借贷相结合的农村金融服务体系，引导金融资本更好地服务"三农"。2009年新组建1家小额贷款公司和1家村镇银行，在四川省率先开展自动取款机进村入社试点，全县涉农贷款余额63.8亿元，新增农户小额贷款首次突破亿元大关。创新城乡土地资源利用机制。扎实开展全国土地利用总体规划实施综合试点工作，采取城镇建设用地增加与农村建设用地减少挂钩的办法，推动农村土地资源在政策支撑下转为城市资源、城市资金在市场机制下投向农村发展。深化行政管理体制改革。深入推进规范化服务型政府（机关）建设，按照整合职能、提升效能的原则，稳步实施机构改革，探索推行大部门制；建立健全县、镇、村三级联动的便民服务体系，全面推行并联审批和集中服务，切实推动政府职能转变。着力创优分工协作的领导机制和工作推进机制，重点针对产业功能区建设、空港现代田园大城市示范建设和重大项目建设，调整完善工作机构，细化目标任务，创新考核办法，形成了协调顺畅、运转高效的工作格局；认真落实首问负责制、限时办结制、责任追究制、社会评议制，制定行政效能监察、重点工作专项监察、行政行为风险防控和行政过错责任追究制度，逐步构建了权责一致、分工合理、决策科学、执行顺畅、监督有力的管理体制。

2.夯实基层基础，实施四大基础工程。立足推动农村经济市场化、管理民主化、服务公平化，

扎实推进农村产权制度改革、村级公共服务和社会管理改革、农村土地综合整治、农村新型基层治理机制建设“四大基础工程”，不断夯实统筹城乡发展的基层基础。大力开展农村产权制度改革。立足推动农村资源转变为市场资本，以“还权赋能”为核心，以土地、图斑、台账、合同、证书、耕保基金“六个一致”为原则，全面完成农村集体土地和房屋确权、登记、颁证工作，完善各类农村产权依法有序流转和交易机制，初步建立了“归属清晰、权责明确、保护严格、流转顺畅”的现代农村产权制度。在成都市率先推行农村土地承包经营权“长久不变”改革，出台农村产权抵押融资办法，率先实现集体建设用地使用权流转、农村房屋所有权和农村土地承包经营权抵押融资。落实耕保基金制度，2009年发放耕保基金1.28亿元，建立了充分调动广大农民积极性的新型耕地保护补偿机制。积极推进村级公共服务和社会管理改革。围绕促进城乡公共服务均衡发展，按照“政府主导、多方参与、充分发挥村（社区）自治组织作用，充分尊重农民意愿、维护农民民主权益”的思路和“办事不养人”的原则，通过民主议决、服务外包、公开竞拍、市场运作，支持和引导农村自治组织、市场主体参与农村公共服务和社会管理，推动公共服务向村（社区）延伸。建立“分类供给、经费保障、设施统筹建设、民主管理、人才队伍建设”五大机制，将村级公共服务和社会管理经费纳入财政预算，成都市、双流县和县内各镇（街道）三级分别按每个村（社区）年均不少于10万元、20万元、5万元的标准安排专项资金，切实解决了“有钱办事”的问题。截至2009年底，已完成183个村（社区）的便民服务站、卫生计生服务站、培训就业活动站、公共资源管理维护站、农业生产服务站、警务室、农村生活放心店和农资放心店“五站一室两店”硬件平台建设，实施公共服务和社会管理项目1392个，民主评议满意率达90%以上。统筹实施农村土地综合整治。在实施土地整理和城镇建设用地增加与农村建设用地减少挂钩的基础上，整体规划推进农村田、水、路、林、村综合整治，以此为抓手集成推动农村基础设施建设、新型社区建设和现代农业发展。2005年以来，累计完成土地综合整治面积9.6万亩，新增耕地1.4万亩，整理结余建设用地指标1806亩，通过土地综合整治使2万余农民的生产生活条件得到明显改善，提升了农村发展环境和整体面貌。探索创新农村新型基层治理机制。推行以基层党组织书记公推直选、开放“三会”、社会评价干部为主要内容的基层民主政治建设，创新“村两委＋议事会”的农村新型治理机制，全县253个村（社区）均建立了议事会，有效发挥了群众在统筹城乡发展中的主体作用，初步构建了在村（社区）党组织领导下、村民自治为核心、社会组织广泛参与的新型村级治理机制，基本形成了以群众满意为价值取向、对上负责与对下负责相结合的基层工作长效机制。

3.突出典型带动，推进综合示范建设。按照成都市推进世界现代田园城市示范建设的部署和“连点成线、串线成片、循环展示、集成示范”的思路，注重体现当地产业与经济要素结合的发展性、空间布局与建筑形态的多样性、周边环境与生产生活的相融性，基础设施与公共设施的共享性“四性”原则，认真落实布局组团化、产业高端化、建设集约化、功能复合化、空间人性化、环境田园化、风貌多样化、交通网络化和配套标准化“九化”要求，启动东山快速通道—新籍黄路—双黄路“一环”、双简旅游快速通道观光走廊“一线”和九江、彭镇、金桥、黄水“一片”示范建设。统筹推进“一环一线一片”综合示范区产业发展、环境整治、土地综合整治、场镇改造等项目，着力将“一环”打造成为“川西丘陵田园风光示范环线”，将“一线”打造成为“乡村旅游示范线”，将“一片”打造成为“成都市新农村示范片”，努力建成一批体现现代田园城市内涵、展现新型城乡形态、具有较强产业支撑、同步实现生产生活方式转变的综合示范点，力争用3～5年时间全面建成“一环一线一片”综合示范区，为双流打造空港现代田园大城市探索经验和提供示范。目前，综合示范区相关规划已编制完成，40余个重点示范项目正加紧实施。

六、共享统筹城乡发展成果，以群众殷实促进社会和谐

社会和谐基于城乡和谐，只有让城乡群众共享发展成果，才能在整体上加快和谐社会进程。双流县始终牢牢把握群众殷实、实现和谐的取向，以城乡公共服务资源均衡配置为方向，以实施全民创业、充分就业、富民增收、社会保障、教育惠民、医疗卫生、文化共享、百姓安居、环境治理、用水保障“十大民生工程”为载体，加速构建城乡一体的公共服务体系，努力让群众共享统筹城乡发展成果。

1.着力构建城乡一体的充分就业体系。建立城乡统一的劳动力市场和覆盖城乡的就业服务网络，每年设立3000万元创业风险资金和500万元创业专项资金，实施“全民创业”工程，鼓励城乡群众创业致富，以创业带动就业，城镇登记失业率连年控制在3%以内，稳定实现了城乡充分就业。

2.着力构建城乡一体的均衡教育体系。投入资金1.26亿元，建成国家级示范校3所、省级示范校3所、标准化中小学34所。2006年以来，累计免除城乡中小学生学杂费、信息技术费、课本费、作业本费2.1亿元，在西部地区率先实现免费义务教育。2009年在四川省率先启动免费高中教育计划，力争三年实现免费高中教育。实施城市名校整合带动农村学校行动计划，探索建立城乡教师“县管校用”、定期交流机制，2009年全县交流城乡校长、教师177名，组建教育集团3个，有力地促进了城乡教育均衡发展。

3.着力构建城乡一体的医疗卫生服务体系。投入资金1.5亿元，完成24个镇（街道）卫生院和253个村（社区）卫生室标准化建设。实施县级医院整合带动镇卫生院行动计划，建立城乡优秀医疗卫生技术人员合理流动机制，2009年县级医院整合带动区域卫生院3个、对口帮扶镇卫生院8个，初步实现了基本医疗卫生服务全域覆盖。成功创建全国农村中医工作先进县。积极推进城乡医药卫生体制改革，初步构建了解决农村医疗“以药养医”问题的长效机制。

4.着力构建城乡一体的社会保障体系。大力推进社会保险全覆盖工程，加快建立城乡一体的基本养老、基本医疗、最低生活保障等社会保障制度，在四川省率先实现城乡基本医疗保险一体化，2009年底，全县城乡基本医疗保险覆盖率达97%，基本社会保险覆盖率达80%。

5.着力构建城乡一体的公共文化服务体系。大力实施广播电视村村通、文化资源共享等公共文化惠民工程，截至2009年底，全县建成村（社区）数字互动影院80个，广播电视城乡覆盖率达100%，光纤入户率达68%，基本实现镇镇有综合文化活动站、村村有文化活动室。

6.着力构建城乡一体的平安保障服务体系。深入开展平安双流建设和城乡治安环境综合整治，投入资金1200万元在全县253个村（社区）建立综合治理服务队，夯实社会治安基层基础，群众社会治安满意率达90%以上，荣获全国平安建设先进县称号。认真落实维稳“属地管理”、“一岗双责”和信访逐级负责、领导包案等制度，着力构建“大调解”机制，有效预防和化解各类矛盾纠纷，形成了城乡群众共创稳定、共享和谐的良好局面。

创新机制　优化服务
努力构建中国西部民营经济发展高地

中共四川省新津县委　新津县人民政府

近年来，新津县委、县政府始终把加快民营经济发展作为增强县域经济实力和竞争力的重要抓手，全力推进民营经济快速健康发展。民营经济已成为县域经济发展的主要支撑、财政税收的重要来源以及城乡居民就业、创业和增收的重要渠道。目前，全县有民营企业近1700家，占全县企业总数的90%以上。2009年，全县实现民营经济增加值70.96亿元，增长17.8%，占地区生产总值的70.9%；工业企业实现民营经济增加值40.65亿元，增长22.1%；民营经济税收占全县工商税收的93.1%，占全县财政收入的46.4%；民营企业吸纳农村劳动力就业9.3万人，占全县农村劳动力的66.3%。连续三年被成都市委、市政府评为发展民营经济先进县，荣获“中国民营经济最佳投资县”称号。

一、切实加强领导，营造发展氛围

始终坚持把发展民营经济作为全县经济社会发展的重要工作之一，积极营造“发展有理、创业光荣、致富有功”的民营经济发展氛围，努力促进民营企业做强做大。县上成立了“民营经济发展工作领导小组”，由县委、县政府主要领导亲自挂帅；组建了民营经济发展局，负责全县民营经济发展的协调服务工作，形成了领导重视、机构健全、齐抓共管的工作格局。县委、县政府每年召开高规格、大规模的民营经济发展表彰大会，大力表彰贡献突出的“纳税大户”、“纳税光荣户”以及争创国家、省、市名牌产品的企业。通过评选“十佳”民营企业、“十佳”民营企业家和50名优秀民营企业家，大力宣传发展民营经济的典型事例和模范人物，在全社会形成了关心、支持民营企业发展的良好氛围。

二、加快园区建设，打造发展平台

坚持大投入、大配套，全力推进工业园区建设，为民营工业企业打造良好的发展平台。2009年，投入8.9亿元，加快工业园区基础设施建设，园区建成区面积达13.5平方公里。一是高起点规划。按照“三个集中”的原则，结合成都市产业布局规划和全县城市总体规划、土地利用规划，编制完成了四川新津工业园区主导产业规划、总体规划和控制性详规，以及能源规划、防洪规划、排水规划等专业专项规划。二是大手笔建设。实施了规划区农户整体拆迁安置，同步推进区内道路、绿化、管网以及变电站、通信基站、集气站、污水处理厂、工业水厂、特勤消防站等基础配套工程建设，建成区全部实现“九通一平”，为项目落地打下良好基础。三是全方位拓展空间。抓住一批重大产业化项目相继落户的契机，积极争取省市支持，进行园区扩规，园区规划面积由2006年底的7.92平方公里扩增到目前的23.5平方公里；在全省率先开展跨区域合作，与毗邻的眉山市彭山县共同开发建设“成眉工业集中发展区”，有效解决了发展空间不足的问题。目前，园区共聚集工业企业216户，其中规模以上企业138户，园区已成为民营企业聚集的“洼地”。

三、实施招大引强，增强发展后劲

进一步修订完善了《新津县招商引资优惠政策》，创新招商方式，实施招大引强，不断扩大民营经济发展的增量，不断巩固民营经济发展的优势。一是“聚核式”招商。突出重大产业化项目的“聚核”效应，大力实施择商选资，优中选优，着力引进龙头企业（项目）。先后成功引进纳爱斯、东南网架、白象方便面、通威水产品、华峰聚氨酯等全国知名的民营企业，从而带动了一批中小民营企业发展。二是"补链式"招商。围绕"氯碱—液氯—多晶硅"、"元明粉—洗涤用品—包装印务"、"饲料—畜禽养殖—肉食品深加工"等产业链，补充和集聚上下游企业、降低综合配套成本、探索发展循环经济。三是"整合式"招商。由分散发展向整合优势资源、培育支柱产业、促进产业集群发展转变，基本形成了以精细化工、新材料制造为主导、路桥构件产业和食品深加工产业为特色的"1+2"产业集群发展格局，三大产业产值占全县规模工业总产值的80%。通过持之以恒抓对外开放、招商引资，外来民营工业企业数量大幅增长，引进民营企业资金占全县引资总额的80%，引进的重点企业大多数是民营企业，为全县民营经济发展注入了强大活力。

四、坚持改革创新，提升发展层次

不仅注重民营经济总量的增长，而且更注重发展质量的提升，通过积极引导民营企业进行体制机制和科技创新，不断提升其发展层次，实现了"量质并举"。一是鼓励企业实施技术改造。出台了《关于进一步扶持工业企业技术进步的实施意见》，每年安排不少于500万元的专项资金，鼓励和引导民营企业推广先进技术、更新设备、改进工艺，加快传统产业改造升级。二是鼓励企业搞好产学研结合。出台了《新津县科技成果孵化资金管理办法》，促进技术成果的转化及产业化；支持民营企业与科研院所、大专院校共建研发中心，对新申办国家、省、市级工程技术中心、企业技术中心和技术检测中心的企业，给予重奖。目前，全县拥有省、市级企业技术中心5家，省、市创新计划项目8项，恒力磁材、新筑路桥、事丰医疗器械等企业及其产品多次荣获国家、省、市科研成果奖。近期，通过政、企、校三方合作方式，建立了天津大学（新津）化工研究中心，依托天津大学化工学院强大的研发能力，打造专业性化工产业科技研发平台，提升企业生产工艺及装备水平，增强新津化工园区综合竞争力。三是鼓励企业新创品牌。出台了《关于鼓励企业新创知名品牌的奖励办法》，对民营企业获得"中国驰名商标"、"中国名牌产品"的分别给予100万元、50万元的一次性奖励。目前，全县已培育和引进中国名牌8个、驰名商标8个，四川名牌11个、省级著名商标12个。

五、创新服务方式，优化发展环境

坚持不断创新服务方式，努力优化民营经济发展环境。一是坚持多措并举，营造"重商"环境。把优化投资环境纳入一级目标，制发了《新津县关于对损害发展环境行为实施"一票否决"的暂行办法》，开通了"县长、局长、镇（乡）长信箱"、"阳光政务"服务热线，设立了发展环境投诉中心和"马上办"办公室；对园区管理体制进行了改革，将县级18个部门的23个审批事项交由园区管委会办理，实现了工业园区"封闭式"管理、开放式运作，提高了服务效率，项目进场、开工、建设所涉及的相关手续办理时限由40多天缩短到7个半工作日；县委、县政府主要领导坚持每月至少到园区现场办公一次，每季度召开一次民营企业座谈会，听取企业意见，协调解决企业发展中的困难和问题。二是关心爱护企业家，营造"亲商"环境。为企业家建立"健康套餐"制度，每年至少为企业家免费体检一次；与知名高校联办企业高管培训班，对县内民营企业家免费培训，组织民营企业家赴江阴、温州、宁波、泉州等中国民营经济最活跃的地区和国内知名的民营企业进行考察学习；增加了县人大常委、县政协常委和党员代表、人大代表、政协委员中民营企业代表人士的名额，提高了民营企业家的政治待遇。三是打破发展瓶颈，营造"富商"环境。加强与金融机构的联系，搭建银政企交流合作平台，努力解决"融资难"。出台了《关于进一步加强民营企业信用担保体系建设的实施意见》等文件，设立了成都中小企业信用担保有限责任公司新津办事处，成立了"新诚担保公司"，创新"零资产融资担保"方式，积极解决中小民营企业的融资难题。出台了《关于推动企业上市的意见》，落实企业上市扶持专项资金，大力推

进民营企业上市融资。将民营企业用地纳入总体规划，不断优化土地资源配置，努力解决“用地难”。加大变电站、集气站等基础设施建设投入力度，努力解决“用能难”。四是实施地方产品配套，营造“扶商”环境。积极帮助企业将产品纳入成都市地方产品配套目录。出台了《新津县促进地方产品配套的奖励办法》，对购买《新津县地方工业产品配套目录》内产品的企业予以奖励，帮助企业开拓市场。目前，天威硅业已采购东南网架上亿元产品；纳爱斯、白象等企业不仅将本地彩印包装业务交与琪乐公司，还将异地公司彩印业务交与琪乐公司。五是实行整体联动，营造“安商”环境。在工业园区和部分重点企业设立了警务室，切实加强企业安保工作。实行“企业生产安静日”制度，县级部门到民营企业检查，须与园区管委会协商后有序进行。法院、检察院、公安、司法、工商、劳保、安监等部门主动为企业提供各种免费咨询和服务，帮助企业规范运作。进一步完善行政执法监督举报、投诉制度，确保执法部门文明执法。近年来，新津县先后被评为全省软环境建设示范县、全市投资软环境建设先进县。

通过大力发展民营经济，促进了县域经济快速、持续、健康发展。2009年，全县实现地区生产总值100.09亿元，同比增长（下同）16.1%；规模工业增加值44.11亿元，增长23.5%；全口径财政收入35.22亿元，增长75%；地方财政收入25.19亿元，增长80.8%；固定资产投资133.16亿元，增长69.3%；社会消费品零售总额26.60亿元，增长17.6%；城镇居民人均可支配收入14616元；农民人均纯收入6962元。

借全国援疆之机
助推阿克苏市跨越式发展和长治久安

中共新疆维吾尔自治区阿克苏市委书记　牛学兴

阿克苏市位于塔克拉玛干大沙漠西北边缘、塔里木河上游，因水得名，维吾尔语意为“白水城”， 古为秦汉之际西域三十六国的姑墨、温宿两国属地，是古丝绸之路上的重要驿站，也是龟兹文化和多浪文化的发源地，素有“塞外江南”之美誉，是阿克苏地区政治、经济、文化中心。全市总面积2.33万平方公里，建城区面积28.5平方公里。市辖 4乡2镇1场、5个街道办事处，总人口58.13万人。

近年来，在自治区党委、人民政府，地委、行署的正确领导下，阿克苏市坚持以科学发展观为指导，积极树立首府意识，以争创一流的精神，把握全局、突出重点、团结拼搏，推动了经济社会又好又快发展，先后荣获“国家森林城市”、“全国园林绿化先进城市”、“国家卫生城市”、“中国优秀旅游城市”、“中国人居环境范例奖城市”、“全国双拥模范城”四连冠、“全国科技进步先进县(市)”、“中国西部百强县”、“中国红富士苹果之乡”和“国家级优质商品棉基地”等荣誉称号。

按照“2020年新疆要与全国同步进入小康社会，新疆各族人民的生活水平要达到全国省市中等偏上水平”的总体要求和“两个着力”的援助要求，坚持“输血与造血相结合、以造血为主，争取援助与自力更生相结合、以自力更生为主，全面推进与突出解决民生相结合、以突出民生为主，发挥市场机制作用与加强政府引导推动相结合、以发挥市场机制作用为主，先易后难、急事先办、试点先行”的原则，把用好杭州市政府援助资金作为讲政治和打基础的工作，把撬动浙江民营资本培育壮大我市特色优势产业作为关键举措，在努力推动我市跨越式发展和长治久安的同时，也拓展杭州市经济发展空间，实现两地政府和企业三赢的良好局面。

一、用好政府援助资金

一是抢抓国家加大对“三农”、环保、社会事业投入力度的政策机遇，加快谋划一批保障性住房、城市供排水、教育医疗、就业培训、生态环保、重大基础设施类项目，双方共同研究对口援助资金与国家、自治区专项资金统筹使用问题，扩大援助项目规模。二是注重解决制约阿克苏市经济社会发展的瓶颈问题，重点做好棚户区改造、两大工业园区的供排水、污水处理、城市道路等项目建设以及解决“三无”人员的住房难、就业难问题，进一步加大为群众办实事、办好事的力度，努力改善各族群众的生产生活条件。三是建立年度规模为3000万元的浙企落地发展奖励基金，对凡是来阿克苏市投资发展的浙企，投资规模超过1亿元的，一次性给予500万元奖励扶持，充分发挥援助资金的杠杆效应，撬动浙江民营资本向阿克苏投资，吸引浙江民营企业来阿创业。四是安排一定数量的援助资金用于干部、人才培训、特色产品研发、少数民族富余劳动力“双语”培训等。

二、以培育壮大特色优势产业作为重点，全方位深化和拓展援阿工作

(1)借助杭州市相关产业发展优势，培育五大特色优势产业。通过采取强有力的行政手段干预、用足用好奖励扶持资金、共建园区等有效措施，重点培育棉纺、聚氯乙烯、旅游、外贸出口加工制造、商贸物流等五大特色优势产业。一是培育壮大棉纺业。依托阿克苏丰富的棉花资源和600万锭“新疆纺织工业城”的战略定位，在加强与杭州市在棉纺产业对接的基础上，通过杭州市的积极协调，采取强有力的行政手段，引导浩

丽雅、雅戈尔、报喜鸟、杉杉、法派等浙江省知名大企业、大集团在阿克苏市办分厂，努力把阿克苏市打造成为以纺织为主、棉副产品综合加工利用为辅的新疆棉产业核心区、中西部地区承接东部产业转移的样板工程。二是培育壮大聚氯乙烯产业。依托全国独一无二的聚氯乙烯绝对生产成本低的优势，通过杭州市积极协调，采取强有力的行政手段，力促富丽达集团在阿克苏市落建60万吨PVC项目，帮助打造促进财政增收的主导产业。三是培育壮大旅游业。依托周边丰富的旅游资源和"中国优秀旅游城市"的品牌优势，将阿克苏市旅游业发展纳入杭州市旅游业发展的总体规划，把阿克苏市"西北休闲之都"规划与杭州市"东方休闲之都"规划有效对接，进一步加大"龟兹文化"、"多浪文化"的宣传力度，通过引导浙江省中国国际旅行社、浙江光大国际旅行社等大型旅行社在阿克苏市建立具有独立法人资质的分支机构，逐步开辟杭州——阿克苏——中亚五国及俄罗斯的精品旅游线路，吸引国内外游客，打响阿克苏市面向新疆乃至西北地区休闲之都和旅游目的地的品牌。四是培育壮大外贸出口加工制造基地。依托乌什口岸和国内产业向西转移的重大机遇，在支持现有本地进出口公司做大做强的基础上，借助杭州市的招商平台，引进浙江顺达、盛亚、国贸集团、三本、远大等浙江省进出口公司以及国内其他面向中亚、南亚、俄罗斯及欧洲出口产品的企业来阿投资建厂，打造以阿克苏市为中心的面向中西亚及欧洲等市场的前沿加工制造基地。五是培育壮大商贸物流业。依托南疆交通枢纽的区位优势，在培育扶持现有专业要素市场做大做强的基础上，依托杭州市发达的物流优势，建设一个面向中亚、南亚、欧洲市场的小商品批发城，引进浙江省物流龙头企业，走多种物流业态并举发展之路，逐步形成以阿克苏为桥头堡、物流中枢，内有基地、外有市场，辐射南疆、通商周边国家的市场格局。

(2)借助杭州人才、管理优势，提升教育卫生水平等软实力。一是通过杭州方面的积极努力，争取浙江省委、政府安排浙江大学在阿克苏市建立分校。阿克苏市财政拿出3000万元的财政配套用于2000亩校区的新建改扩建的征地拆迁，全方位支持配合做好浙大阿克苏分校建设项目，确保项目3年内完工；二是积极争取杭州市教育质量好、教育理念新的中小学与我市学校结对帮扶，引进和借鉴杭州市先进的教育管理方式，逐步把我市中小学校改造成为结对帮扶名校的附属学校；三是请杭州市选派优秀高素质教育人才来阿开展对口支援，担任全市所有中小学的教务主任和部分学校的校长，并在杭阿两地学生之间、教师之间通过远程教育等多种方式开展"一帮一"互助，引进先进的教学管理理念，全面带动和提升我市职业教育和中小学教育水平；四是请杭州市知名医院与市属、乡镇卫生医疗机构结对帮扶，大力开展人才、技术、资金、设备和物资援助，改善医疗卫生条件，提高卫生医疗水平，把我市各类医院办成结对帮扶医院的附属医院；五是通过"走出去、请进来"等多种形式，大力培养医疗技术人才，从根本上解决我市医疗技术水平不高、医疗技术人才匮乏等问题。

(3)借助杭州市科技研发优势，建立科技产业园。一是利用杭州市的援助资金，加快科技产业园建设，把纺织工业城建设和重化工产业、特色农副产品加工业发展作为重点，解决好技术、人才、管理等重大问题，为产业发展提供强有力的技术和人才支撑，提升产业竞争力；二是通过杭州市的帮助，积极争取浙江省权威研发机构加强对红枣、核桃、鹰嘴豆等本地特色产品的研发、开发，提高科技含量，延伸产业链条，提升农业产业化水平；三是按照"项目合作、互惠多赢"的原则，采取项目引导、政策激励等措施，在杭州市的大力协调下，促使浙江省科研院所、高等学校和企业到阿开展多种形式的产学研合作，帮助培养和引进一批高科技人才，进一步提高自主创新能力和科技竞争力，促进优势资源开发和转化利用。

(4)借助杭州市现代农业优势，建立农业科技示范园。一是以国家农业科技发展战略为指导，积极争取杭州市在我市建设高效农业节水科技示范园区，着力改善农业用水比例过高的现状，力争从农业用水中节约出至少20%的灌溉用水，用于发展工业；二是建设高效畜禽养殖示范园区，帮助尽快提高我市畜牧业生产规模化和专业化水平；三是建设林果业病虫害防治研究机构，为阿克苏市特色林果业的健康发展保驾护航。通过建设农业科技示范园区，有效推进农业先进适用技术和新成果的引进、示范、转化，大幅度提高农业科技人才的专业素质和农牧民的生产管理水平。

(5)借助杭州市先进管理理念和人才优势，建立人才互挂的长效机制。一是请杭州市选派懂经济、综合协调能力强的一名干部担任市委副书记，兼任援阿前方指挥部指挥长，主管全市的经济工作；选派一名懂工业的干部担任副市长，同时挑选一些干部到规划、建设、招商等部门担任行政一把手。二是将到杭州市挂职锻炼半年以上的工作经历作为科级后备干部库建设和管理的附加条件，全面提升干部整体素质。三是双方共同制定优惠政策，鼓励杭州大中专毕业生到阿克苏市就业、任职、挂职，重点向村、社区一线倾斜，着力提高基层组织的战斗力、凝聚力。四是在杭州市的支持协调下，定期邀请浙江省知名专家、学者和学术带头人，来阿开展短期、中期、长期的培训服务；同时我市选派一些优秀后备干部、党政人才、企事业单位专业技术和高技能技术人才到杭州市交流任职和工作，推进双向挂职交流。通过智力援阿，打造一支“永远不走”的高素质干部人才队伍。

三、着力营造良好的环境氛围

一是保持和谐稳定的环境，让援阿干部愿意来、来了让家人放心。始终按照中央关于“发展是硬道理，是第一要务；稳定是硬任务，是第一责任”和“思想上的弦绷得紧而又紧，对策上的准备细而又细，工作上的力度大而又大”的要求，把维护稳定摆在突出位置来抓。紧密结合当前反分裂斗争出现的新情况新动向，不断加强以改善民生为重点的社会事业建设，从“不愿”的层面上夯实各族干部群众“维护民族团结、维护社会稳定”的情感基础，从根本上杜绝“三股势力”在阿克苏的滋生蔓延；持之以恒地强化各族干部群众宣传教育工作，从“不能”的层面上夯实各族干部群众“维护民族团结、维护社会稳定”的思想基础，进一步提高各族干部群众的政治鉴别力和思想免疫力；全面落实“135”维稳工作机制，做好对“三股势力”分裂破坏活动的防范和打击工作，从“不敢”的层面上夯实各族干部群众“维护民族团结、维护社会稳定”的法制基础，使不法分子和“三股势力”不敢在阿克苏为非作歹搞破坏，努力为援阿工作的有序开展营造更加和谐稳定的社会环境。二是对口安置到位。按照“政治上信任放心、工作上支持放手、职位专业科学对口”的要求，为援阿干部对口安排相应岗位，明确职、权、责，充分调动援阿干部的主观能动性，做到用其所长、展其所能。三是服务保障到位。严格按照“热情、周到、安全、细致”的要求，由市财政出资新建一座浙江援阿干部综合楼，妥善解决好援阿干部的食宿、娱乐、健身等实际问题，落实好杭州援阿干部在阿克苏市工作的各项待遇。四是舆论宣传到位。通过宣传，努力使各族群众更加深刻地认识到只有中国共产党才是全心全意为他们谋利益、只有中国特色社会主义道路才能让他们过上幸福生活、只有社会主义祖国大家庭才能使各民族共同繁荣发展，从而把他们的思想和行动引导到加快发展、建设美好家园上来，引导到促进民族团结、维护社会稳定上来。教育引导各族干部群众进一步解放思想，转变观念，不等不靠，积极做好思想准备、组织准备、工作准备，以实际行动迎接历史性大机遇的到来。

贯彻落实科学发展观
全力推进县域经济社会快速发展

中共新疆昌吉市委副书记、代市长　马建新

昌吉市是新疆西部大开发和乌昌经济一体化重点发展的城市，昌吉回族自治州首府所在地。近年来，昌吉市紧紧抓住加快发展县域经济这一要务，积极抢抓中央扩大内需和加快新疆经济社会发展的政策机遇，举全市之力加速推进资源优势向经济优势跨越、传统农业向现代农业跨越、传统服务业向现代服务业跨越。2009年，全市实现地区生产总值154.2亿元，增长16.3%，全社会固定资产投资51.2亿元，增长24.8%：外贸进出口总额5.6亿美元，增长16.4%：财政一般预算收入8.5亿元，增长35.7%：农牧民人均纯收入7898元，增加755元。先后荣获全国科技进步示范市、国家卫生城市、中国优秀旅游城市和全国双拥模范城市等多项国家级荣誉。

一、贯彻落实科学发展观，处理好招商引资与优化投资环境的关系

投资环境是招商引资的磁场，牢固树立环境就是生产力、改善环境就是改善生产力的观念，着力改善和优化投资发展环境。近年来，先后出台了《昌吉市招商引资优惠政策》、《进一步优化投资发展环境的决定》以及政府部门服务承诺制等制度，广泛接受社会公开监督，取得了明显成效。此外，根据投资者的实际需求，不断完善“一站式”办公服务，将所有行政审批事项全部纳入政务大厅进行办理。投资环境的不断优化，极大激发了外来投资者的投资热情，益海粮油、娃哈哈、上好佳等一批投资过亿元的国内外知名企业相继落户昌吉市，为促进昌吉市经济发展起到了强劲的拉动作用。园区是招商引资的平台。多年来，昌吉市始终把加快园区建设作为推进新型工业化的重点，坚持市场化运作和政府投入相结合的原则，先后投资6亿多元，不断加快园区基础设施建设，园区已成为昌吉市重要的招商引资基地。目前，已入驻高新区规模以上企业75家，2009年实现工业总产值88.7亿元，工业增加值21.5亿元，年均增长40%。

二、贯彻落实科学发展观，处理好骨干企业与中小企业发展的关系

从近年来昌吉市的工业经济构成来看，骨干企业产值占到工业总产值的40%。如果说骨干企业是重点，那么中小企业则是基础。因此，既要抓住重点，又要打牢基础，做到统筹兼顾。对于骨干企业来说，其发展壮大必须走企业集团—股份公司—上市公司的道路，最终形成资源聚集效应，以其快速发展促进经济的发展。近年年，昌吉市在做大做强特变电工、屯河工贸、麦趣尔等现有29家企业集团的基础上，加快推进麦趣尔乳业、天山畜牧上市步伐。同时更加关注中小企业的发展，针对中小企业融资难、技术装备水平低、企业管理不科学等困难和问题，改变只注重对骨干企业进行调研、协调解决问题的做法，深入中小企业调查研究，给予企业必要的政策扶持，充分发挥经济发展投资公司的作用，解决企业发展中存在的资金、技术、管理等问题，帮助企业开拓市场，提高企业产品市场占有率，增强企业竞争力，促其尽快做大做强。

三、贯彻落实科学发展观，处理好经济发展与城市建设的关系

城市化是工业化、产业化联动发展的平台，一个地区的城市化水平代表着这个地区经济发展的水平，经济发展越快，要求城市化越高，城市化越高，又会促进经济的快速发展。近几年，昌吉市按照东优、西拓、南进、北调的战略发展方向，加快建设新城区，改造提升老城区。2009年，

昌吉市投入4.3亿元，建成区面积达到32平方公里，城市化水平达到67%，为招商引资和项目发展打造了坚实的平台。大力提升城市知名度，着力推进花儿大剧院、恐龙博物馆、滨湖河生态景观工程等重点项目建设，“宜居之城、休闲之都、名吃之乡、花儿之地、观音故里”五张城市名片全面打响。扎实开展“村镇环境整治年”活动，把村庄居民点建设作为推动社会主义新农村建设的突破点，以点带面，全面推进，有效实现新农村面貌根本性改观。

四、贯彻落实科学发展观，处理好产业化发展与农企矛盾的关系

依托龙头企业，走产业化发展道路，是壮大农业农村经济，促进农业增效、农牧民增收、农村稳定的根本途径，也是昌吉市加快社会主义新农村的着力点。近年来，昌吉市一方面，积极帮助企业开拓市场，增强企业产品市场竞争能力，提高市场占有率，最大限度地消化农产品。另一方面，积极引导农牧民树立扶持企业发展就是帮助自己增收的理念，从长远着眼，帮助企业共渡难关，最终实现农企双赢，并取得了初步成效。通过不断完善和构建农企利益紧密联结机制，实现农牧民增收，农业增效，有效促进了农业农村经济的快速健康发展。目前，全市农业产业化龙头企业已发展至65家公司，其中国家、自治区级龙头企业28家。通过龙头企业带动，全市农牧民人均纯收入连续三年增收550元以上。

加快转变发展方式
实现锡都经济又好又快发展

中共云南省个旧市委书记、市长　王　忠

当前，坚持以科学发展观为指导，加快经济发展方式的转变已经成为个旧市发展的首要任务。

去年，个旧由于经济外向程度较高，经受了国际金融危机的严重冲击，成为新世纪以来经济社会发展最为困难的一年。应对国际金融危机的严峻考验，使我们深刻地认识到，国际金融危机对个旧经济的冲击，表面上是对经济增长速度的冲击，实质上是对个旧经济结构尤其是经济发展方式的冲击。因此，着力调整结构，转变发展方式刻不容缓。

就个旧经济发展方式转变，有以下几点思考。

一、打基础

个旧是一个老工业城市，既有潜在的发展后劲和资源、人才、技术优势，也有老工业城市在长期发展中所积累下来的矛盾和问题，我们要树立谋大局、谋长远，重统筹、重民生的科学发展新理念，在开展工作时一定要着眼长远，打牢基础。要紧紧抓住资源型城市转型试点和云南建设“国际桥头堡”的重大机遇以及滇南中心城市建设契机，逐步打造锡城片区连接蒙自、开远及周边8个乡镇的半小时经济圈，努力促成空间结构优势向经济结构优势转变，进一步形成城市增长的核心区域。

深入实施城乡综合配套改革，统筹协调教育、卫生、文化、就业、社保等社会事业的全面发展，加快建立互补互促、共同进步、平等和谐的城乡一体化发展格局，夯实发展基础。

二、增总量

壮大经济总量，切实转变发展方式，着力提高经济发展的质量和效益。没有较快的增长速度，没有经济的数量增长，没有物质财富的积累，就谈不上结构调整，就谈不上发展，就会增加更大的差距。没有经济总量的增加来推动，社会发展也就没有基础，因此，总量增长是经济发展的基础和推动力。个旧市今年经济发展面临的形势依然十分严峻，影响经济增长的因素还很多，2010年我们确定的地区生产总值增长8%的目标，也是为应对复杂的经济环境和进一步转变发展方式、调整结构、提高质量效益留出一定的空间，这既是积极的，也是稳妥的。保证总量的增长，做大总量，才有转变发展的基础。

三、调结构

2009年，个旧市三次产业结构比例是6.3：62.5：31.2，三次产业结构面临进一步优化的问题。在完善发展基础，壮大经济总量的前提下，要用活用好国家支持资源型城市转型发展的政策措施，推进经济结构调整，正确处理好三次产业之间的关系，要把经济增长从依赖第二产业调整到一、二、三产业的全面发展，特别是要发挥第三产业即现代服务业的作用，在三次产业结构中调整和加大服务业比重，调优一产，调强二产，调快三产。

1.调优农业农村经济发展格局。优化农业生产结构，加快农业产业化发展步伐。全力组织实施好农业产业建设“8311”行动计划，加快实施《个旧市现代农业科技园区建设规划》，加强与国家杂交水稻工程中心合作，继续抓好科技示范园、示范基地的建设，大力发展优质高效农业，着力打造现代农业品牌。

在确保全市粮油总产保持稳定的基础上，加快养殖业的规模化发展，推动传统畜牧业向现代畜牧业转变。

2.强化工业经济引领作用。以云锡集团等大中型企业为龙头，以重点骨干企业为支撑，以中小企业为基础，加快技术改造和产品升级，促进企业发展规模和档次的不断提升。进一步实施特色工业园区总体规划，加大产业整合力度，夯实工业经济规模化、集约化、集群化跨越式发展平台。加快高新技术特色产业基地建设，大力发展银、铋、铟等稀贵金属特色产业，打造云南省主要的稀贵金属生产和加工基地。继续推进锡、铅、锌等产品深加工和新材料项目，重点推进云锡10万吨铜和10万吨铅等项目建设，争取霞石综合开发利用项目有新突破。进一步在全市形成以大型企业为骨干，主导产品为核心，上下游衔接的产品和大中小企业协调配套的产业群，实现"资源—产品—再生资源"循环经济发展体系，加快工业集中、集约、集群化发展步伐。同时，加快产业多元化发展步伐，继续推进生物资源等行业的提升改造。继续实施个旧市应对全球金融危机促进工业经济平稳较快发展的各项措施意见，最大限度地贯彻落实好扶持中小企业发展的各项优惠政策，切实减轻企业负担。积极向上争取，加大再生资源增值税退税政策执行力度，保障企业减税退税政策平稳运行。加强银企合作平台建设，帮助企业提速发展。

继续加大中小企业贷款担保业务体系建设，增强企业市场竞争力和抗风险能力。

全面加强对规模以上工业企业经济运行的监测和调控力度，协调解决好工业经济运行中的重点难点问题，确保经济平稳运行。

3.加快现代服务业发展。抓住国家继续实施积极的财政政策和适度宽松的货币政策的机遇，提高应对政策的针对性和灵活性，活跃城乡市场，扩大消费需求。加大宣传推广力度，提升个旧旅游业知名度。以旅游业发展为带动，加快金融、连锁超市、餐饮、信息等产业发展步伐，激发城乡市场经济活力。

加大现代服务业发展的政策扶持力度，推进特色商业街区和专业市场的规范化建设，鼓励支持超市、连锁店、餐饮业规模化、上档次发展。加强会计、评估、

咨询、法律、公证等中介服务机构建设，重视发展金融、证券、保险、房地产等现代服务业，拓展物业管理、家政服务等新兴行业，不断提高现代化服务水平。

积极开拓农村消费市场，提升农村消费水平。改造提升传统物流业，提高第三产业的比重，争取5年内三产比重调整到35%以上。

四、求突破

提高经济发展的质量和效益，是科学发展观的基本要求。经济发展包括"量"的扩张和"质"的提高。"量"的扩张主要是指经济增长速度，"质"的提高则是经济发展的质量和效益。经济增长固然重要，但更重要的是经济增长的质量。所以我们的发展不仅是量的突破，更要注重质的突破，更加重视经济增长和效率。所以，把经济发展重心转移到"质"上来，这就把"好"字摆在整个经济社会发展更加突出的战略位置上，实质上是抓住了当前经济运行中矛盾的主要方面。只要经济增长的质量有所改善，即使经济增长率下降一点，但效果会比以前更好。因此，在今后的工作中我们要在实现保增长目标的基础上，需要争取经济发展的更高质量与效益。

五、促转变

当前经济工作重点要在促进发展方式转变上下工夫，真正把保持经济平稳较快发展和加快经济发展方式转变有机统一起来，在发展中促转变，在转变中谋发展。一方面要调整旧有的不合理的结构，另一方面要寻求新的增长动力和新的发展空间。

1.培育壮大接续替代产业，促进产业升级转型。"立足工业，统筹产业"，通过提升改造传统产业，促进资源深加工、延长产业链、增加附加值，着力培育有色金属精深加工、生物资源加工、霞石综合开发、建材等一批接续替代产业，为个旧经济转型及可持续发展赢得宝贵时间。

2.加大基础设施建设，进一步提升优化城市

功能和布局。通过实施城市扩容工程，加快“东移、西扩、北延”城市发展进程，实现城市空间转型。

3.要着力解决好民生问题。把扩大就业作为改善民生的重点，以壮大接续替代产业来带动就业，扩大就业容量。加快社会保障体系建设，不断扩大医疗、养老、失业、工伤和生育等社会保险覆盖面。进一步完善社会救助制度。加大城乡统筹力度，推进城乡基本公共服务均等化。

4.加强生态环境保护，搞好生态文明建设。加大创建国家环境保护模范城市力度，突出抓好五个重点环保工程，加强环境污染综合治理。继续推进“七彩云南·精品个旧”保护行动，积极探索低碳经济发展模式。抓好矿山恢复、土地复垦和生态环境保护。

5.扩大对内对外开放，发挥个旧在区域经济中的重要作用。加大招商引资工作力度，充分利用“两种资源，两种市场”，加强经济技术合作，提升重点产业合作和共同优势领域的深度合作。

六、上水平

促转变是核心，上水平是目的。加快经济发展方式转变，既是一场攻坚战，也是一场持久战，必须通过坚定不移深化改革来推动，必须形成有利于科学发展的体制机制，形成有利于加快经济发展方式转变的制度安排和良好作风。我们要进一步统一思想认识，发扬求真务实的作风，全面提速各项重点工作，力争在转变经济发展方式上实现重大突破，推动经济社会发展实现质的变化。这就要求我们各级领导干部要坚持观念先行、思想先转、思维先变，尤其要用科学发展的理念来谋划发展。始终坚持以科学发展观为根本指针，既要主动转变，又要转变得早、转变得快，转变得富有成效。各部门要加强与上级部门的协调，积极到州、省、中央争取政策和资金、项目支持。要敢于创新工作方式方法，突破发展。要狠抓重大项目建设。各部门要增强服务意识，强化政策导向，服务好、协调好重点项目，尤其是对全市经济社会发展有支撑作用的项目，相关部门要齐抓共管，在制约项目建设的土地、环评、规划、融资等问题上多下工夫，共同寻求解决的办法，加快推进项目建设，为实现经济发展上水平营造良好的环境，奠定坚实的基础，力争成为我省“桥头堡”战略实施中最具有竞争力的城市之一。

推动科学发展　促进社会和谐　增进民族团结

中共浙江省景宁畲族自治县委书记　武　昌

景宁是全国唯一的畲族自治县，也是浙江省唯一的少数民族自治县。作为发达省份的民族县，如何遵照习近平副主席和浙江省委赵洪祝书记提出的"在科学发展、社会和谐、民族团结上走在全国民族自治县前列"的要求，为全国民族工作大局作出更大贡献，是景宁必须认真思考的重点课题和必须切实承担起的历史责任。

一、围绕民族发展大局，在推动科学发展上走在全国民族自治县前列

加快发展是欠发达民族地区的头等大事，景宁要紧抓机遇，发挥优势，全力推动追赶超越步伐，力争到2012年使县域经济基本竞争力进入全国120个民族自治县前10位，接近浙江省基本实现全面小康社会的目标，并成为全国畲族文化发展基地。一要充分发挥民族政策优势，会聚强大的外部推力。充分借助国家民族政策和浙江省委、省政府《扶持景宁畲族自治县加快发展若干意见》专项政策的优势，全面开展对接工作，努力把政策优势转化为发展优势。二要充分发挥自身优势，增强自我发展的能力。要充分借助地处沿海发达省份并处于"长三角"和"海西"交会区的区位优势，主动加快融入长三角经济圈，主动接轨海峡西岸经济区辐射。要积极发挥全国唯一畲族自治县独特文化优势和全国第五的生态环境优势，积极培育以旅游业为龙头的生态产业体系。

二、围绕和谐稳定大局，在促进社会和谐上走在全国民族自治县前列

始终把社会和谐稳定作为重中之重的工作来抓。一要统筹城乡发展，谋求一体化程度有新提高。积极统筹城乡规划布局，构建好以县城、中心镇、中心村为主体的城乡空间布局框架。二要加大民生投入，谋求社会保障程度有新提高。全面推进城乡居民养老保险、基本医疗保险、新型农村合作医疗保险、农村住房保险、森林火灾险等社会保险，推进社会保险全覆盖，层次不断提升。三要加强社会事业建设，提高资源共享水平。继续把教育放在优先发展的位置，努力建设全国一流的民族教育，同时大力发展科技、卫生等各项事关民族群众发展的社会事业。四是维护社会稳定，谋求社会管理水平有新提高。扎实开展"法治畲乡"、"平安景宁"建设，推进"网格化管理、组团式服务"，始终保持社会和谐稳定。

三、围绕民族团结大局，在增进民族团结上走在全国民族自治县前列

民族大团结是中华民族的生命所在、力量所在、希望所在，是各民族人民之福。一要大力建设民族文化，增强民族群众中华民族文化认同感。努力推进畲族文化有形化，按照"神奇畲乡、秀美山水、休闲胜地"的城市定位和风情浓郁、特色明显的新农村建设要求，将畲族特有的文化元素充分融入到城市和新农村建设当中，全面提升城市和农村文化品位。努力推进文化发展成果精品化，把"中国畲乡三月三"、《千年山哈》等民族文化节庆和文化产品打造成在全国有一定影响力的文化精品。二要大力提振民族精神，增强民族群众对党和政府的感恩意识。深入开展"和谐的乡情、感恩的真情、奋进的激情"感恩励志教育，培育感恩文化，不断丰富"淳朴厚道、坚忍不拔、兼收并蓄、敢闯天下"的畲乡精神，不断提升畲汉同胞对党的感恩之情，不断增强民族群众的民族自豪感和国家认同感。三要大力惠泽民族群众，增强各族群众"两个共同"意识。积极加强对民族群众发展产业的扶持，逐步形成完善的扶持民族群众发展产业的政策体系。不断加大民族村基础建设力度，提升民族村落自我发展能力。全力加快民族群众增收步伐，使畲汉等各族群众更好地共享发展成果，增强"共同团结奋斗、共同繁荣发展"的意识，不断巩固和睦相处、和衷共济、和谐发展的民族关系。

高举生态科技大旗　加快转型升级步伐 扎实推进杭州西郊现代化生态市建设

中共浙江省临安市委书记　邵　毅

临安地处长三角南翼、杭州西郊，交通便捷，市域面积3126.8平方公里，辖4个街道22个乡镇298个行政村，人口52万，是杭州至黄山国际黄金旅游线上一座充满活力的生态城市，被誉为“长三角的后花园”。近年来，临安坚持以科学发展观为统领，依托生态优势，依靠科技创新，坚定不移地走生态与经济共赢发展的路子，经济社会发展取得了长足进步，先后获得浙江省首批小康县（市）、中国优秀旅游城市、国家卫生城市、国家森林城市、国家环保模范城市等一系列殊荣。2009年，全市实现生产总值236.49亿元，增长10%；财政总收入25.51亿元，同比增长13.6%，其中地方财政收入14.04亿元，同比增长20.4%；城镇居民可支配收入和农民人均纯收入分别达到22011元和10735元，同比分别增长11%和10.9%。

一、力保经济平稳较快增长

坚持把保增长作为经济工作的重中之重来抓，较好地实现了年度预期目标。

主攻工业。组织开展“向企业送温暖”活动，高效运作帮扶企业六大机制，落实“工业18条”、“拓市场10条”等一揽子举措，全年减免企业税收、减征社会保险费2.2亿元，新增规模企业101家，实现规模工业销售产值372.93亿元，同比增长6%，工业经济全面回升。

稳定农业。全面实施“强龙兴农”三年行动计划，农业优势主导产业快速增长，竹笋、山核桃两大支柱产业产值分别达到7.3亿元和5.9亿元，荣获“中国山核桃之都”称号，2009年新增杭州市都市农业园区5个、杭州市农业龙头企业7家，实现农业总产值35.9亿元，同比增长8%，设施农业比重稳步提高。

提升服务业。深入实施现代服务业发展三年行动计划，制定实施旅游、商贸物流、金融、房地产等产业扶持政策，太湖源动漫文化创意产业园、湍口众安氡温泉度假酒店等项目正式动建，天目山与台湾阿里山缔结“姐妹山”，全年实现社会消费品零售总额62.08亿元，同比增长15.6%，旅游景点门票收入首破亿元大关。

扩大投资。开展项目攻坚行动，杭州制氧机集团等一批大企业竣工投产，国家海洋二所、浙江西安交大研究院、中科院长春应化所浙江材化研究院等科研院所签约落户，全年完成全社会固定资产投资90.3亿元，同比增长14.2%，其中工业性投资50.7亿元，同比增长22%；实到内资39.8亿元、实际利用外资1.67亿美元，同比分别增长7.7%和67%。

扩大消费。切实抓好“家电下乡”、“汽车下乡”等政策的落实，全年累计销售各类家电下乡产品20293台（件），发放补贴447万元，居杭州地区首位。精心组织开展“2009杭州临安百笋宴”、“醉美临安”乡村体验游等系列促消费活动，做深做透“中秋”、“国庆”等假日经济，培育了一批消费新增点。

二、加快经济转型升级步伐

坚持保稳促调并重，围绕构建以“高新技术产业为主导、先进装备制造业为主体、现代服务业为支撑、现代农业为基础”的现代产业体系目标，加快转型升级步伐。

突出科技引领。按照“国际先进、国内一流”的目标，全力抓好浙江省科研机构创新基地（科技城）建设。115平方公里概念性规划及城市设计已经通过专家评审，征地拆迁、基础设施建设、环境整治再造、项目报批、招院引所等工作有序推进，首批16家入驻院所和各类公共配套服务设施即将动建。抓好企业创新主体培育，全年新增杭州市级以上高新技术企业33家、上市企业1家、专利授权798件，实现企业级以上新产品产值47.7亿元，同比增长68.3%。

强化平台支撑。积极打造高新技术产业发展平台，临安高新园、信耳恒生高科技软件基地等项目加快建设。大力打造先进装备制造业平台，新增绿色照明和重型装备制造2个省级特色产业基地，以开发区为主平台的世界级空分设备生产基地、中国一流数控机床生产基地和电梯电机生产基地初具规模。同时，积极利用高新技术和先进适用技术改造提升绿色照明、电线电缆等传统产业，国家特色节能电光源制造基地、国家火炬计划电线电缆产业基地、复合装饰材料特色基地和长三角特色精密元器件制造中心建设加快推进。

推进扶优扶强。坚持把扶优扶强作为转型升级的基础来抓，深入实施“百亿产业、十亿企业、亿元纳税大户”培育计划，全年新增规模企业101家，其中亿元以上企业达60家，进一步强化转型升级支撑力。大力实施“品牌战略”，编制临安市商标品牌建设三年规划，突出抓好品牌培育工作，全年新增中国驰名商标2件、省著名商标4件、省知名商号3家、省名牌5个。

三、推进城乡区域协调发展

牢固树立统筹发展理念，坚持“主城辐射、中心带动”，推进城乡区域一体化，着力提高市域整体发展水平。

城市化加快推进。抓好新城、城市综合体和城乡路网建设，锦南新城、钱王文化广场、青山湖综合治理保护工程有序推进，省道龙岗至鱼跳段、临余公路等道路工程加快实施，昌文线昌化至湍口段建成通车，杭临K598路公交一体化改造圆满完成。

中心城镇加快发展。着力打造“中心带动、二副崛起、多镇突破”区域发展新格局，出台加快於潜、昌化两大副中心城市和玲珑街道发展扶持政策，城镇规划完善、基础设施建设、产业发展扶持、扩权强镇等工作顺利推进。

新农村建设深入开展。实施“联乡结村”项目246个，完成杭州市级以上整治村83个，建成农村社区服务中心73个，率先在杭州地区开展林权抵押贷款发放工作。深入开展打造“清洁乡村”活动，率先实行固定资产投资项目节能评估和审查制度，21个乡镇完成集镇污水处理主体工程建设及一期管网铺设，20个乡镇完成生活垃圾无害化处理工程建设，白沙村创成浙江省首个“全国生态文化村”。

四、促进民生改善社会和谐

坚持以人为本，高度关注民生，着力解决涉及群众利益的热点难点问题，不断提升全市人民生活品质，努力促进社会和谐。

社会事业加快发展。中小学布局调整加快推进，於潜二中建成使用，锦城五中项目建设有序推进。加强卫生基础设施建设，建成标准化村卫生室76家、规范化社区卫生服务站12家。开展“东海文化明珠”创建工作，行政村广播喇叭、图书室、健身苑点实现行政村全覆盖。

社会保障水平得到提高。狠抓城乡统筹就业，全市城镇失业登记率始终控制在3.5%以内，2009年新增城镇就业人数7030人，实现失业人员再就业2978人，完成农村劳动力转移就业5634人。深入实施基本医疗保障、基本养老保障等办法，继续巩固“五费合征”成果，制定低保边缘困难家庭救助和双拥优抚安置政策，城乡低保标准分别提高到320元和210元。第四期保障性住房项目启动建设。

社会保持和谐稳定。深化平安临安、法治临安建设，全年信访总人次同比下降32.9%，实现敏感时期均“零上访”目标，新中国成立60周年期间的信访稳定工作荣获浙江省、杭州市表彰，并连续5年被省委、省政府授予“平安市”称号。严格落实安全生产责任制和事故责任追究制，加大食品药品监管力度，安全生产三项指标实现零增长，顺利通过浙江省食品安全示范市考核验收。

孙武故里 吕剧之乡
——山东广饶

全国群众体育先进单位

中国棉纺织名城

平安畅通县区

全国科技进步考核先进县

全国粮食生产先进县

全国文化先进单位

全国平安建设先进县

全国文明县城

全国县域经济百强县（市）

兵圣故里，人杰地灵

吕剧发祥地

东城夜景

中国齐笔工艺

中国轮胎第一村——西水磨

福建省福清市

福清简称“融”，位于福建省东南沿海，是全国首批综合改革试点县市、全国村镇建设试点县市和全国首批授牌建立海峡两岸农业合作试验区的县市。福清是一座古老而又年轻的城市。

福清产业基础坚实。工业主导地位日益突出，成为福清经济持续快速发展的主要动力。2009年全市实现工业总产值909.2亿元，比增8%，其中规模以上工业产值850.7亿元，比增8.3%；年产值超亿元企业122家，以电子信息、生物医药等为主的高新技术产业产值达512.3亿元，占全市规模以上工业产值的60.2%。工业产业集聚效应不断显现，形成了电子信息、塑胶管材、食品加工、汽车玻璃、医药化工、电力能源六大产业集群。

福清港口特色突出。港口资源是福清最重要、最独特的战略资源。福清东南濒海，域内海岸线长达408公里，占福建省大陆海岸线总长的11%；其中深水岸线117公里，可建成5万～30万吨级深水泊位150多个。福清地处福建、台湾、香港、澳门两岸四地“黄金三角”枢纽位置，辖区内拥有的江阴港区（福州新港）和元洪港区，距离国际海运主航线仅20海里左右。

福清侨台优势明显。福清人素有“敢为人先，打拼天下”的精神特质。目前，旅居海外的华侨和新移民有86万人，并以每年约2万人的速度增加；旅外乡亲足迹遍及东南亚、大洋洲、欧洲、南美等世界近120个国家和地区。近年来，福清主动融入海峡西岸经济区的发展大局，不断加强与台湾的经贸合作，积极承接台湾电子、机械等外移产业，取得显著成效。

福清发展载体丰富。近年来，福清着力打造承载工业经济发展的坚实平台，初步形成了以融侨、元洪、江阴三大工业区为龙头，以福厦、大真、海城、新江四条公路沿线经济繁荣带为辅翼的产业发展格局。

福清城区一角

福州新港（江阴港区）

福清三山风电

冠捷捷联产区

福耀玻璃生产线

福清民间资金雄厚。福清是福建省首个居民存款突破200亿元的县（市）。截至2009年底，居民在市内各金融机构的本外币储蓄余额达381.4亿元。福清现有近30万乡亲在全国各地经商办厂。他们市场信息灵通，营销渠道通畅，产业层次较高，在全国各地房地产、水产品运销、成品油营销、玻璃塑胶等行业具有较大影响力。

福清人文环境独特。福清是“睁眼看世界第一人”、中华民族英雄、世界禁毒先驱林则徐的祖籍地，翁承赞、郑侠、叶向高等一大批杰出历史人物，为玉融古邑赢得了“文献名邦”的美誉。域内有众多的人文自然景观，富有“中华梦乡”美誉的石竹山，被评为国家4A级旅游风景区；瑞岩山弥勒石佛造像被列为全国重点保护文物。还有日本三大佛教之一黄檗宗祖庭万福寺、南少林寺遗址、灵石国家森林公园等诸多名胜古迹。

辽宁省普兰店市

普湾新区地理位置

有着“莲城”美称的普兰店市位于辽东半岛的中南部，东连黄海，西临渤海，南接大连，北通沈阳，是滨城大连的一座美丽的卫星城。全境面积2914平方公里，总人口82.8万人。 陆路、海上和空中交通十分便利。距大连市区50公里，距大连大窑湾港50公里，距大连周水子国际机场70公里。长大铁路、大庄铁路穿境而过，沈大高速公路、丹大高速公路与省、市、乡三级公路交汇贯通，形成四通八达的公路交通网，皮口港与胶东半岛、长山列岛直接通航。

近年来，普兰店市牢牢把握东北老工业基地振兴和沿海开放双重机遇，以科学发展观为统领，突出“抢抓机遇，加快发展”这一主题，大力实施工业园区建设、城乡基础设施建设和新农村建设，县域经济保持了快速、健康、持续的发展态势。2009年实现地区方生产总值394.1亿元，按可比价格计算，比上年增长16.8%。实现财政一般预算收入14.1亿元，按可比口径比上年增长11.9%。完成全社会固定资产投资246亿元，增长35.9%。实现社会消费品零售总额71.8亿元，比上年增长19.1%。农民人均纯收入9005元，比上年增长8.5%。

海岛风光

兴唐公路

大连普湾新区成立大会会场

普湾新区

大连城市生态水源地

大连大雪啤酒股份有限公司

大连船用柴油机厂生产车间

大化集团——合成氨反应塔

热电厂

高压输变电线路

塞上江南 鱼米之乡——

中共永宁县委书记 夏夕云

永宁县人民政府县长 丁建懿

永宁县地处宁夏引黄灌区中部，东临黄河，西倚贺兰山，引黄河水浇灌发展农业而富足一方，地形平坦开阔，地面坡度平缓，土质和气候适宜，引黄灌溉始自秦汉，具有得天独厚的农业生产条件，盛产小麦、水稻、玉米、果品、药材等粮经作物，自古就有“塞上江南，鱼米之乡”的美誉，是全国著名的农作物高产区和重要的商品粮基地县，粮食、蔬菜、水产品、鲜奶等人均产量居西北地区前列。贺兰山东麓适宜种植优质酿酒葡萄，是全国三个酿酒葡萄原产地保护区域之一，品质可与法国波尔多相媲美。在发展传统农业的同时，现代农业发展步伐加快，设施园艺初具规模，一年四季鲜果不断，被誉为“西部四季鲜果之乡”。国土面积934.06平方公里，现辖五镇一乡一个街道办事处、两个农场，总人口21.15万人，其中回族人口4.06万人，县城面积16平方公里，自古就是丝绸之路上重要的商埠，位于“呼—包—银—兰—青经济带”的中心地段。在第九届全国县域经济基本竞争力评价中，成为基本竞争力提升速度最快的百县（市）之一。

经济发展实现新突破。2009年，永宁县认真贯彻落实科学发展观，以建设“两个最适宜”城市为目标，以实施“十大工程”为突破，倾力打造“新型工业化先行县，现代农业示范县，塞上回族文化旅游名城”，奋力推进跨越式发展，跑步进入西部百强县。全年完成地区生产总值47.86亿元，增长17.5%，三大产业结构由上年17:60:23调整为15:62:23；完成地方财政收入8.3亿元，增长214.5%；完成全社会固定资产投资40.47亿元，增长34.5%；城镇居民人均可支配收入达到13729元，增长11.4%；农民人均纯收入达到5127元，增长8.0%；城市化率达到46.12%。

—宁夏永宁县

世界穆斯林城奠基

望远金属物流园奠基

世界穆斯林城开工

兰花花五星级国际大酒店

中华回乡第一街

纳家户10万平米安居工程

扎实推进新型工业化进程。项目建设强势推进，发展后劲显著增强。实施500万元以上项目27个，概算投资30.3亿元；年内建成投产16项，完成投资10.6亿元。望远工业园区扩规提档，辐射功能不断增强，规划面积由20平方公里扩为32平方公里，工业园区档次和承载能力进一步提高，全年完成工业增加值23.27亿元，可比增长21.9%。

加快发展现代农业。永宁县是全国重要的商品粮基地县，是国务院确定的500个产粮大县之一，农业综合生产实力位居全区前列。被列为“全国农业综合开发高标准农田建设示范县”和“全国小型农田水利建设重点县”。荣获自治区农田水利基本建设“黄河杯”竞赛一等奖、银川市“黄河金岸田园风光”建设第一名。

大力实施“三产兴县”工程。按照“发展大物流、服务大银川”的发展理念，大力发展现代物流服务，建立以骨干龙头企业和大型综合批发市场、专业市场为支撑，各类中小流通企业和特色市场为补充的商贸物流体系，推动市场贸易与物流配送联动发展。大思路发展回族文化旅游业。深入挖掘永宁回乡历史文化底蕴，大力发展独具永宁特色的回乡生态旅游，做足“看、玩、吃、住、游、购”六篇文章，开发清真饮食、回族服饰、回族歌舞、剪纸、刺绣、二毛皮手工制作等特色文化艺术和文化旅游产品，打造特色旅游品牌。

中共溧阳市委书记　韩立明

溧阳市人民政府市长　盛建良

溧阳位于苏浙皖三省交界处，总面积1535平方公里，总人口78.1万，辖10个镇（2个省级开发区）。溧阳历史悠久，自秦朝建县制以来已有2231年历史，1990年8月撤县建市。溧阳山水田林兼备，地貌特征为“三山一水六分田”，生态资源丰富。溧阳山清水秀，生态优美，人文荟萃，有“山水绝佳天目湖，感恩信义溧阳城”之美名。溧阳交通便捷，宁杭高速、扬溧高速于此交汇，104国道、芜太运河和建设中的宁杭铁路等横贯全境，距南京禄口国际机场仅80公里。溧阳是江苏省第三批全面小康达标的县级市。近年来，先后被评为《福布斯》中国大陆最佳商业城市、中国特色魅力城市200强、全国农村综合实力百强县（市）、全国县域经济基本竞争力百强县（市）、国家卫生城市、国家环保模范城市、中国优秀旅游城市。

天目湖

江苏省溧阳市

市民广场

四通八达的交通网

崭新的城市南片区

天目晨曦

龙泉小区

江苏华朋集团

花园城市

丹阳

镇江市委常委
丹阳市委书记 李茂川

丹阳市市长 裔玉乾

在亚洲独领风骚的木业生产基地——大亚集团

丹阳市位于江苏省南部，地处长三角腹地，东距上海200公里，西距南京68公里，东邻常州市武进区、新北区，西接镇江市丹徒区、句容市，南与金坛市接壤。全市总面积1059平方公里，户籍人口80.8万人，常住人口93.7万人，辖13个镇，1个省级开发区和1个练湖。2009年，全市实现GDP502.21亿元、财政总收入63.02亿元、一般预算收入23亿元，分别增长14%、14.5%、和15%；固定资产投资200.1亿元，增长40.1%；工业销售收入1053.2亿元，增长18.9%；城镇居民人均可支配收入20799元、农民人均纯收入10058元，分别增长11.2%和10.9%。目前，丹阳综合实力位居江苏省十强县（市），经济基本竞争力居全国百强县（市）前列，是国家卫生城市、江苏省社会治安安全市、被评为“中国和谐城市”，在第三届“长三角最具投资价值县市”评选中荣获“最具竞争力”奖，并入选世界品牌组织、美中经贸投资总商会、和谐社会全球合作组织联合评选的“中国特色魅力城市200强”。

丹阳历史悠久，境内葛城遗址见证了3000多年的建城史。战国时期建云阳邑，公元前221年秦朝建立后，设云阳县，不久改名为曲阿县。唐天宝元年（742年），因当时境内生长着众多的“赤阳树”，“赤”与丹同义，“杨”与“阳”谐音，后取“丹凤朝阳”之意，定名丹阳。丹阳人杰地灵，是春秋时期伟大德者、智者和贤者——季子的隐居之地，也是南朝齐梁两代帝王的故里。西晋玉乳泉、唐中和铜钟、南朝石刻、北宋嘉山寺、明朝万善塔等众多名胜古迹，浸透着丹阳厚重的文化积淀。为保护好、发展好丰厚的历史文化遗产，丹阳正规划建设一个66平方公里的文化产业园。

贤桥广场

在全球首屈一指的高速钢生产基地——天工集团

丹阳产业特色鲜明，发展活力强劲。眼镜、五金工具、汽配、木业等特色产业规模较大，档次较高，在全国享有“眼镜之都”、“灯具世界”、“钻头王国”、“木业航母”的美称，是“江苏省五金工具出口基地”、“中国眼镜生产基地”、“中国眼镜出口基地”，“中国眼镜城”、“华东灯具城”、“中国汽配城”等专业市场全国知名。2009年底，眼镜产业年产镜架占全国1/3，镜片占全国80%、占全球50%以上，五金工具、汽配、木业年销售均超过200亿元。丹阳是国家火炬计划新材料基地，近年来，新材料、新能源、新装备等新兴产业发展迅猛，世界首创“煤制乙二醇”20万吨级产业化项目已投产，巍华高温合金实现了与大飞机配套。碳纤维、醋酐、第三代消防车等产品填补了国内空白，高新技术产业占全市工业的份额超过21%。以芬兰数字生态城和阿波罗太阳城的规划建设项为重点，丹阳正大力发展新能源产业，建设低碳型城市。在壮大产业过程中，丹阳在人才引进、科技创新、品牌创建、金融创新等方面形成了特色亮点。目前，共有25个高层次海归创业创新团队、58名高层次创业创新人才在丹阳创业。全市建有6个博士后工作站，3个院士工作站，省重大科技项目转化资金争取额连续4年在全省县级市排名首位。天工小额贷款公司全省首创，目前小额贷款公司已达3家，首家村镇银行即将挂牌运营。全市共有上市公司7家，立足于上市的企业有70多家。

当前，丹阳正以科学发展观为统领，大力推进“双突破、双超越”，即在工业化、城市化两个方面加速突破，努力实现超越周边、超越历史，全面建设富裕、文明、和谐的苏南强市。

▼ 新农村建设

▼ 在全国独占鳌头的眼镜交易市场——中国眼镜城

安徽省当涂县

王金山（右三）听取县委书记操隆山（右一）汇报

代县长杨善斌（右二）基层调研

当涂县位于安徽省东部，介于南京与芜湖之间，地处长三角城市群顶端，与江苏江宁、高淳、溧水 3 县（区）接壤，与江苏边界线总长度为 126.9 公里，拥有长江岸线 20 公里，是安徽省重要的沿江、沿边县。全县总面积 1346 平方公里，总人口 64.65 万，辖 10 镇 4 乡。

当涂有 2200 多年置县史，秦代设为丹阳县，隋开皇 9 年（公元 589 年）定名当涂，曾为宋代太平州、元代太平路、明代太平府治所，清代长江水师提署和安徽学政驻地。当涂自然景色秀美，南朝大诗人谢朓称誉当涂为“山水都”；诗仙李白七次游历当涂，写就《望天门山》等千古绝唱，晚年定居当涂，终老长眠青山。李白墓园列入第六批全国重点文物保护单位。北宋著名词人李之仪，在当涂生活 10 年，写有“我住长江头，君住长江尾；日日思君不见君，共饮长江水”等传唱千年的经典爱情诗歌，为这块充满诗意的土地增添了浪漫色彩。

当涂属典型的江南鱼米之乡，“一山四水五分田”，是全国著名水产大县、全国河蟹生产强县。石臼湖“金脚红毛螃蟹”名闻遐尔，古代为皇室贡品。水产生态养殖被誉为“当涂模式”，在全国推广。铁等矿藏资源丰富，铁矿储量居华东之首，达 5 亿吨。当涂经过改革开放三十年的积累发展，现已基本形成冶金压延、机械制造、医药化工、食品加工和纺织服装等五大特色鲜明的产业集群。省级当涂经济开发区和博望等 5 个重点乡镇工业集中区吸引了中国大唐电力、南京雨润集团、山西桂龙药业、江苏红太阳集团等一批国内知名企业相继入驻当涂，不断形成新的经济增长点。

当涂近年来坚持科学发展观，积极实施安徽省提出的“东向发展”战略，强力推进工业化、城镇化、农业产业化、市场化和经济国际化进程，在融入长三角发展中实现新跨越。2003 年以来连续四年位居安徽经济十强县前列，农民人均纯收入连续六年位列安徽省之首。当涂是安徽免征农业税第一县、全国科技工作先进县、安徽首座国家卫生县城、安徽省创建文明县城工作先进县、全国村民自治模范县，连续多次评为全国双拥模范县。当涂民歌入选国家首批非物质文化遗产保护名录。

城区鸟瞰图

庆祝建国 60 周年

同盛小额贷款公司开业

长江国际酒店

中国生态养蟹第一县

大唐发电公司

太白文化园

仰韶彩绘

河南省渑池县

是滔滔黄河水赋予这一方土地以钟灵神韵，是巍巍韶山锻造这里的人们以雄健魂魄。衔山抱水的渑池，携带着山之雄浑、水之灵秀，从仰韶人5000多年的远古岁月中走来，从秦赵会盟的暮色中走来，从将相和传奇故事中的中走来，从改革开放的和煦春风中走来，留下了一串串坚实的脚印，收获着一个个梦想和希望。

地处豫西丘陵山区的渑池县，因山水而得名，辖5镇7乡235个行政村33.68万人，国土总面积1368平方公里。秦时置县，延续至今。

渑池交通便利。陇海铁路、郑西高速铁路和连霍高速公路、310国道、省道318线、314线横贯东西，南闫国防公路纵穿南北。

渑池资源丰富，有煤、铝、铁等30余种矿藏和1300余种野生动植物资源，其中，矿藏探明储量30多亿吨（煤探明储量13.1亿吨，铝土矿探明储量1.55亿吨），品位高，易开采。

体育中心

东方希望铝业有限公司

液晶导电玻璃

仰韶酒业有限公司生产的仰韶酒

铝工业园

韶山风光

朝天椒

仰韶大峡谷

牛心柿子

居民小区

仰韶大杏

四川省泸县

中共泸县县委书记　肖荣华

泸县人民政府县长　朱　华

2007年以来，泸县作为全省首批扩权强县试点县之一，立足发展实际，激活发展要素，推动县域经济跨越式发展。三年时间，规模以上工业增加值从13.19亿元增加到51.31亿元，增长289%，民营经济增加值从34.1亿元增加到65.98亿元，增长93.5%，财政收入从3.48亿元增加到7.73亿元，增长122.20%，三项指标全部实现翻番，成为全省三个提前一年实现“三项指标翻番”的扩权强县试点县之一。

把园区作为催生民营经济发展的主战场和承接产业转移、发展归雁经济的主平台，着力打造“百亿工业园区”。

围绕东部产业转移和成渝经济圈产业辐射，提出建设“一区两园”、打造四川泸县经济开发区的发展思路。将城西工业园定位为重点承接发展机械加工业、纺织、服装、鞋、帽和医药等产业，尤其是主动配套成渝发展汽摩零配件加工业；依托长江水运优势，将临港工业园定位为重点发展机械制造和装备业、化工业和物流业。

三年间，投入园区基础设施建设资金3.87亿元，建设标准厂房7万平方米。积极搭建园区投融资平台，推进物流、担保、投资、信息“三公司一平台”建设，为园区企业担保融资5.6亿元，为园区建设融资2500万元。

三年来，园区成功入驻企业52家，总投资达10亿元，产业集聚效应逐步显现。2009年园区实现工业增加值28.1亿元，较2006年增长87.3%；税金1.3亿元，较2006年增长44.49%。园区工业产值、增加值和税收贡献均已经超过了全县总量的1/3，成为县域经济发展的主要支撑。

科瑞德制药

江苏三笑集团泸县分公司

城西工业园区一角

泸县政务服务中心优质服务赢得人心

工业园区

花园干道接片

中国龙城 · 舜帝

诸城城区图

诸城市位于山东半岛东南部，地处青岛“一小时经济圈”。全市总面积 2183 平方公里，辖 10 处乡镇、3 处街道，1 个省级经济开发区，总人口 106 万人，是全国综合发展实力百强县（市）、中国优秀旅游城市、山东省文明城市。连续两年在潍坊市科学发展综合考核中列第一名。

诸城因恐龙化石资源丰富而被誉为“中国龙城”，诸城又因历史悠久、人杰地灵而被称为“东国名地”。

诸城地理位置优越，交通便利。北依世界风筝都城潍坊，东临滨海名城青岛，南靠新兴港口城市日照，是山东半岛重要的交通枢纽。胶新铁路和济青高速公路南线贯穿诸城，市内 6 条干线公路四通八达，乘车 1 小时可达青岛、日照两大港口和青岛、潍坊两大机场。

诸城市自然资源丰富。全市耕地面积 160 万亩；水资源总量 6 亿立方米；境内已探明的矿产资源 20 余种，总储量 1.3 亿吨以上，其中沸石岩、明矾石、金红石储量丰富，且为山东所独有，极具开采价值。

诸城是一个正在崛起的新兴城市。改革开放以来，先后创造了商品经济大合唱、贸工农一体化、农业产业化、中小企业改制、为民服务联动、农村社区化发展等闻名全国的“诸城经验”，有力地促进了全市经济社会又好又快发展。2009 年，全市完成地区生产总值 402 亿元，增长 14.5%；实现财政总收入 40.4 亿元，其中地方财政收入 24.6 亿元，分别增长 23.8% 和 20.6%。

新建成的市体育馆、游泳馆

新建成的超然台

故里——山东诸城

新建成的新郎服饰高档衬衣厂区

福田雷沃国际重工诸城车辆厂新厂区

诸城一中新校区

辽宁省灯塔市

中共灯塔市委书记 陈崇科

灯塔市人民政府市长 隋显利

灯塔市位于辽东半岛北部，位于沈阳经济区沈辽鞍营产业经济带上，北部毗邻核心区沈阳市，与其相距 37 公里，市区北距沈阳桃仙机场 25 公里，南距营口鲅鱼圈 125 公里、大连港 330 公里，区位优势得天独厚。长大铁路、沈大高速公路、202 国道路纵贯南北，交通便捷，四通八达。

全市总人口 51.4 万人，其中城镇人口 19 万人，市域面积 1331 平方公里，下辖 16 个乡镇（街）。主城区人口 10 万人，城区面积 10 平方公里，城市化率达 36.9%。全市境内资源丰富，已探明储量的有 17 种。是沈大高速公路经济开发区之一、全省 12 个县域经济发展示范县（市）之一。

灯塔是全国商品粮基地县（市）、淡水鱼养殖重点县（市）、省县域经济发展示范县、省优质优势农产品生产示范县（市）和省无公害、绿色、有机食品整体推进试点县（市）。素有“北方鱼米之乡”美称。亚洲红葡萄园、新特现代农业园、忠信淡水鱼养殖基地被列为省现代农业园区。已认证无公害农产品基地面积 102 万亩，认证绿色无公害农产品 80 种 83 万亩。

近年来，灯塔市牢固树立和认真落实科学发展观，坚持工业强市战略，依托独特的区位、资源和产业优势，加快工业园区建设步伐，大力发展主导产业，围绕资源和产业链关键环节上大项目，全力打造沈阳经济区新型工业城市，促进了经济总量和财政收入的大幅增长，全市经济呈现出强劲的上升态势。2009 年，地区生产总值实现 134 亿元，增长 30%；地方财政总收入实现 17.46 亿元，增长 25%，在全省 44 个县（市）中排在第 6 位；财政一般预算收入实现 7.57 亿元，增长 40.2%，在全省 44 个县（市）中排在第 11 位；固定资产投资实现 80.3 亿元，增长 55.2%；农民人均纯收入实现 6931 元，增长 10.6%。

政府广场

新农村建设

农业现代园

灯塔化工产业基地

农产品深加工

皮装加工企业

华兴化工

兆麟塑像

内蒙古镶黄旗

镶黄旗位于内蒙古自治区中部、锡林郭勒盟西南端，辖 1 个苏木、2 个镇，面积 5172 平方公里，人口 3.1 万，其中蒙古族占 65% 以上。

境内矿产资源丰富，现已探明的有石油、煤炭、硅石等 20 多种矿种 60 余处矿点，其中，花岗岩储量 121 亿立方米，有白、红、黑、黄四种颜色七个品种。水、电、通讯、交通等基础设施完善，距北京、张家口、集宁、呼和浩特、二连、锡林浩特等大中城市半径均在 400 公里以内，呼海大通道、省道 208 途经境内，是二连口岸与天津港的重要交通枢纽。近年来，旗委、政府坚持以解放思想为先导，大力推进改革创新，经济社会事业开始迈入全面振兴、跨越发展的新阶段，逐渐由一个纯牧业旗转变为一个新型工业旗。

2009 年，全旗地区生产总值完成 25.4 亿元，同比增长 24.9%；财政总收入完成 2.5 亿元，同比增长 38.8%；城镇居民人均可支配收入 14226 元，同比增长 20.1%；牧民人均纯收入 4632 元，同比增长 13.8%。被评为“2008 ~ 2009 年度全国县域经济最具成长性百县（市）”，即第九届全国县域经济基本竞争力提升速度最快的百县（市）之一。

签订合作仪式

石化工业

镶黄旗城镇夜景

民族服饰加工

畜产品深加工企业

推进文化大旗建设

转移牧民在石材企业就业

传统奶食

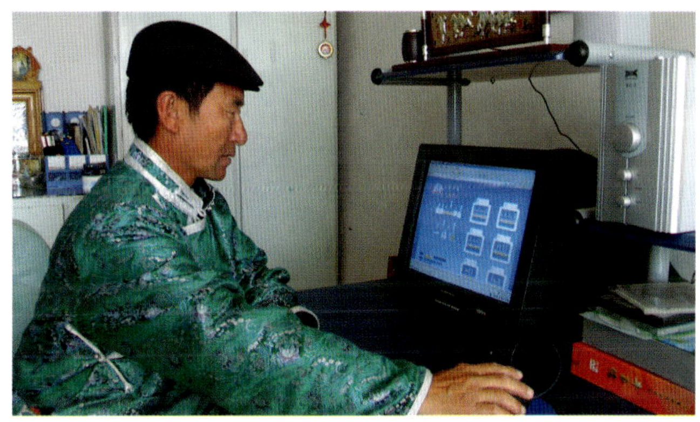

牧民信息化

石油产区

河南省委常委、郑州市委常委书记王文超莅巩调研

河南省巩义市

巩义市位于河南省中部、中岳嵩山北麓，总面积1041平方公里，其中耕地50万亩，人口79万人，有汉、回、维吾尔、彝、苗、白等民族。辖15个镇、5个街道办事处，292个行政村。

巩义区位优势明显。东距郑州市82公里，西距洛阳76公里，陇海铁路、310国道和连霍高速公路横穿东西，豫31线、焦（作）巩（义）黄河大桥纵贯南北。全市通车总里程达1347公里，有6条铁路专线与国铁相连。

巩义历史悠久，文化底蕴深厚。早在30万年前，人类就在这里繁衍生息，是华夏文明发祥地的核心地区之一。境内有裴李岗、仰韶和龙山文化多处。夏代曾建都斟郡（今稍柴、罗庄一带）。秦庄襄王元年（前249）置巩县。巩县以“山河四塞、巩固不拔”而得名。又因地扼古都洛阳，故史有“东都锁钥”之称。

巩义矿产资源丰富，工业经济发达。已探明储量的矿产资源28种，主要矿产有煤、铝钒土、耐火粘土、高岭土、硫铁矿、石灰岩等。其中分布广、储量大、品位高、易开采的21种。煤炭已探明产地13处，全市煤矿累计探明资源储量81703.4万吨，可采储量35625.53万吨。铝土矿已探明产地（含矿点）12处，累计探明储量7650.02万吨，可采储量4124.92万吨。

2009年，是新世纪以来巩义市经济发展最为困难的一年。面对严峻复杂的经济形势，全市人民迎难而上，奋力拼搏，在困难面前经受住了考验，全市经济形势总体回升向好，社会大局保持稳定。全年生产总值完成352.8亿元，同比增长10.2%；地方财政一般预算收入完成15.9亿元，增长13.2%；城镇居民人均可支配收入14409元，农民人均纯收入8481元，分别增长8.9%和6.5%。在第十届全国县域经济基本竞争力与县域科学发展评价中，列全国百强县（市）39位。

市政府广场

治理后的伊洛河

如花似锦

竹林碑苑

成功学院

巩义永顺铝业

焰火晚会

中心后花园

农民公寓

巩义新东区

福建省长乐市

长乐地处闽江口南岸，东与台湾隔海相望，北与马尾经济技术开发区一江相连，是福建省会窗口城市、两岸“三通”的重要对接点。全市陆域面积约680平方公里，海域面积3313平方公里，辖4个街道、12个镇、2个乡，户籍人口约67万，共有海外华人、华侨及港澳同胞40余万人，遍布世界近百个国家（地区），是福建省著名侨乡和台胞祖籍地。

长乐基础设施完善，全市公路总长1100多公里，其中高等级公路总长达200公里，沈海、福厦、机场高速公路穿境而过，福州长乐国际机场年旅客吞吐量超过500万人次。境内的华能福州电厂现有总装机容量140万千瓦，总装机容量达132万千瓦的5号、6号机组即将建成投产；拥有22万伏变电站3座、11万伏变电站17座，自来水日供水能力达12万吨。江海岸线总长130多公里，港口经济发展潜力巨大，松下港区及闽江口内港区已建成码头泊位23个，其中万吨级以上泊位12个，年总吞吐量超1000万吨。长乐旅游资源得天独厚，现有国家3A级旅游景区显应宫、董奉山国家森林公园、闽江河口国家湿地公园等各类公园及文化展馆100多座，是全国最佳旅游品牌目的地。长乐文化底蕴深厚，素有海滨邹鲁之美誉，历代名人辈出，杏林始祖董奉、一代高僧百丈禅师、爱国华侨陈振龙、书画名家陈子奋、文学巨匠郑振铎、冰心，以及当代著名导演陈凯歌等都是其中杰出代表。

2009年，全市实现生产总值265.42亿元，增长12.8%；财政总收入（不含基金）21.82亿元，增长13.1%，其中地方财政收入11.65亿元，增长16.3%；工业总产值739.61亿元，增长15.8%，其中规模以上工业总产值675.22亿元，增长17%；农业总产值45.02亿元，增长5.4%；全社会固定资产投资101.52亿元，增长18.5%；实际利用外资7960万美元，增长36.7%；出口总值（海关口径）2.31亿美元；社会消费品零售总额60.25亿元，增长19%；经济综合实力继续位居全国“百强”、全省“十强”县（市）行列。

城区

经济适用房

松下港区

长乐人创业基地

尚迁公园

首占蔬

锦绣江南

太仓市保税物流中心

日益繁忙的太仓港

太仓市隶属江苏省苏州市，与上海市嘉定、宝山两区接壤，和上海具有同城效应。市域总面积 823 平方公里，辖太仓港经济开发区[港区、新区]、科教新城和 7 个镇，户籍人口 46.6 万，历史上素有“锦绣江南金太仓”的美誉。太仓是上海经济圈和长三角城市群中最为发达的县[市]之一，新世纪以来，县域经济基本竞争力多年位居百强县（市）前列，，是江苏省首批 6 个率先全面实现小康的县市。先后荣获国家卫生城市、国家园林城市、国家生态市、国家环境保护模范城市、中国优秀旅游城市、全国社会治安综合治理先进集体、全国和谐社区建设示范城区（市）、中德企业合作基地、中国长寿之乡、长三角最具投资价值县（市）等荣誉称号。

太仓是一座历史悠久、文化底蕴深厚的江南名城。2010 上海世博会长三角首个游客中心落户太仓，成功举办“魅力东方迎世博—走进太仓”活动。金仓湖、郑和公园入选世博主题体验之旅示范点。太仓自古人文荟萃，因春秋时期吴王在此设立粮仓而得名，是郑和七下西洋的起锚地，江南丝竹的发源地，娄东文化的发祥地，又是神话传说牛郎织女的降生地。太仓历来人杰地灵，孕育了世界女物理学家吴健雄，诺贝尔物理学奖获得者、美国能源部部长朱棣文，著名教育家、交通大学创始人唐文治，中国新舞蹈艺术奠基人吴晓邦，以及 11 名“两院”院士等杰出儿女。太仓特色文化精彩纷呈，有全国桥牌之乡、武术之乡、龙狮之乡、丝竹之乡、民乐之乡、舞蹈之乡等称号。

太仓是一座现代化港口新城。城市定位更加明确，重点打造上海国际航运中心配套基地、先进制造业发展转移基地、自主创新扩展基地、现代服务业延伸基地、休闲旅游度假基地等“五大基地”。城市功能更加完善，对接上海轨道交通 11 号线的沪太城际快线正式开通，沪通铁路太仓段已经启动。城乡一体化发展加速推进，新农村建设成效显著。太仓还注重发挥“精、巧、雅、静”的城市品位和江南水乡的城市风格，着力营造“最佳人居城市”环境，努力建设成为靠近都市、生态优美、适宜人居和创业的特色城市。

金太仓

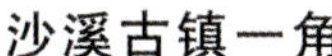

沙溪古镇一角

沙溪古镇

太仓是一座正在崛起的港口工业城市，是全国首个“中德企业合作基地”。境内拥有38.8公里的长江岸线，是长江口独一无二的天然良港。国家批准太仓港为一类口岸，明确为上海国际航运中心北翼集装箱干线港，江苏省重点建设的“江苏第一外贸大港”。目前，已建成大小泊位48个，其中万吨级以上泊位24个，相继开通国际国内航线75条。2009年完成集装箱吞吐量151万标箱，货物吞吐量5163万吨。滨江新城中心区建设已经启动，港城框架初具雏形。已形成了国内最大的高级润滑油生产基地、长三角地区石化原料仓储中转基地、江苏省内最大的PVC生产基地、沿江地区最大的电力能源基地、国内最大的造纸基地等五大沿江产业基地。沿沪汽车配件、精密机械、生物医药、软件设计等高新技术产业群持续壮大，已落户150多家德资企业，使太仓成为全国德资企业最集中的县市之一。目前，已有16家世界500强企业的25个项目和21家中央企业落户太仓。

中国太仓郑和航海节

城市一角

江苏沿海开发第一县

□中共如东县委书记　周铁根

□如东县人民政府县长　詹立风

如东是江苏沿海的一个重要县份，是全国首批对外开放县之一。全县总面积 1872 平方公里，人口 105 万，下辖 14 个镇和 2 个省级经济开发区。先后荣获全国百家明星县、全国科技百强县、全国生态示范区、长三角最具投资价值县市和江苏省文明城市等荣誉称号，享有中国“海鲜之乡”、“教育之乡”、“体育之乡”、“民间绘画之乡”、“中国民间文化艺术之乡”、“绿色能源之都”等美誉。

近年来，在推进县域经济社会发展进程中，如东坚持立足自身的区位条件、资源优势和产业基础，积极抢抓江苏沿海开发上升为国家战略的机遇，全面加快工业化、城镇化、外向化和沿海开发进程，全力打造“东方深水大港、绿色能源之都、黄海旅游胜地”，发展前景和态势良好。2009 年，全县实现地区生产总值 297.5 亿元，三次产业结构比例为 13.7：52.8：33.5，全年完成全社会固定资产投资 197.43 亿元，实现新批注册外资 6.82 亿美元，注册外资到账 2.35 亿美元，实现财政总收入 40.14 亿元，实现地方一般预算收入 15.33 亿元，全县城镇居民可支配收入 18220 元，农民人均纯收入 8003 元，县域经济基本竞争力连续八年跻身全国百强县行列，全面建设小康社会目标基本实现，正踏上加快基本现代化建设的新征程。

洋口港开发建设远景

——如东县

建成的洋口港跨海大桥和建设中的管线桥

建设中的江苏 LNG 罐区及 10 万吨级码头

外籍货轮在洋口港卸货

如东金蛤岛旅游温泉度假村

如东滩涂特色旅游

如东海鲜展示会场景

空中交响乐——如东哨口风筝

强生非晶硅太阳能薄膜电池光伏电站示范项目

如东海上风电场

浙江省临安市

浙江省委书记赵洪祝（后左）、省长吕祖善（后右）向临安市委书记邵毅（前左）、市长王宏（前右）授省科创基地（科技城）牌匾

临安地处长三角南翼、杭州西郊，交通便捷，市域面积3126.8平方公里，辖4个街道22个乡镇298个行政村，人口52万，是杭州至黄山国际黄金旅游线上一座充满活力的生态城市，被誉为“长三角的后花园”。

近年来，临安坚持以科学发展观为统领，依托生态优势，依靠科技创新，坚定不移地走生态与经济共赢发展的路子，经济社会发展取得了长足进步，先后获得浙江省首批小康县（市）、中国优秀旅游城市、国家卫生城市、国家森林城市、国家环保模范城市等一系列殊荣。2009年全市实现生产总值236.49亿元，增长10%；财政总收入25.51亿元，同比增长13.6%，其中地方财政收入14.04亿元，同比增长20.4%；城镇居民可支配收入和农民人均纯收入分别达到22011元和10735元，同比分别增长11%和10.9%。

锦城新貌

青山湖国家森林公园

大明山——明妃七峰

蚕娘风采

新农村

农民的摇钱树——山核桃

农家乐

先进装备制造业基地核心企业——杭州制氧机集团

国宝鸡血石雕

天府之国——

"成都丽江"三道堰

郫县地处川西平原腹心，位于西部特大中心城市成都市以西，属成都市中心城市规划建设发展区，是通往世界著名风景名胜区都江堰、青城山、九寨沟、黄龙和卧龙的必经之地。成灌快铁（成都至青城山，县内有6个站点）贯通郫县，绕城高速、成灌高速、国道317线、沙西线、温彭快速通道等高等级公路四通八达，全县面积437.5平方公里，辖14个镇（街道）、161个行政村和1个经济开发区，县内有藏、回、羌、满等18个少数民族，2009年年末总人口50.45万人，非农业人口23.57万人。先后被评为中国西部县域经济基本竞争力百强县（市）、全国科技进步先进县、全国文明县城、全国绿化模范县、全国农村中医工作先进县、中国农家乐旅游发源地、省级双拥先进县等。

郫县是一座历史文化和自然生态交相辉映的城市，处处流淌着独具特色的人文脉息。据1996～1999年对古城遗址的发掘研究，早在4500年前，古蜀文化便有很高的文明程度，成都平原已是长江上游古代文明的中心。距今3000年前，望帝杜宇和丛帝鳖灵就在此建立国都，以郫为都邑。郫县建县历史悠久。公元前314年，秦灭蜀后，在巴蜀地区同时实行分封制与郡县制。此后，即以郫邑作为蜀郡的属县，称郫县，此为郫县建置之始。秦蜀郡太守李冰修都江堰水利工程，郫县居灌溉之首，土质肥沃，物产丰富，郫县历来被誉为"银郫县"。至今，郫县建县已有2300余年历史。

2009年，郫县坚持以科学发展观为指导，积极应对国际金融危机影响，全力以赴"保增长、保民生、保稳定"，着力推进"一城（成都西部新城）、两带（沙西线、IT大道城乡统筹综合示范带）、三基地（新型工业基地、文化休闲基地、川菜产业基地）"建设，努力开创城乡统筹综合示范区建设良好局面，县域经济社会呈现增长较快、结构优化、民生改善的良好局面。全年实现地区生产总值188.74亿元，同比增长16%；实现工业增加值96.61亿元，同比增长增长21.8%；完成固定资产投资216.24亿元，同比增长增长25.7%；城镇居民人均可支配收入为16955元，同比增长增长12.7%；农民人均纯收入达到7944元，同比增长增长8.5%。

八河并流

-四川省郫县

焰火夜景

古蜀祭祖大典

成都客车股份有限公司

农家乐景色怡人

沙西线、IT大道现代农业

新疆昌吉市

中共昌吉市委书记　苏　彪

中共昌吉市委副书记、代市长　马建新

昌吉市是新疆天山北坡经济带前沿，地处东经 86° 24′ –87° 37′，北纬 43° 06′ –45° 20′，位于亚欧大陆中心，是新疆首府乌鲁木齐市卫星城市和昌吉回族自治州州府市。全市总面积 8215 平方公里，建成区面积 30 平方公里，规划区面积 42 平方公里，城市化水平达到 63%。总人口 42 万，有汉、回、哈萨克、维吾尔等 32 个民族。市辖 6 镇 4 乡 6 个街道办事处，50 个社区居委会，87 个村民委员会。

昌吉市先后荣获国家卫生城市、中国优秀旅游城市、中国最佳休闲旅游城市、全国科技进步示范市和双拥模范城

世纪大道

杜氏农家乐旅游

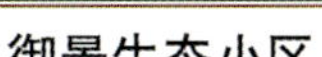

御景生态小区

美食文化节

首届花儿艺术节

市等国家级荣誉。作为乌昌经济一体化战略核心发展城市，昌吉市紧紧抓住国家西部大开发和乌昌经济一体化战略机遇，不断加快工业化、产业化、城市化进程，国民经济和社会各项事业快速健康发展，全市生产总值连续多年保持两位数增长。

2009 年，全市实现地区生产总值 154.2 亿元，增长 16.3%；经济结构进一步优化，三次产业比重调整为 13.8：44.3：42.9；实现地方财政收入 12.1 亿元，增长 28.9%；完成全社会固定资产投资 51.2 亿元，增长 24.8%；社会消费品零售总额 42.2 亿元，增长 21.2%；外贸进出口总额 5.6 亿美元，增长 16.4%；列中国西部百强县（市）第 13 位。

庙尔沟达坂

中共新郑市委书记 吴忠华

新郑市人民政府市长 王广国

河南省新郑市

生态居住区

庚寅年黄帝故里拜祖大典盛况

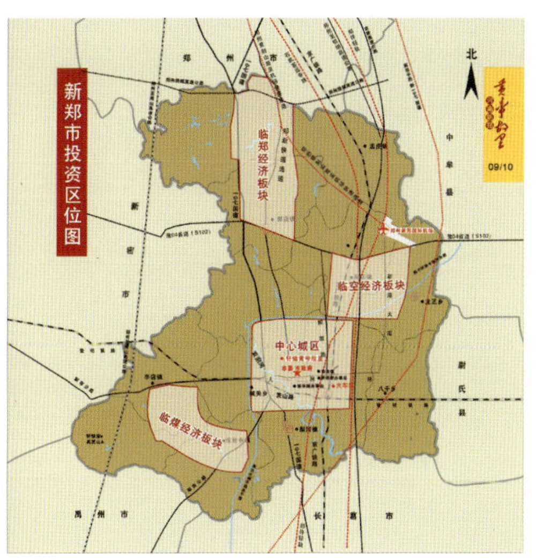

【投资⊙区域】临郑经济板块 Pro Zhengzhou Economic Plate

临郑经济板块位于新郑北部，以龙湖镇为核心乡镇，辐射孟庄镇、郭店镇，依托毗邻郑州的近郊优势，大力发展纺织服装、机械制造、休闲娱乐和房地产业。目前，已经形成拥有台湾升达大学、中原工学院、河南工程学院、省法官培训中心、省检察官学院等13所高校、11家培训机构的河南省重要科技、教育培训基地；拥有河南鸽瑞、建华管桩、广和管桩、格德格瑞、卫华钢构、嵩山重工、郑州上电电机、富源制管等80家企业，年产值100亿元的机械装备制造产业园区；拥有以投资15亿元的宏业纺织、投资15亿元的郑州一棉、红豆制衣为龙头，年纺纱规模100万锭、加工服装4000万件，年销售收入100亿元的河南省纺织服装产业基地。同时，该板块森林覆盖率达35%，是郑州市的天然氧吧，风景秀丽、山水相宜，已建成龙泊圣地、21世纪国际城、北京国瑞等多个居住小区，正悄然成为郑州市民休闲度假的后花园。

临郑板块今后重点发展产业有：机械制造、新能源、新材料、纺织服装、轻工、鞋帽等轻重工业产业。

郑州第一纺织有限公司 Zhengzhou No.1 Textile Co., Ltd.

炎黄二帝塑像

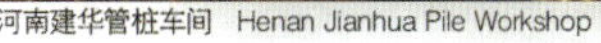
河南建华管桩车间 Henan Jianhua Pile Workshop

21世纪国际城 21c International Community

中国酒都——贵州仁怀

中共仁怀市委书记　房国兴

仁怀市人民政府市长　娄　冰

贵州省仁怀市位于贵州省西北部，赤水河中游腹地，大娄山脉西段北侧。北宋大观三年（公元 1109 年）仁怀置县，1995 年 11 月撤县设立市。仁怀因出产以贵州茅台酒为代表的众多酱香美酒而闻名遐迩、驰名中外，2004 年 7 月被中国食文化研究会授予“中国酒都”荣誉称号。全市幅员面积 1788 平方公里，辖 12 个镇、6 个乡、3 个街道，居住着汉、苗、布依、仡佬、彝、白等 9 个民族，总人口 64.88 万人。全市平均海拔高度 880 米，年平均气温 16.3 摄氏度，年日照时数 1400 小时，无霜期 311 天，年降雨量 800 ~ 1000 毫米；森林覆盖率 41%。

在酒业的强力牵引和带动下，仁怀经济社会始终保持又好又快的发展势头。2009 年，全市生产总值 159.63 亿元，财政总收入 29.6 亿元，地方财政收入 7.86 亿元，城镇居民可支配收入 12600 元，农民人均纯收入 4103 元。仁怀市县域经济综合实力评价居贵州省经济强县（市）第 1 位，列西部百强县（市）第 33 位。

仁怀素有“国酒之乡”美誉，茅台镇人称“天下第一酒镇”。“酒冠黔人国，盐登赤虺河”，“蜀盐走贵州，秦商聚茅台”，仁怀自古为商贾云集之地，尤以酿酒业享誉外邦。早在 4000 年前，仁怀先民濮人便能以野果酿制果酒；至公元前 135 年，汉武帝称赞仁怀先民酿造的构酱酒为“甘美之”。

仁怀得天独厚的自然地理和气候条件，孕育了独特的酿酒环境。长期以来，仁怀致力于发展酒业，除国酒茅台外，还涌现出了国台、百年糊涂、酒中酒、钓鱼台等名牌名品。目前全市有白酒企业 143 家，其中省级规模以上白酒企业 30 余家，白酒年产量 10 万余吨；拥有各类白酒品牌 2000 余个，其中有世界驰名商标 1 个，省级名牌产品 6 个，省级著名商标 52 个；规模以上酿酒企业年销售额 126.9 亿元，占地方工业加值的 90% 以上，白酒行业直接从业人员超过 4 万人。

酒都仁怀新城全景

茅台镇全景

“中国酒都——仁怀”誉名庆祝活动

国酒门

中国酒都文化节——酒都颂文艺演出

仁怀市城区一角

茅台高速公路

营盘山中心广场

内蒙古阿拉善左旗

阿拉善左旗位于自治区西部，贺兰山西麓，东与宁夏相交，西、南与甘肃毗邻，北与蒙古国接壤，国境线长 188.68 公里。辖 8 个镇、5 个苏木。全旗有蒙、汉、回、满、朝鲜等 14 个民族，是一个以蒙古族为主体、汉族占多数的少数民族聚居区。

地域辽阔、人口稀少。阿拉善左旗地势东南高、西北低，南北长 495 公里，东西宽 214 公里，总面积 80412 平方公里，总人口 14.2 万，其中城镇人口 8.9 万，近 5.3 万农牧民散居在绿洲、戈壁和沙漠腹地。

历史悠久、文化璀璨。1697 年，阿拉善和硕特旗正式设立，距今已有三百多年历史。建国后，曾先后隶属宁夏、甘肃、内蒙古。1961 年更名为阿拉善左旗。悠久的历史和深厚的文化底蕴孕育了“顾全大局、无私奉献、坚韧不拔、艰苦奋斗”的阿拉善精神。这里是世界蒙古民族传统礼仪保存最完整的地区之一，众多的人文资源得到进一步挖掘，草原文化独具地方特色。

资源富集、景色宜人。已探明矿产 61 种，矿产地 316 处，煤、盐、硝、石灰岩、铁、铜、金、大理石、膨润土、花岗岩等储量可观；全旗拥有草场 4.6 万平方公里，林地 120 万亩，耕地 35 万亩，贺兰山国家级自然保护区原始次生林是西北地区的天然生态屏障；阿拉善双峰驼和白绒山羊是当地两大优势畜种。盛产肉苁蓉、锁阳、甘草等中药材；有雪豹、盘羊、野驴、鹿等野生动物资源。境内有以广宗寺、福因寺为主的具有浓厚藏传佛教色彩的八大寺庙古迹，有以贺兰山森林为主的自然景观和

贺兰山

生态园

吉兰太盐场

阿拉善型白绒山羊

阿拉善双峰驼

以大漠明湖为主的沙漠景观。

气候干燥、生态脆弱。阿拉善左旗干旱少雨，四季分明，日照充足，蒸发强烈，为典型大陆型气候。85 公里黄河从东缘流过，腾格里、乌兰布和两大沙漠横贯全境，沙尘天气时有发生，荒漠化较严重。这里空气清新，水源纯净，土壤无污染，风光充足，是发展清洁能源产业的理想区域。

2009 年，阿拉善左旗以科学发展观统领全局，紧紧抓住发展这个第一要务，全力做好保增长、保民生、保稳定各项工作，经济社会发展取得新成绩。全旗生产总值完成 82.79 亿元，增长 23.4%；完成财政收入 12.85 亿元，增长 25%；全社会固定资产投资完成 60.15 亿元，增长 67%；城镇居民人均可支配收入和农牧民人均纯收入分别达到 16516 元和 6171 元，增长 11% 和 15%。综合经济实力位居西部百强县第 30 位。

月亮湖

营盘山南坡——新颜之景观浮雕墙

中共华亭县委书记 任增禄

华亭县人民政府县长 王晓军

甘肃省华亭县

华亭县，古称仪州，位于陕甘宁三省（区）交汇处，总面积1183平方公里，隋大业元年（公元605年）置县，至今已有1400多年的历史。辖5乡5镇、1个街道办事处、1个省级工业园区， 101个行政村，25个社区。总人口18.1万人，总户数56039户，其中非农业人口8.5万人。

华亭自古以来素有陇上“煤城瓷镇”之美称，境内煤炭、陶土、硅石、坩泥、石灰石等资源储量可观，其中煤炭储量达33.74亿吨，具有“三高三低”（高挥发性、高化学活性、高发热量，低灰、低硫、低磷）的良好品质，是优质的动力、气化和化工用煤。交通条件便利，宝中铁路、省道304线和203线横穿境内，县乡公路四通八达，建成年输转能力1000万吨的煤炭铁路专用线和140万吨的安口铁路集运站，天（水）平（凉）高速、宝（鸡）平（凉）高速和天（水）平（凉）铁路、平（凉）华（亭）铁路运煤专线等重大交通项目将相继开工建设。生态环境优美，境内山川兼有，雨量充足，年平均气温8.9°C，降雨量644.7毫米，平均海拔1300米，森林覆盖率37.7%。旅游资源丰富，有古人类遗址、古墓葬群、石窟石雕等106处，特别是风景秀美的关山莲花台是秦、汉皇帝祭祀炎黄二帝的上、下 遗址，是中国第一座祭祀黄帝的轩辕庙，是我国先秦文化的发祥地之一。秦王嬴政统一六国后的第二年首次西巡，在莲花台举行了盛大的祭祀活动，是秦皇祭天第一坛，历史传说和文化积淀深厚，开发前景广阔。

人民广场

华亭核桃

莲花湖公园

莲花台风景名胜区

盘锦六和现代农业产园项目签约仪式

宝来石化

船舶制造产业迅猛发展

宏冠船业

现代农业快速发展

辽宁省

大洼县人民政府县长 孙占和

大洼县地处辽东湾北部，辽河三角洲腹地。东傍辽河，西临渤海，南与营口市隔河相望，北与盘锦市区毗邻，全境1683平方公里，下辖1个经济开发区、1个农业开发区、15个镇，总人口40余万。

生态之城 大洼属温带亚湿润区季风型大陆性气候，景色秀美、气候宜人。四季光照充足，空气质量优良，冬夏温差35℃，年平均降水量645毫米，无霜期175天左右。被誉为“地球之肺”的红海滩湿地自然保护区，持续地净化着空气中的粉尘和二氧化碳，使大洼成为最贴近自然，最适宜人类居住的生态名县。

大洼县

红海滩景观闻名遐迩

湿地景观

富庶之城　全县海岸线长68公里，拥有各类海淡水水面近400万亩，盛产优质稻米、河蟹、文蛤、对虾、海蜇、海淡水鱼等；地下蕴藏着丰富的石油、天然气、地热温泉等资源，是辽河油田的主产区之一、辽东湾苇田的重要组成部分；依托湿地、温泉、自然保护区、古迹遗址、生态农业、民俗风情等独具特色的自然资源和人文资源，形成了集多功能于一体的辽河三角洲湿地风光旅游产业，被评为“国家级一类生态示范区”。

优越之城　大洼县交通四通八达，区位优势得天独厚。京沈、盘海营、沈大高速公路，305国道、盘营公路，沈山、沟海铁路，盘锦港和二界沟渔港以及正在建设中的直通东北腹地的疏港公路和疏港铁路、连接省内沿海六市的滨海公路、大洼县与营口市相连的跨辽河大桥、盘锦新港、营口机场等，形成了海陆空立体式交通网络。

发展之城　多年来，勤劳朴实的大洼人用汗水谱写着加快发展的新篇章，全县的各项经济指标始终保持着高位增长。2009年，全县地区生产总值实现180亿元，同比增长40.6%；财政一般预算收入实现7.16亿元，同比增长59.1%；全社会固定资产投资实现210亿元，同比翻了一番；城镇居民人均可支配收入和农村人均纯收入分别实现11950元和9350元，同比分别增长27%和20%。

城镇化建设步伐加快

云南省个旧市

中共个旧市委书记、市长王忠

个旧市是国家重要的有色金属工业基地，是中国最大的锡生产出口基地、最大的锡材加工中心、锡化工中心和砷化工中心，中越边境唯一的中等工业城市。位于滇东南红河北岸，东经 102° 54′ ～ 103° 25′ 、北纬 23° 01′ ～ 23° 36′ 之间，北回归线横穿全境，总面积 1587 平方公里。市区距省会昆明市 280 公里，国家级口岸河口县 244 公里，海岸线北部湾直线距离 450 公里。仙人洞与锡都两个公路隧道、红河大道、鸡街至石屏高速公路建成通车后，使个旧的交通得到有效提升，北与昆明，南与金平、元阳、绿春、河口等边疆县和越南的交通更加便捷。个旧城市建成区面积 12 平方公里，平均海拔 1685 米，一年四季无严寒酷暑。

出土文物——铜俑

锡工艺品

出土文物——凤灯

个旧主要年份经济统计表

指　　标	1978年	1985年	1990年	1995年	2000年	2008年	2009年
地区生产总值（亿元）	1.56	5.26	9.57	19.52	29.11	104.84	105.42
财政收入（亿元）	0.21	0.54	0.87	0.92	1.87	7.55	7.73
全社会固定资产投资（亿元）	0.07	0.48	0.52	3.08	9.9	36.05	46.1
金融机构存款余额（亿元）	0.66	2.03	6.82	20.96	48.82	121.15	135.29
城镇居民人均可支配收入（元）	—	780	1543	3598	5523	11215	12767
城乡居民人均储蓄存款余额（元）	42	273	1092	3421	7326	20482	19198
农民人均纯收入（元）	—	458	890	1580	2319	4676	5335

个旧一角

金湖景

个旧市新兴产业——生物制药

铝锭生产

中共泽州县委书记 崔守安

泽州县人民政府代理县长 茹栋梅

山西省泽州县

泽州县位于晋豫两省交界，晋城市城郊。北依上党、南邻中原、东眺冀鲁、西望洛阳，为三晋大地通向中原的要冲，史称“河东屏翰，冀南雄镇”。1985年，实行“市管县”体制，成立晋城市郊区，1996年撤销郊区设立泽州县。全县总面积2023平方公里，辖14镇3乡，633个行政村，1197个自然村，总人口52．6万。

泽州县山川秀美，资源丰富。境内秀丽雄浑的自然景观和历史人文景观交相辉映，现存国家、省、市、县级文物保护单位40余处，比较著名的有“珏山吐月”、“孔子回车”、山里泉、沁河大转弯等景观。矿产资源丰富，含煤面积420平方公里，煤炭探明储量约48亿吨，铁矿储量约为5亿吨左右，石灰石、石膏、瓷土、大理石等矿藏储量也比较丰富，素有“煤铁之乡”美誉。

泽州县交通便捷，环境优越。太焦、侯月铁路，晋阳、晋焦、晋长、晋济高速公路及二零七国道、太洛公路形成纵横交错的交通网络。全县通车总里程数达到了2600公里，基本实现了乡乡村村通水泥（油）路。较完备的基础设施，吸引了大批有识之士前来投资创业。泽州县先后荣获“全国文化工作先进县”、“全国科技工作先进县”，“全国创建文明城镇工作先进县”、“全国质量兴市先进县”、“全国绿化先进县”、“全国电气化建设先进县”、“全省教育工作先进县”、“全省饮水解困红旗县”、“全省小康建设十强县”、“全省农民增收先进县”，“全省民营经济十强县”等荣誉，成为山西省首家“国家级可持续发展实验区”。2009年，泽州县生产总值完成132.18亿元，同比增长10.3%，增幅全市第一；财政总收入和一般预算收入分别达到26.04亿元和8.12亿元，同比增长25.43%和27.71%，提前实现“十一五”目标；农民人均纯收入达到5967元，同比增长8.16%。县域经济基本竞争力名列中部地区第45位，比2008年前移5位。

泽州公园

丹河特大桥

循环经济——泽州县润宏煤业有限公司

山里泉风景区

民营经龙头企业——福盛钢铁有限公司

中国镁都——

中共营口市委常委、大石桥市委书记 董建国

大石桥市委副书记、代市长 王立群

中国镁都——大石桥市位于美丽的辽东半岛中部，南与盖州接壤，北与海城毗邻，东与岫岩相依，西倚营口市并与盘锦隔河相望。地域东西相距 89 公里，南北相距 34 公里，总面积 1610 平方公里，总人口 73 万，辖 2 个省级开发区，17 个镇，253 个行政村。

大石桥市交通便捷畅达，哈大公路、哈大电气化铁路贯穿全境，沈大高速公里、沈大至北京高速公路在大石桥市汇集。大石桥火车站是辽南铁路枢纽、国家一等站。大石桥市距东北第二大港口鲅鱼圈港 45 公里，距营口港 23 公里。驱车去沈阳、大连国际机场只需一个半小时，去北京也只有 5 个小时的路程。

大石桥市矿产资源丰富，现已探明的各种金属和非金属矿藏有 34 种，其中菱镁、硼、滑石、白云岩、铁、金等都具有较大的储量，特别是镁质矿产资源十分丰富，总储量达 45 亿吨以上，其中菱镁矿石储量 30 亿吨以上，储量和品位居全国首位，是世界四大镁矿之一，大石桥市因丰富的镁质资源和发达的镁制品加工业而被国内外誉为“中国镁都”。

大石桥市文化底蕴丰厚，有距今 28 万年的金牛山古猿人遗址、远古时期的巨石文化遗址石硼、名贯北国的迷镇山娘娘庙等人文自然景观几十处。

大石桥市自古为辽南重镇，现为辽宁省对外开放县（市）、全国县域经济基本竞争力百强县（市），是辽宁乃至东北地区经济发展速度最快、潜力最大、私有民营经济最发达的地区之一。2009 年地区生产总值实现 361.5 亿元，增长 20.1%；工业总产值实现 900 亿元，增长 25%；规模工业总产值实现 516.3 亿元，增长 25.6%；新增规模企业 42 家，总数达到 382 家。农业总产值实现 42.4 亿元，增长 10%。全社会固定资产投资实现 152.6 亿元，增长 49.5%；财政收入实现 21.6 亿元，增长 22%。城乡居民储蓄存款余额为 123.9 亿元，增长 10.1%；社会消费品零售总额实现 58.7 亿元，增长 20%，大石桥已成为环渤海经济圈中经济实力强、整体形象好、开放程度高的现代化城市。

营口青花集团金桥镁砖厂一角

辽宁盼盼工业园

辽宁大石桥市

大石桥市高级中学

大石桥市区一角

大石桥市街景

大石桥国家优质米生产基地

嘉晨集团燃化公司一角

全国储量最大品位最高的菱镁矿床—华子峪矿

【 天龙模具 】

【 新区新农村 】

【 出口加工区 】

【 大棚农业 】

杨梅仙子

慈溪市地处浙东沿海，杭州湾南岸，东靠宁波，西临杭州，北接上海，世界最长的杭州湾跨海大桥的通车，给慈溪带来了千载难逢的历史性机遇，从此慈溪一跃成为连接上海、宁波两大都市的“黄金节点”，融入沪、杭、甬2小时交通圈，这将极大提升慈溪在长三角城市群中的战略地位。慈溪历史悠久，秦代设县，古称“句章”，至唐因治南有溪，东汉董黯“母慈子孝”传说而得名，始称慈溪。1954年行政区划调整，现区域由原慈溪、余姚、镇海三县的北部组成，俗称“三北”。1988年撤县设市。全市总面积1361平方公里，户籍人口103.5万，暂住人口82.5万，下辖5个街道、15个镇和1个国家级出口加工区。

改革开放30年来，慈溪百万人民艰苦创业、开拓创新，慈溪从一个种棉晒盐为主的农业县，发展成杭州湾南翼新兴的工业强市。去年全市实现生产总值626.24亿元，财政一般预算收入91亿元，自营出口51.38亿美元。以全国1/7000的土地，创造了1/752的财政收入、1/535的生产总值、1/234的出口额，在全国综合实力百强县（市）排名第14位，全国县域经济基本竞争力排名第3位。

杜湖湿地

浙江省慈溪市

步行街

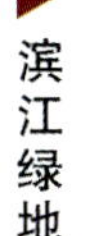
滨江绿地

全民健身

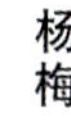
杨梅

融入大青岛　彰显金胶州

春夏秋冬——胶州四季城市美景

胶州新城区三里河公园

胶州少海新城

胶州

胶州湾产业中心区

山东胶州

胶州市地处黄海之滨、胶州湾畔，因东南临胶州湾，以胶水而得名。总面积1316平方公里，其中城市建成区面积45平方公里，辖11个镇、7个街道办事处、811个行政村，全市人口80万人，城区人口45万人。先后被授予国家卫生城市、国家环境保护模范城市、国家园林城市、全国科技工作先进市、中国秧歌之乡等荣誉称号。

2009年全市实现生产总值515.1亿元，增长13.6%。其中，第二产业增加值292.47亿元，增长15.4%；第三产业增加值189.72亿元，增长12.3%。完成地方财政收入20.8亿元，增长12.6%。城市居民人均可支配收入19770元，增长9.5%；农民人均纯收入9152元，增长8.5%。完成规模以上固定资产投资293.2亿元，增长24.7%。社会消费品零售总额148.8亿元，增长18.5%。实现外贸出口34.6亿美元。在第九届全国县域经济基本竞争力与科学发展评价中，列全国百强县（市）第19位。

业区商贸居住区

胶州湾产业园金湖区

胶州湾产业园行政服务区

百里黄金地 江南聚宝盆

——湖北省大冶市

中共大冶市委书记傅继成（右一）、大冶市人民政府市长荣绪俭（右二）向搬迁农民发放还建楼住房钥匙

湖北省大冶市，位于鄂东南、长江中游南岸，毗邻武汉70公里，地处湖北“冶金走廊”腹地及武汉城市圈内。大冶依托长江，背靠武汉，北连黄石、鄂州，南毗九江，西邻咸宁，东达安庆，是长江经济带上一颗耀眼的矿冶明珠。全市国土面积1566平方公里，现辖13个乡镇（街办）、1个国有农场和1个省级经济开发区，人口90余万，是湖北省综合经济实力“十强县市”、湖北省经济效益“十佳”县（市）、湖北省小康市、湖北省文明城市、湖北省园林城市，全国首批资源枯竭经济转型试点城市。

大冶历史悠久。殷小乙时期，大冶先民在此竖炉冶炼，唐天佑二年（公元905年），吴武昌节度使秦裴置采矿冶炼机构青山场院。宋乾德五年（公元967年）升青山场院为县，取“大兴炉冶”之意，定县名为“大冶”。此后，黄巢筑炉，岳飞铸剑，朱元璋置铁冶所，炉冶之火生生不息。1994年2月国务院批准大冶撤县设市，从此，大冶发展进入了新阶段。

大冶是华夏青铜文化发祥地。大冶是举世著名的青铜文化故里。3000多年前的殷商时期，华夏祖先在这里采炼青铜，创造了光辉灿烂的青铜文明，境内铜录山古矿冶遗址是中国乃至世界上目前出土遗址中年代最远、开采规模最大、延续时间最长、保存最完整的古代矿冶遗址，被称为“世界第九大奇迹”。

大冶是中国近代民族工业摇篮。19世纪末，清朝湖广总督张之洞引进西方先进技术和设备在大冶境内开办大冶铁矿和大冶钢厂，创办了中国第一个跨区域钢铁煤联合企业——汉冶萍公司，拉开了中国近代民族工业的序幕。使大冶成为近代“开明中国人”对外开放、实业救国的前沿阵地，大冶也成为中国近代工业的摇篮。

大冶是新中国重工业原材料基地。大冶素有“百里黄金地、江南聚宝盆”美誉，境内资源丰富，得天独厚，已探明矿产资源42种，其中金属矿12种，以金、铜、铁为主，非金属矿产30种，以石灰石、硅灰石、方解石为主。新中国成立后，国家在大冶境内兴办了20多家大中型厂矿企业，采掘金、铜、铁矿石，使大冶成为我国重要的原材料工业基地之一，是武钢、大冶有色金属公司等大型钢铁、有色金属冶炼企业的“粮仓”。

大冶是国家首批资源枯竭转型城市。2008年3月，大冶被国家列为全国首批12家资源枯竭转型城市之一，是两个县级市中的一个。大冶将通过经济转型、机制转型、生态转型、社会转型和文化转型，实现城市转型。

铜都广场

山水园林城市

美丽的新农村

中国名牌“劲”酒包装车间

“世界第九奇迹”铜绿山古矿冶遗址

面貌焕然一新的新农村

中共如皋市委书记 陈惠娟

如皋市人民政府市长 姜永华

江苏省如皋市

如皋城的东门——靖海门

国家一类开放口岸——如皋港

如皋市外城河一角——观音塔

中国大型长寿主题公园——如皋东方大寿星园

市民广场之一——如皋安定广场

如皋位于长江入海口北岸，滨江临海靠上海，总面积 1477 平方公里，总人口 145 万，现辖 20 个镇、1 个省级经济开发区和 1 个如皋港区，是著名的江苏历史文化名城、中国花木盆景之都、世界长寿养生福地，先后建成国家级生态示范区、中国优秀旅游城市、江苏省文明城市、卫生城市和园林城市，即将建成国家生态市、环保模范城市和卫生城市。

如皋是中国首批对外开放的沿海城市，是江苏沿江开发的 15 个重点县（市）之一，拥有国家一类开放口岸如皋港和全国最大民营造船企业江苏熔盛重工集团。近年来，如皋坚持以科学发展观统领经济社会发展全局，抢抓江苏新一轮沿江开发机遇，大力实施“经济国际化、新型工业化、产业集聚化、城乡一体化”四大发展战略，坚持走工业化、城市化、农业现代化互动并进之路，正日益成为长三角最具竞争力的先进制造业基地之一、长江流域最具活力的现代物流基地之一、上海都市圈最具魅力的生态旅游休闲基地之一、江苏沿江最具吸引力的宜居宜创业的现代化城市之一。

市区中心夜景

徽派园林孤本、国内著名的
古园林之一——水绘园

江苏苏中苏北地区一流的大剧院
——如皋大剧院

中国金都——

■中國金都——山東招遠

中共招远市委书记　徐少宁

招远市人民政府市长　张　伟

招远取义“招携怀远”，蕴涵“召唤远方客人，广纳八方英才”的理念，位于胶东半岛西北部，总面积1433.18平方公里，辖10个镇、3个街道办事处和1个省级经济开发区，724个村，58万人口。

近年来，招远市认真贯彻落实科学发展观，在经济发展上突出项目建设主旋律，全面提升经济结构水平和发展质量；在社会发展上着力改善民生促进社会和谐，全面发展各项社会事业，经济社会保持了又好又快的发展态势。在第九届全国县域经济基本竞争力百强县市中排名第44位。先后被授予国家卫生城、全国环保模范城、国家科技进步先进市、全国畅通工程一等管理水平城市等荣誉称号。2009年，全市实现生产总值412.3亿元，实现地方财政收入18.0亿元，分别同比增长15.2%、15.7%；三次产业比重为5.3：63.2：31.5。

罗山主峰

—山东招远

罗山神鳌

莲花盆

罗山山门

粉丝生产

金泉河

中國金都——山東招遠

河北省遵化市

古长城神韵

遵化市位于河北省东北部燕山南麓，地处京、津、唐、承、秦腹地。市域面积1521平方公里，辖25个乡镇、两个街道办事处，648个行政村、27个居委，总人口72.3万。遵化历史悠久，五代后唐建县，是千年古县，素有“畿东第一城”之称。20世纪50年代三条驴腿闹革命的“穷棒子”精神和60年代万里千担一亩田、青石板上创高产的“当代愚公”精神就发源于遵化，曾分别受到毛主席和周总理的赞誉。1992年遵化撤县建市，2005年被河北省政府确定为第一批扩权县（市）之一。

城市靓丽景观

世界文化遗产、地国家AAAA级景区——清东陵定陵全景

享誉国内外的京东板栗

栗源公司板栗深加工车间

全国500强企业——建龙钢铁有限公司

近年来，遵化坚持以科学发展示范市建设为总揽，以建设“中等城市、和谐遵化”为目标，按照“山水园林城、文化旅游城、新型工业城”的发展定位，抢抓机遇，开拓进取，强力推进新型工业化、新型城镇化、城乡等值化、社会治理和谐化、党的建设科学化，经济社会实现了跨越式发展。全市生产总值由2002年的110亿元增加到2009年的392亿元，年均增长15.8%；全部财政收入由2002年的5.1亿元增加到2009年的19.6亿元，年均增长21.2%；全社会固定资产投资由2002年的20亿元增加到2009年的90.3亿元，年均增长24%。从2002年起连续入选全国县域经济基本竞争力百强县（市），2009年名列第53位。

中共邹城市委书记　石爱作

邹城市人民政府市长　侯晓滨

孟子故里——山东邹城

邹城市是中国历史上著名的思想家、教育家孟子的诞生地，是国家历史文化名城、中国优秀旅游城市、新兴能源工业基地、全国综合实力百强县市。全市辖13个镇、3个街道，2个省级经济开发区，总面积1616平方公里，总人口114万。

邹城历史悠久、文化灿烂。邹城是一座有着三千多年历史的文化名城，各类文物古迹300余处，其中国家级5处10个景点。邹城文化底蕴丰厚，现有4A级旅游区2个，是优秀的“山、水、圣人”综合旅游区。

邹城资源丰富、物产富饶。境内有8大类20余种矿产资源，藏煤面积357平方公里，地质储量41亿吨以上，年产原煤3000万吨，电力企业年发电量240亿千瓦时，工业产品3000余种。

邹城实力雄厚、经济发达。2009年以来，邹城市委、市政府坚持以科学发展观为指导，紧紧围绕建设“经济强市、文化名市、生态靓市、和谐新市”战略目标，以工业化、城市化为重心，深入贯彻落实中央及省市保增长、扩内需、调结构等一系列政策，解放思想，抢抓机遇，凝心聚力，干事创业，全市经济呈现持续平稳较快发展态势。2009年，全市地区生产总值完成480.88亿元，增长12.2%。地方财政收入完成24.56亿元，增长10.2%。在第九届全国县域经济基本竞争力评价中位居全国第17位。

海外产业园

邹城城区全貌

城区北出入口建设

东城新区唐王河公园一角

兖矿集团

华电国际邹县发电厂

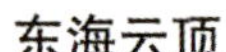

东海云顶

徐霞客大道

潘天寿广场

生态型经济强县—

浙江省宁海县位于浙江沿海中部，象山港和三门湾之间，为我国计划单列市宁波市属县，是国务院批准的第一批沿海对外开放地区之一。全县陆域面积1843平方公里，呈“七山一水二分田”分布，现设14个镇乡、4个街道，人口60.5万，是宁波市首个通过验收的国家级生态示范区。宁海历史悠久，人文荟萃，自西晋太康元年（公元280年）建县，距今已有1700多年，历史上曾涌现胡三省、方孝孺、柔石、潘天寿等一大批志士名人，是明代大旅行家徐霞客的《徐霞客游记》开篇地。宁海依山傍海，旅游资源丰富，森林温泉、古村群岛、碧海渔帆、儒乡艺苑、滨海闹市，各领风骚，是一块以生态旅游为主，结合丘陵海岸观光和历史文化探源等旅游的黄金海隅。

近年来，宁海县坚定不移地坚持以经济建设为中心，以科学发展观为指导，紧紧围绕“构筑现代化中等城市、建设生态型经济强县”的奋斗目标，加快推进改革开放和现代化建设，全县经济和社会各项事业持续快速健康发展，先后跻身全国综合实力百强县、全国县域经济基本竞争力百强县行列，相继获得国家卫生县城、省级文明城市、省级教育强县、省级科技强县等称号。2009年，全县实现生产总值235.55亿元，比上年增长8.5%，完成财政一般预算收入34.46亿元，增长7.0%。城镇居民人均可支配收入达到25946元，增长10.5%，农民人均纯收入11367元，增长10.0%。

白溪水库

方孝孺读书节

枇杷节

蛏子节

—浙江省宁海县

宁海街景

新农村

伍山石窟

宁海白鹭

黄金口岸 人居典范

全国县域经济百强县
全国文明城市
联合国人居奖
国家生态市
全国环境保护模范城市
国家卫生城市
国家园林城市
全国文化先进市
全国科技进步先进市
全国社会治安先进市
中国城市管理进步奖

团结拼搏 负重奋进
自加压力 敢于争先
江泽民
一九九五年五月十三日于张家港

江苏省外贸企业排头兵——国泰国际集团

张家港公园

——张家港市

景色秀丽的暨阳湖生态园区

张家港市区人民路

全国特大型工业企业 — 沙钢集团全貌

浦项不锈钢生产线

世上湖山 天下常熟

休闲公园夜景

常熟地处“长三角”核心区域，全市总面积1264平方公里，户籍人口106.6万，外来人口约80万；辖10个镇、1个林场、2个经济开发区、1个服装城、1个虞山尚湖旅游度假区。改革开放以来，常熟经济社会持续快速健康发展，综合实力稳居全国百强县（市）前列。

常熟是一座历史底蕴深厚的文化之城。常熟是吴文化的重要发祥地之一，有着3000多年文明史、1700多年建城史。1986年被国务院列为第二批国家历史文化名城，现有各级文保单位145处，其中国家级文保单位3处，在全省同类城市中位居前列。自唐至清，常熟出了8名状元、9名宰相、485名进士，诗文、琴棋、书画、金石、戏曲等文化艺术领域名家辈出；当代科学院、工程院两院院士中常熟籍的有22人。

常熟是一座生态环境优美的山水之城。常熟古城三湖环抱，依山而筑，山、水、城融为一体，自然风光秀丽，拥有国家4A级景区4处。先后荣获国际花园城市、国家园林城市、国家环保模范城市、全国绿化模范城市、全国首批生态市、中国优秀旅游城市、中国人居环境范例奖等称号。

常熟是一座生机活力勃发的创新之城。常熟市始终坚持新型工业化第一方略，制订实施五大新兴产业发展规划和五大传统产业提升发展规划，着力推进主导产业高端化、新兴产业规模化、传统产业高新化，区域创新能力显著增强。全市拥有2个省级开发区，并成立了全国同类城市首家省级大学科技园和常熟科创园，发展载体完备。2009年专利申请突破一万件，率先跨入“全国科技进步示范市”行列，被列为国家可持续发展实验区、国家知识产权试点城市，成为江苏省首批“信息化和工业化融合实验区”。

常熟是一座名品名牌荟萃的品牌之城。全市拥有中国世界名牌1个，中国驰名商标和中国名牌产品总数78个，注册商标总量在全国同类城市中名列前茅，荣获“中国品牌城市”殊荣。“沙家浜”红色游名闻遐迩，入选中国县域旅游品牌十强县。

新城远眺

全国文明村——蒋巷村

开发区

苏通大桥

常熟图书馆

常熟理工学院

中国芒果之乡——

百色市委常委、田东县委书记王西翼（右一）陪同百色市委书记、市人大常委会主任刘正东检查项目建设工作

田东县位于桂西南部，是邓小平等老一辈无产阶级革命家领导和发动百色起义的策源地，中央政治局常委、全国人大常委会吴邦国委员长深入学习实践科学发展观活动联系点。全县总面积2816平方公里，辖9个镇1个乡167个村（街、社区），总人口42万多人，是一个以壮族为主体，有壮、汉、瑶、苗等12个民族的多民族聚居县。

田东县历史悠久，资源丰富，区位优越，科学发展方兴未艾。县境内有80多万年前的古人类遗址。已探明有石油、天然气、煤炭等30多种矿产资源。因独特的南亚热带季风气候和全年无霜期、无台风的优越条件而成为国内气候和光热条件最优越的地方之一。田东位于中国——东盟自由贸易区和泛珠三角经济区的叠加区域，拥有高速公路、铁路、河道航运、航空等现代交通网络体系，是大西南地区出海的交通枢纽。

近年来，田东县牢记吴邦国委员长关于做好“五篇文章”（即发展特色农业、资源优势转化为经济优势、区位优势转化为经济优势、劳动力优势转化为经济优势和大力发展非公经济）的嘱托，紧紧围绕建设“四新田东”（石化新田东、民营新田东、生态新田东、活力新田东），打造“西部强县”、争创“科学发展先进县”的奋斗目标，不断开创科学发展新局面。2009年，全县生产总值达51.57亿元，全社会固定资产投资完成85.49亿元，财政收入完成7.02亿元，社会消费品零售总额完成9.54亿元，城镇居民人均可支配收入完成15950元，农民人均纯收入达3778元。先后被评为“2009中国全面小康成长型百佳县市”、 广西2009年度科学发展“十佳县”等。

当前，田东县立足新起点，瞄准新目标，创新载体，开拓奋进，力争2010年全县地区生产总值80亿元，地方一般财政预算收入5亿元，城镇居民人均可支配收入1.85万元，农民人均纯收入4344元，稳步向“西部强县”目标迈进。

夜色迷人的田东县人民广场

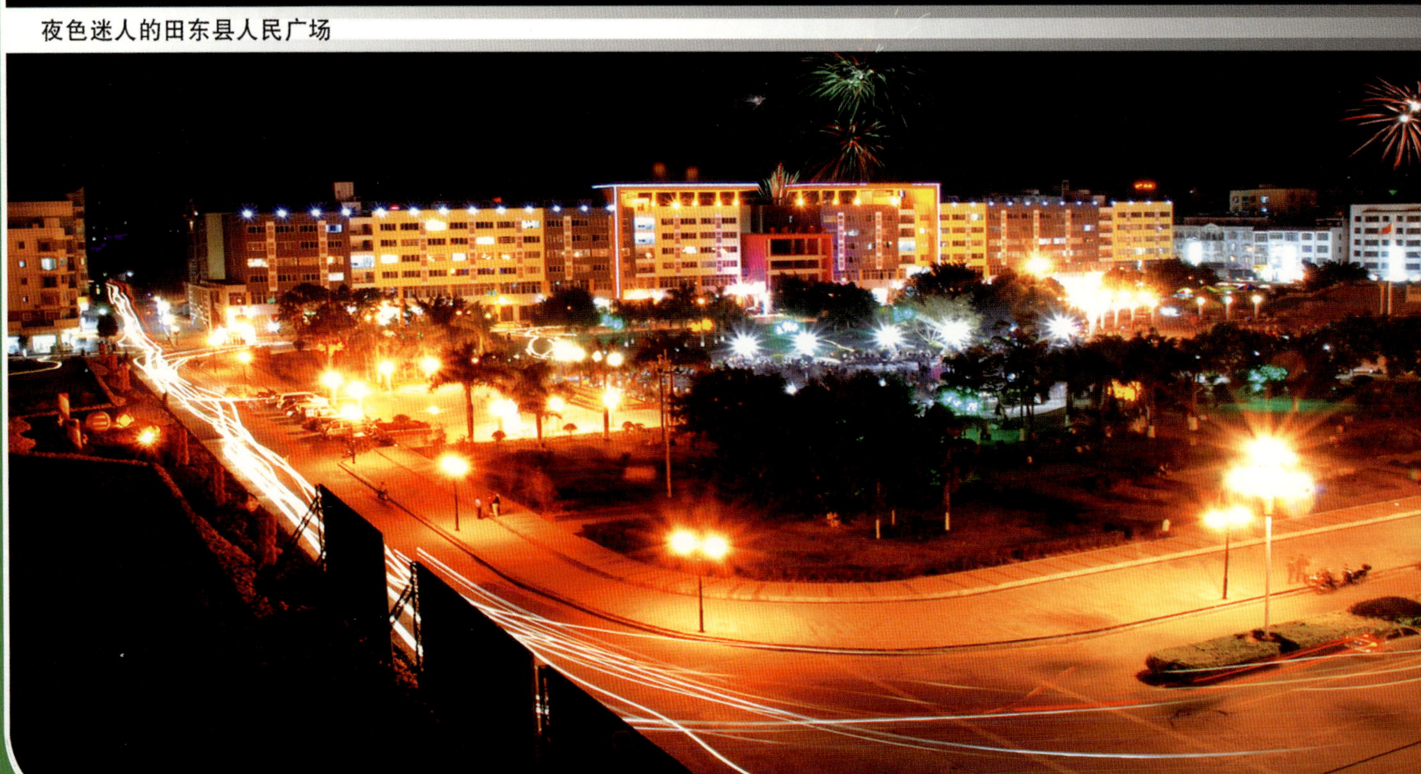

——广西田东县

田东芒果 天生好果——“中国芒果之乡”

地处大石山区的作登瑶族乡陇穷村新貌

中信大锰田东新材料有限公司

中油广西田东石油化工总厂

河南省禹州市

中共禹州市委书记 蔡全法

禹州市人民政府市长 王友华

禹州市位于河南省中部，东邻京广铁路和京珠高速公路，西邻焦枝铁路，南有平禹准轨铁路，总面积1500平方公里，辖12个乡，10个建制镇，4个街道办事处，总人口120万。1988年撤县建市，是河南省26个城镇化重点发展县（市）、47个扩权县（市）和河南省10个文化改革发展试验区之一。是河南省卫生城市、园林城市、文明城市和中国优秀旅游城市。

禹州历史文化厚重。夏禹文化、钧瓷文化、中医药文化源远流长，中国第一个奴隶制王朝夏朝建都于此，是中国历史上“五大名瓷”之一钧瓷的唯一产地、四大中药材集散地之一，素有“夏都”、“钧都”、“药都”的美誉，1989年被命名为河南省首批历史文化名城，是“中国陶瓷文化之乡”、“中国夏禹文化之乡”。钧瓷烧制技艺、禹州药会被列为国家级非物质文化遗产，神后镇被命名为“全国历史文化名镇”。境内有国家级文物保护单位4处，省级文物保护单位22处。

禹州资源能源富集。境内富藏煤炭、石灰石、铝矾土、陶土等矿产资源30余种，其中：煤炭总储量100亿吨，铝矾土矿蕴藏量约2亿吨，陶土储量约1200万吨。电力能源充足，火电装机容量达200万千瓦；水资源丰富，有大、中、小型水库21座，总库容5.2亿立方米；西气东输一线、二线工程途径禹州，燃气供应充足。

禹州城乡功能完善。城市建成区面积平方40公里，东部以行政办公为主，西部以工业为主，北部以居住、商务、休闲为主。城区供水、供电、通讯设施齐全，部分区域实现了集中供暖、供气。建成了日处理能力8万吨的污水处理厂和日处理能力240吨的垃圾处理场。拥有长20公里的颍河景观带和

禹州颍河湖

城市风光

植物园景区

禹州夜景

文化科技广场

药城大道

龙岗电厂

综合行政办公大楼

住宅小区

中药材专业市场

占地 3200 亩的森林植物园，绿化覆盖率 37.6%，林木覆盖率 34.3%。现有国家级重点镇 1 个，省级重点镇 2 个，中州名镇 5 个，城镇化率 35.16%。

禹州经济发展迅速。现已初步形成了以工业为主导、特色农业为基础、第三产业同步发展的格局。境内煤炭开采年设计生产能力 2200 万吨；钧陶瓷企业现有企业 900 多家，年产值 57 亿元，出口总额 1 亿美元左右；拥有天瑞、锦信、灵威等 5 条干法水泥生产线，年产能达 1000 万吨；食品加工、中医药、饮料生产等行业也都具有一定规模；全市规模以上工业企业达到 409 家，第二产业占 GDP 的比重达到 70%以上。2009 年，全市地区生产总值实现 304 亿元，财政一般预算收入达到 14.2 亿元，固定资产投资达到 170.8 亿元，城镇居民人均可支配收入达到 13642 元，农民人均纯收入达到 6725 元。

目前，禹州上下正在按照科学发展观的要求，立足自身优势，抢抓发展机遇，加快发展步伐，统筹“三化”进程，致力把禹州打造成产业特色突出、基础设施完善、时代气息浓厚、社会文明和谐的现代化中等城市！

中共博兴县委书记 初建波

博兴县人民政府县长 李家良

博兴县隶属于山东省滨州市，是汉孝子董永故里、吕剧之乡、中国厨都、全国百强县。全县辖 9 个镇，3 个街道，1 个省级经济开发区，48 万人口，总面积 900.7 平方公里。近年来，博兴县坚持以科学发展观为统领，大力实施环境立县、工业强县、服务兴县、城乡统筹“四大战略”，着力打造化工、粮油食品加工、电力能源、机械制造、纺织服装、厨具、新型材料、文化旅游“八大产业”，经济和社会各项事业保持了科学和谐快速发展的良好态势。

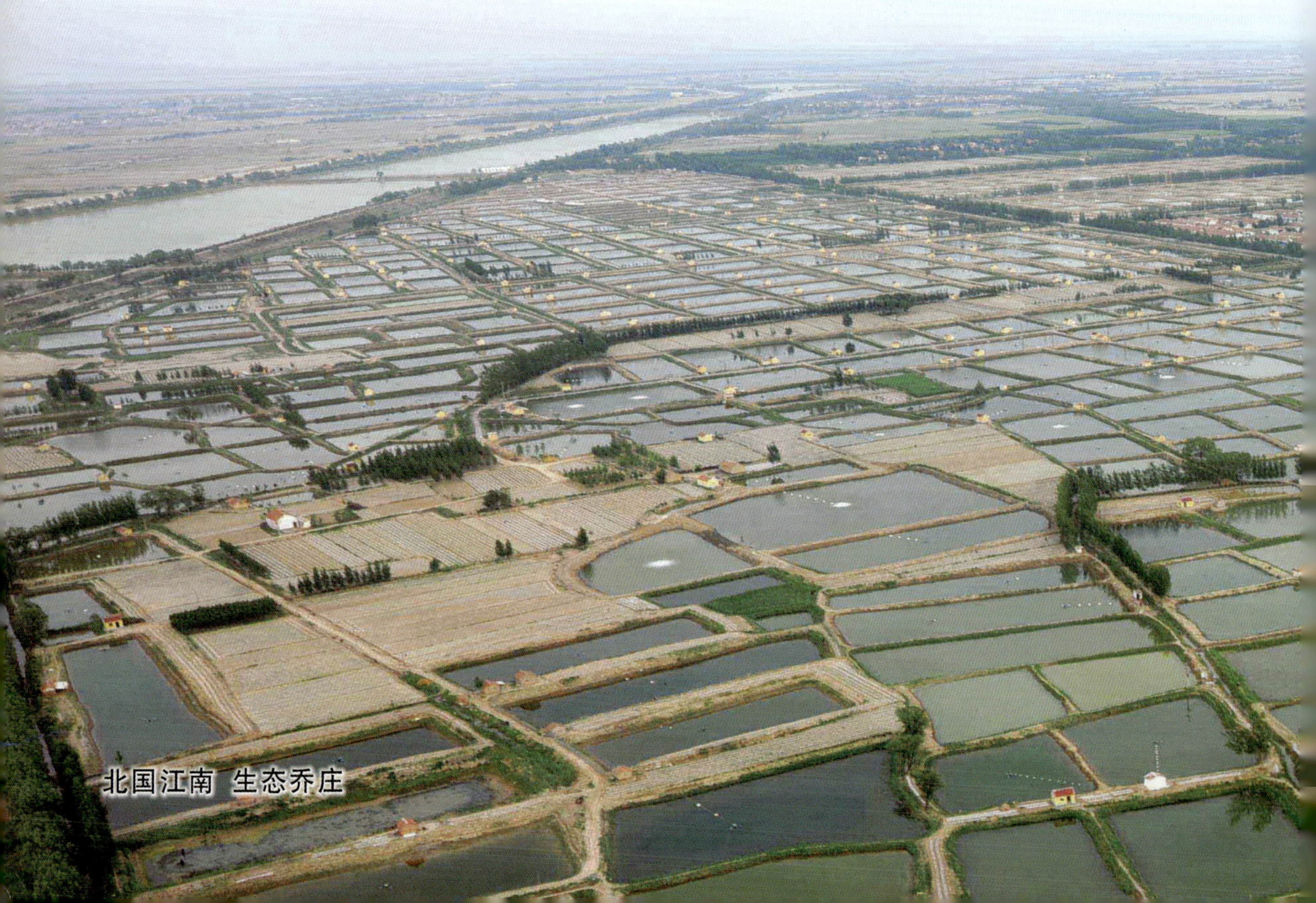

北国江南 生态乔庄

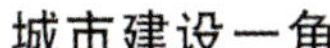

城市建设一角

全民健身中心

城市全貌

县经济技术开发区

污水处理厂

博兴县地处黄河三角洲腹地，位于济南省会城市群经济圈、山东半岛城市群和环渤海经济圈三大经济区的结合部，是黄河三角洲高效生态经济区开发建设的核心区域。境内公路、铁路四通八达，有“三纵两横”五条国、省道经过，是连接北京、天津、江苏、上海的交通动脉，北距北京 300 公里，东距青岛港、青岛飞机场 200 公里，南距济南飞机场 80 公里，属于“省会一小时经济圈”内，处于传统的省会经济辐射之中。

吴忠市人民政府副市长、青铜峡市委书记 高万金

青铜峡市人民政府市长 冀晓翀

塞上明珠——青铜峡

青铜峡市位于东经105°21′至106°21′，北纬37°36′至38°15′，平均海拔1120－1700米。地处黄河上游宁夏平原中部，东跨黄河与吴忠市毗邻，南与中宁县接壤，西与内蒙古阿左旗相望，北与永宁县相连。总面积2525平方公里，辖8个镇、1个办事处、3个农林场、82个行政村、18个居委会，总人口27万人，城市人口7.99万人，有汉、回、满、蒙等16个民族，城市建成区面积17.8平方公里，城市化率达到43%，是宁夏经济核心区之一，被誉为“塞上明珠”。

青铜峡市地处西北内陆，属中温干旱气候区。土地广阔，现有耕地面积49.2万亩，宜林地33万亩，天然草场166万亩，宜渔面积5.9万亩。水利资源充沛，九曲黄河穿境而过58公里，著名的青铜峡拦河大坝坐落于境内。自秦汉先后开掘的秦渠、汉渠、唐徕渠等九大干渠均从青铜峡境内引出，引黄灌溉条件得天独厚。交通便捷畅达，包兰铁路、109国道、京藏公路纵贯全市，形成了连接国道、省道、市道、乡道四通八达的公路交通网。电力能源充足，工业实力雄厚，现有各类工业企业180多家，其中规模以上工业企业75家。有装机容量30.2万千瓦的青铜峡水电

厂，装机容量240万千瓦的宁夏大坝发电公司和宁夏大唐国际大坝发电公司，风力发电装机容量18万千瓦，是全区乃至西北地区重要的电力资源基地。电解铝产能58万吨，青铜峡铝业集团是全国单体电解铝产能最大的企业。有年产20万吨PVC树脂、18万吨烧碱的金昱元化工公司，年产水泥270万吨的宁夏青铜峡水泥股份公司和宁夏西夏水泥有限责任公司，年产5万吨的御马葡萄酒公司，是全国重要的铝产业生产基地和化工建材基地。QTX铝锭、PVC树脂、塞外香、法福来、御马葡萄酒、老苗月饼等名牌产品畅销区内外。现代农业发达，素有塞上江南"鱼米之乡"的美称，盛产水稻、小麦、玉米、苹果、葡萄等农作物，是全国重要的商品粮生产基地和全国酿酒葡萄最佳生态种植区。

青铜峡市旅游资源奇特，自然景观、工程景观和人文景观等旅游资源独具特色，远近闻名。这里有秦渠、汉渠、大清渠等宁夏著名的九大引黄灌溉渠道，灌溉历史悠久；这里沟渠纵横、沃野平畴，民风淳朴，是游"塞上江南"田园风光最具代表性的地方。境内有保存完好的古代长城，国内罕见的佛教喇嘛塔群（108塔），清代宫保府、西夏十干岩画、低温泉水及黄河鸟岛等众多旅游景点供游客观光。有两千多年前秦汉时期建造的古渠水系；有线条清晰、写意逼真的广武口子门岩画；有号称"宁夏小八达岭"之称的北岔口明长城；有气势雄伟、蔚为壮观，集发电、灌溉、防洪于一体的大型水利枢纽工程青铜峡拦河大坝；有风光旖旎的库区鸟岛、金沙湾、黄河风情园；有颇具民族特色的回乡民俗风情园等众多旅游观光胜景。青铜峡旅游区是以青铜峡黄河库区为主体，黄河大峡谷为依托，总面积84平方公里，辐射青铜峡市域旅游资源的综合性旅游区，为国家AAA级景区。

三峡门城——

城区之夜

宜都市位于湖北省的西南部、长江中游南岸，是万里长江出三峡后经过的第一个城市，清江与长江在此交汇，素有“楚蜀咽喉”、“鄂西门户”、“三峡门城”之称。全市版图面积 1357 平方公里，辖 10 个乡镇街道办事处和 2 个管委会，123 个村和 21 个社区，总人口 39.5 万人。

宜都市自汉武帝元年置县，至今已有 2140 多年历史。东汉建安十五年（公元 210 年），刘备改临江郡为宜都郡，“宜都”之名由此而来。宜都是巴楚文化交融区，境内出土的城背溪新石器时代遗址，确证 7500 多年前就有人类繁衍生息。三国名将张飞曾为宜都首任太守。市委政府所在地陆城，因三国东吴大将陆逊在此屯兵抗蜀，创下以少胜多的著名战例而得名。清末民初著名学者杨守敬生于宜都，他以舆地学、金石学、书法、版本目录和收藏五大成就而名载史册，长江三峡的最后定名，就源于他的《水经注疏》。

近几年来，宜都市以科学发展观为指导，坚持“一主三化”的方针，强化工业主导地位，加快建设工业强市，县域经济持续快速健康发展。2009 年，实现生产总值 145 亿元，比上年增长 17.9%；规模工业产值 224.8 亿元、增加值 69.57 亿元，分别增长 56.7% 和 49.8%；财政总收入 11.42 亿元，增长 28.1%，其中一般预算收入 6.85 亿元，增长 37.6%；城镇居民人均可支配收入 12589 元、农民人平纯收入 6516 元，分别增长 10% 和 11.5%。连续七年被评为“全省县域经济发展先进县市”，被推选为全国县域经济科学发展范例和中国全面小康十大示范县市之一，成为湖北县域经济基本竞争力上升最快的县市，社会保障、政务公开等 50 多项特色工作纳入全国和省试点、示范，被誉为全国县域经济社会发展“试验田”。

人民广场

湖北省宜都市

奥陶纪石林

名都商业街

清江与长江交汇

清江天龙湾

华新水泥宜昌有限公司

东阳光宜都公司

宜化楚星化工园区

江苏省海安县

Hai'an County Of Jiangsu Province

城区新貌——明珠城

中共海安县委书记 章树山

海安县人民政府县长 单晓鸣

全面达小康 万人逛新城

- 全国县域经济基本竞争力百强县(市)
- 全国教育先进县
- 全国文化先进县
- 全国科技进步先进县
- 全国科普示范县
- 国家卫生城市
- 国家级生态示范区
- 中国茧丝绸之乡
- 中国建筑之乡
- 中国民间艺术(龙舞)之乡
- 中国河豚之乡

万力集团现代化车间

523文化产业主题公园

七星湖生态公园

市领导调研活动（左3是潘孝政书记）

市领导调研活动（中间是姜增尧市长）

世界地质公园雁荡山合掌峰

浙江三雕之一“乐清黄杨木雕”

中国一绝“细纹刻纸”

乐清位于浙江省东南部沿海，东临乐清湾，南临瓯江。与温州市区隔江相望，跨桥相连，为温州市北翼副中心。乐清全市陆地面积 1223.3 平方公里，海域面积 270 平方公里，拥有海岸线 193.33 公里，户籍人口 122.49 万，外来人口 60 多万，外出人口 30 多万，常住人口 150 多万，下辖 21 个建制镇、10 个乡，是一个工业重市、经济强市和人口大市，为全国科技进步示范市、全国文化先进市、全国体育先进市、中国优秀旅游城市和浙江省文明城市、科技强市、教育强市、体育强市、双拥模范城，被评为“长三角最具投资价值县（市）”、“浙江新魅力之城”，为温州市首个工业产值超千亿的县（市、区），拥有 11 张国字号工业产业金名片、3 张国字号农业产业金名片和 2 张国字号文化金名片。2008 年度县域经济基本竞争力列全国第 16 位。2009 年，全市实现生产总值 418.6 亿元，同比增长 8.5%，实现财政总收入 58.9 亿元，地方财政收入 27.2 亿元，同比分别增长 7.9%和 8.6%。城镇居民人均可支配收入 27143 元，同比增长 7.5%，农村居民人均纯收入 12268 元，同比增长 6.8%。

乐清是一座历史文化悠久、人文荟萃的千年古邑，乐清是一座自然资源独特、山海相映的旅游城市，乐清是一座民营经济发达、充满活力的创业城市，热忱欢迎海内外各界朋友来乐投资兴业、观光旅游！

在建中的乐清湾港区夜景

甬台温铁路（乐清段）

中国电气之都——柳市夜景

浙江省乐清经济开发区鸟瞰图

江苏省

俯瞰江都

江苏长青农化股份有限公司

江都位于苏中平原，总面积1332平方公里，人口107万，辖13个镇和一个省级经济技术开发区。改革开放以来，江都经济建设和社会事业快速发展，2009年全是实现地区生产总值402.08亿元，财政收入50.08亿元，全社会固定资产投资236.5亿元，连续九届进入全国县域经济基本竞争力百强县（市）；2009年可持续发展能力位列全省县级市第九位，顺利建成全面小康社会。

江都是历史悠久、人文荟萃的文化古城。江都古称龙川，于汉景帝四年（公元前153年）建县，因"江淮之水都汇于此"、"乃江淮一大都会"而得名，1994年撤县设市。江都文化底蕴深厚，历史上出现过许多名人，当代涌现了江上青、许晓轩、刘力上等知名人士。江都是扬剧的主要发源地，也是唯一一家被省命名的扬剧之乡，《茉莉花》、《拔根芦柴花》等民歌传唱大江南北。境内文化古迹众多，引江风景区、邵伯湖旅游度假区、渌洋湖自然保护区、仙女公园、开元寺、真武庙等独具地方特色的旅游景观吸引着越来越多的中外游客。

江都是交通便捷、优势明显的枢纽型城市。江都位于长三角上海、南京、徐州三大都市圈的节点，境内交通发达，宁通高速公路与京沪高速公路，长江与大运河，宁启铁路与将要实施的淮扬铁路相互交汇。江都港是国家一类开放港口。江都又是华东地区重要的水利枢纽、电力枢纽，远东同类型最大的引江水利枢纽工程座落在城区，是国家南水北调东线工程的源头。国家西气东输工程在城市北郊设都（五峰山）过江安大公路等一大批内已经或即将实施要的交通枢纽型城

江都是产业基工商城市。全市现企业251家，规模市工业快速增长。套件、机械电子三成；汽车及零部件省150家产业集聚认定为省级汽车零舶产业园区。农业水特经三大主导产地面积比重分别达茅。建筑业拥有1家，一级资质企奖"和6个国优工程"建筑强市"。江

江都商城新外景

全国最大的大口径冷拔无缝钢管生产基地一

江都市

中共江都市委书记 倪士俊

江都市人民政府市长 王炳松

气门站。随着苏中机场、江、江海高速、沿江高速和、省级重点工程在我市境都未来将成为沿江地区重

好、实力不断增强的新兴业企业超万家，亿元以上济和主导产业继续引领全生产加工、车船制造及配业群占全部工业比重近七舶配套件、环保机械进入业集群项目库，被省政府产业基地和江苏省重点船成花卉苗木、优质蔬菜、特现代农业和设施农业占耕和12.8%，均名列全省前业人员，特级资质企业1家，先后夺得16个“鲁班被省政府命名为全省首批中地区的商贸中心，2009年实现社会消费品零售额121亿元。

江都是风景优美、适宜人居的滨江生态园林城市。江都是国家级生态示范区。围绕构建滨江生态园林城市目标，江都不断加大城市建设力度，彰显“江河湖一水贯通，古水绿一体和谐”的城市个性。目前，城市建成区面积40平方公里，人口30万，城市化率49.5%，绿化覆盖率41%，2个镇创成国家环境优美镇，4个镇通过省级验收，在扬州率先创成“全省农村河道疏浚达标市”。

江都是投资环境优良、发展空间广阔的开放城市。江都是江苏省沿江开发的重点区域，境内长江岸线35.3公里，其中长江岸线14公里，夹江岸线21.3公里。自2003年6月沿江开发启动以来，累计投入近40亿元相继配套各类基础设施，拉开45平方公里建设框架，先后引进中海造船、海螺水泥等投资千万美元或亿元以上项目66个，计划总投资340亿元，建成投产项目15个。

9950吨成品油船开工

科进船业22000吨成品油船

苏诚德集团

江都港

外商眼中河南十佳投资城市

义马市

义马市位于河南西部，总面积112平方公里，总人口16.9万，辖七个街道办事处，33个居委会。

义马是一个富有活力的年轻城市。义马于1981年建市，近年来全市人民紧紧围绕科学发展主题，经济社会呈现出又好又快发展的良好势头。2009年，全市完成地区生产总值101.7亿元，地方财政一般预算收入5.02亿元，全社会固定资产投资75.5亿元，综合经济实力居河南省第5位。

义马是一个典型的资源型城市。义马煤炭资源丰富，已探明储量79亿吨，素有“百里煤城”之称，境内拥有两家省属特大企业，义煤集团是全国特大型工业企业500强，拥有16对生产矿井，2009年原煤产量达2200万吨，义马气化厂是国家“九五”重点工程，日产煤气达300万标方，是河南省重要的煤炭能源基地和煤化工基地。

义马是一个富有潜力的开放城市。义马基础设施健全、城市功能完善、投资环境优越，城市化率达95%，集中供气率达80%，集中供热率达90%以上，城市绿化覆盖率达47%，吸引了美国SES公司、杭州锦江、中国蓝星、河南开祥、东方希望等30余家大企业大财团到义马投资发展，是河南省发展开放型经济先进市、对外开放重点市和外商眼中河南十佳投资城市。

为全国十佳节约型中小城市。坚持城乡统筹发展，着力营造和谐的人居环境，被确定为河南省七个城乡一体化试点市之一，是省级园林城市、卫生城市和文明城市。

今天的义马，是富强的义马、文明的义马、开放的义马、和谐的义马。义马，奔腾永不停息，发展永无止境……

中共义马市委书记张松林在基层调研工作

① 新建的西区高层建筑。

② 银杏路上新建的高档小区。

③ 人民公园一角。

浙江省嵊州市

嵊州市地处浙江东部，北靠杭州，东邻宁波，是全国第一批经济开放县（市），属长江三角洲经济圈。境内四面环山，中为盆地，剡溪流贯全境，有“七山一水二分田”之称，气候温润，四季分明。全市总面积 1790 平方公里，辖 4 个街道、11 个镇、6 个乡、1 个开发区，行政村 463 个，总人口 73.37 万。

嵊州历史悠久，山川秀丽，文化鼎盛，早在秦汉之际就已建县设剡，至今已有 2100 多年历史，唐初曾设嵊州，北宋年间始名嵊县，于 1995 年撤县设市。嵊州以“百年越剧诞生地、千年剡溪唐诗路、万年文化小黄山”闻名于世。全国第二大剧种越剧诞生于嵊州，至今已有百年历史；嵊州是浙东唐诗之路的重要线段，谢灵运、李白、杜甫、陆游等著名诗人 300 多人曾先后入剡揽胜，留下了许多脍炙人口的名篇佳句；具有万年历史的嵊州小黄山遗址，是目前长江中下游地区发现的同一时代中规模最大的聚

中国越剧领带节

生态农业

落遗址，名列2005年“全国十大考古新发现”之首。嵊州的深厚文脉和青山绿水哺育了众多名人名家、仁人志士，知名人士有马寅初、任光、王金发、刘文西、邢贲思、马晓春、袁雪芬、范瑞娟、傅全香等，书圣王羲之晚年归隐终老于嵊州金庭。

近年来，嵊州市始终坚持以科学发展观统领全局，突出“工业强市、和谐惠民”工作主线，聚精会神抓经济、同心同德谋发展，经济社会保持健康持续快速发展态势，先后7年跻身全国县域经济基本竞争力百强县市行列。2009年，全年实现地区生产总值231.18亿元，财政总收入20.83亿元，其中地方财政收入10.86亿元，城镇居民人均可支配收入26597元，农村居民人均纯收入10087元。

城市地标

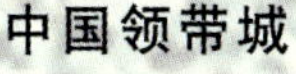

中国领带城

辽宁省庄河市

中共庄河市委书记　焦正家

庄河市人民政府市长　骆东升

庄河市位于辽东半岛东侧中部、黄海北岸。陆域面积 4086 平方公里，占大连市的三分之一，海域面积 2900 平方公里，海岸线长 285 公里，占黄海岸线的三分之一。辖 21 个乡镇、4 个街道办事处，人口 92.3 万，城市建成区 30 平方公里，城市人口 30 万。

区位优势明显　地处东北亚经济圈核心位置和北黄海对外开放前沿，横跨东北经济区和黄渤海两大经济区，是国家规划开发建设的战略重点和投资热点，是辽宁沿海经济带极具发展前景和开发空间的区域。丹大高速公路和开工建设的庄盖高速公路同 201、305 国道与沈大、沈丹高速公路相连，构成环型高速公路网。辽宁滨海大道横贯东西。庄河港为国家一类开放口岸，成为黄、渤海沿岸距离日本、韩国最近的港口。城庄铁路连接东北铁路网，形成紧密衔接东北腹地的大交通格局。建设中的东北东部边境铁路可直达俄罗斯。即将开工建设的丹大城际铁路，设计时速 250 公里，建成后，庄河将纳入大连半小时经济圈。

自然资源丰富　淡水资源充沛，境内有大小河流 365 条，水库 45 座，年淡水总量 18.8 亿立方米，是大连城市重要水源地。矿产资源丰厚，硅石、河砂、地热、黄金等矿藏储量大、品质优，极具开发价值。全市耕地面积 10 多万公顷，是全国无公害农产品生产示范基地、中国苹果之乡、蓝莓之乡、国家无规定动物疫病区和辽宁省水产品、食用菌加工出

小寺河

口基地。广阔的海域盛产优质上乘的杂色蛤、文蛤等40多种贝类和河豚鱼、海参、梭子蟹等海珍品，享有“世界贝库”美誉。杂色蛤、河豚鱼、大骨鸡、绒山羊、食用菌、优质大米、黑岛鸭蛋和歇马杏构成闻名中外的“八大地方特产”。

旅游资源富集独特 集海、河、湖、山、林、泉、岛、港、城九大要素于一地，东北地区市县绝无仅有。国家地质公园、4A级冰峪旅游度假区以其奇特的石英地貌和亚洲面积最大、保持最完整的赤松林闻名于世。海王九岛旅游度假区被称为“海上画屏”，海岛风光自然天成、瑰丽壮美。被授予“中国优秀旅游城市”称号。城区依山、傍水、临海而建，坐落在热水河、庄河、鲍码河三河“川”字入海处，河海相连，山城一色，气候宜人，环境优美，生态宜居的海滨城市特征十分明显。是中国北方最美丽和最宜人居的城市。

综合实力突出 2009年，庄河市实现生产总值382亿元，同比增长27.5%；地方财政一般预算收入18.1亿元，同比增长61.2%；完成固定资产投资300亿元，同比增长53.9%；农民人均纯收入9148元，同比增长10.1%；城镇在岗职工平均工资26628元，同比增长10%。列全国百强县（市）前50位。有6个乡镇跻身辽宁省百强乡镇行列。

世纪广场

新天地商业城

华丰家具有限公司

新建住宅小区

前洼新村

浙江省德清县

中共德清县委书记　王 勤

德清县人民政府县长　胡国荣

德清地处长江三角洲杭嘉湖平原西部，东望上海、南接杭州、北靠环太湖经济圈、西枕天目山麓。陆域面积 936 平方公里，人口 43 万。是杭州都市经济圈新兴卫星城市，积极参与区域分工，是长三角新兴制造业基地。

作为全国首批沿海对外开放县，德清交通便利，通信发达，商品流通快捷。杭宁高速公路、104 国道、09 省道、宣杭铁路、杭湖锡航道、京杭大运河以及申嘉湖（杭）高速公路、杭宁城际轻轨均穿越德清，具有得天独厚的经济地理位置。

德清是一个山水兼得的城市。西部有国家级风景名胜区莫干山，它是中国四大避暑地之一，以竹、云、泉“三胜”和绿、凉、清、静“四优”蜚声海内外，山上有清末民初以来建设的 200 多幢风格各异的别墅，被誉为“世界建筑博物馆”。

中部有占地 50 平方公里的下渚湖湿地。5000 年的良渚文化和防风文化为湿地积淀了深厚的文化底蕴。这里是鸟类和水生植物的天堂，全球濒危等级最高的鸟类物种、我国一级重点保护的“国宝级”物种朱鹮也在此栖息。

德清东部是典型的江南水乡平原，处处是田园风光。具有 1700 多年的江南古镇新市，一直就有“千年小上海”的美誉。

德清山水毓秀，人文荟萃，物产丰富，民风淳厚。近年来德清还发掘出众多青瓷窑，成为中国青瓷发祥地之一。在这块土地上不仅哺育了许多杰出历史人物，也引来许多名流墨客在此吟咏羁留，唐代德清籍诗人孟郊的《游子吟》传唱千

阳光设施农业

风力发电

德清经济开发区

金恒电脑

年。近代民间设奖现象蔚然成风，道德模范不断涌现，更使德清德名远扬。

近年来，德清按照省委“创业富民、创新强省”和市委“增强实力、激发活力、彰显魅力，在杭湖宁城市发展带中间奋力崛起”的战略要求，充分发挥德清在区位、产业、生态、人文等方面比较优势，大力实施“开放带动、接轨沪杭”战略和“强工业、精农业、扩城市、兴三产”四个工作重点，经济社会持续健康发展。多次进入全国百强县（市）行列，在全省城乡统筹发展水平综合评价中列第 14 位，居全市第一，被评为全国首批文明县城、全国首批平安建设先进县、国家卫生县城、全国科技工作先进县、全国体育先进县、全国文化先进县、全国首个新农村建设气象工作示范县、省级园林城市、全省首批教育强县、全省首批科技强县、省旅游经济强县、全省农村基层组织“先锋工程”建设先进县，顺利通过国家生态县考核验收。

2009 年，全县实现生产总值 210 亿元，增长 10%；全社会固定资产投资 110.7 亿元，增长 20.4%；社会消费品零售总额 65.4 亿元，增长 16.1%；外贸进出口总额 10.4 亿美元，下降 22.6%，其中出口 9.0 亿美元，下降 23.1%；财政总收入 28.4 亿元，增长 10.2%，其中地方财政收入 14.8 亿元，增长 10%；城镇居民人均可支配收入 25139 元，农村居民人均纯收入 12002 元，分别增长 9.3% 和 9.1%。

全景

新市古镇

融入杭州图片

生态水乡 文化名城

兴化市位于江苏省中部里下河腹地，历史悠久，人文荟萃，春秋属吴，战国归楚，公元920年置县。全境土地肥沃，河流纵横，雨水丰沛，物产丰富，是全国著名的商品粮、水产品生产与集散基地。全市总面积2393平方公里，辖34个乡镇、一个省级开发区，614个行政村，现有耕地180万亩，人口154万。进入21世纪以来，市委、市政府率领全市百万人民致力于全面建设小康社会，经济社会全面发展，区域经济呈现出前所未有的勃勃生机，以“板桥故里、水浒摇篮、生态水乡、全国百强”享誉海内外。2009年全市地区生产总值为320.48亿元，财政总收入41.12亿元，农村居民人均收入7741元，城镇居民人均可支配收入16422元。

城南全景图

兴化经济开发区创建于1992年6月，1993年11月经江苏省人民政府批准为省级经济开发区，是兴化城区工业发展功能区。2006年4月，经江苏省政府同意，江苏省外经贸厅、农林厅联合行文批复，设立了江苏省唯一的省级农副产品加工区。

主要涉及的工业门类有农副产品加工、机械制造、精密铸造及不锈钢制品、纺织服装、出口渔具等。其中农产品加工、精密铸造及不锈钢制品产业依托兴化丰富的资源优势和雄厚的产业基础，已初具规模，形成地方产业特色。

开发区管委会服务大厅

江苏兴野食品有限公司

脱水蔬菜生产线

双乐化工颜料

江苏双乐化工颜料有限公司是生产铬黄、酞菁系列颜料的专业厂家，系江苏省高新技术企业、中国涂料工业协会铅铬颜料分会副主任单位、中国染料工业协会有机颜料委员会委员单位。

申源特钢

江苏申源特钢有限公司，企业位于人才荟萃、物产丰富的郑板桥故乡兴化市张郭镇经济开发区。是集冶炼（精炼）、锻造（开坯）、热轧、热处理、冷拔、矫直、磨光、探伤及先进的理化检测于一体的合金生产企业。

新宏大

江苏新宏大集团有限公司始建于1992年，目前公司占地面积20万平方米，资产总额为3.5亿元。集团主导产品先后被评为江苏省名牌产品、江苏省高新技术产品，企业商标被依法认定为江苏省著名商标。

公司坚持“保持品质国内同行领先、跻身全球市场竞争舞台”的质量方针，走科技兴企、项目兴企之路。

大地蓝绢纺

兴化市大地蓝绢纺有限公司创建于1995年，是一家以生产蚕丝被及床上用品为主的家纺企业。公司坐落于江苏省兴化市昭阳工业园二区，占地42000平方米，是全国较大的蚕丝被生产厂家。

公司成立了产品研发中心，在农村建立种桑养蚕基地，并拥有独立桑园万余亩，为优质原料的供应提供了保障。实现了从产品原料到成品的一条龙生产，从而确保了生产的品质。

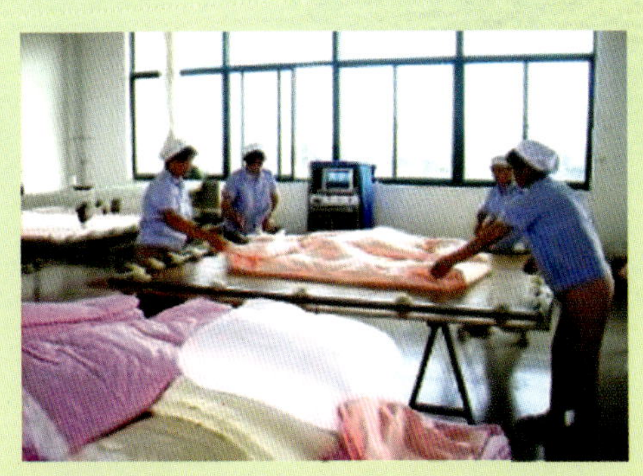

金三角下的一颗明珠

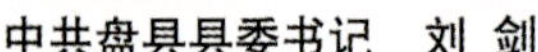

中共盘县县委书记　刘 剑

盘县人民政府县长　王 刚

盘县位于贵州西部，已有2100多年的历史，唐贞观8年称盘州，1381年置普安卫，1909年称盘州厅，1913年盘州厅改称盘县。盘县总面积4056平方公里，辖37个乡镇，450个行政村，52个社区居委会，总人口114万。全县有27个民族。

盘县拥有丰富的煤炭资源、便捷的交通优势和得天独厚的区位优势。自然景观、人文景观遍布境内，有世界洞穴会员单位"碧云洞"，有徐霞客笔下"形如天柱"的"丹霞山"，有古人类文化遗址"盘县大洞"，有古银杏、大洞竹海和坡上草原三个风景名胜区。G60国家高速、320国道、212和217省道、贵昆铁路盘西支线、水柏铁路、南昆铁路贯穿境内。现已探明有开采价值的自然资源有煤、铁、铜、黄金、铅、锌、煤层气等20余种。其中，煤炭资源有储量大、品种全、易开采、质量优等特点。被誉为"金三角下的一颗明珠"。

2009年全县实现地区生产总值175.6亿元，同比增长15.2%；财政总收入45.18亿元，同比增长24.27%，其中本级财政收入16.06亿元，同比增长27.61%；工业总产值301.9亿元，同比增长17.9%；固定资产投资81.24亿元，同比增长31.94%；社会消费品零售总额29.27亿元，同比增长18.02%；金融机构存款余额145.06亿元，同比增长15.85%；农民人均纯收入3038元，同比增长11.75%；招商引资到位资金20.3亿元，同比增长33.9%。列贵州经济强县（市）第2位，中国西部百强第22位。

红果新城

贵州盘县

红果新城夜景

佛教名山“丹霞山”

红果新城一角

240 万千瓦的盘南电厂

千株古银杏树

兴义新城区夜景

国家级风景区万峰林

国家级风景名胜区万峰湖

贵州省兴义市

兴义桔山新区

兴义市位于贵州省西南部，地处黔滇桂三省（区）结合部，是黔西南布依族苗族自治州州府所在地和全州政治、经济、文化、信息中心，辖区国土面积 2911 平方公里，耕地面积 3.04 万公顷，森林覆盖率 35%。辖 5 个乡、17 个镇、8 个街道办事处。2009 年末全市总人口 79.6 万人，其中少数民族 19.5 万，人口较多的少数民族有布依族 、苗族、回族。

兴义区位优越，地处要冲，素有“三省通衢”之称。处于昆明、贵阳、南宁等中心城市经济社会发展辐射的交汇点，距贵阳、昆明南宁分别为 336、362、525 公里，位于南（宁）贵（阳）昆（明）经济圈的中心区域，是贵州省的西大门和滇、桂、黔三省区经济、文化的交汇重地。南昆铁路横穿境内

兴义市万鲁万亩现代烟草农业示范区

全国工业旅游示范点—贵州醇酒厂奇香园景区

兴义市七舍万亩茶园

兴义市仓更板栗基地

89公里，324国道、309省道相继改建投运，兴义机场建成通航，初步形成了集铁路、公路、航空三位一体的立体交通运输网络，成为黔、滇、桂三省（区）结合部出海的重要交通枢纽。

兴义钟灵毓秀，物产丰饶。现已探明具有经济价值的矿藏有13种39处，境内有大小河流77条，水能储量达261万千瓦。兴义市旅游资源丰富，组合良好，具有极高的开发价值，境内有马岭河峡谷——万峰湖万峰林国家重点风景名胜区、贵州兴义国家地质公园、省级风景区泥凼石林、省级文物保护单位何应钦故居、下五屯全国农业旅游示范点、贵州醇酒厂全国工业旅游示范点等自然、人文景观80余处。并先后荣获“中国最佳休闲旅游城市”、“中国观赏石之乡”、“全国双拥模范城”等荣誉称号。

风物淮南第一州—

中共仪征市委书记　费高云

仪征市人民政府市长　程　希

仪征市地处我国经济发达，自然条件优越的长江三角洲顶端，宁镇扬三角中心地带，南濒长江，北倚两淮。具有2500多年的建城史，素有“风物淮南第一州”的盛誉。自古以来，仪征一直为水陆要冲，隋唐起即成为漕盐纲运中转之地，到唐宋时已成为著名的工商城市和园林城市。是江苏长江以北唯一滨江而建的城市，西距省会南京约40分钟车程，东距历史文化名城扬州约20分钟车程。全市总面积903平方公里，总人口60万人。

仪征市有亚洲最大的化纤原料生产基地——仪征化纤公司、全国最大的内河中转油港——南京港股份公司、国家一级建工企业——华兴建设公司、全国最大的活塞环生产基地——仪征双环活塞环有限公司、上汽集团自主品牌汽车生产基地—上汽股份公司仪征汽车厂、上海汇众汽车公司仪征轻型客车厂、长航集团金陵船舶公司、大连化工等为代表的大型企业；双环活塞环、飞新照明、史福特照明、贝得电机、无纺基布等一批企业为知名的全国“单打冠军”。社会事业协调发展，环境优美，功能齐全，商业繁荣人民安居乐业，生活有了较大改善，先后被评为全国卫生城市；全国科技工作先进市；全国环境综合整治优秀城市；江苏省园林城市等称号；县域经济竞争力列全国百强县第88位。

仪征

大蒲塘

大连化学

汇众汽车

金陵船厂

辽宁省新民市

中共新民市委书记 徐宝华

新民市人民政府市长 高 航

新民市位于辽宁省中部，辽河下游平原地区。距省会沈阳市区 50 公里。面积 3352.5 平方公里，耕地 270 万亩。辖 11 个镇、14 个乡和 5 个街道，335 个村，958 个自然屯。有汉、满、回、朝鲜等 17 个民族。总人口 70 万人。

历史沿革文明悠久 战国时为燕地。康熙二十一年（1682 年）设巨流河巡检。乾隆初年巡检移驻新民屯，为新民名称之始。嘉庆十三年，设新民厅。光绪二十八年（1902 年）升为新民府。民国元年（1912 年）改府为县。1993 年 6 月 14 日，经国务院批准，撤县设市（县级）至今。

气候特点四季分明 属于温带大陆性季风气候，四季分明。冬季西伯利亚冷空气经常侵袭，干寒时间较长；夏季湿热；春季风沙大；秋季晴朗。春秋两季时间较短，气候多变。年平均气温 7.6 ℃。7 月最热，平均气温 24.3℃；1 月最冷，平均零下 12 ℃。全年降水量 600 毫米左右，年平均相对湿度 62%。

资源能源储藏丰富 地下水天然资源量 5.47 亿立方米。林木总蓄积量 300 万立方米，人均 4.3 立方米，被誉为“中国杨树之乡”。地下油气分布面积 700 多平方公里，储量 3 亿吨。地下温泉资源为东北最大，储量 25 亿吨左右。大小变电站 21 座，60 千伏输变电线路 318 公里，10 千伏配电线路 2639 公里，低压线路 4366 公里，日供电量高峰时可达 15 万千瓦／小时。城市日供水能力 10 万吨。

交通通讯通畅便捷 境内 101、102、304 等 6 条国省级公路，沈山、高新铁路，秦沈客运专线，京沈高速客运专线，京沈、沈通、辽宁中部环线高速公路和 11 条县级公路纵横交错。通讯设施达到国际先进水平。

沈阳仙子湖别墅区

繁华商场一角

城市小区

景色怡人的沈阳仙子湖

包装印刷产业生产车间

医药产业制药车间

东北最大的农机市场

湖南省浏阳市

中共浏阳市委书记 易佳良

浏阳市人民政府市长 梁仲

浏阳市位于湖南东部偏北，东邻江西省铜鼓、万载、宜春；南接江西省萍乡及湖南省醴陵、株洲；西倚省会长沙；北界岳阳市平江。处于长沙、株洲、湘潭三市“金三角”地带，距省会长沙60公里，距黄花国际机场40公里，距京珠高速公路50公里，是国家两型社会试验区长株潭城市群的组成部分。

浏阳市经济以鞭炮烟花、生物医药、纺织服装、建筑材料、机械制造、矿产冶炼、食品加工、化工塑料、竹木加工、花卉苗木等十大产业为支撑。其中鞭炮烟花、生物医药、纺织服装和花卉苗木颇有影响。奥运开幕式浏阳烟花照靓鸟巢。浏阳的鞭炮烟花已有1300多年的历史，享誉全球，“浏阳花炮”的生产具相当规模。早在光绪年间，它已销往香港、澳门、南洋诸国，成为名牌产品。中华人民共和国成立后，浏阳花炮发展到外销五大洲一百多个国家和地区，内销全国32个省市自治区，其品种发展到现在的13大类三千多个。1995年浏阳市被国家授予"中国烟花之乡"的荣誉称号；2003年国家质量监督检验检疫总局对浏阳花炮实施原产地域产品保护；2004年国家工商总局注册"浏阳花炮"驰名商标。浏阳还是“中国花木之乡”，花木生产历史悠久，全镇栽培花木面积1.8万亩，品种1200余种，产品在国内外很受欢迎。柏加百里花木走廊规划面积2.5万亩，建成花木基地3万亩、花木大市场、花艺体验园、水上乐园、仙人湖生态度渡区等。浏阳已开发建设成中西部地区最大的生物医药专业园区，并与联合国工业发展组织合作，成为该组织在中国唯一的生物医药产业区。

浏阳市各项事业迅速发展，产权制度改革、金融安全区创、城市建设、经济环境优化等工作在湖南省独树一帜，成

浏阳第五中学

浏阳夜色

为“全国卫生城市”、“全国社会治安综合治理先进县（市）”和“湖南省文明城市”。2009 年，全市实现生产总值 418.8 亿元，同比增长 15.7%。其中，第一产业实现增加值 43.56 亿元，增长 7.5%；第二产业实现增加值 259.07 亿元，增长 17.6%；第三产业实现增加值 116.17 亿元，增长 13.1%。三次产业结构比调整为 10.4：61.9：27.7。全市实现财政总收入 28.58 亿元，增长 12.95%，其中地方一般预算收入 12.37 亿元，增长 15.54%；上划收入 11.75 亿元，增长 6.13%；土地出让金收入 4.46 亿元，增长 26.45%。实现社会消费品零售总额 103.17 亿元，增长 17.41%；全社会固定资产投资 220.74 亿元，增长 29.17%；年末，金融机构存款余额 172.52 亿元，比年初增加 42.72 亿元，贷款余额 146.81 亿元，比年初增加 48.86 亿元。城镇居民人均可支配收入 18870 元，增长 11.8%，农民人均可支配收入 9017 元，增长 17.01%。县域经济竞争力列全国百强县第 65 位，比上届上升 9 位。

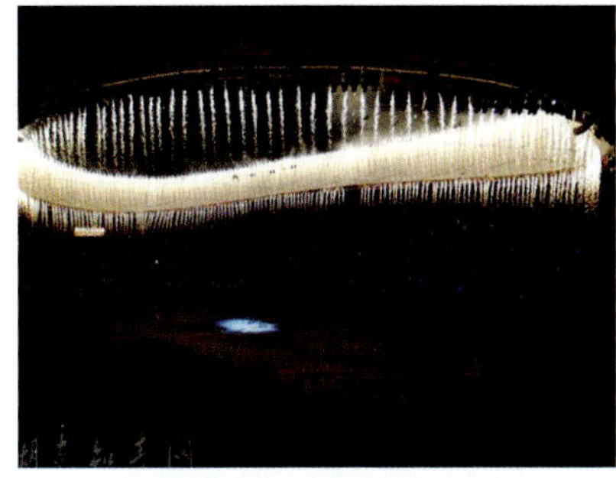

浏阳花炮点燃奥运激情

中共无为县委书记
林绪文

中共无为县委副书记、代县长
张祖武

无为县新城全景图

皖江之畔的明珠——

无为地处安徽中部，南濒长江，北依巢湖，总面积 2433 平方公里，总人口 142 万，辖 23 个乡镇、2 个省级经济开发区。无为县名取道家“思天下安于无事，无为而治”之意，是全国闻名的“电缆之乡”、“劳务之乡”，是“皖江城市带承接产业转移示范区”、“中国中部百强县”和“安徽省科学发展先进县”。2009 年，全县实现地方生产总值 181 亿元，同比增长 15.7%；规模以上工业增加值 77.6 亿元，增长 23.8%；财政收入 15.3 亿元，增长 15%。

近年来，无为全县上下在加大硬环境建设的同时，不断优化经济发展软环境，出台了一系列扩大对外开放、加大招商引资的优惠政策和激励措施，连续两届荣获“安徽省投资环境十佳县”和“十佳经济开发区”称号。特别是随着无为县被列入皖江城市带承接产业转移示范集中区后，将在财税、金融、人才等方面享受国家和安徽省一系列含金量很高的优惠政策。同时，去年以来，无为县又进一步完善了有关服务政策，全面推行首问负责、全程代理、并联审批、限时办结等服务制度和基本建设项目收费“一表制”、省级开发区入园企业“零收费”、企业执法检查预约登记等一系列减负措施，对所有重大项目实行县级领导帮扶推进机制，及时解决项目建设过程中的困难和问题，努力在全县形成“亲商、安商、富商”的良好氛围。

当前，无为县委、县政府正在抢抓皖江城市带承接产业转移示范区和合肥经济圈建设的战略机遇，紧紧咬住“总量全省争第一，中部争十强”的奋斗目标，加快推进“32211”发展战略和沿江开发开放战略，努力实现无为经济社会又好又快跨越式发展。相信不久的将来，无为这颗明珠，一定会在皖江之畔璀璨升起。

无为远眺

高沟滨江新城

—安徽无为县

无为县船舶制造厂

华谊一期工程效果图

米公祠

电缆车间

羽毛羽绒

中共安达市委书记 李 会

安达市人民政府市长　冯伟泉

黑龙江省安达市

在中国版图东经 124° 53′ --125° 55′、北纬 46° 01′ --47° 01′ 之间，位于黑龙江省西南部、哈大齐经济带黄金地段，毗邻石油名城大庆，有一座美丽的城市——安达。安达是全国著名的“奶牛之乡”、“肉牛基地”、国家级无公害农产品示范基地和东北地区蔬菜生产基地。全市幅员面积 3586 平方公里，辖 10 镇 4 乡 3 个街道，人口 52 万，耕地 169 万亩，草原 272 万亩，湿地 38 万亩，林地 44.7 万亩。境内石油、天然气、地热资源丰富。安达属于世界著名的玉米带、奶牛带，是世界三大优质草场之一，草原植被以驰名中外的羊草为主，是亚洲东部特有建群植物种，素有“世界明珠”之称。

安达，蒙语意为“朋友”，满语意为“宾客”，已有 100 多年的历史。1901 年（光绪二十七年）中东铁路通车设立安达站以来，安达曾先后设立过安达厅和安达县。1960 年为了开发大庆油田，安达撤县设市（地级），成为油田会战创业初期的指挥部和后勤保障基地。1965 年大庆从安达分离设市以后安达撤市设县，1984 年以后又撤县设市（县级）。伴随着悠悠的历史长河，在这片美丽富饶的黑土地上，从农耕、渔猎、狩猎的记忆，到开放、开拓、进取、文明的今天，一代又一代勇敢、质朴、善良、智慧的安达人执著追求，艰苦创业，用自己勤劳的双手，在茫茫的荒原上谱写了安达从无到有、由弱到强的辉煌历史。站在新的历史起点，立足新的发展阶段，本着产业立市、项目强市、生态建市的主导思想，确定了跨越式推进“双

广场

千亿工程”（投入千亿元现代产业园和以发展油气化工为主体的工业产出千亿元工程），倾力打造“现代牛城五市”的战略构想和奋斗目标。全市综合实力、财政收入始终位居黑龙江省县级前列。2009 年全市 GDP 实现 147 亿元，同比增长 23%；全口径财政收入实现 11 亿元，同比增长 4.8%；社会消费品零售总额实现 45.23 亿元，同比增长 25.3%；城镇居民可支配收入和农民人均纯收入实现 11580 元和 5964 元，分别增长 15.6% 和 14.7%。2010 年被评为第十届全国县域经济东北 30 强。

“不用扬鞭自奋蹄”，安达人正在以与时俱进的理念、实干创业的激情，创造着安达更加美好的明天。一个适宜创业、聚才兴业，财力殷实、人民富庶，社会和谐、全面进步的新安达必将展示在世人面前！

安达火车站

开发区一角

人民公园

生产中的庆新油田

贝因美

乳品检测中心

黄河三角洲“桥头堡”

中共莱州市委书记　杨洪旭

莱州市位于山东东北部、渤海之滨，总面积 1878 平方公里，海岸线长 108 公里，1988 年撤掖县，设莱州市。现辖 1 个省级经济技术开发区、1 个省级工业园区，11 个镇、5 个街道，户籍人口 86 万，是全国百强县和山东省 30 强县之一。2009 年，实现地区生产总值 455 亿元，地方财政收入 19.1 亿元。

莱州是一座节点城市。莱州地处烟台、青岛、潍坊三市交汇点的位置，向东连接胶东半岛，向西融入黄河三角洲区域，向北与辽东半岛隔海相望，荣乌高速公路、206 国道、大莱龙铁路三条交通动脉贯穿全境。

莱州是一座港口城市。莱州港和莱州临港产业区被国家列入黄河三角洲高效生态经济区集约开发的“四点四区”范围。国家一类开放口岸莱州港现有泊位 12 个，其中 5 万吨级泊位 6 个，港口吞吐能力超过 3000 万吨，液体化工品仓储能力突破百万吨，是目前黄河三角洲区域规模最大的深水港。正在建设 2 个 10 万吨级和 2 个 5 万吨级通用泊位及配套的疏港公路、疏港铁路，规划到 2015 年建成亿吨大港。

莱州是一座产业城市。坚持走新型工业化道路，成为中国石都、中国草艺品之都、黄金生产基地、盐化工基地和山东省机电产业典范经济区，新能源、临港加工、装备制造等新兴产业加快崛起，沿海风电装机容量达 24 万千瓦，一期工程 2×100 万千瓦的华电国际莱州电厂开工建设。大力发展物流、商贸、旅游、会展、文化等服务业，一年一度的莱州月季花节、中国国际石材工业展览会吸引海内外客商汇聚莱州。加快发展高效生态农业，成为中国玉米良种之乡、中国月季之都和山东省增殖放流示范区。

莱州是一座宜居城市。莱州历史悠久，风光秀丽，云峰山魏碑刻石、大基山道士谷、东海神庙等古迹遗址源远流长。近年来，莱州大力塑造现代城市文明，荣获了国家卫生城市、国家环保模范城市、中国优秀旅游城市、国家园林绿化先进城市、全国科技进步示范市等称号。2009 年，又荣获“中国长寿之乡”称号，跻身“中国十大长寿之乡”行列，也是中国北方地区首个长寿之乡。

莱州全景

——山东莱州

莱州城区南阳河

莱州黄金海岸

莱州港

莱州会展中心

华电国际莱州电厂

登海种业

民族圣地——陕西省黄陵县

中共黄陵县委书记　呼世杰

黄陵县人民政府县长　曹明周

黄陵，中华民族的人文圣地，延安的南大门，辖6镇4乡1个街道办事处，全县总面积2292平方公里，总人口12.68万人。

黄陵历史悠久，人杰地灵，资源丰富，交通快捷，区位条件优越，人文景观独特，是世界优质苹果最佳适生区、全国绿色苹果示范基地和陕西优质苹果生产出口基地之一，是全国重点产煤基地和陕西四大煤田之一，享有“中国黄帝祭祀文化之乡”、“中华民族人文圣地，炎黄子孙精神家园”等美誉，黄帝陵景区是国家重点风景名胜区、全国文明风景旅游区、爱国主义教育基地、国家首批5A级旅游景区和中国民间文化遗产旅游示范区。

精美的民间艺术——面花

村貌全景

黄陵，古称桥国，因黄帝陵寝所在地而更名为黄陵县。

改革开放以来，勤劳的黄陵人民艰苦奋斗，顽强拼搏，取得了一个又一个辉煌。特别是近几年，黄陵县委、县政府认真贯彻落实科学发展观，确立了“煤炭强县，果业富民，旅游带动，跨越发展”的符合黄陵经济发展战略带领全县人民矢志奋斗，取得了显著的成绩，在年终目标责任制考核中名列延安市县区前茅，先后创建成为陕西省首批旅游强县、省级卫生县城、省级“平安县”。2008、2009 年连续两年跻身陕西省经济社会发展十强县。

东风劲吹征途远，万马奔腾战犹酣。放眼黄陵县经济快速发展、人民生活稳步提高的 2292 平方公里土地，从煤炭为主的工业经济的飞速发展，到民族圣地旅游前景的超前开发；从绿色原野上引领农民快速走向致富之路的果业、大棚、养殖，到宽房亮厦摩托车辆现代家电一应俱全的新农村建设；从富有特色的城市，到漂亮美观的现代化新农村；从机关单位干部职工自信实干的精神面貌，到广大农村致力于产业开发的农民喜上眉梢的乐观与自豪；从经济的腾飞到科技教育文化医疗卫生社会保障等各项社会事业的蓬勃发展……我们有理由相信，勤劳纯朴的黄陵人民在县委、县政府的带领下，沿着科学发展的大道，将以更加雄伟的气魄描绘出更加绚丽多姿的新画卷。

村貌全景

黄陵夜景

新农村建设样板村曹家峪行政村

隆重的清明公祭轩辕黄帝活动现场

飞速发展的交通

丰收的苹果

陕西省凤县

中共凤县县委书记 张乃卫

凤县人民政府县长 李智远

凤县古称“凤州”，始建于秦朝。地处陕西省西南端，嘉陵江源头，陕甘川三省结合部，距西安260公里，距宝鸡市102公里，是关中—天水经济区上的重要节点城市，素有“秦蜀咽喉、汉北锁阴”之称。境内316国道、212省道交汇其中，宝成铁路穿境而过。全县幅员面积3187平方公里，辖10镇2乡100个行政村，总人口11万。

近年来，县委、县政府坚持以科学发展观为指导，紧紧围绕争创全省十强县和西部百强县，率先建成老百姓最幸福的地方这一目标，坚持“高目标引领、高强度推进、高效率落实”的工作导向，深入实施“生态立县、旅游兴县、工业强县、椒畜富民”四大战略，强力推进生态型百万吨铅锌产业基地、百万头生猪大县、百万游客景区“三个百万”工程建设，全县经济社会持续又好又快发展。从2006年到2009年，生产总值从16.92亿元增至46.65亿元，年均增长19.2%；财税总收入从1.33亿元增至4.01亿元，年均增长44.5%；地方财政收入从5082万元增至1.88亿元，年均增长54.7%；农民人均纯收入从2170元增至4695元，年均增长29.3%。县域经济社会发展综合实力在全省的排名由2006年的31位跃居到第9位，成功实现了摘帽（率先脱贫）、进位（跻身全省十强县）、跨越（率先建成老百姓最幸福的地方）“三步走”奋斗目标，探索出了一条以转变发展方式引领县域经济社会跨越式发展的新路子。

凤县县城全景图

灵关

羌族姑娘翩翩起舞

消灾寺大桥

凤椒

凤县社会福利园区

冶炼黄金

——

韩城城区

司马迁故里——韩城市地处陕西省关中平原东北部，东临黄河，是世界文化名人司马迁的故乡、国务院公布的第二批国家历史文化名城和中国优秀旅游城市。境内资源丰富，有国家级文物保护单位 11 处，新发掘的梁带村两周古遗址被评为 2005 年度全国十大考古发现之一。

境内煤、煤层气、铁矿石、石灰石富集。现已形成钢铁、电力、原煤、焦炭及煤化工四大支柱产业，"大红袍"花椒驰名中外，被授予中国"花椒之乡"称号。

2009 年全市生产总值突破百亿元大关，达到 120.7 亿元，增长 16.8%，高出全省平均增速 3.2 个百分点；固定资产投资完成 69.4 亿元，增长 19%；地方财政收入突破 5 亿元，达到 5.52 亿元，增长 28%；城镇居民人均可支配收入 15501 元，农民人均纯收入 4846 元，分别增长了 25.1% 和 22%；主要经济指标位居渭南市各县（市）区首位。连续三年荣获陕西省经济社会发展"十强"县市称号，县域基本竞争力连续 6 年位居西部百强县市行列。

梁带村出土文物精品展

梁代村出土金器

司马祠

大唐韩城第二发电有限责任公司全景

猴山风光

山西省长治县

中共长治县县委书记、县长裴少飞（右）北宋水库调研

长治县位于上党盆地的中心，辖 11 个乡镇 254 个行政村、4 个居委会，人口 33.8 万，面积 483 平方公里。商周时为黎侯国，西汉置壶关县，东汉为上党郡治。隋置上党县，唐、五代、宋、金、元均属上党县，明废县入潞州，嘉靖复置县，称长治县，为潞安府治。1962 年恢复建制属晋东南专区管辖，县址在长治市，1973 年迁驻现驻地，1983 年划归长治市管辖。长治县区位优势明显，交通较为方便。北倚长治市，南接晋城市，207 国道长晋二级公路、高速公路，长陵公路、太焦铁路纵贯县境南北，并有经坊、王庄两条地方煤炭专用线，100% 的村通了油路（或水泥路）、通客车 、通有线电视。

长治县物华天宝、山川秀丽，自然风光独特，文物古迹众多，是华夏文明发祥地之一。首阳山、黎都公园留下了中华民族祖先炎帝神农氏的足迹；天下都城隍、五凤楼、正觉寺、丈八寺塔、泰山庙、炎帝庙等一大批国家、省级文物保护单位，呈现了唐、宋、元、明、清等不同时代的古建筑风格；西坡慈禧出生地、上秦娘娘院，解开了慈禧生平百年之迷；上党战役刘邓指挥部旧址、决死三纵队司令部旧址记录了老一辈无产阶级革命家浴血奋战的光辉历史；永丰、荆圪道、东庄等一大批新农村典型，展示了新时期黎都儿女勤劳朴实、艰苦创业的精神风貌。历史悠久、积淀丰富的文化、文物、人文、蓬勃发展的新农村，已成为长治县独具魅力的旅游资源。“十一五”期间，山西省委、省政府把旅游业确定为全省四大新兴支柱产业之一。长治县委、县政府也把发展旅游产业确定为强县富民战略，制定了“141”发展思路，即：围绕炎帝这个中心，着力打造名庙—天下都城隍、名楼—五凤楼、名人—慈禧皇太后、名山—老雄山四大品牌，依托长晋二级路、长陵公路，建设一条贯通全县的旅游交通道路。

长治县煤炭资源丰富，工业基础较好。煤田面积达 242 平方公里，储量 34 亿吨以上，素有“煤乡”之称。是全国 100 个重点产煤县之一。工业有电力、燃料、冶金、机械、化工、建材、食品、纺织等。县内现有耕地 36.56 万亩，主要农作物以小麦、谷子、玉米、薯类和豆类为主。近年来，境内煤炭企业“关小扶大，扩规上档、资源整合”，经坊煤矿、王庄煤矿、雄山煤矿、红山煤

县城一角

县城雕塑

玉皇观

都城隍庙

法云寺

矿、西山煤矿等煤矿企业技改后，生产能力成倍提高，并有潞安煤业集团司马、高河矿井等大项目入驻建设。振东集团金晶药业、五和食品、森特重机、琴意锅炉、芸生粮业、心水果茶、华南纸业等新兴工业企业发展迅速。

2009 年，面对国际金融危机的冲击和影响，认真贯彻落实中央、省、市“保增长、保民生、保稳定”的一系列政策措施，组织千余名机关干部下基层、进企业帮扶解困，全方位提供服务，使全县经济保持了快速增长。完成地区生产总值 79.04 亿元，同比增长 11.1%；财政总收入达到 24.1 亿元，增长 33.49%，增幅长治市第一；固定资产投资完成 33.4 亿元，增长 51.2%；社会消费品零售总额达到 14.7 亿元，增长 21.8%；全县农民人均纯收入达到 6747 元，增长 6.5%；城镇居民人均可支配收入达到 14515 元，增长 11.2%；大灾之年粮食产量达到 8469 万公斤，减产幅度低于全省 3 个百分点；原煤产量达到 1284 万吨。经济总量由长治市第三跃居第二，再次进入中国中部百强县，列第 72 位。

碑林

龙头企业——振东集团

县城夜景

重庆市铜梁县

铜梁位于重庆市西北部，唐长安四年（704年）建县，是国际主义战士邱少云烈士的故乡和蜚声中外的铜梁龙舞艺术的发祥地。全县幅员面积1334平方公里，辖25个乡镇、3个街道办事处，人口82万。

历史悠久，文化灿烂。有中科院命名的“铜梁文化”，有风格独具的明代石刻小兵马俑，有保存完好的“中华第一匾廊”。铜梁龙舞艺术源远流长，先后进京参加建国35周年、50周年、60周年庆典以及2008年北京奥运会开幕式前表演，被誉为“中华第一龙”。铜梁是著名音乐家刘雪庵、金砂的故乡，他们的代表作《长城谣》、《何日君再来》、《红梅赞》等，被全国各族人民广为传唱。铜梁基础教育实力雄厚，巴渝名校铜梁中学位居全国状元学校排行榜第25位、重庆市第3位。

城市宜居，环境宜人。境内有风光旖旎的省级风景名胜区——巴岳山·玄天湖 温泉旅游度假区。近年来，深入推进宜居铜梁、畅通铜梁、森林铜梁、健康铜梁、平安铜梁“五个铜梁”建设，先后建成“十大城市（社区）公园”、“十大城市基础设施”、“十条健身步道”，城市绿化覆盖率达到46.9%，实现了市民出家门500米就有一个公园或健身场所的“500米福利计划”。先后荣获中国人居环境范例奖、中国特色魅力百强县、国家园林县城、国家级卫生城市、中国最佳绿色生态县等诸多荣誉。

经济发展，社会稳定。2009年，全县地区生产总值达到128.8亿元，地方预算内财政收入达到15.04亿元，地方财政一般预算收入9.48亿元，社会消费品零售总额达到39.9亿元，固定资产投资完成112亿元，城镇居民人均可支配收入达到15503元，农民人均纯收入达到5954元。铜梁在中国西部百强县的排名由2006年的51位上升到2009年的27位，在全市经济社会年终目标考核中，铜梁连续三年名列22县组第一名；选人用人公信度连续三年列重庆市第一，全县经济社会保持又好又快的发展态势。

吉利汽车自动变速箱项目签约仪式

重庆传媒职业学院落户铜梁

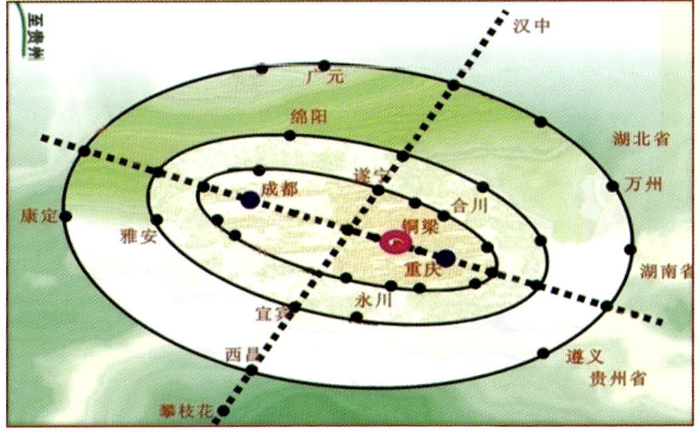

交通区位

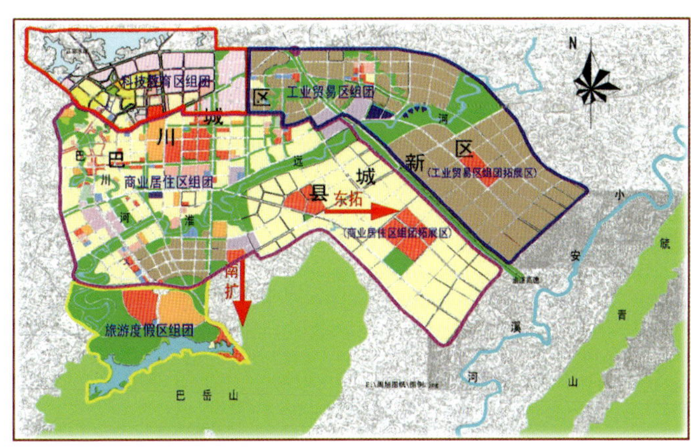

铜梁县规划发展战略

国内首台龙文化大型专题节目——龙乡放歌

铜梁龙舞参加奥运会开幕式前表演

四川省西昌市

西昌邛海

西昌，全国最大的彝族聚居区——凉山彝族自治州首府，总人口65万人，享有“一座春天栖息的城市”美誉。西昌水能资源富集，是国家最重要的“西电东送”战略基地。光热资源丰富，是中国花木之乡、中国冬草莓之乡、中国洋葱之乡。旅游资源绚丽多彩，是驰名中外的航天城，拥有邛海－泸山、螺髻山、卫星发射基地等4A级风景区。民族风情浓郁，火把节、彝族年等民俗活动精彩纷呈。区位优势明显，是内陆辐射东南亚的重要通道。

近年来，西昌市坚持生态立市战略，全力创建中国生态市，构建可持续发展平台，促进经济社会又好又快发展。2009年，全市GDP达到181亿元，实现三年翻番；财政总收入24亿元，三年增长三倍；固定资产投资133亿元，三年增长三倍。荣获国家森林城市、中国优秀旅游城市、中国旅游最令人向往的地方、中国最值得去的十座小城、四川省十大最具活力县市、四川省环境保护模范城市、四川省卫生城市、四川省平安市、四川省十大宜居城市、四川省三大懒游目的地称号。

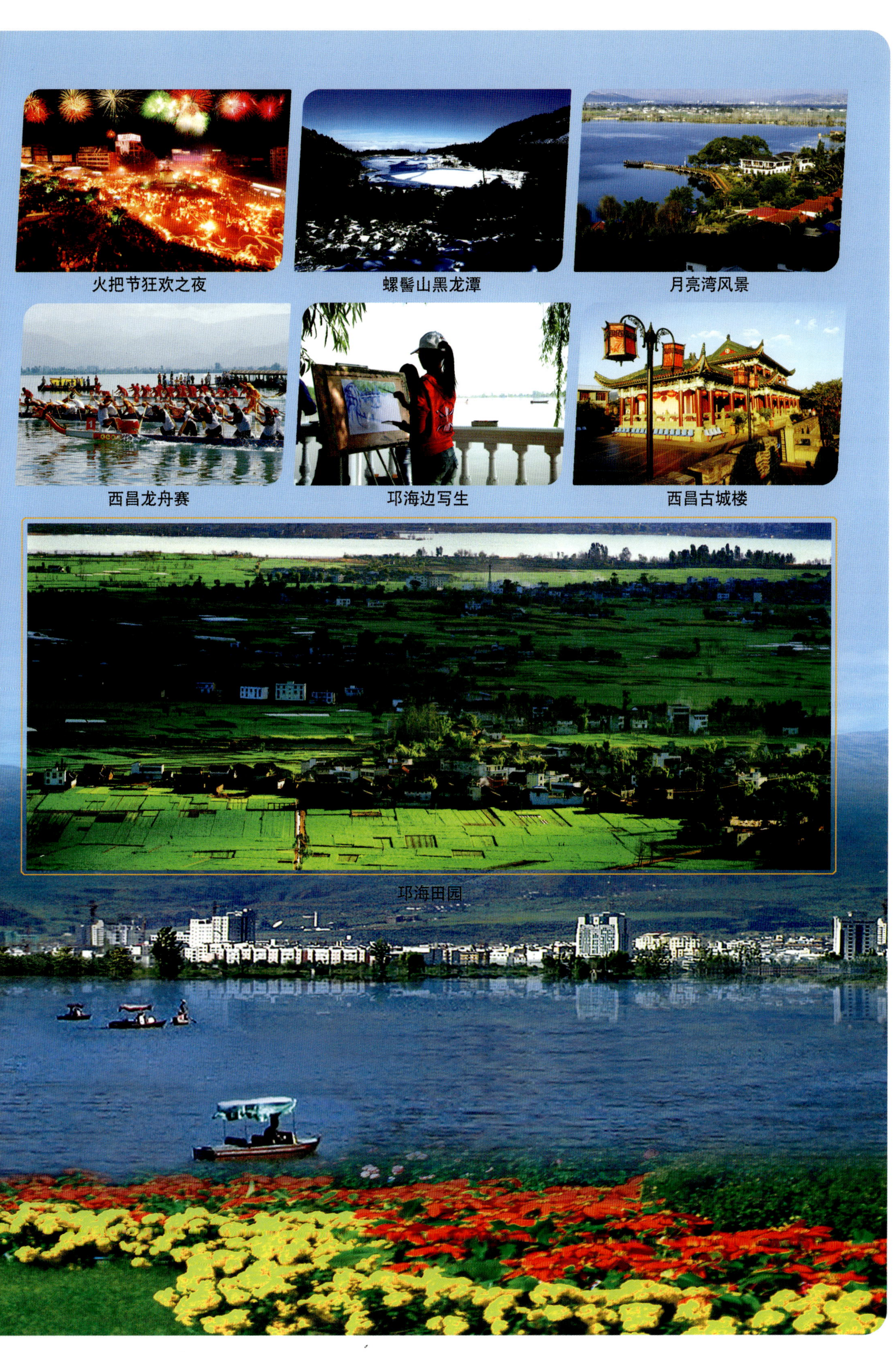
火把节狂欢之夜
螺髻山黑龙潭
月亮湾风景
西昌龙舟赛
邛海边写生
西昌古城楼
邛海田园

历史文化名城——

中共余姚市委书记 陈伟俊

余姚是一座文化底蕴极为深厚的城市。余姚历史悠久，秦时就已置县，距今已有2200多年历史，素有“文献名邦”、“东南名邑”之美称，是浙江省首批历史文化名城。境内的河姆渡文化遗址距今已有7000多年历史，证明了长江流域是中华民族的发祥地之一，是水稻的故乡，这个结论已体现在联合国教科文组织编写的人文地图上。余姚历代名人辈出，历史上出现了一大批名人学者，余姚先贤。

余姚是一座区位优势非常明显的城市。地处浙东沿海和长三角的中心地带，交通便捷，地理位置重要。北濒杭州湾，南屏四明山，西连绍兴市，东接宁波港，全市共辖14个镇、1个乡、6个街道、1个开发区，总面积1527平方公里，人口85万。特别是世界第一跨海大桥——杭州湾大桥现已建成通车，余姚至上海仅需2个小时。目前余姚已经真正融入了上海“二小时交通圈”和以上海为中心的世界级特大型国际都市圈范围。

余姚是一座产业特色非常鲜明的城市。余姚不仅是全国著名的“塑料王国、模具之乡”，而且也是全国小家电、模具加工和金属制品制造的重要基地。目前，全市已形成以家用电器、塑料模具、机械五金、纺织化纤等四大支柱产业和电子信息、新材料、光机电一体化、生物化工等四大新兴产业为代表的工业体系。拥有两个省级开发区和十多个工业功能区，建成了水暖器材、灯具、五金工量具、汽车零配件、电动工具、消防器材、不锈钢制品等产值超10亿元的十多个特色产业集群。同时，作为全国的市场大市，中国塑料城、中国轻工模具城等专业特色市场转型步伐加快，现代物流业、会展业等现代服务业快速发展，产业的综合配套能力较强，这些都为打造先进特色制造业基地提供了重要条件。

余姚是一座开明开放、宜居宜业的城市。早在上世纪八十年代初，余姚就开始引进外资，发展对外贸易，是中国最早对外开放的县级城市之一，也是中国大陆开放型经济高度发达的城市。2009年，全市实现进出口总额50.5亿美元，其中自营出口37.2亿美元。历年累计批准外商投资企业1600余家，实际利用外资达29亿美元。余姚的外资利用工作已经连续9年位居浙江省各县（市）首位。余姚已经连续五年上榜“台商值得推荐城市”，荣获长三角最具投资价值城市综合实力奖，在福布斯中国大陆最佳商业城市县级城市排名中列

余姚城区美景

姚江两岸

余姚市

浙江舜宇集团公司外景照

第4位，成为中外客商投资兴业的首选之地。

2009年，面对国际金融危机的持续影响，余姚市委市政府带领全市人民，积极应对各种挑战，着力转变发展思路，大力实施创新发展战略，全市经济社会继续保持平稳协调发展。2009年全市国内生产总值500亿元，财政总收入72.6亿元，全社会固定资产投资173.3亿元，自营进出口总额50.5亿美元，实现工业总产值1886亿元。目前，全市有产值超亿元企业167家，其中，超10亿元企业6家。余姚在全国县域经济基本竞争力排名第9位，去年，余姚还被评为首届中国十大（县级）最具幸福感城市。

2010年是“十一五规划”顺利实施的最后一年，是夺取“十一五”经济社会发展全面顺利的关键一年。为此，余姚市委市政府精心谋划、多箭齐发，不断夯实经济基础，让余姚这座幸福之城更幸福。

裘皮城实景

中国塑料城展馆外景

余姚概览

江苏省姜堰市

新农村一角

姜堰市位于江苏苏中地区中部，属长三角经济圈，通扬运河及 328 国道、宁启铁路横穿市境东西，宁靖盐高速纵贯市境南北。328 国道以北为里下河地区，以南为长江冲积平原。全市辖 15 个镇、1 个省级经济开发区、1 个国家级 AAAA 风景名胜区，总面积 928 平方公里，总人口 79.56 万人。远古时期姜堰曾是江水、海水、淮水的汇合之地，故别称“三水”，誉为“金姜堰”。

姜堰是一座底蕴深厚的文化城市。长期的历史发展中，姜堰人创造了包括历史文化、名人文化、宗教文化、民俗文化等丰富而具有个性的文化线条。境内单塘河新石器遗址距今约 6000 年，天目山商周古城遗址距今约 3100 年，被列为全国重点文物保护单位。北部的古镇溱潼被命名为中国历史文化名镇。道教、佛教文化发达，不少境内外宗教界知名人士都与姜堰有着很深的渊源。民俗风情独具一格，“溱潼会船”入选国家非物质文化遗产名录，被誉为“世界上规模最大的船会活动”，溱潼会船节被评为全国十大民俗节庆活动。姜堰人文荟萃，英才辈出，宋代姜氏父子筑堰抗洪造福百姓，姜堰因此而得名；明代“泰州学派”创始人王栋长期在姜堰讲学，首倡“平民化、化平民”；著名画家唐志契、唐志尹、唐日昌，时称画苑“三唐”，唐志契画论专著《绘事微言》，收入清代《四库全书》；清代围棋棋圣黄龙士在“童子”时代就驰誉京师，推为国手，有名著“弈括”等传世；刘氏家族“一门五都督，三科两状元”，时称“熙朝盛事，旷古奇闻”；当代著名学者、诗人、书法家高二适曾与郭沫若开展兰亭论辩，毛主席亲自复信，倡导“笔墨官司，有比无好”。李德仁、李德毅“弟兄二人五院士”传为佳话。

拓宽改造后的三级航道

姜堰全景

国家非物质文化遗产——溱潼会船

溱潼八景之一——东归观渔

长途汽车站

国家级高新技术创业中心

第四部分
中国县域经济推荐

科学发展惠民生　奋力崛起当先锋——安徽肥西县

肥西地处安徽中部、合肥西南、巢湖之滨，古为“淮夷”、楚国、九江郡、庐州府辖，1948年建县。现辖4乡10镇5园区，总面积1970平方公里，人口90万，素有“淮军故里、改革首县、巢湖明珠、花木之乡”之美誉。

“十一五”以来，肥西县深入贯彻落实科学发展观，积极抢抓沿海先发地区产业资本加速转移的历史机遇，紧紧围绕“全省创第一、中部进十强、全国争百强”奋斗目标，锐意进取，奋力拼搏，闯出了一条科学发展的崛起新路，创造出令人惊叹的“肥西速度”。2009年，实现地区生产总值214.6亿元、规模以上工业产值368.1亿元、固定资产投资204.5亿元、财政收入20.2亿元、社会消费品零售额30.5亿元、农民人均纯收入6047元，分别是2005年的3.1倍、4.75倍、8.14倍、2.78倍、2.33倍和1.88倍。全县综合实力已连续7年位居全省十强、连续6年跻身中部百强，并于2008、2009年，连续两年荣获安徽省科学发展先进县一类县的第一名。

形成这一良好发展局面，主要是得益于我们近年来紧紧抓住了十个方面工作：

一抓解放思想明思路

始终把解放思想作为破解一切发展难题的“总钥匙”，先后开展了一系列解放思想大讨论，大力弘扬肥西人“包产到户”的敢为天下先精神，牢固树立进取意识，于2004年底在全省率先提出“全省创一流、全国争百强”奋斗目标，并于2008年结合我县经济发展规模、速度，审时度势，自抬标杆，又进一步提出了“全省创第一、中部进十强、全国争百强”新的奋斗目标。围绕实现“创争”目标，我们在实践中不断探索，逐步确立了“工业强县、特色富民”的发展战略，树立起“率先发展、科学发展、融入发展、跨越发展、和谐发展”的发展理念，坚持走“工业化增强县域实力、城镇化改变城乡面貌、农业产业化促进农民致富”的发展道路，使我们的发展思路、目标、方向更加明确。

二抓工业经济强实力

始终把“工业强县”作为加快县域突破的主战略，着力推进资源向工业汇集、政策向工业倾斜，逐步形成了主导产业突出、配套产业集聚、骨干企业众多、创新能力较强的县域工业体系。做大园区平台。按照“工业抓园区、园区抓骨干、乡镇抓板块、全县抓配套”的思路，积极构建以桃花工业园为龙头，以柏堰科技园和新港工业园为两翼，以新型工业示范园为拓展，以九个乡镇工业聚集区为支撑的“1219”县域工业平台。目前，全县已建成园区57.6平方公里。培育主导产业。按照“龙头企业——产业链——产业集群－产业基地”的发展模式，重点围绕江汽、格力、美的、安利等知名企业，着力打造 “百亿元级”乃至“五百亿元级”主导产业集群。目前，规模以上企业已达326家，逐步形成了汽车、家电、装备制造、化工塑胶、生物医药、农副产品加工等“六大”工业主导产业，产业集聚效应初步显现。推进科技创新。紧紧抓住合肥科技创新型试点市和合芜蚌自主创新试验区建设机遇，依托省城众多科研院所，强化政策扶持，大力推进重点骨干企业加强技术研发、引进，积极创建县科技创业服务中心，着力引导企业由生产加工等低端环节，向标准制定、工艺设计、产品研发、品牌培育等高端环节转变，增强市场竞争力。目前，全县已拥有省级以上高新技术企业26家，创新性企业25家，中国驰名商标4件。

三抓有效投入增后劲

牢固树立“发展为上、投资为本”理念，坚持以大投入促进大发展，夯实跨越发展支撑。千方百计大招商。积极研究国内外资本流动和产业转移新动向，突出围绕重点区域、重点产业和重点企业，坚持领导带头、口长单位牵头、部门和乡镇捆绑、专业小分队主动出击，全力推进大招商。2005年以来，已引进各类项目655个，到位

内资358.9亿元、境外资金1.14亿美元。狠抓项目大推进。建立和完善领导包联、定期调度、集中审批、限时开竣工等一系列项目落地推进机制，对投资5000万元以上，尤其是亿元以上大项目，做到力量上集中、政策上倾斜、服务上跟进、配套上满足，力求项目早落地、早建成、早见效。2005年，以来，全县共开工千万元以上重点项目942个，其中已建成586个；累计完成固定资产投资644.1亿元，其中工业投资297.7亿元。推进全民大创业。及时制定出台了《关于促进个体私营等非公有制经济发展的决定》和《关于鼓励肥西籍在外人士回乡创业实施意见》，积极引导和支持民间资本向农村基础设施建设、农业产业化经营及教育、养老等社会公共服务领域加速拓展，鼓励民营企业扩大投资，加快推进全民创业。全县已拥有个体工商户1.3万户，私营企业2800多家。

四抓特色农业富农民

按照“强龙头、扩基地、拓市场、建协会、办会展、创品牌”的发展思路，大力推进农业产业化，走现代城郊型特色农业发展之路。培育特色产业。重点推进苗木、畜禽、菜瓜果、水产、蚕桑、花生等农业六大特色产业扩规模、优结构。全县已拥有苗木花卉生产基地16.8万亩，居中部第一；年出栏家禽7500多万只，位居全省第一。壮大产业龙头。坚持引进和培育并举，先后引进了广东温氏、香港宝石、福建景南、深圳铭基等一批国内外知名的龙头企业，培育出肥西老母鸡、森淼、益农、华杰等一批优秀本土企业；成功举办了“七届中国·合肥苗木花卉交易大会”和“第五届安徽省花博会”，国家级苗木花卉市场——中国中部花木城和小庙禽业、皖中花生、高刘白鹅等一批特色农产品批发市场闻名省内外。全县已拥有市级以上农业产业化龙头企业77家，各类农产品市场20多个，农村合作经济组织228个，会员3.2万人，带动农户4.9万户。强化品牌战略。大力推行农业标准化生产，积极实施贴牌种养，全县已拥有无公害农产品基地26处，国家级农业标准化生产基地2处、省级2处、市级11处，无公害农产品64个，绿色食品6个，有机农产品2个，皖中花生、正旺土鸡蛋、三岗苗木等7个农产品获省级名牌农产品称号。现代特色农业的加速发展，为促进农民增收提供了有力支撑，农民人均纯收入五年翻了一番多，2009年已达6047元。

五抓城乡建设提形象

坚持“理念大气、规划大气、建设大气、管理大气”四者并重，按照“统一规划、分片开发、基础优先、配套跟进”的原则，加速城镇化建设步伐。强力推进“合肥副中心”城市建设。围绕合肥“141”城市发展布局，近年来，我们已累计投入50多亿元，全面拉开了作为合肥西南副中心城市的25平方公里县城开发新框架。金寨南路、青龙北路、翡翠路、森林大道等城际快速通道直达省城，人民路、站前路、谭冲路等“四纵七横”城区骨干路网建成通车，派河公园、古埂公园、丽景湖以及人民西路游园相继开放，卫星、张郢、凉亭等九大安居工程200多幢安置楼拔地而起，一座地标高耸、三桥飞架、四水环绕的现代滨河生态园林城市已初展英姿。加快推进区域中心镇建设。牢固树立强县必须强镇的发展理念，充分依据各地区位、产业和人文特点，按照拉框架、扩规模、重配套、显特色的基本要求，加速推进小城镇建设，逐步形成了以三河、桃花、小庙、高刘等为中心，优势各展、特色鲜明、竞相发展的小城镇建设新格局。扎实推进新农村建设。紧紧围绕中央“二十字”方针，大力实施“两镇领先、二十村示范、百村整治、全面启动”的新农村建设“221”工程，着力打造一批规模适度、特色彰显、居住集中、功能配套的新农村示范点。全县已建成示范中心村37个、居民集中居住点65个，实施老村庄环境整治100个，完成新农村建设“整村推进”项目2个，涌现出了上派三岗、官亭张祠、山南小井庄、高刘连环等一批国家和省市级的新农村建设示范村。

六抓旅游三产添活力

坚持以旅游业为牵动，突出城郊型休闲娱乐健身旅游主定位，按照“保护优先、开发有序”的原则，打旅游牌、建示范点、唱休闲戏、赚服务钱，全力提升服务业发展水平。夯实旅游基础。以国家森林公园—紫蓬山、千年水乡古镇——三河、中国农村改革“包产到户”发源地——山南小井庄、国家级文物保护单位——清代台湾首任巡抚刘铭传故居等淮军将领圩堡群为重点，加快景区景点建设，推进游线“串珠成链”，不断提升县域旅游接待能力。三河镇、紫蓬山已分别成为国家AAAA级旅游景区，三河镇还荣获“中国历史文化名镇”称号，并成功亮相上海世博会中国馆。创新旅游产品。确立“以文化带动旅游三产”的开发理念，重点围绕打造“水乡、体育、节庆、淮军、生态”等五张旅游文化牌，连续多年成功举办了紫蓬山庙会、紫蓬山自行车赛、紫蓬诗歌节、三河水文化节、安徽省集体婚礼等一系列重大活动，并圆满完成了2010年第四届全国体育大会5大类35个项目的赛事承办任务。紧扣省城居民休闲娱乐健身需求，积极引导县内外企业及种养大户投资开发田园观光、农事体验、民俗表演、乡村美食等特色旅游产品，全县已涌现出省、市星级“农家乐”49家。延伸旅游链条。积极围绕丰富旅游内涵，大力推进与旅游业相配套的交通、物流、酒店、会展、休闲娱乐、戏曲歌舞等现代服务业，着力打造合肥乃至长三角地区休闲度假后花园。2009年，全县接待游客已达190万人次，创综合旅游收入12.8亿元。

七抓改革创新破瓶颈

重点针对影响肥西跨越发展的制约因素，着力深化四大改革。深化投融资体制改革。在全市率先成立了土地规划管理委员会，组建投融资、招投标、招商引资和财政性投资项目评审“四大中心”；整合县域融资平台，组建县国有资产运营公司，政府年融资能力从“十五”末的不足千万元迅速增加到15亿元以上。深化土地利用管理改革。坚持节约集约用地原则，严把项目投资强度和亩均效益关，扎实推进低效及闲置用地清理，积极实施农村集体建设用地置换工作，并在保证农民“不失地、不失利、不失业”的前提下，及时出台了《土地承包经营权流转工作二十条》，稳步推进农村土地承包经营权有序流转。全县已流转土地24.7万亩，占耕地总面积的27.4%。深化发展模式改革。充分发挥邻近省城的区位优势，坚持借“市”跨越、与“市”俱进，积极与合肥高新区、经开区联手开发柏堰科技园和新港工业园，在全省率先开创了县区合作开发新模式。强化区域合作，带头发起并组建了环巢湖旅游合作组织，加强与庐江、舒城及黄山、九华山等主要旅游景区景点的合作联动，主动融入全省大旅游格局。深化农村综合改革。在全省首批启动农村综合改革和基层医药卫生体制综合改革试点工作，乡镇机构改革“一推两考”（组织和群众推荐、考试、考核）、义务教育管理体制改革“一破三立一渠道”（撤销乡镇教委，成立乡镇中心学校、教育经费核算分中心、教育人才分市场，政府牵头逐步化解义务教育债务），以及城市管理“相对集中行政处罚权和综合执法权向乡镇延伸”等数项改革，在全省创出了经验，形成了特色，有效地提升了社会公共管理服务水平。

八抓社会民生构和谐

在加快经济发展的同时，我们始终把民生问题摆在极其重要的位置。大力实施民生工程。自2007年安徽实施民生工程以来，我们已投入15亿多元，扎实推进民生工程建设，尤其是覆盖城乡的养老、医疗、住房、就业、特困救助等社会保障体系已逐步建立，惠及人口达100%。加快发展社会事业。全县教育、文化、卫生服务体系不断完善，群众性文化体育活动日益丰富，中央电视台《乡村大世界》、“激情广场”爱国歌曲大家唱、中央八部委全国“三下乡”启动仪式等大型专场文艺演出先后在肥西成功举办，广大人民群众的幸福感、满意度不断提升。着力打造平安肥西。始终把群众呼声作为第一信号、群众满意作为第一标准，积极建立起领导接访、带案下访、

专人包案、跟踪督察等一系列信访案件落实机制，确保群众合理诉求得到有效解决；深入开展“走近矛盾、破解难题”等系列活动，积极构建畅通快捷的社会治安大防控体系，成功获得了省级平安县荣誉称号。

九抓优化环境筑高地

牢固树立“环境是吸引力，更是竞争力”的发展理念，全力打造效能高地。优化审批流程。按照“合法、高效”的原则，全面建立起项目并联审批、缺席默认、超时默认等审批制度，优化流程，简化手续，切实做到一个窗口受理、一站式服务、一条龙办结。创新服务机制。对重点园区、重点企业，实行“封闭、挂牌、持卡”保护和“宁静生产日”、“宁静建设日”等管理制度；深入开展招投标集中整治活动，强化工程建设、土地出让、工程招投标管理，坚决破除“潜规则”，全力营造公平、公正的制度环境。强化效能问责。严格执行“四条禁令、三项制度”（严禁有令不行、办事拖拉、吃拿卡要、态度刁蛮和限时服务、两次终结、特事特办），着力治理“懒、散、拖、推、卡”，全面实行“窗口”单位首问负责制、服务承诺制、过失检讨制、责任追究制。近三年已问责县直单位20多家、直接责任人70多人。

十抓政治生态聚合力

强化干部队伍管理，坚持以锻造好队伍、树立好作风，营造干事创业的好氛围。率先垂范鼓实劲。坚持从县四大班子领导做起，建立健全“主要领导抓面，分管领导抓片，人大、政协领导靠点督察”的工作推进机制，全面实行县领导联系重点企业、重点项目、重点工作等落实制度，大力推行“一线工作法”，靠前指挥、亲力亲为，在全县上下逐步形成了思想同心、目标同向、工作同步的强大合力。强化督察促实干。对县委、政府作出的重大决策和部署的重点工作，全面实施跟踪督察，确保“事事有人做、件件能落实”。科学用人重实绩。牢固树立“以发展论英雄，凭实绩用干部”的鲜明用人导向，重用干事者、保护创新者、问责不作为者，使一大批埋头苦干、业绩突出、群众认可的干部走上领导岗位，形成了事业有干头、群众有盼头、干部有奔头的良好工作局面。

安徽省无为县

无为地处安徽中部，南濒长江，北依巢湖，总面积2433平方公里，总人口142万人，辖23个乡镇、2个省级经济开发区。无为县名取道家“思天下安于无事，无为而治”之意，是全国闻名的“电缆之乡”、“劳务之乡”，是“皖江城市带承接产业转移示范区”、“中国中部百强县”和“安徽省科学发展先进县”。2009年，全县实现地方生产总值181亿元，同比增长15.7%；规模以上工业增加值77.6亿元，增长23.8%；财政收入15.3亿元，增长15%。

无为历史悠久，人文荟萃

隋开皇元年（581年）始建无为镇，宋熙宁三年（公元1070年）设无为县。无为是全国十九块抗日根据地之一皖江根据地中心区，是新四军七师师部所在地及解放战争百万雄师过长江的渡江第一船始发地。宋代著名诗人杨杰、明代哲学家吴廷翰、民族英雄戴安澜、擂鼓诗人田间以及现代商界精英——“2009年福布斯排行榜”大陆首富王传福等名人辈出。

无为区位优越，交通便捷

无为作为安徽省东向发展的前沿，紧临最具活力的“长三角”，处于南京都市圈、合肥经济圈和“马芜铜”经济圈的共同腹地。按照今年1月国务院批准实施的《皖江城市带承接产业转移示范区规划》，县域全境均属于示范区，且处于“一轴双核两翼”产业空间布局的一轴（长江轴）和一核（芜湖核）之中，示范区两大集中区之一的马芜巢集中区有一园位于县境内。县境内干线公路纵横，合巢芜高速穿境而过，距合肥、南京仅百余公里，距上海、杭州等大中城市仅3——4小时车程。肩挑芜湖、铜陵两座长江大桥，尤其是随着合福高铁、庐铜铁路、北沿江高速、合杭高速、芜湖长江二桥等一批重大交通基础设施相继立项建设，使无为县真正实现与长三角地区无缝对接，成为承接沿海发达地区产业转移的首选之地。

无为资源丰富，沃土生金

粮、棉、油及水产品总量跻身全国百强，素有“鱼米之乡”美誉，特别是棉花产量常年保持在100万担以上，是全省最大的优质棉生产基地。八百里皖江流经县境113公里，长江岸线占全市和全省岸线总长的67%和14%。境内蕴藏着煤、石油、天然气、石灰石等20多种矿产资源。旅游资源有泊山洞、天井山、竹丝湖等自然景观和米公祠、黄金塔、新四军七师师部旧址等人文景观。全县拥有42万外出创业大军，近年来，已有1.5万人回乡创办或参股兴办各类企业近千家，形成的“无为现象”得到国务院和省委、省政府及主流媒体的高度关注和充分肯定。

无为产业集聚，发展强劲

近年来，县委、县政府牢固树立“工业强县”理念，全力推进工业化进程，县域经济综合实力持续多年位居全省十强县和中部百强县行列，2008年列中部百强第44位。全县已初步形成以特种电缆超百亿元产业集群为龙头，以船舶制造、羽毛羽绒、纺织服装、农副产品深加工等4个超十亿元产业为中坚的八大主导产业体系。其中，特种电缆产业集群日趋成熟，已发展成为全国四大电线电缆产业基地之一并位居第二位，被科技部命名为“国家火炬计划特种电缆产业基地”，2009年实现产值185亿元。化工产业方面，随着总投资350亿元、一期投资73亿元的安徽华谊煤基多联产精细化工基地工程于2008年正式开工建设，该产业将会快速成为全县第二个超百亿元产业。船舶制造产业短短5年时间从无到有、从小到大，年造船能力已达100万载重吨，2009年实现产值18亿元，成为长江中下游最具发展优势和潜力的船舶制造基地之一。羽毛羽绒产业依托全国羽毛羽绒集散地优势，重点发展水洗绒、羽毛球、高档羽绒制品等，成功引进了上海东隆羽绒以及日本河田家纺、中国台湾京阳家纺、萧山万利达羽绒等一批行业龙头企业，2009

年实现产值14.6亿元。此外，该县正紧紧抓住皖江城市带承接产业转移示范区建设的机遇，大力培育发展汽车零部件、现代物流、新材料、新能源等新兴产业，进一步激发县域经济发展活力，增强发展后劲。

无为环境优越，大有作为

近年来，全县上下在加大硬环境建设的同时，不断优化经济发展软环境，出台了一系列扩大对外开放、加大招商引资的优惠政策和激励措施，连续两届荣获"安徽省投资环境十佳县"和"十佳经济开发区"称号。特别是随着无为县被列入皖江城市带承接产业转移示范集中区后，将在财税、金融、人才等方面享受国家和省一系列含金量很高的优惠政策。同时，去年以来，无为又进一步完善了有关服务政策，全面推行首问负责、全程代理、并联审批、限时办结等服务制度和基本建设项目收费"一表制"、省级开发区入园企业"零收费"、企业执法检查预约登记等一系列减负措施，对所有重大项目实行县级领导帮扶推进机制，及时解决项目建设过程中的困难和问题，努力在全县形成"亲商、安商、富商"的良好氛围。

实践证明，招商引资是实现县域经济跨越发展的重要途径。近年来，无为县正是通过大力推进招商引资，有力地促进了县域经济的发展。下一步，无为将继续坚持发挥比较优势，在推进产业招商上下工夫，着重是以下几个方面：

一是无为示范集中区建设。皖江城市带承接产业转移示范区马芜巢集中区设有四园，其中一园位于无为县二坝镇，规划面积88平方公里，起步区15平方公里，可采用"飞地"、"园中园"等多种模式进行合作建设。二是长江岸线资源综合开发。长江深水岸线较长，适宜兴建港口码头和物流园区。重点引进高水平的特种船舶制造企业和物流龙头企业，推进船舶制造产业升级和万吨级码头、港口、物流等产业的发展。三是化工产业。围绕上海华谊集团无为煤化工项目，重点引进一批关联项目及下游产品开发、生产企业，拉长产业链，壮大产业规模，打造中国煤化工的示范、样板工程和国家级循环经济示范基地。四是电线电缆产业。重点引进铜材料、橡塑材料等电缆上下游产品生产项目和电缆专业市场、电缆检测中心等配套设施，引进一批行业龙头企业，通过强强联合，创立"高沟电缆品牌"，打造全国规模最大的国家级特种电缆高新技术产业基地。五是汽车零部件产业。利用地处奇瑞、江淮两大汽车公司之间，现有大洋电器、津科汽车油管等多家企业为其提供配件的条件，重点建设一个现代化的汽车零部件生产基地。六是旅游资源综合开发。无为风景秀丽，自然、人文景观成线连片，重点引进一些规模较大的投资和旅游开发企业，开发建设石涧青苔地下大峡谷风景区、黑沙洲旅游度假中心和万年台"小九寨沟"风景区。

当前，无为县委、县政府正在抢抓皖江城市带承接产业转移示范区和合肥经济圈建设的战略机遇，紧紧咬住"总量全省争第一，综合中部争十强"的奋斗目标，加快推进"32211"发展战略和沿江开发开放战略，努力实现无为经济社会又好又快跨越式发展。相信不久的将来，无为这颗明珠，一定会在皖江之畔璀璨升起。

福建省长乐市

长乐地处闽江口南岸，东与台湾隔海相望，北与马尾经济技术开发区一江相连，是福建省会窗口城市、两岸“三通”的重要对接点。全市陆域面积约680平方公里，海域面积3313平方公里，辖4个街道、12个镇、2个乡，户籍人口约67万人，共有海外华人、华侨及港澳同胞40余万人，遍布世界近百个国家（地区），是福建省著名侨乡和台胞祖籍地。

长乐基础设施完善，全市公路总长1100多公里，其中高等级公路总长达200公里，沈海、福厦、机场高速公路穿境而过，福州长乐国际机场年旅客吞吐量超过500万人次。境内的华能福州电厂现有总装机容量140万千瓦，总装机容量达132万千瓦的5#、6#机组即将建成投产；拥有22万伏变电站3座、11万伏变电站17座，自来水日供水能力达12万吨。江海岸线总长130多公里，港口经济发展潜力巨大，松下港区及闽江口内港区已建成码头泊位23个，其中万吨级以上泊位12个，年总吞吐量超1000万吨。旅游资源得天独厚，现有国家AAA级旅游景区显应宫、董奉山国家森林公园、闽江河口国家湿地公园等各类公园及文化展馆100多座，是全国最佳旅游品牌目的地。文化底蕴深厚，素有海滨邹鲁之美誉，历代名人辈出，杏林始祖董奉、一代高僧百丈禅师、爱国华侨陈振龙、书画名家陈子奋、文学巨匠郑振铎、冰心，以及当代著名导演陈凯歌等都是其中杰出代表。

2009年，全市实现生产总值265.42亿元，增长12.8%；财政总收入（不含基金）21.82亿元，增长13.1%，其中地方财政收入11.65亿元，增长16.3%；工业总产值739.61亿元，增长15.8%，其中规模以上工业总产值675.22亿元，增长17%；农业总产值45.02亿元，增长5.4%；全社会固定资产投资101.52亿元，增长18.5%；实际利用外资7960万美元，增长36.7%；出口总值（海关口径）2.31亿美元；社会消费品零售总额60.25亿元，增长19%；经济综合实力继续位居全国“百强”、全省“十强”县（市）行列。

农业经济

全年实现农业总产值45.02亿元，增长5.4%。坚持把稳定粮食生产放在首位，兑现各项惠农支农资金1822万元，提高农民种粮积极性，全年粮食播种面积26.34万亩，总产量9.6万吨。加快农业产业化带动，17家省、福州市农业产业化龙头企业实现产值11.7亿元，带动近3万农户增收2.36亿元。大力发展现代农业，设施农业、订单农业面积分别达1.35万亩、3万亩。提高农民组织化程度，组建各类农民合作社、农业专业协会13个。加快新农村建设，累计投资8100万元，实施新农村建设项目105项；6个乡镇、35个村通过“农村家园清洁行动”省级年度验收。加大水利基础设施经济建设，基本建成三营涝片排涝、下洞江干流整治等工程，潭头二级渔港二期、梅花渔港疏浚工程建成。有效防控动植物疫情疫病，成立福州市第一家农作物病虫害专业防治队，建立覆盖乡镇（街道）的应急视频会商指挥系统和区域气象自动监测站。

工业经济

通过开展“结构调整年”活动，推动产业体系趋向合理，全年完成工业总产值739.61亿元，增长15.8%，其中规模以上工业总产值675.22亿元，增长17%。主导产业加快升级，以延伸链条、技术改造、产品换代为重点，力促纺织、冶金业平稳发展，力恒锦纶聚合一期、吴航不锈钢热轧宽带等30项产业升级项目建成投产，两大产业全年实现规模以上工业总产值492亿元，增长12%。园区规模有效扩展，建设“长乐人创业基地”。新兴产业培育初见成效，成功引进央属企业中储粮项目，电力、粮油食品加工业加快发展。服务业发展势头良好，文化创意、临港物流等现代服务业实现突破。

城乡建设

坚持规划先行理念，基本完成乡镇总体规划修编。长乐新区进入实质性建设，动建拆迁安置

房、福州外语外贸职业技术学院一期工程，7个房地产项目动建。完善市政设施，实施河下江清淤、里仁桥至朝阳二桥驳岸建设等工程，建成森林公园公交首末站，基本建成城西综合停车场。推进基础设施建设，松下港牛头湾作业区2#7万吨级泊位建成投用，0#5000吨级泊位完成主体工程，3#15万吨级，18#、19#和元载码头5万吨级泊位动建；通关能力得到提高，福州海关驻机场办事处升格为长乐机场海关，牛头湾作业区扩大开放获国务院审批并通过省级验收。建成机场南进场路、演屿高速互通、松下码头疏港路拓宽工程，峡漳路拓宽改造工程动工。东区水厂动建，建成潭头、滨海2座11万伏变电站。

科教文化

自主创新取得新进展，承办福建省纺织行业(福州)项目对接会暨中国新型纤维开发与应用论坛，金磊纺织等10个科技项目获省、福州市科技计划立项，鑫城化纤公司高速纺涤纶丝项目获福州市优秀新产品二等奖；全年实施亿元以上技改项目18项，总投资35亿元；加快设备更新换代，引进自动络筒等先进设备450台（套）。坚持走品牌资本经营道路，17项产品被评为省名牌产品，7件商标被评为省著名商标，进入商标“百强”县（市）行列，华威化纤在新加坡主板成功上市。基础教育巩固提高，完成农村“普九”债务削减。

新改扩建13座乡镇文化站，实现乡镇文化设施全覆盖，建成少年儿童图书馆、进士馆、武术馆、戏剧馆、规划馆、廉园等文化场馆，长乐博物馆被评为“国家三级博物馆”并荣获“福建省十大博物馆建设成果”称号，长乐图书馆、档案馆均被评为“国家一级馆”，建成人民会堂乡镇（街道）议政厅和新闻发布中心；加大文艺精品创作，我市参与摄制的电视剧《郑和下西洋》获第十一届“五个一工程”奖，历史剧《董奉传奇》获“第六届中国戏剧文学奖”铜奖，编辑完成18个乡镇（街道）乡土文化丛书；文化交流成果丰硕，长乐“爱之声”合唱团赴台参加“第二届海峡两岸合唱节”获金奖，闽剧《长乐公主》参加省第四届艺术节并囊括戏剧汇演七大奖项。健康工程深入实施，吴航、漳港社区卫生服务中心设置转型基本完成，新型农村合作医疗筹资标准由90元提高到100元，全年财政投入2234万元，参合率达96.14%，城镇居民基本医疗保险参保率达88.9%。扎实做好人口计生工作，稳定低生育水平。加快农村健身路径进村工程建设，提前一年实现建制村建设一条健身路径目标，荣获“全国农民健身工程建设先进单位”称号。

民生保障

市本级财政集中统筹用于改善民生的支出达3.07亿元，占总支出的19.7%。就业形势保持稳定，全市城镇新增就业7546人，农村劳动力转移就业6748人，城镇登记失业率1.9%。社会保障水平提高，“五险”覆盖面进一步扩大，提高各类低保及优抚、革命“五老”对象补助标准，全年发放低保金、生活补助金1752万元。完成8个革命老区村安全饮水工程。财政支付渔船渔工险、自然灾害公众责任险等民生保险350万元，兑现燃油补贴资金1863万元。大力发展扶老、救孤、济困等社会福利事业，慈善事业加快发展，成立力恒、航城慈善分会，慈善总会已筹集善款3300万元。加快保障性住房建设，首期经济适用住房、限价住房进入分配供应阶段，廉租住房一期完成主体工程。城乡居民收入稳步提高，城镇居民人均可支配收入20900元，增长10.3%；农民人均纯收入8996元，增长8.3%。

生态环境

严格落实节能减排目标责任制，强化重点水流域综合整治，重点领域和企业节能减排取得新成效，年削减二氧化硫排放量10%，削减化学需氧量3%，完成减排年度目标任务。加强饮用水水源保护，黄石、下洋、东屿生活污水处理站投入运行。加大生态工程建设，持续推进莲柄港河网、陈塘港河道、洞江流域综合整治，实施闽江河口湿地保护区生态恢复工程，整治文岭东湖、潭头西湖；加大造林绿化力度，改扩建石屏山森林公园、江滨公园等园林绿化景点，玉田镇、猴屿乡被评为省级环境优美乡镇。全年完成造林更新面积1.04万亩，建成区绿化覆盖率40.2%，绿地率37.2%。

福建省福清市

福清简称“融”，位于福建省东南沿海，是全国首批综合改革试点县市、全国村镇建设试点县市和全国首批授牌建立海峡两岸农业合作试验区的县市。福清是一座古老而又年轻的城市。早在4000多年前的新石器晚期，就有先民在这块土地上繁衍生息。699年置县，1990年12月撤县建市。现辖17个镇、7个街道办事处、474个村（社区），市域总面积2430平方公里，其中陆域1519平方公里，海域911平方公里。现有户籍人口125.2万人。2009年，全市实现地区生产总值435.5亿元，同比增长9.9%；财政总收入51.2亿元，同比增长19.1%，经济社会保持平稳较快发展势头，县域经济竞争力列居全国“百强县市”第20位。

产业基础坚实

工业主导地位日益突出，成为福清经济持续快速发展的主要动力。2009年全市实现工业总产值909.2亿元，同比增长8%，其中规模以上工业产值850.7亿元，同比增长8.3%；年产值超亿元企业122家，以电子信息、生物医药等为主的高新技术产业产值达512.3亿元，占全市规模以上工业产值的60.2%。工业产业集聚效应不断显现，形成了电子信息、塑胶管材、食品加工、汽车玻璃、医药化工、电力能源六大产业集群。电子产业以冠捷、捷联为龙头，共集聚带动了47家配套企业，形成了全球最大的电脑显示器生产基地，2009年全市电子产业实现产值335亿元，占全市规模以上工业总产值的39.4%。塑胶行业以塑料管材、沙滩鞋和吹气塑料玩具为主打产品，是全国最大的吹气塑料玩具、沙滩鞋出口基地，塑料管材占据国内15%左右的市场份额。食品行业以烤鳗、对虾等水产品加工和粮油饲料加工为主，是全国最大的烤鳗、对虾加工出口基地。玻璃行业以福耀汽车玻璃和新福兴建筑装饰玻璃为骨干，其中福耀集团是全国最大、世界第四大汽车玻璃生产商。医药行业以福抗药业、丽兴医药、福清药业为骨干，即将建成全国最大原料药生产基地。电力能源行业初具规模，江阴国电一期2台共120万千瓦发电机组已经投入运行，三山嘉儒风电、高山风电项目分别于2009年6月27日、8月21日并网发电，福清核电于2008年11月正式动建。以商贸、旅游为主的第三产业也得到持续快速发展。农业产业化、标准化建设走在全省前列，2009年全市农业总产值91.3亿元，继续位居全省各县（市、区）首位。

港口特色突出

港口资源是福清最重要、最独特的战略资源。福清东南濒海，域内海岸线长达408公里，占福建省大陆海岸线总长的11%；其中深水岸线117公里，可建成5～30万吨级深水泊位150多个。福清地处福建、台湾、香港、澳门两岸四地“黄金三角”枢纽位置，辖区内拥有的江阴港区（福州新港）和元洪港区，距离国际海运主航线仅20海里左右。福清作为国家一类开放口岸，海关、检验检疫、海事、边检等口岸查验单位一应俱全，一线查验工作人员全面实行“七天工作制”，提高了口岸通关效率。福州新港实行出口集装箱公路通行费退费优惠政策，吸引了更多物流进入港区。目前，全市已建成福州新港5万吨级集装箱1～5号泊位、14号滚装码头、7万吨国电配套煤码头和3万吨级元洪散杂货码头、5万吨级元载多用途码头以及融侨集装箱码头，在建的还有福州港江阴港区6～7号集装箱码头、10号液体化工码头等3个泊位。江阴港区现已开通美西、西非、欧洲、欧地、韩国等5条国际干线以及中国香港、中国台湾直航航线和多条内贸内支航线。2009年全市累计完成港口货物吞吐量达638.6万吨，其中，江阴港区集装箱吞吐量达51.1万标箱，比增29.9%，福清港口建设和物流集聚效应正在快速形成。

侨台优势明显

福清人素有“敢为人先，打拼天下”的精神

特质。目前，旅居海外的华侨和新移民有86万人，并以每年约2万人的速度增加；旅外乡亲足迹遍及东南亚、大洋洲、欧洲、南美等世界近120个国家和地区。广大旅外乡亲致富不忘造福家园，特别是改革开放30多年来，一批又一批在海外创立了宏基伟业的乡亲，纷纷回到福清这块故土，或投资设厂，或捐助公益，或为家乡发展牵线架桥。在福清，我们有全国唯一以“侨”命名的国家级融侨经济技术开发区，有主要由华侨捐资建设的全国县级规模最大的闽江调水工程。华侨捐建的学校、医院和交通、文化等设施，三十多年来一直成为城市和乡村发展中一道道最为靓丽雄伟的景观。到2009年底，旅外乡亲共为家乡捐建公益事业19亿元。福清在产在建的522家三资企业中侨资企业约占一半，成为福清改革开放和跨越发展的一支重要推动力量。福清对台优势突出，最近处与台湾新竹仅距84海里，是福建省对台经贸交流的前沿阵地和重要窗口。近年来，福清主动融入海峡西岸经济区的发展大局，不断加强与台湾的经贸合作，积极承接台湾电子、机械等外移产业，取得显著成效。截至2009年底，全市已批台资企业253家，总投资17.4亿美元，其中在产在建的有164家。位于融侨经济技术开发区的洪宽工业村因台资企业众多，被誉为“福建台湾村”。特别是为了更好地承接台湾机电类产业企业的转移，2006年3月开始，我市在洪宽工业村规划建设总用地面积1.2万亩、一期用地面积4040亩的洪宽台湾机电园，主要发展机械、电机类产业，其中以数控机床、精密机械、精密模具、汽车发电机及其上下游配套等企业为主。截至2009年底，该园区共引进项目46个，总投资达5.5亿美元，其中台资项目30项，机电项目22项，已投产或部分投产22项。融台农业合作是福清利用台资的又一大亮点。几年来，福清以海峡两岸农业合作实验区为载体，全力拓展融台农业合作交流，引进台湾优良农业品种300多种，推广种植面积达10多万亩。2005年，福清紧紧抓住两岸关系出现积极变化的有利契机，着手规划建设总面积达30万亩的福清台湾农民创业园，不仅为台湾农业项目、资金、技术迅速引进落地创设了广阔平台，而且建成后可惠及我市19个镇街和全市76.9%的人口。截至2009年底，台湾农民创业园中已引进农业项目66项，总投资1.24亿美元，其中已有37个项目落地动建，15个项目投产。

发展载体丰富

近年来，福清着力打造承载工业经济发展的坚实平台，初步形成了以融侨、元洪、江阴三大工业区为龙头，以福厦、大真、海城、新江四条公路沿线经济繁荣带为辅翼的产业发展格局。融侨国家级经济技术开发区创办于1987年，1992年10月升格为国家级开发区，区内已形成电子、塑胶、汽车玻璃等支柱产业，涌现出冠捷电子、福耀集团等世界知名行业巨头，初步形成了一区多园、多轮驱动的发展格局。2009年全区规模以上工业产值达532亿元，占全市规模以上工业总产值的62.5%。为了进一步做大做强电子信息产业，从2006年开始，我市又在福厦高速公路宏路出口附近规划实施了总面积达1500亩的光电科技园。截至2009年底，该园已入驻捷联光电园厂区、睿鸿科技、天邦电讯等8个项目，其中睿鸿光电一期、天邦电讯、捷联新厂区已先后建成投产，其余在建。福州元洪投资区依托区内元载码头，着力发展粮油食品、轻工制造、港口仓储等产业，2009年实现规模以上工业产值64.9亿元。江阴经济开发区2009年实现规模以上工业产值62亿元，已初步形成了医药、化工、电力能源、循环经济、港口运输和现代物流五大产业雏形。同时，福清出口加工区、福州（江阴）保税物流园区已分别于2006年12月和2008年5月顺利通过国家验收，成为了我市新一轮开放发展的重要载体，截至2009年底，福清出口加工区已有华城汽车材料、融港实业、坚力机械、海马生物、天丰钢铁等20个项目签约或动建，其中天丰钢铁等4家企业已建成投产，坚力机械等6家企业正在建设中。龙田、镜洋等镇工业集中区持续发展，初步建成了镜洋的塑胶管材、龙田的水产加工、城头的粮油饲料等年产值20亿元以上的专业生产基地。

民间资金雄厚

福清是福建省首个居民存款突破200亿元的县（市）。截至2009年底，居民在市内各金融机构的本外币储蓄余额达381.4亿元。福清现有近30万乡亲在全国各地经商办厂。他们市场信息灵通，营销渠道通畅，产业层次较高，在全国各地房地产、水产品运销、成品油营销、玻璃塑胶等行业具有较大影响力。近几年来，通过广泛开展"激情创业在福清"活动，完善"二次招商"政策，创立工业建设发展基金等措施，福清民间资本回归速度加快，民营企业发展持续升温。2009年内资实际到资突破30亿元，达37.9亿元。

人文环境独特

福清是"睁眼看世界第一人"中华民族英雄、世界禁毒先驱林则徐的祖籍地，翁承赞、郑侠、叶向高等一大批杰出历史人物，为玉融古邑赢得了"文献名邦"的美誉。域内有众多的人文自然景观，富有"中华梦乡"美誉的石竹山，被评为国家AAAA级旅游风景区；瑞岩山弥勒石佛造像被列为全国重点保护文物。还有日本三大佛教之一黄檗宗祖庭万福寺、南少林寺遗址、灵石国家森林公园等诸多名胜古迹。福清是全国教育"两基"工作先进地区，多次蝉联全国科技工作先进县市和科普示范县市称号。全市现有福建师大福清学院和福州农业职业技术学院2所大专院校，14所中等职业技术学校，每年向社会输送大中专毕业生近万名。2004年福清提前实现基本普及高中阶段教育，2005年在全省率先通过教育"双高普九"验收。福清人素有敢闯敢干、勇为人先的胆识，善观时变、顺势有为的智慧和吃苦耐劳、勤勉敬业的精神，在三十多年的改革开放浪潮中，海内海外200万福清人正是凭借这样的精神特质，勇立涛头，阔步向前，才先走一步，快人一拍，抢占了继续加快发展的主动权。

2010年是实施"十一五"规划的最后一年，也是福清撤县建市20周年。在新的一年里，我们将继续融入海峡西岸经济区建设和省会中心城市发展大局，组织开展"发展提升年"主题活动，持续深化激情创业，以扩需求提升经济运行水平，以调结构提升产业发展层次，以促改革提升发展内在活力，以惠民生提升社会建设实效，全力推动福清经济社会发展迈上新的台阶，力争实现地区生产总值487.73亿元，同比增长12%；工业总产值1018.3亿元，同比增长12%，其中规模以上工业产值961.3亿元，同比增长13%，在海峡西岸经济区建设和省会中心城市发展中当先锋、求作为、争先行、做贡献。

福建省惠安县

惠安县位于泉州湾与湄州湾之间，依山临海，与台湾隔海相望，是福建省著名侨乡和台湾汉族同胞祖籍地之一。于北宋太平兴国六年（981年）置县，迄今已有1000余年历史。全县土地面积720平方公里，辖16个乡镇和2个省级经济开发区（下属3个县级工业园区），共有295个行政村（社区），常住人口94.6万人，惠籍海外华侨90多万人，港澳台胞90多万人。沈海高速公路、福厦高速公路、福厦高速铁路、国道324线、厦漳泉铁路纵贯全境，陆海交通便捷，自然风光优美，人文名胜荟萃，旅游资源丰富，素有“石雕之乡”、“建筑之乡”、“渔业强县”之美誉。

惠安过去地瘠人贫，一直被人谑称为“地瓜县”。改革开放以来特别是近十年，在中央和省、市委的正确领导下，惠安县委、县政府坚持以科学发展观为指导，团结和带领全县人民，大力弘扬“勤奋刻苦、务实求真、团结拼搏、创新争先”的创业精神，进一步解放思想、抢抓机遇，开拓创新、奋力拼搏，经济社会保持又好又快发展势头。2009年，全县生产总值达349.44亿元，全口径财政总收入30.08亿元，一般预算收入15.79亿元，农民人均纯收入8378元，城镇居民可支配收入19234元。与此同时，社会各项事业协调发展，党的先进性建设全面加强，社会保持安定稳定。昔日的“地瓜县”，已经从一个资源短缺的农业大县迈向工业强县，从温饱型社会迈向宽裕型小康县，并逐步形成了以港口和城区为依托，支柱产业和区域特色经济并驾齐驱的发展格局，成为全省县域经济比较活跃、社会进步比较显著、发展势头比较强劲的沿海开放县份之一。

魅力百强县份

县域经济综合实力连续九届跻身全国最发达“百强县（市）”行列，位居全国县域经济基本竞争力“百强县”第29位，荣膺全国中小城市“综合实力百强”第45位、“最具投资潜力百强”第30位和“最具区域带动力百强”，并先后荣获中国石雕之都、中国民间艺术（雕艺）之乡、全国食品工业强县、水土保持生态环境建设示范县、科普示范县、科技进步先进县“五连冠”、科技进步示范县、国家级食品安全示范县和福建省党建先进县、文化先进县、计生优质服务先进县、双拥模范县“三连冠”、最佳旅游目的地、绿化模范县称号，并率先成为全省首个“国家园林县城”和全市首个“省级优秀旅游县”。

泉州中心港区

惠安海域面积1833平方公里，拥有长达217公里海岸线和斗尾港、崇武港、秀涂港等天然良港，其中斗尾港被交通部规划为全国四大中转港口之一，崇武港被农业部确定为国家中心渔港，秀涂港被确定为泉州中心港区之一。对接泉州市亿吨大港建设规划，惠安着力整合建设规模化、信息化、大型化港口群。尤其是随着泉州外走马埭围垦工程、青兰山30万吨级原油码头、秀涂万吨级多用途码头的全面推进，泉州船厂修船项目、中化1200万吨重油深加工项目等一批国家、省市重点建设项目的投建投产，惠安港口经济将成为海峡西岸新的经济增长极。

先进产业基地

通过技术创新和品牌打造，惠安目前已形成具有浓郁地方特色的石雕石材、食品饮料、鞋服包袋、建筑装饰等四大主导产业，拥有“惠泉”、“达利”、“惠安石雕”等一批国家级名牌产品、驰名商标，规模以上企业突破600家。立足工业化中后期转型趋势，加快培育石油化工、船舶机电、电子信息、精密机械等战略性产业，实现了从轻型工业向轻重并举转型、从低效生产向高效运行转型、从小型松散向产业集聚转型。预计在3至5年内，全县工业总产值将达到800亿元、力争突破1000亿元，惠安将建设成为泉州先进制造业基地的核心区。

新的台资聚集区

惠安有着独特的对台优势，“海西”战略提

出后，惠安围绕打造全国新的台资聚集区目标，主动承接台湾新一轮产业转移和国内台资密集区企业外扩，规划建设了泉州台商投资区、黄塘台商创业基地、绿谷台商高科技产业基地等三大台资聚集区，引进了投资5.7亿美元的美旗和谐光电、投资3亿美元的长照太阳能电子等一批台资高新项目和泉州市台资协会落户，促进了台湾光伏电子、电子信息、机电一体化、精密机械和新材料等高端领域项目形成集聚态势，成为海峡西岸经济区拓展对台经贸文化交流合作的新平台。目前，泉州台商投资区已经省政府批准成立，各项筹备工作正在进行中。

滨海现代新城

惠安是泉州中心城市东进的主要区域，拟建设成立泉州北翼中等城市，通过认真对接泉州大城市建设，初步形成“五区一带”的现代化滨海城市框架，即县城科工贸中心区、崇武旅游经济区、斗尾临海重化工业区、洛秀对台经贸新城区、城西生态型休闲区以及环大港湾到林辋溪、黄塘溪流域的蓝色绿色生态观光带。通过坚持统筹、反哺、支持原则，逐步推进城乡发展规划、产业布局、资源配置、公共服务一体化，建立起乡镇间联合发展运作体制，形成城乡良性互动、统筹发展的新格局，实现了“以工促农、以城带乡”。

“海丝”文化窗口

拥有全国现存最大、最完整的全花岗岩结构“崇武古城”，全国迄今规模最大的“大地岩雕艺术群”和被誉为“海内第一桥”的全国第一座海港大石桥“洛阳古桥”；崇武镇被评为“中国魅力乡土民风名镇”、“全国最美八大海岸”和“全国十佳古镇 ”，“惠安石雕”、“惠安女服饰”、“惠安传统建筑营造技艺”、“惠安南派布袋戏”等先后入选国家、省、市非物质文化遗产名录；“惠女风情”作为全国独一无二的女性群体民俗风情、堪称中华民俗文化宝库中的一朵奇葩，南音艺术被誉为中国音乐的“活化石”；民俗文化、建筑文化、雕艺文化、宗教文化、海洋文化等多元文化交相辉映，是闽南文化的重要组成部分。随着崇武古城旅游综合开发、青山湾滨海旅游度假区、城西生态型休闲区等项目的开工建设，以民俗、滨海、人文、古迹等为代表的惠安特色旅游业正蓬勃发展。

福建省晋江市

改革开放以来，晋江充分发挥侨台优势和海交文化优势，率先走出一条依靠民营经济和产业集聚形成产业集群，以发展产业集群提升工业化、带动城市化的独具特色的县域经济发展道路，经济和社会发生了巨大变化。县域经济基本竞争力连续七届位居全国第5～7位，综合实力连续17年位列福建县域之首。2009年，在国际金融危机的影响下，晋江负重前行、克难而上，经济社会发展总体平稳、总体持续，完成地区生产总值775.86亿元，财政总收入81.53亿元。

全市现有各类企业1.4万家。工业企业主要以劳动密集型轻工产品制造为主，涵盖纺织服装、制鞋、建筑陶瓷、食品饮料、雨伞、玩具等多个门类，其中纺织服装、鞋业制造、建筑陶瓷三大产业总量占全市工业总量近70%左右，以电子光伏、机械装备、飞机维修制造为代表的一批重工业、高新产业正逐渐崛起，成为经济发展的重要支撑力量。县域经济发展主要呈现如下几个特点：

产业集群茁壮成长

形成纺织服装、鞋业、陶瓷、食品和石材、伞业、玩具等一批较具区域特色的传统产业集群。其中旅游运动鞋产量占全国的40%、世界的20%；夹克衫产量占世界的12%；食品业年产值占福建省的50%以上，糖果总产量占全国的近20%；外墙砖在国内市场占有率达65%，琉璃瓦产品几乎垄断全国市场；制伞业占全国雨伞产量的18%、出口量的26.7%，是中国最大的伞业制造基地。2009年，全市工业总产值完成1724.48亿元。

知名品牌竞相崛起

实施品牌战略五年规划。先后获得世界夹克之都、中国鞋都、中国拉链之都、中国伞都、中国纺织产业基地市、国家体育产业基地等“国字号”区域品牌14项。拥有中国驰名商标83枚、中国名牌产品24项、中国出口名牌2件，25万家品牌企业营销网络遍及全国大中城市；9个商标入选中国最有价值商标500强，3个品牌入选中国行业标志性品牌。“4·19”鞋博会成为“中国十大魅力展会”之一。

资本运营卓有成效

通过引导企业改制上市，推动企业建立现代企业制度、加快自主创新步伐、引进高端人力资源、规范企业经营运作，推进民营企业现代化步伐，初步形成了证券市场上的“晋江板块”。目前全市已有22家企业在境内外证券市场成功上市，累计募集资金折合人民币131亿元，总市值近1200亿元，并建立了79家企业的上市后备资源库，形成“储备一批、改制一批、审报一批、上市一批”的发展态势。

创新活力充分迸发

积极引导企业引进先进技术设备、争取各级技术中心资质，推进技术改造和创新。据不完全统计，全市年均技改投入近20亿元。现有国家火炬计划重点高新技术企业3家、省级高新技术企业87家、省两个密集型企业3家、国家级创新型试点企业1家、省级创新型企业4家、省级创新型试点企业8家、省级星火行业技术创新中心12家。有3家国家级知识产权示范单位、3家福建省专利工作试点企业。6家企业成为国家标准起草单位，10家企业成为行业标准起草单位。建立全国第一个县级博士后工作站，设立专家活动中心、留学人员创业园，引进中高级人才4000多名（博士后51名）。

对外开放不断拓展

拥有自营出口超千万美元企业25家，与100多个国家和地区建立了经贸合作关系，安踏、七匹狼等一批品牌企业相继在境外设立品牌销售网络，围头对台小额贸易口岸正式获批，深沪、围头港区正式对外开放，晋江机场国际航线即将开通。2009年，在全国、全省出口负增长的情况下，晋江逆势飘红，实现全社会商品出口交货值59.21

亿美元，增长11.9%。

城乡一体扎实推进

按照“现代制造基地、商贸中心、滨海港口城市”的定位和“一城两镇三组团”的规划布局，将全市649平方公里土地、121公里海岸线作为一个城来规划建设。城市化水平达到50%，被评为福建省园林城市，城市“畅通工程”达国家一等管理水平。扎实推进“百村示范、村村整治”、“家园清洁行动”，持续开展“百企联百村、共建新农村”活动，全市已有42个村和80家企业结对共建，涌现出公益捐助型、产业带动型、合作建设型、劳务协作型和经济顾问型五种村企共建模式。

民生质量持续改善

城乡居民生活水平继续提高，实现城镇居民人均可支配收入19552.59元、农民人均纯收入9827.59元。在全国率先实行对外来务工人员子女教育同城同等待遇，约14万名外来务工人员子女从中受益。建立“企业欠薪保障调剂金”制度，实施“流动人口管理服务15条”政策，实行外来人口与本地居民同等或者类似待遇。成立了市慈善总会，目前累计募集善款9.2亿元；城乡低保标准实行城乡一体化和自然增长机制，目前为280元／月；在全省率先实施被征地人员养老保障、新型农村合作医疗，养老、医疗、失业、工伤、生育等五项基本保险扎实推进。

今后一个时期，晋江市将紧紧抓住中央支持海西建设的重大历史机遇，主动融入海峡西岸经济区和泉州现代化工贸港口城市建设，扎实推进“一个对接，三大转型”（抢抓海西发展的重大机遇，加强与台湾的对接，实现经济、城市和社会转型），全力推动经济社会持续发展、持续提升，争取到2012年，GDP突破1000亿元、2015年在全省率先实现全面小康、2020年人均GDP超过台湾现有水平，奋力开创晋江科学发展新局面。

福建省南安市

全市生产总值413.4亿元，同比增长13.1%，财政总收入36.65亿元，同比增长12.8%；金融系统贷款余额269.9亿元，比去年底增长31.6%；社会消费品零售总额146.8亿元，增长15.0%；城镇居民人均可支配收入19128元，增长11.0%，农村居民人均纯收入8723元，增长8.2%。跻身全国县域经济基本竞争力百强第49位、最具投资潜力百强第33位、中小城市科学发展百强第46位，入选最具区域带动力百强和中国改革十佳县市，荣获全省知识产权强市和科技成果转化试点市称号。

工业经济

实现工业总产值755.0亿元，同比增长14.8%。规模以上工业企业885家，净增38家，产值达592.5亿元，增长17.4%，增幅持续居泉州市前列。光电产业基地获批省级产业园，滨江基地获批省级装备制造业重点基地。新增1个国家级示范生产力促进中心、12家国家级高新技术企业、13个行业（企业）技术中心和工程技术研究中心，获25件省级自主创新产品、598件授权专利，新增2家国家专利试点企业，荣膺1件当年全省唯一的国家专利优秀奖。首次跻身国际标准制修订单位行列，名列全国商标发展十强县市。

内经外贸

深入开展“招商选资和项目建设持续提升年”活动及“回归创业工程”，全年签约项目总投资41.5亿元，实际利用外资验资口径1.3亿美元，同比增长34.8%，引进市域外内资12亿元，同比增长19%。对台发展呈现新格局，海峡科技生态城项目参加“9·8”投洽会省团集体签约，“海农会”正式纳入“9·8”投洽会活动内容，成交额比上年首届增长27%，泉金航线第二查验口开通运行。

项目带动

项目投资增势良好，固定资产投资总额首次突破百亿元大关，对经济增长贡献率达41.1%。各类重点项目完成投资89.5亿元，全年投产重点工业项目73个，“两区八大基地”新落地76个项目。新获批40个中央增投计划项目，增投补助额居泉州市前列。

城乡建设

南安大道、江北大道、泉三高速和福厦高铁南安段建成通车，泉州环城高速南(安)石(井)路段、南惠线南安段、沈海高速复线金(淘)安(溪)路段建设进展有序，官桥粮食建材铁路专用线筹建顺利。市民中心路网工程进展顺利，天然气管网部分试通气，垃圾焚烧发电厂实现并网发电，16座乡镇垃圾中转站建成使用，城市污水管网进一步向周边乡镇延伸。石井客运码头和滚装码头基本完工，万吨级航道疏浚任务顺利完成。全年完成“三农”建设投入3.8亿元，5个泉州市级以上新农村建设试点村和40个市级示范村顺利实施。

民生保障

供水供电保障体系建设、农村饮水安全工程和沿海片区供水工程全面推进。进一步提高离任村主干和困难群众生活补助及农合标准，正式启动村主干养老保险，镇卫生院标准化建设加快推进，行政村卫生所（室）覆盖率达100%。有序实施助残十大工程、扶贫开发、慈善救济和困难群体帮扶、67个库区安置建设项目和21个老区村项目。扎实推进省级住房供应体系试点工作，1143套廉租房和338户造福安居工程进展顺利，住房保障制度更加健全。各类就业技能培训1.8万人，新增城镇就业1.9万人，荣获全省高校毕业生就业工作先进表彰。命案侦破和打黑除恶战绩居泉州市首位，社会治安满意度持续上升。

社会事业

农家书屋等文化惠民工程深入实施，建成全国首个国家级文艺院团共建基地，荣获“中国高甲戏之乡”称号。在全省率先成立县级对台人才交流服务中心，南台人才和文化交流进一步深入。市八运会取得圆满成功，市民健身活动蔚然成风。蝉联全国科技进步先进市、文化先进市和群众体育先进市，实现省级双拥模范城六连冠。城市环境考核继续保持全省领先水平，近海水域整治成果位居泉州市前列，石粉碎石综合利用成为全省循环经济亮点。第四届世青会等系列活动成功举办，侨捐资金连续16年超亿元，创全国独例。

扶持服务企业发展

及时制定19条服务扶持企业发展新举措，引进劳务用工2.9万人，兑现各类补助和奖励7573万元，取消和停征行政事业性收费21项，减轻企业负担1.8亿元，落实政策性减税1.7亿元，新办“两证”抵押融资1027件，落实信用担保1.2亿元，新增银行贷款64.8亿元，有效改善企业生产经营环境，促进企业良好运营。

武荣公园

武荣公园沿晋江西溪而建，总长度6.2公里，占地面积100公顷，总投资约1.55亿元，规划分为城市风情园、产业文化园、历史文化园、动感游乐园、滨水生态园等五个主题园区，是集景观、生态、休闲、文化、娱乐、健身于一体的开放式滨水生态公园，也是目前福建省最长的滨水公园，创造了南安地域特色的绿色风光和人文景观，获荐申报中国人居环境范例奖。

甘肃省华亭县

华亭县，古称仪州，位于陕甘宁三省（区）交会处，总面积1183平方公里，隋大业元年（605年）置县，至今已有1400多年的历史。辖5乡5镇、1个街道办事处、1个省级工业园区，101个行政村，25个社区。总人口18.1万人，总户数56039户，其中非农业人口8.5万人，24483户。

自然资源丰富

华亭自古以来素有陇上“煤城瓷镇”之美称，境内煤炭、陶土、硅石、坩泥、石灰石等资源储量可观，其中煤炭储量达33.74亿吨，具有“三高三低”（高挥发性、高化学活性、高发热量，低灰、低硫、低磷）的良好品质，是优质的动力、气化和化工用煤。交通条件便利，宝中铁路、省道304线和203线横穿境内，县乡公路四通八达，建成年输转能力1000万吨的煤炭铁路专用线和140万吨的安口铁路集运站，天（水）平（凉）高速、宝（鸡）平（凉）高速和天（水）平（凉）铁路、平（凉）华（亭）铁路运煤专线等重大交通项目将相继开工建设。生态环境优美，境内山川兼有，雨量充足，年平均气温8.9℃，降雨量644.7毫米，平均海拔1300米，森林覆盖率37.7%。旅游资源丰富，有古人类遗址、古墓葬群、石窟石雕等106处，特别是风景秀美的关山莲花台是秦、汉皇帝祭祀炎黄二帝的上、下畤遗址，是中国第一座祭祀黄帝的轩辕庙，是我国先秦文化的发祥地之一。秦王嬴政统一六国后的第二年首次西巡，在莲花台举行了盛大的祭祀活动，是秦皇祭天第一坛，历史传说和文化积淀深厚，开发前景广阔。

发展势头良好

进入“十一五”以来，在中央和省市的正确领导下，全县上下认真贯彻落实科学发展观，奋力推动发展转型，经济社会各项事业呈现出又好又快发展的良好态势。2009年，县域经济基本竞争力跃居全国2001个县（市）的第880位，全省69个县（市）第4位。一是主要经济指标快速增长。截至2009年底，全县地区生产总值完成43.2亿元，同比增长11%；规模以上工业增加值33.5亿元，增长10.8%；固定资产投资37.5亿元，增长50%；大口径财政收入10.3亿元，增长28%，地方财政收入2.93亿元，增长25.9%；财政支出8.35亿元，增长51.5%；社会消费品零售总额8.32亿元，增长20%；城镇居民人均可支配收入、农民人均纯收入达到13800元和3226.96元，分别增长23.2%和14.83%。二是产业转型发展步伐加快。纵深推进煤电化综合开发，先后建成了华砚煤矿1000万吨、山寨煤矿120万吨、东峡煤矿120万吨、陈家沟煤矿150万吨改扩建项目和砚北600万吨、陈家沟200万吨选煤厂等重大项目。引进中水集团投资14.5亿元建成了华亭电厂一期工程，总投资86亿元的二期2×100万千瓦发电项目与中水集团签订了建设协议，完成科研初审。投资29亿元的中煦公司60万吨煤制甲醇项目即将投产。投资24.9亿元的聚丙烯项目年内可开工建设。2009年，矿区原煤产量达到1378.5万吨，发电12.3亿度。狠抓农村支柱产业开发，药材、核桃、蔬菜和肉牛四大特色产业初具规模，种植面积分别达到6.2万亩、18.9万亩和4.5万亩，牛饲养量达到15.3万头，“华亭大黄”、“华亭独活”、“华亭核桃”地理商标通过国家核准注册。旅游、商贸服务、交通运输、房地产开发等第三产业蓬勃发展，占GDP的比重达到12.7%。三是城乡面貌焕然一新。按照“生态文化山城，绿色能源之都”的发展定位和建设宜商、宜居、宜游的山水园林区域中心小城市的目标，走出了一条依托矿区，承载工业，服务三产，完善功能的资源型城市转型发展新路子。县城面积由2000年的6.5平方公里增加到12.9平方公里，城镇化水平净增了12.3个百分点，达到40.2%。坚持统筹城乡齐发展，持续加大以工促农、以城带乡力度，从2005年开始坚持以上年地方财政收入的9%列支支农资金，

2008年又提高到13%，重点扶持农业产业开发、龙头企业建办、基础设施建设和农村社会事业发展，全县新村建设、旧村改造覆盖面达到83%，通村道路硬化率、农村自来水入户率分别达到85%和92.6%，基本实现了乡乡通油路、村村通水泥硬化路和自来水化县目标。被命名为全国文明县城、全国园林县城。四是社会事业全面进步。以办好人民满意教育为目标，坚持教育优先发展战略，在陇东地区率先实现了普及九年义务教育，"两基"各项指标连续13年保持在国家验收标准之上。大力发展卫生事业，乡镇村卫生组织一体化管理和乡镇卫生院标准化改造顺利完成，新型农村合作医疗制度扎实推进，基本满足了城乡人民群众医疗、预防和保健需求。不断完善社会保障体系，城乡居民最低生活保障制度全面落实，新型农村社会养老保险试点工作全面展开，参保率达到了98.6%。全县城镇登记失业率控制在3.5%以内。人口计生政策全面落实，在甘肃省中东部地区率先建成了"三为主"县、省级优质服务县和全国计划生育优质服务先进县。科技、文化和节能降耗、环境保护、政法综治等工作取得可喜成绩，和谐社会建设步伐不断加快。五是民生问题得到妥善解决。在严格落实中央和省市各项惠民政策的基础上，不断加大财政投入，扎实做好保障和改善民生的各项工作。县上坚持每年年初向社会公开承诺措办十件为民实事，2009年县财政用于民生方面的预算支出比例达到70%，群众最关心、最直接、最现实的利益问题得到较好解决，切实让城乡老百姓特别是困难群众享受到了公共财政的阳光。六是发展环境持续改善。加强工业园区建设，按照"高科技的希望，煤化工的摇篮"的发展定位，投资2亿多元，收购盘活原5203、5204军工企业遗留资产，兴建了占地385公顷的省级工业园区。

发展前景广阔

"十一五"以来，县上以2006年人均GDP突破1000美元为重要标志，作出了华亭已经进入科学发展、转型发展新阶段的重要判断，确立了转型发展战略。2008年，全县上下以被党中央列为全国23个开展深入学习实践科学发展观活动试点单位为契机，进一步审视县情实际，提出了加快建设科学发展示范县的奋斗目标。到2010年县域经济基本竞争力在甘肃省保四争三。到2016年，力争建成甘肃第一县，进入西部"百强县"和全国"五百强"行列，使全县经济更繁荣、社会更和谐、生态更优美、机制更健全、人民更幸福。再经过二三十年的努力，到2050年，在全省率先实现现代化。经济更繁荣，就是经济发展方式明显转变，综合实力快速增长，发展质量和效益明显提升，现代产业体系形成。到2016年，人均GDP达到8000美元以上，城镇化率达到50%以上，县域经济基本竞争力在全省的位次不断前移，力争保三争一。社会更和谐，就是民主法治、公平正义、诚信友爱、充满活力、安定有序、人与自然和谐相处的和谐社会体系基本建立，公民政治参与有序扩大，全社会法制观念进一步增强，覆盖城乡居民的社会保障体系基本形成。社会主义核心价值观得到弘扬，各类社会矛盾得到妥善处理，社会秩序良好，人民安居乐业。生态更优美，就是城乡基础设施更加完善，生态环境质量明显提高，水、土地、矿产、森林等资源得到有效保护和有序开发，森林覆盖率和城镇绿化覆盖率分别达到43.5%和45%以上，采空塌陷问题得到有效解决。机制更健全，就是符合科学发展观要求、有利于保障和促进科学发展的体制机制基本形成，社会主义市场经济体制更加完善，政府公共服务能力显著增强，社会管理体系更加健全。人民更幸福，就是城乡居民收入稳步增长，分别达到46462元和8584元以上，医疗服务体系更加健全，教育事业均衡发展，文化事业更加繁荣，人民群众更多地享受到发展带来的成果，幸福感明显增强。

广东省博罗县

总体概况

博罗县位于广东省东南部，珠江三角洲东北端，东江中下游北岸。岭南文明古县之一，秦时置县，距今已有2200多年的历史。全县总面积2858平方公里，辖17个镇，户籍人口80万人，外来人口40万人。

近年来，博罗以建设"统筹城乡协调发展示范县"为目标，全面推动经济社会又好又快发展，荣获了"全国双拥模范县"、"全国粮食生产先进县"、"全国荔枝产业十强县"、"全国农业综合开发先进县"、"全国水果生产百强县"、"全国农村社区建设实验县"、"全国百强县"、"全国电子信息产业基地"、"广东林业生态县"等荣誉称号。

发展新优势

1.区位交通优势

博罗区位优越，东连惠州市区，西接广州，北接河源、龙门，南与东莞隔江相望。县城距惠州市区15公里，距广州、深圳80公里。交通发达，广惠、惠河高速公路贯通全县，拥有高速公路108公里和10个互通口，成为广东省高速公路里程最长的县之一；京九铁路和广梅汕铁路途经博罗县并设有两个货运站；国道324线、国道205线纵贯全县，全县公路通车里程2895.5公里，公路密度每百平方公里达103公里。

2.加速融入珠三角一体化的优势

《珠三角地区改革发展规划纲要（2008～2020)》的实施尤其是深莞惠经济圈的打造使博罗具备了加速融入珠三角一体化的发展优势。一是深莞惠一体化加快的优势。博罗是离惠州市区最近的县区，地处惠州市区和东莞之间的重要节点位置，深莞惠在基础设施、产业布局、城乡规划、公共服务和环境保护等各个方面的对接融合，博罗成为了首先的受益者。二是交通一体化加快的优势。在原有广惠、惠河2条高速公路的基础上，广河、从莞、博深3条高速公路博罗段已动工建设，建成后，博罗离深圳的车程将缩短至30分钟。规划中的厦门至花都轻铁经过博罗，加速博罗与广州的半小时生活圈建设。三是与珠三角其他发达地区对接加快的优势。珠三角九市在博罗罗浮山共同签署了关于旅游一体化发展的《罗浮山宣言》，与珠三角发达地区的劳动力转移对接等各项工作已全面启动，博罗融入珠三角一体化的进程正不断加快。

3.生态优势

博罗境内青山绿水，生态环境良好，在珠三角区域中是无可比拟的。国家AAAA级景区罗浮山是全国道教十大名山之一，素有"岭南第一山"的美称，并正在创建国家AAAAA级景区；国家级自然保护区象头山是著名的生态休闲旅游胜地，还有缚娄古国遗址等一大批名胜古迹。全县森林覆盖率达50%以上，被评为广东省林业生态县，是珠三角大工业圈的"绿肺"和绿洲。2009年，提出"生态强县"理念，坚持以人为本、生态优先，大力发展生态经济，加快推进总长100公里的省立绿道3号和5号线建设，并在县内延伸成绿道网，连通全县各镇，着力打造珠三角中心花园，巩固和强化博罗在珠三角核心地区的生态优势地位，努力把生态优势转化为发展优势。

"六大基地"建设

2009年，博罗县在科学研判各种机遇与挑战的基础上，立足自身的比较优势，围绕建设统筹城乡协调发展示范县的目标，作出了打造"六大基地"的战略部署，推动博罗实现跨越式发展。即依托博罗县农业基础优势和地源优势，加快特色农业发展，巩固粤港澳绿色食品供应基地的地位，打造珠三角地区优质农产品生产基地；依托罗浮药谷、罗浮山药业、先锋药业等资源优势，打造广东省中医药产业基地；依托杨侨精细化工基地与惠州大亚湾经济技术开发区的合作，整合资源，打造珠三角地区重要的精细化工产业基地；依托惠州抽水蓄能电站、仪强电动汽车、泰山石膏等新能源、新材料项目，打造珠三角地区重要的新能源及电子信息产业基地；依托国家级重点技工院校省高级技工学校、国家级重点中专博罗中专、国家第一批星火计划学校惠州市宝山职业技术学校等职业教育资源优势，打造珠三角地区职业技能培训基地；依托罗浮山、象头山、东江等山水资源优势，打造珠三角中心花园及粤港澳地区具有重要影响力的休闲旅游基地。

2009年发展状况

2009年，全县生产总值254.39亿元，同比增长（下称增长）15%。三大产业比重为11.3：48.1：40.6；其中工业增加值116.32亿元，增长17.6%，对GDP的贡献率达54.6%，拉动GDP增长8.2个百分点。全社会固定资产投资91.35亿元，增长29.1%。税收总额20.42亿元，增长2.2%。社会消费品零售总额72.89亿元，增长15.8%。外贸出口总额13.02亿美元，增长9.8%；实际利用外资1.81亿美元，增长4.3%。县级一般预算财政收入12.38亿元，增长23.5%。在岗职工年均工资23538元，增长14.2%；农民人均纯收入7682元，增长14.3%。年末，全县金融机构各项存款余额215.64亿元，增长16%；城乡居民储蓄存款余额148.69亿元，增长9.6%；金融机构各项贷款余额74.26亿元，增长25.7%。

广东省增城市

区位优势明显。增城市是广东省广州市下辖的县级市，地处中国改革开放的前沿阵地——珠江三角洲腹地，是广州、东莞、深圳、香港发达城市群和产业带的重要节点。市域面积1616平方公里，户籍人口83.36万人，下辖6个镇、3个街道办事处，拥有1个国家级经济技术开发区，是中国著名的荔枝之乡、牛仔休闲服装名城、新兴的汽车产业基地和生态旅游示范区。

产业基础雄厚。拥有增城（国家级）经济技术开发区以及广汽本田、豪进摩托、康威服装、皇朝家私等中国知名品牌，培育了汽车、摩托车和牛仔休闲服装三大支柱产业，高端产业集群集聚发展程度不断提高，辐射带动效应不断增强。2009年完成生产总值574.34亿元，比上年增长14.3%；人均生产总值 69193元，增长13.22%；财政总收入117.37亿元，增长14.52%。

人居环境优越。全市拥有12个森林公园和自然生态保护区，林地面积达到118万亩，森林覆盖率达到55.38%，城市建成区绿地率达到44.5%，绿化覆盖率达到49.8%，人均公共绿地面积达到19.7平方米。城市建设了多座垃圾压缩站和垃圾填埋场，正在建设垃圾焚烧发电无害化处理设施，城市生活垃圾无害化处理率达98%。有中国最大的优质生活社区凤凰城和一大批公园式居住社区，还有西南村等一批中国绿色小康村和生态文明村。

交通设施便利。对市域内高、快速公路、城乡主干道路和市区道路进行了全面升级改造，启动了城际轨道、地铁、客运交通枢纽、汽车客运站等一批重大交通设施项目建设，穗莞深城轨、广州地铁13号、16号线正在加紧规划建设，全市拥有道路总里程2378公里，拥有广惠、广园东、增莞深等7条高快速公路，每百平方公里高速公路里程数达12.78公里；新塘口岸至香港70海里，至广州20海里，客货及大型集装箱运输方便快捷，每天有客货轮直达香港；一小时内可到达周边五大机场，逐步融入广州东莞半小时生活圈和珠三角一小时经济圈。

教育文化繁荣。拥有各类学校286所，其中高等院校7所。在校大学生4万多人，人力资源丰富，劳动者普遍素质较高。全市中、小学入学率均为100%，职业教育毕业生就业率98%，高等教育毛入学率34.01%，高考上线率达92.75%，成为广东省教育强市。在普及九年制义务教育的基础上，率先实现高中阶段免费义务教育。以“全国特色文化广场”增城广场为核心，整合周边增城图书馆、广播电视中心、科技文化博物馆、增城歌剧院等资源，建设富有影响力的群众文化中心区。每年办好“广场音乐文化节”和新年音乐会，每周举办广场文艺晚会，打造音乐文化品牌，群众文化活动蓬勃开展。

民生保障健全。建立和完善了公共财政投入保障体系，坚持财政资金在公共服务领域的高投入。推动社会保障体系全覆盖，初步构建起职工工资增长与经济社会同步增长保障体系，公职人员、教师和退休职工的工资待遇不断提高；建立了以养老、医疗、失业、工伤、生育五大保险为主要内容的城乡居民社会保障体系，实施了农村社会养老保险和城镇老年居民养老保险；建立了城镇居民医疗服务保障体系，全市城镇居民基本医疗保险参保率达83.17%，新型农村合作医疗参合率达到99.6%；建立了教育扶助保障体系，对义务教育、普通高中、高考上线大学生等阶段家庭困难学生实施扶助；建立了包括低保、五保、残疾人、重大疾病、慈善基金在内的社会救济保障体系，实现应保尽保；建立了市、镇、村三级就业服务保障体系，实行免费培训和推荐就业。

金三角下的一颗明珠——贵州盘县

盘县位于贵州西部，已有2100多年的历史，唐贞观八年称盘州，1381年置普安卫，1909年称盘州厅，1913年盘州厅改称盘县。盘县总面积4056平方公里，辖37个乡镇，450个行政村，52个社区居委会，总人口114万人。全县有27个民族。

盘县拥有丰富的煤炭资源、便捷的交通优势和得天独厚的区位优势。自然景观、人文景观遍布境内，有世界洞穴会员单位“碧云洞”，有徐霞客笔下“形如天柱”的“丹霞山”，有古人类文化遗址“盘县大洞”，有古银杏、大洞竹海和坡上草原三个风景名胜区。G60国家高速、320国道、212和217省道、贵昆铁路盘西支线、水柏铁路、南昆铁路贯穿境内。现已探明有开采价值的自然资源有煤、铁、铜、黄金、铅、锌、煤层气等二十余种。其中，煤炭资源有储量大、品种全、易开采、质量优等特点。盘县被誉为“金三角下的一颗明珠”。

近年来，盘县县委、县政府努力践行科学发展观，狠抓产业结构的优化升级，积极转变经济增长方式，加大循环经济项目建设，扎实推进新型工业化、城镇化和新农村建设，加快构建“和谐盘县”进程，逐步形成了资源、环境、经济、社会协调并进，工业快速发展、城市城镇建设稳步推进、基础设施日臻完善、新农村建设成效显著、生态建设长足发展、人居环境日趋改善的良好发展格局。

经济快速增长

2009年，全县实现地区生产总值175.6亿元，同比增长15.2%；财政总收入45.18亿元，同比增长24.27%，其中本级财政收入16.06亿元，同比增长27.61%；工业总产值301.9亿元，同比增长17.9%；固定资产投资81.24亿元，同比增长31.94%；社会消费品零售总额29.27亿元，同比增长18.02%；金融机构存款余额145.06亿元，同比增长15.85%；农民人均纯收入3038元，同比增长11.75%；招商引资到位资金20.3亿元，同比增长33.9%。

重大项目加快建设，工业化进程有序推进

黔桂公司总投资3.4亿元，年产120万吨粉煤灰脱硫石膏水泥循环经济项目建成投产；黔桂电厂总投资42亿元的盘县电厂“上大压小”项目，总投资542亿元的盘县煤——钢——电一体化项目、总投资35亿元的红果循环经济型煤焦化项目、总投资27.5亿元的盘北煤矸石发电、总投资12.8亿元的风力发电等一批循环经济型和节能减排型项目相继开工建设。

淘汰落后产能，加快促进地方支柱产业上规模、上档次，成效明显，关闭了19家环保设施不健全、不符合规划、工艺设施落后的地方选煤企业。完成30对地方煤矿质量标准化建设，技术装备水平进一步提高，工业化进程稳步推进。

城市及基础设施建设不断完善

红果城市建设取得新的突破，全年投入建设资金1.7亿元，完成了《城市总体规划》和《近期建设规划》修编，红果建城区面积达9.6平方公里，建成道路总长40公里，城区人口近10万人，市政功能不断完善。城关古城改造稳步推进，小城镇建设步伐加快。全县城镇化率达29.5%，同比提高了2个百分点。

总投资4.6亿元的白河沟水利工程开工建设；长(沙)昆(明)快速铁路盘县段前期工作进展顺利；水(城)盘(县)高速公路盘县段建设加快；地方电网改造投资加大，工程建设有序进行，“双回路”电网初步形成；垃圾填埋、污水处理项目建成投入使用；县乡公路建设及改造力度加大，100分钟县域经济圈初步形成。

农业农村工作稳步发展

全年共投入各项农业专项资金3.44亿元，其中县级财政投入2.2亿元，同比增长16.47%。兑现农资综合补贴、种粮直补等各种补贴5159.3万元，“家电摩托车汽车下乡”政策补贴1509.7万元。粮食喜获丰收，实现总产量36.33万吨，

同比增长2.22%。畜牧业发展势头强劲，大牲畜存栏达21.9万头，肉类总产量达4.79万吨；培训各类农民技术能手13.92万人次。解决农村饮水安全4.55万人，完成8061口沼气池建设。全年减少农村贫困人口19820人。

社会事业扎实推进

"两基"工作通过国家验收，"普实"通过省政府验收；就业再就业工作力度加大，全年新增就业人口5100人；城镇居民医疗保险稳步实施，新型农村合作医疗参合率达98.44%；农村低保工作扎实推进，为15.86万名城乡低保对象发放低保金1.5亿元，发放民用煤补助资金8250万元，有效解决了低收入群众生活困难问题；完成6922户农村危房改造和408户经济适用住房建设；安全生产责任制全面落实，安全监管水平逐步提高，煤炭百万吨死亡率为1.56%，继续保持全省先进水平；毒品重点整治工作取得阶段性成绩，成功摘掉了国家重点整治县帽子。

中国酒都——贵州仁怀

贵州省仁怀市位于贵州省西北部，赤水河中游腹地，大娄山脉西段北侧。北宋大观三年（1109年）仁怀置县，1995年11月撤县设立市。仁怀因出产以贵州茅台酒为代表的众多酱香美酒而闻名遐迩、驰名中外，2004年7月被中国食文化研究会授予“中国酒都”荣誉称号。全市辖区面积1788平方公里，辖12个镇、6个乡、3个街道，居住着汉、苗、布依、仡佬、彝、白等9个民族，总人口64.88万人。全市平均海拔高度880米，年平均气温16.3℃，年日照时数1400小时，无霜期311天，年降雨量800～1000毫米；森林覆盖率41%。

在酒业的强力牵引和带动下，仁怀经济社会始终保持又好又快的发展势头。2009年，全市生产总值159.63亿元，财政总收入29.6亿元，地方财政收入7.86亿元，城镇居民可支配收入12600元，农民人均纯收入4103元。仁怀市县域经济综合实力评价居贵州省经济强县（市）第1位，列西部百强县（市）第33位。

仁怀素有“国酒之乡”美誉，茅台镇人称“天下第一酒镇”。“酒冠黔人国，盐登赤虺河”，“蜀盐走贵州，秦商聚茅台”，仁怀自古为商贾云集之地，尤以酿酒业享誉外邦。早在4000年前，仁怀先民濮人便能以野果酿制果酒；至公元前135年，汉武帝称赞仁怀先民酿造的枸酱酒“甘美之”。

仁怀得天独厚的自然地理和气候条件，孕育了独特的酿酒环境。长期以来，仁怀致力于发展酒业，除国酒茅台外，还涌现出了国台、百年糊涂、酒中酒、钓鱼台等名牌名品。目前全市有白酒企业143家，其中省级规模以上白酒企业30余家，白酒年产量10万余吨；拥有各类白酒品牌2000余个，其中有世界驰名商标1个，省级名牌产品6个，省级著名商标52个；规模以上酿酒企业年销售额126.9亿元，占地方工业加值的90%以上，白酒行业直接从业人员超过4万人。

物产丰饶的醇香之地

仁怀市物华天宝、人杰地灵、土地肥沃、物产丰殷。特定的资源禀赋，滋养着这片土地上的万物生灵，孕育了酱香型白酒产业及茅台品牌。

独具魅力的酒业资源。得天独厚的自然条件，造就了仁怀独特的酱香型白酒酿造环境和国酒茅台原产地域保护品牌。以茅台镇为代表的赤水河中游沿岸腹地，呈低纬度、低海拔、盆地状低谷地形，特殊的地质结构和紫色沙土壤，有利于水分的渗透过滤和溶解岩层中的有益成分；冬暖夏热、日照丰富的温室气候，适宜酿酒微生物的生成与繁衍；赤水河河水无色透明，微甜爽口，溶解多种对人体有益的微量元素，是酿造美酒的优质水源。独特的土壤，优异的水质，适宜的气候及其衍生的特殊微生物圈，加之优质酿酒原料高粱、小麦，为酿造绿色、健康、生态、有机白酒奠定了良好基础，造就了举世闻名的茅台酒和众多的地方美酒。

仁怀市有着独特而悠久的酿酒传统工艺。特别是茅台酒开放式固态发酵，二次投料，九次蒸煮，八次发酵，七次流酒的工艺，代表了中国源远流长的酒文化，代表了传统而独特的酱香型白酒酿酒工艺的精髓。

仁怀酿酒行业形成了独特的产业集群。全市形成了以国酒茅台为轴心，其他酿酒企业为网点的酿酒工业行业体系；形成了以酿酒业为龙头，酿酒原料、印刷、包装、设计等配套产业共同发展的酒业特色经济格局。外来资本和企业如金士酒业、糊涂酒业、云峰酒业、钓鱼台酒业等落户仁怀创业发展，创造了良好的经济效益和社会效益。

丰富的矿产矿藏资源。仁怀市至今发现矿产矿藏资源10多种，矿床22处。其中，探明储量的有煤炭、硫铁矿、陶瓷土、陶瓷用砂岩、高岭土等。煤炭储量最为丰富，已探明储量18亿吨；其次是硫铁矿，仁怀是黔北地区大型硫铁矿储藏

地。另外，如锌、磷、萤石、石英、铜、钼、钒、白云石、冰洲石、冰晶砂等矿种的藏量亦不少。富足的矿藏为仁怀积聚了发展的后劲。

多样的生物物种资源。仁怀地形地貌复杂，土壤结构多样，适宜生物生长，动植物品种繁多。仁怀种植着数百种农作物和经济作物，尤以有机高粱、小麦颗粒饱满，色泽鲜亮，淀粉多，耐蒸煮，为酿造酱香型美酒的最佳原料；有珙桐、银杏、杜仲、马尾松、鹅掌楸等濒危的国家一级、二级保护植物；还有林麝、云豹、金鸡、大鲵等珍禽异兽，稀有动物。酒都人民与自然和谐相处、相惜相生。

美丽醉人的国酒之都

仁怀丰厚的人文底蕴、壮美的自然景观和便利的交通条件，是游客迷醉胜地。

白酒工业旅游。走进醇香弥漫的中国酒都，感受历史悠久的神秘茅台。仁怀有茅台酒神秘酿造工艺、各具风格的酒厂和品牌特色；有恢弘大气、集中国数千年酒文化之大成的国酒文化城；有国酒园林、国酒门、巨型茅台酒瓶；有国酒之源的杨柳湾古井，殷商时期的酒具、酒樽、酒爵等出土文物，还有登于大雅之堂、传于寻常巷陌的酒礼、酒俗、酒歌、酒令……

红色精品旅游。茅台是1935年红军四渡赤水第三渡渡口，仁怀是英雄血雨讴歌的土地，是全国红色精品旅游线路之一。遵义会议后，中央红军四渡赤水转战仁怀，前后在仁怀活动了两个多月，留下可歌可泣的战斗事迹和轶事佳话。有鲁班战斗遗址、毛泽东多处住处遗址、长干山红军高级干部会议遗址、红军医院、鲁班红军烈士陵园、茅台陈福屯红军坟；还有红军标语、文告墙壁、红军山、红军树、红军井、红军亭……

盐运古迹旅游。川盐入黔古道在，不闻当年船歌声。仁怀是古代川盐入贵州的必经之道，盐运历史在仁怀土地上留下了深深的烙印。马桑坪盐运码头石级，闪着银光，依稀述旧；赤水河沿岸拉纤栈道，西风寂寂，荆棘莽莽，荒草萋萋；茅台太和盐号的古朴石门、天和盐号的欲语石龟，诉说尘封的昔日繁华……

自然人文相竞秀。仁怀山川秀丽，文物名胜众多，旅游经典星罗棋布，自然风光与人文景观交错生辉，历史胜迹与现代景致相互竞秀，酒文化、长征文化、盐文化、民族文化融汇于其中……仁怀的山，雄霸一方。有巍峨壮丽的避暑胜地芦竹山，山石怪诞云雾缭绕的佛教圣地白云山，碧涛滚滚天际流的摩天岭、奶子山……仁怀的水，百态千媚。有纵贯南北的滔滔赤水河，东水西去的婉婉桐梓河，曲直自如、隐隐现现的五马河；还有众多水库、瀑布、温泉，俨然成为荡舟垂钓、小憩嚣尘、消解疲惫的“桃园之乡”。

值得期待的投资热土

仁怀市是贵州省投资环境建设先进单位。仁怀市委、市政府非常重视投资环境建设，为优化投资环境、推进招商引资，专门组建了市政务服务中心，将行政审批窗口单位集中办公，方便外来投资客商办理手续；推行了“招商引资代办制”和“服务承诺制”。

仁怀市立足于培植特色产业、实施品牌强市、建设中国酒都发展战略，实施“小河谷，大产业”，在赤水河谷培育和壮大白酒业，增强企业的核心竞争力和产业的总体影响力，启动“仁怀市名酒工业园区”建设，目标是到“十二五”期末，年产大曲酱香白酒5万吨以上，产值达40亿元以上；配套产业年产值达10亿元以上；整个园区实现产值50亿元，把园区建成国家新型工业化产业示范基地。到“十三五”期末，生产区年产大曲酱香白酒10万吨以上，园区总产值达到100亿元以上，将园区打造成为全国高品质酱香白酒生产示范基地及工业旅游景区。酒都仁怀热忱欢迎各界各行业商家朋友来仁兴业发展！

贵州省兴义市

兴义市位于贵州省西南部，地处黔滇桂三省（区）结合部，是黔西南布依族苗族自治州州府所在地和全州政治、经济、文化、信息中心，辖区面积2911平方公里，耕地面积3.04万公顷，森林覆盖率35%。辖5个乡、17个镇、8个街道办事处。2009年末全市总人口79.6万人，其中少数民族19.5万人，人口较多的少数民族有布依族 、苗族、回族。

兴义历史悠久，人杰地灵

早在1.2 万年前，兴义就有人类繁衍生息。战国时属夜郎国；秦代开始置吏属象郡；西汉属牂牁郡；蜀汉始建汉兴县，属兴古郡；隋属南宁州府总管府；唐设附唐县，为盘州治；元朝至元十三年（1276年）属云南行省普安路总管府；明属四川布政司；清嘉庆三年设兴义县，至今有200余年历史。

兴义区位优越，地处要冲

素有“三省通衢”之称。处于昆明、贵阳、南宁等中心城市经济社会发展辐射的交会点，距贵阳、昆明南宁分别为336公里、362公里、525公里，位于南（宁）贵（阳）昆（明）经济圈的中心区域，是贵州省的西大门和滇、桂、黔三省区经济、文化的交会重地。

兴义地形独特

位于云贵高原向广西丘陵的过渡地带，属低纬度、高海拔地区，具亚热带季风湿润气候特征，平均海拔1100米，冬无严寒，夏无酷暑，气候宜人。

兴义钟灵毓秀，物产丰饶

现已探明具有经济价值的矿藏有13种39处，境内有大小河流77条，水能储量达261万千瓦。兴义市旅游资源丰富，组合良好，具有极高的开发价值，境内有马岭河峡谷——万峰湖万峰林国家重点风景名胜区、贵州兴义国家地质公园、省级风景区泥凼石林、省级文物保护单位何应钦故居、下五屯全国农业旅游示范点、贵州醇酒厂全国工业旅游示范点等自然、人文景观80余处。并先后荣获“中国最佳休闲旅游城市”、“中国观赏石之乡”、“全国双拥模范城”等荣誉称号。

兴义交通便捷，优势突出

南昆铁路横穿兴义市境内89公里， 324 国道、309省道相继改建投运，兴义机场建成通航，初步形成了集铁路、公路、航空三位一体的立体交通运输网络，成为黔、滇、桂三省（区）结合部出海的重要交通枢纽。同时，汕头至昆明高速公路兴义段、毕（节）水（城）兴（义）高速公路、兴义至贵阳、晴隆至兴义等高速路网建设有序推进，区域交通优势将进一步凸显。

兴义是一个充满生机活力与发展潜力的城市，近年来，全市各族人民以加快发展为抓手，积极抢抓国家实施西部大开发和扶贫开发的历史机遇，大力实施以工业化、城市化、农业产业化、旅游业“三化一业”为重点的强市建设和以“粮、钱、水、电、路、气”为重点的扶贫开发战略，全市经济持续快速健康发展，社会事业长足进步，城乡居民生活水平稳步提高，取得了显著成效。2009年，全市生产总值实现120亿元，增长17.25%；财政总收入完成16.02亿元，增长22.37%；固定资产投资完成60.33亿元，增长42.82%。全社会消费品零售总额完成50.2亿元，增长20.85%；农民人均纯收入4114元，增长14.60%；城镇居民人均可支配收入14500元，增长7.40%。

按照全面建设小康社会“两步走”的战略部署，兴义市正不遗余力地把兴义建设成为黔西南政治、经济、文化和信息中心，使之成为黔、滇、桂三省区结合部的中心市场和物流中心、“西电东送”的电源基地和电力枢纽、大西南出海通道和南贵昆经济圈的工业重镇、珠江上游重要的生态屏障和绿色走廊、中国优秀旅游城市和最佳人居环境城市。

河北省遵化市

遵化市位于河北省东北部燕山南麓，地处京、津、唐、承、秦腹地。市域面积1521平方公里，辖25个乡镇、两个街道办事处，648个行政村、27个居委会，总人口72.3万人。遵化历史悠久，五代后唐建县，是千年古县，素有“畿东第一城”之称。20世纪50年代三条驴腿闹革命的“穷棒子”精神和六十年代万里千担一亩田、青石板上创高产的“当代愚公”精神就发源于遵化，曾分别受到毛主席和周总理的赞誉。1992年遵化撤县建市，2005年被河北省政府确定为第一批扩权县（市、区）之一。

经济社会跨越发展

近年来，遵化坚持以科学发展示范市建设为总揽，以建设“中等城市、和谐遵化”为目标，按照“山水园林城、文化旅游城、新型工业城”的发展定位，抢抓机遇，开拓进取，强力推进新型工业化、新型城镇化、城乡等值化、社会治理和谐化、党的建设科学化，经济社会实现了跨越式发展。全市生产总值由2002年的110亿元增加到2009年的392亿元，年均增长15.8%；全部财政收入由2002年的5.1亿元增加到2009年的19.6亿元，年均增长21.2%；全社会固定资产投资由2002年的20亿元增加到2009年的90.3亿元，年均增长24%。从2002年起连续入选全国县域经济基本竞争力百强县（市），2009年名列第53位。

区位交通优势突出

国道112线、省道邦宽线、遵宝线和大秦铁路、唐遵铁路、唐承铁路穿境而过，长深高速承唐段正在紧张建设，2010年10月竣工通车，张曹铁路即将开工建设，遵蓟高速被列入河北省“十二五”交通规划。这些工程完成后，遵化将成为两条高速、三条国省干道、四条铁路纵横贯通的唐山北部乃至冀东地区南出北连的重要交通枢纽，既是面向沿海的中转站，又是承接京津、辐射承德向西北连接内蒙古中西部、陕西、山西北部，以及外蒙等更为广阔地区的桥头堡。

自然资源得天独厚

境内三山两川，平原、山地、丘陵各占三分之一，盛产粮食、蔬菜、干鲜果、食用菌等产品。拥有铁、金、锰、白云石、石英石等30多种矿产资源，其中铁矿石储量达3.2亿吨，是河北北部重要的铁矿资源产地。旅游资源丰富，拥有世界文化遗产两处（清东陵和明代古长城），景区景点21个。世界文化遗产——清东陵是我国现存规模最大、体系最完整的皇家陵寝建筑群，文治武功的康熙大帝、康乾盛世的乾隆皇帝以及两度垂帘听政的慈禧太后均入葬于此，是一部用砖石瓦木写就的清代史。香港宣威集团投资近3亿元的国家AAAA级景区——万佛园是一座佛学与现代园林艺术有机结合的花园式景区，内藏释迦牟尼二弟子阿难尊者的佛舍利、世界罕见的翡翠观音宝像、耗金近2600两的近万尊贴金佛像。唐太宗和清朝历代帝后曾沐浴过的汤泉御温泉，流淌千年，至今仍保存着萧太后梳妆台、一代名将戚继光建造的流杯亭等古迹。还有以“山雄、水秀、石灵、云奇”闻名的AA级景区鹫峰山，在遵化境内绵延百里，巍峨雄壮的明代古长城，国家2A级景区上关湖、卧龙山以及被李运昌同志题为“新唐山从这里走来”的鲁家峪爱国主义教育基地。此外，还有距今25亿年的古大洋遗迹，历史逾千年的禅林古寺、古银杏树等。

河南省渑池县

是滔滔黄河水赋予这一方土地以钟灵神韵，是巍巍韶山锻造出了这里的人们的雄健魂魄。衔山抱水的渑池，携带着山之雄浑、水之灵秀，从仰韶人5000多年的远古岁月中走来，从秦赵会盟的暮色中走来，从将相和传奇故事中走来，从改革开放的和煦春风中走来，留下了一串串坚实的脚印，收获着一个个梦想和希望。

地处豫西丘陵山区的渑池县，因山水而得名，辖5镇7乡、235个行政村、33.68万人，国土总面积1368平方公里。秦时置县，延续至今。

渑池交通便利。陇海铁路、郑西高速铁路和连霍高速公路、310国道、省道318线、314线横贯东西，南闫国防公路纵穿南北。

渑池资源丰富，有煤、铝、铁等30余种矿藏和1300余种野生动植物资源，其中，矿藏探明储量30多亿吨（煤探明储量13.1亿吨，铝土矿探明储量1.55亿吨），品位高，易开采。

渑池曾是国家级贫困县。近年来，在省委、市委的坚强领导下，我们在推进县域经济发展过程中，坚持以科学发展观统揽全局，大力实施“工业强县”、“生态立县”、“文化育县”三大战略，推动了县域经济社会的持续健康发展。2009年8月，县委、县政府班子调整后，面对金融危机影响的加深，以及经济快速下滑、投资拉动乏力、财政全面萎缩等诸多不利因素，进一步理清思路，统一思想，转变作风，狠抓落实，成功遏制了经济下滑的严峻形势，保持了经济平稳较快发展的良好态势。2009年，全县生产总值完成138.2亿元，较上年增长12.7%；地方财政一般预算收入完成8.5亿元，增长11.2%；全社会固定资产投资完成107亿元，增长24.4%；综合经济实力继续保持全省前20强，县域经济基本竞争力在全国2000余个县（市）中居第177位，在全国中部百强县中居第25位，较上年前移了2个位次。

工业强县舞龙头

多年以来，渑池县坚定不移地实施“工业强县”战略，做大工业经济总量、做快工业经济速度、做强工业经济实力、做优工业经济效益，实现工业率先发展。形成了基础设施完备、服务体系完善、投资平台广阔、人才科技密集、企业蓬勃发展的良好态势，成为峡市经济最具潜力和最具吸引力的投资区域之一。按照产业、产品的关联和集聚程度形成了四大产业基地：一是以天坛、张村铝工业园区为基础，依托大型集团公司——东方希望集团、天瑞铝业集团、义马煤业集团的技术、人才、资金等诸多优势，以延伸产业链条，提高附加值和科技含量为目的建设的铝工业产业基地；二是以储量丰富、品质优良的煤炭资源为发展空间，依托河南煤化工集团建设的英豪煤化工产业基地；三是依托渑池传统的建材优势，与洛玻集团合作，打造以玻璃生产为龙头的新型建材产业基地；四是以名优特产品为切入点，以辣椒深加工、大杏果酸奶、肉牛饲养屠宰加工等为主导的果园工贸产业基地。渑池工业体系的总体布局，已被河南省初步确定为全省175个产业集聚区之一，以冶金、建材、煤化工、农产品加工为支柱的四大工业园区已具雏形。2010年第一季度，全县规模以上工业增加值完成19.1亿元，同比增长34.8%；完成工业产值59.8亿元，同比增长30.8%；实现销售收入58.1亿元，同比增长45.4%；实现利税13.3亿元，同比增长125.7%。

在未来规划中，渑池县将围绕“一区四园”建设，着力培育铝产品精深加工产业、煤电煤化工产业、建材耐材新材料产业、名优农产品深加工等优势产业链，做大产业龙头，做实产业布局，做深产业结构调整，不断为全县经济发展注入新的活力。

生态立县添秀色

近年来，渑池县将生态立县列为“三大战略”之首，举全县之力广泛开展植树造林活动，林业生态建设取得了很大成绩。先后荣获全国天

然林保护工程建设先进单位，全国绿化百佳县、全国林业站建设达标县、全国营造林工作先进集体、全省森林防火先进单位、全省森林公安先进集体等荣誉称号。

近三年来，渑池县累计完成各种造林任务20.5万亩，主栽树种主要有黄连木、侧柏、速生杨、花椒、核桃、女贞、雪松等二十余个。连续三年没有发生重大破坏森林资源和生态环境案件；连续三年没有发生森林火灾和森林病虫害，无重大外来有害生物的入侵和蔓延；全民生态建设保护意识逐年增强，城镇适龄人口义务植树尽责率达90%以上，区域内省级以上重点保护的野生动物及其栖息地、原生地和湿地得到有效保护。渑池林业生态环境有了明显的改善，对照省级生态县考核验收标准，已完全达到省级林业生态县考核验收标准。

文化育县尽芳菲

渑池历史悠久，文化灿烂，是举世闻名仰韶文化的发祥地。

1921年，瑞典人安特生在河南省渑池县仰韶村首次发现了仰韶文化遗址。仰韶文化的发现，填补了中国远古文化发展史上的空白，并以此开创了中国近代史田野考古的先河，揭开了我国研究原始社会的第一页。因而仰韶村遗址被中外考古界誉为“文化圣地”，被世人誉为“千年文明古都”。

在建的仰韶文化园位于渑池县仰韶乡仰韶村，规划用地12平方公里，计划投资3亿元。该项目以仰韶村遗址公园和仰韶文化博物馆为龙头，整合曹端墓地及仰韶村至小寨自然冲沟、黄土地貌等人文和自然景观，形成以人文旅游环线为依托，集旅游业、文化休闲娱乐业、现代广告传媒业、文化艺术培训业、文化及旅游产品生产销售、文化品牌涉农产品生产销售为一体的综合性文化产业聚集区。一期工程仰韶文化博物馆建设，建筑面积4600平方米，总投资4950万元，2008年12月开工建设，目前土建主体已完工，预计今年10月对外开放。

八路军渑池兵站旧址纪念馆是渑池的红色旅游景点，刘少奇旧居是其中的一个组成部分。1938年11月28日刘少奇同志在此起草并首次宣讲了他彪炳史册的《共产党员的修养》提纲。2005年，刘少奇旧居被河南省旅游局列为“红色之旅——党性修养游”精品路线。2009年6月，刘少奇旧居被省纪委、省委组织部命名为“全省党员干部党性党风党纪教育基地”。

渑池曲剧是文化育县的一张名片。2009年渑池曲剧团以该县爱心女孩郑秀珍为原型，创编的大型现代戏《大山的女儿》在河南省戏剧大赛中荣获金奖，并应邀参加了北京宣武区宣南文化节，受到了北京观众的好评。

“渑池模式”焕生机

渑池县委、县政府在总结逐年来信访工作实践经验的基础上，从维护群众切身利益出发，转变工作思路，创造性地提出了以事前预防为主的信访评估制度。该制度规定：在做出重要决策，实施重大项目，进行重要人事任免等工作启动之前，充分听取群众意见，对潜在的不稳定因素进行科学评估，把大量矛盾纠纷化解在萌芽状态，解决在基层。这一做法得到了中央、省、市领导的充分肯定和高度赞扬，周永康同志作出批示：“这是一项好制度，有利于从源头上预防产生信访问题。”中央联席办调研组到渑池县实地考察后，将这一做法和经验誉为“渑池模式”，在全国推广。2010年5月6日，国务委员、国务院秘书长马凯专程到渑池调研信访评估“渑池模式”，给予充分肯定。

河南省偃师市

偃师市位于河南省中西部，南屏嵩岳，北临黄河，总面积960平方公里，辖13镇、3乡、1个工业区、332个行政村，总人口85.7万人。综合经济实力位居河南省县（市）前列，是全国县域经济基本竞争力百强县（市）和河南省经济扩权县（市）、对外开放重点县（市）、首批小康达标县（市）、城乡一体化试点市。2009年，面对国际金融危机的严重冲击，偃师市奋力战危机、保增长，经受住了严峻考验，保持了经济社会平稳较快发展的良好局面。

历史底蕴丰厚，人文景观荟萃

夏、商、东周、东汉、曹魏、西晋、北魏七个朝代先后在偃师建都，是古老的“丝绸之路”东起点、中原客家人首次南迁出发地。偃师是全国文物工作先进县（市），现有国家级文物保护单位7处、省级17处，其中夏都斟寻阝遗址是迄今为止可以确认的中国最早的王朝都城遗址，是史学界公认的“华夏第一王都”；商城遗址被夏商周断代工程确定为夏商断代界标，将我国有纪年的历史向前推进了1200年。偃师还是唐朝高僧玄奘和北宋名相吕蒙正的故乡，市内有全国闻名的东汉太学遗址和灵台遗址，以及商汤王冢、伯夷叔齐墓、吕不韦墓、齐田横墓、唐太子李弘冢、杜甫墓、颜真卿墓、明王铎墓等，张衡、蔡伦、班固、王充等历史人物都在这里成就了伟业英名。近年来，偃师依托古文化优势，重点实施玄奘故里扩建工程，积极筹建二里头遗址、商城遗址公园，发展客家文化，打造文化品牌。目前，玄奘故里扩建工程玄奘故居、西行广场、玄奘寺等项目正在建设，《洛阳市偃师二里头遗址暨尸乡沟商城遗址保护条例》已经省人大常委会批准正式实施，中原客家先民南迁圣地纪念碑顺利落成。

区位优势明显，资源储藏丰富

地处中原城市群经济隆起带中心地带和亚欧大陆桥中轴区域，被列为“郑洛三城市工业走廊”二级层面。东距省会郑州90公里，西距古都洛阳30公里，与龙门石窟、白马寺、少林寺等风景名胜区毗邻，位于河南省“三点一线”旅游热线上。陇海铁路、郑西高铁和连霍、二广高速公路穿境而过，310和207国道在此交会贯通，是连接我国东西部地区的重要通道。矿产资源丰富，境内探明储量的有煤炭、铝、钼、金、银等20多个品种，其中原煤7亿吨、铝矾土3500多万吨、花岗岩6亿立方米，花岗岩中的“云里梅”、“牡丹石”被誉为世界“独特品种”。水资源充足，黄河支流伊河、洛河穿境而过，地下水净储量18.5亿立方米；电力充足，现有火力发电装机总容量230余万千瓦。

工业门类齐全，产业优势明显

各类工业企业总数达1.2万家，其中规模以上企业443家，年实现规模以上工业增加值121亿元，工业经济占全市经济总量的61.6%。民营经济蓬勃发展，民营企业现有4360多家、个体工商户4.8万家。2009年，民营经济完成营业收入720亿元、利税15亿元，形成了能源、机械加工、建材、石化、轻纺、农副产品加工等六大优势行业，建成了在中原乃至全国有影响的钢制家具、三轮摩托车、管件、制鞋、针织和电线电缆等六大特色产业基地，是全国最大的钢制家具产销基地，其中钢制家具和摩托车产业占全国同行业市场份额的40%以上。高新技术产业蓬勃兴起，多晶硅及太阳能光伏、光电显示、超薄玻璃、高精度铝箔等高新技术产业在全国具有较大的影响力，尤其是以多晶硅及太阳能光伏为代表的新能源和以LED照明为代表的新光源等绿色产业快速崛起，其中多晶硅及太阳能光伏产业累计总投资超过70亿元，初步形成了“多晶硅——单晶硅——单晶硅切片——电池芯片——太阳能电池组件”等较为完整的产业链，成为硅光电等高新技术产业的重要生产基地。工业集聚发展态势明显，岳滩产业集聚区被确定为省级产业集聚区，全市各产业集聚区规划总面积21.4平方公

里，进驻企业522家。偃师是全国质量立市工作先进县（市），130余家企业通过ISO9000质量体系认证，拥有国家级驰名商标（名牌产品）2个、省级著名商标38个，总量居全省县（市）第一。

农业结构不断优化，小麦生产蜚声全国

偃师是国家优质专用粮生产基地县（市）、农业机械化服务中心试点县（市）、小麦良种重要繁育基地和全国小麦高产、稳产、优质、低成本栽培技术发源地，粮食总产保持在3.7亿公斤左右。国家“九五”科技攻关项目——“小麦大面积高产综合配套技术研究与示范”、国家“十五”科技攻关项目——“小麦优质高效生产技术研究与示范”等项目相继在偃师实施，并达到平均亩产608.3公斤的目标。农业结构调整步伐加快，形成了以优质专用小麦和小麦良种、无公害蔬菜、葡萄、花卉苗木、畜牧养殖等五大优势产业为支撑的新格局；催生了一大批农字号龙头企业，引进建设了众品公司年产10万吨肉食品、六和慧泉公司年加工2000万只肉鸡屠宰生产线和36万吨浓缩饲料等项目，初步形成了“公司+基地+农户”的农业产业化发展模式，有力促进了农业增效和农民增收。

城镇面貌日新月异，人居环境明显改善

偃师最新通过的城市五期总规划城市用地面积48.4平方公里，其中建成区面积20平方公里，人口20万人，是国家园林城市、全国绿化模范县（市）、环境综合整治先进城市、卫生先进城市和省级卫生城市、文明城市，荣膺“中国人居环境范例奖”，是全省乃至中西部地区第一个获得“国家园林城市”称号的县级市。区域环境优美，城市绿化覆盖率、绿地率和人均公共绿地面积分别达到45.4%、44.1%、11.01平方米，城市污水处理率和垃圾无害化处理率达到100%，是河南省村镇建设先进县（市），顾县镇被中宣部等5部委命名为“全国创建文明小城镇示范点”，城镇化率达到52.04%。2009年以来，为进一步拉大城市框架、提升城市品位和综合承载能力，偃师市全面启动12平方公里的城市新区开发建设，目前新区各项基础设施正在加紧建设。

科教兴市步伐加快，社会事业蓬勃发展

偃师是全国科技工作先进县（市）、全国科技进步示范市、全国科普示范县（市），被批准建设国家级星火密集区、区域性支柱产业和河南省可持续发展实验区，科技进步对经济增长的贡献率达到57.02%。全市现有省市级科技型企业12个、科技示范园区6个，建成国家级钢制办公家具研发中心1个、省市级工程技术研究中心7个；拥有各类专业技术人员1万余人，其中享受国务院政府津贴科技人才5人、高级技术职称596人、中级技术职称3000余人。教育、文化、卫生等各项社会事业不断进步，是全国教育、体育工作先进县（市）、“两基”工作先进单位、全国婚育新风进万家活动先进县（市）、全国文化信息资源共享工程试点县（市）、国务院实施妇女儿童“两纲要”示范市、全国绿化模范县（市）和河南省基础教育先进县（市）、省政府首批“两基”工作试点县（市），荣获“中国书法之乡”、“河南省十大文化强县”等称号。偃师高中、偃师一高分别被评为河南省、洛阳市示范高中，每年为全国各类大中专院校输送新生4000多人。偃师还是全国首批新型农村社会养老保险试点之一，参保居民44.28万人，参保率71.5%，2010年参保率有望达到95%以上。

豫东门户——河南永城市

基本情况

永城市位于豫鲁苏皖四省结合部，素有“豫东门户”之称。全市总面积2000平方公里，耕地面积160万亩，人口140万人，辖29个乡镇，739个行政村，是河南省六个重点扩权县（市）之一，在第十届全国县域经济基本竞争力与科学发展评价中跨入全国百强行列，列第93位。

永城是汉兴之地。永城是汉文化的发祥地，境内分布有汉梁王墓群、汉高祖斩蛇碑等汉梁古文化人文景观29处，其中梁孝王王后墓结构复杂，规模宏大，被誉为“天下石室第一陵”。芒砀山文物旅游区被评为国家AAAA级景区和中北部10省“网民和游客最喜爱的十大超级景区”。

永城是能源之都。永城矿产资源丰富，地下储煤面积1000平方公里，储量达50亿吨，是全国六大无烟煤基地之一和豫鲁苏皖地区重要的煤化工基地，境内坐落有永煤集团、神火集团、裕东电厂等大型骨干企业，其中永煤、神火两大企业集团双双进入中国企业500强，年产原煤1800万吨。同时境内还储有铁矿、瓷土、花岗岩等17种矿产资源。

永城是面粉之城。永城是全国粮油百强市、河南省无公害农副产品生产基地市，小麦产量常年稳定在7亿公斤以上，面粉加工企业已达130家，年加工小麦30亿公斤，产品畅销20多个省、市、自治区，被中国食品工业协会授予“中国面粉城”称号，已连续成功举办四届中国面粉食品博览会。

永城是生态之市。永城是河南省最早启动生态市建设的县级市。近年来，着力加快生态环境建设步伐，运用循环经济理念和绿色技术改造传统产业，逐步建立起了健康的自然生态体系、综合的矿区修复利用体系、完善的环境支撑体系、可持续的资源利用体系、高效循环的生态经济体系和文明进步的生态社会体系，一座现代化生态宜居优美城市正悄然崛起于豫东大地。

主要做法

近年来特别是去年以来，永城市坚持以科学发展观为统领，紧紧围绕建设集聚带动作用强的中心城市这一目标，大力实施农业稳市、工业强市、旅游活市、生态名市、科教兴市发展战略，强力打造汉兴之地、能源之都、面粉之城、生态之市四张名片，加快经济发展方式转变，努力建设富裕、文明、平安、生态、幸福永城，全市经济社会呈现平稳较快发展的良好态势。2009年，全市GDP达到262.9亿元，增长9.3%；财政总收入43.2亿元，增长17.4%，总量居全省第一位；一般财政预算收入11.27亿元，增长12.3%，总量居全省第6位；城镇以上固定资产投资98.8亿元，增长30%；城镇居民人均可支配收入14030元，增长16.8%。

今年上半年，全市生产总值完成133.6亿元，同比增长14.9%。其中，第一产业增加值21亿元，增长3.7%；第二产业增加值87.6亿元，增长21.3%；第三产业增加值25亿元，增长9%。实现财政总收入23.8亿元，同比增长15%；其中一般财政预算收入完成6.7亿元，同比增长12%，收入规模居全省第6位；城镇以上固定资产投资累计完成42.98亿元，同比增长17.5%。社会消费品零售总额35.15亿元，同比增长19%。

1.调结构、促转型，在加快经济发展方式转变上实现了新突破。以煤炭开发、面粉食品、文化旅游为主的“黑白绿”三色经济，是永成市的主导产业，也是永城市的特色经济。为此，永成市始终坚持以优化三次产业为目标，积极推进产业结构调整，做大做强主导产业，促使三次产业结构协调发展。充分发挥资源能源优势，拉长“黑白绿”产业链条，大力延伸煤电铝、煤化工、煤电建材和钢铁制造“四大链条”，做大面及面制品、肉及肉制品、白酒、纺织和陶瓷“五大链条”，着力发展旅游业、无公害特色农业、高科技产业等“绿色经济”，扎实开展节能减排，推动落后

产能加快退出，大力发展循环经济，切实搞好自主创新，促进了工业经济持续发展。2009年，规模以上工业增加值139.5亿元，增长7.1%。今年上半年，完成规模以上工业增加值76.6亿元，增长24.9%；实现利润29.5亿元，增长19.08%。

2.夯基础、重“三农”，在社会主义新农村建设上构建了新格局。永城市是农业大市，一直把“三农”工作放在各项工作重中之重的位置来抓，走不以牺牲农业和粮食为代价的“三化”协调科学发展的路子。以实施粮食生产核心示范区建设为抓手，稳定面积，保证总产，确保每年粮食产量不低于12.5亿公斤。认真落实强农惠农政策，建立完善保护种粮农民利益的长效机制，调动农民群众种粮的积极性。因地制宜地调整农业和农村经济结构，大力发展高效农业、特色农业和畜牧业，积极发展劳务经济，努力增加农民收入。2009年，农民人均纯收入5051元。今年上半年，农民人均纯收入2471元。紧紧围绕“生产发展、生活富裕、乡风文明、村容整洁、管理民主”20字方针，突出工矿区所在地、采煤沉陷区安置地、旅游景点所在地、乡镇政府驻地和中心村“五个重点”，采取工农共建、部门帮建、民企助建、村民联建、市场促建五项措施，加大力度，强力推进，深入开展“清洁家园”活动，新农村建设取得了突破性进展。目前，已规划建设煤矿社区10个，采煤沉陷安置社区7个，旅游景点社区4个，一般中心村98个，28个乡镇政府驻地社区全面推进。全国人大财经委主任石秀诗在永城市调研时，对永城市积极探索新农村建设新路子的做法给予了充分肯定。

3.创“四城”、优环境，在城乡一体化建设上迈出了新步伐。以城镇化为切入点统筹“三化”发展，去年初组织开展了以争创省级卫生城市、省级文明城市、省级园林城市、中国优秀旅游城市为主题的“四城联创”活动，重点加快以东、西城区为中心，以中心镇为骨干，中心村镇为补充的城镇体系建设步伐，推进农业人口向城镇转移，走以城带乡、以工补农、城乡一体化发展的路子。通过全市上下的苦干实干，城乡面貌焕然一新，城镇魅力初步显现，城市品位和居民素质大幅提升，相继获得省级文明城市创建先进市、省级园林城市和省级卫生城市称号，取得了“一年夺三城”佳绩。目前，全市正朝着“国家级四城”奋力迈进。同时，抓住中央、省出台的政策机遇，实施“大交通”战略，注重城镇布局与交通规划的结合，努力实现“一小时”交通圈，逐步形成了以高速公路为骨架，以国、省道干线为连接，以县乡道路为依托，以乡村道路为脉络，以铁路为补充的现代化交通运输服务体系。2009年，总投资1.4亿元，改建县乡道路166公里，村村通106公里。永登高速永城段已经完工，济祁高速永城段项目已奠基开工，郑徐高铁已确定在芒山设站。

4.搭平台、抓招商，在重点项目建设上取得了新成就。产业集聚区是招商引资的载体和平台。永城市始终坚持把加快产业集聚区建设作为新的经济增长点来抓，创新招商理念，变招商引资为招商选资，围绕“黑白绿”三色主导产业的链条，充分发挥永煤、神火等市境内大企业急待扩充发展的优势，积极引导、支持市内企业采取合作、合资、融资等方式开展招商选资，实现优势互补，共赢发展。从营造特别优惠的政策环境着手，对招商项目能给的优惠政策坚决给，外地的优惠政策能执行的坚决执行，特别是对高科技项目和成长性好的项目，一事一议、特事特批、特事特办，实行首问负责、办事公开、限时办结、责任追究，做到“零关系”办事、“零停留”办公、“零利益”服务和“零障碍”入驻。在积极参加全省统一组织的各类重大招商活动的同时，永城市已连续成功举办了五届中国（永城）面品博览会，扩大招商选资成果。目前，“黑色链条”已延伸到煤——电——铝——铝深加工、煤-煤化工、煤——电——新型建材_机电制造三个序列；“白色链条”已延伸到面粉——面制品、面粉——白酒、面粉——饲料——肉制品、面粉——高档饮料四个序列；“绿色链条”已拉长到旅游、餐饮、物流、中介服务等系列。三大产业项目占全市企业数量的70%以上。永城市产业集聚区已建成4.04平方公里，入驻规模以上企业45家，从业人员1.66万人，去年实现营业收入104亿元，税收2.4亿元。今年上半年，全市工业项目建设完成投资11.2亿元，新开工和续扩建3000万元以上项目22个，完成招商引资21.96亿元，产业集聚区新入驻投资3000万元以上的项目8个，其中亿元以上项目6个。永城市依托特色产业招商选资的做法在全省对外开放大招商电视电话会议上作了典型发言。

5.惠民生、促和谐，在社会事业发展上开创了新局面。优先发展教育事业，加大城区中小学布局结构调整，加快市职业教育中心建设，促进教育均衡发展。积极促进就业创业，认真落实促进就业再就业的政策措施，重点解决好城镇零就业家庭、农村贫困家庭和“4050”人员等困难群体的就业和高校毕业生的就业，城镇登记失业率控制在4.6%以内。做好社会保障工作，加强对困难群众的社会救助，建立覆盖城乡的社会保障体系，基本做到了应保尽保、按标施保。加强敬老院建设管理，全市集中供养率达60%以上。进一步深化殡葬改革管理，实施免费服务，提高了火化率和公墓或骨灰堂使用率。扎实做好卫生计生工作，连年保持全国计划生育优质服务先进市称号。以文化建设“十大工程”为重点，不断促进文化繁荣，图书馆、博物馆、科技馆、体育馆、纪念馆等重点文化设施进展顺利。继续实施博物馆、碑林、汉风街、景区道路等建设工程，积极争创芒砀山国家AAAAA级旅游景区；加快陈官庄淮海战役纪念馆改扩建项目建设步伐，努力争创国家AAAA级景区。把解决好采煤沉陷区和“城中村”失地农民的生产生活问题，作为头号民生工程，按照“和谐拆迁、合理补偿、集中安居、社会保障、让利于民”的原则，扎实做好了失地农民的搬迁安置工作。大力开展“平安建设年”和“平安建设大走访”等活动，深入开展综合整治和“严打”专项斗争，进一步加强治安防控体系建设，落实市、乡、村集中调处日工作制度，认真开展“公民恳谈日”和“市委书记（市长）大接访”活动，不断加强安全生产管理，切实维护了社会政治大局稳定，群众安全感和满意度明显提升，去年被评为全省信访工作先进市。在今年上半年全省公众安全感测评中，永城市进入全省前60位，与去年同期相比上升了93个位次。

河南省禹州市

禹州市位于河南省中部，东邻京广铁路和京珠高速公路，西邻焦枝铁路，南有平禹准轨铁路，总面积1500平方公里，辖12个乡、10个建制镇、4个街道办事处，总人口120万人。1988年撤县建市，是河南省26个城镇化重点发展县（市）、47个扩权县（市）和河南省10个文化改革发展试验区之一。是河南省卫生城市、园林城市、文明城市和中国优秀旅游城市。

禹州历史文化厚重

夏禹文化、钧瓷文化、中医药文化源远流长，中国第一个奴隶制王朝夏朝建都于此，是中国历史上“五大名瓷”之一钧瓷的唯一产地、四大中药材集散地之一，素有“夏都”、“钧都”、“药都”的美誉，1989年被命名为河南省首批历史文化名城，是“中国陶瓷文化之乡”、“中国夏禹文化之乡”。钧瓷烧制技艺、禹州药会被列为国家级非物质文化遗产，神后镇被命名为“全国历史文化名镇”。境内有国家级文物保护单位4处，省级文物保护单位22处。

禹州资源能源富集

境内富藏煤炭、石灰石、铝矾土、陶土等矿产资源30余种，其中：煤炭总储量100亿吨，铝矾土矿蕴藏量约2亿吨，陶土储量约1200万吨。电力能源充足，火电装机容量达200万千瓦；水资源丰富，有大、中、小型水库21座，总库容5.2亿立方米；西气东输一线、二线工程途经禹州，燃气供应充足。

禹州城乡功能完善

城市建成区面积40平方公里，东部以行政办公为主，西部以工业为主，北部以居住、商务、休闲为主。城区供水、供电、通信设施齐全，部分区域实现了集中供暖、供气。建成了日处理能力8万吨的污水处理厂和日处理能力240吨的垃圾处理场。拥有长20公里的颍河景观带和占地3200亩的森林植物园，绿化覆盖率37.6%，林木覆盖率34.3%。现有国家级重点镇1个，省级重点镇2个，名镇5个，城镇化率35.16%。

禹州经济发展迅速

现已初步形成了以工业为主导、特色农业为基础、第三产业同步发展的格局。境内煤炭开采年设计生产能力2200万吨；钧陶瓷企业现有企业900多家，年产值57亿元，出口总额1亿美元左右；拥有天瑞、锦信、灵威等5条干法水泥生产线，年产能达1000万吨；食品加工、中医药、饮料生产等行业也都具有一定规模；全市规模以上工业企业达到409家，第二产业占GDP的比重达到70%以上。2009年，全市地区生产总值实现304亿元，财政一般预算收入达到14.2亿元，固定资产投资达到170.8亿元，农民人均纯收入达到6725元。

目前，禹州上下正在按照科学发展观的要求，立足自身优势，抢抓发展机遇，加快发展步伐，统筹 “三化”进程，致力把禹州打造成产业特色突出、基础设施完善、时代气息浓厚、社会文明和谐的现代化中等城市！

黑龙江省安达市

在中国版图东经124°53′～125°55′、北纬46°01′～47°01′之间，位于黑龙江省西南部、哈大齐经济带黄金地段，毗邻石油名城大庆，有一座美丽的城市——安达。安达是全国著名的“奶牛之乡”、“肉牛基地”、国家级无公害农产品示范基地和东北地区蔬菜生产基地。全市辖区面积3586平方公里，辖10个镇、4个乡、3个街道，人口52万人，耕地169万亩，草原272万亩，湿地38万亩，林地44.7万亩。境内石油、天然气、地热资源丰富。安达属于世界著名的玉米带、奶牛带，是世界三大优质草场之一，草原植被以驰名中外的羊草为主，是亚洲东部特有建群植物种，素有“世界明珠”之称。

安达，蒙语意为“朋友”，满语意为“宾客”，已有100多年的历史。1901年（光绪二十七年）中东铁路通车设立安达站以来，安达曾先后设立过安达厅和安达县。1960年为了开发大庆油田，安达撤县设市（地级），成为油田会战创业初期的指挥部和后勤保障基地。1965年大庆从安达分离设市以后安达撤市设县，1984年以后又撤县设市（县级）。伴随着悠悠的历史长河，在这片美丽富饶的黑土地上，从农耕、渔猎、狩猎的记忆，到开放、开拓、进取、文明的今天，一代又一代勇敢、质朴、善良、智慧的安达人执著追求，艰苦创业，用自己勤劳的双手，在茫茫的荒原上谱写了安达从无到有、由弱到强的辉煌历史。站在新的历史起点，立足新的发展阶段，本着产业立市、项目强市、生态建市的主导思想，确定了跨越式推进“双千亿工程”（投入千亿元现代产业园和以发展油气化工为主体的工业产出千亿元工程），倾力打造“现代牛城五市”的战略构想和奋斗目标。全市综合实力、财政收入始终位居黑龙江省县级前列。2009年全市GDP实现147亿元，同比增长23%；全口径财政收入实现11亿元，同比增长4.8%；社会消费品零售总额实现45.23亿元，同比增长25.3%；城镇居民可支配收入和农民人均纯收入实现11580元和5964元，分别增长15.6%和14.7%。2010年被评为第十届全国县域经济东北30强。

“不用扬鞭自奋蹄”，安达人正在以与时俱进的理念、实干创业的激情，创造着安达更加美好的明天。一个适宜创业、聚才兴业，财力殷实、人民富庶，社会和谐、全面进步的新安达必将展示在世人面前！

黑龙江省肇东市

黑龙江省肇东市地处东经125°58′、北纬46°04′，境域呈西北——东南走向的长方形，为典型平原地带，地势西北略高，东南稍低，平均海拔140米。全市辖区面积4332平方公里，其中，城区规划面积50平方公里，建成区面积49平方公里。全市现辖22个乡镇，186个行政村，1228个自然屯，人口93.4万人，其中城区人口30万人，农村人口63.4万人。

地理位置得天独厚，交通便捷四通八达

肇东市位于黑龙江省西南部，松嫩平原中部，松花江北岸，南距黑龙江省会哈尔滨53公里，北距油城大庆74公里，处在哈尔滨都市圈和哈大齐工业走廊内，是哈大齐黄金经济带上的一座重要城市。滨洲铁路、哈大高速公路、绥满公路纵穿南北，绥肇公路横贯东西，距哈尔滨太平国际机场90公里，境内国道、省道、乡村公路纵横交错，人流、物流、信息流通畅顺达。

资源能源储量丰富，生态环境自然优美

现有耕地378.3万亩、草原150万亩、林地100万亩、水面20万亩，盛产玉米、水稻、瓜菜，是黑龙江省奶牛、肉牛、生猪、家禽、水产品的主要养殖区，是国家商品粮和畜产品的重要生产基地。地下蕴藏大量石油、天然气、地热资源，具有巨大的开发潜力。松花江流经南部4个乡镇，全长68公里，沿岸两侧设有3.4万公顷的省级沿江湿地自然保护区，城区建有占地面积1500亩的生态园林，城市绿化覆盖率已达34%，现已形成了大小水系连通、湿地绿地遍布城乡的自然生态环境。

经济发展势头迅猛，特色产业优势突出

2009年，肇东市紧紧围绕“保增长、保民生、保稳定”目标，迎难而上，奋力攻坚，战胜金融危机带来的严重困难和挑战，经济社会实现平稳较快发展。全市地区生产总值实现241.5亿元，增长13.4%；固定资产投资完成42.5亿元，增长43.9%；实现全口径财政收入15.2亿元，地方财政收入11.08亿元，分别增长4.5%和9.7%；城镇居民人均可支配收入达到12,216元，农民人均纯收入达到6,107元，分别增长15.5%和17.5%。被评为首批国家可持续发展先进示范区、中国玉米综合开发利用之乡、中国乳业之乡、全国粮食生产先进县标兵、全国畜牧百强县、全国文化先进市、全国科普示范县、全国和谐社区建设示范市、黑龙江省和东北十强县、全国百强县，特别是2009年，肇东市以前移十位的好成绩再次跻身全国县域经济百强县，位列第89位，继续成为黑龙江省唯一进入全国百强行列的县（市、区）。

工业：哈大齐工业走廊肇东项目区占地132.5平方公里，现已有内蒙古伊利集团、中粮集团、天津宝迪集团、大连成达集团、四川希望集团、山东华信集团、香港福和集团、哈尔滨欣欣大庄园集团等56户知名企业落户项目区，形成年加工玉米200万吨、鲜奶40万吨、生猪200万头、肉牛10万头、肉鸡1.4亿只的五大“龙型”产业链条，工业经济已经成为牵动市域经济发展的重要力量。2009年，全市新引进投资千万元以上项目32个，其中亿元以上9个，实际到位资金16.8亿元。重点大项目宝迪食品工业园、成达牧业产业园和城市天然气工程等相继开工建设；大庄园肉业、汇丰动物保健品、福和药业等二期工程建设步伐加快，有的已试生产；华能热电、华烨光电产业园、大唐百万千瓦风力发电等项目进展顺利。全市工业企业发展到278家，资产总额已达70多亿元，其中规模以上工业企业达到46户。2009年，全市规模以上工业实现产值65.3亿元、增加值23.8亿元、利税9.5亿元，分别增长12.2%、11.2%和10.1%。

农业：不断强化农业基础设施建设，新打抗旱水源井620眼，新建大型农机合作社2处，新增大中型农机具560台（套），平原水库除险加固、涝洲泵站更新改造等水利工程相继启动；不断强化粮食高产创建，采取“1+5”模式建设了五里明3万亩吨粮田和黎明2万亩吨粮田，示范牵动玉米生产能力整体提高，新建水稻大棚育秧小区12处，促进水稻提质、增产、增效；不断强化机制创新，推进土地规模流转，建设股份合作田。粮食总产逐年提高，由2007年的20.68亿公斤提高到2009年的25.08亿公斤，位居全省第一位、全国县级第二位，先后三年被评为“全国粮食生产先进县标兵”，2009年，实现农业总产值82.7亿元；畜牧业迅猛发展，以“一奶三肉”（奶牛、肉牛、生猪、肉鸡）为主体的畜牧养殖发展格局已经形成，全市奶牛饲养总量近14万头，肉牛、羊、生猪、家禽饲养量分别达到48万头、42.2万头、300万头和3718万只；新农村建设成效显著，先后投入建设资金4.4亿元，新修通乡通村公路近1500公里，新打人畜安全饮水井近百眼，新增自来水用户近1万户，新增沼气等清洁能源用户5000户，新建、改建、维修村级组织活动场所72处，农村面貌明显改观。

第三产业：立足加快建设区域性商贸中心，实施外引与内联并举、改造与扩建并重、国内与国际并进的策略，着力构筑大市场、大流通、大商贸格局，大力发展消费经济，引进福建新亚集团，投资3.6亿元兴建了东北商业街，牵动商贸流通迅速发展。全市已发展各类商业网点8.5万处、各级各类大型市场47处，成为辐射周边县（市）的商品交易重要集散地。2009年，全市社会消费品零售总额达到62.4亿元，同比增长20.5%；进出口总额实现1320万美元，同比增长41.4%。全年新发展个体私营业户2338户，同比增长21.6%。

加强开发建设管理，城市建设彰显新姿

推进了园林绿化建设，城区绿化面积达到2000亩，人均绿地面积达到10.02平方米，人居环境明显改善；推进了生态水系建设，启动实施了城市人工湖和生态水系河道工程建设，重点对五保供养中心、党政办公中心南侧和生态园林西侧的人工湖进行了建设改造，面积达31万平方米，城市生态环境明显改善；推进了房地产开发建设，开工建设各类商住小区46.8万平方米，居住环境明显改善；推进了城市亮化建设，实施亮化节能改造工程，加快城市照明系统LED节能改造，率先打造全省LED绿色节能照明示范城市；推进了城区排水、美化建设，完成旧楼粉刷200栋，既改变了城市面貌，又提升了城市形象；推进了城市功能升级，招商引进了华能热电联产项目，开工建设了城市综合污水处理、生活垃圾焚烧发电、城市燃气供应等城市“三供两治”项目，增强了城市载体功能。

社会事业全面发展，和谐建设步伐加快

文化设施齐备，建有文化馆、图书馆、展览馆、体育场馆、广电中心、影剧中心等各类大型公益设施二十余处；教育事业发达，全市一中、七中等中小学校已经成为全省闻名、绥化知名的品牌学校，每年为国家高等院校输送人才近千人；医疗机构完善，对全市城乡医院和卫生院进行了新建和维修改造；社会保障体系完善，全市城乡低保扩面提标，全民医保全面启动，建有建筑面积5018平方米的五保供养服务中心，为弱势群体提供了基本生活保障。

发展成果惠及民众，民生福祉逐步改善

以改善民生福祉为目标，不断加大投入力度，切实改善群众生产生活环境。重点实施了十大民生工程。道路建设工程：新修城区白色路面17公里、黑色路面4公里，铺装彩色步道板14万平方米，硬化巷道480条；建设通乡通村公路475.2公里，惠及全市17个乡镇36个村。高标准的城乡交通网络目前已经形成。饮水安全工程：完成市区水厂二期扩建工程，日新增供水能力2.5万吨，城市应急水源工程已开工建设，新建45处农村自来水工程，有效解决了城乡群众吃水难、不安全问题。医疗服务升级工程：新建了12家乡镇卫生院，投资1.2亿元异地新建的人民医院前期准备工作已就绪，母婴医院主体工程已完成，公开招聘了100名医护人员充实到乡镇卫生院，甲型H1N1流感得到有效防控。教育事

业发展工程：新建了5所乡镇中小学教学楼，深入开展了教育“两乱”治理，不断深化教育改革，推进素质教育，高考再创佳绩。就业再就业工程：全年实现新就业9323人，城乡劳务输出达到16.7万人，公开选聘了60名大学生充实到事业单位。社会保障体系完善工程：“低保”实现了扩面提标，全市城乡低保总人数达到50206人，累计发放城乡低保金6243万元；新型农村合作医疗成效显著，“参合”农民达到468522人，“参合”率达90.89%，累计为农民报销医疗费3579万元；城镇居民基本医疗保险工作顺畅启动，自愿缴费登记人数达到8.2万人；“五七工”、“家属工”纳入养老保险统筹工作措施有力，共有4209人享受到了相关政策。社区服务工程：规划和新建了城区8个社区居委会和农村8个社区村委会。全省社区建设现场会在我市召开，我市被评为“全国和谐社区建设示范市”。城乡环境治理升级工程：通过搞会战、抓整治，有效解决了城市环境差、秩序乱等问题；通过对农村房屋乱建、柴草粪肥乱堆、垃圾乱倒等问题进行综合整治，有效树立了新农村的良好形象。食品药品安全工程：坚持把好食品质量安全关，把住动物疾病防控源头关，把严流通环节监管关，确保让人民群众吃上“放心肉、放心米、放心菜”。平安创建工程：处理了一批信访疑难案件和历史积案，巩固了安全生产工作的平稳态势，开工建设了14个乡镇派出所，新建了城市视频监控系统，健全完善了市、乡、村、屯四级综合治理防范体系，人民群众安全感普遍增强。

政策环境放开宽松，投资发展前景广阔

致力打造“特区式”、“放开型”发展环境，制定出台了《肇东市招商引资优惠政策》、《肇东市招商引资奖励办法》等，对企业减少收费、减少审批、减少检查，使企业经营者能够全身心地投入到项目建设上来，投入到生产经营中来；充分发挥行政服务中心作用，对所有项目全面实行“一站式”办公、“一条龙”服务，简化了审批程序，缩短了审批时限，提高了办事效率；设立了驻企服务办公室，发放绿色通道证，对企业挂牌保护，打造了优良的发展环境。

百里黄金地　江南聚宝盆——湖北大冶市

湖北省大冶市，位于鄂东南、长江中游南岸，毗邻武汉70公里，地处湖北“冶金走廊”腹地及武汉城市圈内。大冶依托长江，背靠武汉，北连黄石、鄂州，南毗九江，西邻咸宁，东达安庆，是长江经济带上一颗耀眼的矿冶明珠。全市面积1566平方公里，现辖13个乡镇（街办）、1个国有农场和1个省级经济开发区，人口90余万，是湖北省综合经济实力“十强县市”、湖北省经济效益“十佳”县（市）、湖北省小康市、湖北省文明城市、湖北省园林城市，全国首批资源枯竭经济转型试点城市。

大冶历史悠久。殷小乙时期，大冶先民在此竖炉冶炼，唐天祐二年（905年），吴武昌节度使秦装置采矿冶炼机构青山场院。宋乾德五年（967年）升青山场院为县，取“大兴炉冶”之意，定县名为“大冶”。此后，黄巢筑炉，岳飞铸剑，朱元璋置铁冶所，炉冶之火生生不息。1994年2月国务院批准大冶撤县设市，从此，大冶发展进入了新阶段。

大冶是华夏青铜文化发祥地

大冶是举世著名的青铜文化故里。3000多年前的殷商时期，华夏祖先在这里采炼青铜，创造了光辉灿烂的青铜文明，境内铜录山古矿冶遗址是中国乃至世界上目前出土遗址中年代最远、开采规模最大、延续时间最长、保存最完整的古代矿冶遗址，被称为“世界第九大奇迹”。

大冶是中国近代民族工业摇篮

19世纪末，清朝湖广总督张之洞引进西方先进技术和设备在大冶境内开办大冶铁矿和大冶钢厂，创办了中国第一个跨区域钢铁煤联合企业——汉冶萍公司，拉开了中国近代民族工业的序幕。使大冶成为近代“开明中国人”对外开放、实业救国的前沿阵地，大冶也成为中国近代工业的摇篮。

大冶是新中国重工业原材料基地

大冶素有“百里黄金地 江南聚宝盆”美誉，境内资源丰富，得天独厚，已探明矿产资源42种，其中金属矿12种，以金、铜、铁为主，非金属矿产30种，以石灰石、硅灰石、方解石为主。新中国成立后，国家在大冶境内兴办了20多家大中型厂矿企业，采掘金、铜、铁矿石，使大冶成为我国重要的原材料工业基地之一，是武钢、大冶有色金属公司等大型钢铁、有色金属冶炼企业的“粮仓”。

大冶是国家首批资源枯竭转型城市

2008年3月，大冶被国家列为全国首批12家资源枯竭转型城市之一，是两个县级市中的一个。大冶将通过经济转型、机制转型、生态转型、社会转型和文化转型，实现城市转型。

大冶的地位优势、历史文化优势、交通区位优势、品牌优势、民间资本优势、园区平台优势、人力资源优势和投资环境优势等各种生产要素优势为各路客商投资系兴业、发展发财奠定了坚实的基础，为各路客商来冶投资提供了优越的发展空间和建设平台。目前，全市正以新型工业和城乡一体化为主线，围绕经济转型、开放接轨、文化提升、环境创新“四大战略”着力发展产业集群。

机械装备制造产业

以武汉重冶、湖北登峰、东贝铸造、宏力铸造、群力机械等企业为龙头，不断提高重型铸造、精密铸造、重型机械装备制造等生产能力，大力发展光电通信、新型电子元器件等领域的研发生产。将大力引进相关配套产业、拉长产业链，集群发展。

纺织服装产业

以香港利达、广东伟嘉、立峰纺织、百世吉服饰、依嘉服饰、金誉制衣等企业为龙头，通过加强产品设计，提高产品质量，开拓市场等手段，扩大纺织服装产业优势。将大力引进国内外知名服装品牌落户大冶，逐步形成针织、印染、服装生产、服装设计产业集群。

新型建材产业

充分发挥金属矿产储量丰富的优势，强化规划和有效开发，走集约、环保和深加工之路。将大力发展新型墙体材料、绝热隔音材料、防水材料、建筑密封材料以及高纯、超细、改性、复合等精细加工矿物材料。加快铝业加工业集群发展，由普通建筑用材向工业铝型材、优质复合门窗、五金配件、铝箔等精深加工方向发展。

食品、饮品产业：依托“中国劲酒”——中国保健酒行业第一品牌和南京雨润集团肉猪、家禽屠宰，山东永惠肉鸭屠宰加工以及“灵溪”、“真有味”等一批农副产品品牌效应。将着力引进国内外知名方便食品、保健食品、果酒和特色饮品等生产企业，建成食品、饮品灌装、包装产业集群。

悠远历史与现代文明交相辉映的青铜古都——大冶真诚欢迎您！

湖南省长沙县

长沙县自古为三湘“首善之区”，处于长株潭“两型社会”综合配套改革试验区核心地带，从东、南、北三面环绕湖南省会长沙市，黄花国际机场坐落境内，京珠高速、107国道和319国道交会于此，长株高速、武广高铁、建设中的沪昆高铁穿越县境。全县面积1997平方公里，人口78万人，辖19个乡镇、3个街道办事处、228个行政村、41个居委会。

特色经济

近年来，长沙县坚持科学发展，实力与形象、经济与社会、城市与农村统筹推进，2009年，完成地区生产总值514.9亿元，增长（同比，下同）17.1%；完成工业总产值875亿元，增长20.8%；完成财政总收入52.7亿元，增长29.6%。第九届全国县域经济百强，位居第34位。农业方面，坚持城市支持农村、工业反哺农业，规划建设了面积达1150平方公里的现代农业创新示范区，全面吸引资金、人才、技术等生产要素向农村聚集。工业方面，以国家级长沙经济技术开发区为龙头，全力打造“中国工程机械之都”和“湖南汽车产业走廊”。服务业方面，积极推进“产城融合”，以现代物流、电子商务、金融投资、研发设计为重点，促进生产性服务业与新型工业化的交汇；以商贸流通、社区服务、酒店餐饮、娱乐休闲为重点，实现生活性服务业与新型城市化的有机融合。

主导产业

长沙县始终坚持“兴工强县”的发展理念不动摇，坚持“南工北农”的发展布局不犹豫，坚持“园区兴工”的发展方向不改变。工业对GDP的贡献率达69%，成为经济增长的第一推动力。初步构建了以长沙经济技术开发区为龙头，若干产业基地、乡镇园区分工合作的工业大板块。以打造“中国工程机械之都”、建设“湖南汽车产业走廊”为目标，基本形成了以三一重工、中联重科、山河智能、广汽菲亚特、北汽福田、陕汽环通、众泰江南等企业为代表的工程机械、汽车及零部件两大产业集群，2009年两大产业实现规模工业产值559.6亿元。

重大项目

长沙县实施了以“三个十”（十大基础设施项目、十大民生和社会事业项目、十大产业发展项目）为龙头的重大项目建设，以重大项目建设带动经济社会发展。重大基础设施项目主要有：万家丽北路、黄兴大道北延南拓、207线南延、人民东路东延、开元东路东延等。重大民生和社会事业项目主要有：乡镇污水处理设施、星沙文化中心等。重大产业发展平台主要有：临空产业经济区、星沙产业基地、安沙现代物流园、长永高速CBD、松雅湖、板仓小镇等。

投资环境

长沙县开辟了外商投资“绿色通道”，在全省率先开展了服务承诺、首问负责、限时办结等制度，形成了“一站式办公、一条龙服务”的行政审批模式和全方位、多领域、深层次的行政服务网络，被命名为全国政务公开示范点单位。采用“集中会审、分级协调、联合踏勘”方式，将分散的部门行政审批权统一于一体。按照“归类打捆、部门审批、统一缴费、内部分解”办法，行政事业性收费进一步公开化、透明化、刚性化。建成“一网流转、全县贯通”的审批网络，使全县行政许可事项全部实现网上办理。长沙县相继获得“中国改革开放18个典型地区之一”、“中国最具幸福感城市（县级）”、“2009中国改革年度十佳县”等殊荣，县城星沙先后获得“国家卫生县城”、“全国文明县城”、“国家园林县城”、“中国人居环境范例奖”等称号。

改革创新

长沙县坚持资源整合，统筹发展布局：坚持“南工北农”发展布局。南部以国家级长沙经济技术开发区为龙头，着重发展工业。县域北部规划建设国家现代农业创新长沙示范区，着重发展

农业。实施“分类指导”发展战略。按照“宜农则农、宜工则工”的发展思路，实施“分类指导、统筹发展”战略，把全县22个乡镇（街道）按照“3568”模式划分为县城及经开区服务区域、工业优势区域、农业优势区域和工农综合发展区域，根据不同区域定位，强化政策引导，实施分类考核，促进全县区域协调发展。长沙县还坚持改革创新，激发发展活力：深化园区管理体制改革。遵循现代工业的发展规律，按照“积极稳妥、分步实施”的原则，逐步将乡镇工业园纳入经开区管理，星沙、黄花、榔梨三个产业基地已实现由经开区托管。创新城市管理机制。撤销星沙镇建制，成立星沙、湘龙、泉塘等3个街道办事处，建立了县、街道、社区三级管理体制，组建了松雅湖管理局。推进参与式政府决策流程改革。在邀请人大代表、政协委员和公民代表旁听县政府常务会议的基础上，县政府常务会议进行网上直播、电视录播。创新人才引进机制。推进人才建设“3235”工程[计划在3年内，面向全国引进专业人才200名，引进和储备党政干部后备人才300名，公开选聘到村（社区）任职高校毕业生500名]，引进一大批博士、海归、特级教师等各类人才来县创业。

社会事业

长沙县逐年加大民生投入力度。2009年度教育支出5.3亿元，增长20.1%；科学技术支出1.2亿元，增长57.3%；社会保障和就业支出3.5亿元，增长24.6%。社会保险覆盖全县。全县社会保险参保总人数累计达278416人，失业保险参保人数29826人，城镇职工医疗保险参保人数51045人，城镇居民医疗保险参保人数55638人。基金规范运作率和安全完整率均为100%。全年共计发放城镇居民最低生活保障14957人，发放农村居民最低生活保障32514人。科技创新取得新成就。全年科学技术总支出5712万元，科学技术普及支出162万元，人均达2.06元。全县有各类专业技术人员5.95万人。全年共转化运用科技成果80项，引进国际高端技术人才8人，引进国际先进装备10台（套），引进开发具有关键知识产权核心技术25个。教育持续健康发展。“普九”水平进一步提高，全县学龄儿童入学率、女童入学率、农村学龄儿童入学率均为100%；小学生入学率100%，巩固率100%；初中升学率100%、年辍学率为0.01%，综合素质评估合格率为99.99%。高中教育质量继续攀升。医疗卫生服务能力继续提高。全县共有卫生机构238个，床位数2815个，卫生人员4131人，其中卫生技术人员3500人。全年医疗业务收入比上年增长30%以上，长沙县新农合实现全员参与，分别荣获国家级和省、市级先进县称号。文体事业百花齐放。全面启动星沙文化中心建设，首批启动5个乡镇综合文化站建设，建成26家农家书屋。切实抓好了免费“四送”活动。免费送戏下乡50场次；认真落实“2131”数字电影放映工程，送电影下乡3228场；送体育器材10套到乡镇；送图书进机关23次、进社区4次，为广大人民群众提供了丰富的精神文化大餐。

环境保护

环保事业得到加强。全年环境污染治理投资额101200万元；工业二氧化硫排放量10552.9吨，下降7.1%；工业废水排放总量372万吨，工业废水排放达标率为91.6%；上升0.8个百分点；工业废气排放总量704032万标立方米；工业烟尘排放量达标率86.4%，上升27.9个百分点；工业固体废物产生量4万吨；工业固体废物综合利用量4万吨；“三废”综合利用产品产值24466.5万元，增长77.4%。县城空气质量优良率为91.07%，同比提高1.28个百分点。

湖南省醴陵市

醴陵地处湖南东部、湘赣边境，古称“吴楚咽喉”，今为湘东门户。东汉初置县，1985年撤县设市。现辖26个乡镇、4个街道办事处，总人口103万人，总面积2157平方公里，其中725.8平方公里被纳入长株潭城市群“两型社会”建设综合配套改革试验核心区。因盛产陶瓷、花炮，且为釉下五彩瓷原产地、中国“红官窑”所在地和花炮祖师李畋故里，被誉为“中国陶瓷花炮历史名城”，是湖南省唯一拥有海关、国检和危险品储运火车站的县级市。

作为中部内陆省份中的县级市，在推动县域经济发展的过程中，我们坚持走内生型发展道路，着力增强经济增长的内生动力，有效提高了县域经济发展的自主性、可持续性和抗风险能力，具体表现在五个方面。

传统产业的转型升级

紧扣“百亿园区、千亿产业”发展目标，大力实施“1511”工程（即打造1000亿陶瓷产业集群、500亿花炮产业集群、100亿产业园区，培育1个新兴支柱产业），建立四大基地（电瓷电器生产基地、新型陶瓷材料基地、釉下五彩瓷制造基地、精品烟花和鞭炮生产基地），对陶瓷、烟花两大传统产业进行重新洗牌，优化产业内部结构，加速传统产业提质升级步伐，着力将陶瓷产业培育成以新型陶瓷材料、工业瓷为核心的战略性产业，将花炮产业培育成安全、环保、时尚产业。突出特色立园，加快四大“园中园”建设，着力构建“一区多园”的新格局，年内园区产值可突破30亿元、税收过2亿元。抓住被列入全省承接沿海产业转移重点县的契机，加快承接基地和示范点建设，重点引进汽车配套、电子、鞋业、建筑陶瓷、中医药等产业，构建多元化的产业结构体系；按照“两型社会”的建设要求，坚决关闭既不符合安全条件又没有市场的花炮企业，加速淘汰一批规模小、效益差、能耗高、污染重的企业，逐步实现产业发展从粗放、高碳型向绿色、低碳型转变。2009年，两大产业共实现总产值252.7亿元，占全市工业总产值的72%。

民间资本的投入扩张

抢抓有利机遇，千方百计向上争资，努力扩大银行融资，积极抓好招商引资，坚持放活政策、放宽领域、放手发展，千方百计激活民间资本，特别是利用好政府资金这一杠杆，撬动社会资金这“一江春水”，促进民间资本有序流动和产业协调发展。扩大金融支持。集中组织工商企业融资洽谈活动，促进银企建立战略合作关系；扩大重点企业授信额度，推动商业银行采用多种方式予以信贷支持；与省担保公司合作在醴陵建立分支机构，争取国家开发银行对我市工业发展增加信贷规模，着力缓解企业融资难的问题。实施项目带动。积极引导投资方向，加强对传统产业提质升级、新型产业培育壮大、重大基础项目建设等方面的倾斜力度，尤其是围绕工业、城镇化和农业产业化，筛选了一批经济效益好、发展后劲足、带动能力强的可行性项目，方便投资者根据地域经济发展规划合理安排资金投向。同时，鼓励民间资本参与建设、经营、管理城镇基础设施，进一步拓宽融资渠道，促进了民间资本的有序流动和产业的协调发展。目前，全市蓄积民间资本300亿元，全部用于民营工商企业发展。近三年，民间投资始终保持30%以上的增长，累计投入达100亿元。每年年末城乡居民储蓄余额近100亿元。

民营企业的做强做大

大力实施龙头企业带动战略，对市场销售好、带动能力强、发展潜力大的骨干企业，落实特殊政策、特殊服务、特殊奖励，支持其做大做强。利用联合、兼并、重组、上市等方式，加快企业集聚和产业集群，在电瓷电器、炻瓷、高温细瓷、工业陶瓷、高空礼花等领域组建一批产值过20亿、10亿的大企业、大集团，实现由生产型扩张向资本型扩张转变。用一年的时间完成了

全市所有国有企业的改革改制工作，优化了生产要素配置，实现了产业资源的有效整合和高效利用。目前，华联、华鑫两家企业已成功入围全省重点上市企业后备名单。按照“政府做概念，企业做品牌”的思路，帮助企业打造品牌，全力打响“中国釉下五彩瓷之都”的区域品牌。遵循“关联、错位、成链、合作”的原则，加强与株洲轨道交通、汽车制造两大千亿产业集群的配套协作，延伸产业链条，形成了梯次跟进、大小并举的企业发展格局。目前，全市民营工业企业达2062家，其中规模以上企业达507家。2009年实现民营经济增加值165亿元，实缴税金9亿元。

自主创新的推动提升

按照“政府主导、企业主体”的原则，积极引导企业与科研院所开展产学研合作，组建电瓷电器、炻瓷、高温细瓷、釉下五彩艺术陶瓷和高空礼花等特色产业创新基地。目前全市有57家企业成立了产品研发中心，华联瓷业被评为国家级高新技术企业、神马花炮拥有省级科研中心。鼓励企业增加科技投入，重点培育好5家企业工程（技术）研究中心，集中突破优势产业的关键共性技术和瓶颈技术。瞄准产业发展高端，加快先进技术和先进工艺应用步伐，培育了一批科技含量高、产品质量好、市场份额大的名牌产品，优化了产业结构，提高了产品附加值。大力实施“科技人才引进”、“清华百名企业家培训”等工程，共引进各类中高级人才近千人，培训各类企业家近百名。目前，全市“双高”企业达34家，近3年申请专利近1300件，加快了“醴陵制造”向“醴陵创造”的转变。

产业环境的改善优化

大力推进了一批产业发展关联度极强的关键项目。在全省率先引进天然气，为醴陵陶瓷产业发展带来了一次“能源革命”，陶瓷企业的燃料成本平均降低了50%以上、产品标准化率提高了10%以上，环境污染大幅度减小，推动了陶瓷产业由传统工业向现代工业的转变。加速推进“西气东输”二线建设，全力抓好LNG项目建设，打造区域能源中心，有效辐射了醴陵周边产业，将能源优势进一步转化为经济优势。利用商检、海关两大机构的优势，改造扩容集装箱货站，设立铁路口岸；以全省唯一的危险品储运火车站为依托，开通醴陵到深圳盐田港的铁海联运；成功获批铁路口岸，新增岳阳城陵矶新港为我市烟花鞭炮出口中转港口，与深圳盐田港达成建设内陆港（湘东国际物流园）的合作意向，出口烟花爆竹检测试验场投入使用，出口渠道进一步畅通，流通成本降低了20%以上。岳汝高速的修建和沪昆高铁醴陵北站的设立，将使人流、货运速度不断提高，物流成本不断降低，为产业发展构建了良好的物流格局。同时，进一步提高行政效能，切实减少审批和检查，减免行政收费，降低企业成本，为企业发展创造了良好的外部环境。

通过坚持走内生性发展道路，我们不仅有效应对了国际金融危机的挑战，而且在转方式、调结构的过程中进一步蓄积了县域经济发展的后劲。2009年，全市实现生产总值213.1亿元，增长16.1%；完成财政收入14.2亿元，增长20.03%，其中一般财政预算收入完成9.03亿元，增长29.6%；城镇居民人均可支配收入、农民人均纯收入分别达16150元、7701元，增长12%、13.8%。“十一五”规划确定的GDP、财政收入、工业总产值、全社会固定资产投资、城镇居民人均可支配收入、农民人均纯收入等六大指标均提前一年完成。综合实力排名全国第118位、中部12位，稳居全省县域“五强”。今年上半年，实现地区生产总值107.8亿元，增长17.3%；完成财政总收入9.8亿元，增长40.4%；完成外贸出口总额2.9亿美元，增长23.1%；城镇居民人均可支配收入、农民人均现金收入达9459元、4695元，分别增长13.5%、20.1%。预计全年可实现地区生产总值260亿元，实现财政总收入20亿元。

湖南省望城县

望城县三面环抱湖南省会长沙，属长沙市辖区。它南枕岳麓毓秀，北连浩瀚洞庭，湘江穿越而过，是伟大的共产主义战士雷锋的故乡，曾被中央领导同志誉为“希望之城”。下辖19个乡镇、177个村、39个社区居委会，总面积1345平方公里，人口72万人。2008年，县域全境纳入长株潭“两型社会”综合配套改革核心区，是长沙市大河西“先导区”建设的主战场。近年来，望城全面贯彻落实科学发展观，立足“建设省会新城区”发展定位，大力实施“工业主导、城乡统筹”发展方针，加速推进新型工业化、新型城市化、农业现代化，县域经济竞争成功跻身“全国百强”。

融城强县

望城县城距长沙市政府仅16公里，距湖南黄花国际机场仅40分钟车程，境内公路、铁路、水路交通四通八达，319国道、京珠西线、长常高速、长湘公路、京广铁路、石长铁路、长沙市三环线等形成便捷的陆路交通网络；湘江流经县境58公里，千吨级码头四季通航，水路由湘江入洞庭过长江直达海洋，不仅具有同长株潭城市群全面对接的区位优势，而且有走向全国、走向世界的交通优势。为把这种优势转化为经济优势，望城县委、县政府确立了“建设省会新城区”发展定位和“融城强县”发展战略，从观念上、产业上、经济上与省城全面融合，不断增强综合实力和发展后劲。抢抓长株潭城市群“两型社会”和长沙市大河西“先导区”建设历史机遇，经过反复调研、论证，望城在去年底召开的县委全会和人大、政协“两会”上提出了高起点、高标准建设“湘江新区”的构想，明确要把“湘江新区”建设成为“省会长沙的新城区、区域发展的增长极、两型社会的实验区、城乡一体的样板区”。从此，望城实现了由“融城”到“建城”、由建“县城”到建“省城”的华丽转身。为实现“建设省会新城区”的目标，望城以交通路网建设为突破口，加大投入力度，新型城市化进程成效明显。在路网建设上，相继投资20多亿元新修改造了县乡公路500多公里，村村通了水泥路，境内形成了以长湘公路、金星大道、雷锋大道、金城大道等融城主干道为骨架、县乡公路四通八达的交通网络，开通了县城至长沙市区的公交车，成功打造了望城与省会长沙“半小时交通圈”。在城镇建设上，累计投入建设资金30多亿元，新增城镇建成区25.4平方公里，高塘岭、丁字、星城等镇分别进入国家和省、市重点示范集镇行列，形成了环绕省会长沙、多点对接的小城镇建设格局。在能源建设上，先后建成了3座220千伏变电站，全面完成了城网改造，率先湖南各县（市）开通了天然气，按主城区配套标准建成了县城污水处理厂。与此同时，供水、通信、有线电视等基础设施配套也同步跟进，基础设施日臻完善，区位优势正逐步释放为经济优势。

工业兴县

望城坚持“工业主导、城乡统筹”的发展方针，按照“工业兴县、园区兴工”的思路，先后创建了湖南望城国家农业科技园、湖南省高科技食品工业基地和湖南省台商投资区，后经湖南省委、省政府批准，将三个园区合并为“湖南望城经济开发区”。为推进“两型社会”建设，2008年4月，望城又在湘江东岸的铜官镇建立了长沙铜官循环经济工业基地，由县经开区按“以区带园”体制运作，打造了新型工业化的新平台。近几年来，望城按照新型工业化发展规划，积极培育发展工业配套产业，大力实施质量振兴战略，中航起落架、奥特莱斯等一批战略投资企业成功落户，旺旺食品、澳优乳业、台湾大洋等国内外20多家上市公司相继在此投资兴业。为帮助企业做大做强，望城逐年加大技改投入，工业竞争力明显增强，目前已形成食品加工、有色金属、先进制造、印刷包装、电力能源等主导产业。2009年，全县完成工业总产值323.67亿元，同比增

长17%。与此同时，望城坚持以工业化的理念谋划农业，以城市化的理念建设农村，重点围绕百里水产走廊、优质稻种植基地、优质油茶基地、珍珠养殖基地建设，大力发展都市农业、休闲农业和体验农业，成功打造了光明村、百果园、千龙湖等“农家乐”旅游品牌，为城市居民提供生活配套服务，农民收入不断增加，2009年，全县农民人均纯收入达9343元，同比增长20.5%。

招商引资

望城始终把招商引资作为带动全县经济发展的“第一菜单”，充分发挥区位、资源优势，不断完善招商引资优惠政策，相继出台《望城县招商引资优惠办法》和《望城县招商引资中介人和信息提供人奖励办法》，每年安排1000万元重奖中介人，凝聚招商引资合力，逐步实现了由“招商引资”向“挑商选资”的转变，由“撒网式招商”向“特色化招商”的转变。望城突出园区招商和产业招商，利用园区“洼地”效应，发挥主导产业辐射作用，大力吸引优强产业项目向园区集聚；积极组团参加“中博会”、“港澳洽谈周”、“珠洽会”、“科交会”等系列招商节会，成功举办望城（广东）专题招商推介暨重大项目发布会、海外台商望城行、长沙安全食品创业基地专题招商推介会等，招商引资成效明显，和记黄埔、百威英博等一批世界500强企业和长沙电厂、金龙铜业、晟通科技、航天磁电等一批重大项目相继落户望城，仅2009年全县就签约引进项目86个，其中投资过亿元的项目25个，到位外资1.1亿美元，到位县外境内资金65亿元。

改善民生

在经济社会发展中，望城始终坚持统筹兼顾，大力改善民生，切实维护民利。深入开展创业富民活动，投入5000万元设立创业富民专项基金，出台相关政策，建立服务平台，加大就业培训和农村劳动力转移就业力度，2009年稳定农村劳动力转移就业7.1万人，实现城镇零就业家庭动态清零。大力发展社会事业，不断加大财政支出向基本公共服务、基本公共服务向农村和低收入群体、特殊困难群众倾斜的力度，2009年五项社会保险扩面2.1万人，发放保险金1.7亿元；新型农村合作医疗参合率达96%，住院补偿率达35.6%，城镇居民医疗保险覆盖面达70%；城乡低保实现应保尽保；建成廉租房1.5万平方米，实施400户农村危房改造；全面发放失地少地农民生活补助。稳步推进生态建设，斑马湖景区扩规提质，县城污水处理厂建成投运，星城东片区污水管网加快建设；乡镇垃圾中转站投入使用，“村收集、乡集中、县处理”的垃圾处理方式运转有序；扎实推进环境保护三年行动计划，关停、限迁和整改重污染企业，积极开展河道采沙专项整治和造林工程，湘江流域生态环境得到有效保护，宜居望城更加秀美。开展县级领导接访日活动，积极推进信访和人民调解工作；加大对各类突发事件的处置力度，大力推进“食品安全县”创建，加强生产安全和食品安全监管，社会大局和谐稳定。

今天，行进在科学发展快车道上的望城，正乘“两型社会”和“先导区”建设的东风，用具有望城发展史上划时代意义的大手笔，建设“省会新城区”，努力实现由农村向城市、由农业文明向城市文明的历史性转变，努力成为“两型社会”建设的领跑者，中部崛起的“试验田”，“全国百强”的新亮点。

崛起的长吉图前沿城——吉林延吉市

延吉市位于吉林省东部，是延边朝鲜族自治州的首府，是国家规划实施的长吉图先导区开放前沿，是联合国开发计划署确定的图们江流域大开发“金三角”内的中方支点城市。现已跨入“全国百强县（市）”、“东北十强县（市、区）”、“吉林第一强县”和“中国特色魅力城市200强”，并获得了“中国优秀旅游城市”、“全国科技进步示范城”、“全国民族团结进步模范市”、“全国创建文明城市工作先进城市”的殊荣。全市幅员1748平方公里，总人口60万人，朝鲜族人口占58%，是一个具有朝鲜族民族特色的宜居旅游开放中心城市，已成为吉林省东部最大的商贸、金融、信息、IT、物流、消费中心。

延吉边疆近海，开放兼容。已形成了海、陆、空四通八达的立体交通网络。延吉国际空港有连接北京、上海、广州、烟台、青岛等十多条国内航线和延吉到韩国首尔的国际航班。海运借俄罗斯波谢特港、扎鲁比诺港、朝鲜罗津港出海，可抵达韩国釜山，日本秋田、新泻等港口。铁路、高速公路贯穿境内，已成为韩国、日本和北美国家通向中国东北亚及亚欧大陆最便捷的国际通道。同时享受西部大开发、东北老工业基地振兴和边疆少数民族政策，以及长吉图先导区先行先试权，是优惠政策的叠加区。

延吉风光绮丽，资源丰富。属中温带湿润气候区，自然资源丰富，地上有700平方公里的森林资源，800多种经济植物和几十种珍贵的野生动物；地下有原煤、石油、天然气能源，还有大理石、矿泉水、硅石灰、麦饭石等丰富的矿产资源；地表有大米、玉米、烟叶、人参、药材等农作物和土特产。延吉水电资源丰沛，土地成本低，能够为产业发展提供充足的资源保障。延吉南依长白山，北临镜泊湖，东入陆岛防川，市内有海兰湖高尔夫度假村、海兰湖风景区、梦都美滑雪场、帽儿山国家森林公园等观光景区。

延吉底蕴深厚，人才辈出。是中国最大的朝鲜族聚居的中心，素有“歌舞之乡”、“足球之乡”、“教育之乡”的美誉。这里完整地保留着传统的朝鲜族文化、艺术、礼仪、饮食、服饰、节日民俗等民族特色。素有“白衣民族”之称的朝鲜族重视礼仪、热情好客、能歌善舞。延吉文化教育事业也十分发达，拥有已被列入国家“21世纪100所重点大学建设工程”的延边大学，每年向社会输送4000多名毕业生。延吉每万人拥有科技人员和大学生数是全国平均数的两倍。

延吉工业主导，经济繁荣。延吉坚持工业强市，强化项目拉动，突出工业经济主导地位，加快推进农业产业化进程，发展壮大服务业，形成了食品医药、电子信息、能源建材、汽车机械为主导的优势产业框架，经济社会呈现出快速、协调和可持续发展的良好态势。现有经济开发区和新兴工业区2个省级开发区，规划面积均在10平方公里以上。2009年，全市规模以上工业总产值完成142亿元，比2006年翻了一番；规模以上工业企业增加值实现64.6亿元，同比增长21.4%，“十一五”期间年均增幅达到25.5%。工业产业发展的主体地位已基本形成，全市经济发展开始步入工业化中期阶段。

延吉市部分亿元以上项目：

1．2台20万千瓦机组延吉热电厂项目　计划总投资21.4亿元，新建2×200MW供热机组，年发电量为22亿千瓦时，可供热面积700万平方米，项目投产后可实现产值8.9亿元，税金8500万元。

2.年产100万吨直接还原铁项目和年产110万吨高速线材项目　计划总投资21.35亿元，项目投产后可实现产值72.5亿元，税金5亿元。

3.延边仁和集团农副产品批发市场项目　计划总投资15.35亿元，占地面积27万平方米，建筑面积35万平方米。

4.年产10万吨玻璃棉项目　计划总投资11亿元，项目投产后可实现产值9亿元，税金7000

万元。

5.IT产业园项目 计划总投资10.6亿元，项目投产后可实现产值7亿元，税金2600万元。

6.中国朝鲜族民俗风情园项目 计划总投资5.0896亿元，占地370公顷、建筑面积7.0465万平方米。项目将着力打造“中国朝鲜族民俗文化大观园”、“东北亚民俗旅游第一园”两大品牌。

7.人参产业园万吨人参深加工项目 计划总投资4.7亿元，项目投产后可实现产值20亿元，税金1.5亿元。

江苏省赣榆县

中国最早的航海者、东渡扶桑第一人秦代方士徐福的故里——赣榆，作为江苏的北大门，如今在江苏沿海开发大潮中全新定位，奋力争当沿海开发急先锋。

几千年凭海临风，赣榆拥有江苏最为古老的一段海岸线，其海洋渔业闻名全国。2006年以来，赣榆县委、县政府坚持以科学发展观为指导，以沿海大开发统领全县发展大局，经济社会呈现出又好又快的发展态势。2009年，实现地区生产总值182.44亿元，约是2006年的2倍；财政总收入25.2亿元，是2006年的3倍；一般财政预算收入11.7亿元，是2006年的2.9倍；一般财政预算收入、规模工业投资、规模工业利税、社会消费品零售总额等指标位居江苏沿海县市中上水平，地区生产总值增幅、规模工业投资增幅、一般财政预算收入增幅、规模工业增加值增幅、规模工业利税增幅、工业用电量增幅等指标位居江苏沿海县市前列。今年以来，围绕“三年跻身百强县、五年跨入江苏沿海县（市）中间行列、十年基本实现现代化”的奋斗目标，大力实施“三突破一提升”发展战略，全县经济继续保持强劲增长的良好势头。第一季度，财政总收入、一般财政预算收入、工业用电量均比去年同期高60个百分点以上，一般财政预算收入、工业用电量、实际利用外资列全市第一。

以高端规划引领拉开沿海开发总体框架

2006年以来，赣榆县委、县政府投入1300万元聘请深圳规划设计院编制《东部滨海地区战略规划》、《赣榆工业新城规划》等总体规划和赣榆县镇域发展规划、新农村建设规划等专项规划，构建了县、镇、村三级规划体系，实现了产业、城镇、新农村三大规划全覆盖。江苏沿海开发上升为国家战略后，县委、县政府深度对接《江苏沿海地区发展规划》，制定出台沿海开发实施方案和11个专项规划，以布局拓展沿海开发空间框架，以规划推动工业化、城市化，重点打造五大片区。柘汪临港产业区片区，规划面积20平方公里，主要发展石油化工、机械制造、精细化工以及相关配套企业，2010年将实现产值100亿元，2012年达到1000万吨重油加工产能。海州湾生物科技园片区，规划面积14.6平方公里，以生物科技、清洁能源、海洋生物化工为主业，矢志打造江苏一流的循环经济示范园区。经济开发区片区，规划面积46平方公里，打造机械制造、服装纺织、新型材料、生物医药等新型都市产业基地。海洋经济开发区片区，规划面积18.8平方公里，打造海洋食品、海洋食品机械制造、纳米科技等新型工业基地。滨海新城片区，规划面积15平方公里，新建琴岛天籁城市片区、跨海大桥风光带、沿海湿地风光带，打造海城相映、融入主城、亲海融绿、宜居宜创的连云港海滨城市重要组团。

以突破重大项目崛起沿海百里工业长廊

按照“工业向园区集中、园区向沿海集中”的理念和“建设大园区，推进大项目，培育大企业，形成大产业”的思路，大力实施百亿园区、百亿产业、百亿企业“三百工程”，到2012年，将沿海地区打造成年产值过500亿元的新兴工业走廊、苏鲁边界产业名城。大力推进产业转型升级，三次产业结构比重由2006年的26.1∶40.6∶33.3调整到2009年的18∶46.2∶35.8，伴随着人均地区生产总值超过1.8万元，初步实现了由工业化初期后半段向工业化中期前半段跨越。抢抓沿海开发战略机遇，举全县之力，加快构建以港口为龙头的综合集疏运体系。赣榆港区已经国家发改委、省交通运输厅联合组织的专家评审，连盐铁路即将开工建设，204国道、242省道、连临高速、沿海高等级公路正加快推进或即将开工。按照突破重大工业项目的方针，持续拉开重大项目攻坚战，新型工业化步伐明显加快。2006年以来累计内联到位资金190亿元、注册外资实际到账4.8亿美元；2009年新开工亿元

以上工业项目16个，销售收入超亿元企业30家，以新海石化为龙头的石油化工产业，以镔鑫特钢、嘉宝制管、金信利不锈钢为代表的钢铁机械产业，以晶能硅业、协鑫热电为支撑的新型能源产业，以金茂源、榆嘉药业、中大海藻为重点的生物科技产业等主导产业初具规模。今年第一季度，全县完成工业投入28.9亿元，新开工3000万元以上项目38个；规模企业总数达到353家，是2006年的2倍；单月工业用电量步入过亿度时代。新海石化第一季度实现产值13.53亿元，位居连云港市工业企业第3位，拉动全县规模以上工业增长22个百分点。实施百村联动、百企扶强、百村万户农民增收等“五大工程”推进全民创业，2009年，民营经济增加值占全县GDP比重达到61%，成为吸纳就业、推动发展的重要增长极。

以推进四城同创打造国际海滨城市组团

坚持县当城建、镇当县建的理念，以四城同创为重要抓手，主动融入全市“一心三极”城市空间布局，着力推进新城、老城、小城镇“三城联动”，城市化进程不断加快。2006年以来，累计投入城建资金193亿元，实施城建项目687个，城市建成区面积由2006年的9平方公里扩展到当前的23平方公里，新增城市绿化面积300多万平方米，县城区“十横十纵两环”路网框架已经建成。以环城水系建设为重点，实施“引海入城”，整体构建环形道路网、水系景观网、路河绿化网、电力通信网等四大立体网络，7平方公里滨海新城核心区具备办公、居住、商业条件。投入1.4亿元，将昔日的垃圾填埋场打造为占地20万平方米的青口生态公园。新建数字化城管、污水处理厂、邻里中心等公共设施，城市功能形象和品位档次显著提升。通过实施星级小城镇创建年、干部返乡、部门帮扶等措施，镇村建设由重点推进向全面突破转变。2006年以来，累计投入镇村建设资金75.2亿元，城镇化率提高22个百分点，现有全国千强镇1个、省级中心镇4个、市级城市化示范镇8个、市级以上康居示范村40个，3个村荣获江苏省首批新农村示范村，位居全市第一。在全市率先实现了农村公交线路全覆盖、新农村服务中心全覆盖，城乡面貌日新月异。

以现代农业园区实现高效农业快速扩张

坚持把发展现代农业、增加农民收入作为“三农”工作的重中之重，以工业化的理念壮大现代农业规模，以园区化的思维打造现代农业基地，以产业化的思路提升现代农业档次，培育了沙河设施蔬菜、海头设施渔业、墩尚泥鳅养殖、城西花卉苗木、厉庄大樱桃等十大高效设施农业基地，打造了江苏省四季田园现代农业园区、海州湾现代渔业园区两大农业园区，创办了全市唯一的省级“连云港(台湾)农业合作示范区”。2009年，新发展高效农业面积7万亩、设施农业4.5万亩、花卉苗木1.2万亩、工厂化养殖5万平方米，高效农业占比达到41.1%。金山鹌鹑养殖达5000万羽，位居全省第一；泥鳅养殖面积2.2万亩，成为亚洲最大出口集散地。海州湾渔场位列全国八大渔场，赣榆水产品总量居全省县级第一。农业科技化水平和组织化程度大幅提升。萨尔现代农业示范园、连云港现代生态养殖中心、海头渔业科技中心等现代农业科技示范中心建成使用，农民专业合作组织达426个，省级以上农业龙头企业7家，镇级土地流转服务中心实现全覆盖，建成苏鲁海鲜大市场、赣榆紫菜交易中心、墩尚泥鳅集散中心、沙河蔬菜批发市场等亿元农业市场，申报无公害农产品品牌111个，农业年出口创汇3500万美元。

以城乡一体发展助推民生事业统筹普惠

坚持把改善民生、促进和谐作为一切工作的出发点和落脚点，每年组织实施政府公开承诺的10件实事，关乎民生民计的社会事业统筹发展、普惠于民。2006年以来，累计提供就业岗位5.2万个，新增城镇就业人员2.1万人，完成各类职业技能培训20万人次，累计转移劳动力24.6万人，城镇登记失业率由2006年的3.9%下降到2009年底的2.4%以内。坚持教育优先发展，建成省四星级学校2所，义务教育阶段入学率保持100%，高考本科上线连续13年全市领先。投入4.5亿元，累计建成农村公路1037公里，每百平方公里公路密度达172公里，全省领先、全市第一。新型农村合作医疗经验享誉全国，入编省义务教育教科书。农村新型养老保险整村推进试点、新型农村合作医疗现场结报试点、偏远山区教师住房改革试点、国家基本药物制度试点等创新工作正稳步推进，在全市乃至苏北率先实现了村村有篮球场、城乡居民医疗保险、社区卫生服务站、镇村世代服务中心、镇镇有视频监控中心全覆盖。高度关注贫困群体的住房难题，累计建设经济适用房1470套，发放廉租住房补贴97万元。2009年，实现城镇居民人均可支配收入12731元、农民人均纯收入6599元，分别是2006年的1.7倍和1.4倍。人民群众生活的幸福感和公共基础设施的普惠度得到有效提升，城乡一体化水平显著提高。

江苏省海门市

海门位于江苏省东南部，东濒黄海，南依长江，通江达海，素有“江海门户”之称，是长三角上一颗璀璨的明珠。全市总面积1149平方公里，人口101万人，下辖19个乡镇、2个工业园区和2个省级经济开发区，是全国著名的“教育之乡”、“科技之乡”、“纺织之乡”和“建筑之乡”。2009年，面对国际金融危机扩散蔓延、保增长保民生保稳定压力加大的严峻挑战，全市上下始终坚持科学发展、率先发展、和谐发展不动摇，准确把握国内外宏观经济形势，危中抓转机，难中攀新高，全市经济仍然逆势而上，保持了良好的发展势头。

综合实力持续增强

全市实现GDP430亿元，同比（下同）增长14%。其中，一产增长4.1%，二产增长14.9%，三产增长14.7%。财政总收入完成53.02亿元，其中地方一般财政预算收入完成22.7亿元，分别增长29.2%和37.6%。全市社会消费品零售总额实现150亿元，增长18.3%。全市城镇居民人均可支配收入20600元，农民人均纯收入10000元，分别增长11%和10%以上，继续保持苏中苏北领先。年末各项存款余额443亿元，同比增长33%。全年减排COD2652吨，超额完成省政府下达任务，减排总量列南通各县市区第一。万元GDP能耗下降5.6%。在2009年度公布的“全国县域经济基本竞争力百强县（市）”中名列第31位，成功跻身全省十强。我市还被评为“长三角地区商业十强县（市）”。

经济运行平稳上扬

三次产业全面增长。全面落实强农惠农政策，中高效农业面积发展到56.9万亩，占比达63%，列全省第一。新增设施农业3万亩，其中200亩以上连片设施农业园区24个，官公岛万亩现代农业示范园区入选省级设施园艺高效示范创建区。全市规模以上工业产值、销售、利税、利润分别达945.9亿元、935.3亿元、118.9亿元和73.6亿元，增幅均超过15%。实现工业应税销售298.3亿元，增幅较年初回升18个百分点。工业用电量连续7个月实现正增长，较年初回升36.7个百分点。全面落实扩大内需政策，认真做好家电、农机、汽车、摩托车下乡等工作，全市服务业增加值141.7亿元，占GDP的比重比上年提高0.8个百分点。叠石桥市场成交额突破300亿元，叠石桥物流中心入选全省首批十大交通物流示范中心。建筑经济取得新突破，全年建安产值400亿元，增长17.1%，新获鲁班奖1项、国优工程奖1项。中南控股集团成为我市第一家上市企业和经营规模超百亿元企业，南通三建和龙信集团入选“2009年中国承包商”60强。发展活力不断增强。完成全社会固定资产投资242.1亿元，增长20.6%，其中规模以上工业投入178.4亿元，增长23.7%。实施超千万元项目678个，其中新开工超亿元项目69个，比上年增加15个。办理具体项目建设供地手续172宗，面积7735亩，合同土地出让金48亿元。实现高新技术产业产值313亿元，同比增长30%，在规模工业产值中的占比提升到33%，列南通各县市之首。新增省级院士工作站3家、博士后工作站3家，数量居全省各县市第二；新增南通市级以上企业技术中心和工程技术研究中心46家；新增科技企业孵化器11万平方米，都市科技创业园被认定为“省级高新技术创业服务中心”。连续四年被评为“全国科技进步先进县市”，并被列入全国首批实施“知识产权强市工程”县市。新批工商登记注册外资5.9亿美元，注册外资实际到账3.7亿美元，继续列南通各县市前茅。净增私营企业注册资本69亿元，增长25%；净增私营企业2415家、个体工商户6980户，引进南通市外民资56亿元。

城乡面貌切实改善

新城形象不断彰显。城市总体规划调整方案被省政府批准，城市规划面积调整扩容至50.7平方公里。南部新城区规划、南进轴区域概念性设计等19个规划的编制基本完成。新城区路网框架加快拓展，长江路、珠江路、浦江路南延工程和南京路、北京路辅道工程基本竣工。新行政中心、市委党校、军事指挥中心、消防指挥中心、土地资产储备中心、残疾人康复中心等9个公建项目陆续交付使用。东洲国际学校一期、海门证大中学正式招生。新增绿化面积近100万平方米，青西河绿化景观带、圩角河绿化景观带等工程成为新的城区风景线。多管齐下推动房地产市场繁荣发展，房地产总投资65亿元，施工面积256万平方米，其中新开工面积122万平方米，竣工面积78万平方米。新销售商品房8938套103.5万平方米，成交二手房3121套30.8万平方米。房地产业税收贡献8亿元。老城功能有效提升。投入1000多万元，实施了16个老小区的改造建设。完成了东洲农贸市场改造工程。完成了海门河南侧、日新河与宏伟河之间绿环水绕和市政道路建设。基础设施更加完善。启动了垃圾异地焚烧工程建设，城区及周边乡镇的垃圾全部实现无害化焚烧处理。城市污水处理厂一期4万吨污水处理工程通过省验收，正式开始运行。投资6.84亿元实施了包临公路、汤正公路北延等11项交通基础设施工程。完成农路项目140个，建成农村公路218公里，建设农桥98座。投资5.7亿元新建、扩建六匡变等110千伏及以上变电所8座。结合办理人大议案，投资1.56亿元实施了区域供水工程和农村饮水安全工程建设，随着三阳镇接通长江水厂管道，全市所有乡镇均告别了饮用地面水的历史。

社会事业蓬勃发展

教育质量上台阶工程成效显著，高考“本二”以上上线率创历史之最。名校效应进一步放大，海门中学被列为北京大学校长实名推荐学校。成功举办全国新教育第九届研讨会。教育布局不断优化，投资1.25亿元改扩建校舍9.62万平方米。区域教育现代化创建通过省验收。全面实行义务教育学校绩效工资制度。社区卫生服务中心实现全覆盖，农村三级卫生服务网络基本形成。完成农村项目改厕4万座，农村卫生户厕覆盖率达83%。重大疾病防控工作成效明显，突发公共卫生事件应急体系逐步健全。食品安全监管切实加强，未发生重大食品安全事故。全面落实计划生育利益导向政策，对9100多名持“独生子女父母光荣证”退休的企业职工实行一次性奖励。世代服务中心建设工程进展顺利，我市被评为全国计划生育优质服务先进单位。人口自然增长率连续12年保持负增长。常乐张謇文化开发扎实推进，成功举办第五届张謇国际学术研讨会，张謇文化旅游区成为省级现代服务业旅游重点项目。再度荣获“全国文化先进县（市）”称号。“农家书屋”建设管理工作全国领先，“海门之夏”文化广场获“全国特色文化广场”称号，联合摄制的影片《爱的延续》全国公映，并荣获江苏省“五个一”工程奖。深入推进送书、送戏、送电影“三送”工程，完成送书2万多册、送戏120多场、送电影2926场。为全市所有贫困户免费安装了有线广播。大力开展全民健身运动，我市运动员在十一届全运会上获得一枚金牌。外事侨务工作取得历史性突破，与德国施瓦岑贝克市结成首个国际友好城市。第二次全国经济普查工作成绩显著，我市被评为南通地区唯一的全国先进集体。

人民生活更加安康

保障体系更加完善。全年提供有效就业岗位2.53万个，新增城镇就业人数7200人，其中新增大学生就业人数1720人，帮助3000多名就业困难人员实现再就业。实施再就业培训6072人次、创业培训410人次、农村劳动力培训6332人次。年末城镇登记失业率为2.7%，低于全省平均水平。返乡农民工就业创业率超过90%。调整提高了企业退休人员基本养老金标准、企业最低工资标准和优抚对象抚恤补助标准。全市城镇职工养老、医疗、失业保险和城镇居民医疗保险覆盖率稳定在95%以上，新型农村社会养老保险累计参保人员13.7万人，参保率98.8%。市财政对新型农村合作医疗人均补助标准提高到90元，

参合率98.6%，全年共计结报3.84万人次，结报金额9406万元。全年新增城乡低保对象3273人，实现动态条件下的应保尽保。城市低保、农村低保月人均补差分别达到192元和101元。为704名新增被征地老年农民提供了生活困难补助，发放补助资金1010万元。大力推进保障性住房建设，新建安置房40.7万平方米、经济适用房1.3万平方米，新提供廉租住房10套，完成省下达的住房保障任务。救助机制更加健全。大力实施结对帮扶工程，脱贫攻坚取得显著成效。全面落实重残人员生活救助机制，通过省残疾人社区康复先进市验收。先后募集慈善基金1051万元，已投入423万元组织开展了多项慈善救助活动。全年办理法律援助案件540件，提供法律咨询5000多人次。稳定基础更加坚实。“长安海门”建设稳步推进，社会治安综合治理各项措施全面落实，新市民服务管理、平安系列创建、矛盾纠纷调解等方面的经验被全省推广。平安建设各项刚性指标全省领先，破案打击、治安防范等工作成效明显，全市刑事案件发案总数下降3.1%，可防性案件发案总数下降6.4%。安全生产形势平稳有序。信访稳定工作成效显著，荣获“全省信访工作‘三无’县（市）”称号。高分通过省双拥模范城检查验收，获“全国维护国防利益和军人军属合法权益工作先进单位”称号。

江苏省建湖县

建湖县地处江苏沿海中部，总面积1155平方公里，下辖15个镇和1个省级开发区，人口80万人。近年来，建湖县坚持以科学发展观为指导，大力实施新型工业化和城镇化双轮驱动战略，抢抓机遇，排难奋进，保持了经济的快速发展和社会的和谐稳定。先后被评为全国文明县城、中国石油装备制造业基地、中国节能电光源制造基地、全国商标发展百强县、全国民营经济最具潜力县、中国民间艺术之乡、中国金融生态县、中国产业发展能力百强县，最近又被认定为国家火炬计划石油装备特色产业基地，在刚刚结束的2010年全国县域经济科学发展交流年会上，进入全国县域经济基本竞争力百强县行列。2009年，全县地区生产总值突破200亿元，财政收入突破26亿元，其中地方一般预算收入突破13亿元，主要经济指标基本实现三年翻一番，全面小康建设实现程度为95.43%，已基本达到江苏省全面小康社会建设标准。

人文 建湖历史悠久，风光秀丽，人才辈出，吴越文明与楚汉雄风在这里交融渗透，形成了开放、包容的独特地域文化。南宋民族英雄陆秀夫、著名外交家乔冠华、第一位遨游太空的华人王赣骏都是建湖骄子。建湖杂技、淮剧被列入国家级非物质文化遗产保护名录，被文化部命名为“中国民间艺术之乡”。省级风景名胜区九龙口原生态保存完好，为国内仅存的由古泻湖演化而成的重要湿地之一。

产业 建湖产业特色鲜明，初步形成石油装备、节能灯具等产业集群，石油装备和节能灯具产业均被列为江苏省重点培育的产业集群，继2008年底被评为中国石油装备制造业基地后，去年8月又被评为全国首家中国节能电光源制造基地，是苏北唯一拥有2个国家级产业基地的县份，创建国家级新型工业化产业示范基地通过了省级评审，已上报国家工信部审批。石油装备产业实现了由普通零部件到钻机、采油机等成套设备的跨越，现有企业560多家，是全国最大的油田井口装置生产基地，产品畅销全国各大油田及30多个国家和地区，正在向海洋油田、油气复合开采设备和核电领域进军。去年经济总量突破80亿元，今年可望建成百亿产业。以农业机械、港口机械、铁路机械、建筑机械为代表的机械装备产业快速扩张，形成与石油装备制造业互动发展的良好态势。节能灯具产业现有企业200多家，是全国最大的螺旋管节能灯生产基地，与飞利浦、欧司朗、GE等国际行业巨头结成长期合作关系，产品畅销美国、加拿大、欧盟等二十多个国家和地区，形成了从石英砂到整灯的完整产业链条，正在向LED、陶极管节能灯、平面光源和灯饰灯具、照明工程等领域拓展。去年实现经济总量60亿元，可望明年建成百亿产业。皮鞋产业是建湖县的传统产业，龙头企业森达鞋业公司与在香港上市的百丽集团重组后，运行质量不断提升，去年销售皮鞋近300万双，入库税金突破8000万元，今年入库税金可达1.2亿元。在加快特色优势产业发展的同时，把生物工程作为战略型新兴产业来培植，目前年产10万吨生物柴油项目已经投产，森达生物医药项目已经开工建设，中石油30万吨燃料乙醇、永林生物材料等项目近期也将开工建设，力争在较短的时间内建成一个新的支柱产业，进一步加快产业结构优化升级。加强科技平台建设，分别与西安石油大学、中国照明电器协会合作，建立了建湖石油机械研究所、建湖照明职业技术学校，江苏省绿色照明研发中心、江苏省节能电光源产品质量检测中心开工建设，江苏省石油装备检测中心也即将落户。全县拥有中国名牌产品3个、中国驰名商标3个、国家免检产品11个，省级以上著名商标、名牌产品45个，主导或参与制定国家标准27项，为全国商标发展百强县之一。

农业 积极发展高效农业，全县高效农业总面积达40万亩，占耕地一半以上，其中设施农

业3万亩，高效农业收入占农民经营性收入的71%。建成水稻制种、花木园艺、设施蔬菜、水产养殖等16个高效农业示范区和8个高效农业生产基地，九龙园艺成为盐城市重要的种苗繁育基地和华东地区最大的竹柳快繁基地，农友食用菌基地成为江苏省食用菌生产培训基地，颜单优质粮基地被认定为国家级有机稻米生产基地，形成了204国道沿线设施栽培、建蒋线观光休闲农业、戛粮河特水养殖及水生作物三条万亩现代农业示范带。农产品加工集中区、展示展销中心和批发市场启动建设，"建湖大米"获得国家原产地证明商标。

服务业 坚持围绕产业发展生产性服务业，里下河物流中心成为省级服务业集聚区，年内可望建成国家内河二类口岸；银海棉花物流中心国家级棉花储备库、保税仓库全面启动建设，将逐步建成华东地区最大的棉花物流基地。苏北钢材市场入驻商户220多户，今年可实现营业额40亿元，明年营业额可突破100亿元，逐步建成全国最大的工业优特钢集散地之一；灯饰灯具、五金工具等专业市场和汽车商务区即将开工建设。大力发展金融、担保、信息、电子商务等各类服务平台，被评为"中国金融生态县"。与此同时，传统服务业加快发展，两家五星级酒店开工建设，九龙口风景区被列入上海世博会推荐旅游线路。

园区 根据产业发展要求，规划建设"两区三园"，明确定位、合理分工，为新型工业化提供了良好载体。县经济开发区为省级开发区，规划面积30平方公里，重点打造节能电光源产业园和新能源产业园，今年可望建成百亿园区。区内的嘉定科技工业园成为江苏省首家苏沪合作共建园区，节能电光源产业园被评为省级特色园区。高新产业区以电子信息、精密机械为发展重点，规划面积26平方公里，2008年开始规划建设，目前基础设施基本完善，正在推进组团式发展，着力打造省级科技创新创业园、航空产业园、液压科技园等特色区中园，增强园区综合竞争力，致力建成高新技术产业的集聚区。上冈产业园积极策应沿海开发，以机械、轻纺、物流产业为主，目前10平方公里的核心区项目基本布满，正在向西区推进，全力打造拉动县域东部地区发展的综合性园区。石油装备产业园重点发展石油钻机、抽油机及其配套产品，正在启动实施万吨水压机、钻井固控系统等一批重大项目，将通过2～3年努力，实现经济总量100亿元，建成具有较强竞争优势的石油装备特色园区。民营创业园围绕创业和配套做文章，跻身江苏省20家小企业创业示范基地行列，被评为盐城市唯一的AAA级中小企业创业园，成为全省一流的机械加工集中区和中小企业孵化器。

城市 建湖为江苏省文明城市、全国文明县城，县城建成区面积21平方公里，常住人口21万人。围绕"三环"、"五大片区"的总体框架，明确不同区域的功能定位，城中片区以商业、金融、居住为主，正积极打造城市核心区；城东片区以先进制造业为主，致力建成工业新区；城南片区以政务、文化及高新技术产业为主，为正在重点建设的新城区；城西片区以商贸、居住为主，为城市发展的主要预留区；城北片区以市场、物流为主，将成为现代服务业集聚区。通过3～5年努力，建成50平方公里、30万人口，适宜居住、适宜创业的沿海中等工业商贸城市。

社会事业 群众收入不断增加，坚持创业富民、就业惠民，大力开展"四送一帮"活动，形成了全民创业的热潮，被评为全国民营经济最具潜力县，去年全县居民人均储蓄存款突破1.6万元，人均GDP突破2.5万元，位居苏北前列。社保体系日趋完善，各项保险覆盖面不断扩大，实现城乡低保、新型农村合作医疗、新型农村社会养老保险、城镇居民医疗保险和廉租住房补贴全覆盖，初步形成"老有所养、病有所医、学有所助、住有所居"的良好局面。教育事业较为发达，拥有两所国家级示范高中，县职教中心为国家级重点职中，县技校为国家级技工学校，拥有机械、电子等与地方经济密切相关的专业10多个，每年可培养不同层次的技术工人3000人以上。社会治安综合治理不断加强，刑事发案率持续下降，连续多年被评为江苏省社会治安安全县。

区位交通 建湖地处长三角经济区、江苏沿海开发规划范围之内，距南京2小时、上海3小时左右车程。境内交通便捷，东连沿海高速，西接京沪高速，盐徐高速、204国道、231、234省道贯穿县境，新长铁路在境内设有客站、货场，即将开通的沿海铁路也将途经建湖，县城距国家一类口岸盐城机场仅50公里，黄沙港、串场河、通榆河等国家级航道通江达海，形成了铁路、公路、水路、航空立体交通网络。正在规划建设的连云港——泰州高速将纵贯全县，并在高新产业区北侧设立道口，通车后建湖县城距苏中、苏北机场均不到1小时车程。

江苏省姜堰市

姜堰市位于江苏苏中地区中部，属长三角经济圈，通扬运河及328国道、宁启铁路横穿市境东西，宁靖盐高速纵贯市境南北。328国道以北为里下河地区，以南为长江冲积平原。全市辖15个镇、1个省级经济开发区、1个国家AAAA级风景名胜区，总面积928平方公里，总人口79.56万人。远古时期姜堰曾是江水、海水、淮水的汇合之地，故别称“三水”，誉为“金姜堰”。

姜堰是一座底蕴深厚的文化城市

长期的历史发展中，姜堰人创造了包括历史文化、名人文化、宗教文化、民俗文化等丰富而具有个性的文化线条。境内单塘河新石器遗址距今约6000年，天目山商周古城遗址距今约3100年，被列为全国重点文物保护单位。北部的古镇溱潼被命名为中国历史文化名镇。道教、佛教文化发达，不少境内外宗教界知名人士都与姜堰有着很深的渊源。民俗风情独具一格，“溱潼会船”入选国家非物质文化遗产名录，被誉为“世界上规模最大的船会活动”，溱潼会船节被评为全国十大民俗节庆活动。姜堰人文荟萃，英才辈出，宋代姜氏父子筑堰抗洪造福百姓，姜堰因此而得名；明代“泰州学派”创始人王栋长期在姜堰讲学，首倡“平民化、化平民”；著名画家唐志契、唐志尹、唐日昌，时称画苑“三唐”，唐志契画论专著《绘事微言》，收入清代《四库全书》；清代围棋棋圣黄龙士在“童子”时代就驰誉京师，推为国手，有名著《弈括》等传世；刘氏家族“一门五都督，三科两状元”，时称“熙朝盛事，旷古奇闻”；当代著名学者、诗人、书法家高二适曾与郭沫若开展兰亭论辩，毛主席亲自复信，倡导“笔墨官司，有比无好”。李德仁、李德毅“弟兄二人五院士”传为佳话。

姜堰是一座加速发展的新兴城市

2009年实现地区生产总值255.76亿元，财政总收入40.94亿元，地方一般财政预算收入14.48亿元，城镇居民人均可支配收入达18147元，农民人均纯收入8003元，列全国综合实力百强县第72位。经过长期的发展和积淀，姜堰逐步培育形成了一批特色鲜明的产业板块。工业上，着力发展以新能源、石油装备为主体的能源产业，被列入江苏省重点发展的产业基地；改造升级汽车零部件、钨钼制品、船舶配件、医药化工、纺织服装、机械制造等传统产业；加快发展以IT产业为重点的高新技术产业，在开发区西部规划建设高新技术产业园区。全市共有各类工业企业7000家，其中列统企业594家，产销过亿元企业总数达85家。建筑业上，培育出一批以总承包特级资质企业——正太集团为核心的建筑企业群体，全市亿元建筑企业达26家，正太集团、锦宸集团进入全省建筑业20强。农业上，加快实施高效规模农业“12310”工程，按照市抓“板块”、镇抓“园区”、村抓“基地”的思路，以优势特色产业为依托，围绕现有的八大主导产业以及八大特色产业，致力打造高效农业特色产业。全市高效农业面积累计达22.9万亩。服务业上，以生产性服务业和旅游业为重点，突出发展市场、物流业，规划建设软件园，为产业经济提供科技支撑。姜堰亲商安商氛围浓厚，为投资者提供全方位服务、全程服务，规定项目审批时限不超过20个工作日，为全省最快，被评为浙商（省外）最佳投资城市、姜堰是江苏乃至全国治安环境最好的地区之一，连续多年被评为省社会治安安全市。

姜堰是一座特色鲜明的旅游城市

形成以“一湖、一地、一镇、一园”为代表的旅游景区：一湖，即溱湖，拥有地热温泉、淡水湿地等宝贵资源，依托溱湖发展的溱湖风景区是国家AAAA级景区、国家级水利风景区；一地，即溱湖湿地，是全国第二家、江苏首家国家级湿地公园；一镇，即素有“苏中周庄”美称的古镇溱潼；一园，即全球生态环境“500佳”、全国农业旅游示范点——江苏河横生态科技园。现在姜堰旅游已逐渐融入上海和苏南、接轨长三角、走向国际市场。全国旅游业龙头企业深圳华侨城集团，在风景区投资近30亿元、一期工程投入10亿元，兴建集旅游观光、休闲娱乐、宗教文化、体育活动等于一体的泰州华侨城，一期工程已正式开业，为姜堰丰富旅游内涵、提升旅游品位、实现旅游大突破，注入强劲动力。现在，姜堰将“利于兴业、宜于人居、便于旅游”作为新一轮城乡建设的总体要求，在城区北部规划建设包括天目山遗址、单塘河遗址在内的天目山历史文化景区和文化产业园；在溱潼地区规划建设溱潼小城市，把旅游作为小城市发展的基本定位，构建融风景区、溱潼镇、泰州华侨城于一体的大景区；全市总体上形成互动互补的大旅游格局。

中国特色魅力城市——江苏句容市

南京的新东郊——句容市，西汉置县，有2100多年历史，市域总面积1385平方公里，户籍人口58万人，地理特征素有“五山一水四分田”之称，境内有道教圣地茅山和佛教圣地宝华山两个国家AAAA级风景区，还有九龙山、赤山湖风景区，均保持了原始的生态风貌。句容区位优势明显，生态环境优越，先后获得国家卫生城市、全国科技工作先进市、国家级生态示范区、江苏省文明城市等二十多个省和国家级荣誉称号，连续两次成为中国特色魅力城市。2009年，句容市积极应对金融危机的困难和挑战，咬定赶超目标，全力以赴保增长，凝心聚力促发展，全市经济与社会发展取得了令人振奋的成绩。

沉着应对金融危机，经济发展难中攀高

认真落实应对金融危机一系列政策措施，狠抓有效投入，加快结构调整，促进社会和谐，全市经济实现平稳较快发展，呈现出跨越赶超良好态势。2009年，实现地区生产总值215.12亿元，按可比价计算，增长13.2%。完成财政总收入30亿元，增长33.3%。有效投入创下新高，全社会固定资产投资达到127.06亿元，同比增长41.6%，工业性投入88亿元，增长34%。全民创业热潮涌动，新增注册民营企业900家，新增个体工商户3900户，新增民营个体注册资本30亿元。群众收入稳步提高，实现城镇居民人均可支配收入20533元，农民人均纯收入8835元，分别增长12.5%和12%。

强力推进重点工程，做强跨越赶超载体

坚持越是在困难时期，越是以攻坚精神推进重点工程建设，为抢抓新一轮发展机遇、实现弯道超越打下坚实基础。2009年共实施重点工程84项，完成拆迁55.8万平方米，新建安置房56万平方米。“五大板块”建设全面升温。省级经济开发区建成华阳西路西延伸段、巨宝路等6条园区道路，完成5.2公里绿化配套和4公里路灯配套，西五环即将全线贯通；宝华新城高标准建设15条道路，总里程超过30公里，新城的道路框架基本完成，和平变电所、自来水增压站投入使用；临港工业集中区“四纵两横”园区道路全部建成，污水处理厂一期建成交付，与镇江实现区域供水；郭庄空港新区空港大道一期、朝阳路即将竣工，宁溧路拓宽工程加快推进；茅山风景区完成句曲中路、大茅路、二茅路绿化亮化工程和新游客中心建设工程。城市面貌日新月异。新建和改建学府路、崇明路、通宁路、华阳南路延伸段等10多条城市主干道，40平方公里城市规划区内道路框架基本完成。房家坝15万平方米拆迁全部完成，东部片区开发加快推进。城乡区域供水主管网建成168公里，天然气主管网实现城区全覆盖。1万平方米危旧房改造全面完成，5万平方米经济适用房交付使用。交通优势加速凸显。机场路全线贯通，沿江高等级公路和340省道先导段建成通车，疏港大道一期、104国道句容段改造工程开工建设，双向10车道的122省道快速化改造工程基本完成拆迁。

突出招大引强，项目建设捷报频传

始终把项目建设作为发展经济的重中之重，全力以赴抓推进，不断增强发展后劲。2009年新引进外资企业29家，注册利用外资4.5亿美元，增长31.8%，实际利用外资2.8亿美元，增长11.1%，在镇江市名列前茅，进入全省15强。全市规模以上项目竣工105个，在建106个，新开工87个，新建工业厂房面积突破80万平方米，完成投入近50亿元。列入镇江考核的台泥水泥二期等7个重点项目完成投入25亿元。投入近20亿元的巨宝科技一期建成投产，创造了广为赞誉的“巨宝速度”。立成强机械、宁武化工二期建成投产，建华PC棒、毅马五金、港峰科技一期即将竣工，美尔顿车业、北新建材一期、柏霆光电开工建设。

加快转型步伐，产业结构不断优化

在强调提速增量的同时，更加注重优化结

构、提高效益。全市三产比例为7.4：57.9：34.7，服务业增加值占GDP比重提高了1.4个百分点。工业发展层次稳步提升。2009年，全市规模以上工业完成增加值112亿元、销售收入440亿元、利税总额30亿元，分别增长22.5%、22%和23.7%。企业技改力度空前，全市实施技改项目82个，完成投入73.5亿元，增长27%。企业技术创新能力明显增强，新增国家级高新技术企业8家、省级高新技术产品14个，成功申报宁武化工、华阳管件2家博士后工作站，开发区被认定为省级光电子产业集聚区，富达创业园被认定为省级现代服务业集聚区。高效农业规模扩大。新增高效农业7.6万亩，其中设施农业1.88万亩，高效农业面积累计达到28万亩，接近全市耕地面积40%。新发展"三大合作"组织151家，新引进"三资"农业项目115个，新增加农业龙头企业17家。市镇村三级土地流转交易市场体系建设全面完成，全年流转土地近2万亩。现代服务业加速发展。成功举办第九届茅山旅游文化节、第三届宝华山泡山节，承办全省首届"乡村旅游发展高层论坛"，茅山、宝华山、南山农庄入选"世博之旅"精品线路，句容旅游知名度大幅提升。茅山旅游持续升温，全年接待游客超过41万人次，增长58%，实现门票收入2400万元，增长40%。房地产业健康发展，全年商品房新开工面积65.7万平方米，增长18%，销售面积87.6万平方米，增长148%。

推进民生工程，大力营造和谐环境

坚持把保民生放在更加突出位置，促进经济社会协调发展。扎实推进生态市创建，5个镇通过全国环境优美乡镇省级考核验收；开展第二批轧石企业专项整治，严厉打击非法盗采，关闭轧石企业22家、整治非法盗采宕口241个，句容北部地区生态生活环境明显改善。教育布局调整稳步推进，河滨路小学投入使用，崇明路小学、崇明幼托中心加快建设。教育现代化市创建16项指标全面达标，顺利通过省级验收。公共卫生和医疗卫生服务体系建设不断加强，服务能力不断提升。市人民医院病房大楼二期工程主体封顶，宝华卫生院完成整体搬迁，甲型流感得到有效防控。统筹城乡医疗保障体系建设，在全省率先实施城乡医疗保险并轨。全面推行新型农村养老保险，"新农保"覆盖率达到80%。深入推进脱贫攻坚，31个经济薄弱村和9400余户贫困人口成功脱贫，"两消除"任务基本完成。村级债务化解工作有序推进。农村生产生活条件进一步改善，农村环境卫生整治力度加大，建成农村道路150公里，改造农村电网696公里，完成14座中小水库除险加固。扎实开展市委书记大接访和领导干部下访活动，认真落实信访工作责任制，妥善处理群众利益诉求，不断完善社会矛盾纠纷调处机制，有效化解医患、劳资等各类矛盾纠纷。综治和平安建设连续两年考核总分在镇江市名列第一。

江苏省溧阳市

溧阳位于苏浙皖三省交界处，总面积1535平方公里，总人口78.1万人，辖10个镇（2个省级开发区）。溧阳历史悠久，自秦朝建县制以来已有2231年历史，1990年8月撤县建市。溧阳山水田林兼备，地貌特征为“三山一水六分田”，生态资源丰富。溧阳山清水秀，生态优美，人文荟萃，有“山水绝佳天目湖，感恩信义溧阳城”之美名。溧阳交通便捷，宁杭高速、扬溧高速于此交会，104国道、芜太运河和建设中的宁杭铁路等横贯全境，距南京禄口国际机场仅80公里。溧阳是江苏省第三批全面小康达标的县级市。近年来，先后被评为《福布斯》中国大陆最佳商业城市、中国特色魅力城市200强、全国农村综合实力百强县(市)、全国县域经济基本竞争力百强县（市）、国家卫生城市、国家环保模范城市、中国优秀旅游城市。综合实力日益增强。2009年全市实现地区生产总值360.8亿元，增长13%；完成财政收入66.66亿元，其中一般财政预算收入23.17亿元，分别增长23.3%和18.1%，连续八年获省财政收入新增贡献先进单位。现代农业颇具特色。1997年我市被确定为江苏省唯一的“全国丘陵山区综合开发示范县”。至2009年底，全市高效农业面积达56.9万亩， 其中设施农业面积6.96万亩；2009年吸引“三资”9.5亿元开发农业，累计达37.5亿元，建成“一村一品”专业村105个、专业园107个，千亩以上农业开发基地达76个。天目湖白茶达1.5万亩，年产量75吨，入选为人民大会堂特供茶和中国2010年上海世博会“十大名茶”之一，溧阳白芹获国家工商总局证明商标。工业经济加快发展。形成了金属冶炼及加工、机械装备制造、输变电设备制造、新型建材四大支柱产业，输变电产业集群入选江苏省100个特色产业集群。全市拥有纳税销售亿元以上企业70家，百亿元以上工业企业1家，税收超亿元企业5家。江苏申特集团和上上电缆集团进入中国制造业企业500强。2009年，经济开发区综合实力在全省综合排位列第29位；全市工业用电量增长16.1%，增幅居苏南首位；工业纳税销售收入增幅居常州市首位。溧阳是著名的“吊装之乡”、“电梯安装之乡”、“江苏省建筑之乡”。2009年施工年产值突破215.96亿元，实现劳务收入66.95亿元，现有施工总承包一级资质企业17家。旅游业发展亮点纷呈。全市拥有2个国家AAAA级景区、7个国家级工农业旅游示范点、200多家农庄。2009年接待游客630万人次，实现旅游总收入52亿元。成功举办2009年天目湖中欧经济论坛、承办江苏首届乡村旅游节。天目湖景区入选长三角世博主题体验之旅示范点，并与台湾日月潭建立了交流合作关系。溧阳被评为“中国旅游竞争力二十强县（市)”。人民生活不断改善。2009年，全市城镇居民人均可支配收入20774元、农民人均纯收入10096元，分别增长10.6%和10.3%。深入实施“3910”民生工程，全市卫生服务体系健全率达100%，新型农村合作医疗覆盖面为100%，城镇劳动保障“三大保险”综合覆盖面为97.6%；居民养老保险参保人数9.83万人、覆盖率63%。社会保持和谐稳定，连续六年创建成“江苏省社会治安安全县（市、区)”。

目前，溧阳正按照“绿色崛起，跨越发展”的战略，围绕“项目突破、园区转型、城市南进、品质打造、管理创新”五大重点，全力冲刺“十一五”，奋力实现新跨越，努力把溧阳建设成长三角腹地的新兴工商花园城市。

江苏省沛县

沛县位于江苏省最北部，面积1576平方公里，辖15个镇，1个经济开发区，1个农场，324个行政村，58个居委会，人口125万人。2009年，全县实现地区生产总值249.9亿元（不包括大屯煤电公司工业增加值52亿元），增长14.7%；服务业增加值完成86.5亿元，增长15.8%；财政收入实现30.4亿元，增长31.3%，一般财政预算收入实现15.1亿元，增长39.7%，税收收入实现23.8亿元，占财政收入比重达84.6%，税收总量、增量及占比均居苏北前列；增值税实现2.51亿元，总量居苏北之首。全社会固定资产投资实现158.7亿元，增长39.4%。规模以上投资占全社会固定资产投资比重达98.9%；规模以上工业投资突破百亿元，达到112.9亿元，增长41.2%，占全社会固定资产投资比重达71.2%。社会消费品零售总额实现81亿元，增长18.1%，总量、增幅均居全市第一。规模以上工业实现产值320亿元，增长35%；增加值75.2亿元，增长22.3%；产品销售收入330亿元，增长37%；利税45.07亿元，增长44%；工业产品产销率达93.8%。新增规模以上工业企业131家，增量全市第一。金融机构各项存款余额180.3亿元，贷款余额新增17.5亿元，跨入“江苏省第三批金融生态试点县”行列，被命名为“中国金融生态县”。城镇居民人均可支配收入实现12447元，增长13.9%；农民人均纯收入实现7342元，增长11.5%，增幅继续全省领先，综合实力继续保持苏北前五强。

刘邦故里

沛县是汉高祖刘邦故里，秦时置县，有“千古龙飞地，一代帝王乡”之美誉，以汉文化发源地著称四海。境内有歌风台等省级文物保护单位12处，大风歌碑、汉画像石、汉代陶器等重点文物2000余件，建有融汉城公园、汉街等为一体的国家AAAA级汉文化景区，新建了世界刘氏宗亲会馆，倾力打造“刘邦故里、大汉之源”城市品牌。沛县还是明太祖朱元璋的祖籍地，有“明先世家”之称。沛县地处淮海经济区中心位置，为徐州、枣庄、济宁、商丘、淮北五市经济辐射交会点，具有北上南下、西进东出的独特优势，经济腹地十分广阔。沛县交通便利，京杭大运河穿境而过，徐沛铁路纵贯南北，与欧亚大陆桥、大京九、京沪、京广铁路接轨，1小时可达京福、连霍高速及徐州观音机场，徐济高速公路建成后可在10分钟内入全国高速公路网，兼有公路、铁路、航运之便。

煤电之都

沛县资源富集，是我国华东地区最大的煤炭工业基地的重要组成部分，已探明煤储量24亿吨，可均衡开采100年，境内有部省市属8对矿井，年产原煤1200万吨，发电装机容量60万千瓦。工业基础雄厚，目前已形成铝加工、煤盐化工、农产品加工三大特色支柱产业，沛县经济开发区是省级开发区，入选长三角最具投资价值、最具投资潜力开发区，获 “中国十大诚信开发区”、“江浙企业家投资中国首选开发区”等荣誉称号。煤化工产业园为全国七大煤化工产业基地之一。外向型农产品加工产业园、新型铝材产业园、循环经济产业园被省批准为特色产业园，其中新型铝材产业跻身“中国县域产业集群竞争力100强”。农产品加工产业园获得首批全国农产品加工创业基地、江苏省现代农业高科技园区称号。全县拥有各类企业3500余家，规模以上工业企业353家。铝加工产业已集聚总投资100亿元的项目10个，形成了上海大屯铝业11万吨电解铝、上海大屯能源和江苏华丰铝业两个10万吨高精铝板带、江苏丰源铝业3.6万吨铝箔6万吨铝棒、沛丰铝业2万吨铝导杆、江苏沃德铝业10万吨再生铝和10万吨工业铝型材、广东华昌铝业5万吨铝型材、大地铝业1万吨铝型材的产业链，全部建成投产后可实现产值200亿元，利税20亿元，年需求铝锭70万吨。煤盐化工产业

已集聚总投资150亿元的项目13个，形成了徐州观茂焦化60万吨冶金焦、徐州天安化工130万吨焦炭和15万吨甲醇、徐州天成氯碱10万吨烧碱和10万吨PVC、徐州隆天硅业4万吨三氯氢硅、徐州中兴化工1万吨三氯氢硅和4000吨白炭黑、徐州金泰隆化工1万吨三氯氢硅、徐州南开天元化工4.5万吨次氯酸钙、徐州瑞达化工5000吨环己胺、江苏中强光伏1000吨多晶硅和1000吨单晶硅产业链，全部建成投产后可实现产值300亿元，利税33亿元，年转化煤500万吨。

肉鸭之乡

沛县农产品资源独具特色，已形成生态肉鸭、特色蔬菜、优质稻米农业三大主导产业。高效农业面积增量、增幅全省第一。生态肉鸭养殖突破1.5亿羽，年孵化苗鸭2亿羽，年加工肉鸭2亿羽，实现了肉鸭养殖、孵化、加工三个全国第一，被授予“中国肉鸭之乡”称号，成为全国肉鸭产业第一县；蔬菜覆种面积达到115万亩，其中设施蔬菜65万亩、特色蔬菜50万亩，成为全省特色蔬菜种植第一县。水稻种植面积达到57万亩，全部实现无害化、粳稻化、优质化，成为全国重要的优质稻米生产基地之一。全县农业招商规模以上总额达到32.2亿元，位居全省第一。成功举办首届中国肉鸭产业发展高层论坛。我县荣获全国首家县级“国际都市农业示范县”称号。“四园一村”建设荣获全省农业农村政策创新奖。全县农产品加工企业发展到313家，其中国家级龙头企业5家。先后被评为全国粮食生产先进县、全国优质水稻标准化示范区、全国无公害农产品标准化建设示范基地县、江苏省外向型农业示范区。新农村建设亮点纷呈。创造了“政府规划、群众自建、社会共助”的新农村建设“沛县模式”，探索了“环境整治、新村建设、农民公寓、以企带村、城镇社区”五种新村类型，完善了“五化、六通、六有”的基本标准，建成了一批“民富、村强、貌美”的新农村样板。

园林县城

沛县坐落在美丽的微山湖畔，是一座滨湖亲水城市，功能完善，风光秀美。城市绿地面积达900万平方米，城市大园林、大绿化格局初步形成，是国家级园林县城。确立了“50平方公里、50万人口”中等城市建设发展目标，制定大生态、大旅游、大物流的发展战略，全面实施东进融入湖区、北连煤电公司、西扩拓展产业园区，坚持高起点规划、高标准建设、高品位塑造、高速度推进，新城区框架全面拉开，老城区改造提档升级。规划建设了微山湖旅游度假区，新建了滨河公园、沛公园、汉之源公园、滨湖景观大道及36个社区小游园，新增城市绿地600万平方米。积极开发“千岛湿地”，形成了“汉城寻根、微湖赏荷、龙固观海、沙河摘果”四个旅游品牌。充分发挥京杭运河的黄金运输通道功能，大力发展港口物流业，加快推进千万吨港口建设，打造滨湖产业带，发展临港经济，培育形成新的经济增长点。城市建设全面提速，城乡面貌日新月异，正朝着环境优美的滨湖生态城市、特色鲜明的产业集聚城市、发达繁荣的区域性商贸中心城市、社会和谐的优秀人居城市迈进。

文明城市

沛县是省委、省政府首批命名表彰的江苏省文明城市。2008年成功创建“全国文明县城”，受到中央文明委表彰。近几年来，我县坚持以文明城市创建为龙头，深入开展文明村镇、文明行业、文明单位、文明社区等群众性精神文明创建活动，居民文明素质和城乡文明程度全面提高。始终坚持富民优先，大力发展各项社会事业，高度关注民生，倾心关注弱势群体，全面落实创业富民、就业惠民、保障安民、实事利民各项措施，社会保持和谐发展。近年来，沛县先后获得“全国文化先进县”、“江苏省社会治安安全县”等30多个省级以上荣誉称号，被命名为全国武术之乡、江苏省民间艺术之乡、唢呐之乡、古筝之乡。

江苏沿海开发第一县——如东县

如东是江苏沿海的一个重要县份，是全国首批对外开放县之一。全县总面积1872平方公里，人口105万人，下辖14个镇和2个省级经济开发区。先后荣获全国百家明星县、全国科技百强县、全国生态示范区、长三角最具投资价值县市和江苏省文明城市等荣誉称号，享有中国“海鲜之乡”、“教育之乡”、“体育之乡”、“民间绘画之乡”、“中国民间文化艺术之乡”、“绿色能源之都”等美誉。

近年来，在推进县域经济社会发展进程中，如东坚持立足自身的区位条件、资源优势和产业基础，积极抢抓江苏沿海开发上升为国家战略的机遇，全面加快工业化、城镇化、外向化和沿海开发进程，全力打造“东方深水大港、绿色能源之都、黄海旅游胜地”，发展前景和态势良好。2009年，全县实现地区生产总值297.5亿元，三次产业结构比例为13.7：52.8：33.5，全年完成全社会固定资产投资197.43亿元，实现新批注册外资6.82亿美元，注册外资到账2.35亿美元，实现财政总收入40.14亿元，实现地方一般财政预算收入15.33亿元，全县城镇居民可支配收入18220元，农民人均纯收入8003元，县域经济基本竞争力连续八年跻身全国百强县行列，全面建设小康社会目标基本实现，正踏上加快基本现代化建设的新征程。

区位特点

如东县地处长江入海口北翼，东濒南黄海，南与上海、苏南一江之隔，具有“靠江、靠海、靠上海”的区位优势。如东陆路交通便捷，贯穿全境的五条省道与宁通高速、沿海高速相连，离快速通道和最近的铁路中转站均不超过半个小时的车程。如东境内河网密布，水运交通发达，横贯全境的如泰运河从如东入海，西与京杭大运河相通，南与长江相连，“三横三纵”的高等级内河航道网正在规划建设之中。同时，随着江苏沿海开发的全面加快实施，如东洋口港集疏运体系建设快速推进，海洋铁路2010年将基本建成，通洋高速开工在即，海启高速（如东段）也将于近期开工建设。随着苏通大桥建成通车，如东区位优势进一步提升，如东距上海的车程缩短为一个半小时，在未来的发展中，必将成为上海北翼的新兴海港城市和苏中出海通道。

资源禀赋

如东农业基础稳固，是长江三角洲著名的“鱼米之乡”，是中国优质粮、棉、茧、猪生产基地；如东海域广阔、物产丰富，拥有106公里的海岸线和104万亩滩涂，均占江苏省的九分之一和南通市的二分之一，盛产紫菜、文蛤、鳗鱼、对虾、沙蚕、梭子蟹、竹蛏、海蜇、泥螺等50多种名贵海产品，发展生态农业、特色养殖业、农副产品和海洋食品加工业的资源条件良好，是全国最大的文蛤和紫菜生产加工出口基地；如东土地资源丰厚，拥有广阔滩涂及较强的围海造地潜力，土地成本优势和供地能力在长三角地区尤为突出。目前，国有可利用土地存量5万多亩，适宜开发建设大型特色工业园区、旅游度假区和临港工业区；如东还拥有异常丰富的风能、潮汐能、生物质能等可再生资源，沿海及海上风电装机容量可达到300万千瓦以上。

深水海港优势

如东洋口港是长江口以北近千公里海岸线上唯一可建10～30万吨级海港的天然深水港址，是我国东部沿海十分宝贵的深水海港资源。近年来，如东按照“政府推动、市场运作、项目带动、滚动发展”的思路，全面加快港口基础设施和临港产业项目建设进程，取得一系列可喜进展，洋口港成为全省沿海开发的重要节点。目前，洋口港基础设施及大型临港工业区配套设施建设全面顺利推进，跨海大桥、人工岛一期工程等全面建成，港口于2008年底实现初步通航；江苏LNG中转站及燃气电厂等一批重大临港产业项目陆续落户并开工建设，其中LNG中转站工程已完成

工程量的40%，计划于2010年底竣工投产；洋口大道建成通车，海洋铁路、管线桥、洋口运河、通洋高速等港口集疏运体系建设正在加快实施和推进；临港工业区二期围堤工程实现合龙，港口新城建设初具形象；洋口港南通国际产业园正式挂牌运行。洋口港的开发实施，为大型石化、冶金、能源、物流及相关配套产业的落户和发展创造了十分有利的条件，粘胶纤维、丙烯酰胺、氯乙烯等一批重大项目正陆续落户。如东将进一步加快港口开发进程，力争通过10～20年的努力，把洋口港建成江苏重要的石化冶金能源基地、长三角北翼的大型现代化物流中心、我国东部沿海新兴的海港城市。

绿色能源产业优势

近年来，如东立足风力、生物质、太阳能等资源优势，大力推进沿海风电场、风电设备制造、秸秆发电、太阳能光伏电池、垃圾发电和潮汐发电等新能源项目建设。目前，44.5万千瓦风力发电、25兆瓦秸秆发电和95兆瓦非晶硅薄膜电池等项目均全面建成投入运营，20兆瓦垃圾发电项目动工建设，2009年绿色能源上网电量超过13亿度。在发展绿色能源的同时，积极推进风电装备制造业发展及浅海风电场建设，明阳风电、海装风电、杰灵风电等一批大型风电设备制造项目落户如东；国内首个海上（潮间带）风电项目——龙源江苏如东海上（潮间带）试验风电场首批机组并网发电，在全省率先吹响了建设“海上三峡”的号角。全年绿色能源产业实现产值7亿元，在江苏省新能源发电行业处于领先地位，被国家能源协会授予“中国绿色能源之都”称号。如东将以更大的力度、更实的举措推进集风电设备研发、制造、试验和风力发电于一体的风电产业项目，力争通过3～5年的努力，将如东打造成为全国风电设备实验基地、江苏风电装备研发和生产基地，江苏新能源技术培训和设备维护中心。同时，继续深入推进太阳能光伏电池、潮汐发电等绿色能源项目建设，加快形成特色鲜明、体系丰富的绿色能源产业，努力建设更高水平的“绿色能源之都”。

园区载体优势

近年来，如东紧紧抓住长三角区域经济加快融合、全省沿海开发全面推进的良好机遇，高起点规划建设了特色鲜明的如东经济开发区、沿海经济开发区、洋口港经济开发区和东安科技园区。目前，这四大工业园区基础配套设施建设基本到位，产业功能定位明晰，为吸引具有较高产业层次和较大产业规模的现代制造业和服务业项目落户提供了十分优越的平台，在长三角及江苏沿海地区形成了比较明显的园区载体优势。其中，如东经济开发区重点发展风电设备、石油钻采成套设备、光伏电池和汽车电子信息产业，累计引进企业191家；洋口港临港工业区重点发展临港石化、能源、冶金、现代物流业，随着洋口港通航效应的逐步显现，已有一批重大项目落户并开工建设；沿海经济开发区重点发展农药化工、医药化工、生物化工，累计引进企业110家；东安科技园区重点发展机械、电器装备、生物工程、新材料、循环经济等产业，已有38家企业进区落户。四大园区的建设极大地加快了全县工业化、城镇化进程，推动了如东沿海开发的纵深发展。

黄海旅游产业优势

如东是江苏省的海洋大县，海岸线长，滩涂和海域面积大，盛产多种名贵海鲜产品，沿海旅游资源十分丰富，享有“中国海鲜之乡”的美誉，初步形成了集吃海鲜、游海港、观海景、品海韵于一体的沿海特色旅游格局。为进一步发挥沿海旅游资源优势，深入推进沿海开发，如东专门设立了如东沿海旅游经济开发区，围绕建设“国家级生态旅游度假区”目标，进一步整合国际化大型海港、亚洲最大的沿海风电场、国家级中心渔港、大型平原水库、百里绿色生态长廊及空中交响乐（放风筝）、海上迪斯科（踩文蛤）等特色旅游资源，积极吸引国内外大型旅游休闲项目落户建设，着力打造富有地域特色的黄海旅游胜地，力争把如东早日建成国家级生态旅游度假区。

江苏省如皋市

如皋位于长江入海口北岸，滨江临海靠上海，总面积1477平方公里，总人口145万人，是中国首批对外开放的沿海城市，是江苏沿江开发的15个重点县（市、区）之一，拥有国家一类开放口岸如皋港和全国最大民营造船企业江苏熔盛重工集团。

如皋经济社会持续跨越

近年来，如皋抢抓机遇，拼搏创新，超越争先，经济社会实现了持续跨越发展。特别是2009年，如皋“危”中抢“机”，难中攀高，圆满实现了经济社会持续腾飞、弯道超越、总体小康。全年完成GDP356亿元，增长20%以上，增幅连续七年位居南通第一；实现财政总收入51.75亿元、地方一般财政预算收入21.65亿元，增幅均超过30%，一般预算收入中税收占比前移至全省第四位；规模工业投入增长26.3%，增幅居南通首位；工业应税销售总量、增幅均居南通第一；完成工商注册外资15.76亿美元，实际到账外资6.51亿美元，持续保持南通首位、江苏前列；外贸出口在全省全国普遍下滑的情况下强势增长24.6%，增幅居苏中苏南第一；城镇居民人均可支配收入和农民人均纯收入分别达18600元、8060元，分别增长16.8%、14.8%，城乡居民储蓄存款余额达到263.8亿元，增长20.3%，增幅连续七年均居南通首位、江苏前列；全社会消费品零售总额150亿元，增长21.2%，增幅居南通第一；161家高新技术产业企业实现产值211亿元，增长40%，占规模工业产值达28.1%，企业总数和产值增幅均居南通首位；城市化水平超过45%。

如皋区位交通优势凸显

如皋地处长三角核心位置，水、陆、空交通体系完善高效、方便快捷。苏通大桥将如皋与上海的距离缩短为1个半小时。最近，经国务院批准，沪通城际铁路即将实施，公铁两用大桥从如皋港下游附近跨过长江，建成后如皋到上海仅需30分钟，成为名副其实的上海“城市客厅”、“城中花园”，与上海共享同城效应。如皋港距上海港120公里，拥有两条国家级长江主航道，通江达海、直通全球。如皋陆路交通四通八达，沿海高速、204国道和如港一级公路贯穿南北，宁通高速、江海高速、334省道、沿江一级公路横贯东西，任何一个镇10分钟内均可驶入高速，长三角地区15个主要城市3小时内均可到达。加上穿境而过的新长铁路、距城区仅60公里的南通机场、近期有望获批的海陆空直升机搜救基地和锡通铁路如皋港支线，使如皋成为上海经济圈内重要的交通枢纽之一。江海河联运、水陆空一体的立体式交通格局，成本低廉、高效快捷的物流条件，使如皋成为承接先进制造业、高新技术和新兴产业转型升级、战略转移的优选之地。

如皋开发开放势头强劲

如皋拥有长江岸线48公里，其中深水贴岸、微冲不淤的黄金岸线20.2公里。如皋港是新世纪首家在县（市）设立的国家一类口岸，海关、海事、边检、检验检疫等联检单位相继入驻，可与250多个国家和地区进行无障碍交往与零距离沟通。如皋港区已建成15万吨级码头2座、5万吨级码头10座，在建5万吨级码头10座、千吨级内港池码头12座，合共在建码头30多座，今年形成1亿吨、“十二五”期内形成100万标箱的吞吐能力。已建保税仓库和出口监管仓库，国家保税物流中心即将获批。公共物流基地被列入江苏产业振兴规划，正与中外运等大型物流企业合作，打造船、货、港一体化港口仓储物流基地，全面开通国际国内班轮航线。如皋拥有省级科技企业孵化器、博士后技术创新中心、留学生创业园，科技创新、产学研合作、人才工作在江苏领先。规划面积35平方公里的科技城建设全面启动，其中软件园已被批准为省级软件园，重点发展服务外包、软件研发、科技孵化等相关产业，已有上海晟峰、先锋科技、厦门巨龙等多家软件和服务外包企业落户，将成为如皋加快经济发展

方式转变的强大引擎。随着开发开放功能的日益完善，如皋已逐渐成为长三角地区最具发展活力、最富发展潜力的开放城市之一。

如皋产业基础雄厚完备

如皋拥有以船舶制造及配套、汽车及配件、石油及精细化工等为主导产业，新材料、新能源、电子电力电器为新兴产业，机械制造、纺织服装、特色食品、特钢冶炼为传统产业的十大产业集群。熔盛重工经国家发改委批准为国家级造船基地，手持订单居全球第五、中国第一，“中国现代造船第一城”初具规模。立足产业基础，着眼转型升级，如皋着力推进“六五四三二一”工程，即着力打造优质稻米、花木盆景、栽桑养蚕、优质畜禽、生态果蔬、旅游农业六大十亿农业板块，大型船舶及海洋工程、新型复合材料电力装备、光伏光电光热、风电等新能源装备、精细化工新材料五大新型工业产业基地，广电传媒、教育培训、文博会展、影视演艺四大文化产业板块，长青沙生态旅游、顾庄长寿旅游、古城人文旅游三大特色旅游基地，汽车及零部件与液压机械、长寿食品两大传统特色产业基地，一个技术创新和人才集聚的高地——科技城，加速构建以现代农业为基础、先进制造业和新兴产业为支撑、现代服务业为主导的转型升级新格局，这为资本、技术、人才等各类优质资源要素优化组合提供了集聚高地。

如皋历史人文底蕴深厚

如皋是世界著名的长寿之乡，全市145万人口中百岁老人保持在250位以上，总数高居全国县（市）之首，高出联合国长寿之乡指标两倍多。如皋是中国花木之乡，拥有华东地区最大的花木盆景生产交易基地，如派盆景是中国盆景七大流派之一，以其“云头雨足美人腰”的优美造型享誉海内外。如皋是中国优秀旅游城市，上海世博会指定旅游目的地，千年的历史积淀和秀美的自然风光，成为令人向往的人居福地。如皋是全国闻名的教育之乡，高考本科上线人数连年位居江苏省首位，全市27所职业技术学校每年培养输送数千名高素质技工人才；坚持政事分开、事企分开、市场化运作、企业化管理、经济社会效益最大化原则而组建的教育培训集团，落户如皋港的江苏省沿江开发人才市场、省人力资源市场以及高等技师学院，为经济发展培养、集聚了一大批高素质的技术管理人才和产业工人。如皋是平安之乡，是江苏省社会治安安全县市，公众安全感达到99.33%，如皋公安创造了连续18年重大刑事案件全部告破的世界刑侦奇迹。如皋是爱心城市，打造出“爱心邮路”、“爱心超市”、“爱心基金”等一个个爱心品牌。如皋是效率城市，在江苏率先实行行政服务“一卡通、两集中、三到位”（“一卡通”即：在市行政服务中心设立重大项目统一受理窗口，提供绿色通道，对经济建设类和基本建设类项目免费发放磁卡，通过计算机软件对审批事项的办件过程及收费进行一卡式、全过程管理和监控；“两集中”即：政府各部门行政许可和行政审批职能向一个科室集中，审批科室向行政服务中心集中；“三到位”即：部门审批项目进行政服务中心到位，部门向行政服务中心窗口授权到位，部门入驻行政服务中心人员到位）和行政权力网上公开透明运行，为企业生产经营创造了优良的行政服务环境。

立足总体建成全面小康社会新平台，如皋市委、市政府适时提出用三年时间建成更高水平小康社会的新目标。今后三年，如皋将紧紧抓住长三角一体化和江苏沿海开发机遇，大力弘扬“腾江越海、登高致远”新时期如皋城市精神，在更高平台上接轨上海，融入上海都市圈，更加注重提高经济增长质量和效益，更加注重推动经济发展方式转变和经济结构调整，更加注重推进改革开放和自主创新，更加注重保障和改善民生，更加注重统筹城乡发展，加快形成港口型经济、都市型经济与镇域经济三足鼎立，如皋港区、经济开发区、如城镇、中心城区和科技城四极拉动的新格局，打造区域经济新优势，推动经济社会更好更快发展。

全面达小康　建设新铜山——江苏铜山县

铜山县位于江苏省西北部，地处苏鲁豫皖四省交界处和淮海经济区中心，环抱历史文化名城徐州。铜山因境内微山湖中铜山岛而得名。古称大彭氏国，秦始置县，汉列“天下九州”之一，历称大彭、彭城、铜山，迄今已有4000多年历史。

铜山县，东临沿海开放区，西接中原腹地。欧亚大陆桥横贯东西，京杭大运河穿境而过，京沪、陇海两大铁路干线在此交会，徐州观音国际机场距县政府驻地40公里。三条高速公路（霍连、京福、宁宿徐）、四条国道（104、206、307、310国道）、六条市县一级公路及县乡公路网通达四面八方，在建的京沪高速铁路纵贯南北，交通十分便利。

铜山县土地总面积1877平方公里，2009年末全县总人口124.21万人。现辖20个镇、1个农场、1个省级经济开发区，307个行政村，14个居民社区。

铜山是楚汉文化集中地，古迹众多，已发掘并被列入国家和省市重点文物保护单位的有彭祖庙、北洞山汉墓、汉画像石等文物古迹二十多处。孕育出西汉刘向、东晋刘裕、南朝刘义庆、唐朝刘禹锡、宋朝陈师道以及郭影秋、李可染和喻继高等杰出人物。

2009年，全县人民在县委、县政府的正确领导下，紧紧围绕“率先达小康，建设新铜山”的总体目标，全面落实科学发展观，认真贯彻宏观调控各项政策措施，将新型工业化、新城区建设、新农村建设、和谐社会建设作为工作重点。突出又好又快发展，加强招商引资、园区规划、重点项目建设工作力度。经济发展全面提速，经济运行质量进一步提高，开创了小康社会建设全面发展的新局面。

2009年铜山人民在县委、县政府的正确领导下，紧紧围绕“率先达小康，建设新铜山”的总体目标，全面落实科学发展观，采取有效措施积极应对世界金融危机的严重冲击和影响，克服各种困难积极应对区域经济发展的激烈竞争和挑战。一手抓“调结构、促发展”，一手抓“保稳定、促民生”，团结拼搏，迎难而上，县域经济实力在逆境中得到快速提升，为2010年全面达小康奠定了坚实的基础。

2009年全县实现GDP362.7亿元，比上年增长14.9%；财政总收入47.6亿元，地方一般财政预算收入19.6亿元，分别比上年增长44.1%和47.4%；农民人均纯收入7988元，比上年增长11.5%。主要经济指标总量全省进位，增速位居全省前列；GDP总量、一般财政预算收入、规模工业增加值、城镇固定资产投资、工业用电量等五大主要经济指标领跑苏北，总量继续保持苏北第一。在第十届全国县域经济基本竞争力百强县评比中位居第66位，比上届前移12位。

铜山经济开发区（省级），位于徐州市区的南大门，创建于1992年，1993年被江苏省政府批准为省级开发区。铜山经济开发区经过十多年的建设，特别是近年来的快速发展，基础设施更加完善，大型商贸、服务、文化娱乐设施正加快建设。一个交通顺畅，电力充足，通信完备，科教配套，居住优雅，生活便利，环境优美，主城区面积达88平方公里，建设控制区180平方公里，城乡协调区299平方公里的综合新城区正在徐州市区南部崛起！

铜山拥有环抱徐州市区的独特区位优势，徐州都市圈和特大城市的建设，将为铜山社会经济的发展带来新的历史机遇。铜山人民热忱欢迎国内外有识之士，前来投资创业，展现才华。

江苏省吴江市

吴江市地处长江三角洲中心腹地，东邻上海，西濒太湖，南连浙江，北依苏州，区域面积1176平方公里，现有总人口150万人，其中户籍人口80万人。

2009年，全市实现地区生产总值858.5亿元，比上年增长15.1%；全口径财政收入205.1亿元，增长33%；一般财政预算收入70.2亿元，增长16.7%；全社会固定资产投资340亿元，增长15.9%；新增注册外资20.3亿美元，到账外资10.1亿美元，分别比上年增长6%和2.8%；农民人均纯收入14200元，城镇居民人均可支配收入27700元，分别比上年增长11.4%和11.5%。

强化资源整合，加快形成发展特色

一是着力形成沿苏州以吴江经济开发区为主体的高科技产业集群。1992年经省政府批准设立的省级开发区，是国家信息产业基地成员单位，拥有国家级出口加工区、全国首家电子贸易联网监管区。现有电子信息企业近500家，英格索兰、日立、NEC、SKC等多家世界500强企业先后落户。2009年电子信息产业销售收入800亿元。二是着力形成沿上海以汾湖经济开发区为主体的先进制造业与现代服务业并举的集聚区域。2006年成立省级汾湖经济开发区，现已拥有省现代服务业集聚区、省国际服务外包示范区等载体。全区各类企业2600多家，产业涉及电梯制造、汽车配件、精密机械、日用化工、新型建材等。目前该区已实现了与上海的公交、出租车、电信、移动电话等互通，加快各类公共资源的一体化进程。三是着力形成沿浙江以盛泽镇为主体的世界级纺织产销基地。丝绸纺织产业历来是吴江市的支柱产业，主要集中在以盛泽为核心的南部片区。现拥有近10万台无梭织机，年产各类纺织品70多亿米，年产化纤丝180万吨，成为国内最大的化纤丝生产基地之一。2009年，中国东方丝绸市场成交额达630亿元，已成为全国丝绸纺织业主要的产销基地、薄型面料价格形成中心，并连续四年居全国同类专业市场首位。

加快转型升级，不断提升竞争能力

一是突出民资外资、比翼齐飞。全市外资企业累计开业1300多家，累计注册资本132.8亿美元，到账外资61.7亿美元，当年新增注册外资超3000万美元项目13个。新签外经合同6545万美元，新批境外企业12家。服务外包快速发展，离岸外包协议合同额3076万美元，执行合同额1665万美元，均有大幅增长。实现进出口贸易总额140.4亿美元，其中，出口74.9亿美元。2009年，全市新增私营企业3134家，净增注册资本126亿元，累计私营企业1.8万家，累计注册资本达551亿元。恒力集团、亨通集团、盛虹集团营业收入连续2年超100亿元，并入围中国企业500强。二是突出科技创新优化发展。2009年高新技术产业产值占规模以上企业产值的42.7%。列入国家级科技项目11项、省级86项。全年专利申请量1.4万件，专利授权量1.3万件，在全省各县（市）中处于前列。新增3家博士后科研工作站及分站，总数达到12家；新增中国驰名商标17件，累计41件。三是突出规模经济量质并举。注重培育规模经济，出台了一系列扶优扶强、做大做强民营企业的政策措施，从用地、税收等方面进行扶持。规模经济的支撑作用进一步增强，2009年，全市销售收入超亿元工业企业238家，其中超10亿元企业28家，2245家规模以上企业完成总产值2091亿元，占总量的83.2%。四是突出服务业协调发展。2009年，完成服务业增加值313.4亿元，占地区生产总值的比重为36.5%，比上年提高1.5个百分点；服务业投资167.6亿元，比上年增长15.7%。全社会消费品零售总额148.4亿元，比上年增长18.6%。全市各类金融机构本外币存贷款余额分别为1102.1亿元和901.3亿元，分别净增274亿元和245亿元。吴江被命名为“省金融生态达标县”。

建设江南水都，着力打造滨湖城市

一是注重一体化完善规划。构筑以松陵、盛泽为两个主城区，汾湖、震泽为两个副中心，大运河、太浦河为十字形构架的现代城市化空间形态。全面加快滨湖新城建设进程，完成东太湖大道及周边区域城市设计工作，完成滨湖启动区概念规划，滨湖新城环湖景观规划框架、三条主干道基本形成。二是注重功能化推进建设。2009年，118项重点工程共完成年度投资150亿元，其中交通建设完成投资14亿元，南北快速干线、苏同黎公路、318国道改建工程全线通车，230省道改建工程中段路面完工，227省道改建工程全面实施。新辟城乡公交线路20条，新增或更新城乡公交车100辆，城市公交空调车比例达到70%。三是着力提升城市管理水平。以创建人居环境奖为抓手，着力推动城市精细化管理。美化亮化城市夜景，完成青少年科技活动中心、电视塔、文化广场、政法广场等十多处夜间照明亮化工程。完成城市公园南区北区、花园路停车场绿化建设，城区新增绿化面积30万平方米。“数字化城管”有序推进。

坚持环保优先，全力推进生态建设

一是扎实做好太湖治理水文章。从2005年起，规划启动东太湖综合整治项目，总投资约50亿元，2007年该项目被列入国家《太湖流域水污染治理总体方案》。2009年，重点推进115项太湖流域水环境综合治理、16项环保重点工程、25项省界断面水质达标项目建设。狠抓区域集中治污，全市已拥有集中污水处理厂14家，日处理污水能力49.3万吨，基本形成“统一建设、统一管理、集中达标排放”的格局。二是坚决打好节能减排攻坚战。制定节能和减排工作意见，提高节能、新设减排专项资金，明确考核奖惩等制度。加强节能工程建设，2009年，总投资24亿元实施70个重点节能技改项目，完成清洁生产审核企业41家、循环经济试点企业14家、能源审计企业30家。

推进新农村建设，统筹城乡发展步伐

一是加快发展现代农业。按照“调优结构、调大规模、调高效益”的思路，积极推进农业基地化、产业化、现代化建设步伐。2009年，全市农业总收入36.5亿元，比上年增长2%。农业规模化经营水平达到65%。新改造建设农田面积1.2万亩，改造鱼池3.6万亩，完成水利工程建设投资1.6亿元。二是推进建设优美农村。按照适度集聚、节约用地、有利生产、方便生活的原则，对分散的自然村落着手实施农村集中居住点规划建设，合理确定城镇建设区、工业开发区、农业发展区、生态保护区和农民居住区，对现有村落按市域镇村布局规划。新农村建设全面推进，深入推进以“三改”、“三清”、“三绿”为重点的农村环境建设。三是注重创新“三农”机制。深入推进以农村社区股份合作制、土地股份合作制和专业合作制“三大合作”为重点的各项改革，全年新增土地股份合作社35家，总数达到137家；新组建农民专业合作社78家，总数达到142家；社区股份合作社237家，入股农户16.4万户，量化资金5.24亿元，以城带乡、城乡并进的经营体制框架初步建立。

注重民生改善，努力构建和谐社会

一是着力改善人民生活。突出创业致富，狠抓就业促富，确保“人人有技能、家家有岗位”，全年新增就业岗位8.5万个，城镇失业人员实现再就业2万人，建立创业孵化基地7个，成立青年见习基地15个。二是着力提高文明程度。成功举办“CCTV激情广场——吴江市爱国歌曲万人唱”、“百年南社·世界吴江”亚洲媒体汇演等重大活动。建成吴江人民剧院，新体育场竣工落成，各镇（区）文体中心设施建设全面启动。在第十一届全运会上，吴江籍运动员取得四金一银的佳绩。三是着力保障平安稳定。深化“平安吴江”建设，坚持社会矛盾预防和化解并重，开展“信访化解年”活动。大力构建社会化防控体系，以社会应急联动中心为龙头，卡口信息化控点，警力专业化控线，联防村社区化控面，确保第一时间有效化解突发性治安事件。连续多年被评为全省社会治安安全市。

投资创业福地　宜商宜居之城——江苏新沂市

新沂地处苏鲁两省交界，是江苏的北大门，东陇海产业带中心城市，古为兵家必争之地，今为商家必到之所。总面积1616平方公里，下辖16个镇，总人口103万人，其中城区人口27万。因其重要的战略地位，国务院于1998年批准了新沂中等城市规划。江苏省委、省政府先后将新沂定位为“苏鲁接壤地区新兴的交通枢纽和商贸旅游中心、江苏新兴工业城市”，江北唯一的“三级一类中心城市”，“东陇海线上第三大城市、第三大工业城市”。

优越的交通区位

新沂是亚欧大陆桥东起第一座枢纽城市，距徐州、连云港、临沂、淮安等大中城市均在100公里左右，区位优势十分明显。陇海铁路与新长、胶新铁路，京沪高速与连霍高速，205国道与323、249省道，在此交会。新沂水运通江达海，周边80公里范围内分布着三个机场，构建了立体化交通网络。在新沂，铁路、公路、水运、航空构成四位一体的大交通网络，这在全国2000多个县（市）中独一无二。优越的区位、便捷的交通，使新沂成为畅达四面八方的中心枢纽、人流物流的集聚地。特别是随着胶新铁路复线、新长铁路复线和兰连高铁客运专线建设的实施，新沂将形成“一客一货一编组”的新格局，快步跨入“高铁时代”，深情融入“海洋时代”。

丰富的自然资源

矿产资源较多，现已开发利用的有石英砂、水晶、金红石等27种。石英砂储量达54.6亿吨，含硅量高达99.8%以上，金红石探明储量200万吨，储量和品位位居全国前列。新沂水资源充沛，沭河、沂河、京杭大运河纵贯南北，中小河流20多条，骆马湖是江苏省第四大湖泊，总面积60多万亩，水质达到国家二类标准，可调用水量14亿立方米。同时，新沂也是江苏重要的农业生产基地，设施瓜菜、花卉苗木、高效渔业三大主导产业初具规模，是全国优质稻麦生产示范区、全国首家健康养殖示范市。

厚实的工业基础

新沂是苏北工业基础较好的城市，精细化工、绿色食品、纺织服装、机械冶金、资源加工等“五大传统产业”不断壮大，新能源、新材料、新医药、新环保、服务外包等“五大新兴产业”加速集聚，呈现出传统产业与新兴产业“两轮驱动”的局面。新沂经济开发区为省级开发区，总体规划面积60平方公里，园区累计投入建设资金20多亿元，建成区面积达到25平方公里，区内配套设施齐全，达到了“九通一平”，开发区连续两年蝉联“长三角最具投资价值开发区”。与无锡新区合作共建的无锡—新沂工业园初具规模，各项建设走在了全省共建园区中的前列，去年被省政府表彰为“南北共建园区先进单位”。同时，新戴运河产业带和8个镇级工业集中区正加快建设，全市形成了“两区一带、群星点缀”的发展格局。

明晰的发展目标

咬定建设“东陇海线上第三大城市、第三大工业城市”的目标不动摇，全力抢抓江苏沿海开发、苏北纳入长三角扩容范围、振兴徐州老工业基地和东陇海产业带即将上升为国家战略等大好机遇，大力实施港口、产业、优势、人才、文化“五大对接互动”，着力打造沿海开发“大腹地”，勇当徐州东进战略“排头兵”，力争早日把新沂建成“东陇海线上第三大城市、第三大工业城市”。

靓丽的山水环境

新沂旅游资源独具魅力，“一山一湖一古镇”享誉全国。马陵山方圆55平方公里，是国家AAAA级风景区。骆马湖是江苏省第四大湖泊，总面积60多万亩，水质达到国家二类标准，极具旅游开发价值。被誉为“中国大运河第一古镇”的窑湾，保留了众多明清建筑，具有很高的开发价值。

优良的投资环境

热情勤劳的新沂人民坚持“一切为了客商、为了一切客商、为了客商一切”的理念，倾力打造宽松的社会环境、优美的人居环境、淳朴的人文环境、良好的治安环境和高效的服务环境，大力营造“尊商、亲商、爱商、安商、扶商”的浓厚氛围，努力使新沂成为“投资者的沃土、创业者的福地、兴业者的乐园”。

如今的新沂已形成了全方位、多领域开放格局，是一个环境好、服务优的创业城市，被越来越多的海内外客商视为拓展企业空间、谋求更大发展的投资热点。新沂将根据国家产业政策和自身实际，进一步创新方式，拓宽渠道，加大招商引资力度，借助外力更好地发展壮大自己。我们既注重引进先进技术、设备和管理经验，也注重引进高层次人才；既欢迎大集团、大企业前来投资大项目，也欢迎中小企业前来投资；既欢迎新兴产业项目，也欢迎注入资金、技术和设备，改造提升传统产业；既鼓励资产型合作，也鼓励兴办加工贸易项目；既鼓励外资投向工业项目，也鼓励投向基础设施、农业综合开发和商贸、旅游、酒店服务业等第三产业。目前，全市主要形成了“五大投资重点”：一是采取增资扩股、产权买断、投资合作、资产重组等多种方式，实现战略合作，做大做强新沂主导产业；二是参与新沂城市开发和小城镇建设，加快城乡统筹发展，推进新沂城乡一体化进程；三是投资现代服务业，建设大市场，发展大物流，繁荣大商贸；四是投资旅游产业，重点开发“一山一湖一古镇”的旅游资源，打响“来到新沂，心旷神怡”的旅游品牌；五是参与农业资源综合开发与利用，加快农业设施化、产业化步伐。

魅力新沂真热土，满怀激情向未来。目前，新沂广大干部群众正按照“抢机遇攻坚克难，拓新路两年翻番”的要求，坚决打好招大引强、结构调整、重点工程、农民增收、三产振兴、改善民生“六大攻坚战”，大力实施项目建设进程计划、产业发展攀升计划、规模企业成长计划、服务发展效能计划“四大行动计划”，向着“今年全面实现苏北领先，力争首次跨入全国百强县，‘十二五’末跻身苏北第一方阵”的新一轮发展目标奋力迈进。

一个物华天宝、充满魅力的新沂，一个百业兴旺、商机无限的新沂，一个更加开放、快速崛起的新沂，正沐浴着改革开放的劲风，追赶着时代发展的大潮，向着更加美好的未来阔步前进！热情、淳朴、好客的百万新沂人民，正以博大的胸怀、开放的姿态，诚邀天下客商，笑迎四海宾朋，热忱欢迎八方英才来新沂建功立业、创业发展。

江苏省仪征市

加快发展三次产业，经济总量保持增长

全市实现地区生产总值227亿元，市辖生产总值170亿元，分别增长13.1%和19.1%；地方一般财政预算收入14.79亿元，增长18.1%；全社会固定资产投资165亿元，增长30.2%。

工业经济企稳向好。工业总量保持增长，全市工业、市辖工业、市辖规模工业产值分别为830.9亿元、559.3亿元、375.2亿元，分别增长24.2%、31.1%和28%。市辖工业用电9.2亿千瓦时，增长10%。新增市辖规模企业63家，新增亿元级企业6家、10亿元级企业1家。汽车及零部件、船舶制造两大产业占市辖规模工业比重48%，提高2个百分点，节能环保、循环经济等新兴产业势头较好。乡镇规模工业占市辖规模工业比重52.3%，提高7.2个百分点。市辖工业完成投资128亿元，增长19%。竣工投产千万元以上技改项目205个，新增产值62亿元。实现建筑业总产值152亿元，增长20.7%。新增建筑业埠外办事处1个。

农业经济稳步提升。实现农业增加值11.2亿元，增长6.9%。粮食连续六年增产，总产29.8万吨。粮食清仓查库工作通过国家检查。新增高效农业8.1万亩，其中设施农业1.2万亩。新建省级农业标准化示范区3个，新增省级农业地方标准9个。38家农业龙头企业实现销售26.3亿元、利税1.05亿元。新增农村三大合作组织100家，其中农村土地股份合作社45家，入股土地2.9万亩。农业生产综合机械化水平74.3%，提高7.6个百分点。实施国家土地开发治理项目，改造中低产田1.4万亩。整理农地6.5万亩，新增耕地5370亩；复垦开发土地2581亩，新增耕地2475亩；实施城乡建设用地增减挂钩项目，净增耕地指标1337亩。

服务业发展加快。启动实施新一轮服务业发展规划，实现服务业增加值70.1亿元，增长16.5%，占地区生产总值31%，提高1个百分点。实现全社会消费品零售总额70亿元，增长18.2%。现代物流业快速发展，上汽赛克等物流业集聚区加快建设。加大鼓楼、万博等商贸集聚区培育力度，鼓楼街商业广场建成开业，安置350名困难职工进场经营；新增“万村千乡”农家店14个，新建村级便民服务中心56家。家电下乡兑付率位居全省前列。旅游市场逐步活跃，年接待游客86万人次，增长8%。市博物馆景区创成全市首个国家AAA级旅游区。房地产业稳步提升，销售商品房55万平方米，增长28%；二手房交易活跃。

财税金融运行平稳。强化财税征管，保证重点支出，财政收支实现综合平衡。稳步实施非税收入管理制度和乡镇国库集中收付制度改革。推行财政项目支出绩效评价，实行财政专项资金集中统管。加强国有资产经营管理，国有资产处置收入5800万元。规范土地招拍挂行为，实现土地经营性收益1.5亿元。大力实施政府融资，累计融资10多亿元用于城乡基础设施、园区和新农村建设。金融机构年末存款余额220.06亿元、贷款余额107.38亿元，分别比年初增加50.07亿元、35.34亿元。全市首家农村小额贷款公司开业运营。新组建融资担保机构3家。金融生态示范县（市）建设取得成效。

加快推进开发开放，发展后劲持续增强

招商引资强势开展。整合招商资源，实行招商引资保证金和职务代理、降职工作制度，招商主体积极性、主动性不断增强。突出务实招商，针对特定客商、特定项目、特定产业，精心组织茶文化节、中国芍药节等节庆和各类专题招商活动。合同利用外资6.5亿美元，实际利用外资2.6亿美元；招引民资191亿元，新增民资注册资本89.6亿元。招引协议注册1000万美元以上外资项目12个，新开工5000万元以上民资项目66个。争取国资5.9亿元，其中扩大内需中央投资项目28个共0.69亿元。实现外贸进出口总额3亿美元，其中出口1.35亿美元。实现外经营业额1688

万美元。

项目建设进展顺利。深入开展项目建设推进年活动，完善项目推进机制，对重点项目实行领导挂钩、联办会审、分类推进。实施重点项目189个，总投资324.37亿元，当年完成投资110.31亿元。其中，亿元以上工业项目49个，总投资204.96亿元，当年完成投资54.42亿元。金陵船舶二期、国裕船舶、史福特LED、上汽通程汽车悬架等项目投产见效，中江能源回收、索朗太阳能、志成再生资源、舜天二期等项目加快实施，华电热电联产项目取得中石油天然气供气计划和省发改委同意项目开展前期工作的批复，飞利浦新项目顺利签约。实施1000万元以上农业项目38个，3000 万元以上服务业项目66个。

园区建设加快推进。三大园区及乡镇工业集中区完成基础设施投入6亿元。经济开发区道路、电力设施进一步完善，一批路桥、电力工程顺利完工；沙河安置小区建成住房2.8万平方米，可安置居民220户，船舶配套服务区加快建设。汽车工业园建成荣威大道沿线天然气管道和东段供电线路，实施大规模场地平整，完成土方120万方。枣林湾生态园新建骨干道路18公里，区内道路循环互通；枣林山庄商务接待中心、枣林渔村一条街建成营业；开工建设农民集中居住点6个，建成房屋480幢。乡镇工业集中区建成标准厂房43.7万平方米，新增进区企业173家。

科技创新成效显著。加快发展高新技术产业，新认定国家高新技术企业8家，省以上高新技术产品40个。实现高新技术产业产值157亿元，占规模工业总产值31%。加大研发投入，新认定扬州市级以上研发机构7家，双环公司成立全市首家博士后科研工作站。与四川大学、西安交通大学等结成产学研战略联盟，促成合作项目36个。依托市科技创业服务中心，建成省级留学人员创业园、省大学生科技创业见习基地，孵化企业27家。重视专利申请，获专利授权359件，被确认为省知识产权示范市。创成省名牌产品5个，新增省著名商标2个。

加快兴建实事工程，城乡面貌明显变化

城市建设步伐加快。编制完成新一轮土地利用总体规划大纲、滨江新区概念性城市设计、大码头历史文化街区保护与更新规划方案、城市地下空间开发利用规划及人防建设规划。加强规划管理，开展城区民房普查，依法组织拆违活动，拆除违法建设4.9万平方米。投资5.85亿元，改造学军路、鼓楼西路、新河西路、扬子西路，综合整治工农路、大庆路、东园路街景，改造哨口巷、勤丰巷等巷道20条，加快推进城东（天宁）大道、军民路、东园南路南延、东园路跨仪扬河桥等城建重点工程，启动城建展览馆、东园恢复重建工程。新增城市绿地10万平方米。完成数字化城管系统建设。

农村面貌明显改观。建设扬月公路、青长公路等农村公路130公里，其中新建通农民集中居住区道路75公里，8个乡镇客运站陆续投入使用。顺利完成西线区域供水工程和东线农村饮水安全工程，总投资1.54亿元的中线区域供水一期工程实施过半。深入开展农村环境综合整治，重点抓好河道管护、道路管养、绿化植树、村庄保洁，建立“四位一体”长效管护机制。清淤疏浚农村河道124.4公里，完成月塘水库和5座小水库除险加固。新建农村户用沼气池4100个，完成农村改厕1.2万多户。完成全市199个农民集中居住点详规论证，启动农民集中居住点整区试点建设。创建全面小康村35个、新农村示范村12个。

生态环境得到改善。新建城区污水管网8.24公里，大仪镇污水处理厂建成投运，新城、马集两镇污水接入荣信污水处理厂。仪化公司热电中心二、三期脱硫工程建成运行，基本淘汰市区燃煤小锅炉，42家重点污染源全部实现达标排放。开展化工企业环保专项整治行动，抓好秸秆禁烧和综合利用。削减COD排放985吨，削减SO_2排放5955.8吨，单位地区生产总值能耗下降4.6%以上。新增绿化造林3.7万亩，其中成片林2.7万亩，森林覆盖率22.68%。3个镇创建全国环境优美乡镇通过省级验收，创成省级生态村1个，

创成绿化合格村庄50个。全市环境质量综合指数85以上。

加快改善人民生活，全面小康实现在望

文教事业全面进步。教育现代化建设加快推进，所有乡镇通过验收。社区成人教育中心实现乡镇全覆盖。启动校舍安全工程，新建、改造校舍10.28万平方米，完成新城小学异地新建工程。义务教育阶段绩效工资制度全面实施。职业教育发展加快，市职教中心创成省高水平示范性中等职业学校，市高级技工学校创建技师学院通过评估。成功举办元宵灯谜会、芍药节晚会和全市第四届运动会，"月月喜相逢"、"白沙大讲坛"等活动持续开展。隆重举行纪念盛成先生诞辰110周年系列活动。建成乡镇标准化文化中心9个，农家书屋实现行政村全覆盖。新确定市级不可移动文物17处，胥浦农歌、朴席制作技艺列入省级"非遗"名录。市广电局获全国县级"百家先进局（台）"称号。民生档案工作形成特色。《天南地北仪征人》出版第五辑。

卫生计生加快发展。市人民医院、南医三附院病房楼建设有序推进，改造乡镇卫生院10所；建成社区卫生服务中心21个、社区卫生服务站137个，社区卫生服务体系健全率100%。血吸虫病、结核病等重大传染病防治取得成效，儿童计划免疫接种率98%以上；为900多名15岁以下人群免费补种乙肝疫苗，实施城乡育龄妇女妇科病免费检查。积极防控甲型H1N1流感，接种疫苗2.2万人。市、乡、村"世代服务"实现全覆盖。创成省计生优质服务先进市。人口出生率控制在7‰以内。

社会保障更加完善。启动实施新型农村社会养老保险，参保人数4.73万人，被确定为全国首批新型农保试点县（市）。做好企业职工基本养老保险扩面工作，新增参保人数7993人。全民医保体系不断完善，企业职工医保、城镇居民医保、新农合参保人数55万人，参保率96.5%。出台城乡居民和重点优抚对象医疗救助办法。提高城乡低保标准和五保供养标准，为无固定收入重残人员发放救助金，为90岁以上老人发放"尊老金"，为历年失地农民2382人发放生活补贴。完善多层次住房保障体系，建成廉租住房180套，新建经济适用房200套。归集住房公积金1.93亿元，发放公积金贷款2.2亿元。新增住房公积金扩面5442人，参缴人数5.48万人。结对帮扶经济薄弱村和贫困户。发展慈善事业，成立慈善分会12家。

人民生活不断改善。推进全民创业，新增私营企业1796家、个体工商户3491户。多种形式促进就业，新增转移农村劳动力7583人，新增城镇就业5285人，做好下岗失业人员、"4050"困难人员再就业工作。充分就业社区、充分转移村比例83%以上。年末城镇登记失业率2.9%。城镇居民人均可支配收入18160元、农民人均纯收入8010元，分别增长14.7%和11.6%。城乡居民人均生活消费支出8440元，增长14%。全市有线电视入户率88%以上，数字智能化广播实现城乡全覆盖。百户家庭拥有电脑40台。城镇居民人均住房建筑面积32.5平方米，农村居民人均钢筋、砖木结构住房面积46.9平方米。

江西省丰城市

丰城是一个位于江西省中部的县级市，有1800年建县历史，史传为干将、莫邪宝剑藏地，故别名“剑邑”，人口136万人，面积2845平方公里，下辖32个乡镇（街道），有“中国生态硒谷”之称，是江南最大的主煤焦基地、全国再生资源集散地、全国粮食生产先进县市、全国社会治安综合治理先进县市、全国高产油茶示范县市、全国水稻机械化育插秧示范县市、全国劳务输出示范县市。2009年，全市GDP 201.45亿元，增长17%；财政总收入20.87亿元，增长23.4%，列江西省第2位，其中地方财政收入12.9亿元，增长38.4%，列江西省第1位；固定资产投资完成126亿元，增长49.5%，列江西省第1位；金融机构贷款余额147.26亿元，增长22.4%；居民储蓄余额114亿元，增长22.7%；城市建成区面积36.8平方公里，城镇人口达59.2万人，城镇化率43.5%；县域经济基本竞争力从2002年的第270位到2009年跃居第99位，历史性地进入全国百强行列。2010年，丰城市将始终围绕加快发展方式转变、加速县域经济发展主题，突出低碳、生态、高效要求，把总部经济作为新亮点来培育，把高新技术产业作为突破点来打造，把节能产业作为主攻点来推进，把富硒产业作为大卖点来发展，把资源循环产业作为支撑点来建设，重点培育四个百亿元产业，即100亿元的生态富硒农业产业、200亿元的设备制造产业、500亿元的资源循环利用产业和500亿元的高新技术产业，力争用三年的时间即到2012年实现“六个五”目标，即全市GDP超500亿元、园区主营业务收入超500亿元、财政收入超50亿元、城市实际建成区面积超50平方公里、高新技术企业产值占工业总产值比重超过50%、森林覆盖率超50%，确保“十二五”期末实现“十百千”目标，即全市本土上市企业达10家、财政收入达100亿元、园区主营业务收入达1000亿元，努力争当鄱阳湖生态经济区县域生态与经济协调发展的“领头羊”。

区位、资源优势

丰城地处江西省境内沪瑞高速、九景高速、赣粤高速、京福高速“天”字形高速枢纽的中心点，距省会南昌60公里，距昌北机场70公里，浙赣线、京九线、赣江、赣粤高速、105国道穿境而过；境内赣江为三级航道，1000吨货轮可直达长江，正在建设年吞吐量400万吨的码头。

能源资源有国家大型统配煤矿丰城矿务局（年产原煤400余万吨），江南最大的火力发电厂丰城发电厂（装机容量260万千瓦，正在进行200万千瓦扩改），煤炭蕴藏量5亿吨；煤层气储量70亿立方，煤矸石存量1300万立方，年产煤矸石100万立方、焦炭100万吨、钨2000 吨。农业资源有525平方公里富硒土壤（含硒量0.4～0.99 μg/g）、125万亩耕地、23万亩水体面积。再生资源以各类再生金属、塑料、羽绒等为主，年回收有色金属20万吨，黑色金属30万吨，羽绒1万吨。

主导产业

目前，已形成了“一园二区六基地”（即生态工业园、能源建材产业区、机械电子产业区、精品陶瓷产业基地、资源循环利用产业基地、生物食品产业基地、高新技术产业孵化基地、富硒产业基地、总部经济服务业基地）产业发展格局。主导产业有：

机械电子产业：丰城市工业园区建有电子机械产业区及10万平方米标准厂房和配套公寓，落户园区的华伍公司（被国家科技部授予国家级高新技术企业称号）、惟思特公司（生产的无油涡旋压缩机填补了国内空白）、新海洋精密（组件）有限公司以及金昇宏电子、佳捷电子、美洋电子、万有电子、永安电业、东来大通电器等企业，以生产制动机械、汽车电子产品、电脑和手机配件为主。华伍公司于2010年7月28日在深交所创业板成功上市，引进的广东佛山好帮手电子科技

有限公司车载卫星导航仪项目，总投资3亿元，建成后年销售收入将达10亿元，年税收约8000万元。惟思特公司无油涡旋压缩机项目，建成后年工业总产值可达64亿元。引进的全球500强广宇集团下属企业新海洋精密（组件）有限公司，先期投资2000万美元，全面投产后，可解决2万人就业。

新型能源（光伏）建材产业：丰城市依托资源起步，跳出煤电发展，在大力构建“煤—电—建”、“煤—焦—化”等循环经济产业链条的同时，转以粉煤灰、煤矸石等能源产业废弃物综合利用为主，吸引了兰丰水泥、同宇股份、新高焦化、泰山石膏等企业落户，兰丰水泥集团和江西同宇新型建材有限公司的生产工艺和技术处于国内领先水平。2008年引进了三个江西省重大调度项目，分别是：投资12亿元的盛丰新能源科技有限公司多晶硅项目，全面建成后将年产太阳能级高纯硅4000吨，可实现总销售收入约16亿元，税收约1.6亿元；投资12亿元的凯华太阳能有限公司非晶硅项目，建成12条年产6MW非晶硅薄膜太阳能电池生产线和2条铜铟硒薄膜电池生产线，建成投产后可实现年销售收入14.4亿元，年税金约2亿元；投资18亿元的新高焦化有限公司焦化项目，建成投产后年产焦炭可达220万吨。

精品陶瓷产业：丰城市精品陶瓷产业基地于2008年10月获江西省发改委审批并正式授牌，总规划面积16平方公里，已开发面积5平方公里，完成投资23亿元。引进了中国陶瓷十大品牌企业4家，即上海斯米克陶瓷股份有限公司、广东东鹏陶瓷有限公司、广东唯美陶瓷有限公司、广东蒙娜丽莎陶瓷有限公司。同时还引进了相关配套项目，分别是东鹏陶瓷洁具、科达清洁能源、唯美赣江货运码头、华雅包装、新高焦化、港华燃气有限公司。下一步，围绕力争“3年打造江西精品陶瓷产业基地，5年打造中国精品陶瓷产业基地，8年打造全球精品陶瓷产业基地”目标，将着力引进世界和中国顶尖级陶瓷品牌企业6家以上，总投资达60亿元以上，陶瓷及相关企业实现销售收入100亿元以上。

资源循环利用产业：丰城市资源循环利用产业基地是2007年经省环境保护局审查同意、省发改委批准立项、中国轻工国际工程设计院规划设计的江西省第1个省级废七类金属拆解、熔炼、加工基地，并成为国家商务部批复的赣中再生金属集散市场建设试点单位。基地规划建设面积10平方公里，分三期建设。基地坚持“铝业为主、铝铜并举”的发展方针，已签约引进了四川凯迈集团、湖北金洋金属集团、美国兰通集团、宁波怡翔铝业、江西宏成铝业、江西怡华铝业、江西鑫琪铜业、江西丰荣铝业、江西六联铝业等20家企业，签约资金达29.4亿元。目前，再生铝年产能达60万吨，占江西省的90%、全国的20%，最终生产规模将达到100亿元，正向建设成为全国重要再生铝生产基地、工信部重点扶持的再生金属拆解加工示范园区迈进。

生物食品产业：目前，生物食品产业基地已落户恒天源集团、中超实业、伊万食品、银珍食品、天缘油脂、峰华豆制品、天玉油脂、香油坊油脂等食品企业，形成集生物糖浆、糖果、蛋白精粉、油脂、豆类生产的食品产业集群，年产值3亿元左右。此外，恒天源集团新上年产12000吨大米蛋白肽生产线，达标后可实现年产值1.2亿元；天玉油脂公司新上油脂生产项目，其产品精茶油不仅市场前景好，而且附加值高，项目投产后企业年产值可达2亿元。2009年以来，又相继引进了成必信生物科技有限公司、厚博生物科技有限公司、汉为药业有限公司3家医药企业落户生物食品产业园区，进一步丰富了生物食品产业园区的内涵，成为生物食品产业区经济发展的新亮点。

特色经济

除五大主导产业外，另有两大特色经济正在蓬勃发展。

富硒产业：2007年以来，丰城市充分利用524.7平方公里的富硒土壤资源，以富硒种养产业为依托，以富硒加工产业为支撑，以富硒高新技术转化为突破，打造集富硒产品生产、加工、旅游为一体的生态富硒产业集群——中国生态硒谷。通过努力，2009年9月14日，中国营养学会和中国食品科学技术学会联合向丰城富硒产业基地授予“中国生态硒谷”殊荣。2009年9月16日，包含12个富硒产品的《富硒含量分类标准》被确定为江西省地方标准。2010年7月16日，被省科技厅批准为省级鄱阳湖生态农业示范基地，江西省首个低碳生态科技示范园也落户于此。目前，富硒产业基地已成功引进全国知名农业产业化龙头企业9家、产学研机构1所，计划总投资15亿元，完成投资3.28亿元，开发富硒产业项目10个。初步在硒谷形成了富硒有机雷竹生产基地、富硒特色果园基地、富硒绿色蔬菜大棚基地、富硒有机大米生产基地、富硒高产油茶基地、富硒蛋鸡养殖基地、富硒种鸭基地7个产业开发基地。为强化高新技术支撑，丰城市正在与南昌大学洽谈，在中国生态硒谷内合作共建四个中心（富硒文化中心、食品研究中心、产业发展中心、技术交流中心）、两个示范工程（零排放无抗生素养猪工程、肝油生产工程）和一个气象站，为富硒产业开发提供服务。

总部经济服务业：丰城市龙津湖总部经济服务业基地是2009年6月经省发改委批准设立的全省首个县市总部经济服务业基地。该基地紧靠丰城市工业园区，和老城区隔江相望，距南昌外环20余公里，昌北机场65公里，赣粤高速公路5公里，属南昌半小时经济圈。该基地规划占地面积13000亩，一期开发面积5000亩，二期开发面积8000亩，总投资约30亿元，计划用5～6年时间进行全面开发。规划建设八个功能分区，分别是总部基地服务区、总部基地办公区、高管生活区、民俗文化村区、休闲娱乐区、水上乐园区、宾招服务区、生态控制区，整个规划注重生态绿色保护，规划绿地率达73%。基地充分依托龙津湖得天独厚的地理位置、依山傍水的自然地貌及底蕴深厚的历史人文，全力打造一个具有企业办公、创新研发、休闲娱乐、运动旅游等多元功能的总部经济基地群落。目前，已有80余家大中型企业入驻总部服务基地，年营业收入约8亿元，年纳税额近4000余万元。

投资环境

打造服务品牌。打造成本最低、效率最高、信誉最好、回报最快的“四最”环境品牌，项目准入手续由行政服务中心一站式办理，所有收费项目按最低标准执行。

提升服务水平。做到“二保三优一完善”，即：保障土地供给，保障水电供应；提供优良的政务环境、优美的人文环境、优质的服务环境；完善基础设施。

优化服务环境。执行“五禁止”，即：禁止任何部门、单位未经市人民政府同意擅自到企业进行检查、处罚；禁止任何部门和单位自立收费项目或提高收费标准；禁止向企业收取和摊派不合理费用；禁止利用职权向企业索取好处；禁止在办理公务中设置关卡。

招商引资项目

充分依托“一园两区六基地”，围绕做大做强主导产业、特色经济，着力引进高新技术产业项目、设备制造业项目、循环经济项目、富硒产业项目和高端服务业项目。

机械电子产业区：重点引进光伏产业、精密机械制造、高科技电子生产项目；

能源建材产业区：重点引进清洁能源、煤矸石利用、余热发电、煤化工、新型建材项目；

精品陶瓷产业基地：重点引进精品陶瓷及配套项目；

资源循环利用产业基地：重点引进金属、塑料、羽绒制品项目；

生物食品产业基地：重点引进生物糖浆深加工、大米深加工、豆制品深加工、食用油脂加工项目；

高新技术产业孵化基地：重点引进和培育研发机构及高新技术产业项目；

富硒产业基地：重点引进富硒产品生产、加工、旅游项目；

总部经济服务业基地：重点引进企业总部及高端休闲娱乐项目。

江西省南昌县

南昌县又名昌南，置县于公元前202年，地处江西省中部偏北，赣江、抚河下游，鄱阳湖之滨，从东、南、北三面环绕省会南昌，占地面积1683平方公里，辖16个乡镇和小蓝经济开发区，总人口 90.45万人。是江西的“首府首县”，也是鄱阳湖生态经济区的重要组成部分。地处赣抚平原，属亚热带季风区，自然条件优越，农业资源丰富，素有“鱼米之乡”的美称，是江西省典型的平原县，也是全国50个商品粮基地之一，被誉为“江南第一粮仓”。

区位交通

南昌县交通便利，区位优势明显。县城距市中心仅15公里，距昌北国际机场仅30公里。京九铁路、浙赣铁路、向莆铁路(向塘—莆田)，105、320、316国道，乐温高速、温厚高速、南昌南外环高速交会境内。凸显的交通区位优势，使南昌县成为江西省与“长三角”、“珠三角”、“闽东南经济圈”的最佳“结合点”，成为中国沿海地区辐射中西部腹地的重要枢纽，是全国人流、物流的重要集散地和商贾云集地之一。

综合经济实力

2009年，全县地区生产总值完成255.3亿元，同比增长14.3%;财政总收入达到24.1亿元，同比增长19%，跃居全省第一;地方一般财政预算收入达到12.2亿元，同比增长16.6%；全社会固定资产投资完成245亿元，同比增长45.7%;社会消费品零售总额实现48.1亿元，同比增长18.2%；城镇在岗职工年平均工资22128元，同比增长11.6%；农民年人均纯收入6571元，同比增长9.4%。在第九届全国县域经济基本竞争力评价中，跃居第88位。

产业状况

农业：南昌县是农业大县，也是农业名县，先后被授予“全国农业百强县”、“全国菜篮子产品先进县”、“全国渔业重点县”、“全国粮食生产先进县”等称号，是全国“商品粮基地县”、“商品猪基地县”。2009年，全县粮食播种面积186.2万亩，粮食总产量81.03万吨。生猪饲养量181.33万头，出栏113.3万头，连续六年创新高。全县规模以上种养基地发展到56个，市级以上龙头企业94家，其中国家级的3家，农民专业合作社405家，有机、绿色、无公害农产品93个，“一村一品”专业村99个，规模以上“农家乐”经营体20个。

工业：2009年，江铃股份小蓝基地等3个“3010”工程项目稳步推进，小蓝经济开发区被省政府确定为全省汽车及零部件、食品产业两大特色产业基地。全县规模以上工业增加值完成85.5亿元，同比增长20.1%；小蓝经济开发区实现工业总产值219.4亿元，主营业务收入218.3亿元，利润总额7.2亿元，分别同比增长21.3%、20.3%和72.9%。中粮可口可乐、中国人民电器、煌上煌二期等一批世界500强、国内200强、知名品牌项目相继投产；益海嘉里大米加工及油品分装、百事可乐、亚洲啤酒、江铃股份商用车、赣粮实业、绿滋肴等知名品牌项目顺利开工建设。

商贸物流业：2009年，商贸物流业快速发展，雷克萨斯汽车4S店等项目正式开业，好又多超市、江西农机大市场一期等项目基本建成；引进了南昌大学第一附属医院、上海金瀚丽晶大酒店等项目；大力推进了货运物流产业发展；加快推进了南昌小商品城、南昌设备交易中心建设。

旅游业：南昌县充分挖掘自然风光、历史文化、民俗风情等特色旅游资源，精心策划精品旅游线路，设立了1000万元的旅游产业发展基金，大力打造了十大景点。即以幽兰马游山、中国武阳·红楼景观旅游文化示范地、塔城水岚洲为主的宗教文化与风情怀古旅游点，以黄马“两江”生态旅游走廊为主的乡村休闲与亲水度假旅游点，以莲塘澄碧湖公园、象湖新城为主的观光与购物旅游点，以蒋巷为主的生态农业与湿地科教旅游点，以冈上教授村、三江后万村、广福永木黎村为主的古村采风与田园体验旅游点等十大旅游景点。成功举办了第二届樱花节、首届澄碧湖文化艺术节，承办了《南昌与中国电影》书籍首发式等活动。

城市建设

南昌县充分发挥三面环绕南昌市的独特区位优势，积极融入鄱阳湖生态经济区建设，在规划、建设和产业发展上主动跟进大南昌的发展进程，着力打造新型城镇化试验区。全力推进了县城老城区、小蓝经济开发区、象湖新城三位一体的城市建设，完成了2008年～2030年县城总体规划纲要和象湖新城控制性详规。莲西大道中段和北段、抚生路、八月湖路延伸、象湖路等工程相继完工。莲塘大道、澄碧湖大厦、滨江大道、金沙大道南延、城北路、城南路等工程加快推进。同时，南昌县还将高起点编制128平方公里昌南组团（包括县城莲塘、小蓝经济开发区、象湖新城、岱山、八一乡英雄经济开发区部分地区等6大片区）概念性空间战略规划、总体规划和控制性详规，突出前瞻性和操作性，同时着力抓好南昌地铁3号线的前期论证工作。加快编制2010～2030年147平方公里的向塘商贸物流加工区概念性空间战略规划和控制性详规，谋划好江西向塘铁路——公路枢纽型物流基地的定位和功能布局。

投资环境

南昌县坚持以科学发展观为指导，以“新型工业化标志区、新型城镇化试验区、新型农业产业化示范区、低碳生态经济先行区”建设为主要平台，针对国际金融危机的严峻挑战，采取税收激励、规费减免、贷款贴息、用工培训、人才引入、审批提速等多项措施，千方百计降低企业初始投入和运营成本，增强企业在激烈市场争夺战中的竞争力。为了更好地服务企业，组建了县公共资源交易中心，县行政服务中心、乡镇便民惠民服务中心功能得到完善，组建了省信用担保南昌县分公司和小蓝投资担保公司，投融资体系不断完善。实行重大项目领导跟踪服务制、一审一核制、告知承诺制、并联审批制、限时办结制、承诺服务制等多项制度。对外商投资项目一律由县经济服务中心牵头实行全程无偿代办。招商引资激励机制进一步完善，严格落实“一把手”责任制，实行“一票否决”制，加大奖惩力度，真正做到了在项目推进中考察干部。

园区建设

作为南昌县工业战场主阵地，小蓝经济开发区以跻身国家级开发区为目标，全力主攻重大项目，对外知名度和美誉度不断提升。一是坚持“开放化经营，封闭化运行”，将县级行政体系所具有的相对独立的经济管理权限全面、彻底地授予开发区，增强开发区服务重大项目的能力，提高了服务效率，做到了区内业务区内办，区内问题区内结。二是倡导“与入园企业共成长”的发展理念，推行了“只为成功找方法，不为失败找理由”的工作准则，塑造了“企业需要时无所不在，企业不需要时一无所在”的服务标准，规范业务流程，推广自动化、程序化办公。三是坚持以人为本的管理理念，选优任能，实行岗位目标责任制，大力推行竞争上岗、年度测评、末位淘汰机制。四是完善基础设施建设。截至2009年底，累计完成基础设施建设总投资约19.77亿元，硬化路面85.07公里，填土平整2863万立方米，架设供电线路102.02公里，铺设供水管网93.95公里，铺设弱电线路98.9公里，铺设雨污水管道211.37公里，完成绿化面积87.88万平方米。

南昌县，是一个充满生机与活力的城市，是一片适合投资与发展的热土。当前南昌县正处在工业化转型和城镇化提速的关键时期，将积极融入鄱阳湖生态经济区建设，打造新型工业化标志区、新型城镇化试验区、新型农业产业化示范区和低碳生态经济先行区，争当绿色崛起与统筹发展的排头兵。

中国轴承之都——辽宁瓦房店市

城市概况

瓦房店市位于辽东半岛中西部，西临渤海，东倚千山余脉，北距省城沈阳290公里，南濒大连102公里，面积3793.53平方公里。2009年末，全市总人口102.6万人，为辽宁省所辖县级市。

工业经济

2009年，新增规模企业151家，总数达801家；完成规模工业增加值232亿元，增长35%。加快推进轴承产业跨越式发展，实现轴承工业产值151亿元，增长25.8%，轴承产业被评定为中国产业集群50强，"轴承之都"品牌进一步彰显。面对严峻形势，积极引导科技兴企、品牌兴企、规模兴企，组织申报科技计划项目48项、信息产业项目8项；实现高新技术产业产值218亿元，增长20%；齐二瓦机公司被授予国家级装备制造国际科技合作基地称号。投入资金16.5亿元，完成技改项目55个。新增大连市级以上名牌产品10个。实现工业总产值955亿元，增长25%。新发展私营企业590家、个体工商户3115户。

加快推进产业集聚。巩固提升装备制造等传统产业，做强做大轴承标志性产业，积极培育化工、LED光电、清洁能源等新兴产业，工业体系逐步健全，产业层次得到提升，低碳经济发展迈出了坚实一步。市级工业园区投入资金8.7亿元，进行基础设施建设，园区功能日趋完善。新引进项目34个，总投资86.4亿元；开工项目25个，投产项目17个，完成产业项目投资96.4亿元。西郊工业园区大连国家半导体照明产业基地瓦房店光电园成立，晶田科技LED大功率芯片等7个项目入驻；华锐风电国内首台海陆两用3兆瓦风机下线，投资4.8亿元的风机塔架项目投产。祝华工业园区深蓝泵业核电用泵项目和大机床大型立车项目投产。松木岛化工园区大化搬迁改造项目土建工程和设备安装基本结束，设备全面试车成功，合成氨、纯碱、硝酸铵等项目进入试运行状态。乡街工业园区项目建设步伐加快，驼山、土城风电，复州湾山水水泥余热发电，赵屯德铜风电铸物，岗店远东轴承扩建，太阳鑫盛轴承，九龙凯威重工，炮台民康制药，三台船舶配件等项目相继建成或投产。轴承、化工两大产业集群以及临港产业配套、清洁能源、风电装备、LED光电、新型建材、食品加工等六大产业基地完成销售收入500亿元，占全市工业销售收入的61.7%。

农业经济

加强农业基础地位。推进农业集约化、产业化、标准化经营，发展设施果菜3.2万亩、规模小区340处。新建标准化畜禽养殖小区103处，总数达到700处。持续扶强做优水果产业，新植果树5.3万亩，创建标准化果园15万亩；引进农业生态网技术，有效提高了果品质量；"瓦房店小国光"成为大连市苹果产品首个国家地理标志商标。海参年加工能力达1万吨。新建、扩建农产品加工企业16家，培育农民合作社30家，扶持千吨以上储藏设施30座；头牌食品公司和安德利果蔬汁公司被认定为省级农产品加工龙头企业，鑫龙果品公司被确定为省级现代农业示范基地；出口辣根质量安全示范区建设顺利启动；加快农产品直接进入大型超市步伐，沃尔玛相继在我市设立苹果、葡萄和蔬菜直采基地。成功抗击旱灾和风雹灾害，农业生产再获丰收。实现粮食产量43.6万吨、肉蛋奶产量31.9万吨、水果产量60万吨、蔬菜产量68万吨、水产品产量17.6万吨。炮台、老虎屯、复州城、永宁、复州湾、谢屯、驼山、祝华和九龙等乡镇、街道农民人均纯收入突破万元大关。

着力建设新型农村。在炮台、老虎屯、复州城、许屯、谢屯和复州湾启动了新社区和新村庄建设；建成农村沼气服务网点5个、大中型沼气工程8处、户用沼气2160个。新建农村公路108公里；建设小型水源工程339项；除险加固小型水库11座。完成河道生态绿化1.4万亩，启动了复州河生态河治理工程。滨海路绿化带建设一期工程完工；全年造林12万亩、植树2500万株。开展了炮台、老虎屯、复州城省级环境优美乡镇创建工作。复州城在大连地区乡镇中率先建成三级客运站；谢屯新区完成开发面积3万平方米。炮台、老虎屯等11个乡镇、街道进入全省百强乡镇行列。

第三产业发展

加速提升现代服务业。积极引导房地产业健康发展，出台二手房交易优惠政策，减免房地产业行政事业性收费，房屋价格涨幅低于全省平均水平；引入知名企业参与开发建设，进一步改善了城市形象和居住环境。新开工房地产面积120万平方米，增长24%；销售商品房36万平方米，增长130%。旅游业发展步入快车道，成功举办2009年中国·大连（瓦房店）国际苹果节，扩大了瓦房店市知名度和影响力；投资15亿美元的嘉悦旅游项目正式签约。新建、续建旅游项目13个，完成投资12亿元，新龙门凤侣酒店和玉泉苑温泉宾馆当年建设、当年运营。完成滨海路沿线旅游资源普查。全年接待游客380万人次，实现旅游收入13亿元。加快发展物流业，龙山物流广场建成并投入使用。首家按五星级标准设计建设的远洲酒店正式投入运营。完善城乡商业设施，完成大伟时代广场等商场升级改造；大商集团老虎屯、炮台NTS购物中心主体工程完工。在全省率先出台扶持政策，新建、改建标准化农贸市场26处。“家电下乡”销售数量和总额均居全省县级首位。大力加强金融工作，哈尔滨银行开业，首家外资金融机构花旗贷款公司投入运营；瓦房店市被人民银行沈阳分行确定为辽宁省改善农村支付环境建设示范县。实现金融存款余额332亿元，增长28%；金融贷款余额127.5亿元，增长36%。

城市建设与管理

全方位整治城市环境，城市功能、城市形象和城市品位实现根本性跨越。消除了泥土路、断头路、摸黑路，城区范围基本实现软硬覆盖；卫生清扫保洁从城区向城乡结合部延伸，总面积达1100万平方米；城市公共服务状况大为改善，供暖、供水、供气质量有了较大提升；城市公交快速发展，营运质量保证了城市发展的需求。城市污水和垃圾处理率分别达85%和100%；全市森林覆盖率达到40.5%；城区绿化覆盖率达40.15%，人均公共绿地10.42平方米。

重点工程

加快推进重点工程。全力支持长兴岛开发，长兴岛疏港高速公路主线动迁全部结束，松木岛和邢屯互通立交完成内业核量上报工作；大伙房水库应急入连引水工程动迁结束。滨海路全面贯通；哈大铁路客运专线动迁基本结束；皮炮高速公路动迁完成补偿款发放。红的沿河核电项目按国家要求稳步推进，工程进展顺利。开工建设了500千伏、220千伏变电所，对部分66千伏变电所和输变电线路进行了新建改造，电力紧张状况得到改善。

丰富完善城市功能。突出规划先导作用，完成城市发展战略规划和总体规划纲要编制，以及部分乡镇第四轮总体规划修编。基本完成第二次全国土地调查；上报农转用征地报件254公顷。市区1万平方米以上棚户区改造全面完成，城乡结合部、城中村改造40万平方米，基本消灭了瓦平房，建成区面积向50平方公里拓展。新建、改建市区道路15万平方米，铺设方砖11万平方米，栽植树木10万余株。市区至瓦房店南等3个高速公路出入口、瓦轴北出口、西郊和祝华工业园区安装路灯1741盏。投资700万元对西山公园、东山公园进行改造；采取社会化运营，建成凤凰城公园。投资7000余万元改造了市区“三供”设施。投资1.4亿元的中心商业区地下通道工程启动建设。城市“三个一”工程居大连地区前列。提升城市管理水平，清理占道经商4.5万人次，规范牌匾广告1000余个，拆除违章建筑4.9万平方米。深入实施污染减排，西郊工业园区基本实现集中供热；完成北方热电锅炉脱硫工程，关闭了瓦轴电厂。全年削减二氧化硫742吨、化学需氧量128吨、烟尘339吨。

招商引资

全力推进对外开放。深入开展项目建设年活动，将招商引资作为“一号工程”、“一把手工程”强力推进，千方百计保持投资有效增长。制定招商引资优惠政策和项目引荐人奖励办法，进一步健全招商引资政策体系。依托优势产业，采取“走出去”和“请进来”等办法，参加省、大连市举办招商的活动5次，自行举办招商活动4次，开展主题概念招商、以商招商、登门招商活动91次，签约项目115个，签约额216.8亿元；组织56家企业分别参加国内大型展会8次，参展产品760多种，扩大了“瓦房店制造”的影响力。全年引进内资项目560个，实际使用内资310亿元，增长30.3%。坚持内外资并举，组团赴日本、新加坡、加拿大、中国香港等国家和地区开展招商活动6次。新批建外资项目26个，合同外资3.2亿美元，实际使用外资1.13亿美元；出口创汇5.22亿美元；外派劳务4086人。

辽宁省大洼县

大洼县地处辽东湾北部，辽河三角洲腹地。东傍辽河，西临渤海，南与营口市隔河相望，北与盘锦市区毗邻，全境1683平方公里，下辖1个经济开发区、1个农业开发区、15个镇，总人口40余万人。

生态之城

大洼属温带亚湿润区季风型大陆性气候，景色秀美、气候宜人。四季光照充足，空气质量优良，冬夏温差35℃，年平均降水量645毫米，无霜期175天左右。被誉为“地球之肺”的红海滩湿地自然保护区，持续地净化着空气中的粉尘和二氧化碳，使大洼成为最贴近自然、最适宜人类居住的生态名县。

富庶之城

全县海岸线长68公里，拥有各类海淡水水面近400万亩，盛产优质稻米、河蟹、文蛤、对虾、海蜇、海淡水鱼等；地下蕴藏着丰富的石油、天然气、地热温泉等资源，是辽河油田的主产区之一、辽东湾苇田的重要组成部分；依托湿地、温泉、自然保护区、古迹遗址、生态农业、民俗风情等独具特色的自然资源和人文资源，形成了集多种功能于一体的辽河三角洲湿地风光旅游产业，被评为“国家级一类生态示范区”。

优越之城

大洼县交通四通八达，区位优势得天独厚。京沈、盘海营、沈大高速公路，305国道、盘营公路，沈山、沟海铁路，盘锦港和二界沟渔港以及正在建设中的直通东北腹地的疏港公路和疏港铁路、连接省内沿海六市的滨海公路、我县与营口市相连的跨辽河大桥、盘锦新港、营口机场等，形成了海陆空立体式交通网络。

发展之城

多年来，勤劳朴实的大洼人用汗水谱写着加快发展的新篇章，全县的各项经济指标始终保持着高位上的高增长。2009年，全县地区生产总值实现180亿元，同比增长40.6%；一般财政预算收入实现7.16亿元，同比增长59.1%；全社会固定资产投资实现210亿元，同比翻了一番；城镇居民人均可支配收入和农村人均纯收入分别实现11950元和9350元，同比分别增长27%和20%。

以规划为引领，构建了崭新的发展格局。在保增长、调结构的发展时期，县委、县政府十分注重规划的引领作用，依托辽宁沿海经济带上升为国家战略的重大历史机遇，立足全县的发展实际，提出了转身向海谋求发展的全新发展思路，把重点放在了辽滨沿海经济区的发展和辽滨水城的建设上，高点定位、多点支撑、重点攻坚，从各产业到各镇、各园区，再到重点项目，都进行了周密、细致的规划，进一步统一了思想、提高了认识、理清了思路，为全县的发展指明了方向。在规划的引领下，全县已经形成了以辽滨沿海经济区的发展和辽滨水城的建设为核心，在纵贯全县的盘营公路和305国道两侧推进城镇化，在南部沿海地区、北部临市地区和主干道路两侧分别发展海洋经济、服务业和工业的三条经济带，依托石油资源优势和辽滨沿海经济区的快速发展，建设多个以船舶修造、装备制造、石油化工等产业为主导的工业园区的“一核一轴三带多园”的现代化发展新格局。

以投资为动力，牵引着全县的经济列车快速行驶。在全球金融危机的影响渐渐消退、南方发达地区的资产大规模北移的历史背景下，大洼进入了投资的“高峰值”时期。为了能够抓住这一有利机遇，实现经济发展速度的提升和发展方式的转变，全县以基础设施的强投入、政策环境的大改善和贴心服务的高效率，打造“政策高地、投资洼地、发财福地”，全面改善投资环境。在此基础上，县委、县政府适时地推出了“招商引资年”活动，全力以赴进行对外招商。成立了“招商引资工作领导小组”以及4个驻先进地区招商联络处和15个乡镇招商引资中心，并设立1000万元的专项资金保证活动的有效开展。招商中，

多渠道、多方式挖掘信息，第一时间发现信息，不断加快信息的传递，确保我县始终处于信息的第一源头；积极参加省、市组织的招商活动，突出产业链招商和主题招商；狠抓责任落实，同时制定相应的奖惩办法，对为招商活动作出突出贡献的集体和个人给予奖励。一系列的新举措实现了招商引资工作的突破性进展。2009年，全县新引进项目共计399个，计划总投资1126亿元，实施项目共计500个，实际完成投资135亿元。投资拉动经济增长42个百分点，带动财政增收2.8亿元。

以产业为基础，实现了全县经济的协调发展。2009年，全县对三次产业结构进行了深度调整，结构比由2008年的27∶52∶21调整为22∶57∶21，以工业为主导的经济发展格局已经形成。

稳定发展第一产业。依托得天独厚的自然资源和近百年垦荒种稻历史的基础，围绕“水稻、水产、畜牧、棚菜”四大主导产业，大力推进农业产业化进程，形成了“公司+基地+农户”“种、养、加”，“产、供、销”，“贸、工、农”一体化经营模式。在精心的培育呵护下，一批发展潜力大、科技含量高、带动能力强的农业产业化龙头企业崭露头角，尤其是以山东六合集团为代表的多家鸭业企业的成功引入，带动作为“一县一品”的鸭业产业规模迅速壮大，成为继“盘锦大米”之后大洼县又一个享誉全国的知名品牌。随着农业产业化的不断深入，全县农产品产量持续增加，2009年全县粮食总产量实现56.9万吨，水产品产量实现30.2万吨，肉鸭养殖量突破3000万只，蔬菜产量实现49.3万吨，规模龙头企业数发展到115家。

强力推进第二产业。几年来，我县大力实施“工业强县”战略，以项目建设为切入点，始终保持着“储备一批、在建一批、投产一批”的状态，带动工业的快速发展，支撑起全县的经济命脉。以辽滨沿海经济区为龙头的新型工业园区飞速发展，企业的规模、数量、集聚度明显增加，已经具备较强的发展潜力和一定的竞争力。目前，全县已经形成海洋工程装备制造、石油化工、机械加工、新材料、高新技术和农副产品深加工六大产业集群，计划总投资超百亿元的宝来石化、振奥石化等重大项目正在快速推进中，同时储备了曙光产业基地、美国益资等新兴产业项目。2009年，全县工业总产值实现700亿元，比上年增长72.6%，其中规模以上企业发展到380家，实现产值300亿元，比上年增长72.6%。全年工业企业税收实现5亿元，比上年增长35.1%，占全县税收总额的46.7%。

加快发展第三产业。近年来，大洼县以全面建设“中国湿地生态休闲旅游第一县”为目标，依托丰富的湿地和温泉资源，不断加大旅游设施的投入力度，对全县旅游资源进行了整合和重组，形成了一条河海交织的环大洼旅游新线。通过一批室内景观场馆和高档温泉度假城的建设，突破了大洼旅游业受季节影响的束缚，提升了旅游的档次和品位，游客的人次和逗留时间都大为增加，旅游收入快速增长。2009年，全县共接待游客280万人次，实现旅游收入35亿元。在旅游业蓬勃发展的同时，我县还利用优越的区位优势，在港口和主干道旁建设了多个物流园区，大力发展商贸物流产业，加快了经济发展方式转变的步伐，使全县经济进入了又好又快发展的新阶段。

和谐之城

一直以来，县政府始终把民主法制建设和民生工程建设作为各项工作的重中之重，通过富民实现安民，体现了以人为本的发展理念。2009年，县政府更是拿出巨资，大力开展职业技能培训，扶持富民产业发展，实现了零就业家庭动态为零，人均收入大为增加。此外，积极完成了各镇卫生院改造建设；18所“九年一贯制”学校全部投入使用；社保覆盖面达到100%。积极开展了“信访积案化解年”活动，信访总量明显下降，被评为全省“信访工作先进县”。建成全国一流的应急指挥系统，有力地维护了社会稳定、打击了刑事犯罪、净化了投资环境，人民群众安全感进一步增强。一系列新举措，造就了社会稳定发展、人民安居乐业的和谐新大洼。

辽宁省调兵山市

调兵山市位于辽宁省北部，距沈阳市中心城区70公里，区域面积263平方公里，总人口25万人，城市化率83.2%，辖3个镇、2个街道办事处。1982年经国务院批准成立铁法市，2002年更名为调兵山市。八百多年前，金国四太子兀术进兵中原，在这里调集兵马，“调兵山”因此得名。境内探明煤炭储量22.59亿吨，占辽宁省总储量的近1/2，全国500强企业铁煤集团坐落境内，是全国八大煤炭生产基地之一。2004年以来，调兵山市委、市政府，以科学发展观为统领，提出了工业化和城市化“双轮驱动”的发展理念，实施了“优化环境、构筑平台、项目支撑、加快发展”的经济发展措施，探索出了一条用大项目牵动、小项目集聚，加速工业化、带动城市化、推进城乡一体化的科学发展之路，实现了经济社会又好又快发展。2009年，全市GDP实现180亿元，同比增长50.2%；地区财政收入实现19.8亿元，同比增长46.5%；地方一般财政预算收入实现6亿元，同比增长42.6%；城镇居民人均可支配收入和农民人均纯收入实现25000元和11000元，同比分别增长25%和26.8%；城乡居民储蓄存款余额实现61.5亿元，人均达到25413元，提前一年完成了“十一五”规划目标，在辽宁省县域经济社会发展综合评价中排名第七。

率先实现新型工业化，推进资源型城市经济转型

发展县域经济的出路在工业，关键在招商引资。调兵山市委、市政府牢固树立“开放立市”和“工业强市”的理念，一手抓载体，一手抓项目，项目引进和园区建设实现了重大突破，带动了全市经济持续健康快速发展。

全力以赴抓招商，千方百计上项目。牢牢把握招商引资推进发展这个主题不动摇，坚持“全党抓经济、全民抓招商、重点抓项目”，中国大唐、中国国电、中国水利投资、江苏雨润、上海浦东电线电缆、安徽南峰集团和辽宁能源等全国500强和知名大企业相继落户调兵山。建成了煤矸石发电、风力发电、雨润肉食品加工、上线电缆、留德润滑油等一批超亿元工业大项目，培育了一批税收超1000万元、3000万元和1亿元的支柱企业。在新一轮县域经济大发展、快发展进程中，调兵山市将重点引进一批世界500强、全国500强以及拥有核心技术、能够制定行业标准的大集团落户调兵山，靠项目提升新型工业化水平，支撑县域经济发展。

高标准规划建设工业园区，构筑工业强市最佳平台。2004年以来，累计投资14.3亿元，高标准规划建设了28平方公里的调兵山工业园区，被评为辽宁省最具发展和投资潜力工业园区20强，起步区实现了“九通一平”，打造了招商引资的最佳载体和平台。已有160家企业落户园区，固定资产投资175.6亿元，超亿元企业达到43家，走出了一条园区聚项目、项目带产业、产业兴经济的发展之路。“栽下梧桐树，引来金凤凰”，调兵山市将继续完善园区功能，加速产业集聚，把工业园区打造成为发展县域经济的强力“引擎”。

做大资源优势，打造支柱产业。把发展煤化工、煤矸石发电和风力发电等循环经济产业作为推进资源型城市经济转型，实现可持续发展的支撑点。风力发电装机容量已达到15万千瓦，煤矸石发电装机容量已达到60万千瓦，另外，投资30亿元的生物化工项目上半年全面开工建设，投资30亿元的60万千瓦煤矸石发电二期工程下半年开工，投资188亿元的煤化工项目正在积极推进。2013年，全市发电装机总容量达到200万千瓦，煤化工和生物化工产业集群年产值达到200亿元，将建成新型能源化工基地。将机械加工制造业作为主导产业来抓，目前，机械制造企业已达到50家，年末将建成集研发、生产、销售于一体，产值超100亿元的机械加工制造产业集群。同时，将加大高科技人才引进力度，将城南开发区建设成为高新技术产业基地。

率先实现新型城市化，建设中等发达城市

城市是经济社会发展的主要载体。调兵山市用市场经济理念经营城市，2007年在东北三省县级市中率先进入了国家园林城市行列，创造了一流的城市环境和城市形象，提升了县域经济综合竞争力。

扩大中心城区，提高城市辐射力。将城北工业园区和城南开发区建设成为集经济发展和城市基础功能于一体的城市新区，将建成区面积扩大了5平方公里，实现了以工业化推进城市化，以城市化带动工业化"双轮驱动"发展的良好态势。在加速新型城市化进程中，调兵山市将继续把城市规模的扩大建立在新型工业化发展的基础上，依托工业园区的带动作用，加速园区与城区中间地带的开发，做大城区规模。2013年，建成区面积达到40平方公里，建成沈阳的卫星城。

创建国家园林城市，改善人居环境。实施了采煤沉陷区综合治理，建设了污水处理厂、垃圾无害化处理场、新热源厂和小区、街路、月亮湖改造以及绿化、美化、亮化、净化等工程，城市绿地率达到34.7%，绿化覆盖率达到38.8%，人均公共绿地面积10.3平方米，营造了一流的人居环境。开发建设了兀术花园、嘉纳观山郡等高档住宅小区，城市形象更加靓丽大气。为了把城市做精、做美，做成精品，调兵山市将加大房地产开发力度，建成一批集居住、休闲、服务功能于一体的智能生态小区，提升城市品位。同时，加快城市街路改造、新开河风景区开发等工程建设，争创国家生态园林城市。

繁荣第三产业，增强城市聚集力。建成了宝平国际酒店、宇泰大厦等三星级以上宾馆酒店5家和兴隆大家庭、双燕旗舰卖场等年交易额超亿元的商品交易市场5家。加大金文化旅游和工业旅游开发力度，调兵山风景区晋升为国家AAA级旅游风景区，世界一流、中国第一的蒸汽机车博物馆成为国家工业旅游示范点，《闯关东》、《建国大业》等影视剧到调兵山市取景拍摄，旅游产业已成为新的经济增长点。在建设功能完善、产业集聚、环境优美、辐射辽北的中等发达城市进程中，调兵山市将以檀香湾五星级大酒店建设为契机，全面提升第三产业档次，拓展就业空间，靠产业聚集人口，"十二五"末城市常住人口达到50万人，建成沈阳的卫星城。

率先实现城乡一体化，建设社会主义新农村

推进城乡一体化，是解决"三农问题"、发展壮大县域经济的有效途径。2005年，制定了《调兵山市关于加速推进城乡一体化的实施意见》，从城乡经济发展、空间布局、基础设施、社会保障、社会事业和生态环境六个方面推进城乡一体化建设，取得了显著成效。加强农村基础设施建设，农村自来水、数字电视覆盖率分别达到80%和100%，实现了村村通油路，村村通公交车。结合教育布局调整，将农村小学全部并入城镇中心小学，实现了城乡教育一体化。结合采煤沉陷区综合治理和城中村改造，建设了21万平方米的晨安小区和5万平方米的农民新村，让4000多户农村居民住上了楼房。大力发展农副产品深加工产业，加速土地流转，推进耕地集约化经营，75%的农村劳动力从事非农产业，农民人均工资性收入占农民人均纯收入的50.6%。在建设社会主义新农村进程中，调兵山市将提高农业产业化水平，带动农业增效、农民增收。大力发展观赏植物，提高农业经济效益。协调发展农村各项社会事业，全面改善农村生产生活条件。推进土地流转，促进农业生产集约化，让农民在推进新型工业化、新型城市化和城乡一体化中变成工人和市民。

加强社会事业建设，促进和谐发展

调兵山市在加快县域经济发展的同时，更加注重社会建设，着力保障和改善民生。优先发展教育事业，办学教学水平显著提升，在2008年辽宁省"提高水平"普九验收工作中位列第一。加快发展文化事业，社区、村文化站（室）普及率分别达到85%和100%，丰富了广大群众业余文化生活。加快推进城乡医保扩面工作，农民参合率和城镇职工参保率分别达到98.3%和70%。

深入开展全民健身活动，为住宅小区和农村广场配备了健身器材。积极推进就业和社会保障工作，切实解决了“4050”人员、大学毕业生就业等问题，城镇职工养老保险、基本医疗保险、农民养老保险和城乡居民最低生活保障水平不断提高。认真做好信访、安全生产、社会治安综合治理等工作，成功创建了全国平安建设先进市。在构建和谐社会进程中，调兵山市将继续把发展的出发点和落脚点放在保障民生上，让全市人民共享改革发展成果。

总之，我们将按照科学发展观的要求，拓展更新的思维，瞄准更高的目标，跨越更高的起点，寻求更新的突破，团结带领全市干部群众，锐意进取，真抓实干，确保今年GDP实现235亿元、同比增长30.6%，地方一般财政预算收入实现8亿元、同比增长33.3%，城镇居民人均可支配收入达到30000元、同比增长20%，农民人均纯收入达到13500元、同比增长22.7%，进入全国县域经济百强县行列。集中全市人民的智慧和力量，把调兵山建成功能完善、产业发达、经济繁荣、社会祥和、人与自然和谐相处、生活环境最佳的现代化明珠城市。

江海滨城——辽宁东港

东港市是中国万里海疆最北端的一座新兴沿海港口城市。全市陆域面积2445平方公里，海域面积3500平方公里，总人口63万人。这里冬暖夏凉，四季分明，年均降雨量786.6毫米，平均气温8.9℃。

区位优势独特

东港东依鸭绿江，南临黄海，隔江、隔海与朝鲜半岛相望，具有沿江、沿海、沿边、临港的区位优势，是连接中韩朝的交通枢纽，是欧亚大通道的必经之地。由于地处环黄、渤海经济圈交会节点，历来都是东北东部地区重要的海路门户，也是发展对朝、对韩、对日贸易的重要口岸。

旅游风光优美

大自然的鬼斧神工，恩赐了东港魅力无穷的秀美山川。大孤山是国家级森林公园，千年古刹集南北建筑风格之大成，融佛、儒、道三教于一体。大鹿岛是国家AAAA级旅游景区，景色宜人，风光无限，是休闲避暑、旅游观景和举行会展的绝佳场所。面积居世界第三大、亚洲第二大的鸭绿江口湿地，是国家级自然保护区，是大洋洲候鸟迁徙的重要中转站。每年春夏之交，数以百万计的候鸟就会在这里驻足停留，东港由此成为全国五大观鸟圣地之首，是世界上三个最为理想的观鸟地之一。

物产资源丰富

肥沃辽阔的退海平原，滩平水稳的浅海滩涂，绿意盎然的低丘缓坡，蕴藏着丰富的资源宝藏，造就了闻名全国的“鱼米之乡”。“东港大米”驰名中外，这里是中国优质稻米生产基地。“东港草莓”声名远播，是全国最大的优质草莓生产基地，同时也是欧美草莓加工产业最重要的原料补给地。渔业生产闻名全国，拥有全国著名的鸭绿江口渔场和园山渔场，鱼虾蟹贝等水产品145种，是中国北方最大的海蜇、梭子蟹、对虾、贝类等水产品养殖基地和加工出口基地。矿藏储量比较丰富，现已探明矿种20余种，其中高岭土储量全国最大，“丹东绿”大理石享誉海内外，黄金开采连年突破万两。

基础设施完备

境内机场、铁路、港口、高速公路等交通设施完备，海关、商检、边检等联检服务部门齐全。大东港是天然不冻良港，目前已开通了8条国际国内集装箱航线和1条国际客运航线，以及通往朝鲜、韩国、日本等50多个国家和地区的80多个港口的货运航线，是中国沿海距离朝日韩海运最近、运输成本最低、通关环境最优的地区，同时也是东北东部13个市40多个县主要的出海通道。丹东机场坐落境内，现已开通一条国际航线和三条国内航线。东北东部铁路横贯全境，丹大、丹沈、丹海高速在境内交会，至辽宁中部城市群和辽南城市群行车时间均在两小时以内。与此同时，东港拥有污水处理厂、垃圾卫生填埋场、两所二级甲等医院、三所省重点普通高中等重要的公共设施，科技、教育、公安、双拥、卫生等多项工作，都享有国家级先进荣誉称号。

主导产业突兀

已形成具有地域特色的再生资源、机械加工、纺织服装、食品加工等四大主导产业集群，是经济快速发展的重要引擎和支撑点。再生资源产业园区已获得国家批准，现已入驻企业21户，2009年总产值14.1亿元。食品加工产业集群已成规模，共拥有企业3688户，规模以上企业75户，2009年实现集群产值202亿元。其中“广天罐头”成为国家驰名商标，“阿尔帝”、“比奇”等品牌产品畅销日韩、欧美市场。纺织服装产业集群迅速做大，共拥有企业609户，规模以上企业36户，2009年实现集群产值35.7亿元，年出口创汇达到1亿多美元。机械加工产业集群实力提升，共拥有企业1103户，规模以上企业84户，2009年实现集群产值114.7亿元。电磁线、大小电机、造纸机械、精密铸件、火车制动泵等，在全国同类产品中都占有重要的份额。

投资前景广阔

辽宁省沿海经济带规划上升为国家战略后，国家有2200亿元的基础设施投资正在辐射东港及其周边地区。其中，丹沈、丹大高速铁路、客运专线、丹通高速、东北东部铁路、丹东机场扩建等项目已开工建设，中朝鸭绿江新大桥、海洋红亿吨商港正在筹备开工建设，朝鲜的威化岛和黄金坪岛对外开放建设的脚步日益临近，东港将是中朝贸易中最重要的口岸和对朝经贸合作的桥头堡。特别是在辽宁沿海经济带建设中，东港、前阳、大孤山三大经济区已经被列入全省重点发展区域，大东港和海洋红港口建设已纳入全省59个优先发展的港口项目。

发展定位瞩目

未来一个时期，东港将重点围绕大东港、海洋红港两个港口建设，大力发展东港开发区、前阳开发区和大孤山经济区，全力打造现代农业产业带、临港经济发展带、滨海公路精品渔业养殖带，建设面向日韩的再生资源产业园、打造东北亚的风机装备制造园、服务全国的旅游休闲园和辐射东北东部现代化物流中心。围绕上述发展定位，“十二五”期间，东港将重点实施“226”战略，即建设再生资源产业和风电产业产值两个超千亿的产业集群，打造钛合金冷轧管和铜加工等两个产值超百亿企业，现代物流、食品加工、装备制造、医药化工、纺织服装、精密铸造等六个产值超百亿的产业集群。

未来之东港，将直挂云帆，乘风破浪，紧紧抓住国家发展振兴东北老工业基地和辽宁沿海经济带上升为国家战略的机遇，全面实施“三区两港三带”发展战略，加快对外开放步伐，努力打造祖国万里海疆最北端、最具经济活力的黄金海岸。

辽宁省海城市

海城市位于辽东半岛腹地，沈阳经济区之中，全境总面积2732平方公里，辖29个镇区，其中包括2个省级经济开发区，总人口118万人。

丰厚的历史积淀

海城是一座拥有两千多年历史的文明古城，自燕秦开始置县，素有“辽左重地”之誉。境内的孤山仙人洞古人类遗址、析木石棚为国家级重点文物保护单位，海城高跷、牛庄喇叭腔被列为国家级非物质文化遗产，海城喇叭戏、皮影戏被列为省级非物质文化遗产，古镇牛庄被国家文化部列为“全国历史文化名镇”。海城是清平南王尚可喜、爱国将领张学良、著名政治活动家阎宝航、开国将军吕正操的故乡。

丰富的自然资源

境内探明的金属和非金属矿产达40余种，其中菱镁矿储量达26亿吨，占世界的1/4；滑石探明储量为5700万吨，品质为世界之最，拥有“世界镁都、滑石之乡”的美誉。农业资源自然分布为“五山一水四分田”，170万亩山地宜林宜果，名产南果梨被誉为“果中皇后”；148万亩耕地，年产粮食66万吨、蔬菜80万吨；设施农业面积达32万亩，是棚菜生产的发源地之一。白云山、九龙川风景区为国家AA级风景旅游区，腾鳌温泉度假区为国家A级旅游区。

优越的地缘区位

海城处于辽东半岛与内陆的连接点上，是辽南重要的交通枢纽城市。东接边城丹东，南邻港城营口和大连，西依油城盘锦，北靠钢都鞍山和省会沈阳。境内沈大高速公路、长大铁路和即将建设的沈大高速铁路客运专线纵贯南北，海沟铁路、海岫铁路和即将建设的京丹高速公路横越东西。北距桃仙机场100公里，南距大连周水子机场240公里，即将建设的鞍山牛庄港，将全面增强海城的水路货运能力。

雄厚的产业基础

海城市委、市政府在加快建设“一带、三区、八园”的同时，打破行政区划，规划建设了海城开发区、腾鳌开发区、海西新区、东部矿产初加工区、农高区、牛庄港口区六个经济板块，确立了“一大基地、七大产业、十七个产业集群”的产业发展定位和海西、腾鳌南北双新城，析木、牛庄东西两市镇的工业化、城镇化格局。强力打造空间，强化项目建设，引进建设了沈车集团机车铸件、西柳中国商贸城、金工风力发电机主轴、厦门雅园菱镁工艺品、中国镁业镁合金和广东碧桂园、重庆希望宜城、山东红领芭东海城等一大批超亿元工业和房地产项目，持续发展能力显著增强。

发达的市场集群

形成了以中国西柳商贸城、西柳服装、南台箱包、海城建材等大型专业市场为龙头，以遍布城乡的集贸市场和商业网点为补充，以为之匹配的生产加工及运输企业为基础的比较完备的市场体系。目前，全市共有各类专业和集贸市场60余处，围绕市场兴办的各类企业1000余家，专业线路200余条，专业市场辐射国内20多个省市以及10多个国家和地区。

高远的发展目标

海城市委、市政府按照“率先科学发展、倍增综合实力、坐稳东北第一、争占全国十强”的总体目标，牢固树立税源经济、体验经济和民本思想“三种理念”，着力推进行政区划向经济区划、海城投资向投资海城、敢为人先向善为人先、存量资源向发展资本、商品经济向市场经济、镇域经济向城市经济“六个转变”，做强城市和产业“两大产品”，努力实现产业、城市和人民生活“三个新变化”，着力打造“百万人口生态型世界镁都”，不断开创更加美好的未来。

辽宁省开原市

开原市位于辽宁省北部，松辽平原中段，是铁岭所辖的县级市，区域面积2838平方公里，总人口60万，其中城市人口31.2万人，1989年撤县建市。

开原的快速发展从2001年起步，当时，全市生产总值18.9亿元，财政一般预算收入5399万元，人均财力只有252元，处于全省贫困县的边缘。

经过连续9年的艰苦创业，到2009年，开原地区生产总值实现245亿元，从2001年全省第32位跃升到第7位；一般财政预算收入实现12.21亿元，从全省33位跃升到第5位；全社会固定资产投资实现211亿元，从全省第35位跃升到第5位；综合经济实力从2001年全省第34位跃升到全省第5位。

2009年，在全国2003个县（市）中，开原被评为发展速度最快的100个县（市）之一。2010年8月15日，第十届全国县域经济基本竞争力与县域科学发展评价报告在海城发布，开原首次进入了全国百强县，列第85位，名列东北三十强县的第8位，跻身全国县域经济科学发展十大范例。

开原是历史悠久、文化厚重的文明之城

开原距今已有1300多年的历史，曾是扶余国、大金国、东辽国、东夏国四国故都，辽、金、元、明、清五朝重镇，是辽金文化的发源地。

开原人杰地灵，名人辈出，最具代表性的有“满清文化第一人”纳兰性德；被周恩来总理誉为“东北人民师表”的原全国政协副主席高崇民；朱德总司令亲笔题词“共产主义战士”的海军英雄安业民；有路遐、贾陶、高存信、廖仲孚四位将军。

开原是东北二人转之乡，赵本山、小沈阳都是土生土长的开原人，随着《刘老根》、《马大帅》、《乡村爱情》等8部电视连续剧在开原拍摄并在全国热播，开原已经成为全国农村题材影视剧的重要拍摄基地。

开原首创的城乡共建精神文明活动经验得到了中宣部和辽宁省委的充分肯定，并在全国推广，开原已经成为全国农村精神文明建设的一面旗帜。

开原是迅速崛起、跨越发展的工业之城

开原牢固树立了“开原的工作重点在工业区、开原的发展和富强靠工业区”的理念，自2005年9月以来，累计投入基础设施建设资金36.5亿元，高起点、大气魄、科学规划建设了51平方公里的开原工业区，从功能上实现了工业区基础设施建设的“九通一平”，从方向上实现了城市化、生态化、园林化的目标，并在工业区内规划建设了5平方公里的城市功能区，打造了承载工业化、城市化的工业新城，具备了承接各类企业落户和国内外整体产业转移的能力。

紧紧依托工业区，突出产业集群招商，重点培育了7个超百亿的产业集群，形成了产业集群新优势。其中，起重机产业集群进入了“中国县域产业集群竞争力百强”，开原成为全国起重机生产的三大基地之一；突出大项目招商，累计引进亿元以上项目165个，超5亿元项目31个，到位资金超过了300亿元。新加坡益海嘉里、美国ADM、德国莱宝公司3个世界500强企业和江苏雨润、浙江台州塑料模具、哈尔滨深冷、三洋重工等一批国内知名企业落户开原。突出发展高新技术产业，科学规划建设了科技产业园和专利产业园，打造了高新技术项目和产品的孵化器，重点引进有专利的企业、项目和产品，加速推进了工业集中向产业集聚、传统工业向新型工业转化的两个根本转变。

2009年，开原规模以上工业企业从2001年的9户发展到402户，规模工业总产值实现550亿元，相当于在2001年25亿元的基础上再造了21个开原工业。工业经济对全市经济的贡献率达到了53%，对财政的贡献率达到了67%，对就业

的贡献率达到了65%。现代化的工业新城，已经成为开原没有资源打造的最大、最好资源，是开原跨越发展最强有力的支撑。

开原是最宜人居、最宜乐居的创业之城

开原始终把城市作为加速发展的原动力和推动力，作为扩大开放、招商引资、广纳人才的重要载体和平台，自2001年以来，以建设现代化中等城市为目标，累计投入资金510亿元，深入实施城市规划建设管理工程，打造了最宜人居、最宜创业、最具发展潜力和发展活力的城市。全面实施棚户区改造工程，累计完成棚户区改造520万平方米，开发建设住宅860万平方米，在建成区内消灭了棚户区。突出引进商业地产商建设专业化市场，累计投入资金58亿元，建设了五金城、建材城、汽配城、万源物流配送中心等10大专业化市场，打造了现代商贸物流区，形成了现代化中等城市的产业支撑。深入实施城市绿化、亮化、美化、净化、文化和畅通"六大工程"，初步形成了城市基础设施和功能现代化、市政装备机械化、城市夜色都市化、城市环境生态化、城市管理制度化。

开原牢固树立"环境就是生产力、环境就是经济效益"和"人人都是环境、事事都是环境"的理念，全力打造最佳创业发展环境。全市行政审批事项从314项减少到36项，在7个工作日内能够全部办结项目落地开工建设的各种手续，成为全省保留审批事项最少、办事效率最高的县（市）之一，是广大域外客商投资兴业的服务高地、成本洼地和发财宝地。

2009年，开原被评为国家园林城市和中国首批绿色名县；荣获了全国企业创业环境最佳城市；在首届省级文明城市评比中，获得了全省县（市）第一名。开原的城镇人口从2001年11.4万人增加到31.2万人，建成区面积从13.6平方公里扩大到32平方公里，城镇化率从19%提高到52%。开原这座城市，最宜人居，最宜创业，商机无限，魅力无限，已经成为一座让人来了就不愿意离开的城市。

开原是全面建设、全面发展的和谐之城

自2001年以来，开原始终把为百姓解难题、办实事、谋福祉作为全部工作的根本出发点和落脚点，连续9年，累计投入资金76.6亿元，为全市百姓办好了162项重点民生工程。这些重点民生工程，涉及城市功能、人居环境、社会事业发展、社会保障体系建设等方方面面，惠及普通市民、适龄儿童、孤寡老人、弱势群体等各个层面，形成了从幼儿教育到老人颐养天年社会保障体系的全覆盖，代表了全市人民的根本利益，不断满足了城乡广大干部群众日益增长的物质文化生活需要。城乡居民生活质量和幸福指数明显提升，荣誉感、自豪感显著增强，自信心和创造力不断涌流，形成了科学发展、创新发展、和谐发展的崭新局面。

展望未来，开原充满必胜的信心，开原将站在进入全国百强县的历史发展新起点，实现更好、更快、更高水平的跨越，力争用三年的时间，确保实现在全国百强县位次明显前移、建设现代化中等城市、打造幸福开原的宏伟目标。

辽宁省普兰店市

基本情况

普兰店市位于辽东半岛中南部，东临庄河市和黄海，西接瓦房店市，南与大连市金州区毗连，北与盖州市接壤，东南与长海县隔海相望，面积2914平方公里。辖4个街道办事处、17个乡镇、1个省级开发区，总人口81.9万人。2009年，初步核算，全年实现地区生产总值394.1亿元，按可比价格计算，比上年增长16.8%。实现一般财政预算收入14.1亿元，按可比口径比上年增长11.9%。完成全社会固定资产投资246亿元，增长35.9%。实现社会消费品零售总额71.8亿元，比上年增长19.1%。农民人均纯收入9005元，比上年增长8.5%。

大项目建设取得实效

“大项目推进年”活动深入开展。全年确定重点建设项目67个，开工建设项目59个，完成投资48亿元。中粮麦芽二期建成投产，单体规模居世界第一；日本东海软管项目建成投产；白云山线缆项目完成主体工程建设；固特异轮胎项目正式开工建设，累计完成投资9.5亿元，形象进度完成30%；热电厂搬迁改造项目前期工作有序开展。

产业集群发展初具规模。电力设备器材、服装加工、食品加工、汽车零部件四大产业集群雏形基本形成。大杨集团西装出口数量连续四年全国第一，已成为东北最大的西装生产基地。以大一互、北互、二互等龙头企业为牵动的互感器产业体系，已成为我国北方互感器生产基地。大雪集团、中粮麦芽公司等食品加工企业稳步发展，产品市场占有率进一步提高。东海软管、山口制作和中信、中川汽车零部件等骨干企业，产品远销日美及中东地区。随着固特异轮胎、全进重工特种车等项目的开工建设，普兰店市汽车零部件产业将加快实现规模化聚集。

现代农业加快发展

农业产业发展取得新成效。着力推进设施农业，新发展设施农业3.45万亩，新建畜牧标准化小区61个。积极发展加工农业，全市新建和扩建水产加工项目7个，开工建设农业产业化龙头企业10家。注重发展品质农业，新建农业标准化示范区40个，新认证农业“三品”14个，创建国家和省市级水产健康养殖示范场6个，建成海珍品健康养殖基地6万亩，生产基地通过国家农业部无公害农产品认证；重大动物疫病免疫密度达到100%，代表全省接受国家验收并获全国第一；水产企业顺利通过欧盟水产品质量安全检查。新发展“一乡一业、一村一品”专业乡村20个。全面落实惠农政策，发放粮食直补和综合补贴资金7196万元。全年实现农业总产值109.1亿元，粮食总产量35万吨、蔬菜总产量72万吨、水果总产量38万吨。

绿色村庄建设稳步推进。完善制定元台潘屯村和太平矿洞、柳家、唐房社区绿色村庄建设规划及其实施方案。潘屯村“绿色村庄”建设正式启动。集中开展32个示范村“六化”环境整治，50个屯的环境卫生得到改善。完成生态移民集中安置工程3处，落实生态移民搬迁170户。大力实施农村改厕和清洁能源工程，完成改厕2100座、户用沼气3900个、大型沼气工程8项。

农业基础设施进一步完善。全面开展农田基本建设，完成灌溉工程324项，完成水土流失治理6.4万亩，河道生态工程建设1.3万亩，启动大沙河等重要河段生态综合治理。完成大梁屯水库等6项除险及防洪应急工程。建成农村安全自来水工程19项。造林8万亩，植树2000万株，实施滨海大道、水源涵养林等八大绿化工程，建设生态文明村30个。森林资源管护全面加强，森林防火工作成效显著，退耕还林实现新突破，全国退耕还林工程管理现场会在普兰店市召开。国家农机化示范县和保护性耕作试点县项目建设稳步实施，补贴各类机具1973台，实现机耕地和机播种154.4万亩。

现代服务业稳步推进

完善制定乡镇商业网点发展规划，家家福购物中心、著名快餐品牌“德克士”相继落户。新建改造市场5处、商业街4处。努力实施“新网工程”并继续推进“千村百镇”市场工程。积极实施家电下乡工程，销售量位居全省县（市）前列。做好应急食品类物资储备，圆满完成粮食清仓查库和储备粮轮换工作。完成国家森林公园旅游概念规划，老帽山等景区基础设施进一步完善，完成乐甲乡特色旅游乡镇及两个特色旅游村建设，承办第三届中国大连（安波）国际温泉滑雪节，全年共接待游客175万人次，旅游业实现总收入26.5亿元。金融、保险、房地产、信息等服务业加快发展。新开工商品住宅建设面积68.48万平方米，成功组织举办商品房展销会，完成商品房交易面积28万平方米、二手房交易面积21万平方米。

城市功能进一步完善

基础设施建设步伐加快。实施公路建设项目6项，建设公路总里程263公里，是普兰店市道路建设历史上重点项目最多、投资额度最大的一年。投资22亿元的长皮高速公路皮口至炮台段全线开工；皮口港区总体规划基本完成；滨海大道普兰店段提前竣工通车，在大连地区率先完成任务；完成农村油路工程132公里，改造了一批工农业园区和近百个村屯道路；公路养护管理任务全面完成，县级以上公路综合养护管理水平连续10年保持全省领先地位。城市建设重点项目上新台阶，完成市区10条1740米道路和8公里莲花大道升级改造；完成城市三大出口、鞍子河上游等绿化工程，城市绿化覆盖率达41.6%。启动城市垃圾处理厂、太平污水处理厂和城市燃气工程项目建设。投资6320万元，大力实施城市供水、排水、路灯照明工程建设。皮口镇被国家发改委推选为2010年上海世博会参展城镇。

社会发展和谐进步

教育事业加快发展。深入开展“教师素质提高年”活动，教师队伍素质明显提高。实施普通高中政府助学金、职业教育助学金制度和中小学生“健康工程”，贫困学生救助体系进一步健全。“双高普九”顺利实施，改造24所初中专用教室71个、新建5所高中实验室19个，中小学校舍安全工程全面启动。推进市特殊教育中心建设。制定实施发展农村学前教育方案，农村幼儿教育基础建设得到加强。完成职业教育资源实质性整合，职教中心实训基地建成投入使用。

文化体育事业蓬勃开展。市民文化广场主体工程完工；18个乡镇综合文化站建设进展顺利；非物质文化遗产保护和文物普查工作取得显著成果；城子坦历史文化名镇规划建设全面展开；农民体育健身工程进一步强化；“农家书屋”工程全面启动。成功举办第26届“百花节”、第27届夏季广场系列晚会、庆祝建国60周年大型文艺晚会和全民健身月活动。

医疗卫生服务体系不断健全。积极稳妥深化市乡医疗单位管理体制改革。中心医院门诊综合楼主体工程基本完成，医疗卫生单位内涵建设不断加强。新型农村合作医疗健康运行，常住人口参合率达98%以上，基金使用率达95%以上。落实甲型H1N1流感等重点疾病防控措施，妇幼保健工作取得良好成果。食品安全、医疗市场监管工作不断加强。

人口与计生工作进一步加强。不断完善服务体系，健康家庭指导站建设取得成效。落实政策奖励措施，人口自然增长率控制在1.1‰以内，计划生育率达99.98%，低生育水平进一步稳定。

人民生活日益改善

社会保障统筹步伐加快。统筹城乡就业，实现城镇各类人员就业、再就业9500人，城镇登记失业率控制在2.83%以下。培训各类人员近1.6万人，农村劳动力转移就业1.6万人。企业职工基本养老保险新增5200人，参保人数达到6.9万人。农村社会养老保险累计参保2440人，支付养老金180万元。为4350名大龄失地农民发放定额补助资金750万元。城镇职工医疗保险新增参保单位69家、扩面5966人。为农村困难居民办理医疗求助1.2万人次，支付资金626.1万元。向940户家庭发放公积金贷款1.3亿元。全面提高了城乡低保标准，城镇和农村最低生活保障标准分别提高到每月280元和175元，全年发放保障金4300余万元。完成246户农村困难居民危房改造，6所农村区域性中心敬老院主体工程竣工。加大慈善救助力度，发放慈善金895万元，救助困难群众7136人次。完成78个农村社区服务中心建设。殡仪馆搬迁改造工程开工建设。市残疾人综合服务中心建设已完成工程设计等前期工作。为5649名优抚对象和遗属发放抚恤补助费、优待金2980万元。安置30名军嫂进社区工作，投资130万元为驻军65545部队修建营区道路。

生态人居环境更加优化。实施海湾坨山公园改造，采用LED节能技术实施城市主要街区亮化工程，完成商业大街、世纪大道、体育路两侧楼体美化工程。全面推进商业大街、体育路专项清理整治，实施鞍子河清污工程，市容环境得到改善。实施“3153”工程，生态河综合治理名列大连前茅。污染减排工程得到有效推进，完成大连市“十一五”减排中期考核各项指标任务，热电厂二期脱硫工程完工并通过验收，取缔一吨以下燃散煤锅炉43台。城市环境综合整治定量考核位列全省县（市）第二。积极开展清费治乱减负，稳定市场价格秩序。广播电视覆盖率进一步提高，村村通率达到100%，有线电视入户率达到54.3%，文化信息资源共享工程扎实推进。

政府自身建设进一步加强

依法行政取得新进展。经济责任审计、行政效能监察和纠风治乱工作深入开展，廉政建设进一步加强，依法行政水平不断提高。扎实开展平安创建活动，群众对社会治安的满意度继续提高。打黑除恶和沙石运输车辆专项整治行动取得明显成效，普兰店市成功承办省公安厅打黑除恶工作现场会并作经验介绍。公安信息化建设水平位居大连市县（市）第一。完善突发公共事件应急体系。采取超常举措，圆满完成国庆60周年安保任务。“五五”普法教育深入开展。信访突出问题得到有效化解，群体性事件、越级上访得到妥善处理。行政复议工作进一步加强，受理行政复议案件22件，办结满意率100%。层层落实安全生产责任制，狠抓各类事故隐患排查治理，安全生产形势保持平稳。自觉接受人大及其常委会的法律监督和政协的民主监督，及时向人大报告、向政协通报工作情况，认真办理人大代表议案、建议和政协委员提案，全年办理人大代表议案建议137件、政协委员提案160件，满意和基本满意率分别达99%和98%。主动听取各民主党派、工商联和无党派人士的意见建议，充分发挥工会、共青团、妇联等人民团体的作用，社会监督和舆论监督渠道进一步畅通。

行政服务迈上新台阶。行政服务中心办理各类行政许可审批服务事项7.28万件，增长12%，按期办结率达到99.9%。进一步深化审批制度改革，最大限度压缩审批时限，承诺件办结时限缩短40%以上，提前办结事项达95%。完成政府机关导入ISO9001质量管理体系认证试点工作，机关效能建设和管理进一步规范。

普兰店明天会更加光辉灿烂

2009年7月1日，国务院正式批准《辽宁沿海经济带发展规划》，辽宁沿海经济带开发建设上升为国家战略，同时确立了大连市作为辽宁沿海经济带核心城市的重要地位。2010年4月9日，大连市正式启动了新市区管理体制改革，明确将普兰店湾新区、金州新区、保税区三大功能区组团一并作为新市区进行规划建设，大连普湾新区组团的核心功能区，肩负着引领大连未来经济腾飞的重任。

大连普湾新区土地总面积1008.5平方公里，海岸线长80公里，总人口约40.2万人，由普兰店市的丰荣、太平、铁西三个街道，金州区的石河、三十里堡两个街道，瓦房店市的炮台、复州湾两个街道以及大连普兰店经济开发区、大连三十里堡临港工业园区、大连松木岛化工园区等区域组成。普兰店市北部区域作为大连普湾新区的拓展区，总面积2239平方公里，海岸线65公里，总人口53万人。

大连普湾新区的组建将促进普兰店市更好更快的发展，普兰店的明天将更加光辉灿烂！

辽宁省新民市

新民市位于辽宁省中部，辽河下游平原地区。距省会沈阳市区50公里。面积3352.5平方公里，耕地270万亩。辖11个镇、14个乡和5个街道、335个村、958个自然屯。有汉、满、回、朝鲜等17个民族。总人口70万人。

历史沿革文明悠久

战国时为燕地。康熙二十一年（1682年）设巨流河巡检。乾隆初年巡检移驻新民屯，为新民名称之始。嘉庆十三年（1108年），设新民厅。光绪二十八年（1902年）升为新民府。民国元年（1912年）改府为县。1993年6月14日，经国务院批准，撤县设市(县级)至今。

气候特点四季分明

属于温带大陆性季风气候，四季分明。冬季西伯利亚冷空气经常侵袭，干寒时间较长；夏季湿热；春季风沙大；秋季晴朗。春秋两季时间较短，气候多变。年平均气温7.6℃。七月最热，平均气温24.3℃；一月最冷，平均−12 ℃。全年降水量600毫米左右，年平均相对湿度62%。

资源能源储藏丰富

地下水天然资源量5.47亿立方米。林木总蓄积量300万立方米，人均4.3立方米，被誉为“中国杨树之乡”。地下油气分布面积700多平方公里，储量3亿吨。地下温泉资源为东北最大，储量25亿吨左右。大小变电站21座，60千伏输变电线路318公里，10千伏配电线路2639公里，低压线路4366公里，日供电量高峰时可达15万千瓦／小时。城市日供水能力10万吨。

交通通信通畅便捷

境内101、102、304等6条国省级公路，沈山、高新铁路，秦沈客运专线，京沈高速客运专线，京沈、沈通、辽宁中部环线高速公路和11条县级公路纵横交错。通信设施达到国际先进水平。

综合实力持续提高

2009年，全市地区生产总值实现185.8亿元，同比增长27.6%；一般财政预算收入8.1亿元，同增33.8%；全社会固投143.6亿元，同比增长34.8%；社零总额54.2亿元，同比增长20.7%；实际利用外资6017万美元；农民人均纯收入8115元，同比增长11.4%。综合实力连续两年列全省44个县（市）前十强。

园区建设扎实推进　“国家东北包装·印刷产业基地”——沈阳胡台新城已入驻企业105家。中国医药生物技术协会东北（沈阳）产业发展基地——辽宁新民经济开发区已落户企业45家，产品千余种，涵盖生物医药、现代中药、保健品等多个领域。前当堡镇等11个重点工业乡镇园区发展迅速，形成了新的经济“增长点”和“增长带”。

项目经济稳步发展

牢固树立“工业立市”即“项目立市”，项目既决定现在也决定未来的观点，突出抓好重大项目和产业集群建设。始终把招商选资扩大开放作为重中之重，千方百计、不遗余力推动一批超亿元的大项目落地或投产。总投资115亿元的金新林浆纸项目落户新民并开工建设；龙士达钢结构和重型起重机设备、福源（盼盼）食品、格瑞德石化泵业竣工投产；修正药业、三九药业、双鹤药业大输液等项目开工建设。

投资环境不断优化

行政审批服务中心单体项目平均行政审批时限为2.8个工作日，即办结率达到99%。金融办、企业110、企业家之家和移动工商为企业健康发展保驾护航。市级领导重大项目跟踪协调负责制落到实处，“保姆式服务”已成为全市理念。

工业基础日益雄厚

全市规上企业361户，2009年规模以上工业总产值实现356亿元，同比增长48.2%。初步形成包装印刷、灯饰灯具和电光源、医药健康产业和地板等四大产业集群，以及机械配套加工、农副产品深加工、石油化工、有色金属冶炼、新型建材、电子信息等六大主导产业。

现代农业迅猛发展

新民市为国家重要的商品粮基地。2009年粮食总产量实现9亿公斤，成为辽宁省唯一荣获国家农业部授予的“全国粮食生产先进县标兵”称号的县（市）；以棚菜为主的设施农业发展到36万亩，瓜菜总面积超过百万亩，跻身“全国农业标准化示范区”和“中国优质蔬菜基地重点县(市)”。生猪、家禽、肉牛、肉羊、奶牛饲养量分别达到280万头、5805万只、24万头、45万只和2.5万头，其中，生猪、蛋鸡饲养量在辽宁省位列第一和第三。

现代服务业充满活力

兴隆大家庭、盛京银行、苏宁电器运行良好。东北最大、全国第三大农机市场年交易额超过10亿元。“全国水产品专业批发市场20强”——前当堡鲜鱼批发市场年交易量13万吨。“全国肉禽产品专业批发市场20强”——公主屯鲜蛋批发市场年交易量15万吨，“公主牌”鲜蛋远销香港等地，2009年被评为“全国二十大肉禽蛋交易市场”。全国第二个汽车摩托车产品下乡示范基地正式运营。

文化旅游资源禀赋

“谭振山民间故事”是全国唯一个人传承方式国家级非物质文化保护遗产。“新民传统二人转”是沈阳市级非物质文化保护遗产，并有全国农民剪纸女状元，被誉为全国农民书画之乡。文化博览园是国家4A级旅游景区、全国农业旅游示范点、沈阳市中小学生农业实践基地。仙子湖是国家AAA级旅游景区，万亩水面、近5000亩天然荷花连体面积，被费孝通副委员长誉为“中国荷花之乡”。辽滨塔、雁沙湖、栖鹤湖、高台山遗址、清真寺等一批旅游资源“亮点”纷呈。

城乡建设日新月异

牢固树立抓环境就是抓发展的观点。首开辽宁省县域城市公交之先河。新民大剧院、湖广公园代表了新民城市建设的新水平。建成文荟苑、潢南欣城、唐轩英郡、金汇雅居、华丽新都、世茂现代城等一批高档住宅。重点实施“四城三线”带全域的发展战略，新开河水系治理和污水处理厂等工程建成并投入使用，向国家级生态市迈出了重要一步。创建环境优美乡镇全面启动，新市镇和农村小城镇等省级重点中心城镇建设步伐加快。全国社会主义新农村建设示范村——方巾牛村呈现崭新风貌。

社会事业协调发展

始终坚持“长远谋发展、时刻抓民生”，从解决好人民群众最关心、最直接、最现实的利益问题出发。办好人民满意教育，教育改革工作扎实推进，农村九年一贯制学校建设实现全覆盖。医疗卫生率先实现城乡一体化，单体医院、千张床位的市医院综合大楼即将投入使用，农村卫生院充满活力，120急救中心已与沈阳市联网，新农合参合率达到99.5%。职工生育、工伤、医疗等保险参保率均达到历史最好水平。城乡低保规范化建设水平逐步提升，低保金全部实现社会化发放。兴隆堡、大民屯和城区三所中心敬老院运行良好。社会保障能力进一步增强，人民群众幸福指数持续提升。文化、体育、新闻、计划生育、档案等社会事业都取得了可喜成就。

党的建设全面加强

始终把领导干部队伍建设作为重中之重。立足“五个导向”，即以德为先用干部、不拘一格选干部、聚焦发展调干部、围绕确保社会稳定配干部、急难险重岗位出干部，严把“六关”，即：职数关、推荐关、考察关、征询关、决定关、任职关，教育各级领导班子和党员领导干部讲党性、重品行、做表率，倡导“三在两重要”，即：在岗、在行、在状态，认真比聪明重要、责任比能力重要，把心思用在工作上，把情感系在民心上，把作风拧在求实上，全市聚焦科学发展、实现科学发展的氛围日益浓厚。

辽宁省庄河市

庄河市位于辽东半岛东侧中部、黄海北岸。陆域面积4086平方公里，占大连市的三分之一，海域面积2900平方公里，海岸线长285公里，占黄海岸线的三分之一。辖21个乡镇、4个街道办事处，人口92.3万人，城市建成区30平方公里，城市人口30万。是国家的工业基地和能源基地，也是中国黄渤海岸最具经济活力、投资引力和发展潜力的热点地区。

综合实力突出

2009年，全市预计实现生产总值382亿元，比上年增长27.5%；地方财政一般预算收入18.1亿元，比上年增长61.2%；完成固定资产投资300亿元，比上年增长53.9%；农民人均纯收入9148元，比上年增长10.1%；城镇在岗职工平均工资26628元，比上年增长10%。在第十届全国县域经济百强县评价中进入前50强。

自然资源丰富

淡水资源充沛，境内有大小河流365条，水库45座，年淡水总量18.8亿立方米，是大连城市重要水源地。矿产资源丰厚，硅石、河沙、地热、黄金等矿藏能源储量大、品质优，极具开发价值。全市耕地面积10多万公顷，是全国无公害农产品生产示范基地、中国苹果之乡、蓝莓之乡、国家无规定动物疫病区和辽宁省水产品、食用菌加工出口基地。广阔的海域盛产优质上乘的杂色蛤、文蛤等40多种贝类和河豚、海参、梭子蟹等海珍品，享有“世界贝库”美誉。杂色蛤、河豚、大骨鸡、绒山羊、食用菌、优质大米、黑岛鸭蛋和歇马杏构成闻名中外的“八大地方特产”。

旅游资源富集独特

集海、河、湖、山、林、泉、岛、港、城九大要素于一地，东北地区市县绝无仅有。国家地质公园、AAAA级冰峪旅游度假区以其奇特的石英地貌和亚洲面积最大、保持最完整的赤松林闻名于世。海王九岛旅游度假区被称为“海上画屏”，海岛风光自然天成、瑰丽壮美。被授予“中国优秀旅游城市”称号。城区依山、傍水、临海而建，坐落在热水河、庄河、鲍码河三河“川”字入海处，河海相连，山城一色，气候宜人，环境优美，生态宜居的海滨城市特征十分明显。是中国北方最美丽和最宜人居的城市。

工业发展迅猛

20世纪80年代就以“万台机床县”著称。现已形成了以机械制造、家居制造、食品加工等优势产业为主导，以装备制造、新能源、静脉、石化等新兴产业为支撑，以建材、服装等传统产业为补充的新型工业体系。大连华丰家具有限公司为世界最大的实木家具生产企业，在全国同行业中名列产量第一、质量第一、销量第一、出口第一，荣获中国驰名商标和中国名牌产品殊荣，被中国家具协会授予“中国实木家具产业基地”称号。大连宇宙电子有限公司的二极管产量居世界第二。庄河电厂为目前中国最大的环保型海滨电厂。

区位优势明显

地处东北亚经济圈核心位置和北黄海对外开放前沿，横跨东北经济区和黄渤海两大经济区，是国家规划开发建设的战略重点和投资热点，是辽宁沿海经济带极具发展前景和开发空间的区域。丹大高速公路和开工建设的庄盖高速公路同201、305国道与沈大、沈丹高速公路相连，构成环形高速公路网。辽宁滨海大道横贯东西。庄河港为国家一类开放口岸，成为黄、渤海沿岸距离日本、韩国最近的港口。城庄铁路连接东北铁路网，形成紧密衔接东北腹地的大交通格局。建设中的东北东部边境铁路可直达俄罗斯。即将开工建设的丹大城际铁路，设计时速250公里，建成后，庄河将纳入大连半小时经济圈。

发展前景广阔

辽宁省委、省政府和大连市委、市政府相继作出了加快推进以庄河为重点的北黄海开发开放的战略决策，并将庄河临港经济区正式纳入辽宁沿海经济带重点发展区域，享受辽宁沿海经济带的所有优惠政策。庄河循环经济区和瀛湖经济区已被列为辽宁沿海经济带重点支持区域，成为庄河市对外开放的新窗口和承载产业转移升级的新载体。随着辽宁沿海经济带发展规划上升为国家战略，标志着庄河已经成为中国新一轮改革开放的最前沿阵地。

目前，庄河正在新一轮大开放中紧紧抓住战略机遇，依托母城大连和区位优势，利用紧邻日韩的地缘条件，大力实施以港兴市的战略，通过工业强市，走政策牵动、开放带动、项目拉动、体制驱动的路子，立足于产业集群化发展，努力把庄河建成北黄海地区现代化生态型中心城市。

海滨新城——庄河，魅力无限，生机无限，发展空间无限！

内蒙古自治区鄂温克旗

鄂温克族自治旗是我国三个少数民族自治旗之一，位于内蒙古自治区东部，大兴安岭西侧，呼伦贝尔大草原东南部。自治旗以鄂温克族为主体，由蒙古、汉、达斡尔等24个民族组成，总人口14.42万人，土地总面积19111平方公里，辖4个镇、1个民族乡和2个苏木。有两个国家级自然保护区：辉河湿地生态自然保护区和红花尔基樟子松自然保护区。自治旗先后荣获全国文化先进县、全国体育先进县、全国民族体育模范先进集体、全国残疾人工作先进旗、全国民族团结进步模范单位、全国封山育林先进单位、全国关心下一代工作先进集体、全国森林病虫害防治先进单位、全国中蒙医先进县、中国旅游强县等荣誉称号、全国歌舞艺术之乡。在第九届全国县域经济与科学发展评价中，列中国西部百强县第66位。

经济社会发展情况

2009年，鄂温克旗坚持以科学发展观、党的十七大和十七届三中、四中全会精神为指导，全面贯彻中央、自治区、呼伦贝尔市委的工作部署，进一步解放思想，抢抓机遇，聚力拼搏，扎实工作，克服金融危机等诸多不利因素影响，全旗上下迎难而上，化危为机，以埋头苦干、真抓实干的精神和作风，坚持改革开放，促进社会和谐，统筹做好保增长、保民生、保稳定工作，全旗经济、政治、文化、社会以及生态文明和党的建设都取得了可喜成绩。

地区生产总值完成53.7亿元，增长24.4%。全社会固定资产投资完成60.4亿元，增长49.95%，居全市第2位。财政总收入再创历史新高，完成17亿元，增长23.9%；地方财政总收入完成13.2亿元，增长38.5%，均列全市第2位。招商引资完成63亿元。经济发展增势强劲，综合实力进一步提高。6个市级重点工业项目全部开工。全年规模以上工业增加值完成29.5亿元，占全市总量的13.3%；产销率达到106.5%。5个地方中小项目全部落地，年内完成投资1亿元。园区建设全面加强，10家入园企业全年工业增加值完成8200万元，实现销售收入1.8亿元。项目拉动作用进一步显现。共争取国家拉动内需项目17个，总投资1.3亿元。启动实施了投资2600万元的巴彦托海生活垃圾无害化处理工程，积极推进廉租住房、游牧民定居及城镇绿化、美化等工程建设。年内完成房地产开发投资4.35亿元，总建筑面积近40万平方米。城镇面貌进一步改观，城镇功能日益完善。全年完成治沙造林和封山育林8.5万亩，退耕地块补播31万亩，万元GDP综合能耗下降6.44%，争创“全国生态县”工作扎实推进，已通过自治区初检并报国务院有关部门待批。2009年初被国家旅游局正式命名为“中国旅游强县”，成为全市首家获此殊荣的旗县。启动《全旗旅游规划》及《维纳河景区详规》编制工作。继续推进景区景点上星晋级，旗博物馆晋升为AA级旅游景区，鄂温克宾馆晋升三星级旅游饭店。全年接待游客24万人次，完成旅游收入2.4亿元。非公经济对国民经济和社会就业的贡献率不断提高，全旗个体私营经济5679户，个体私营企业从业人员达8969人，占地方从业总人数的30%。2009年，旗财政支出2.2亿元用于民生领域和社会事业。进一步提高了机关工作人员补贴标准，调整提高了社区干部和合同制安置退役士兵工资待遇。将城镇和牧区低保标准每人每年分别提高了360元和100元。启动实施了牧区养老保险制度。全面推进城镇居民基本医疗保险制度，参保居民达29521人。将新型牧区合作医疗补助标准提高到70元，牧民参合率达到96.8%。为无房和住房困难家庭发放廉租租赁补贴55万元，离休干部住房补贴全部落实。年内旗政府安排劳动保障、民政协理、“三支一扶”、社区民生等公益岗位75个，成功招录了51名社区工作人员，并积极协调驻旗大企业提供就业岗位，全年城镇新增就业1385人，城镇登记失业率控制在4.3%以内。加快发展社会事业，继续推进巴彦托海镇小学教育资源整合，累计投入1547万元为两所小学新建宿舍楼、食堂等，力争率先实现民族教育现代化。总投资4347万元的旗人民医院新建和蒙医医院扩建工程进展顺利。总投资114万元的“三无”人员介护区和流浪乞讨人员救助站年内已投入使用，投资400万元的巴彦托海镇殡仪服务中心开工建设。全年城乡居牧民人均收入分别完成12143元和7883元，增长13.2%和11.8%。全面加强信访、平安创建和安全生产工作，保持了社会和谐稳定。人民武装、群团、计生、双拥、老干部和关心下一代、民族宗教、档案史志、红十字等各项事业均取得了新进展。

主导和优势产业

全年原煤产量首次突破二千万吨大关。全旗17户规模以上工业企业累计实现工业总产值661181万元，同比增加152436万元，增长29.96%，原煤产量累计完成2192.87万吨，同比增加217.38万吨，增长11.0%；发电量累计完成118.26亿千瓦时，同比增加9.08亿千瓦时，增长8.3%；乳制品产量达9004吨，同比减少1448吨，下降13.9%；规模以上工业企业产销率达106.5%，同比增加7.0个百分点。规模以上工业增加值完成295412万元，同比增长27.8%，工业增加值占全市的13.3%，比上年下降0.9个百分点，总量位居全市第2位，速度位居第9位。

新牧区建设取得新进展，牧业年度牲畜总头数控制到79万头（只），良种、改良种比例达到96%。农牧业产业化步伐加快，第一产业增加值完成5.45亿元，增长7.2%。鲜奶和肉类产量分别达到21万吨和1.6万吨，销售收入百万元以上加工企业实现销售收入2.1亿元，绿色品牌作用初步显现。新牧区建设深入推进，累计投入1295万元启动实施伊敏苏木毕鲁图嘎查扶贫开发移民扩镇、整村推进直接扶持到户和牧区劳动力转移培训工程，年内被评为2008年度全区扶贫开发工作先进旗县。投入2430万元新建3条通乡公路和计划外公路。投入1220万元新建饮水安全供水工程和新增节水灌溉饲草料地项目，解决了0.65万人的饮水和近万头（只）牲畜的补饲过冬问题。落实少数民族发展资金610万元用于建设安居住房、奶牛棚舍、无公害蔬菜基地等项目。牧区基础设施进一步完善，牧民生产生活水平不断提高。

投资环境

鄂温克旗具有得天独厚的地理、资源、经济、政策等优势，特别是储量丰富的煤炭资源、水资源、绿色无污染的畜牧业资源和劳动力资源优势。近年来，旗委、旗政府不断加大对投资环境的建设力度，出台多项招商引资优惠办法，不断改善全旗交通、通信、能源等投资环境和经济技术开发区优惠政策等软环境。投资环境的改善，吸引了大量的客商，美国、德国、日本、加拿大、澳大利亚、蒙古、俄罗斯等十几个国家和北京、上海、河北省、黑龙江省等地的大批优秀企业先后与自治旗在化工、畜产品加工、草业、牲畜改良、房地产开发、生态建设等领域进行了广泛合作，促进了旗域经济的发展。

内蒙古自治区霍林郭勒市

霍林郭勒市位于内蒙古自治区通辽市西北部、科尔沁草原与锡林郭勒草原交会处，地处锡林郭勒盟、兴安盟、通辽市“两盟一市”交界地带，是中国重要的能源基地和优秀旅游城市。全市总面积585平方公里，辖5个街道办事处，总人口10万人。对接东北、呼应西部，交通网络四通八达，304国道、101省道在境内对接，具有良好的地域优势、交通优势和区位优势。全国五大露天煤矿之一的霍林河煤矿位于我市境内，低硫优质褐煤探明储量131亿吨，适合发展煤炭转化产业，可转化为电、油、气等，高含量腐殖酸储量1.2亿吨，还有食盐、硅石、石灰石、铜、铁、铅锌等矿产资源。而且拥有国内仅存为数不多的原始草原之一，及金界壕、古方城等历史遗迹。

2009年，霍林郭勒市坚持以科学发展观统领经济社会发展全局，紧紧围绕创建内蒙古东部地区收入最高、环境最美、产业最优、活力最强、社会最和谐的“五项之最”的发展目标，不断优化产业结构，促进产业升级，壮大经济规模，积极应对国际金融危机带来的各种挑战，实现了国民经济和社会平稳健康发展。县域经济基本竞争力跻身全国第120位，跃居中国西部百强第15位。

综合经济实力跨上新台阶，经济增长能力、质量、效益明显提高。全年完成地区生产总值160亿元，增长22.1%，完成年度计划的100%。其中：第一产业增加值1.8亿元，增长3.4%；第二产业增加值105亿元，增长31.8%；第三产业增加值53.2亿元，增长13.1%。三次产业结构由2008年的1.2∶71.4∶27.4调整为1.1∶65.6∶33.3。财政收入占GDP比重逐年提高，达到15.3%。

工业经济主导地位日趋明显

煤炭生产保持平稳发展势头，煤炭产能达到5000万吨，年实现煤炭产销量4963万吨；煤电转换战略稳步推进，清洁能源项目建设实现新突破，中电投2×30万千瓦自备机组建成发电，金源口1台5万千瓦机组投入试运行，大唐、京能两家风电企业各投产风电5万千瓦，全市电力装机达到255万千瓦，年发电量103.5亿度，其中风力发电8000万度；电解铝行业经受住了金融危机的考验，铝价持续回升，建成产能陆续释放，最终年生产能力达到34万吨，年生产电解铝30.78万吨；铝后加工业由集中建设阶段转入投产运营阶段，工业园区铝水专用通道建成通车，电子铝箔、化成箔等高附加值铝后加工项目开工建设，铝轮毂、铝扁锭、铝铸锭、铝型材等重点铝后加工企业全部投入生产，年加工铝后产品达到3.29万吨；煤化工产业扩规模上水平，源源公司利宏煤化工等重点项目开工建设，全市产销提质煤120万吨；非资源产业发展成为新的经济增长点，多晶硅、单晶硅、水泥粉磨站、矿山机械制造等项目签约落地。重点工业项目前期工作取得重大突破，京能风电二期、多晶硅、电子铝箔、矿用自卸整车组装等项目通过自治区发改委立项批复，圣丰水泥粉磨站、单晶硅等项目达到核准、备案条件。全部工业增加值预计完成102.8亿元，增长23%，完成年度计划的104.9%，实现利税32.8亿元，增长11.9%。全市规模以上工业企业达到48家，增长20%，规模以上工业增加值预计完成86.1亿元，增长34.7%。

新农村建设成效显著

工业化、城市化对农村经济的拉动作用明显增强，加大涉农政策、资金扶持力度，农村经济逐步摆脱单一的传统生产方式，向多元增收、多元发展转变，设施农业生产、集约化养殖、外出打工、进城创业等成为农牧民收入主要来源，农村生态旅游、餐饮业方兴未艾。全年实现农业增加值1.8亿元，增长11.8%。牧业年度牲畜存栏59万头(只)，增长20%；蔬菜种植面积1425亩，产量4144吨。新增温室70座，新增大棚90座，温室和春秋棚总量各达到300座。建成特色养殖小区2个，新增特色养殖户50户，达到150户。完成生态环境治理2000亩，人工造林5000亩。全年劳务输出4118人次，实现劳务收入1647万元。国家大中型水库移民安置工作进展顺利，已发放安置资金13.5万元。收缩转移步伐加快，341户、1256人进城上楼。汽车、农机、家电下乡工作有序开展，进一步改善了农村社区生产生活条件，缩小了城乡差距。

服务业保障作用明显增强

现代物流业迎来政策、市场等多方面良好发展机遇，煤炭铁路物流园区、东阳综合物流园对煤炭、重点物资的运输起到了保障作用。霍林河商业城、金三角等商业网点建成开业，全国连锁超市世纪华联入驻我市，霍林郭勒地区商业发展水平和档次明显提高。全年实现社会消费品零售总额17.5亿元，增长21%，完成年度计划的100%。个体工商户3623户，私营企业发展到432户。客运总量50万人次，增长8.7%。全年接待国内外游客58万人次，实现旅游收入3.2亿元。金融、信息产业环境进一步改善，农村信用社挂牌营业，预计全市金融机构各项存款余额达到34.6亿元，增长47.8%；各项贷款余额70.9亿元，增长8.7%；邮政业务总收入600万元，增长33.3%。

固定资产投资继续保持强劲态势，对经济拉动作用明显增强

全社会固定资产投资完成65.3亿元，增长65.4%。全市新建续建重点工业项目46个，总投资121亿元，完成投资40.3亿元。全市重大基础设施项目建设进展顺利：河东新区基础设施建设全面铺开；河道治理工程有序进行，累计完成投资1.2亿元；鲁北至霍林河一级公路、304线霍林郭勒外环线建成投入使用；锡林浩特—乌兰浩特铁路开工建设，乌拉盖铁路当年竣工；民用机场项目进入可研阶段，飞机场专用公路开工建设。全年共争取国家、自治区资金近1亿元。其中，扩大内需新增中央投资项目23个，争取国家投资5824万元，项目建设包括城市基础设施、高新技术、文教卫生、民生事业等领域。中央下放煤矿棚户区改造项目资金申请报告通过国家中咨公司评审。

招商引资成效显著，助推经济发展和城市建设

紧紧把握国家产业发展方向，依托资源和产业优势，以产业结构调整、产业升级为招商重点，加大对外推介宣传力度，紧密加强与国内知名企业联系沟通，纵深推进招商引资工作，大招商、招大商，以商招商、项目选商的格局基本形成。全年共引进项目67个，累计到位国内国外资金60亿元。锦江集团、吉林康乃尔集团等国内知名企业入驻我市，单晶硅、多晶硅等非资源产业项目签约落地，诚友重型机械装备制造业项目开工建设。引进BOT、BT等方式，解决桥梁、道路等重大基础设施建设问题，全面铺开河东新区基础设施建设，项目总投资15.8亿元，完成投资2.8亿元。搭建银行与企业对接平台，为企业协调解决贷款13亿元，缓解了企业资金紧张局面，帮助企业渡过难关。

城市建设步伐加快，城市载体功能日趋完善

河东新区基础设施建设由规划设计转入全面开工建设阶段，珠斯花公铁立交桥、跨霍林河斜拉桥、新区主干路等重点工程开工建设。新区行政办公区、商务区、住宅区、休闲娱乐区初步设计基本完成，霍林郭勒市迎宾馆、会展中心、行政办公大楼等重点工程具备开工建设条件。主城区全部实现热电联产供热。城市经济适用房、廉租房建设力度加大，城市拆迁面积6.75万平方米，新建经济适用房17栋5.3万平方米，新建廉租房两处，共计5栋402户1.7万平方米。投资8200万元对城市电厂集中供热主管道新建、改造，从根本上解决人民关心的冬季取暖不热问题。新建城市道路6条11160米，新安装城市路灯130盏，新增绿地面积15万平方米，新增硬化面积4.1万平方米。房地产业继续保持对经济发展的拉动作用，全市房地产开发项目达到15个，完成房地产开发投资3.24亿元，开发楼盘36.1

万平方米。

财政收入平稳增长，保障民生事业健康发展能力增强

重点项目陆续投产，财政增长根基逐步牢固，财政运行状况良好。全年完成财政收入24.4亿元（含煤炭价格调节基金），比上年增加4.4亿元，增长22 %，完成年初预算的101.7%。其中地方财政收入12.3亿元，增长32.3%。随着经济增长质量和效益的稳步提高，人民群众得到了更多实惠，城镇居民人均可支配收入21000元，增长10.5%；城郊社区居民人均纯收入达到11000元，增长22.2%。财政支出以保运转、保民生为重点，加大文教卫生、社会保障、城市建设等领域财政资金投入，组织实施财政预算内基本建设项目52个，财政预算资金10200万元。再就业工作取得新成绩，新增就业人数3532人，城镇登记失业率3.08%，低于控制指标。实施创业培训356人，完成计划的118.7%。发放救助资金1840万元，救济7620人。社会保险覆盖面进一步扩大，养老保险参保10822人，增长67%；工伤保险参保6800人，增长17.4%；基本医疗保险参保48838人，增长38%。新型农村合作医疗参合12560人，参合率100%。社会保险征缴面进一步扩大，全年失业保险征缴1470万元，增长9.6%。

社会事业蒸蒸日上，经济社会和谐发展

环境保护力度加大，项目环境准入制度不断完善，空气自动连续检测系统投入试运行，煤矿、原煤散烧、电厂等重点污染源治理取得成效，城市环境质量逐步好转。科学集约利用土地，为工业项目建设、城市发展提供坚强保障。对城市总体规划、主体功能区规划、重点产业发展规划等进行编制或修编，为城市和经济发展提供强有力的规划保障。科技对经济发展贡献率逐步提高，实施技术改造项目20个，引进推广新技术10项，引进新品种15个，科技含量高、附加值高的高性能高压电极箔项目开工建设，现代工厂化育苗车间基本建成。进一步改善教育环境和办学条件，全年实现教育基础设施建设14项，完成投资2964万元。不断深化教育教学改革，财政投入资金1500万元，实现12年免费教育，实行校长职级制改革。瞄准职业教育发展方向，新增职业教育专业9个，为企业输送技术工人1400人。公共卫生事业健康发展，医院、乡镇卫生院等基础设施建设进一步完善，对重点人群采取疫苗接种、隔离、普及防护知识等措施，甲流防控工作取得明显成效。计划生育工作重心逐步由控制人口增长向提高人口素质转变，各项工作走在通辽市前列。继续对70岁以上老年人发放养老补贴，切实提升了对老年人的生活保障水平。对全市电视进行数字改造，提高了人民群众的电视收视质量。平安创建、关心下一代、统计、档案、民族宗教、拥军优属、妇女儿童、人民防空、残疾人等各项事业都取得了优异成绩，和谐社会建设迈出了新步伐。

内蒙古自治区镶黄旗

镶黄旗位于内蒙古自治区中部、锡林郭勒盟西南端，辖1个苏木、2个镇，面积5172平方公里，人口3.1万人，其中蒙古族占65%以上。境内矿产资源丰富，现已探明的有石油、煤炭、硅石等20多种矿种60余处矿点，其中，花岗岩储量121亿立方米，有白、红、黑、黄四种颜色七个品种。水、电、通信、交通等基础设施完善，距北京、张家口、集宁、呼和浩特、二连、锡林浩特等大中城市半径均在400公里以内，呼海大通道、省道208途经境内，是二连口岸与天津港的重要交通枢纽。近年来，旗委、旗政府坚持以解放思想为先导，大力推进改革创新，经济社会事业开始迈入全面振兴、跨越发展的新阶段，逐渐由一个纯牧业旗转变为一个新型工业旗。2009年，全旗地区生产总值完成25.4亿元，同比增长24.9%；财政总收入完成2.5亿元，同比增长38.8%；城镇居民人均可支配收入14226元，同比增长20.1%；牧民人均纯收入4632元，同比增长13.8%。被评为2008～2009年度全国县域经济最具成长性百县（市）之一即第九届全国县域经济基本竞争力提升速度最快的百县（市）之一。

转变生产经营方式，着力发展现代畜牧业

按照“转人、减畜、增绿、增收”的工作方针，镶黄旗坚持政府推动、市场运作，紧紧抓住加快发展畜牧业产业化的政策机遇，依托国家项目引导，积极争取各方面资金投入，加快转变生产经营方式，推动畜牧业由数量扩张型向质量效益型转变，着力从畜牧业内部寻求实现生态效益与牧民增收“双赢”的途径。加快发展草产业，积极推行联户经营模式，通过将草场、牲畜、人力、生产工具进行有效整合经营，带来了巨大的经济效益、生态效益和社会效益。大力调整优化畜群结构，引进和推广肉乳兼用的西门塔尔牛和肉毛兼用的德美羊，推动传统养殖向优势品种集中。2009年，全旗牧业年度牲畜头数稳定在55万头（只）。大力推广“分户繁育、集中育肥”模式，发展基地化、专业化、规模化和集约化经营，建立避灾型畜牧业，畜牧业产业化已见雏形，大户带小户、富户带穷户的局面已经形成。强化改革、服务、培训、就业四个环节，加大牧区人口转移力度。2004年以来，已累计转移牧民7371名，进城从事第二、第三产业。通过对重点企业、重点项目的扶持，提高畜牧业产业化水平，强化企业与基地、协会和牧户的利益联结，提高了牧民增收、创收能力，年加工牲畜30万头（只）。同时，全力打造畜产品特色品牌，提高产品附加值和市场竞争力，凭借“皇家牧场”的美誉以及“优质优价”的产品，“德美羊”肉类品牌已成功打入北京、上海等高端市场。2004年以来，牧民人均纯收入以每年24%的速度递增，牧民生活水平不断提高。

以“双石双增”为主导，走新型工业化道路

镶黄旗充分发挥区位、资源、成本、政策优势，围绕“双石双增”战略，以增加石油、石材产量和效益为核心，强化工业经济的支撑作用，县域经济自我发展能力和造血能力进一步增强。2009年，全旗工业企业户数达68家，其中，规模以上企业28家；实现工业增加值17.52亿元，是2004年的57倍，年均增长125%。一是依托得天独厚的花岗岩石材资源优势，引进了晨春、塔星、天隆等多家国内知名石材企业，大力发展特色石材产业。积极引导石材企业采用最新技术和新工艺，重点发展板材、雕刻和异型加工三大主导产业，通过主导产业带动，产业链条拉动和优惠政策扶持，积极培育石材产业新的经济增长点，延伸石材产业链条，提升石材产业层次，提高精深加工水平。已成功注册了“中国塞北石材之乡”品牌，石材荒料市场全面放开，走出了“买全国、卖全国”的路子。目前，镶黄旗花岗岩产品已出口日本、韩国、中国香港等国家和地区，走进上海世博会和首府建筑市场，成为国内外热

销的石材产品。2009年，全旗开采荒料35.3万立方米，加工板材1060万平方米，实现产值14亿元。二是依托丰富的石油天然气资源，大力发展石油天然气产业。积极进行石油天然气资源勘探开发，引进宁蒙石化、河南绿能等国内有实力的企业，加大石油天然气项目建设力度。到2010年，镶黄旗原油生产能力将达到20万吨，加工原油16万吨，天然气处理能力达到6000万吨。在经济实力迅速提升的同时，镶黄旗坚持发展与环保并举，认真落实环境影响评价制度和“三同时”制度，不断加大对油田、石材矿区环境保护力度，努力控制单位GDP能耗、二氧化硫和化学需氧排放量，坚决杜绝走高污染、高投入、低效益的老路子，构建可持续发展新格局，实现经济发展和环境保护的“共赢”。

着力发展第三产业，繁荣富民经济

为推动经济发展方式转变，加快传统服务业向现代服务业的转变，构建高效集约、可持续发展格局。近年来，在大力发展现代物流、金融和信息服务业同时，加大对教育、文化、卫生、旅游、社会保障等民生领域的投入，2009年，民生投入累计达2.39亿元，增长35.1%，占同期财政总支出的60%。同时，也进一步提升了第三产业总量和素质，实现经济增长主要由二产带动向一产、二产、三产协同带动转变。依托丰富的旅游资源，围绕首都、首府旅游市场，打造跨区域旅游线路。深入挖掘察哈尔民俗文化、草原文化和马文化内涵，着力打造“中国马都”品牌。同时，镶黄旗依托特色的茶马文化、察哈尔民族服饰、皇家贡品奶食品等特色民俗文化资源，以及马文化博物馆、哈音海尔瓦庙、鸿格尔山等一批景点景区，吸引游客前来观光旅游，繁荣旅游经济，打造文化旅游大旗。围绕石油、石材和煤炭等工业产品外运，构筑以综合交通体系为主的物流运输平台，完善交通物流业网络布局。采取“零负担”政策，促进个体工商户和中小企业发展壮大，并积极发展社区商业、物业、家政和医疗等服务型消费，创造便捷的消费环境，努力扩大第三产业经济总量。2009年，第三产业增加值完成4.51亿元，是2004年的6.3倍。

加快提升城镇品位，改善投资基础环境

近年来，镶黄旗按照“小而精、小而巧、小而美、小而特”的规划思路，以内涵式建设理念，不断提高城镇化水平，优化人文环境，打造县域经济发展良好平台。始终把“精品、特色、便民”贯穿于城镇规划建设的全过程，按照“积极可为、量力而行、适度超前、分步实施”的原则，2009年，投资3亿元，重点规划建设了体育设施、道路桥梁、园林绿化、供排水、城市美化亮化工程及廉租住房、商住楼开发和既有建筑节能改造等一批事关长远发展的基础工程、民生工程。启动了第三水源地建设工程和东河区疏浚工程，城镇服务功能更加完善。抓住国家实施“平改楼”的政策机遇，全面开展了城镇平房改造工程。以改善牧民居住条件为切入点，实施牧区住房新建、改造的“温暖工程”，让牧区群众切实感受到改革发展带来的实惠。同时，大力实施城市精细化管理，建设数字化城镇，实现由传统粗放管理向精细管理的转变，努力打造独具特色的精致草原小城。

抓好项目建设，全力招商引资，为县域经济发展夯实基础

实施项目拉动经济战略，结合产业结构调整，认真研究国家产业政策和产业发展动态，以招商引资、争取项目为突破，围绕主导产业和发展重点，立足资源优势和产业发展态势，积极开展石材开采加工，畜产品深加工，石油和天然气勘探开采，金属（非金属）资源勘探，环保建材，高新技术产业等多种多类项目招商，实行了旗四大班子领导招商引资任务目标责任制，鼓励全民招商，努力构建“大招商、招大商”的格局。在充分享受国家牧区改革试验区优惠政策、《西部大开发优惠政策》、《内蒙古自治区加快发展第三产业若干政策的规定》及国家少数民族地区优惠政策的同时，制定了《镶黄旗招商引资优惠政策》和《镶黄旗招商引资奖励办法》，对投资企业在市场准入、财政、税收等方面给予优惠和扶持，促进投资企业发展。在吸引资源型企业的同时，镶黄旗还大力鼓励和吸引非资源型企业入驻投资，减少经济对资源的依赖性，增强可持续发展能力。

大力改善投资环境，加快园区建设步伐

2004年，建成了全盟首个生态工业园区，实现了“五通一平”。目前，园区初步形成以石油天然气化工、石材建材加工、畜产品加工和绒毛纺织生产的产业集群。通过对入驻项目实行“一站式服务”和“八个承诺服务”，切实解决企业在运行过程中遇到的实际问题与困难，真正把服务工作落实到项目订单、项目开发、项目运行上，切实打造良好的工业经济发展环境，确保企业引得进，稳得住，发展好。2009年，入驻工业园区企业已达54家；实现工业总产值30亿元，同比增长83%；实现工业增加值14.9亿元，同比增长69%。2010年，园区将重点落实新宝拉格镇至化德铁路货运专线、风电项目建设、通勤机场建设等事关富民强旗的项目，为加快发展提供坚实基础和强劲动力。到2020年，园区开发面积达到10平方公里，产值实现70亿元，成为镶黄旗经济发展的重要增长极。

煤海绿洲　天骄圣地——内蒙古伊金霍洛旗

伊金霍洛（蒙语音译，汉意为“圣主的苑囿”）旗，享有“煤海绿洲，天骄圣地”美誉，总面积5600平方公里，辖7个镇，138个嘎查村，总人口15.5万人，其中少数民族1.1万人，是一个以蒙古族为主体，汉族居多数的少数民族聚居区。境内资源富集，区位环境优越，交通便捷，人文资源独特，经济实力雄厚，是国家重要能源重化工基地之一，一代天骄成吉思汗的长眠之地，也是鄂尔多斯城市核心区的重要组成部分和周边地区的重要立体交通枢纽。

区位环境优越，交通便捷

伊金霍洛旗地处内蒙古自治区鄂尔多斯高原东南部，毛乌素沙地东北边缘，东与准格尔煤田相连，南与陕西省神木县接壤，与市府所在地康巴什新区隔河相连，系鄂尔多斯市“一市三区”城镇框架核心区之一。同时又处于呼——包——鄂“金三角”区域，境内的包神铁路延展至长江沿线直达长三角经济圈，大准——东乌铁路连通环渤海经济圈，109、201国道连接四面八方，境内的鄂尔多斯飞机场已开通了至北京、上海、广州等国内重要城市的多条航线，基本形成了集公路、铁路、航空于一体的立体交通网络。

境内资源富集

水资源富集，地表河流湖泊较多，河流流域面积3040平方公里，占全旗总土地面积的54.3%，有大小湖泊21个，较大的6个，湖泊总面积15万亩。地下水资源比较丰富，水质良好，永久储量为151亿立方米；物种类型多样，植被覆盖率高，现有林面积达到357万亩，林木覆盖率38.7%，人工种草面积105万亩，天然草牧场面积490万亩，植被覆盖率87%，先后被评为“全国绿化模范旗”、“全国绿化百佳县”、“全国退耕还林先进县”、“全国退耕还林后续产业先进旗”、“中国十佳绿色城市”和“中国绿色名旗”；动物种类繁多，其中有遗鸥、白天鹅等世界珍稀动物在境内栖息或繁殖；矿产资源种类多、储量大，现已探明的矿产资源主要有能源矿产、化工原料矿产、建材原料矿产等。煤炭储量大、品质好，素有“地下煤海”之称，已探明煤炭储量达325亿吨，以“三低一高”饮誉海内外，是神府东胜煤田的主采区。油页岩、天然碱、泥炭、石英砂、石灰岩、黏土等矿产资源储量可观。

人文资源独特

伊金霍洛旗及周边地区旅游资源丰富，名胜古迹众多，民族风情古朴。全国重点文物保护单位、全国旅游胜地“四十佳”之一的成吉思汗陵就坐落于伊金霍洛旗境内，另外还有全区保存最完整的王府——郡王府，有距今4000年历史仰韶文化晚期至早商时期的“朱开沟文化”遗址，有保存完好的战国秦长城遗址，有充分体现佛教文化的吉祥福慧寺、公尼召、石灰庙、新庙等众多寺庙，有红碱淖、阿拉善湾、转龙湾、红海子等秀美的水域风光，有开发潜力巨大的神东煤海工业生态旅游资源，有道劳岱汉代古墓群，有世界珍稀动物遗鸥保护区、古城堡、古树化石、大仙洞等一大批自然人文景观。

近年来，旗委、旗政府始终坚持科学发展、统筹发展、和谐发展的理念，抢抓战略机遇，推进结构转型，深入实施体制变革、机制转换、结构调整等一揽子计划决策，推进地区经济稳定、可持续发展，实现了从国家级贫困旗到和谐社会样板旗的历史性跨越。2009年，全旗地区生产总值完成393.5亿元，增长20.7%；财政收入完成80亿元，增长57.2%；全社会固定资产投资总额完成219.9亿元，增长29.3%；城镇居民人均可支配收入和农牧民人均纯收入分别达到23098元和7959元。县域经济综合竞争力跃居全国百强第54位，稳居西部百强第4位，居全区69个旗县第2位。先后荣膺首批“全区文明旗县”、“中国全面小康生态文明县”、“中国十佳和谐可持续发展城市”，成为“鄂尔多斯模式”的一个缩影。

借科学发展之机，抓结构转型之实，构筑多业并举、多轮齐驱的产业发展格局

科学发展观的第一要义是发展。伊金霍洛旗境内煤炭资源富集，拥有278亿吨的探明储量。煤炭采选业极大地拉动了地区经济发展。面对“增长的诱惑”，旗委、旗政府坐拥优势资源而不依赖资源，积极规避“矿竭城衰”的风险，以打造国家能源化工基地为主攻方向，以节能减排为突破口，以发展循环经济为支撑点，下大力气推进产业转型升级，逐步摆脱煤炭产业“一业独大”的状况，走“六个高”的新型工业化道路。为彻底从资源滥采、环境污染、发展粗放的恶性循环中走出来，2006年伊旗率先在自治区拆除了焦化厂、泡花碱厂等所有202户高耗能、高污染企业，地方煤矿也由原来的94座整合为61座。与此同时，伊旗紧紧依托区位、交通优势，重点延伸煤化工产业链条，大力发展科技含量高、环境压力小、附加值高的“非煤产业”。成功引进和实施了煤液化、煤制天然气等重大项目，高起点、高标准规划建设了乌兰木伦煤化工基地、汇能煤电煤化工基地和阿镇现代装备制造业基地，第二产业逐步走向集约化、多元化、高端化和集群化，初步实现了传统工业化向新型工业化的转变。

伊金霍洛旗将发展第三产业作为提升地区整体竞争力的突破口，突出文化旅游业、商贸流通业两个重点，着力推动第三产业在规模和档次上实现跨越发展。通过借助成吉思汗陵独特的人文优势，着力打造世界级蒙元文化研究新高地，建设世界级蒙元文化旅游产业示范区，切实做优做强蒙元文化这篇大文章，丰富旅游业的整体文化内涵。2009年全旗完成旅游接待量142万人次，实现旅游收入8.5亿元。另一方面，大力发展物流业、商贸业和文化娱乐业，繁荣三产，多元富民。2000年以来，第三产业增加值年均增长32.8%，2009年底达到156亿元，三次产业结构调整优化为1.3：59.7：39。

按照市委、市政府“统筹城乡、集约发展”理念和旗委“东退西缩”转移发展战略，在东部工矿区实施人口整体退出，在西部农牧区全面收缩传统农牧业战线。三年来，全旗共完成生态自然恢复区人口整体转移670平方公里，转移农牧民5.1万人，直接从事农牧业生产的人口减少到农牧业户籍人口的42%。同时，着力推动农牧民组织化、经营方式公司化和生产集约化水平，引导农牧民组建各种协会、合作社20个，以公司化的形式建设现代农业示范基地5000亩，建成现代高效设施农业10处6000亩，农牧业转型发展取得重要突破，农牧民收入显著增加。

聚科学发展之力，谋统筹城乡之要，构筑互促共进、协调发展的城乡发展格局

统筹城乡经济社会发展、推进城乡一体化，是科学发展的重要体现，是新形势下解决“三农”问题、实现城乡共同发展的根本途径。伊金霍洛旗坚持把城市建设作为推动城乡统筹、促进产业发展的重要抓手，倾力打造鄂尔多斯城市核心区，辐射带动城乡协调发展。全旗镇区面积拓展为改革开放初期的17倍，建成区面积达到28.46平方公里。城镇规划控制面积由130平方公里拓展为440平方公里，全旗城市化率达到68%。

为彻底打破原有的城乡“二元”分割格局，统筹城乡经济社会发展，伊金霍洛旗从体制改革入手，不断完善人口转移配套政策，通过探索多种形式的土地和草牧场承包经营权流转制度，实现了各种要素在城乡间自由流动；通过建立统一的城乡就业登记、养老、医疗、教育、住房等保障制度，扫除了农牧民转为市民的制度障碍；通过培训转移、产业转移等多种方式，全力推进农牧区人口向中心城镇集中；通过农牧民经济适用房和廉租房建设政策的吸引，先后有55%的农牧民转移到城镇从事第二、第三产业。全旗直接从事农牧业生产的人口从10万余人降低到不足5万人，2009年非农收入占农牧民人均纯收入达64%以上，农牧民从非农产业上找到了出路，真正实现了移得出、稳得住、富起来。

求科学发展之本，举安民富民之策，构筑和谐奋进、共建共享的社会发展格局

以人为本是科学发展观的核心，也是构建和谐社会的内涵。当财政实力具备后，伊金霍洛旗开全市、全区之先河，将可用财力的一半以上用于改善民生。2002年伊金霍洛旗在自治区率先实行“四免三补贴”政策，农牧民实现了税费零负担。2004年对全旗所有义务教育阶段学生实施义务教育“四免两补”政策，实现小学、初中免费就学。2007年开始实施12年免费教育。同期实施城乡低保人员扶助工程，城乡低保标准分别提高到了每月250元和每年1250元，补差标准位居全市之首。城乡居民基本养老、基本医疗、最低生活保障三大保险覆盖率达到100%。2007年旗财政用于民生改善的资金达到6.6亿元，着力解决就业、养老、医疗、帮困、助老等问题。2008年以来，伊金霍洛旗财政每年投入资金近15亿元用于民生事业，占财政总支出的70.1%，惠及全旗农牧民的各类财政补贴达40多项，一个普通农牧民直接来自财政补贴的收入平均可达1100多元。

谋科学发展之策、求富民强旗之效，是县域政权推动发展、建设和谐社会的重要使命。面对新机遇，肩负新使命，伊金霍洛旗的广大干部群众将乘胜前进，在新的起点上以更大的气魄继续解放思想，占据新一轮发展先机，昂首走向全国县域经济百强前列。

内蒙古自治区准格尔旗

“准格尔旗”汉译为“左翼”，是一个县级建制旗。地处内蒙古西南部、晋陕蒙交界处，是鄂尔多斯的东大门。面积7692平方公里，人口32.15万人，其中蒙古族人口2.5万人。现辖9个苏木乡镇、1个开发区、1个新区。地质地貌概括称为“七山二沙一分田”，即：70%的丘陵沟壑区，20%的沙漠区，10%的农田区。黄河北、东、南三面环绕，过境长度达到197公里。

准格尔旗区位优势和资源优势明显，旗府薛家湾距北京650公里、呼和浩特市100公里、包头市180公里、鄂尔多斯市府东胜120公里。探明煤炭储量544亿吨，占全国的4%、内蒙古的1/4、鄂尔多斯的1/2，远景储量超过1000亿吨，有低灰、低磷、低硫、高发热量的“绿色煤炭”美誉。高岭土探明储量60亿吨、石灰石50亿吨、铝矾土1亿吨。此外，硫铁矿、白云岩、石英砂、煤层气的储量也相当大。

改革开放以后，特别是“九五”、“十五”以来，准格尔旗凭借丰富的资源优势、特有的区位优势和西部开发的政策优势，经济快速发展，社会全面进步，人民生活不断提高，走出了一条旗强民富、和谐进步、城乡统筹的科学发展之路，成为改革开放30周年内蒙古自治区总结推出的十个典型旗县（市、区）之一、中国全面小康十大示范旗(县)之一。

经济总量跨越增长，产业结构逐步优化

2009年，地区生产总值完成539.48亿元，增长20.6%；财政收入达到100.01亿元，增长35.3%；全旗固定资产投资完成320.46亿元，增长49.4%；城镇居民人均可支配收入和农民人均纯收入分别达到23106元和7945元，增长13%和11%。荣获中国全面小康十大示范县和中国金融生态县称号，在第九届全国县域经济基本竞争力评价中位列全国百强第37位，西部百强第2位，地区知名度和影响力进一步扩大。到2012年，原煤直接输出量将降到50%以下。推进传统农牧业向现代农牧业转变。将全旗按立地条件划分为优化开发区、限制开发区和禁止开发区，实施“收缩转移、集中发展”战略，打造无人居住的生态自然恢复区。为了确保移得出、稳得住、能致富，除了抓好社会保障，对转出劳动力进行了定向免费培训，将安置一定比例的本地劳动力作为企业的　项硬性任务，建设了10个移民新村。到2012年，全旗农村居民点将降到40个以下，形成农村1/3以下、城镇2/3以上的居住布局，80%的土地形成无人居住的生态自然恢复区。组建现代农牧业公司，引进工业企业，集中力量在优化开发区进行现代农牧业发展和基础设施建设。目前建成现代农牧业规模经营示范区6万亩，引进8家工业企业入驻、12家签订协议。推进二产拉动向三次产业协同互动转变。陶瓷、制药、机械制造、粉煤灰利用开始起步，5个物流园区已经启动，旅游业稳步发展，产业转型继续向好的方向发展。2009年，三次产业比例调整为1.18：62.14：36.68，力争到2010年使三产比重达到40%。

城镇面貌大为改观，基础设施明显改善

几年来，为了提高城镇化水平，推进集中发展和统筹发展，将乡镇由27个撤并到9个，村由256个撤并到159个，同时集中打造准格尔经济开发区和大路新区。旗府薛家湾成为设施完善、环境优良，自治区一流、超15万人口的中心城镇和全国文明城镇。原旗府准格尔经济开发区改造旧城、拓展新区，引进项目、集聚人口，建设得更加现代和繁荣。大路新区将集中发展煤基清洁能源产业，逐步带动城区建设。生态环境逐年好转，通过淘汰落后产能、禁牧舍饲养殖、生态自然恢复区建设、“一矿一企治理一山一沟”项目，植被覆盖度从“十五”初期的46%提到70%，森林覆盖率从17.7%提到26.1%。2007年荣获中国生态小康十大政府创新典型。

社会事业全面进步，人民生活不断提升

几年来，为了共享改革发展成果，提高人民

群众的生活水平和幸福指数，准格尔始终把教育、医疗、就业、住房、社会保障、公共产品建设作为重点，着力予以推进。针对各类弱势群体，建立了大学生资助奖励制度、大病慢性病医疗救助制度、老年人优待制度、最低工资保障制度、离任村干部补贴制度、就业再就业培训补贴制度、交通肇事逃逸案被害人及家属救助制度，为原国有集体转制下岗失业人员代缴养老保险、发放生活补贴制度，为大病患者、“三无”人员、重残人员、五保户、低保户发放医疗救助金、代缴合作医疗费制度，为60年代精简退职人员发放生活补贴制度，为农民供应低价煤制度等，并逐年对这些政策进行“提标扩面”。2004年以来，旗财政投在惠民政策和社会保障方面的资金超过10亿元，有17万农民、2万多城镇居民、4万多学生不同程度受益。2009年，全旗城镇居民人均可支配收入达到23106元，农民人均纯收入达到7945元。人民生活正向宽裕型小康迈进。此外，继续加大文教卫生软硬件投入。旗财政近年来先后投入教育基础设施建设资金9亿元，招聘大学生1000多名；投入医疗卫生基础设施建设资金3.1亿元，招聘专业技术人员127名。2009年，举办了第五届中国·准格尔漫瀚调艺术节等大型活动12项、广场文化活动110场，开展文化下乡126次。加强了住房保障工作，新开工建筑面积61.5万平方米，建成保障房7500套。

工作基础更加扎实，发展后劲有效增强

几年来，为了提高经济发展质量，提升可持续发展水平，准格尔十分注重创新项目建设、创新人才积聚和创新产业形成。成立了煤转化、高岭土、粉煤灰研发中心和粉煤灰应用研究所、清华大学陶瓷艺术研究所，建设了伊东循环经济产学研基地、国家高岭土标准化陶泥研发生产基地，即将建设中科合成油准格尔煤化工技术研究中心。引进了全国第一条煤间接液化生产线和世界规模最大的甲醇二甲醚项目。引进了内蒙古工业大学矿业学院在大路新区建设，内蒙古农业大学在两个乡镇设立实验实习基地，内蒙古党校将准格尔旗作为体验式教学基地和县域经济研究范例。选聘了10多名研究生、1500多名大学生，实施了“一村一名大学生”项目，并将这些“村官”逐步充实到苏木乡镇，然后继续选聘大学生到村工作，从而形成竞争有序、梯次发展的乡村干部储备、选拔、培养体系。我们十分重视规划先行和体制创新。旗委、旗政府通过规划的修编延伸，形成了完善定型的功能定位，使一切发展都在一张蓝图的指导下有序推进。通过读书会、座谈会、现场会等形式，立足实际、尊重规律，统一思想，形成了一系列符合地区特点和实际的发展思路与决策部署。通过相关的体制机制创新和行为规范设计，完善利益激励、补偿、约束机制，合理调整利益关系，形成了一系列有利于科学发展的机制体制保证。

准格尔将按照“抓投资、调结构、保增长、促民生”的主线，全面落实科学发展观，科学利用优越的资源条件，着力构筑现代产业体系，实现三次产业协调带动经济发展，着力优化经济需求结构，实现“三驾马车”协调拉动经济发展，着力增强自主创新能力，实现体制创新、技术创新驱动经济发展，着力促进统筹协调发展，实现保障民生、改善生态协调联动经济发展，当好自治区统筹城乡发展排头兵。力争到2010年，城乡医保、低保、养老保险、户籍制度实现并轨，城镇化率达到65%以上，一产从业人数降到4万人以下，基本形成全面协调可持续的城乡统筹发展格局。到2012年，在全区率先实现城乡一体化奋斗目标，城镇化率达到80%以上，一产从业人数降到3万人以下，提前迈入全面小康社会、基本实现现代化，使准格尔旗整体发展水平进入全国县（市、区）前列。

西北第一渔业大县——宁夏贺兰县

贺兰县地处宁夏回族自治区首府银川北郊，东临滔滔黄河，西依巍巍贺兰山，南接银川市区，北临国家AAAAA级旅游景区沙湖。全县土地面积1599平方公里，总人口20万人，有16个少数民族，其中回族占总人口的24%。境内地势平坦，交通便利，通信发达，物流畅通，县城距自治区首府银川市区8公里，距河东机场20公里。包兰铁路、京藏高速、银川绕城高速和109、110国道穿境而过，西线有西夏王陵、贺兰山岩画等闻名全国的旅游景点，古汉墓遗址、拜寺口双塔、宏佛塔等历史古迹和黄河古渡、黄河湿地等自然景观更让贺兰充满了诗情画意。贺兰县也是国家重要的商品粮生产基地，是西部地区第一渔业大县和西部四季蔬菜之乡。唐代诗人韦蟾的“贺兰山下果园成，塞北江南旧有名”和清代诗人法海的“若说良田无限好，风光谁亚小江南”便是贺兰湖光山色、鱼米之乡的真实写照。

近年来，县委、县政府紧紧抓住国家实施西部大开发战略、国务院扶持宁夏经济发展和自治区实施中心城市带动战略、沿黄城市群战略机遇，牢牢把握被自治区党委确定为开展深入学习实践科学发展观活动试点县的机遇，通过深入开展解放思想大讨论活动，审时度势，在全面分析县情的基础上，提出了抢抓机遇、科学发展、跨越发展，力争2010年进入西部百强县的目标。围绕这一目标定位，全县上下更加牢固树立科学发展是第一要务、改善民生是第一大事、维护稳定是第一责任、项目建设是第一抓手、改进作风是第一保障的“五个第一”的科学发展新理念，坚定发展目标不动摇，发展速度不放缓，发展质量不降低，自我加压，不断加快新型工业化、农业现代化和特色城镇化进程，全县经济社会保持了又好又快的发展势头。自2005年连续五年全县主要经济指标保持两位数增长，增幅处在全区各县区的前列。先后获得了国家文明县城、国家卫生县城、国家园林县城、全国农田水利建设先进县、全国文化建设先进县等12项国家级殊荣。2009年，全县地区生产总值42.9亿元，增长23.9%，创历史之最；完成一般财政预算收入3.6亿元，增长55%，位居宁夏灌区第二位；完成全社会固定资产投资32.8亿元，增长39.4%；实现社会消费品零售总额增长96.4%；城镇居民人均可支配收入达到13416元，增长12%；农民人均纯收入达到5480元，增长11.6%，位居宁夏灌区首位。跻身第九届全国县域经济基本竞争力提升速度最快百县（市）行列。

深入推进兴工强县战略

工业是支撑贺兰县域经济发展的主导力量。县委、县政府坚持把工业作为县域经济发展的重中之重，深入实施兴工强县战略，力促工业经济持续较快增长。特别是2009年，在全区工业普遍下滑、经济出现萎缩的情况下，贺兰县工业经济逆势上扬，为全区工业企稳回升发挥了带动示范作用。2009年完成工业总产值61.1亿元，同比增长32.6%，完成工业增加值18.9亿元，同比增长35%，工业主要指标增幅全区第一，增速是全区平均水平的2.3倍，为贺兰跻身全国县域经济基本竞争力提升速度最快百县（市）行列发挥了重要作用。优势主导产业和骨干企业发展进一步加快，全县规模以上工业企业达到108家，销售收入过亿元企业达到10家。清真食品、机电电气、新型材料、精细化工四大主导产业支撑和带动作用进一步增强，产值占规模以上工业总产值的四分之三。先后引进上海胜华集团、台湾旺旺集团、银川昊王酒业等一批大企业落户贺兰，进一步增强了经济发展后劲。通过政策引导、资本运作、产业重组、资金扶持等措施，鼓励企业引进新成果、新技术、新工艺，加快技术改造步伐，增强自主创新能力，不断提升产业和企业核心竞争力。大北农科技实业公司60万吨清真牛羊专用饲料项目、华泰龙家具生产项目等技术水平处于全国同行业先进水平。

不断加快现代农业发展步伐

贺兰县是国家确定的首批50个现代农业示范县之一。县委、县政府坚持用工业化、市场化的理念发展农业，推动“一优三特”产业向区域化、规模化、产业化的方向迈进，加快建设现代农业示范县步伐，促进农业稳定增效、农村加快发展、农民持续增收，全县农业保持了良好发展势头。2009年，全年农作物总播种达到面积67.5万亩，其中优质粮食种植面积47.6万亩，全县粮食总产达到22.6万吨，创历史新高，荣获全国粮食生产先进县。全力打造“西有贺兰、东有寿光”特色瓜菜品牌，全县蔬菜种植面积26万亩，其中设施农业6万亩，蔬菜产业占农民收入的30%以上，荣获中国果菜无公害十强县和绿色食品标准化生产基地县。2009年9月，由自治区人民政府牵头实施建设的园艺产业园落户贺兰县，进一步提高了贺兰的知名度，推动了全县蔬菜产业加快发展。适水产业向精深层次迈进，全县水产面积达到8万亩，全年水产品产量达到22万吨。成功示范稻田养蟹，河豚、泥鳅等一批经济效益好的名特优水产品得到示范推广，贺兰西北渔业第一大县地位得到不断巩固提升。全面落实各项强农惠农政策，进一步提高畜牧业规模化养殖水平，奶牛出户入园率达到95%。农业产业化水平明显提升，敦煌先锋种业等12家龙头企业产业示范带动及中国农科院、新民鱼种繁育基地等在新品种、新技术推广方面引领作用日益明显，企业+基地+农户的利益联结机制不断完善，有力地促进了农民增收。农业农村基础进一步夯实，农业综合生产能力不断提高，荣获全市新农村建设、黄河标准化堤防工程、农田水利基本建设、包兰铁路沿线综合整治及生产力提升工程4个第一名和自治区新农村建设一等奖、“黄河杯”竞赛特等奖。

着力提升现代服务业发展水平

贺兰县是自治区首府银川市的卫星城，区位交通优势明显。近些年贺兰县因地制宜，发挥优势，发展特色，集中力量壮大优势产业，“房车河山”四大特色产业成为拉动投资、活跃市场的重要抓手。形成了德胜园区以汽车、建材、医药为主的区域性物流市场，全县汽车销售服务企业达到70家，其中包括宝马、奥迪等国内外知名汽车4S店37家，德胜工业园区已成为全区重要的汽车销售基地。抓住自治区实施区域中心城市带动战略机遇，以打造最佳人居县城为目标，县城建筑在风格特色、内涵品位上实现全面提升，房地产业成为拉动投资快速增长的支柱产业。以“一山两河”为依托的文化旅游产业已逐步形成，加快培育沿山旅游文化产业带。实现了投资项目“好中选优”，积极引进长河湾国际休闲度假中心项目和国际穆斯林生态环保城项目落户贺兰，依托黄河、爱伊河、贺兰山、自治区园艺产业园“两河一山一园”的旅游产业发展格局逐步形成。

现代明星城建设扎实推进

随着自治区中心城市带动战略的深入推进，贺兰融入银川的步伐不断加快，特别是109国道的拓宽改造和银川北环高速公路的开工建设更是为贺兰县的城市发展拓展了广阔空间。贺兰人将目光盯在软硬环境的建设上，结合自治区关于加快沿黄城市群建设、打造黄河金岸的总体要求，按照“南扩西移，改旧建新，突出特色，融入银川”的思路，加快县城开发建设，县城规模迅速扩大，人口不断增加，功能不断完善，对经济发展的拉动作用明显增强，成为全自治区发展较快的经济核心区之一。县城建成区面积由2002年3.5平方公里扩大到6.5平方公里，常住人口增加到4.6万人，全县城镇人口达到了7.3万人。城市发展活力不断增强，国家园林县城创建成果进一步巩固提升，一个“透绿、露水、尚文、宜居”的现代沿黄明星城正在崛起。

各项社会事业全面协调发展

在县域经济保持快速健康发展的同时，县委、县政府始终把加快各项社会事业协调发展、切实保障和改善民生作为工作的重中之重，花大气力加以解决。坚持教育优先发展战略，在全自治区最早全面实现“两基”目标，2006年被评为自治区“两基”工作先进县。不断加大教育投入，近五年累计投入资金近3亿元，新建、改扩建、维修学校41所，义务教育阶段办学条件和教育质量都迈上了一个新台阶。进一步加强文化体育事业，县图书馆、宣传文化中心等公益性文化设施渐趋完善，城乡群文活动生活更加丰富多彩。成功承办自治区第四届青少年田径运动会，获得团体总分第一名的优异成绩，荣获全国文化建设先进县和全国群众体育先进县。全县基本养老、失业、医疗、工伤等社会保险覆盖面进一步扩大，新型农村合作医疗参合率达到98%以上，城镇居民基本医疗保险参保率达到95%，新型农村社会养老保险试点工作全面推开。社会治安状况明显改善，2009年被评为“全国社会治安先进县”，使广大群众切身感受到了贺兰县经济社会发展带来的变化和实惠。

经过多年的发展与积累，贺兰县在人均指标、发展速度、全面发展等方面，已超过西部百强的平均水平。2008年以来，贺兰县在西部县域经济排位中每年以50多位的速度前移，在全国县域经济排位中每年以近200位的速度前移。2010年第一季度，贺兰县经济社会发展又实现了首季“开门红”，特别是地区生产总值、财政一般预算收入、固定资产投资等主要经济指标增幅又创历史之最，走在全区各县（市、区）的前列。

乘风破浪会有时，直挂云帆济沧海。2010年，贺兰县将借西部大开发的东风，大力弘扬“贺兰岿然，长河不息”的银川精神，乘势而上，奋力突破，最终实现县域经济跨越式发展、进入西部百强县的奋斗目标。

中国长枣之乡——宁夏灵武市

灵武，古称灵州。地处宁夏中部经济核心区，水资源丰富，土地肥沃，物产丰饶。全市总面积4639平方公里，总人口23.4万人，其中回族人口11.9万人，占50.9%。灵武各类资源丰富。主要有煤炭、石油、天然气、黏土、石灰岩、陶土、石膏等，尤其以煤炭资源最为突出，已探明储量273亿吨，是国家级储量较大的亿吨级整装大煤田之一。

宁东能源化工基地：依托丰富的煤炭资源，重点发展煤炭开采、电力、煤化工、石油化工等能源产业和高载能产业。规划到2020年，总投资规模达2600亿元，建成全国重要的千万千瓦级火电基地、煤化工基地和煤炭基地，全部建成后，每年可新增工业增加值近300亿元，拉动相关产业产值近900亿元。宝丰项目区占地5000亩，总投资150亿元，开发洗煤、煤焦化、焦油、焦炉气、甲醇、发电等煤炭深加工行业。

空港物流中心：项目占地面积5782亩，项目总投资50亿元。建设保税物流区、仓储配送物流区、办公生活区、物流信息系统等，建成以辐射中东、中亚、北非、欧洲为重点的货运中转基地和全国清真食品、保健品及穆斯林用品集散地。

羊绒产业园区：羊绒产业是灵武市重点打造的县域经济支柱产业，园区规划面积4000亩，2009年入园企业58家，预计产值55亿元，被自治区人民政府列为区级园区，我市先后被中国畜产品流通协会授予“中国灵武优质山羊绒分梳基地”、“中国（灵武）国际精品羊绒之都”、被中国社会科学院授予“中国产业集群品牌50强”、被中国产业集群研究院和国家发改委授予“全国百佳科学发展示范园区”称号。

灵州综合工业园区：是宁东能源化工基地规划建设的四大工业园区之一，经国家发改委正式批准。园区距银川市50公里，灵武市30公里，宁夏河东机场37公里，西依大古铁路，东靠灵新煤矿，交通便利，水、电、煤等资源丰富，具备地理位置、资源条件和投资环境三大优势。园区占地面积21.34平方公里，规划总投资165亿元，建成后预期可实现年销售收入190亿元。园区主要规划建设煤化工、太阳能发电、新材料、冶金、机械、建材、再生资源、仓储物流等产业。

再生资源循环经济示范区：依托我市传统的有色金属冶炼业，建成“一区四园”、“五大主业”协调发展的综合性再生资源示范区。重点发展金属型材加工、电子废弃物处理及废旧塑料加工、再生铅及铅深加工业、再生铝、再生铜、再生塑料、报废汽车拆解及二手车交易等。现入园企业达20家，预计2009年实现产值7亿元，利税4000万元。到2010年一期工程建成后，预计入园企业总投资可达27.53亿元，年均销售收入达78.8亿元，实现利税总额12亿元。

粮食加工业：依托周边的粮食种植资源，重点发展了以水稻、小麦加工、销售、仓储运输为一体的粮食加工物流业，现有加工企业56家，预计2009年实现产值5.2亿元，已成为中国优质商品粮基地。力争到2012年，粮食加工业产值达到10亿元以上。

灵武长枣产业：灵武长枣在我市有1300多年的种植历史，以其优良的品质、良好的口感、独特的风味成为枣中鲜食珍品。国家质检总局批准对灵武长枣实施地理标志产品保护，国家林业局命名灵武市为“中国灵武长枣之乡”。目前，灵武长枣种植总面积达10.9万亩，规划到2010年，实现农民人均1亩枣目标。

灵武开发前景广阔：近年来，灵武的经济实力明显增强，产业结构不断改善。2009年7月第九届全国县域经济基本竞争力评价结果中，灵武在全国2001个参评县中位列第217位，比上年前进175位；列西部百强第29位，比上年前进28位，力争用三年到五年的时间，实现进入中国百强的目标。

宁夏回族自治区平罗县

平罗县位于银川平原北部，西依贺兰山，东临黄河，东、西、北分别与内蒙古相毗邻，南距首府银川60公里，总面积2086.13平方公里，总人口29.5万人，其中回族人口9.7万人。现辖7镇6乡，141个行政村，农业人口21.18万人。于清雍正二年（1724年）正式建县，至今已有286年的历史。

近年来，平罗县牢固树立“产业第一、项目推动、调整转型”的发展理念，按照“一城两翼”战略布局，大力实施工业强县、项目推动、调整转型、开放合作、改善民生五大战略，全县经济社会呈现出又好又快发展的良好态势。2009年，全县完成地区生产总值64.9亿元，同比增长13%；县级财政收入6.43亿元，同比增长29.4%；城镇居民可支配收入和农民人均纯收入分别达到12196元和5431元，同比分别增长7.2%和8.5%。在全国第九届县域经济基本竞争力与科学发展评价中，居西部874个县的第78位，并被评为全国县域经济科学发展创新范例。

工业经济持续增长。坚定不移地实施工业强县战略，把完善产业体系、打造产业集群作为调整经济结构和转变发展方式的重要举措，主攻煤基炭材、精细化工、特种合金、能源化工、装备制造、光伏材料、农产品加工七大产业，优化平罗工业园、石嘴山生态经济区、宁夏精细化工基地、煤炭集中区等产业发展平台，初步形成了传统产业与新兴产业相结合，规模与效益相统一的工业经济体系。2009年全县工业企业达到850家，规模以上工业企业发展到111家，完成工业总产值110.4亿元，工业经济对全县经济的贡献率达到60%以上。

农村经济稳步发展。以清真羊肉、瓜菜、制种、生态水产、枸杞五大特色产业为重点，加快农业优势特色产业发展，重点培育中粮、雨润、汇源、登海、野娇娇等农产品加工龙头企业。2009年全县完成农业总产值19.2亿元，增长了0.36倍，粮食总产量达35.5万吨，位居宁夏第一，连续七年被农业部评为“全国粮食生产先进县”。率先开展农村土地信用合作社、村队企业化、农村信息化、统筹城乡医疗保险、农村金融改革、新型农村社会养老保险试点工作，农村金融改革试点成绩突出，被自治区党委、政府授予全区农村金融改革发展创新示范县。

城市建设扎实推进。以打造沿黄城市带重要节点为目标，加快推进城镇化进程，坚持新区建设与老城改造并举，不断完善基础设施，着力提升城市品位，打响“置业金岸、宜居平罗”品牌。县城新区累计完成投资13.2亿元，城市面积由6.9平方公里扩大到13.4平方公里，新区行政中心办公楼、社会事业服务中心、平中新校区、职业教育中心、体育健身中心、文化中心等公益设施相继投入运行；实施了城市生态植物园和道路绿化工程，城市人均绿地面积10.6平方米，现代化园林城市和基础服务设施功能日臻完善，城市形象明显提升。

社会事业全面发展。实施改造农村贫困户和残疾人危房3331户，建设经济适用房、廉租房10.74万平方米，全县农村居民和城镇居民人均住房面积分别达到30.8平方米、29.37平方米，城乡居民住房条件明显改善，深入推进“创业富民工程”，全面落实促进创业就业优惠政策，以全民创业促进就业。巩固提高“两基”和教育强县创建成果，实施农村初中改造、中小学校舍安全改造等工程，推进教育事业跨越式发展。健全完善县、乡、村三级医疗卫生服务体系，在宁夏率先推行免费婚前医学检查和优抚对象医疗保障一站式服务，新型农村合作医疗和城镇居民医疗保险参保率分别达到97%和96.2%，人民群众幸福指数大幅提高。

塞上明珠——宁夏青铜峡

基本概况

青铜峡市位于东经105°21′至106°21′，北纬37°36′至38°15′，平均海拔1120～1700米。地处黄河上游宁夏平原中部，东跨黄河与吴忠市毗邻，南与中宁县接壤，西与内蒙古阿左旗相望，北与永宁县相连。总面积2525平方公里，辖8个镇、1个办事处、3个农林场、82个行政村、18个居委会，总人口27万人，城市人口7.99万人，有汉、回、满、蒙等16个民族，城市建成区面积17.8平方公里，城市化率达到43%，是宁夏经济核心区之一，被誉为“塞上明珠”。

青铜峡市地处西北内陆，属中温干旱气候区。土地广阔，现有耕地面积49.2万亩，宜林地33万亩，天然草场166万亩，宜渔面积5.9万亩。水利资源充沛，九曲黄河穿境而过58公里，著名的青铜峡拦河大坝坐落于境内。自秦汉先后开掘的秦渠、汉渠、唐徕渠等九大干渠均从青铜峡境内引出，引黄灌溉条件得天独厚。交通便捷畅达，包兰铁路、109国道、京藏公路纵贯全市，形成了连接国道、省道、市道、乡道四通八达的公路交通网。电力能源充足，工业实力雄厚，现有各类工业企业180多家，其中规模以上工业企业75家。有装机容量30.2万千瓦的青铜峡水电厂，装机容量240万千瓦的宁夏大坝发电公司和宁夏大唐国际大坝发电公司，风力发电装机容量18万千瓦，是全区乃至西北地区重要的电力资源基地。电解铝产能58万吨，青铜峡铝业集团是全国单体电解铝产能最大的企业。有年产20万吨PVC树脂、18万吨烧碱的金昱元化工公司，年产水泥270万吨的宁夏青铜峡水泥股份公司和宁夏西夏水泥有限责任公司，年产5万吨的御马葡萄酒公司，是全国重要的铝产业生产基地和化工建材基地。QTX铝锭、PVC树脂、塞外香、法福来、御马葡萄酒、老苗月饼等名牌拳头产品畅销区内外。现代农业发达，素有塞上江南“鱼米之乡”的美称，盛产水稻、小麦、玉米、苹果、葡萄等农作物，是全国重要的商品粮生产基地和全国酿酒葡萄最佳生态种植区。

青铜峡市旅游资源奇特，自然景观、工程景观和人文景观等旅游资源独具特色，远近闻名。这里有秦渠、汉渠、大清渠等宁夏著名的九大引黄灌溉渠道，灌溉历史悠久；这里沟渠纵横、沃野平畴，民风淳朴，是游“塞上江南”田园风光最具代表性的地方。境内有保存完好的古代长城，国内罕见的佛教喇嘛塔群(108塔)，清代宫保府、西夏千年岩画、低温泉水及黄河鸟岛等众多旅游景点供游客观光。有两千多年前秦汉时期建造的古渠水系；有线条清晰、写意逼真的广武口子门岩画；有号称“宁夏小八达岭”之称的北岔口明长城；有气势雄伟、蔚为壮观，集发电、灌溉、防洪于一体的大型水利枢纽工程青铜峡拦河大坝；有风光旖旎的库区鸟岛、金沙湾、黄河风情园；有颇具民族特色的回乡民俗风情园等众多旅游观光胜景。青铜峡旅游区是以青铜峡黄河库区为主体，黄河大峡谷为依托，总面积84平方公里，辐射青铜峡市域旅游资源的综合性旅游区，为国家AAA级景区。

发展成就

近年来，青铜峡市委、市政府以科学发展观统领经济社会发展全局，紧紧围绕争创全国百强县（市）目标，团结和带领全市各族人民解放思想，开拓创新，与时俱进，抢抓机遇，加快发展，全市经济稳步推进，社会各项事业全面发展，人民生活水平进一步提高，综合经济实力迈上了新的台阶。地区生产总值、地方财政收入、城镇职工收入、农民人均纯收入等重要经济指标都有较大幅度的增长。青铜峡市被列为全国新农村建设试点县（市）、全国农村社区建设实验县（市）、全国农业机械化示范县（市）、全国葡萄产业示范县（市）、全国经济林示范县（市）；荣获全国绿色小康县（市）、全国科技进步先进县（市）等荣誉称号。

经济实力进一步增强。2009年，全市实现地区生产总值78亿元，增长9.7%。其中：第一产业增加值9.3亿元，增长7.9%；第二产业增加值51.6亿元，增长9.5%；第三产业增加值17.1亿元，增长11%。实现工业增加值47亿元，增长8.9%。完成全社会固定资产投资42.3亿元，房地产开发投资2.3亿元。实现社会消费品零售总额8.9亿元，增长17.7%。人均地区生产总值29019元，增长3.7%。财政总收入12.7亿元，其中一般财政预算收入4.4亿元，增长15%。在第九届全国县域经济基本竞争力评价中，位居全国西部百强县第35位；在全国参选的2001个县（市、区）中县域经济基本竞争力排位为第294位。

基础设施不断完善。全市形成了连接国道、省道、市道、乡道的四通八达的公路交通网，全年完成公路货运周转量15400万吨公里，公路客运周转量8138万人／公里，全市公路通车里程达1206公里，在全区率先实现了村村通公路的目标。

生态环境进一步改善。全面开展了国家级园林城市和卫生城市创建活动，森林覆盖率16.7%。城市园林绿化面积进一步扩大，绿化覆盖面积782公顷，绿化覆盖率40.79%，建成区绿地率40%，城市人均绿地面积12.89平方米。主要污染物排放总量控制在国家下达的指标之内。

城乡面貌发生较大变化。深入实施了城乡环境综合整治暨绿化美化工程、“塞上农民新居”工程。全市完成城市基础设施建设投资1.45亿元。新建、续建各类项目34个，市区面积扩大到21.15平方公里。全市城市化率达到43%。城乡环境面貌发生了深刻变化。

居民收入日益提高。2009年，全市在岗职工年均工资34402元，增长8.6%，城镇居民人均可支配收入13015元，增长10.9%；农民人均纯收入5831元，增长7.1%。城乡居民居住环境有了较大改善，城市居民人均住房面积30.4平方米，农村居民人均住房面积39.7平方米。社会保障体系不断完善。全市参加养老保险人数18426人，参加城镇医疗保险人数62263人，参加新型农村合作医疗人数171750人，参合率95%。社会福利事业稳步发展。全市拥有社会福利院、敬老院3所，共有床位224张，全市城镇享受最低生活保障人数为5439人，农村享受最低生活保障人数为5029人，

招商引资力度不断加大。2009年继续认真贯彻落实招商引资的各项政策，全力打响招商引资和上争项目资金攻坚战，招商引资成效显著。全市共引进招商项目59个，协议引进资金149.2亿元，实际到位资金49.5亿元，其中：新建项目37个，续建项目19个。

近期发展目标

2010年是适应新形势、抢抓新机遇、实现新发展的重要一年。全市将以科学发展观为指导，以转变经济发展方式为重点，坚定不移地推进跨越式发展，继续奋力争创“全国百强县（市）”；坚定不移地深化“黄河金岸建设”和“两人任务”；坚定不移地在推进工业园区建设、农业规模化生产、旅游综合开发、城乡统筹发展、民生总体改善上实现新突破；坚定不移地推进“六个率先”建设进程[率先建设宁夏引黄灌区现代农业和节水型示范市；率先打造宁夏工业经济核心区之一；率先在全区县（市）一级建成最适宜人居的现代园林卫生城市；率先在全区县（市）一级建成最为便捷高效的综合运输体系和服务体系；率先建成县（市）一级生态环境建设与保护先进市；率先建成全区县(市)一级社会事业又好又快发展的民生之市]。

2010年发展目标是：全市地区生产总值增长12.5%；地方财政一般预算收入可比增长18%；农民人均纯收入增长8%；城镇居民人均可支配收入增长9%；社会消费品零售总额增长15%；全社会固定资产投资同比增长20%；人口自然增长率控制在8‰以内；主要污染物排放量削减10%。

塞上江南　鱼米之乡——宁夏永宁县

永宁县地处宁夏引黄灌区中部，东临黄河，西倚贺兰山，引黄河水浇灌发展农业而富足一方，地形平坦开阔，地面坡度平缓，土质和气候适宜，引黄灌溉始自秦汉，具有得天独厚的农业生产条件，盛产小麦、水稻、玉米、果品、药材等粮经作物，自古就有“塞上江南，鱼米之乡”的美誉，是全国著名的农作物高产区和重要的商品粮基地县，粮食、蔬菜、水产品、鲜奶等人均产量居西北地区前列。贺兰山东麓适宜种植优质酿酒葡萄，是全国三个酿酒葡萄原产地保护区域之一，品质可与法国波尔多相媲美。在发展传统农业的同时，现代农业发展步伐加快，设施园艺初具规模，一年四季鲜果不断，被誉为“西部四季鲜果之乡”。在第九届全国县域经济基本竞争力评价中，成为基本竞争力提升速度最快的百县(市)。

区位优势。永宁县距首府银川市20公里，目前已形成了公路、铁路、航空为主的立体交通网络。县境内109国道、石中高速公路、许黄公路、李银公路纵贯南北东西，县内形成三纵三横公路网络，村村通柏油路，交通十分便利。高速公路通往兰州、武汉、青岛等国内主要大中城市。包兰铁路东至京津，西接亚欧腹地，即将建成的银(川)太(原)铁路，使永宁与东部沿海的联系更加便捷。永宁距银川火车站35公里，距银川河东机场这一国家DDDD级现代化机场50公里，已开通香港、北京、广州、上海、乌鲁木齐等15条航线。

资源优势。永宁县紧邻陕甘宁天然气田和长庆油田，天然气储量丰厚，已形成年10亿立方米的供气能力，多种能源兼备，供给充足。永宁毗邻宁夏煤、电生产基地，是西北电力供应最好的县城之一。距永宁县城以东60公里处的自治区“一号工程”——宁东能源化工基地，按照规划，正在建设10座大型坑口电厂，参与“西电东送”。县境内水资源丰富，县城日供水能力达到3万吨，远期水资源开发潜力可满足20万居民和工业发展的需求。位于永宁西部的贺兰山东麓还具有丰富的风能资源及品质独特的地热资源，具有良好的开发前景。

旅游资源丰富。永宁县纳家户清真寺、明代长城、李俊塔等古迹是全区重点文物保护单位；全国唯一的中华回乡文化园民族特色浓郁；鹤泉湖天然自成、风光秀丽；三沙生态旅游园融大漠风光、自然景观为一体，自古就有“塞上江南”的美誉，黄河在境内流长32.5公里，湖泊面积2400公顷，鹤泉湖、海子湖闻名遐迩，与周边湖泊串成“七十二连湖”，共同展现银川“塞上湖城”美景。

经济发展实现新突破

2009年，永宁县认真贯彻落实科学发展观，以建设“两个最适宜”城市为目标，以实施“十大工程”为突破，倾力打造“新型工业化先行县，现代农业示范县，塞上回族文化旅游名城”，奋力推进跨越式发展，跑步进入西部百强县。全年完成地区生产总值47.86亿元，增长17.5%，第一、第二、第三产业结构由上年17∶60∶23调整为15∶62∶23；完成地方财政收入8.3亿元，增长214.5%；完成全社会固定资产投资40.47亿元，增长34.5%；城镇居民人均可支配收入达到13729元，增长11.4%；农民人均纯收入达到5127元，增长8.0%；城市化率达到46.12%

扎实推进新型工业化进程。项目建设强势推进，发展后劲显著增强。实施500万元以上项目27个，概算投资30.3亿元；年内建成投产16项，完成投资10.6亿元。伊品集团8万吨赖氨酸、1.5万吨苏氨酸和45万吨玉米淀粉生产线，北方精工钢构中心一期工程、东方希望20万吨饲料加工、建成建材年产100万吨水泥粉磨站和80万立方米商品砼等重点项目投产达效；启元药业300吨阿奇霉素、300吨维生素C，多维药业2亿粒西尼平产业化项目全部建成；瀛海集团日产4500吨水泥生产线、紫荆花纸业4万吨木浆纸、力成集团高压电气、达力斯风力发电、人和中小企业创业园等重点项目开工建设。望远工业园区扩规提档，辐射功能不断增强。望远镇区规划面积由20平方公里扩为32平方公里，工业园区档次和承载能力进一步提高，全年完成工业增加值23.27亿元，可比增长21.9%。

加快发展现代农业。农业生产全面发展。永宁县是全国重要的商品粮基地县，是国务院确定的500个产粮大县之一，农业综合生产实力位居全区前列。2008年耕地面积48.8万亩，粮食播种面积55.9万亩，小麦、水稻、玉米等农产品优质品率达到90%以上。积极开展“粮食高产”创建活动，建设连片集中高产示范点37个、新品种展示区2个、万亩水稻生产园区1个，推广“冬麦北移”种植1.15万亩，发展设施园艺生产园区15个，新增设施园艺面积2.71万亩。累计达到6.91万亩。畜牧业走“小群体、大规模”发展之路，新建养殖园区26个，入园饲养畜禽51.2万头（只）；大力发展“适水产业”，新增生态渔业养殖2836亩，总水面达到 1.8万亩。全年投入农田水利基本建设资金2.9亿元，投入劳动力274.2万工 / 日，动用机械1679台，移动土方1306.3万方，建设高标准农田16.6万亩，改造中低产田5.8万亩，新增灌溉面积1.5万亩。被列为“全国农业综合开发高标准农田建设示范县”和“全国小型农田水利建设重点县”。荣获自治区农田水利基本建设“黄河杯”竞赛一等奖、银川市“黄河金岸田园风光”建设第一名。

大力实施“三产兴县”工程。按照“发展大物流、服务大银川”的发展理念，大力发展现代物流服务，建立以骨干龙头企业和大型综合批发市场、专业市场为支撑，各类中小流通企业和特色市场为补充的商贸物流体系，推动市场贸易与物流配送联动发展，望远物流园区占地面积5410亩，入园企业有宁夏望远现代金属物流园、宁夏望远商贸物流园、北方乐从家私城、宁夏北方建材商贸物流园、中国万商汽车城、宁夏永宁四季鲜果品蔬菜综合批发市场、宁夏路丰建材市场、兰花花国际大酒店等。深入开展“万村千乡市场工程”、“三新工程”。深入挖掘永宁回乡历史文化底蕴，依托黄河金岸、珍珠湖、鹤泉湖、三沙园、沿山葡萄基地等搞好深度开发，大力发展独具永宁特色的回乡生态旅游，做足“看、玩、吃、住、游、购”六篇文章，开发清真饮食、回族服饰、回族歌舞、剪纸、刺绣、二毛皮手工制作等特色文化艺术和文化旅游产品，打造特色旅游品牌。

城乡建设进一步加强。在城市建设方面，县城规划控制区范围扩大至52平方公里，珍珠湖湿地保护工程全面竣工，黄河金岸永宁段长28.2公里、宽24米。公路全县贯通，完成永和街、永福路、观湖路道路建设，形成“六纵十二横”道路框架。新农村建设力度加大，投资991万元，改造5.5万人的饮水安全工程，新建农村标准化庄点3个、改造16个；硬化道路53公里，整修生产路94公里。

招商引资成效显著。坚持“走出去、引进来”，发酵产业走向全国，鲜果贸易跨出国门，引进上海东方希望集团、北方精工彩钢公司、宁夏达力斯发电公司等区内外知名企业17家，全年实施市域外招商项目21个，协议总投资78.4亿元，实际到位资金19.3亿元。抢抓中央保增长扩内需的政策机遇，紧盯区市各级各部门的投资动向，积极争取城乡基础设施建设、文化教育、医疗卫生、环境保护、民生保障等重点支持领域项目，落实各类资金6.84亿元，增长53.6%，其中建设项目资金3.15亿元。

社会事业跃上新台阶。教育事业全面发展，文化大繁荣、大发展步伐加快，公共服务、公共管理、社会保障及应急管理能力全面提高，基础设施日趋完善。全年用于社会事业的资金投入达4.6亿元，比上年增长21.3%；城镇登记失业率控制在3.6%以内。

腾飞的中国枸杞之乡——宁夏中宁县

中宁县位于宁夏回族自治区中部、宁夏平原南端，隶属地级中卫市管辖，县城距首府银川市140公里，为内蒙古高原和黄土高原过渡带，属北温带大陆性季风气候区。西汉元鼎三年（公元前114年）设县，已有2125年的置县史。现政区总面积4226.5平方公里，辖5镇、6乡、1个管委会、118个行政村、12个社区、8个农林牧渔场，总人口31.9万人（其中：农业人口20.43万人，占全县人口的64%；少数民族占全县总人口的20.4%）。共有耕地64万亩，得黄河自流灌溉之利，县内盛产枸杞、红枣、粮油、瓜果、畜禽等农副产品，素有“塞上江南、鱼米之乡”的美称。

“红绿双宝”享誉海内外

中宁县是世界枸杞的发源地和正宗原产地，中宁枸杞素有“红宝”之称，已有2000多年的药用历史，600多年的人工栽培历史。从《诗经》到《神农本草经》，从《本草纲目》到《中华药典》，从孙思邈到李时珍，从刘禹锡到陆游，都对中宁枸杞有过药理论述或文学描述，自古就有“中国枸杞出宁夏，中宁枸杞甲天下”的美誉。现代科技证明，在全国同类产品中，中宁枸杞中使人延年益寿的多种微量元素含量第一，枸杞多糖含量第一，人体所需的18种氨基酸含量第一，具有滋肝补肾、益精明目、延年益寿、抗癌防癌、提高免疫力等功效，已成为人们治病强身、煲汤药膳、佐餐品茗、馈赠亲友离不开的珍品。2005年3月20日中共中央政治局常委、全国人大常委会委员长吴邦国同志在中宁视察期间，品尝了中宁枸杞，对中宁枸杞口感和品质赞不绝口，欣然题词“中国枸杞之乡”。目前，全县枸杞种植面积达到20.5万亩，年产枸杞干果4万吨，已开发出枸杞保健酒、枸杞菜、枸杞芽茶、枸杞汁、枸杞果奶、枸杞花蜜、枸杞全粉、枸杞果脯等八大系列30多种产品，产品远销美国、日本、英国和香港、澳门等20多个国家和地区，年综合产值超过30亿元。2009年“中宁枸杞”荣膺中国驰名商标，并被评为全国最具影响力的地理标志，品牌价值达29．6亿元人民币，列中国农产品区域公用品牌价值排行榜第19位。

绿色的中宁硒砂瓜是宁夏中部蒙古高原向黄土高原过渡的干旱山地上的独特农产品。中宁硒砂瓜因其生长地沙石养分最多、日照积温最强、天然补水最纯、口感甜度最适、营养元素最优而被称为硒砂瓜中的上品、精品和珍品。据农业部权威机构检测，这种石头缝里长出的西瓜营养物质含量丰富，不仅含有普通西瓜的糖分、维生素、氨基酸，还富含天然葡萄糖、胡萝卜素和硒、锌、钙等微量元素，特别是中宁硒砂瓜中的硒元素含量最高，每公斤达到6.3微克，高出同类产品20%以上。目前，中宁硒砂瓜种植面积达39万亩，年产量50万吨左右，年产值达到5亿元以上，拥有专业批发市场18个、货运信息部16个，营销经纪人800多人，在成都、广州、深圳、武汉、长沙等50多个城市建立了稳定的营销渠道，并且远销蒙古等国外市场。百年硒砂瓜产业成为中宁县继千年枸杞产业之后的又一张靓丽的农业特色名片。

西部新材料循环经济示范区在这里崛起

近年来，中宁县坚持“工业项目上山入园、节能环保清洁生产”的科学发展理念，精心论证修编，高起点、高标准建设中宁新材料循环经济示范区。先后投资4亿多元，动用近千台重型机械，推平了100多座高差达200多米的大山，共平整工业用地2万多亩，新修道路80多公里，栽植树木20多万株，建设蓄水池6座，铺设供排水管道90多公里，建设变电所2座，为工业经济快速发展创造了良好环境。目前入园企业已达到44家，其中规模以上企业达到17家。尤其是万隆公司100万吨稀土彩钢板和锦宁公司120万吨铝镁合金、5000吨单晶硅、30万吨特种铸件等特大招商引资循环经济项目相继落户园区，为中宁

经济发展插上了腾飞的翅膀。

万隆新材料有限公司100万吨稀土彩钢板项目计划投资88亿元，以具有自主知识产权的稀土不锈钢材料及着色技术为依托，以生产稀土不锈钢彩板为核心，通过先进生产工艺，生产出具有强度高、耐蚀性强、使用寿命久、节约镍铬金属、生产成本低的高附加值稀土彩钢板产品。目前，一期30万吨彩钢板项目完成投资19.8亿元，年底前可建成投产；配套的20万吨金属锰项目，在原有7.2万吨的基础上，将扩建成为业洲最大的金属锰生产企业，11月底完成扩建任务；40万吨硫酸项目一期20万吨已建成投产，30万吨镍铁项目正在安装设备，36万吨铬铁项目进展顺利。项目建成投产后，年新增销售收入144亿元，新增利税29亿元，新增就业人员2万人。

锦宁铝镁新材料公司120万吨铝镁合金项目计划投资128亿元，建设三条年产38万吨铝镁合金生产线并进行深加工，最终形成以铝镁合金生产为主体，向铝板、铝带、铝材、铝箔和汽车、摩托车配件、压铸件加工延伸的铝镁合金新材料生产体系。一期工程42万吨生产线自2009年11月19日开工建设以来，努力克服西北冬天施工的不利影响，斗严寒，顶风雪，连冬鏖战，开创了西北冬天施工的先例，被各级领导称为“锦江精神”和“中宁速度”。目前，两个车间已建成，电解槽安装已全部完成，有122台电解槽已于2010年6月19日投入生产。二期工程计划今年开工建设，配套建设的45万吨碳素项目计划总投资10亿元，分两期实施。整个项目建成后，可实现年产值150亿元，利税25亿元。

这两个项目全部建成并达产达效后，中宁县将成为全国最大的稀土彩钢板和西北最大的铝镁合金新材料产业基地，可实现工业产值300多亿元，实现利税50亿元，增加地方财政收入10亿元，可解决3万余人的就业问题，为打造冶金重镇和建设西部百强县奠定坚实的产业支撑。目前，该园区已被列为宁夏回族自治区十大新材料循环经济示范区，正在申报国家级新材料循环经济产业园区。

西北“旱码头”

中宁县位于宁夏的中部，是宁夏的几何中心，县内有3条铁路、5条高速公路、1条国道和2条省道，地理位置优越，交通条件便利，是古丝绸之路的中转要冲、全国铁路交通大动脉的“西部桥头堡”和欧亚大通道“东进西出”的必经之地，是天然的人流、物流、信息流集散地，被誉为西北的“旱码头”，具有发展现代物流业得天独厚的条件。

近年来，中宁县抢抓太中银铁路建设机遇，千方百计争取铁道部批准建设中宁战略装车点，启动建设了占地5000亩、年吞吐货物800万吨以上的中宁物流园区。中宁战略装车点项目快速推进，年内可与火车东站同步建成运营。规划建设了集装箱中转、物流配送、仓储加工、综合服务和汽车城等六大功能区。汽车城已有26家企业入园投资置业，完成投资1.8亿元，9月底前可建成投入使用，形成买汽车到中宁的便捷优势。物流配送区已吸引区内外10余家企业投资建设，由宁夏为民公司投资4.5亿元的建材港和物流配送中心项目已开工建设，建成后将成为宁南地区最大的建材专业批发销售市场。集装箱中转站、仓储加工区、农副产品冷藏配送区建设快速推进。中宁物流园区被列入宁夏回族自治区九大物流园区，建成后将成为西部地区重要的商品集散地和辐射全国的物流运输节点。

争坐西部大开发“头班车”

深入实施西部大开发战略是党中央、国务院作出的重大决策部署，是西部人民的大事。西部大开发战略实施以来，中宁经济社会各项事业提速跨越发展。10年来，全县地方生产总值增长5.2倍，固定资产投资增长7倍，地方财政收入增长12.7倍，城镇居民人均可支配收入增长2.5倍，呈现出综合实力大增强、产业发展大提速、城乡面貌大改善、人民生活水平大提升的良好局面。2009年全县实现地区生产总值53.3亿元，增长17.6%，地方财政收入达到5.7亿元，增长

66.7%，其中一般财政预算收入达到2.52亿元，增长32.3%；完成固定资产投资33.6亿元，增长42.4 %，农民人均纯收入达4618元，增长11.4%；城镇居民人均可支配收入达12476元，增长10.4%。全县经济社会发展主要指标提前一年完成了“十一五”规划目标。我县被评为“第九届全国县域经济基本竞争力提升速度最快的百县市”之一。今年1—8月份，预计全县规模以上工业总产值达45亿元，同比增长40%；地方财政收入达5.22亿元，其中，一般预算收入达2.4亿元，同比增长39.5%。农民人均现金收入达5520元，同比增长10.9%；城镇居民人均可支配收入达8021元，同比增长8.7 %；招商引资实际到位资金92.4亿元，创历史新高；固定资产投资达到74.3亿元，同比增长3.4倍，全年招商引资实际到位资金和固定资产投资可双过百亿元。

在新一轮西部大开发之际，中宁又站在新的起点上，抢抓机遇，乘势而上，争坐西部大开发的“头班车”，抢抓《关于深入实施西部大开发战略的若干意见》、《关于进一步促进宁夏经济社会发展的若干意见》、国家产业振兴计划、东部产业转移等重大机遇，加快实施项目带动战略，促进三次产业协调发展；抢抓大柳树工程论证上马、太中银铁路修建和包兰铁路复线改造、卫宁灌区节水改造等重大机遇，加快建设一批打基础、管长远、增后劲的重大项目，推动中宁经济社会又好又快发展。力争到“十二五”末，全县地方生产总值达到150亿元，年均增长20%；五年固定资产投资累计达到600亿元，年均增长25%；城市化率达到50%，全面实现全区卫生园林县城创建目标。到2020年，全县地方生产总值达到300亿元，年均增长17%；固定资产投资达到1200亿元，年均增长25%；地方财政一般预算收入达25亿元，年均增长25%，与全区、全国同步实现全面建设小康社会的奋斗目标。

山东省博兴县

县情简介

博兴县隶属于山东省滨州市，是汉孝子董永故里、吕剧之乡、中国厨都、全国百强县。全县辖9个镇，3个街道，1个省级经济开发区，48万人口，总面积900.7平方公里。近年来，博兴县坚持以科学发展观为统领，大力实施环境立县、工业强县、服务兴县、城乡统筹"四大战略"，着力打造化工、粮油食品加工、电力能源、机械制造、纺织服装、厨具、新型材料、文化旅游"八大产业"，经济和社会各项事业保持了科学和谐快速发展的良好态势。

区位优势明显

博兴县地处黄河三角洲腹地，位于济南省会城市群经济圈、山东半岛城市群和环渤海经济圈三大经济区的结合部，是黄河三角洲高效生态经济区开发建设的核心区域。境内公路、铁路四通八达，有"三纵两横"五条国、省道经过，是连接北京、天津、江苏、上海的交通动脉，北距北京300公里，东距青岛港、青岛飞机场200公里，南距济南飞机场80公里，属于"省会一小时经济圈"内，处于传统的省会经济辐射之中。

自然资源丰饶

境内土地肥沃，盛产小麦、棉花、大豆、玉米以及林果、蔬菜等多种农副产品，是山东省重要的粮棉生产基地、无公害蔬菜生产基地和最大的淡水养殖基地，是闻名遐迩的中国优质西红柿之乡、全国草柳编工艺品出口基地和全国蒲草系列工艺制品唯一的产地。水资源充裕，黄河流经县北部，有8条跨流域河道、2座大中型平原水库，日供水能力达26000方，可满足工业生产及城区居民生活需要。石油、天然气和沙砾等矿产资源比较丰富，目前已探明地下储油面积100余平方公里，是胜利油田的原油主产区之一。

工业基础雄厚

构建起了以化工、粮油食品加工、电力能源、机械制造、纺织服装、厨具、新型材料等七大产业集群为主体的新型工业化体系，全县石化产业年综合加工能力达到900万吨，粮油产业年大豆加工能力达到200万吨，板材产业年加工能力达到650万吨，年生产各类厨具60万台（件），成套厨房设备销量占全国同类产品销量的近三分之一，是长江以北最大的黑白铁批发加工集散地、全国最大的不锈钢厨房设备生产基地。全县主营业务收入过亿元企业发展到43家，其中过10亿元企业9家。

特色产业突出

坚持用工业化思维谋划农业，用现代化理念经营农业，用产业化思路发展农业，全县规模以上农业龙头企业发展到97家，形成了以香驰、渤海、天龙、龙升、华康、博大、金泉、富泰等为代表的粮油加工、油棉加工、蔬菜加工、畜产品加工、水产品营销、草柳编加工等龙头企业群体。深入挖掘董永故里、吕剧之乡等传统特色文化资源，积极做好孝文化、戏文化、水文化、佛文化、厨具文化五大文章，成功举办了六届中国博兴董永文化艺术节，进一步叫响了"董永故里、吕剧之乡、中国厨都"品牌。

投资环境优越

基础设施完善，电力、热力供应充足，四星级宾馆、银座商城、全民健身中心、垃圾处理厂、污水处理厂等各种公用设施齐全。人力资源充足，全县现有高等职业教育院校1所，每年可培养20余个专业1600多名技术工人。全县40%的农村劳动力从事工副业生产，技术娴熟，经验丰富，具有不可多得的劳动力优势。社会和谐稳定，连续七年荣获全省"平安山东"建设模范县。同时先后获得全国县域经济基本竞争力百强县、全国全面小康成长型百佳县、中国县域产业集群竞争力百强县、全国百佳全民创业示范县、中国绿色名县、山东省最佳投资城市、山东省金融生态建设模范县等荣誉称号。

重点招商项目

1.山东京博控股发展有限公司文化艺术中心大型综合项目

(1)单位概况：山东京博控股发展有限公司是一家集科工贸于一体，涉足石油化工、精细化工、生物化工、热电联产、文化、物流、贸易等多个产业领域，销售收入过百亿，利税超10亿元的大型民营企业，位列“中国企业500强”、“中国成长企业百强”。

(2)项目规模及主要建设内容：计划投资28亿元，占地2300亩，与国家级艺术机构（含院校）合作，建设专业人才培训大厦、歌舞剧影视院、超五星级酒店和高标准商务会所等，打造艺术创作和展览基地。

(3)建设框架及所需资金：超五星级酒店和高标准的商务会所建设38000平方米，投资2亿元；专业人才培训大厦建设10000平方米，投资0.5亿元；专家公寓楼建设80000平方米，投资2.5亿元；配套大石化项目的员工高层（33～36层）住宅楼50万平方米，投资15亿元；歌舞剧影视院建设30000平方米，投资1.5亿元；艺术展览馆建设30000平方米，投资1.5亿元；艺术创作基地（20～30个创造单元）50000平方米，投资2亿元；文化艺术博物馆20000平方米，投资2亿元；公用配套投资1亿元。

2.龙华寺遗址开发项目

(1)项目概况：龙华寺遗址面积100多万平方米，是目前我国发现的面积最大的北朝寺院遗址。近年来，遗址上不断出土佛教遗物，数量多，质地全，并且多数带铭文，在国际上占有相当重要的地位，引起了国内外专家学者的高度重视。龙华寺遗址的保护开发，对于研究我国北朝寺院布局及北朝佛教造像艺术和开发本地旅游资源均具有重要意义。

(2)项目内容及建设规模：计划在对龙华寺遗址进行勘探、发掘基础上，仿古代寺观建筑，建设面积达10000平方米的龙华寺遗址博物馆，其中馆舍面积5000平方米，馆内安置先进的防火、防盗及其他安全保护设施；聘请专家对发现的遗迹、遗物进行论证，并提出切实可行的保护措施及方案。

(3)项目建设条件：龙华寺遗址地理位置优越，交通便利。目前，山东省文物考古研究所、博兴博物馆对遗址进行了考古勘探。2007年8月24日，国家文物局下达了《关于龙华寺遗址保护规划立项的批复》（文物保函〔2007〕1040号），通过了龙华寺遗址保护规划立项的报告。2008年，县委、县政府成立了龙华寺博物馆建设指挥部，并聘请了北大文博学院和古建筑研究中心的专家为该县设计龙华寺遗址博物馆建设方案，景观效果图已经成稿，正在进一步完善和修订中。

(4)项目投资概算及资金筹措：计划投资22500万元，以合资、合作或独资开发的方式，资金全部用于馆舍建筑、展品征集、文物保护及布展、安防设施等。

3.100万条／年农用子午线轮胎项目

(1)建设地点：博兴县经济开发区。

(2)建设内容及规模：规划用地11.13万平方米，建设年产100万条半钢农用子午线轮胎生产线。

(3)产品及技术方案：引进国内外先进生产技术，年生产11.2R24、12.4R24至18.4R38等10余个规格型号的半钢子午线农用轮胎100万条。

(4)产业政策及行业准入：该项目符合产业结构调整指导目录（2007年版），属国家鼓励类项目。

(5)投资及效益：总投资8.6亿元，其中建设投资8.0亿元。建成后年可实现销售收入9.5亿元，利税1.15亿元。

(6)投资方式：独资、合资、合作等方式均可。

4.山东新美达科技材料有限公司冷轧项目

(1)单位概况：山东新美达科技材料有限公司成立于2009年8月，项目总计划投资10.5亿元，注册资本5000万元，占地面积530亩。

(2)建设规模及主要建设内容：投资38000万

元，建设60万吨／年冷轧板材及配套工程项目，具体包括20万吨／年冷轧硅钢、40万吨／年冷轧碳钢及配套生产线。

(3)建设条件：该项目按照厂区实际场地面积以及地形、土方平衡、构筑物布局等条件进行建设，厂区地面地形较为平坦。

(4)前期工作进展情况：该项目已经博兴县发改局〔2009〕125号文件批复。

(5)投资估算与资金筹措：该项目总投资38000万元，拟招商15800万元。

(6)效益分析：该项目建成投产后，产值可达到32亿元，利税2.8亿元，达产运行将产生明显的经济效益与社会效益。

(7)合作方式：合资。

山东省高密市

高密市位于广袤富饶的胶莱平原，东依美丽海滨名城青岛，西依世界风筝都潍坊，面积1526平方公里，辖7个镇、3个街道、1个经济开发区，960个村（居），人口84.9万人，是国务院批准的山东半岛沿海开放重点县市之一

高密历史悠久，文化灿烂，自秦时置县，距今已2200多年。被誉为高密“三贤”的春秋名相晏婴、汉代经学大师郑玄、清代大学士刘墉和当代著名作家莫言都出生在这里。以扑灰年画、泥塑、剪纸、茂腔为代表的民间艺术“四宝”久负盛名，全部被列入国家非物质文化遗产保护名录，被国家文化部命名为“中国民间艺术之乡”、“中国扑灰年画之乡”。

近年来，高密坚持以邓小平理论和“三个代表”重要思想为指导，深入学习实践科学发展观，高举进位争先旗帜，建设富强和谐高密，取得明显成效。2009年，全市实现地区生产总值288.21亿元、增长13.5%，完成地方财政收入14.28亿元、增长21.4%。先后荣获省文化工作先进市、省平安建设先进市、省绿色小康县、省级园林城市、省文明城市创建工作先进市等称号。在第九届全国县域经济基本竞争力与科学发展评价中位居第83位，比上一届前进6个位次。

地理位置优越　基础设施完善

高密地理位置优越，交通十分便利。位于“青岛一小时经济圈”、“山东半岛城市群”、“山东半岛蓝色经济区”和“胶东半岛高端产业聚集区”内，胶济电气化铁路、胶新铁路、济青高速公路穿越境内，高等级公路纵横交错，距青岛机场、港口仅40分钟车程，是山东沿海地区通往内陆腹地的交通枢纽。

高密基础设施完善，城市环境优美。累计投资50多亿元完善通信、电力、道路、供排水、供热、供气等基础设施，城市环境得到明显改善。通信设施形成了多功能、高科技、大容量、高层次、立体化的信息传输网络，可通达世界180多个国家和地区。电力供应充足，自来水日供水能力达10万吨以上。供热和天然气输送管道遍布全市工业区和居民区。五年新修或改造城区道路26条，新增绿化面积890万平方米，城区绿地覆盖率达36%，营造出花园城市的景观效果。投资4亿多元建成了两座大型现代化污水处理厂及配套污水管网，日处理污水能力13.5万吨，不仅实现了工业污水的全部达标排放，而且预留了4万吨的空间。投资10多亿元，建成了文体公园、小康河公园、凤凰公园、胶河公园和南湖植物园等5个能容纳万人以上的主题公园和“三贤园”、“民俗园”等便民利民的街头游园25处。新建的文体公园总建筑面积5万多平方米，融体育馆、博物馆、图书馆、科技馆、文化馆、规划展览馆于一体，规划布局合理，设计理念科学。治理后的胶河、小康河变成碧波荡漾、风光秀丽的生态河、景观河。新建的南湖植物园和改造的凤凰公园面积广阔，景点密布，环境优雅。这些主题公园和街头游园丰富了城市文化内涵、提升了城市品位，吸引着人们前来休闲娱乐。高密正逐步成为一个天蓝水清、树绿景美的宜居城市。

经济基础雄厚，产业布局合理

高密自古就有“粮仓”、“棉乡”的美誉。如今，现代农业快速发展，已建成酿酒葡萄、蜜桃、芦笋、草莓等20多个万亩无公害农产品基地，形成了粮食、蔬菜、果品、蚕桑、肉牛、生猪、肉鸡等十几个主导产业，全市农业龙头企业发展到446家，年加工能力达到166万吨，出口日本、韩国、加拿大等几十个国家和地区，带动生产基地90万亩。畜牧业综合指标位居全国前列，被评为全国畜牧百强县。

坚持工业立市、企业兴市，科学发展工业经济，加快推进传统产业高新化、高新技术产业化，着力培植孚日光伏、豪迈装备、银鹰化纤、汽车、环保和双星等六大产业园，打造支撑县域发展的优势产业集群和企业群体。孚日集团已成为全球

最大的巾被生产企业，产品销往日本、美国、欧洲等十几个国家和地区。总投资60亿元的孚日光伏产业园已初具规模，晶体硅太阳电池项目已实现产值5亿元。豪迈科技主要研制生产轮胎模具、轮胎模具专用数控机床、汽车爆胎稳向系统、天然胶加工设备四大类产品，现已发展成为拥有专利技术56项的国家级高新技术企业，被美国《福布斯》杂志评为“2010年最具发展潜力的中小企业”，列排行榜第10位。目前，规划的豪迈产业园建设进展顺利，投资8亿元的重型机械和精密铸锻项目2010年达产达效，预计实现销售收入12亿元、利税2亿元。投资8亿元的豪迈轮胎模具扩产项目，被列为省重点，近期开工建设。2009年，全市企业发展到3900多家，规模以上企业发展到687家，有4家进入全国大型工业企业行列。棉纺织业进入山东省十大产业集群，被评为“中国家纺名城”和“全省服装纺织工业基地”，全市形成了以纺织、机械、食品加工、木器加工为主导的“四大产业”和以制鞋、皮件、玩具、小五金为代表的“四小商品”产业集群。始终把招商引资放在重中之重的位置，以借势青岛为主渠道，以企业招商为主体，攀高门、结洋亲、进笼子，千方百计引进资金、技术和设备，加快经济国际化进程。2003年以来，共引进项目3200多个，实际到位资金486亿元，利用境外资金4.03亿美元，完成进出口总额41.95亿美元。随着企业创新能力的不断增强，全市高新技术产业企业发展到近百家，申请国家专利2600多项。“山海”牌玻璃、“密水”牌散热器、“高锻”牌机械、“春雨”牌机械、“彩虹”牌分析仪器等100多种高新技术产品填补国内或省内空白，在国内外市场上享有盛誉，“孚日”、“海宇”、“泰山”等三件商标荣获中国驰名商标。

紧密依托青岛港口经济，大力发展现代服务业。重点规划建设胶河、姜庄、朝阳、晟绮“四大物流园区”和钢材、汽车交易维修、“四小商品”展销、木材、基泰国贸大世界、齐鲁纺织服装城“六大专业市场”，推动现代服务业跨越发展。2009年服务业增加值增长14.6%，新建续建服务业项目322个，完成投资110亿元。高密已形成了现代工业、现代农业、现代服务业并驾齐驱的良性发展局面。

投资平台广阔　服务体系健全

为搭建国内外客商前来投资兴业的平台，高密市把城区周围100多平方公里的优势区域作为招商引资的主战场，进行高标准规划、高强度投入、高质量建设、高水平管理，突出抓好水、电、路、污水处理等基础设施的配套完善，努力打造新的经济增长点。

“客商满意是对我们最大的奖赏，客商不满是我们最大的失职。”高密市在招商引资工作中，率先推行行政公示制、服务承诺制、限时办理制、首问责任制；深入开展“企业年”活动，实行工作重点项目化，项目建设责任化，建立领导干部包项目、包企业责任制，对大企业、大项目，坚持一事一议，及时解决建设过程中遇到的困难和问题；设立综合行政审批中心，对所有项目从立项审批、开工建设到投产运营，实行一个窗口对外、“一站式”的全程跟踪服务，确保项目在最短时间内投产达效。

高密市还立足长远，注重打造人才、教育、科技、平安、文明等软实力。坚持教育优先发展，成功申办青岛科技大学高密校区，结束了高密无高等院校的历史，实现了由基础教育向高等教育跨越。充分树立人才强市战略，扎实推进“平安高密”建设，深入开展文明城市创建活动，营造平安和谐、风清气正的良好环境，让国内外客商工作生活得安心、顺心、舒心。高密已成为外商投资兴业的理想城市。

山东省广饶县

历史人文

广饶自秦设县，汉高祖六年（公元前201年）称广饶县，后改称乐安、千乘，1914年复名广饶。广饶历史悠久，是孙武故里、齐笔原产地、吕剧发祥地，孕育了汉相倪宽、西汉经学创始人欧阳生等一批历史名人。境内考古发现的傅家遗址，为距今5700多年前的大汶口文化，在傅家遗址出土的史前我国最早的开颅术例证，距今5000年以前，比中国以前发现的开颅术实例提前1000余年；位于县城的南宋大殿是山东省保存最完整且年代最早的木构建筑，为全国重点文物保护单位；位于古乐安城东的柏寝台，是春秋时期齐国乐安城遗址，被誉为齐鲁第一台。广饶县具有光荣的革命传统，1923年县内就有了共产党员，1925年先后建立的中共延集、刘集支部是全省最早的农村党支部之一，现珍藏于县博物馆的《共产党宣言》是全国最早的中文译本。

自然地理

广饶县位于东营市和黄河三角洲的南部。地理坐标为东经118° 17′ 04″、北纬36° 56′ 09″。北连东营区，南靠淄博市临淄区，东与潍坊寿光市连接，东南与潍坊青州市相接，西与滨州博兴县毗邻，东北部濒临渤海莱州湾，海岸线长11.86公里。县境东西最大距离60.1公里，南北最大距离46.2公里，总面积1138平方公里。全县辖2个街道、6镇、1乡，1个省级经济开发区，553个行政村，人口49.54万人。

2009年，广饶县实现地区生产总值377.32亿元，实现地方财政收入18.59亿元，其中财政一般预算收入12.69亿元。综合实力在全国百强县和全省30强县中的位次稳步前移。

工业

广饶县坚持走新型工业化道路，全县形成了造纸、化工、纺织、橡胶轮胎、机电、食品加工等六大支柱产业。规模以上工业企业达到253家，其中中国企业500强3家，全国制造业500强6家。形成了年加工机制纸200万吨、原油850万吨、子午胎2780万、刹车片3200万套、纺织110万纱锭、粮食蔬菜及肉类85万吨的能力，建成了全球最大的新闻纸生产基地、全国重要的子午胎生产基地和摩擦材料研发制造基地，新闻纸、子午胎产量分别占到全国总产量的三分之一和近20%。高新技术产业快速发展，高新技术企业20家，高新技术企业产值占规模以上工业总产值的30.8%。省级著名商标21个，其中中国驰名商标和中国名牌产品5个，被列为全省工业产品结构调整示范县。2009年，全县规模以上工业企业实现主营业务收入1350.51亿元、利税163.45亿元。

农业

近年来，广饶县加大农村基础建设投入力度，农村基础设施和生产条件不断改善。2009年末农业机械总动力达到88.5万千瓦，农村用电量28327万千瓦时，化肥使用量（折纯）4.4万吨，农用塑料薄膜使用量1.4吨。全县农业龙头企业达到261家，其中国家级农业产业化重点龙头企业2家、省级10家，带动发展粮棉菜标准化生产基地95万亩（其中小麦种植45万亩）、畜牧标准化规模养殖小区309处。全年粮食总产51.05万吨，蔬菜总产122.58万吨，棉花总产2.37万吨，果品总产2.10万吨，肉蛋奶总产18.47万吨。大力实施“三网”绿化工程，完成造林面积1168公顷，林木覆盖率达到28.2%，比上年提高3个百分点。成立各类专业合作社、行业协会120家，带动2.98万农户从事订单或专业生产，人均产业化经营收入3000多元，被列为全省农业产业化工作先进县、农业现代化试点县。

服务业

广饶县大力实施“商贸兴县”战略。截至到2009年底，全县年销售额2000万元以上的批发企业（个体）48家，年销售额500万元以上的零售企业（个体）41家，星级住宿业企业5家，限额以上餐饮业企业（个体）24家。建成了功能齐全、配套完善、辐射城乡的市场体系。2009年实现社会消费品零售总额396455万元。全年完成邮电业务总量32142万元，年末固定电话用户10.70万户，移动电话用户51.09万户，互联网用户5.60万户。金融保险快速发展。年末全县各项存款余额217.91亿元，贷款余额316.62亿元，分别比年初新增57.97亿元和62.18亿元。全县保险公司发展到17家，实现保费收入33007万元，比上年增长10.7%。房地产企业16家，全年销售商品房71.72万平方米。孙子文化旅游区建设初具规模。

对外经贸

截至2009年底，广饶县获得自营进出口权企业达到165家，全年进出口总额17.65亿美元。其中进口总额8.01亿美元，出口总额达到9.64亿美元。在出口产品中，橡胶轮胎类出口8.38亿美元，纸制品类0.48亿美元，机电产品类0.43亿美元。

城乡建设

广饶县交通便利，基础设施完善，北依东营港、广利港和东营机场，兴广铁路、荣乌高速公路、东青高速公路等8条国家级、省级干线道路贯穿县境，设有海关陆路口岸和青岛海关商检办事处，形成了“海陆空”立体交通网络和畅通便捷的物流运输体系。2009年末，全县等级公路通车里程1764.5公里，其中高速公路55.6公里，一级公路91.3公里，二级公路157.2公里。广饶县城市建设步伐加快，县城建成区面积达15平方公里。县城建成区绿化面积639万平方米，公共绿地面积190万平方米。广饶县先后荣获全国城市环境综合整治先进县城、山东省适宜人居环境奖、山东省园林城市、全省城乡环境综合整治先进县等荣誉称号。

居民收入

2009年，广饶县在岗职工平均工资30121元，比上年增长8.5%。城镇居民人均可支配收入18740元，农民人均纯收入7678元，分别增长9.4%和9.9%。城乡居民储蓄余额90.26亿元，比年初增加16.82亿元，增长22.9%。

社会事业

广饶县构建起了“三免五通五保五救助”的社会保障救助体系。在全省县级率先免除了农业税及附加税、农村中小学义务教育阶段在校学生的学杂费、课本费和作业本费以及城乡市场管理费，实现了村村通柏油路、通客车、通自来水、通有线电视、中小学微机联网校校通，全面加强了农村养老保险、低保、医保、失地农民基本生活保障、五保老人集中供养和教育救助、灾害救助、住房救助、残疾人救助、老年人救助工作。教育、卫生、文化、体育等社会事业繁荣发展。

山东省海阳市

海阳市地处黄海之滨、山东半岛南翼，位于青岛、烟台、威海三市经济发展黄金三角的中心地域，距三市均为1小时车程，是胶东地区重要的交通节点城市。境内蓝烟铁路横贯东西，威乌高速公路、烟青一级公路、烟凤一级公路和国道309线纵横交错，青、烟、威三大空港和三大海港与海阳毗邻，形成海陆空全方位的对外交通运输网络。

朝气与活力之城

2007年，海阳市委、市政府提出了“凝心聚力和谐发展，奋战五年再创辉煌”的奋斗目标，并进而提出用5年至6年的时间进入全省30强和全国百强县，实施了“三步走”发展战略、“一片两带”经济发展布局，突出大项目带动、民营经济、海洋经济和现代服务业“四大经济工作重点”，全力推进重点项目、重大工程、重点工作，努力打造新的经济隆起带、产业聚集带。

2009年3月开工建设的跨海大桥将于2011年竣工通车，并实现海阳滨海公路与青岛滨海大道的对接贯通，在海阳230公里的海岸线上形成一条全新的观光大道、快速通道和经济走廊。扩建后的海阳港也将拥有1万吨级至10万吨级泊位，成为国家一类开放口岸，临港经济进入快速发展时期。2010年4月正式开工的海阳至烟台高速公路，将于2012年亚沙会举办前建成通车，可使烟台至海阳缩短30分钟车程，并打通烟台至青岛的第三条快速通道。

运用世界最先进核电技术建设的海阳核电站，规划建设6台百万千瓦级机组，并留有两台机组的扩建余地，总投资上千亿元。一期工程规划建设两台125万千瓦核电机组，将分别于2014年5月和2015年3月投产发电。海阳核电站全部建成后，将成为迄今为止中国最大的核能发电项目。同时，将改善山东省的供电状况，为海阳未来的发展提供清洁能源和永久的动力。2009年11月，海阳市正式挂牌成立了山东省首个核电装备工业区，将围绕设计、研发、制造、安装、检测、环保、服务实行一体化发展，逐步打造成为核电综合服务中心、科技研发中心和重大装备制造业基地。

以“海韵、阳光、激情、时尚”为理念的第三届亚洲沙滩运动会将于2012年在中国海阳举行，成为中国体育史上首个举办洲际综合性赛事的县级城市。届时，海阳将成为整个亚洲乃至世界关注的焦点，各种肤色的人们将在这里诠释亚沙会口号：“快乐在一起”的全新内涵。

海阳市在大项目建设、民营经济、海洋经济和现代服务业四大经济重点工作的推进中，充分发挥经济开发区、旅游度假区、临港经济区、核电装备制造工业区等载体优势，加大招商引资力度，特色经济不断繁荣，经济总量迅速扩大，经济结构日趋向好，吸引了世界各地的投资项目纷至沓来，已成为胶东地区经济发展最具活力的板块之一。

海阳是中国长江以北最大的毛衫出口加工基地、“中国毛衫名城”。全市拥有毛衫针织加工企业400多家，带动就业12万人，社会效益举足轻重。海阳生态农业和海洋渔业发达，全市有184种农产品获得无公害农产品标志。依托毛衫产业优势、绿色生态农业品牌和胶东节点城市的区位优势，海阳市规划建设了针织毛衫、农副产品、水产品、机动车配件、建材及装饰材料等一批专业化批发市场，为商贸流通业的发展开辟了广阔的天地。

海阳的核电、造船及海洋工程、机械装备制造、电子信息、生物化工、新型能源“六大新兴产业”正蓬勃兴起，工业经济发展后劲十足，全市综合实力不断增强。2009年，全市生产总值达到204.5亿元，完成固定资产投资191亿元，规模以上工业企业达到340家，地方财政收入突破10亿元，城镇居民人均可支配收入达到17575元，农民人均纯收入达到8051元。

灵秀与魅力之城

海阳是中国优秀旅游城市。这里依山傍海，风光秀丽，冬无严寒，夏无酷暑，得天独厚的地理条件造就了海阳的奇山秀水、金色沙滩、青松翠竹，构成了这座海滨城市诗意般的人居家园。

坐落于海阳万米金滩的海阳旅游度假区，是山东省四个滨海旅游示范区之一。区内星级酒店、主题公园、游艇俱乐部、大型城市湿地公园等项目特色独具，沙滩艺术、滨海高尔夫、海上运动三大休闲主题日益突出，阳光、沙滩、松林、海浪形成了自然风光的美丽画卷。亚洲独具苏格兰风格的海阳旭宝高尔夫俱乐部临海而建，与碧海金沙浑然一体。君子连理岛、宝龙休闲城、曦岛游艇会等大型旅游度假项目的开发建设，推动海阳旅游向国际化迈进。

海阳不仅拥有230公里的海岸线、20多公里的金色沙滩，还有自然生态优美、林果资源丰富的低山丘陵，生态观光内涵丰富。“生态游”、“农家乐”、“采摘游”、“樱桃节”、“秧歌节”等吸引着各地游客体验民俗民风，品尝生态与文化大餐。“樱桃谷民俗旅游区”成为“全国农业优秀旅游示范点”，在樱桃开花、采摘季节，每天近万人进山赏花、品果。绵延百里的招虎山国家森林公园峰险谷深，林木茂密，被誉为“天然氧吧”。云顶自然风景区建成的699米竹长廊已获吉尼斯世界纪录，是山东省旅游风景区的第一个吉尼斯纪录。民俗旅游路、山海路两条旅游专线，把千亩樱桃林、招虎山、云顶竹林、丛麻禅院和双姑山森林生态景区有机连接起来，使山岳生态旅游板块浑然一体，并实现山岳生态板块与滨海休闲板块的对接贯通，各景区和城市重点功能区之间车程均不超过20分钟。

文明与和谐之城

海阳有着悠久的历史和灿烂的文化，勤劳朴实、勇敢智慧的海阳人民在创造生活的同时也创造了精彩的人文历史。

“嘴子前春秋古墓群”揭示了春秋末期一段鲜为人知的深邃历史，被确定为全国重点文物保护单位。出土各类文物261件，其中3件被列入“中国文物精华”，“青铜盂”被列为国宝级文物，并多次巡展于世界各地，向世人展示了中华民族五千年的灿烂文化与东方博大精深的古老文明。

作为首批国家非物质文化保护遗产的海阳大秧歌，是中国北方著名的四大派秧歌之一，已有600多年的发展历史，为海阳赢得了“中国民间艺术之乡”的美名。2007年中央电视台第四届舞蹈大赛上，海阳大秧歌被评为观众最喜爱的节目。2008年，海阳大秧歌参加第29届奥林匹克运动会开幕式前的演出，通过媒体传播，向全世界数十亿观众展示了中国传统民间艺术的精彩魅力。

1962年，一部军事教学故事影片——《地雷战》，使海阳人民的抗日英雄事迹闻名全国、家喻户晓。经三次改扩建的地雷战纪念馆，成为“全国爱国主义教育示范基地”，被列入山东省重点红色旅游线路。在建的地雷战影视城休闲营和地雷战景区为这一红色经典增添了时代内涵。

近年来，海阳市把现代旅游城市的理念和生态意识运用于城市建设中，城市功能日趋完善，新元广场、春城广场、峰泽园、万紫园、植物园等城市园林和文化广场形成了一道道亮丽的风景线。海阳新元广场先后被评为“山东省十佳文化广场”和国家级特色广场，海阳市也先后荣获“山东省人居环境奖”、“中国和谐之城”、“中国最佳文化生态旅游城市”等称号。

海阳，这座黄海之滨的现代化新兴城市正向世人展现出独有的魅力、蓬勃的朝气和热情宽广的胸怀。

黄河三角洲“桥头堡”——山东莱州

莱州市位于山东东北部、渤海之滨，总面积1878平方公里，海岸线长108公里，1988年撤掖县，设莱州市。现辖1个省级经济技术开发区、1个省级工业园区，11个镇、5个街道，户籍人口86万人，是全国百强县和山东省30强县之一。2009年，实现地区生产总值455亿元，地方财政收入19.1亿元。

莱州是一座节点城市

莱州地处烟台、青岛、潍坊三市交会点的位置，向东连接胶东半岛，向西融入黄河三角洲区域，向北与辽东半岛隔海相望，荣乌高速公路、206国道、大莱龙铁路三条交通动脉贯穿全境。

莱州是一座港口城市

莱州港和莱州临港产业区被国家列入黄河三角洲高效生态经济区集约开发的“四点四区”范围。国家一类开放口岸莱州港现有泊位12个，其中5万吨级泊位6个，港口吞吐能力超过3000万吨，液体化工品仓储能力突破百万吨，是目前黄河三角洲区域规模最大的深水港。正在建设2个10万吨级和2个5万吨级通用泊位及配套的疏港公路、疏港铁路，规划到2015年建成亿吨大港。

莱州是一座产业城市

坚持走新型工业化道路，成为中国石都、中国草艺品之都、黄金生产基地、盐化工基地和山东省机电产业典范经济区，新能源、临港加工、装备制造等新兴产业加快崛起，沿海风电装机容量达24万千瓦，一期工程2×100万千瓦的华电国际莱州电厂开工建设。大力发展物流、商贸、旅游、会展、文化等服务业，一年一度的莱州月季花节、中国国际石材工业展览会吸引海内外客商会聚莱州。加快发展高效生态农业，成为中国玉米良种之乡、中国月季之都和山东省增殖放流示范区。

莱州是一座宜居城市

莱州历史悠久，风光秀丽，云峰山魏碑刻石、大基山道士谷、东海神庙等古迹遗址源远流长。近年来，莱州大力塑造现代城市文明，荣获了国家卫生城市、国家环保模范城市、中国优秀旅游城市、国家园林绿化先进城市、全国科技进步示范市等称号。2009年，又荣获“中国长寿之乡”称号，跻身“中国十大长寿之乡”行列，也是中国北方地区首个长寿之乡。

山东省龙口市

龙口市位于山东半岛西北部、渤海湾南岸，总面积893平方公里，海岸线长68.4公里。全市辖13个镇街、1个省级经济开发区、1个省级高新技术产业园区，611个村（居），总人口63.3万人。

自然资源丰富

自然资源得天独厚，境内建有全国唯一的大型海滨煤炭基地，已探明煤炭储量26亿吨，年产量700多万吨。沿海大陆架储藏着丰富的石油和天然气，在渤海湾中部发现的PL19—3油田属于特大型整装油田，距龙口仅48海里，已探明地质储量为10亿吨，可开采储量约为6亿吨；距龙口48.6海里的渤南油气田位于渤海湾南部，已探明天然气储量225亿立方米，可开采储量为108亿立方米。南部山区盛产黄金，花岗岩、石灰石、铅锌、萤石、石英砂等矿产资源。

综合实力显著提升

1991年跨入全国综合实力百强县行列，居第60位，随着经济、社会的全方位发展，综合实力不断壮大，排名逐年稳步攀升，2003年位居第25位，2004年位居第21位，2006年跃居第16位；2009年第九届全国县域经济基本竞争力评价列第11位，山东省首位。

农业产业化步伐加快

农业生产历来注重精耕细作，粮食高产，素有“小麦之邦”的美誉。龙口粉丝、山东梨、龙口草莓、龙口对虾、桑岛海参等土特产品远近闻名，建成南部山区丘陵林果业、中部平原粮菜畜牧业、北部沿海水产葡萄业三条农业产业经济带，形成了粮食、果品、畜牧、蔬菜、水产五大支柱产业。先后被确定为“全国创建无公害农产品（水果）生产示范基地县”、“国家级无规定动物疫病区示范区”、“全国工艺产品出口示范区”、山东省“生态农业示范县”、“农药无残毒、放心果示范县”，被授予全省“农民增收先进市”和“农业产业化工作先进市”等荣誉称号。有78种产品获得绿色食品证书，农产品加工企业发展到210处，建有总库容达32万吨的北方最大冷风库、气调库群。

工业经济迅猛发展

深入实施“企业再造”、“工业再造”五年规划，按照“优质项目—企业再造—特色集群—先进制造业基地”的思路，推动项目建设、企业再造、产业转型“三个升级”，全市工业结构明显优化、综合实力明显增强。培育形成了铝制品、汽车零部件、食品、纺织皮革、化工建材等产业集群；石油化工、机械制造、电力能源、船舶修造、加工贸易五大临港工业集群产业特色日益凸显，竞争实力显著增强。2009年，全市规模以上工业企业发展到367户，2户企业入围山东百强；销售收入过亿元的企业达到128户，其中过10亿元企业32户，过50亿元企业3户。新增上市公司2户，总数达到5户；拥有省级以上名牌产品41个，其中中国名牌产品4个；省级著名商标38件，中国驰名商标7件。

第三产业繁荣活跃

以商贸餐饮、现代物流、旅游等产业为重点的服务业健康快速发展。商贸市场体系进一步完善，骨干市场的辐射作用进一步增强；餐饮业成为推进服务业发展的新生力量，一批现代化星级酒店加速发展；现代物流业快速兴起，形成了集港口装卸、仓储、配送、包装、运输为一体的现代临港物流体系。现代旅游业迅速壮大，形成“青山碧海仙岛，庄园名人神佛，历史与文化交融，人文与生态和谐”的特色旅游品牌，拥有全国首批AAAA级景区——南山旅游风景区。2006年，荣获“中国优秀旅游城市”称号。

城市化进程不断加快

按照“三城布局、一轴展开、山海呼应、组团发展”的思路，高起点规划、高标准建设、高效能管理的原则，全面加快城市建设步伐，城市功能进一步完善。目前，全市公路通车总里程达

到1395公里，通车密度达到156.2公里／百平方公里。龙口至烟台机场仅需1小时，距我市城区仅30公里、不足半小时车程的潮水机场已全面开工建设。龙口港为国家一级对外开放口岸，开通国际航线78条，可直达56个国家和地区，辟有直达集装箱航线4条，是国内最大的对非散杂货出口贸易口岸，国内第一大铝矾土、石油焦进口港，现有码头岸线6200余米，生产泊位27个，其中10万吨级通用泊位5个，5万吨级5个，万吨级6个，设计年通过能力2441万吨，核定通过能力4000万吨，2009年完成港口货物吞吐量3639万吨，成功跻身全省集中集约用海九大核心区，用海规划在全省率先通过国家级专家评审并得到国家海洋局正式受理，为蓝色经济加速崛起拉开了序幕。全市电厂装机总容量达200万千瓦，境内拥有大中型水库3座，蓄水能力达2.2亿立方米，建有亚洲最大的地下水库——黄水河地下水库，河道上游建有王屋水库，总库容1.21亿立方米。围绕推进城乡大绿化，实施了一批精品工程，2009年大绿化投入1.5亿元，栽植苗木600多万株，新增绿化面积4.5万亩。社区建设跨入新阶段，在烟台市率先实现了农村社区全覆盖。

各项社会事业全面进步

先后被确定为高新技术产业密集区、全国科技实力百强县、“全国科技进步示范区”、“全国持续高效农业技术研究与示范项目示范区”。到2009年底，全市已累计实施省级以上“火炬计划”125项，申报专利6243件，国家重点支持的高新技术企业11家，创国家级新产品140种，科技进步贡献率达到65%。在全国率先普及九年制义务教育和高中教育，拥有国家批准设立的民办大学和中加合作的东海外国语学校，初步形成了幼教、普教、高教、职教、成教全面协调发展的教育体系。新建改建卫生服务站34处，总数达到221处，覆盖面达到100%。

人民生活水平不断提高

坚持以人为本、关注民生，积极维护和实现好群众利益，在多渠道抓好群众增收的同时，不断加大对困难群体的救助和帮扶力度，扎实搞好就业再就业工作，健全完善社会保障体系，城乡居民生活水平有了新的提高。

山东省荣成市

荣成市位于山东半岛最东端，三面环海，海岸线长500公里，与韩国、日本隔海相望，是我国距离韩国最近的地区。陆地面积1495平方公里。辖两个区、12个镇、10个街道、826个行政村、125个居委会，66.8万人。

荣成市地处暖温带季风性湿润气候区，四季分明，年平均气温为12℃左右，年均日照2600小时左右，年均降水量800毫米左右。全市森林覆盖率39.1%，城市绿化率47.5%，空气质量优良天数100%，其中“优”的天数超过300天，适宜居住和养生。先后荣获国家生态市、国家环保模范城市、国家园林城市、中国魅力城市等称号，被授予中国人居环境范例奖。

荣成市坐拥北纬36°至37°之间纯净海域，近海海域水体质量达到国家标准2类以上，临近黄海、渤海、东海三大渔场，拥有各类渔港码头107处，捕捞渔船6753艘，远洋渔船200艘，远洋捕捞产量6万吨；沿海滩涂15万亩，20米等深线内可养水面200万亩，养殖面积34万亩，养殖品种30个，名优海珍品养殖规模10万亩，海带养殖面积12万亩，产量约占全国的50%，169个产品通过国家无公害水产品认证。

荣成千里岸线分布着10大海湾、72个大小岛屿、10大天然海水浴场，国际公认的“阳光、沙滩、海水、空气、绿色”五个旅游资源基本要素在荣成充分体现。拥有伟德山、槎山两个国家级森林公园，成山头、法华院两处国家AAAA级景区，有大天鹅越冬栖息地大天鹅国家级自然保护区、山海相连的全真教发祥地九顶铁槎山、爱国主义教育基地伟德将军碑廊、“五虎圈阳地”圣水观、花斑彩石、闻涛度假村等风景名胜。

荣成拥有石岛、龙眼两个一类开放口岸，3个一类作业区，6个临时开放港口码头，拥有8处商港、12个万吨级以上码头，开启了13条国际国内航线；深水良港多，港湾腹地大，水深坡陡，终年不冻，最近处距国际主航道仅5海里，对外开放和发展造船业条件优越。

2009年以来，荣成市委、市政府紧紧围绕打造“城乡一体化和山东半岛蓝色经济区先行区”的战略目标，以改革开放为动力，以自主创新为抓手，建立倒排工作机制，以危求机、狠抓落实，着力改造升级传统产业、培植扶持新兴产业、做大做强支柱产业，不断丰富充实发展内涵，持续拓展提升发展外延，经济社会各项事业呈现出蓬勃向上的发展态势。

自主创新能力持续增强

先后与中国海洋大学、中科院海洋所等30多家科研单位建立了紧密合作关系，实施和转化国家“863”计划项目32项。引进哈理工国家大学科技园在荣成创办科技园，与哈尔滨工程大学建立全面合作关系，拥有3家院士工作站，2个国家级、6个省级、12个威海市级技术中心，拥有国家级名牌产品、驰名商标8个，省级名牌产品、著名商标46个，2009年专利申请量达到610件，其中发明专利140件，高新技术产业产值590亿元，占规模以上工业比重达到32%。先后被授予全国科技工作先进市、全国科技实力百强县、全国科技进步先进县、全国科普示范市称号。

产业化水平持续提高

把造船及零部件、汽车及机械、食品深加工、能源石化、旅游、港口物流六大领域作为投资和发展的重点：造船及零部件产业，黄海造船、三星重工、扬帆造船、神飞造船、百步亭船业等修造船及配套企业近百家，本地配套率8%，造船产能100万载重吨。2009年整船产量46万载重吨，占全省造船完工量的1/3，销售收入150亿元，被省政府确定为全省船舶工业聚集区、山东省优质船舶制造生产基地。汽车及机械产业，与美国库珀、韩国现代等国内外知名企业联手合作，华泰汽车、海山机械、固珀成山、黄海离合器等规模以上企业30余家，配件企业50家，形成14万辆汽车、5万台拖拉机产能。2009年生产

汽车1.6万辆、拖拉机1.4万台、轮胎1900万条，实现销售收入138亿元。食品产业，规模以上企业256家，大力实施海洋食品、保健品和生物药品“三品”开发，174家企业通过国际认证。2009年销售收入704亿元，占工业经济40%以上，是全国最大的冷冻调理食品、海带食品、海产罐头食品生产基地，跻身中国产业集群品牌50强，荣获“中国海洋食品名城”、“中国绿色食品城”等称号，被省政府确定为“优质冷冻调理食品生产基地”、“山东省出口农产品质量安全示范区”。能源化工产业，石岛湾核电站总投资1500亿元、装机容量约900万千瓦，已开工建设高温气冷堆第一台20万千瓦机组，正在筹备建设压水堆项目；风电已投产和在建装机20万千瓦，在谈陆地风电20万千瓦，正在规划论证海上风电80万千瓦。港口物流产业，开通直达韩国平泽、仁川、群山的三条国际客运输航线，至韩国釜山及日本博多、门司、关东、关西等的集装箱航线和至日本、俄罗斯、东南亚等10多条国际货运航线，港口吞吐量1519万吨，集装箱吞吐量24.3万标箱。旅游产业，聘请国内专家，对全市旅游资源进行了统一规划，确定了“一心两翼”的发展布局。一心，即以市区为中心的中部组团，突出团体运动养生特色，打造旅游集散中心和养生休闲高端核心区；两翼，即以成山头景区为核心的北部组团，突出成山头作为中国大陆伸向海洋最东端的地理优势，打造独具特色的极地休闲度假区，以石岛赤山法华院为核心的南部组团，突出体验养生特色，打造体验休闲度假区。

综合发展实力持续跃升

2009年全市实现生产总值613.5亿元，财政总收入52.9亿元，其中地方财政收入27.7亿元。全年粮食总产量30.6万吨，水果产量13.2万吨，禽畜养殖1199万只；水产品产量108万吨，渔业总收入449亿元，水产品总产量连续28年位居全国县级首位；全年实际利用外资0.7亿美元，引进国内资金79亿元，外贸进出口总值22.5亿美元，其中出口创汇14.3亿美元，增长10%；现有限额以上工业企业600多家，限额以上工业增加值409亿元；接待中外游客629万人次，旅游总收入50.05亿元，分别增长25%和30%，其中境外游客30万人次，旅游创汇2亿美元。三次产业比达到8.83∶58.75∶32.42，集群经济占规模以上工业比重达到80%。全市在岗职工平均工资28827元，农民人均纯收入9900元，城乡居民储蓄余额213.5亿元；启动了新型农村养老保险试点，年满60周岁未参加城镇职工养老保险的农村居民可享受每月55元的养老保障；对50周岁以上老人实行免费查体。被评为全国农村社区建设实验市、全国平安畅通县、全省基层组织建设先进市、全省基层党建工作先进市、省级文明城市和平安山东建设先进市。

墨子故里——山东滕州市

滕州位于山东省南部，东依沂蒙山，西濒微山湖，南与中原重镇徐州接壤，北与孔孟圣地邹城、曲阜毗邻，总面积1485平方公里，辖17个镇、4个街道，1226个行政村（居），总人口167万人，是山东省人口最多的县级市。

历史悠久、文化底蕴深厚

古为“三国五邑之地，文化昌明之邦”，境内有7300年前的“北辛文化”遗址，表明这里是中华民族最早的人类文明发祥地之一；西周时期就在此建立了滕国、薛国、小邾国三个国家；滕州名士辈出、人文荟萃，是“科圣”墨子、“工匠祖师”鲁班、勇于自荐的毛遂、招贤纳士的孟尝君、人类造车鼻祖奚仲的故里。

区位优越、交通方便快捷

地处淮海经济区和鲁南经济带中心位置，104国道、京福高速公路、京沪铁路、京杭大运河和正在建设的京沪高速铁路穿境而过、纵贯南北。特别是京沪高铁明年建成通车，滕州居于中间位置，到上海两个半小时、到北京两个小时，使我们进一步融入两大都市圈。

资源丰富、风景优美宜人

矿产资源丰富，已探明的矿产资源30余种，其中煤炭储量近60亿吨，是全国有名的能源基地。电力资源充足，全年供电量为30亿千瓦时。水资源充沛，境内水资源总量7亿立方米，是北方有名的富水区。人文古迹荟萃，自然风光秀美，风景名胜众多，享有“墨子故里、江北水乡”的美誉。我们依托山水人文资源，积极打造西部湿地温泉游、北部山水生态游、中南部历史文化游三大旅游板块，旅游业规模层次不断提高。拥有2家AAAA级景区，A级景区达到11家，总量居山东省县级首位。微山湖湿地公园拥有全国最大的16万亩荷花观赏区，是全国最大的国家级湿地公园，被评为国家AAAA级景区、全国十大生态文明教育基地，滕州因此素有“中国荷都”之称；山东盈泰生态温泉度假村，集生态餐饮、宾馆住宿、温泉洗浴、休闲娱乐、会议会展等为一体，是全国最大的生态温泉度假村、国家AAAA级旅游景区、全国农业旅游示范点；素有天下第一情山之称的莲青山，文化积淀深厚，生态环境优美，是国家级森林公园、国家级地质公园、国家AAA级景区。同时，还建设了全国县级最大的历史文化广场，拥有龙泉古塔、墨子纪念馆、鲁班纪念馆、汉画像石馆、滕州博物馆、墨砚馆、王学仲艺术馆等“一塔六馆”，其中汉画像石馆陈列汉画像石位居全国县级之首。集佛教文化、伏羲文化、汉代文化和红色旅游文化于一体的洪山口旅游风景区，又增建了东少林寺景点。各类景区的开发建设，吸引了大批中外游客到滕州旅游观光。滕州先后被评为“中国文化旅游名城”、“山东省最具竞争力旅游强县”、“山东省县域旅游品牌十强县”。

经济繁荣、结构不断优化

农业基础良好，平畴沃野，林茂粮丰，被国家确定为商品粮基地、优质蔬菜基地、“中国马铃薯之乡”。粮食生产再获丰收，2009年粮食播种面积达到169.4万亩，总产达到86.4万吨，小麦最高亩产达到789.9公斤，打破了保持十年的全国冬小麦亩产最高纪录，被评为“全国粮食生产先进县标兵”。蔬菜播种面积不断扩大，达到95万亩，春秋两季马铃薯65万亩，最高亩产达到5517公斤，创全国二季作区单产最高纪录，“滕州马铃薯”被评为首届中国农产品公用品牌价值百强，“滕州大白菜”获国家地理标志认证。畜牧规模化养殖水平不断提高，现代养殖小区达到585处，被确定为“全国出口肉鸡标准化示范区”。农业产业化加快推进，农产品加工企业发展到791家，其中国家级龙头企业1家、省级9家。农村土地流转工作稳步推进，率先在全国建立了农村土地流转有形市场，累计流转土地12.5万亩，土地流转“滕州模式”在全国推广。工业产业集群加速发展，培植形成了机械制造、煤化工、能

源、食品医药、新型建材、轻纺六大支柱产业和电子信息、太阳能、汽车配套三大新兴产业。中小型钻铣床产量占全国总产量的80%以上，被评为全国唯一的“中国中小机床之都”、山东省优质机床及零部件生产基地；中小机床产业集群列入全省装备制造业调整振兴规划，跻身中国产业集群品牌50强。煤化工产业集群列入全省化学工业调整振兴规划，成为全国煤化工行业的一面旗帜。现代玻璃产业列入全省建材工业调整振兴指导意见，成为全省五大玻璃生产基地之一。招商引资成果显著，2009年全市共引进各类外来投资项目410个，实际利用市外资金210亿元，增长25.5%；实际利用境外资金7455万美元，增长48.2%，成功引进世界500强企业2家、国内500强企业4家。项目载体建设日臻完善，滕州经济开发区跻身山东省省级经济开发区30强，机械制造工业园成为全省重点建设的10个装备制造业基地之一。服务业繁荣活跃。2009年，服务业增加值完成190.7亿元，占GDP的比重达到35%；社会消费品零售总额实现165.4亿元，增长19%。市场体系健全完善，干杂海货、小商品、建材家居、钢材、花卉、水产粮油等各类专业市场37处，其中年交易额过10亿元的达到8处，形成了结构布局合理、服务功能完善、辐射能力较强的现代化专业批发市场群体，滕州被命名为“中国食品流通基地”。积极引进名店名企名牌，肯德基、大润发、苏果超市、苏宁电器、银座商城、上海华联超市等国际、国内知名零售企业相继落户滕州。加快发展休闲娱乐业，华尔顿会所、两岸咖啡、上岛咖啡、英皇国际俱乐部、净雅会馆等高档休闲娱乐场所建成投入使用，服务业发展层次进一步提升。积极发展节会经济，成功举办首届中国（滕州）马铃薯节、第二届墨子文化节、第六届微山湖湿地红荷节和首届国际干杂海货调味品博览会，滕州被评为“建国60周年·中国优秀节庆城市”。

宜商宜居、发展环境优良

城市基础设施完善，供水、供热、供电、通信设施配套齐全，生态环境良好，城市建成区面积发展到43.7平方公里，城市化水平达到45%，滕州先后被评为“省级文明城市”、“省级历史文化名城”、“省级园林城市”、“省级环保模范城”。服务环境不断优化，深入开展“机关效能建设年”活动，深化政务公开、服务承诺、首问负责、限时办结等制度，行政审批事项按期办结率达99.8%，行政审批事项由360项减少到265项，收费项目由168项减少到86项。深入开展社会治安综合治理，保持了政治稳定、社会安定的良好局面，被评为“平安山东建设先进市”。

社会和谐、人民安康幸福

覆盖城乡的十大保障制度不断完善。在全省县级市率先推行全民医疗保险和全民养老保险，城镇居民医疗保险参保人数达到12.1万人，新型农村合作医疗参合率达到100%。城镇失业率控制在3.1%以内，全面消除零就业家庭。21个镇街均建立了高标准的敬老院。城乡低保实现应保尽保，被评为全省低保规范化建设先进单位。全年募集慈善捐款1230万元，救助困难群众3.6万人次。开工建设经济适用房10万平方米，配套建设廉租住房740套。推进城乡教育均衡发展，实施了总投资7.8亿元的33处教育教学设施建设，完成40处中小学布局调整。加强城乡卫生服务体系建设，实施了总投资3.2亿元的15项城乡卫生设施建设工程，医疗服务水平显著提高。大力弘扬“兼爱包容、诚实守信、开放创新、敢为人先”的新时期滕州精神，广泛开展“善国爱星”、“文明标兵”、“道德模范”评选活动，社会文明程度不断提高，滕州被评为“全国文化先进市”、“全国文明礼仪教育示范市”。体育事业全面进步，圆满完成十一运跆拳道和女子足球比赛承办任务。

山东省招远市

人文地理

历史悠久、人杰地灵。据史料记载，招远境内早在新石器时代已有人居住，至今已有6000余年历史；汉时建制，唐代设镇，金朝置县，1992年撤县设市。招远历史上名人辈出：三国曹魏名臣王基、宋代状元王俊民、明朝算学家李笃培、甲午海战殉国将领宁清海等均出自招远。新中国成立后，文教界有著名画家王道元、著名元曲研究专家隋树森，军政界有原中共中央政治局委员、军委副主席迟浩田，原中共中央委员、军委委员王瑞林等知名人物。

交通便捷、环境优良。位于胶东半岛西北部，与日、韩等国家相毗邻，区域优势比较明显，交通条件便利，东临烟台港100公里，南靠青岛港150公里，距龙口港只有15公里，城市周边有青岛、烟台、济南3个国际性机场，境内有胶济铁路、德—龙—烟铁路、威乌高速公路和206国道等多条省级干线公路穿过，贯境而过的龙青高速路即将建设；城区交通四通八达，形成了“三环、五纵、六横”的交通大框架。2007年，被评为全国畅通工程一等（模范）管理水平城市。“金轴银线”和“一城两区”的城市发展新格局初步形成，城市功能和形象日益提升；市内环境宜人，城市绿化率达到55.3%，城区污水处理达标率、垃圾无害化处理率及城市饮用水水质达标率均为100%，大气环境接近国家一级标准，是全国卫生城市和全国环保模范城市。

自然资源

黄金旅游。境内有亚洲最大的金矿和众多现代化矿山，保存着许多历史采金遗址和相关设施，是天然的黄金历史博物馆。建有中国境内最大的金矿实景博物苑，集中展示、演示黄金开采、冶炼等加工工艺及黄金历史文化。

天然温泉。位于城区的天然温泉保护区2平方公里，温泉出口温度高达97℃，是中国北方温度最高、水质最佳、出水量最大的热水泉，有“热不下遵化，名不亚骊山”之美誉。泉水矿化度高，富含钙、镁、钠、钾、硫、铁、氯、溴等40多种矿物质和微量元素，有祛病健体之功效，被誉为不食烟火的“水医”。自古以来便有源源不绝的游人慕名而来专享温泉之浴，因而招远得有“招远招远方客，温泉温泉中宾”之佳句。

罗山国家森林公园。胶东半岛保护完好的生态林自然保护区，被国家旅游局命名为AAA级旅游风景区。总面积1万余亩，森林覆盖率达80%以上，有植物资源1000多种，是招远的“森林氧吧”之一。旅游区总面积18.34平方公里，设“罗山黄金旅游带、森林公园景区、金都峰景区、金禄苑景区”四大主题区，在空间布局上呈现“一带三区”格局，重点发展黄金、生态、休闲、度假旅游。

黄金海岸。拥有30多华里的海岸线，浅海水域总面积35万亩，可供开发利用25万亩，盛产海参、梭子蟹、鲅鱼、鲈鱼及各种虾类和贝类。浅海区坡度平缓，海水清澈，沙滩细软，海滩面积达4500亩，是天然的海水浴场，素有“黄金海岸”之称，还是中国少有的几个可以观赏海上落日的地方。

特色物产

黄金。招远以盛产黄金而驰名中外，系中国产金第一大市（县）。黄金开采历史悠久，早在宋代便形成一定的开采规模，有“金穴数百处，岁溢数千两”的记载。改革开放以来，黄金产业蓬勃发展，招远成为重要的黄金生产、加工和交易中心。2009年完成自产黄金77万两，冶炼加工黄金127.2万两，黄金产量连续34年居全国县市首位。现代化的大型黄金珠宝首饰城已连续举办了六届国际黄金珠宝首饰展销会以及两届黄金节，成为中国北方重要的金银珠宝饰品集散地。2002年元月，招远被中国黄金协会命名为“中国金都”。

粉丝。招远是“龙口粉丝”的发祥地和主

产地，年产量25万吨，年出口量占全国的85%，占有国内市场80%以上的份额。粉丝加工已有300多年的历史，因经龙口港出口而得名“龙口粉丝”。龙口粉丝因其丝条细匀、光亮透明、质地柔韧而著称于世，1985年荣获国际食品博览会金桂叶奖，出口100多个国家和地区。2004年9月，招远被中国农学会命名为“中国粉丝之都”。

苹果。招远是“烟台苹果”的主产地之一，苹果种植面积40万亩，果品保鲜储存能力1.21亿公斤，年产红富士苹果4亿公斤，年产纯鲜榨苹果汁3.5万吨。“招元”、“富冠”、“鲁冠”、“华泉”等品牌的苹果历次被评为中国农业博览会名牌产品。1995年3月，在首批百家中国特产之乡命名宣传活动中，招远被命名为“中国红富士苹果之乡”。

石材。招远是中国北方石材重市，主产“CG383”大理石，存储量13.3亿立方米，开采加工企业300多家，年加工能力1200万平方米，消化荒料40万立方米。产品主要为火烧板、工程板、路边石、广场石、景观石等，主要销往韩国和长江以北大部分地区。北京天安门广场也系采用招远石材铺装。

主导产业

黄金生产及加工制造产业。形成了集黄金勘探、采选、冶精炼、金银制品加工、综合利用及黄金机械、黄金化工、设计研究等于一体的完整产业体系。现有金矿66座，选矿厂90座，黄金勘探企业2家，黄金冶精炼企业6家，黄金化工企业2家，黄金机械企业50家，金银饰品加工企业5家，上海黄金交易所招远黄金交割库1座，设有山东招金集团黄金交易中心。黄金精深加工企业集聚发展，主要产品有黄金珠宝首饰、金丝、黄金溅射靶材、金盐等。

轮胎及相关材料制造产业。主要产品是三大系列，一是以全、半钢子午胎、实心胎、工程胎等为主的轮胎产品；二是以钢丝、炭黑、轮辋、帘子布为主的配套产品；三是以合成胶为主的其他橡胶制品。重点龙头企业玲珑集团入围2006年中国制造业企业500强，是中国轮胎行业三强企业之一，也是中国轮胎行业十大名牌企业之一，“玲珑牌”荣获中国驰名商标，“玲珑牌”全钢子午胎荣获中国名牌产品。

电子产品及电子材料制造产业。主要产品是铜箔、覆铜板、集成电路键合金丝、光器件、光通道模块、磁性材料等。骨干企业：招远金宝电子有限公司是国家“863”计划成果产业化基地，铜箔和覆铜板产量与市场占有率在行业内均排名第二；贺利氏招远贵金属材料有限公司是中国最大的键合金丝生产企业，占有国内市场份额达80%；招金光电子科技有限公司是国家高科技企业，是中国北方最大的无源光器件生产制造基地，生产的高速磁光开关其，速度和可靠性均居世界前列。

机械加工制造产业。主要产品是汽车齿轮、变速箱、缸体、缸盖、座椅、刹车片等汽车零部件及按摩椅、锁具、黄金矿山机械等。骨干企业：康泰实业有限公司是国家级火炬计划重点高新技术企业，日本松下电工的合作伙伴，生产的高档按摩椅深受日本客户欢迎，年出口额1000万美元以上；东北特钢山东鹰轮机械有限公司年产500万件齿机和2万台汽车变速箱总成，是中国一汽配件定点生产单位，为50多家主机厂配套；黄金机械总厂、龙腾机械、永固矿机等都是专业的黄金矿山机械制造企业。

食品加工制造产业。形成了以粉丝、果品、粮油、肉食、蔬菜等为主要产品的食品加工、食品制造五大行业，尤其是粉丝加工形成了较完善的产业体系。拥有烟台金华粉丝有限公司、三嘉粉丝蛋白有限公司、金城股份有限公司等一大批国内外享有盛誉的大型龙口粉丝专业生产厂家。2004年4月，招远被中国食品工业协会授予“全国食品工业强市”称号。“双塔”牌粉丝和“六六顺”牌粉丝荣获“中国名牌产品”称号，“双塔”、“六六顺”、“冠珠”牌粉丝还获得“中国驰名商标”称号。

投资环境

基础设施。招远水、电、暖、交通、通信等配套设施齐全，投资环境日臻完善。城乡交通便捷，城区街道宽阔畅通，形成了九纵九横的现代城市交通框架；乡村公路网络完善，实现了“村村通油路”；市内与市外公路联结成网，通畅八达。现有220千伏变电站2座，与省电网联网，实行双回路供电，全市年供电16.5亿千瓦时；有2.4万千瓦、1.2万千瓦和6000千瓦热电厂各1座，可充分满足城区和开发区供热需求。有大型水厂3个，日供水能力4万吨。年供气540万方的天然气工程正在建设中。

发展平台。城市建成区面积25平方公里，规划总面积60平方公里，城市化水平达到了52%，形成了九纵九横的现代城市交通框架和“金轴银线”、“一城两区”的城市发展格局。招远经济开发区已经完成了全部的基础设施配套，“七通一平”面积达到30多平方公里，进区项目累计达到169个，荣获“环渤海省级开发区投资环境、科技创新、循环经济竞争力百强”和“山东省第二批科学发展示范园区”称号。正在开发建设的滨海新区，规划面积88平方公里，重点发展高新技术、休闲旅游开发和现代物流三大支柱产业，目前发展的大框架已经拉开，是理想的投资平台。

环境保护。招远重视城市环境保护，严格控制工业项目的污染排放，积极发展循环经济，城市生态环境良好。2002年2月，招远被国家环保总局评为“国家环保模范城市”。目前，全市空气质量优良天数保持在350天以上，水域功能区、城市集中饮用水源地水质达标率均达到100%，建成区烟尘控制区、噪声达标区覆盖率分别为100%和78.8%。

社会事业

科技事业。全市共有省级以上高新技术企业37家，其中国家级高新技术企业4家；建有省级企业技术研发中心4处、博士后科研工作站1处。目前，全市累计承担各级各类科技计划300多项，其中国家级计划24项、省级计划16项，有3项跻身高技术研究发展计划“863”计划。2003 ～2007年，招远连续5年被国家科技部授予“全国科技进步先进县（市、区）”荣誉称号。

教体事业。共有幼儿园137处、基础教育学校108处、职业中专5处、乡镇成人教育中心校11处。全国普通高校招生考试本科上线人数累计达到4572人，历年列省、烟台市前茅。在竞技体育方面，投资1.7亿元的体育中心已交付使用。培养输送了刘春红、孙天妮等体育竞技国手，先后在世界赛场上为国家争得奥运会金牌2枚、银牌1枚、世界级大赛金牌27枚、亚洲级大赛金牌25枚、国家级大赛金牌41枚，35次打破世界纪录、5次打破奥运纪录，大赛成绩居全省县级市首位。2005年，招远被国家体育总局授予“国家奥林匹克体育后备人才基地”荣誉称号。

文化事业。招远历史文化源远流长，可追溯至新石器时代。历代文人名士辈出，有宋代诗书画家王民，明代算学家李笃培、诗书画皆佳的进士杨观光，清代书法家柳云培、杨橄等。在当代，走出招远的有全国著名书画家王友石、王麦杆、孙其峰、王文芳、刘福芳等，作家丛正里、陈占敏等。目前，全市共有文化艺术单位11个、省市级文物保护单位13处，烟台市文化模范村17个。1997年，招远被文化部命名为全国文化先进县。

卫生事业。共有医疗卫生机构25处，卫生技术人员1973人。市人民医院、中医医院为二级甲等医院，9处镇卫生院为一级甲等医院。1999年8月，招远被全国爱卫会命名为“国家卫生城市”，并连续通过复核验收。人口与计划生育事业成绩突出，连续多年被评为“全国计划生育先进市”称号。

中国龙城　舜帝故里——山东诸城

诸城市位于山东半岛东南部，地处青岛“一小时经济圈”。全市总面积2183平方公里，辖10个乡镇、3个街道，1个省级经济开发区，总人口106万人，是全国综合发展实力百强县（市）、中国优秀旅游城市、山东省文明城市。

历史悠久，人杰地灵

诸城因恐龙化石资源丰富而被誉为“中国龙城”，诸城又因历史悠久、人杰地灵而被称为“东国名地”。诸城西汉初年设东武县，隋代改称诸城。据考证，诸城因上古名君舜帝出生于城北的诸冯村而得名。宋代大文豪苏东坡于宋神宗熙宁七年至九年任密州太守，期间写下了《水调歌头.明月几时有》、《江城子·密州出猎》等千古名篇。诸城名人辈出，孔子的学生、女婿公冶长，宋代《清明上河图》的作者张择端，北宋金石学家赵明诚，清代体仁阁大学士、书法家刘墉，《续金瓶梅》作者丁耀亢，《四库全书》总阅窦光鼐等都是诸城人。在现代文学史上，涌现出了王统照、臧克家、陶钝、王愿坚等一批文化名人和崔嵬、李仁堂等著名电影表演艺术家。党的“一大”代表、山东党组织最早的组织者和领导者王尽美就诞生在这片热土上。

地理位置优越，交通便利，自然资源丰富

北依世界风筝都潍坊，东临滨海名城青岛，南靠新兴港口城市日照，是山东半岛重要的交通枢纽。胶新铁路和济青高速公路南线贯穿诸城，市内6条干线公路四通八达，乘车1小时可达青岛、日照两大港口和青岛、潍坊两大机场。

全市耕地面积160万亩；水资源总量6亿立方米；境内已探明的矿产资源20余种，总储量1.3亿吨以上，其中沸石岩、明矾石、金红石储量丰富，且为山东所独有，极具开采价值。

工业经济提质扩量，支撑地位更加突出

成功培育起了汽车及零部件、食品加工、纺织服装三大主导产业，实现产值、利税分别占全市工业总量的85%以上。同时，着力培植了精细化工、装备制造、电子信息、造纸包装、木器家具、建筑建材等新兴产业，形成了新的经济增长点。培强做大了福田、外贸、得利斯、新郎、桑莎、龙光、义和等一批骨干企业，高新技术产业产值占规模以上工业总产值的比重达到42.3%，国家级高新技术企业总数量达到11家，科技进步对经济增长的贡献率达到58.4%，被命名为国家科技进步示范市。国家级品牌达到40件，荣获“2009中国商标发展百强县”称号。品牌产品和企业迅速膨胀，叫响了以诸城外贸为主的外贸城、以福田公司为主的汽车城、以新郎公司为主的纺织服装城、以得利斯集团为主的食品加工城。

城市经济更加繁荣，新兴业态日趋活跃

2009年，实现服务业增加值109.1亿元，增长17.1%；社会消费品零售总额109.2亿元，增长19.4%。房地产业持续扩张，规划建设的610栋高层楼宇竣工超过200栋。文化旅游业发展态势良好，拉起了以恐龙文化为主调、名人文化为主线，以“六山七水八园”为主体的现代旅游城市框架。潍河文化旅游产业区建设加快推进，白垩纪恐龙地质公园获国家地质公园资格，恐龙博物馆、刘墉栗园分获AAAA级、AAA级景区称号，成功举办大舜文化节和国际烧烤节，2009年实现旅游总收入30亿元，增长76%。现代物流和商贸流通业发展迅猛，十大物流园区建设有序推进，建成栗园五星级，引进速8等知名酒店经营品牌，服务业发展水平大幅提升。被省政府表彰为“服务业重点城区先进单位”。

镇域经济发展强劲，农民收入稳步增长

农业基础雄厚。是全国农业产业化的发源地，全国粮食、主料烟、瘦肉型猪生产基地，现已发展起肉鸡、生猪、黄烟、粮油、蔬菜、棉花、淡水养殖、桑蚕、食用菌、万寿菊等十二大主导产业。镇域工业化水平不断提高，中小企业创业服务基地和特色产业园区载体功能显著增强，农村服务业发展迅速，农村各类商品交易市场发展到169个，建立便民超市、农资超市等连锁店700多家。现代农业发展加快，农村经济合作组织发展到717家，规模以上农业龙头企业发展到220多家。城乡居民收入持续增长，城镇居民人均可支配收入15514元，农民人均纯收入8327元，分别增长10.1%和8.1%。

招商引资成效显著，外经工作总体趋好

全年招商引资项目306个，到位资金114亿元，招商引资取得新的成效。完成外贸进出口8.5亿美元，其中出口6.8亿美元。全市外资企业增资和利润再投资的总量和增幅都远超上年同期水平，实际利用外资4200万美元，增长162%。

财政金融健康平稳，投资实现较快增长

全市完成财政总收入40.4亿元，其中地方财政收入24.6亿元，分别增长23.8%和20.6%。年末金融机构本外币存贷款余额分别达到246.1亿元和210.7亿元，比年初增加71.6亿元、61.1亿元。完成全社会固定资产投资222.1亿元，增长25%。

基础设施更加健全，承载能力不断增强

城市建设扎实推进，近年来，全市累计投资30多亿元，对城区主要道路全部进行了拓宽改造，配套城区供排水、供热、供气等各类管网，完善了城市功能；实施潍河综合治理工程，高标准硬化、绿化、亮化沿河道路40多公里，把潍河变成城中河，提升了城市品位；城市建成区绿化覆盖率达到38%。城镇建设成效明显，小城镇改造提升、社区中心村开发快速推进，完成小城镇建设投资20.2亿元。城乡基础设施体系日益完善，完成206国道诸城西段改造任务，建设农村公路203公里；生态绿化深度推进，森林覆盖率达到32.5%；城乡污水和生活垃圾处理系统逐步完善，城市污水集中处理率达到100%。

社会事业全面进步，民生得到进一步改善

农村社区化发展深入推进，从2007年开始，在全市农村全面开展了“政府主导、多方参与、科学定位、贴近基层、服务农民”的农村社区化服务与建设，在全市1249个村庄规划建设208个农村社区及社区服务中心，2008年6月份已全部建成运行，形成了多村一社区的“诸城模式”。2009年荣获“全国首批农村社区建设实验全覆盖示范市”称号。在此基础上，全面推进农村社区化发展，突破了在农村基层单纯依靠村庄来推动公共服务、经济、政治、文化、组织、居住形态等各项工作的局面，各项事业实现集聚式发展，找到了县域内加快新农村建设的有效路径，形成了促进城乡一体化发展的新机制。重点项目建设进展顺利，规划建设了19个社会事业重点项目，总投资20.5亿元。文化事业快速发展，城乡一体的公共文化服务体系初步形成，文化机构和文化队伍日益壮大，社区文明中心村创建活动有序开展，城市文化内涵不断提升。教育事业优先发展，城乡教育资源得到进一步优化配置，乡镇学校、幼儿园标准化建设步伐加快；创办农村社区学院，被评为全省首个“全国社区教育实验区”。卫生工作不断进步，基层医疗卫生体系得到加强。人口计生工作保持良好发展态势，全市人口出生率8‰，自然增长率2.4‰。就业和社会保障水平不断提高，2009年被评为全省首批创建创业型城市；全市参保人员达到22万人，城乡低保标准、五保供养水平进一步提高。安全稳定工作机制逐步健全，安全生产事故下降8.6%。

改革创新深入推进，机制体制明显优化

以承担全省综合配套改革试点任务为抓手，深入推进体制机制改革创新。企业上市实现突破，得利斯成功上市，信得科技、泰盛化工、希努尔男装等企业上市工作梯次推进。土地资源统筹机制进一步完善，整理复垦、挂钩置换等工作扎实有效。金融创新持续推进，贷款担保机构发展到14家，乡镇（街道）全部建立投融资平台，在全国首批成功发行中小企业集合票据。扩权强镇工作取得实效，在全省率先建成市镇一体化的行政审批服务体系。“数字社区”建设全面展开，荣获“中国农村信息化领先地区”称号。

孟子故里——山东邹城市

邹城是著名思想家、教育家孟子的诞生地，素有“孔孟桑梓之邦，文化发祥之地”之美誉，是国家历史文化名城、中国优秀旅游城市、新兴能源工业基地、全国综合实力百强县市。全市辖13个镇、3个街道办事处，2个省级经济开发区，总面积1616平方公里，总人口114万，城区建成面积32.5平方公里，城市人口30余万人。

区位优越、交通便捷

邹城市位于山东省西南部，东倚沂蒙山区，西临鲁西平原，南临微山四湖，北与曲阜、泰山相邻。地势东高西低，山区峰峦叠嶂，丘陵逶迤起伏，平原沃野千顷，三种地貌各占三分之一。邹城地处京沪铁路和新日铁路交会处，京沪铁路纵贯南北，新石铁路横穿东西，境内京福高速公路、104国道及岚济公路等10余条公路干线遍布全境，水运可由白马河经京杭运河直达宁、沪、浙一带。建设中的京沪高速铁路穿过城市东部，建成通车后，邹城到京沪的时间将分别缩短至2个小时左右。全市形成铁路、公路、内河航运纵横交错、四通八达的现代交通网络。

历史悠久、文化灿烂

古称“邹鲁圣地”，是一座有着三千年历史的文化名城。境内文物古迹众多，有各类文物古迹300余处，其中国家级重点文物保护单位5处10个景点，省级重点保护文物单位6处。著名的有直接体现孟子思想文化的孟府、孟庙、孟林、孟母林古建筑群，有被称为“中国书法艺术瑰宝”的北周时期铁山、岗山、葛山、尖山“四山”摩崖石刻，有京南江北最大的地下宫殿——明鲁荒王陵，有被誉为“天下怪石第一山”的历史文化名山——峄山，可谓自然人文景观交相辉映，是优秀的“山、水、圣人”综合旅游区。全市现有AAAA级旅游区2个，AA级旅游区1个，旅行社19家，星级饭店3家。丰富的旅游资源，完善的配套设施，每年吸引了数以万计的国内外游客前来观光旅游。

资源丰富、物产富饶

邹城物华天宝，矿产资源丰富，是新兴的能源工业城市。市内共有8大类20余种矿产资源，以煤炭、花岗石为主，其中藏煤面积357平方公里，地质储量41亿吨以上，石灰石储量150亿立方米，花岗石储量20亿立方米。兖矿集团、邹县电厂、里彦电厂、里彦煤矿等国家、省大型企业均在境内，年产原煤近3000万吨，年发电量达240亿千瓦时。邹城物产富饶，盛产小麦、玉米、花生、大豆、蔬菜、苹果、大枣、板栗、核桃、石榴、大樱桃等，被列为全国商品粮生产基地和油料大市。工业产品近3000种，主要有原煤、化肥、白酒、啤酒、机制纸，陶瓷、服装、水泥、花岗石板材、化工产品、五金工具、机械铸造，其中服装、陶瓷、五金工具、牛仔布等100余种产品畅销国际市场。

实力雄厚、发展迅速

近年来，邹城市委、市政府坚持以科学发展观为指导，紧紧围绕建设“经济强市、文化名市、生态靓市、和谐新市”战略目标，以经济建设为中心，以工业化、城市化为重心，解放思想，抢抓机遇，凝心聚力，干事创业，全市经济平稳较快发展，各项社会事业扎实推进。2009年，全市实现地区生产总值480.88亿元，增长12.2%。地方财政收入完成24.56亿元，增长10.2%。工业经济较快发展，规模以上工业企业实现工业增加值229.80亿元，完成主营业务收入604.86亿元。商贸流通繁荣活跃，社会消费品零售总额实现129.68亿元，增长20.8%。规模以上固定资产投资完成183.9亿元，增长44.9%。先后荣获全国十佳投资创业城市、全国小型水利工程建设重点市、全国食用菌生产“十强市”、全国食品安全示范市、全国无公害农产品标志推广与监管示范市、山东省最佳投资城市、“平安山东”建设先进市等荣誉称号。

工业发达、调整加快

近年来，按照“工业化”发展要求，全市形成以能源、煤化工、新型材料、机械制造、生物工程、食品加工等支柱行业为主、结构合理、门类齐全的工业体系。能源、煤化工“两大基地”建设扎实推进，新型材料、机械电子、生物医药、食品加工“四大产业集群”迅速壮大。为提高工业经济发展质量，市委、市政府提出了“工业立市、转型强市”战略，把转方式调结构、推进经济战略转型作为当前和今后一个时期经济工作的重大任务和主攻方向。大力实施项目带动战略，通过推行项目专班和指挥部会战模式，加快推进经济结构战略性调整。依托兖矿集团、邹县电厂等煤电企业延伸煤化工、煤电铝、煤电建等产业，以国宏化工、兖矿峄化、荣信煤化为重点，拉长煤炭产业链条，着力培植销售收入过1000亿元的煤化工产业集群，努力打造国家级绿色精细煤化工基地。发挥矿山机电设备制造优势，成功举办中国山东矿山机电暨煤化工高端产品博览会，形成矿山机械、农业机械、建筑机械和工程机械等七大类近三百多个品种的生产体系，努力培植销售收入过200亿元的机电电子产业集群。加快金钢山酒业、燕京啤酒等企业重组，围绕维维乳业、华源食品、金鹏食品、康发食品、联航食品等加工企业，扶持企业上档升级，走品牌加工之路，着力培植销售收入过100亿元的食品加工产业集群。依托泰山玻纤、恒鑫玻纤、恒泰玻纤等玻纤生产企业，膨胀玻纤生产规模；抓好兖矿高性能铝型材项目建设，延伸加工铝型材市场终端产品；推进可纺沥青碳纤维和凯伦光伏材料项目建设，提高新材料产品科技附加值，尽快建成销售收入过300亿元的新材料产业集群。依托圣齐生物、孔圣堂制药、圣立堂药业、鲁淀生物等企业，加快企业改造升级，提高生物医药市场竞争力，打造销售收入过100亿元的新医药产业集群。2009年底，全市规模以上工业企业480家，拥有国家级煤化工重点实验室1家，国家级企业技术中心2家，纳入高新技术产业统计的企业205家，工业经济实力进一步壮大，产业结构进一步优化，经济转型迅速成效显著。

设施完善，投资环境优越

邹城市内有经济开发区和工业园区两个省级经济开发园区，园区区位优越，基础设置完善，配套设施齐全，区内实现道路、通信、供电、供水、排水、污水处理等“八通一平”，金融、物流、科技、信息等生产服务设施建设扎实推进，发展前景广阔，是投资置业的最佳选择。通过实行镇街二分之一工作法招商、部门督帮企业招商、市级领导项目专班等制度，加大招商引资力度，加快项目建设进度，招商安商体制进一步完善。实行“一费制”等涉企制度改革，开展机关效能和优化发展环境建设活动，全面优化企业发展环境。按照“儒学之都、园林城市、山清水秀、生态宜居”定位和“以山为骨、以水为魄、以绿为脉、以文为蕴”理念，实施“东扩、西联、中提、北接”战略，全面推进城市建设，加快城市化进程，城市基础设施完善，配套设施齐全，道路交通便捷，公交线路发达，热力管网、天然气管网、污水管网、中水回用管网、供水管网、因利河引水管网“六大管网”建设深入推进。城市管理水平全面提升，形成完善的城市环卫、城管执法、园林建设等网络化、数字化城市管理运行模式。南沙河治理和因利河改造工程顺利实施，工程完工后将实现两河穿越城区的靓丽景观，形成山城相连、山水相依的优美自然风光，是典型的山、水、生态宜居城市。

山东省邹平县

地理位置优越

邹平县位于山东省滨州市最南端。地处鲁中泰沂山区与鲁北黄泛平原叠交地带，东接工业重地淄博，西临山东省会济南，南依胶济铁路，北濒黄河，济青高速公路贯穿县境26公里。西距济南90公里，距济南国际机场62公里，东距海滨城市青岛240公里，距淄博市37公里，北至首都北京550公里。

资源条件丰富

邹平县东西长57.55公里，南北宽50.15公里，总面积1250平方公里。县内地势南高北低，西高东低，自然条件优越，资源丰富，历史上被推为全省三大富庶地区之一。县境内有大小山头300余座，南部长白山脉重峦叠嶂，绵延数十里，有"泰山副岳"之称。北部平原，地势平坦，土质肥沃，为县内重要的粮棉油菜生产基地。境内河流众多，有黄河、小清河、杏花河、孝妇河等20余脉，其中黄河、小清河分别流经县境22公里、45公里。县境属北温带大陆性季风气候，四季分明。境内矿产资源丰富，铜、金、银、钼、硫及花岗石、麦饭石、矿泉水等蕴藏量巨大。全县有鹤伴山国家级森林公园、丁公遗址、范仲淹读书洞、梁漱溟墓等八十余处旅游景点。

历史文化悠久

邹平西汉置县，是历史上有名的齐鲁上九县之一。境内有多处古文化遗址，1991年境内发现属龙山文化的丁公遗址，把中国文字史向前推进了800年。邹平人杰地灵，古往今来群贤辈出。战国时，思想家陈仲子创立"於陵学派"，为战国时期六大学派之一；秦汉之际，伏生传《尚书》，被历史学者称之为尚书再造；魏晋之际，古代数学泰斗刘徽作《九章算术注》，奠定了中国古代数学领先世界的地位；隋末王薄首举义旗，拉开了隋末农民起义的序幕；晚唐段成式作《酉阳杂俎》，内容广博，闻名中外；北宋名相范仲淹的青少年时代在这里度过，为其"先忧后乐"思想的形成奠定了良好的基础；明末张万钟因著《鸽经》而被誉为世界研究鸽子的真正开创者；近代硕儒梁漱溟19世纪30年代在邹平创办了山东乡村建设研究院，进行了长达七年的乡村建设实验，现代诗人李广田、版画家刘建庵、语言学家郭在贻、《周易》研究专家刘大钧，都是知识界颇有影响的邹平籍人。邹平是全国第一个对美国学者开放的农村调查点，1986年以来，共接待来自23个国家和地区的外宾468批，1600余人次。1997年，美国前总统卡特专程来邹平进行了为期三天的考察访问。

综合实力显著增强

2009年完成地区生产总值460.69亿元，邹平以全国万分之一点三的土地、万分之五点四的人口创造了全国万分之十三点七的地区生产总值。2009年人均地区生产总值达到63392元（约合9279美元），是全国人均地区生产总值的2.6倍。2009年完成财政总收入53.62亿元，其中地方财政收入28.38亿元，地方财政收入在全省排名第2位。2009年末金融机构各项存款余额270.3亿元、贷款余额313.2亿元。先后被授予国家卫生县城、国家园林城市、中国魅力名县、中国棉纺织名城、中国糖都、全国新能源产业百强、全国最具幸福感城市和首届省级文明城市、全省最佳投资城市等120多项省级以上荣誉称号。

工业经济跨越发展

培植起了家纺服装、新型材料、食品医药、机械制造、精细化工、高档用纸六大主导产业，全县规模以上工业企业发展到420家，其中纳税过100万元的达到146家。全球最大的棉纺织企业魏桥创业集团、亚洲最大的淀粉糖生产企业西王集团在2009年中国企业500强排名中分列第70位和第404位。棉纺织产业被评为中国百佳产业集群。2009年完成规模以上工业总产值1363

亿元、增加值332亿元、利税106.1亿元。县级以上企业技术中心达到34家，其中省级8家。科技创新型企业总数达到125家，省级以上高新技术企业达到40家，其中国家级4家。2009年实现高新技术产业产值278亿元，占规模工业比重的20.4%。全县有156家企业通过ISO9001认证，28家通过ISO4001认证，产品标准动态覆盖率达到95%。拥有中国名牌3个、山东名牌31块、中国驰名商标3件、山东省著名商标17件。

对外贸易发展迅速

2009年实现进出口15.76亿美元，完成社会出口72.2亿元人民币，其中自营出口9.4亿美元。截至2009年底，外资企业达130家，拥有自营出口权企业200家，2009年引进项目102个，实际利用县外资金85亿元、境外资金5100万美元，已有5家世界500强企业进驻邹平。大力推进企业上市融资，目前，魏桥纺织、西王糖业、群星纸业、宏诚家纺、三星油脂5家企业在中国香港、新加坡和法国成功上市，齐星铁塔于2010年2月在深圳证券交易所上市，至此，全县有6家上市公司7只股票，融资总额达到85亿元，上市企业数量和融资总额均居全省县级第一，形成了资本市场特有的“邹平现象”。

城镇建设日新月异

县城建成区面积达到52平方公里、人口38万人。先后投资近20多亿元，高标准改造了13.5平方公里的老城区。实施了黛溪三路等16条主要街道的高标准改造，对15个城中村进行了改造整治，使老城区的面貌有了明显改观，功能、档次显著提高。在加强城市建设和开发区建设的同时，不断加快小城镇建设步伐。小城镇驻地建成区规模达到62.5平方公里，镇容镇貌有了很大改观，小城镇的综合整体功能大大增强。魏桥、长山两镇分别被命名为省级中心镇，其中魏桥镇被评为国家级重点镇和全国小城镇建设示范镇，韩店镇进入全国千强镇。全县城市化水平达到60%。

基础设施不断完善

水电、交通、邮政、通信、旅游等基础设施建设不断完善。目前全县蓄水能力达到7008万立方米。全面完成电网改造，2009年火电发电量112.8亿千瓦时，全社会用电量达到94.5亿千瓦时。加大环境基础设施建设，建设了县污水处理厂、生活垃圾处理厂等重要设施，全县城市污水日处理能力达到16万吨，处理规模为全省县级最大，城市污水和生活垃圾无害化处理率达100%。交通运输业稳步发展，2000年率先在全市县级开通公交客运，公交车由城区辐射9个镇办；全县858个行政村，有853个通上了公交车或客运车，通车率达99.4%。旅游业快速发展。建设了鹤伴山国家森林公园、醴泉寺风景区、范公故里风景区、唐李庵风景区四大精品景区，构建起“泰山副岳，范公故里”两大旅游品牌，通过省级旅游强县验收，西董镇被命名为全省旅游强镇。

发展前景广阔

力争2010年完成规模以上工业总产值1560亿元；地区生产总值550亿元；财政总收入65亿元，其中地方财政收入33亿元；城镇居民人均可支配收入19000元，农民人均纯收入8500元。计划到2012年规模以上工业总产值突破2200亿元；地区生产总值超745亿元；财政总收入达到91亿元，地方财政收入实现45亿元；城镇居民人均可支配收入达到22800元，农民人均纯收入超10500元的目标，建成更加发达、更具实力的经济强县。

陕西省凤县

凤县古称“凤州”，始建于秦朝。地处陕西省西南端，嘉陵江源头，陕甘川三省结合部，距西安260公里，距宝鸡市102公里，是关中—天水经济区上的重要节点城市，素有“秦蜀咽喉、汉北锁阴”之称。境内国道316线、省道212线交汇其中，宝成铁路穿境而过。全县幅员面积3187平方公里，辖10个镇、2个乡，100个行政村，总人口11万人。

近年来，凤县县委、县政府坚持以科学发展观为指导，紧紧围绕争创全省十强县和西部百强县，率先建成老百姓最幸福的地方这一目标，坚持“高目标引领、高强度推进、高效率落实”的工作导向，深入实施“生态立县、旅游兴县、工业强县、椒畜富民”四大战略，强力推进生态型百万吨铅锌产业基地、百万头生猪大县、百万游客景区“三个百万”工程建设，全县经济社会持续又好又快发展。从2006年到2009年，生产总值从16.92亿元增至46.65亿元，年均增长19.2%；财税总收入从1.33亿元增至4.01亿元，年均增长44.5%；地方财政收入从5082万元增至1.88亿元，年均增长54.7%；农民人均纯收入从2170元增至4695元，年均增长29.3%。县域经济社会发展综合实力在全省的排名由2006年的第31位跃居到第9位，成功实现了摘帽（率先脱贫）、进位（跻身全省十强县）、跨越（率先建成老百姓最幸福的地方）“三步走”奋斗目标，探索走出了一条以转变发展方式引领县域经济社会跨越式发展的新路子。

农业特色鲜明

凤县海拔适中，垂直气候差异明显，所产大红袍花椒以粒大、色艳、味浓、肉厚闻名遐迩，荣获陕西省名牌产品称号，并获国家质监总局农产品原产地域保护，被国家林业总局授予“中国花椒之乡”；所产苹果色泽艳丽、酸甜爽口、有机质含量高、耐储藏，被确定为陕西省山地苹果生产示范基地县；所产秦艽、凤党、柴胡、黄芪、麝香等地道中药材名声大、品质佳、疗效好，是陕西省中药材生产基地、国家级秦艽标准化种植示范基地。境内水草资源丰富，气候温和，山川沟岔自然隔离，适宜生猪、土鸡、林麝等动物繁育生长。为此，该县按照“强椒、兴畜、优果、扩药”的发展思路，以百万头生猪大县建设为龙头，加快农业资源优势向经济发展优势转变。先后成功引进四川逢春制药、杨凌本香、雨润椒业等农业产业化龙头企业13户；完成了凤县无公害农产品产地整体认证；审报注册了“凤州凤椒”、“凤唐苹果”和“秦岭生态有机猪”等5个商标。2009年全县农业总产值达到4亿元，连续2年增幅70%以上。

工业基础雄厚

凤县地处凤太多金属成矿带，西邻甘肃西成矿田，全县已探明铅、锌、金、锑、石英石、石墨、大理石、石灰石等金属和非金属矿藏27种，其中铅锌储量450万金属吨，远景储量800万金属吨，是全国四大铅锌基地之一；黄金已探明储量115金属吨，是全国黄金生产的吨金县；探明石灰石7.79亿吨，透灰石11亿吨，大理石、花岗岩、钠长石等储量巨大，全县矿藏的潜在经济价值5000亿元以上。近年来，该县坚持走新型工业化发展路子，按照“产业支撑、集群谋划、集团引领、园区承载”的思路，扎实推进生态型百万吨铅锌产业基地建设。先后成立了凤州现代科技产业园、留凤关循环经济示范园两个工业园区，引进发展了陕西东岭10万吨锌制品加工、陕西有色金属矿山公司5.5万吨铅冶炼、鑫坤十万两黄金冶炼、声威百万吨水泥等一批资源开发型骨干企业，全县工业企业达到501户，其中规模以上工业企业55户。同时，依托中国地质科学院尾矿利用技术中心成熟的尾矿处理技术，以香港君达公司为龙头，在凤州启动建设了新型材料（微晶板材）产业园，形成了铅锌黄金尾矿—新型建材—水泥辅料的循环产业链。全县年产铅锌精粉12万吨，锌锭15万吨，电解铅、铅合金8万吨，黄金7吨，水泥130万吨、微晶板材100万立方米，工业经济形成了以铅锌、黄金、建材和新型材料四大产业竞相发展的格局。2009年全县完成工业总产值97亿元；凤州现代科技产业园被列为全省第一批重点建设县域工业园，凤县新型材料产业园被宝鸡市列入“关天”经济区发展规划重大前期项目。

旅游前景广阔

凤县地处亚热带与温带分界线上，冬无严寒，夏无酷暑；境内有宏伟壮观的高山草坦、奇险峻峭的山峰洞穴、遮天蔽日的原始森林，森林覆盖率高达75.8%，“南岐霁雪”、“消寺晨钟”、“栈道连云”等八大景观闻名遐迩，被誉为“中国西部的休闲之都、避暑胜地”。凤县历史悠久，民俗民间文化特色鲜明，早在6000年前就有先民在嘉陵江及中曲河两岸定居，春秋时为氐、羌族人聚居之地，是楚汉相争时“明修栈道、暗度陈仓”、三国时诸葛亮统兵伐魏、抗战时期“工合运动”的发生地，灿烂的摩崖石刻文化、栈道文化和因袭千年的羌族文化交相辉映，旅游资源极其丰富。结合这一实际，该县把发展旅游产业作为转变发展方式，培育支撑县域经济可持续发展的新型产业，累计投入资金7亿多元，先后建成了嘉陵江源头生态休闲区、通天河国家森林公园生态观光区、紫柏山生态探险区、古凤州人文历史区、灵官峡旅游区五大生态景区，以及岭南植物公园、丰禾山佛教主题公园、月亮湾休闲公园、凤凰山游乐园、堡子山生态观光园五大主题公园，开发建成了180米亚洲第一高音乐喷泉、千人羌舞互动游乐项目、县城人造月亮、4000多盏太阳能星星灯和一江两岸大型水景灯光表演等一批精品景点。成功举办了中国古凤州生态民俗文化旅游节、中国凤县羌历年庆典、361°全国乒超联赛半决赛和决赛等系列大型节庆活动，开通了西安至凤县旅游专列、宝鸡至凤县紫柏山免费直通车，旅游业步入了井喷式发展的快车道。2009年，全县共接待游客126万人次，实现旅游综合收入12亿元，分别是2006年的18.2倍和9.1倍，提前三年实现了年接待游客100万人次的奋斗目标。凤县被列为全省旅游示范县试点县，荣获了“中国最美小城”、“中国生态文化旅游强县”和“中国最佳羌族风情文化旅游名县”等殊荣。

投资环境优越

近年来，围绕把凤县打造成宜居、宜业、宜游“三宜”之地这一目标，不断改善投资硬环境，先后实施了市政基础设施、绿化美化、拆迁改造、道路拓宽、“一江两岸”综合治理、新体育场等十大工程，建成了县城污水处理厂、垃圾填埋场，县城集中供热供气覆盖率达到80%以上；全县通村公路实现全覆盖，电、自来水、程控电话、移动通信、有线电视和宽带网络入户率分别达到了100%、87%、80%、92%、90%和14%。开展了一系列创建活动，先后成功创建为国家卫生县城、全国计划生育优质服务先进县、国家生态示范区、省级文明县城、省级园林县城、省级平安县。不断优化投资软环境，相继出台了《凤县招商引资奖励办法》、《关于招商引资优惠政策的若干规定》、《关于进一步加快经济发展若干意见》、《凤县招商引资优惠政策》、《凤县招商引资管理办法》等一系列优惠政策，设立了政务大厅，实行一个窗口受理，一张收费目录，一份材料清单“一站式”办结；对招商引资项目，全面落实“一个项目、一名领导、一套班子、一抓到底”的抓促服务机制。同时，还建立了县委书记、县长与投资客商直接对话制度，定期听取客商的意见建议，现场协调解决项目建设相关问题，为投资客商提供宽松的投资兴业环境。优越的投资环境助推了县域经济发展，2006年以来，全县累计招商引资项目115个，合同、协议引资57.53亿元，落实到位资金39.18亿元；实施重点建设项目335个，总投资86.2亿元，县域经济发展的活力显著增强。2009年该县荣获中国最佳投资环境名县荣誉称号。

陕西省府谷县

府谷县位于陕西省最北端，秦、晋、蒙三省区交会处，东与山西省保德县、河曲县隔河相望，北与内蒙古自治区准格尔旗、伊金霍洛旗接壤，西南与陕西神木县相接。辖12个镇、8个乡，总面积3229平方公里，总人口24.5万人。府谷是国家规划的陕北能源化工基地的重要组成部分，也是陕西省规划建设的煤电化载能工业园区。近年来，府谷县积极推进资源转化，着力打造产业集群，大力实施新型工业化、农业产业化、城乡一体化、民企集团化、环境大优化、民生优先化战略，全县经济社会发展取得了长足进步。从2005年以来，各项经济指标逐年攀升，在全省县域经济社会发展综合评比中的位次逐年跃进，2005年排名35位，2006年排名第23位，2007年跻身“全省十强”第5位，2008年名列第3位。2009年，全县完成GDP162.56亿元，同比增长18.4%，人均GDP达到9723美元；完成固定资产投资153.2亿元，增长50.1%；完成财政总收入42.03亿元，增长41%，其中地方财政收入10.57亿元，增长59.2%；城镇居民人均可支配收入16922元，增长20.6%；农民人均纯收入5615元，增长19.4%，在县域经济社会发展监测综合排名中跃居全省第一。环保工作居全省先进行列，被环保部列为“以生态文明为指导，努力探索具有陕西环保新道路的试点县”；社会力量扶贫工作被国务院扶贫办誉为独具特色的“府谷现象”，在全国推广；医药卫生体制改革模式受到省市的肯定和表扬；民营经济发展的“府谷模式”被省决策咨询委作为调研成果在全省推广；安全生产、信访维稳、平安创建等项工作在全市名列前茅。先后被评为陕西文化先进县、最佳投资环境县，中国金融生态县、新能源产业百强县和最具发展潜力县。

矿产资源富集

境内有丰富的第四系松散层孔隙水和奥陶纪岩溶水，区域年水资源总量5.91亿立方米，已形成每天123万立方米的供水能力。有优质的气化用煤和动力用煤，已探明储量约200亿吨。有丰富的煤层气，预测储量3000亿立方米。有富集的高岭土、铝矾土、石灰岩、耐火黏土、膨润土等矿产资源，其中高岭土含矿面积120平方公里，探明储量6.86亿吨，远景储量超过10亿吨，居全国之首；铝矾土矿床面积80平方公里，储量约6.4亿立方米，占全省总储量的85%；石灰岩储量5亿吨，铁矿储量1亿吨，耐火黏土储量535万吨，膨润土储量499万吨。有充足的电力供应，目前已投产的电力装机容量达到2060兆瓦，年发电量120亿度，是国家西电东送重要电源地和周边地区最大的电源接续地。

区位优势明显

境内交通便捷，公路、铁路四通八达，府店公路、野大公路、府准公路等9条出境通道通往山西、内蒙古等周边省区，神朔铁路北与包神铁路相连、南与神延铁路相接，正在建设的准神、准朔铁路穿越府谷县境；神府高速公路连接北京、太原、榆林、西安等中心城市；府谷支线机场正在进行项目规划和报批。紧临华北，距京、津、塘和环渤海地区较近，工业产品可就近运往东南沿海市场。

能化项目云集

总面积90平方公里的“四区八园”被纳入陕北能源化工基地建设总体规划；总投资逾千亿元的50多个重大项目组团被列入全省“十二五”项目计划盘子。有效整合民营资源和资本，由400多户民营企业出资组建了府谷煤业、镁业、煤化工、煤电冶化四大民企集团，进一步改造提升电力、化工、冶金、建材等传统产业；神华、华能、大唐、中煤、鲁能、陕煤、陕投等大型企业集团纷纷登陆府谷，清水川、庙沟门、郭家湾等大型煤电一体化项目、镁节能多联产、庙沟门煤干馏、恒源30万吨型焦、30万吨合成氨52万吨尿素、18条60万吨以上大兰炭等一批资源转化项目和冯家塔600万吨、三道沟900万吨、段寨800万吨、榆林神华1100万吨、安山120万吨等一大批大型矿井加快推进，煤电、煤化工、煤电载能并驾齐驱的新型工业化体系正在形成。正在建设7个投资过百亿元的园区、4个产值过50亿元的产业，22个销售收入过10亿元的企业集团。预计到“十二五”末，将形成8000万吨原煤、1000万千瓦电力装机容量、1000万吨兰炭、200万吨电石、50万吨硅铁、30万吨金属镁、80万吨烧碱、100万吨聚氯乙烯、580万吨甲醇、65万吨煤焦油加氢、450万吨矿渣水泥、50万吨电解铝、100万吨氧化钙、30万吨合成氨、52万吨尿素的生产能力，年可实现生产总值800亿元，完成财政总收入200亿元，全社会固定资产投资规模达1000亿元，工业集中度和城市化率均达到65%以上。届时府谷将成为国内一流的煤电化载能工业基地。

发展方式科学

全力推进工业污染治理和生态环境建设，科学构筑县域经济可持续发展的绿色平台。严格按照国家产业政策和环保要求，全面淘汰和关闭了电石、铁合金、兰炭、水泥等行业污染严重的552户企业。先后投资约8000万元，建成了府店、府准、野大公路绿色生态长廊；投资约4000万元，实施了环县城绿化；投资2100万元，建设神龙山森林公园；投资9.1亿元，用于工业企业污染治理和产业结构调整。通过几年的努力，府谷县的天变蓝了、山变绿了、水变清了，环保工作得到中省市各级的充分肯定，连续三年被评为全省先进，实现了从“黑三角”到“绿三角”的嬗变。在做实基础、做强产业、做大规模的同时，我县坚持“绿色、低碳、循环”发展新理念，积极推进“三个转化”，大力发展循环经济，延长产业链，提高附加值、降低能耗和污染，培植县域经济新的增长点，力争实现资源利用最大化、废渣废物排放最小化和经济效益的最优化，初步形成了企业小循环、园区中循环、全县大循环的发展格局，走出了一条循环利用、科学发展的新型工业化道路。

投资环境优越

在加速资源转化、建设产业集群的实践中，府谷县委、县政府牢固树立“支持是业务、帮助是义务、管理是服务”的工作理念，积极实施“大引进、大开发，大招商、大发展”战略，坚持推行“一个项目、一名领导牵头、一个班子服务、一个部门负责、一套方案管理”的“五个一”工作机制，努力构建产品项目、公共设施、环境保护、物流传输、管理服务“五个一体化”工作模式，信守承诺，兑现政策，让利客商，使投资者“进得来、留得住、有效益、能发展”。与此同时，县上充分利用地方资源和资本，搭建优势互补平台，推进与大集团在大型转化项目上的合作，为投资者提供优质服务，形成“重商、亲商、安商、富商”的良好氛围。

陕西省高陵县

县情概况

高陵县历史悠久，建县2360年，是全国建县最早的县份之一。高陵县地处陕西省关中平原腹地，位于西安市北郊，地势平坦，土壤肥沃，素有关中的“白菜心”之称，属西安市近郊县，是“泾渭分明”自然景观所在地。全县总面积294平方公里，总人口28.63万人，每平方公里人口密度约950人。

高陵县距西安市中心20公里，距西安市新的行政中心仅7公里，距咸阳国际机场20公里；县内泾河、渭河二水横贯东西，西禹高速、西铜高速及西铜高速复线穿境而过；210国道及西延铁路贯穿南北，315、316、318、319四条公交线路直达西安市中心，西安铁路枢纽新筑集装箱中心站至高陵的铁路专用货运专线即将兴建。

投资环境

高陵县始终将投资环境建设作为招商引资、经济发展的生命线，举全县之力呵护和经营，经过多年来的不断完善创新，已经形成了配套齐全的基础设施、周到细致的服务机制和成熟的产业发展模式，为全县经济社会的发展提供坚强的保障。

建于泾渭河两岸的泾河工业园是高陵县工业发展的核心，已累计投入建设资金20多亿元，园区基础设施达到了通给水、通排水、通电、通信、通路、通气、通热以及场地平整的“七通一平”标准。辖内高标准城市硬化道路百余公里，排水、排污管网配套齐全；拥有35千伏变电站四座，110千伏变电站一座，电网近200公里；日供水13万吨的水务公司已建成运营；靖西天然气主管线穿区而过，并在园区设有加压分流站，已建成天然气门站两个，园区企业和居民的生产生活用气充足；电信、联通、移动、广电、网通、电视等各类通信设施较大密度的覆盖园区；泾渭污水处理厂已建成运行，实现了园区污水达标排放；园区道路、企业周边等区域的公共绿化和休闲广场、垃圾场等基础配套设施达到城市建设标准；有三级甲等的长庆职工医院以及陕汽医院等医疗卫生服务机构；有交大经发高级中学、高新泾河学校、长庆两座中心学校、高陵第三中学、泾渭学校等十余所中小学校；电信、邮政、银行、工商、税务、环保、公安、法院、城建均在园区设立了办事机构；酒店、超市等商贸服务设施配套完善。

近年来，高陵县不断完善招商引资进程中的机制体制，坚持把服务企业，提升招商引资软环境作为园区招商引资和县域经济发展的首位工作来抓。坚持和完善“不分上班与下班、不分白天与夜晚、不分工作日与节假日”的“三不分”全天候服务企业制度；在企业有关文书资料和基本条件具备的前提下“不出一个会议室、不出两个小时、企业不出一分钱”办完县境内一切手续的“三不出”项目现场办公会制度；项目建设过程中领导干部都要做到不向企业“介绍任何一个施工队、介绍任何一个施工人员、介绍任何一种建筑材料”的“三不介绍”。在招商引资工程中，实施积极的奖励政策，依托已经形成并在不断发展壮大的产业链条，广阔的发展前景以及高陵人民支持开发、投入发展的热情，吸引了大量的业界精英选择在高陵投资发展。

工业化发展概况

高陵县的泾河工业园目前已引进企业354家，投产260家，投资过亿元的81家，2009年泾河工业园实现工业总产值261.9亿元，同比增长17.68%，完成全口径财税收入6.44亿元，同比增长40.64%。目前基本形成了装备制造、医药化工、新材料、总部经济、农产品深加工等为主导的五大支柱产业。拥有“中字头”企业和大企业10多家，长庆高陵基地、宝鸡石油钢管西安泾河工业园石油专用管项目、中钢集团西安重机公司、中集专用车公司、中化近代环保化工有限公司、中国西电、中交西筑公司、西部钛业、西安兵器科技产业基地、陕汽商用车基地、金风科技、香江国际·西安财富中心等已成为泾河工业园乃至高陵县经济发展的重要支撑。

其中，在“中字头”企业中，长庆高陵基地总投资约60亿元，主要建设项目为石油设备制造、长庆生活区、配套服务设施三大类；中钢集团西安重机有限公司一期总投资18亿元，计划总投资24.8亿元；中国兵器工业集团西安兵器科技产业基地正在建设，计划总投资150亿元，预计产值将达到300亿元，重点发展高新技术、信息技术、新材料与新能源、光电、化工及装备制造等高科技产业。在大项目中，总投资19.8亿元的陕西重型汽车有限公司是陕西省重点建设项目，已建成投产，年产重型商用车10万辆、康明斯发动机5万台、重型车桥18万根，年销售收入逾300亿元；香江国际·西安财富中心项目计划总投资60亿元，计划五年内在泾渭三角洲建成集国际性会议中心、区域性生产服务中心、商务型休闲度假中心、综合性商务服务中心等功能于一体的商务区。

2009年，在中国东西部合作与投资贸易洽谈会上，高陵县签订了总额达76.4亿元的项目；2010年，第十四届中国东西部合作与投资贸易洽谈会上，高陵县签约合同金额达到77.5亿元，引进了韩国赛博思科集团投资3.5亿美元的国际化高端物联网产业基地项目、福建达发物流集团有限公司斥资23亿元的西部建材物流工贸中心项目和总投资31.68亿元的10个汽配项目，实现了招商引资从单一项目到产业集群、从传统机械到电子科技、从内资到外资的新跨越，再次刷新了高陵县在西洽会上招商引资的纪录。

经济发展概况

高陵的农业发展曾经创造了许多辉煌。20世纪50年代，高陵被国务院授予“粮食生产先进单位”称号；70年代粮食生产“过黄河”、“跨长江”，是省委、省政府命名的全省唯一的大寨县；80年代中期，以养鸡闻名全国；90年代是省委、省政府命名的粮食生产“吨粮县”，优质小麦生产基地县和小麦良种统繁统供示范县。

1996年以来，高陵在农业的辉煌中选择了工业强县的道路，始终坚持以农业产业化为基础、以工业化为核心、以城镇化为承载的经济社会发展“三大战略”不动摇，实现了由农业大县向工业强县的转变。2005～2009年五年里，高陵县经济发展速度年均增速达到25%以上，2008年、2009年分别达到30%以上，地方财政一般预算收入年均增速达到30%以上，农民人均纯收入年均增长15%以上，2009年农民人均纯收入增速位居全省第三，超过了全国平均水平。在“陕西十强县”评比中位列第五名，跻身到“西部百强县”的行列，荣获了“中国最具发展潜力县”、“全国食品安全示范县”、“全国果菜产业科技发展十强县”、“全国果菜无公害生产十强县”等新的荣誉称号。

近年来，高陵县认真贯彻党的十七大精神，坚持科学发展，推进城乡统筹，建设幸福高陵。2008年8月，高陵县被西安市委、市政府确定为全市统筹城乡发展试点县，2009年9月，又被省委省政府确定为全省城乡统筹发展示范区试点县。在统筹城乡发展的试点工作中，高陵通过以城带乡、以工促农，实现了又好又快发展。在工业发展中，高陵县结合《关中—天水经济区发展规划》的实施，按照“一百平方公里千亿元”的理念，积极推进泾河工业园区从45平方公里向100平方公里扩区发展，千亿元先进装备制造业基地已经初具雏形；在现代都市农业建设中，高陵县率先成立县乡土地流转中心，以土地流转为承载，运用“一亩田进万元钱”的理念大力发展设施农业，积极推进全省百万亩设施农业高陵10万亩项目区建设，建成了全省规模最大的无公害大棚菜生产基地；在城镇化建设中，高陵县不断完善城乡基础设施，县城和工业园完成了通黑河水、通天然气、集中供热、污水处理等基础设施建设。全县90%的村中路、100%的出村路实现了水泥硬化，村村通上了公交班车；在民生保障方面，高陵从2009年4月开始，于国务院新型农村社会养老保险政策出台之前，率先实行了高陵

县新型社会养老保险制度，全县60岁以上的老人每月领取了80元的养老保险金；在体制机制创新方面，彻底转变了服务群众的方式方法，成立了县党政服务中心和县统筹城乡社会服务中心、乡镇便民服务中心、农村社区服务站，群众县、乡、村服务机构，群众只需进一家门即可办完所有业务。完善了城乡金融服务体系，县内首家民营贷款公司— 汇通小额贷款有限公司已经正式营业。

中华民族圣地——陕西黄陵县

黄陵，中华民族的人文圣地，延安的南大门，辖6个镇、4个乡，1个街道办事处，全县总面积2292平方公里，总人口12.68万人。

黄陵历史悠久，人杰地灵，资源丰富，交通快捷，区位条件优越，人文景观独特，是世界优质苹果最佳适生区、全国绿色苹果示范基地和陕西优质苹果生产出口基地之一，是全国重点产煤基地和陕西四大煤田之一，享有“中国黄帝祭祀文化之乡”、“中华民族人文圣地，炎黄子孙精神家园”等美誉，黄帝陵景区是国家重点风景名胜区、全国文明风景旅游区、爱国主义教育基地、国家首批AAAAA级旅游景区和中国民间文化遗产旅游示范区。

黄陵，古称桥国，因是黄帝陵寝所在地而更名为黄陵县。

改革开放以来，勤劳的黄陵人民艰苦奋斗，顽强拼搏，取得了一个又一个辉煌。特别是近几年，黄陵县委、县政府，认真贯彻落实科学发展观，确立了“煤炭强县，果业富民，旅游带动，跨越发展”的符合黄陵经济发展战略，带领全县人民矢志奋斗，取得了显著的成绩，在年终目标责任制考核中名列延安市县区前茅，先后创建为陕西省首批旅游强县、省级卫生县城、省级“平安县”。2008年、2009年连续两年跻身陕西省经济社会发展十强县。

抓大事，谋发展，求创新，黄陵经济运行快速增长，社会大局和谐稳定。

2008年首次跨入全省“十强”的黄陵县，在2009年 “争先进位”，建设西部百强县，成为全县上下紧紧锁定、顽强奋斗的目标。县委、县政府抓大事、谋发展、求创新，强力推进；各部门、乡镇、建设单位措施到位，找准重点，扑下身子，真抓实干，在全球金融危机等不利因素的前提下，经济社会发展呈现出：“经济增长速度较快，经济运行质量较好，产业发展亮点纷呈，重点项目规模较大，民生民本全面加强”的五大特点。

抓项目，强产业，经济运行平稳快速

项目是支撑，项目是带动。黄陵县紧紧抓住中央拉动内需保增长的大好机遇。书记、县长亲自跑项目、抓落实，全年安排85个重点项目，总投资112.3亿元。项目建设涉及煤化工建设、农业综合开发、城镇建设、旅游开发等全县经济社会发展各个领域。总体建设规模为历年之最。年度累计完成投资37.1亿元，项目数量和投资规模为历史之最，招商引资位居全延安市第一。

店头煤化工循环经济产业园被列为陕西省100个重点工业园区，曹家峪、白石焦化项目全面开工建设，在黄陵矿业公司二号井，我们见不到堆积的煤炭，大家看到的蓝色鸟巢，就是他们的储煤仓。煤炭在这里传送到洗煤厂、传送上火车，洗煤厂分解出来的煤矸石输送到电厂发电，发电厂产生的余热供居民取暖，粉煤灰制成砖，矿产资源被“吃干榨尽”。石油勘探也实现了零的突破，目前已入驻园区规模以上的企业达38家，年产煤炭2000万吨，其中生产精煤1000万吨，煤矸石发电5.48亿度，利用粉煤灰生产砖一亿块。苹果政策性保险试点工作全面启动，苹果套袋规模12亿枚，年产优质苹果20万吨，侯庄、隆坊南北塬上的两个5000吨气调库建成，填补了黄陵县气调库的空白，解决了果农储藏难的问题；轩辕酒文化旅游产业园开工建设，黄帝陵景区被评为第二批全国文明风景旅游区，游客人数上百万，综合收入突破4亿元。在抓项目建设的同时，黄陵县不放松常规性工作，在政策上、资金上、技术上给予倾斜和扶持，夏粮喜获丰收，苹果标准化建设全面实施，川道产业开发成效显著，新农村建设扎实推进，已建成市级示范村18个。

抓民生，办实事，社会大局稳定和谐

黄陵县在抓经济建设的同时，把民生放在首位，年初确定了“十件惠民实事”件件落实。各乡镇也都确定了各自今年要办的实事，并以全国

卫生城市创建，省级文明县城、省级园林城市的创建活动为载体，不断优化人居环境，提升城市品位，完善城市功能。

黄帝陵管理局、教育、卫生、广电、畜牧、果业、蔬菜公司等单位相继公开招聘专业技术人才91人，不仅解决了单位人才短缺的问题，而且还解决了黄陵县大中专学生的就业问题，城乡保障水平持续提高；高考、中考再创佳绩，社会事业全面进步，社会大局保持稳定。

抓目标，攻难关，再创龙乡新辉煌

面对趋势看好、困难较多、压力空前巨大的黄陵县，根据西部百强县的指标，坚持“园区引领、煤炭支撑、石油突破、化工提升”的工业发展思路，加快工业转型升级，以工业化为龙头带动全县经济快速发展；加强果园管理、强化农业基础设施建设，确保农民收入持续增收；加快旅游重点项目建设、精心策划节会活动、强化宣传促销，全面提升旅游带动能力。2009年重阳节，成功举办“共铸神天鼎，弘扬民族魂”系列活动；突出基础设施、突出山水特色、突出人文特色、突出建筑特色，进一步提高城市管理水平。同时，把县城纳入景区建设、当做景区管理，坚持新城仿古建设，老城仿古改造，打造“古朴典雅、精美大气、包容和谐”的旅游人居环境。其次，突出“大山、大水、大绿”，做足“山水”文章，积极实施“四山绿化、沮河景观、县城点亮”三大工程，呈现“水在城中，城在林中，人在山水之中”的景象。

进一步扩大养老、失业、医疗、工伤、生育保险覆盖面，不断完善新型农村社会养老保险，提高城镇居民基本医疗保险和新型农村合作医疗的参保率；妥善安排好困难群众、弱势群体的生产生活，动员各方力量，做好贫困大学生的资助救助。加强安全生产，坚决遏制重特大事故发生，确保全县社会大局和谐稳定。

学科学，搞调研，绘蓝图，抢抓机遇快人一步，改革创新再深一层，产业发展更胜一筹

在面对前有标兵、后有追兵的竞争态势下，在县域经济社会发展的关键时刻，黄陵县总结经验，分析形势，研讨措施，迅速在全县形成“抢抓机遇快人一步，改革创新再深一层，产业发展更胜一筹”的良好局面。县委、县政府结合学习实践科学发展观活动，经过充分调研、广泛征求意见，制定出台了《关于加快推进城乡一体化的实施意见》、《关于加快推进县域经济发展的实施意见》、《2010～2012年川道产业开发实施意见》、《关于进一步加强人才队伍建设的实施意见》和《黄陵县加快工业化发展规划》五个政策性文件，明确了今后三年县域经济发展方向、目标、重点和推进的有效措施。在“煤炭强县、果业富民、旅游带动、跨越发展”的经济发展战略指引下，以加快推进产业化、工业化和城镇化为重点，工业经济将坚持“园区承载、煤炭支撑、石油突破、化工提升”的发展新思路，按照“大企业引领、大项目支撑、园区化承载、集团化发展”要求，重点规划建设店头工业园区，使园区规模进一步提升，循环经济格局基本形成。在农业产业化发展中，塬区以绿色苹果生产基地建设为重点，走以畜促沼、以沼促果、以果增收、果畜良性发展的农业生态经济路子。重点建设隆太塬、田侯塬、仓村塬等苹果生产基地和加工基地。川道地区围绕三点（延炼、县城、店头矿区）一线（沮河沿线），大力发展蔬菜、商饮服务业、交通运输及短线劳务输出，大力发展城郊农业。旅游业依托黄帝陵这一优势旅游资源，按照“品牌引领、深度开发、综合配套、市场运作”的旅游产业发展思路，重点抓好黄土风情区、万安禅院佛教文化区、秦直道游乐区和子午岭生态观光区、轩辕酒文化园区五个区域的建设，丰富黄陵旅游看点，努力形成人文资源与自然资源互为补充、首尾呼应的旅游格局，努力把黄陵建成特色鲜明、配套完善、包容大气、生态优美的旅游强县、文化名县，彰显华夏儿女共同精神家园的新魅力，到2012年，全县GDP将突破90亿元，年均增长16.5%；财政收入突破19亿元，年均递增13.2%，其中地方收入达到5.55亿元，年均递增6.0%；

全社会固定资产投资累计达到120亿元。城镇居民人均可支配收入达到20000元，年均增长10.3%；农民人均纯收入达到7000元，年均增长11.3%，县域经济发展力争跨入西部百强县之列。

东风劲吹征途远，万马奔腾战犹酣。放眼黄陵县经济快速发展、人民生活稳步提高的2292平方公里土地，从煤炭为主的工业经济的飞速发展，到民族圣地旅游前景的超前开发；从绿色原野上引领农民快速走向致富之路的果业、大棚、养殖，到宽房亮厦摩托车辆现代家电·应俱全的新农村建设；从富有特色的城市，到漂亮美观的现代化新农村；从机关单位干部职工自信实干的精神面貌，到广大农村致力于产业开发的农民喜上眉梢的乐观与自豪；从经济的腾飞到科技教育文化医疗卫生社会保障等各项社会事业的蓬勃发展……我们有理由相信，勤劳淳朴的黄陵人民在县委、县政府的带领下，沿着科学发展的大道，将以更加雄伟的气魄描绘出更加绚丽多姿的新画卷。

能源新都　塞上名城——陕西靖边

靖边县位于陕西省北部偏西，地处毛乌素沙漠南缘。总面积5088平方公里，年平均气温7.8℃，年平均降水395毫米。全县辖13个乡、9个镇、1个国有农场，214个行政村、6个社区，总人口31万人。

靖边历史悠久、文化灿烂

史称“夏州”、“朔方”。东晋十六国时期，匈奴族“大夏国”建都于此，现距县城东北58公里处的大夏国都统万城遗址基本保存完好，是匈奴族在人类历史上遗留下的唯一都城遗址。解放战争时期，毛泽东、周恩来等中央领导人率中共中央机关转战陕北，在靖边小河、天赐湾、青阳岔等地生活战斗了65个日夜，领导指挥了西北和全国的解放战争。至今，这些革命旧居保存完好，成为陕西省重点文物保护单位和爱国主义教育基地。靖边县的剪纸、信天游等民间艺术，风格独特，久负盛名，被誉为“民间剪纸之乡”、“信天游故里”。

靖边物华天宝、资源富集

是国家级陕北能源化工基地的核心区域。境内天然气控制储量3200亿立方米，属世界级整装大气田；石油探明储量达3亿吨以上；煤炭探明储量达35亿吨以上、总储量预测150亿～200亿吨；岩盐预测储量1500亿～2000亿吨。靖边建有亚洲最大的天然气净化厂，年净化能力达50亿立方米，承担着向北京、西安、银川、上海等20多个大中城市供气的重任，是“西气东输”的中枢。目前，由陕西延长石油集团一期投资430多亿元建设的靖边能源化工综合利用产业园区已经开工，最终将建成投资过千亿、产值过千亿的国内一流、国际知名的新型能源化工基地。此外，靖边的水、土地等资源也储量丰富，开发前景广阔。

靖边交通便利、区位优越

是承接东西、连贯南北的交通枢纽。包头—茂名、青岛—银川高速公路交会于此、307国道、太原—中卫—银川铁路，在建的包头—鄂尔多斯—靖边—延安铁路穿越全境，靖边距榆林机场116千米、延安机场127千米、银川机场265km。靖边逐步成为陕甘宁蒙区域中心的商贸物流集散地和客运中转站。

着力保障和改善民生

四年来，靖边县累计投入1.64亿元用于保障和改善民生。对年收入低于1000元的农村居民全部纳入农村低保，月收入低于180元的城镇居民纳入城镇低保，实现了应保尽保。四年来累计保障84000人次，拨付农村低保款4320万元。农村新型合作医疗参合率达到90%以上。认真实施民生八大工程，城乡居民住房保障工程累计完成投资1.6亿元，实施城市住房保障工程、农民安居工程和灾民倒房重建工程，建成廉租房4500平方米，农民安居工程500多户，为3400多户农民损毁房屋进行了重建和维修加固。实施积极的就业和再就业政策，先后安置大中专毕业生800多人，开发公益性岗位600多个。民生工程的实施，实现了发展成果全民共享，有力促进了社会和谐。

经过几年的不懈努力，从2006年到2009年，我县农民人均纯收入分别达到2022元、3007元、4850元和6031元，同比分别增长了10%、49%、62%和25%，年均增长36.5%，全县农村居民人均纯收入年均增加1000元以上，实现了“三级跳”。

近年来，靖边县始终坚持以科学发展观为统领，坚定不移地实施生态立县、工业强县、城镇带动、产业富民、文化引领五大战略，全力推进新型能源化工基地、现代特色农业基地、陕北第三大中心城市、区域商贸物流中心“两基地、两中心”建设，县域经济呈现出强劲跨越的发展态势。县域综合经济实力连续6年被评为陕西省经济社会发展“十强县”，西部经济百强县第7位，全国第95位，跻身第三届“中国全面小康成长型百佳县”，居中西部第7位。

陕西省神木县

神木县位于陕西省北部，秦晋蒙三省（区）接壤地带，是国家级陕北能源化工基地的核心区域。全县辖15个镇、4个乡，629个行政村，总人口42万。2009年，全县完成生产总值（GDP）452.64亿元，增长18.6%；完成财政总收入93.26亿元，增长29.6%；地方财政收入21.6亿元，增长25.6%；城镇居民人均可支配收入达19102元、农民人均纯收入达7223元，分别增长17.8%和19.8%。县域经济综合实力位居全国第59位，西部第5位，陕西第1位。

厚重的历史

神木县建制始于秦汉，隋唐置麟州，明代称神木至今，素为“南卫关中，北屏河套，左扼晋阳之险，右持灵夏之冲”的塞上重镇。北宋名臣范仲淹曾到此巡边，留下“塞下秋来风景异，衡阳雁去无留意”等不朽名句。神木是杨家将的故乡，杨业父子从这里走向抗辽疆场，英雄业绩，千古流传。神木也是著名的革命老区，1927年创建了党组织，1933年创建了神府工农红军，开辟了神府革命根据地，为中国人民的革命和解放事业做出了重要贡献。

富饶的土地

神木地处黄土丘陵向内蒙古草原过渡地带，总面积7635平方公里，是陕西省面积最大的县。地貌以明长城为界，北部为风沙草滩区，占全县总面积的51%，其余为丘陵沟壑区。黄河流经县境98公里，县境西北部有46个内陆湖泊，其中神湖总面积54平方公里，是中国第一沙漠淡水湖。以杨家城、二郎山、天台山、汉画像石为代表的旅游文化资源独具特色。在神木可以饱览塞上大漠风光、体验黄土文化风情、感受黄河长城雄宏壮阔、领略煤都开发盛况。县境内煤炭资源富集，储煤面积达4500平方公里，探明储量500亿吨，煤质优良，属特低灰、特低磷、特低硫、中高发热量的优质动力、气化和化工用煤。此外，还蕴藏着丰富的石英砂、岩盐、石油、天然气等数十种矿产资源。神木已成为国家西煤东运的源头，西电东送的枢纽，21世纪重要能源接续地。

现代化新城

依托优势资源，神木经济社会全面发展，一座现代化新城拔地而起。城市规划面积122平方公里，建成区面积29平方公里，各项功能完备，是独具特色的塞上宜居城市。全县已实现乡乡通油路、村村通公路，包（头）神（木）、神（木）黄（骅港）、神（木）延（安）三条干线铁路在神木交会，包茂、榆神高速公路，府店、杨陈、神盘一级公路和距县城不足百公里的榆林、鄂尔多斯两个机场为神木搭建了立体多元、畅通便捷的交通网络。包西铁路通道、准神铁路、神府高速公路正在加紧建设。已建成瑶镇水库、采兔沟水库，黄河引水工程前期工作加快推进，水利保障能力不断增强。330千伏、110KV供电系统完备，广播电视和现代通信网络覆盖率达100%。

蓬勃的生机

落实科学发展观，抓住资源大优势，凝心聚力谋发展。“新型工业化、城乡一体化、大地园林化、社会和谐化”全面提速。规划建设了大柳塔、店塔、锦界、大保当等“六园八区”，形成了以煤炭、兰炭、电力、化工、载能、建材为支柱的县域工业体系。神华、鲁能、陕煤、陕投等大型国有企业落户神木并形成了强大的带动作用。神木已建成全国第一产煤大县（亿吨级）、全国最大的兰炭基地（千万吨级）、全国最大的聚氯乙烯基地（百万吨级）、西部最大的煤电基地（600万千瓦）、西部最大的浮法玻璃基地（600万重量箱）、西部最大的电石基地（百万吨级）。煤制烯烃、煤制油、1,4—丁二醇、建筑陶瓷等战略性项目和高科技能源化工项目加快推进。统筹城乡，协调发展，“城乡一体化”快速推进，城市化水平达到70%。坚持“产业化发展农业、城镇化繁荣农村、工业化富裕农民”，农牧业经济结构不断优化，初步形成了畜牧、红枣、小杂粮

三大特色主导产业。封山禁牧、“三北”防护林、“百万亩生态公益林”建设成效显著，全县林草覆盖率达到50%。

民营经济是神木最活跃的发展要素，已经成为县域经济的主体。制定出台了《神木县关于促进民营经济又好又快发展的意见》，成立了神木县行政服务中心，干部挂职、大学生村官、白领派遣计划、民营经济县长联络员等制度有效实施，营造了全民创业的良好氛围。为破解融资难题，设立了中小企业发展专项资金（贷款贴息），组建了国有资产运营公司，积极引导发展中小企业信用担保公司、小额贷款公司、村镇银行，县域金融生态不断优化，已建成“中国金融生态县”。2009年，全县民营企业完成固定资产投资20.5亿元；实现产值247亿元，增长30%；实现增加值148.7亿元，增长43%；实现税费收入30.9亿元，增长16%。全年新增民营企业190户，新增个体工商户1193户，累计分别达1930户和17162户，新增就业6500人，民营经济对县财政的贡献率已超过70%。

幸福的家园

民生建设走在全国前列。高标准实施了“教育优先、医疗健康、公共文化、扩大就业、社会保障、住房安居、扶贫济困、公共交通、环境优化、平安神木”10大惠民工程，着力构建“全方位、多角度、高标准、广覆盖、可持续”的现代民生体系。2009年，全县民生投入达13.5亿元，其中财政直补资金7.09亿元，人均1688元。创造性实施了12年免费教育、全民免费医疗、特殊人群免费集中供养，率先高标准实施了城乡居民养老保险，建设了10万平方米经济适用房和5万平方米廉租住房。县上先后被评为“国家级卫生县城”、“全国文明小城镇建设示范点”、“全国计划生育优质服务先进县”、“全国科普示范县”、“全国政务公开示范县”和“中国全面小康成长型百佳县(市、区）”。

美好的明天

全县经济社会发展战略和远景目标是：以科学发展观统领经济社会发展全局，加快建设“全国经济强县、国家能源新区、西部现代名城、西北生态楷模”。到2013年，全县要实现生产总值1100亿元、财政总收入260亿元、地方财政收入60亿元，城镇居民人均可支配收入31100元、农民人均纯收入15000元，进入全国五十强。再经过七年努力，到2020年，综合经济实力进入全国十强，率先实现现代化。

天府之国——四川郫县

郫县地处川西平原腹心，位于西部特大中心城市成都市以西，属成都市中心城市规划建设发展区，是通往世界著名风景名胜区都江堰、青城山、九寨沟、黄龙和卧龙的必经之地。全县面积437.5平方公里，辖14个镇（街道）、161个行政村和1个经济开发区，县内有藏、回、羌、满等18个少数民族，2009年末总人口50.45万人，非农业人口23.57万人。先后被评为中国西部百强县（市）、全国科技进步先进县、全国文明县城、全国绿化模范县、全国农村中医工作先进县、中国农家乐旅游发源地、省级双拥先进县等。

悠久的历史文化

郫县是一座历史文化和自然生态交相辉映的城市，处处流淌着独具特色的人文脉息。据1996～1999年对古城遗址的发掘研究，早在4500年前，古蜀文化便有很高的文明程度，成都平原已是长江上游古代文明的中心。距今3000年前，望帝杜宇和丛帝鳖灵就在此建立国都，以郫为都邑。郫县建县历史悠久。公元前314年，秦灭蜀后，在巴蜀地区同时实行分封制与郡县制。此后，即以郫邑作为蜀郡的属县，称郫县，此为郫县建置之始。秦蜀郡太守李冰修都江堰水利工程，郫县居灌溉之首，土质肥沃，物产丰富，郫县历来被誉为“银郫县”。至今，郫县建县已有2300余年历史。郫县为古蜀文明的发祥地。较早的农耕经济开发和政治、文化的发达，使这块土地钟灵毓秀、人才辈出，孕育出了西汉哲学家、思想家严君平，政治家、文学家、哲学家扬雄，大司空何武，宋代著名诗人张俞，清代名将罗应旒，抗日英雄解固基，中科院学部委员萧伦，文学教授、语言学家殷孟伦，英籍华人作家韩素音，世界著名男中音歌唱家廖昌永等。客籍郫县的一些文化伟人如杜甫、陆游、范成大、张大千、叶圣陶等，也曾在郫县留下深深的足迹，杜甫的《杜鹃行》、《野人送朱樱》等歌咏郫人的优美诗歌至今仍脍炙人口。新中国成立后，毛泽东、刘少奇、朱德、邓小平等老一辈无产阶级革命家先后视察郫县。改革开放以来，新一代领导人胡锦涛、乔石、李鹏、吴邦国、周永康等也先后到郫县调研，指导工作，关注民生，令郫县人难以忘怀。

优越的投资环境

郫县自然环境得天独厚。郫县气候宜人，属亚热带季风性湿润气候，夏无酷暑，冬无严寒，雨量充沛。年平均气温16°C，一月平均气温5°C，八月平均26°C左右。细雨如丝，烟雾迷蒙，不仅适宜各种作物生长，更适宜人们安居乐业。得天独厚的自然环境和祖先后辈的辛勤创业，郫县向以物产丰饶著称，是川西的粮仓，全国粮、油、肉生产基地。郫县交通网络十分发达。成灌快铁（成都至青城山，县内有6个站点）贯通郫县，绕城高速、成灌高速、国道317线、沙西线、温彭快速通道等高等级公路四通八达，在全省率先实现村村通公交。郫县投资软环境建设步伐不断加快。成都现代工业港管委会实行“一站式”星级服务，随时为投资企业提供投资咨询、工商注册、税务登记、环评预审、建设立项、消防许可、规划报建、土地使用证办理、水、电、气协调服务。深化行政审批制度改革，严格执行并联审批、联合会审、全程代理和一窗式限时办结制度，完善落实县、镇、村（社区）三级代理服务。不断完善县政府政务中心，建立网上政务大厅、电子监察系统，网上预审，着力为企业提供高效便捷服务。进一步完善和落实招商引资政策机制，切实兑现对投资者的各项承诺。进一步整顿和规范市场经济秩序，依法打击制假售假等各种商业欺诈行为。强化行政效能监察，严肃追究政务服务中的失职行为，不断提升发展环境的“软实力”，连续四年获成都市投资软环境建设优秀单位。

雄厚的经济实力

2009年，郫县坚持以科学发展观为指导，积极应对国际金融危机影响，全力以赴“保增长、保民生、保稳定”，着力推进“一城（成都西部

新城)、两带（沙西线、IT大道城乡统筹综合示范带)、三基地（新型工业基地、文化休闲基地、川菜产业基地)”建设，努力开创城乡统筹综合示范区建设良好局面，县域经济社会呈现增长较快、结构优化、民生改善的良好局面。全年实现地区生产总值188.74亿元，比上年增长16%（下同)；实现工业增加值96.61亿元，增长21.8%；完成固定资产投资216.24亿元，增长25.7%；城镇居民人均可支配收入为16955元，增长12.7%；农民人均纯收入达到7944元，增长8.5%。

项目投资取得突破。坚持把项目工作作为保增长的重要抓手，扎实开展“项目突破年”活动，建立了“六个一批”项目工作及协调服务机制，统筹推进灾后重建、基础设施、民生工程和产业发展等各类项目建设。全年在建项目459个，其中新开工项目284个，竣工项目135个。成功申报“犀池小区廉租住房”等8个新增中央投资项目，27个省、市重点项目均达到建设进度要求。

招商引资富有成效。成功举办赴上海、广东、杭州招商活动及“两带”推介活动，精心组织参加西博会及开展郫县投资说明会，全年新引进投资超过1000万元的各类项目317个，招商引资到位资金210亿元，其中投资上亿元的重大产业化项目37个，外资项目13个，利用外资1.4亿美元，市外到位内资53.9亿元。建立银政联席会议制度，切实加强与金融机构的有效对接，保障了“新居工程”等政府性投资项目的资金需求。

经济平稳较快增长。工业提质增效。完成工业投资89.28亿元，其中技改投资67.79亿元，成功培育吉峰农机在创业板上市。全县规模以上企业达381家，新增79家，实现规模以上工业增加值92.96亿元，增长23.1%。规模以上工业企业万元增加值能耗下降10.03%。实现外贸出口2.6亿美元。成都现代工业港新引进项目90个，累计投产达产项目355个，工业集中度达63.5%。成都现代工业港被列为全省重点培育的“1525”工程园区和省级知识产权试点园区。机械制造、食品饮料、印务包装等三大支柱产业实现增加值41.83亿元，增长22.6%。服务业加快发展。实现服务业增加值62.91亿元，增长12.1%；社会消费品零售总额39.9亿元，增长17.6%。全年接待游客521.6万人次，实现收入6.79亿元。修编完善服务业发展规划体系，海霸王物流、西部国际装饰（石材）城等专业市场和恒创·蜀都广场等一批重大城市功能性项目加快建设，新博美家居装饰城、蜀都国际大酒店餐饮部、沙西农产品批发市场等建成投运。完成310余家餐饮、文化娱乐企业提档升级，农科村被确定为全国农家乐旅游服务标准化试点单位。成功举办第六届中国国际美食旅游节郫县会场活动。新开发商品房249万平方米，成交185万平方米。年末金融机构存款余额305.86亿元，贷款余额181.22亿元，分别比上年末增长41.3%和51.5%。农业稳步发展。实现农业增加值16.16亿元，增长3.9%。新引进农业产业化项目32个，到位资金6亿元，培育和发展市级以上产业化龙头企业18家和农民专合组织示范合作社9个。修订完善《现代都市型农业总体规划》，安德川菜产业化功能区正式启动建设。建成国家级无公害韭黄农业标准化示范区，“郫县豆瓣”通过“中国驰名商标”认定。荣获全省“三农工作先进县”称号。

四川省西昌市

西昌，全国最大的彝族聚居区——凉山彝族自治州首府，总人口65万人，享有“一座春天栖息的城市”美誉。西昌水能资源富集，是国家最重要的“西电东送”战略基地。光热资源丰富，是中国花木之乡、中国冬草莓之乡、中国洋葱之乡。旅游资源绚丽多彩，是驰名中外的航天城，拥有邛海—泸山、螺髻山、卫星发射基地等AAAA级风景区。民族风情浓郁，火把节、彝族年等民俗活动精彩纷呈。区位优势明显，是内陆辐射东南亚的重要通道。

近年来，西昌市坚持生态立市战略，全力创建中国生态市，构建可持续发展平台，促进经济社会又好又快发展。2009年，全市GDP达到181亿元，实现三年翻番；财政总收入24亿元，三年增长三倍；固定资产投资133亿元，三年增长三倍。荣获国家森林城市、中国优秀旅游城市、中国旅游最令人向往的地方、中国最值得去的十座小城、四川省十大最具活力县市、四川省环境保护模范城市、四川省卫生城市、四川省平安市、四川省十大宜居城市、四川省三大懒游目的地称号。

明确中国生态市创建思路，实现特色创建

总体目标：2010年创建成四川省生态市，省级环境优美乡镇达到20个。2015年创建成中国生态市，省级环境优美乡镇达到30个。

创建思路：把创建环境优美乡镇作为生态市建设的最重要细胞工程，作为统筹城乡协调发展，加速公共服务一体化的重要工作抓手，通过“五坚持五实施”具体举措，强力推进创建工作，加快建设“繁荣开放文明秀美新西昌”。

一是坚持生态立市，实施“五大体系”建设。推进五大生态体系建设。构建生态产业体系，大力发展农业、旅游、清洁能源、绿色产业；构建生态环境体系，大力实施污染防治、生态保护与修复；构建生态文化体系，大力开展城乡生态文化活动阵地建设；构建人居生态体系，大力推进城乡统筹，优化人居环境；构建生态建设能力保障体系，大力提高生态市建设综合决策、环境监测、执法监察、防范环境风险应急能力。

二是坚持综合推进，实施“五创联动”创建。将创建国家森林城市、中国生态市、全国平安县市、四川省文明城市、邛泸景区创建AAAAA级景区五大创建活动有机结合起来，联动推进，成果共享。2010年4月，已成功创建为国家森林城市。四川省文明城市创建将于2010年验收，邛海—泸山AAAAA级景区创建工作将于2011年通过验收，全国平安县市创建工作将于2011年通过验收。

三是坚持抓点带面，实施“三线长廊”示范。打造三条生态示范长廊。南线：民族风情生态旅游文化长廊：依托沿线乡镇浓郁的民族风情、全国最大飞播林区、螺髻山自然风光，打造原生态旅游长廊。中线：低碳乡村生态家园示范长廊：集中连片打造3个乡镇10个新农村，形成产业特点突出、民居特色鲜明、生态环境良好的低碳生态家园长廊。北线：田园风光生态旅游长廊：依托沿线乡镇生态特色农业基地，形成生态产业效益明显、辐射带动能力强的生态乡村旅游长廊。

四是坚持项目推动，实施“七个一”工程。以项目为支撑，创新性在各乡镇实施具备西昌特色的“七个一”工程：每个乡镇建设一个生态休闲广场、一条示范街、一个生态村、一个农贸市场、一批垃圾中转站、一批公共厕所，建立一套长效管理机制。完善乡村公共基础设施，实现乡村生态环境清洁化、秩序化、优美化、制度化。

五是坚持团队攻坚，实施“三拖一”责任。由一名市级领导、一个包乡部门、一个支持部门组成责任团队，负责一个乡镇的环境优美乡镇创建工作。全市24名市级领导、66个部门分别联系24个乡镇、25个生态村。创建工作坚持“三不三看”：不听过程、不听原因、不听解释、只看效果、只看数据、只看发展。将创建工作纳入目标考核，实行一票否决，对干部施加压力，增

加动力，激发活力，形成推力。

创新中国生态市创建机制，实现科学创建

结合西昌市实际，探索出“政府主导、规划龙头、捆绑投入、产业支撑、文化提升、群众参与”二十四字工作推进机制。

政府主导。通过政府主导创建内容、创建模式、基本建设投入、资源整合，强力推进创建活动。通过州市联动，整合中央、省、州驻昌单位资源共同打造11条生态建设示范街，联动驻昌部队打造海河休闲生态公园。通过县市联动，协同周边县实施城区周边生态恢复工程1.4万亩。通过部门联动，整合市级各部门力量，举全市之力开展创建工作。

规划龙头。编制“1+24”生态市和环境优美乡镇规划体系。即：编制《西昌市生态市建设规划》，统揽生态市创建工作；编制24个创建乡镇《创建环境优美乡镇环境规划》，指导各乡镇创建环境优美乡镇工作。生态市建设规划纳入新修编的《西昌市城市总体规划》。与此同时，编制了十余项专项规划，形成城乡统筹、全面覆盖的生态市建设规划体系。

捆绑投入。建立财政投入、银行融资、企业投入、社会投入多元化投入机制，整合各部门资金捆绑投入创建工程。捆绑投入2610万元实施一批新农村生态建设，捆绑投入6280万元建设一批乡村道路及河道堤防生态景观，捆绑投入2000万元打造高速公路两侧村落风貌，捆绑投入1300万元新增一批环卫设施，捆绑投入5100万元修建一批“三化”农贸市场，捆绑投入1150万元修建一批乡村公厕和垃圾中转站。市财政分别拨给每个创建乡镇生态广场建设资金70万元、示范街建设资金100万元。全市投入生态市创建经费达到2亿元。

产业支撑。大力发展绿色、生态、高效产业，为创建生态市，实现可持续发展提供产业支撑。发展龙头产业，成功创建国家级十万亩蔬菜、五万亩马铃薯两大绿色食品原料标准化生产基地，全市特色产业村达到30个。发展龙头品牌，西昌洋葱等13种农产品获得国家绿色食品A级认证。发展龙头企业，全市农业产业龙头企业达到52家。完善农户与专合组织利益连接机制，全市各类专合组织达到96个。

文化提升。将环境优美乡镇创建与历史文化底蕴提炼相结合，打造一批极具地域文化特色的亮点工程，形成以礼州镇为代表的古镇文化，以月华乡为代表的知青怀旧文化，以黄联关镇为代表的客家文化，以安哈镇为代表的彝族风情文化，以大箐乡为代表的彝族太阳历文化，以川兴镇为代表的渔家风情文化，以裕隆乡为代表的伊斯兰宗教文化，以兴胜乡为代表的田园休闲文化，以樟木箐乡为代表的字库文化。

群众参与。坚持“群众参与、群众受益”原则，发动群众主动参与支持创建生态市和环境优美乡镇工作。通过政府引导，群众自主自愿投资搞建设，积极投工投劳义务植树27万株，建设园林景观980余处，硬化入户道路100余公里，建筑立面整治108万平方米，兴建垃圾池400个，建设“三化”市场20个。极大改善我市生态人居环境，群众建设美好家园的主体作用得到充分发挥。

强力推进中国生态市建设，实现务实创建

城乡基础设施加快改善。通过生态市创建，全市城乡基础设施建设得到全面改善。道路交通方面，新建城区大型桥桥梁2座，安宁河大型桥梁5座。新建通乡油路46公里、通村畅通公路101公里、通村通达41公里。全市实现乡乡通油路，所有创建乡镇实现村村通水泥路。西乡凤凰村道路被评为四川省“十大最美乡村公路”。基础设施方面，建成安宁河堤防10.8公里，实施灌区水利血防、灌渠改造、病险水库治理、人畜饮水等基础设施建设。改造中低产田1.2万亩，治理水土流失26平方公里，解决1.6万人饮水安全问题。建成黄水乡全国现代烟草示范点、西溪乡千亩标准化蔬菜生产基地。教育方面，新建阳光学校、西昌职中、特殊教育学校，完成一中学生宿舍楼、川兴中学教学楼等45所学校校舍新建改造任务，8所寄宿制学校实现标准化达标，4所学校实施《十年行动计划》基建工程。医疗卫生方面，新建市医院门诊大楼、妇幼保健院，改扩建乡镇卫生院13个，修建三个农村敬老院。发放农村困难群众医疗救助金585万元。全市36.7万农村居民参加新型农村合作医疗，参合率93%。顺利通过国家血防达标检查验收。

农村经济实现快速增长。大力发展“一乡一品”特色生态产业，实现农民增收致富目标。全市建成优质稻基地20万亩，马铃薯基地7万亩，外销蔬菜基地12万亩，洋葱基地6万亩，石榴基地6万亩，蚕桑基地3万亩，优质烤烟基地3万亩，水果林基地10万亩，花木园林基地2万亩，形成产业规模集聚效应。今年第一季度，在遭受秋冬春三连旱特大旱灾，农作物受旱面积达10万亩的严峻形势下，全市外销早市蔬菜15万吨，产值2亿元，同比增长22%；花卉产值5000万元，同比增长20%。特别是特色农产品效益大幅增长，品牌化效益凸显，西昌洋葱、芦丁香菜、花卉成为上海世博会供应产品，已有8万吨洋葱、10万盆花卉销往上海。成功打造出“中国·西昌乡村八景”，乡村旅游成为农民增收支柱产业，许多农户从单一的传统农业生产，转变为第一、第三产业互动发展。

城乡人居环境加快美化。积极推动公共环卫服务向农村延伸，将24个乡镇纳入一级环卫，建立“组清扫、村收集、乡集中、市清运”环卫机制，垃圾处理实现日产日清。引进垃圾焚烧发电项目，生活垃圾无害化处理水平得到大幅提升。标准化市场向农村延伸，采取业主投入为主、政府补贴为辅方式，新建改造乡镇农贸市场20个。供排水服务向农村延伸，强化饮用水源地综合整治，饮用水源取水口水质达标率100%，集中处理城乡污水，新增污水处理能力6万吨。绿化亮化向农村延伸，完成农村道路、堤防绿化40公里。建设花园式企业示范防护林340亩。完成邛海周边可视范围荒山造林、血防造林、植被恢复4.5万亩，落实封山育林1.7万亩。配合绿化造景，在农村安装景观灯、路灯，实施电视通、道路通、电话通“三通”工程，农家厨房清洁化、厕所标准化、圈舍独立化“三化”改造。

新农村建设加快推进。将生态市创建细胞工程与新农村建设有机结合。大力推进民居改造，集中展现浓郁的地域民俗风情特色。市财政投入2000万元，完成对高速公路沿线两侧4897户6722间民居改造。捆绑各项涉农资金2610万元，建成黄联大德村等一批新农村示范村。按照工业进园区、农民进新村要求，以园区的企业投入为主，建设工业园区拆迁农户安置点。目前，正在打造10个新农村集中示范片，整合各项资金近2亿元，按照“打破军营式，打破火柴盒，打破夹皮沟”要求，采取拆院并院方式，实施新农村连片建设“七个一”工程：集中打造一批民居特色鲜明的自然村落，集中建设一批山水田林路基础设施，集中完善一批环保基本设施，集中修建一批村级组织活动室，集中兴建一批村民特色文化生态小广场，集中发展一批龙头产业，形成一套村级组织民主管理制度。建成“全省一流、全州标杆、低碳乡村、生态家园、特色鲜明、全面发展”的新农村示范长廊。

市民素质加快提升。深入广泛开展生态市创建活动宣传，促进群众思想观念转变。将生态环保课纳入全市中小学必修课程，在电视台开辟绿色生态新西昌专栏，在新华网凉山分频道和四川网络电视地方频道制作专题网页，群众知晓率、支持度、参与度明显提升。成功创建绿色军营1座、生态人居小区4个、生态农业产业园区1个、省级绿色学校1所、市级绿色学校17所，24个环境优美乡镇生态文化广场。通过生态市创建工程，完善了一批城乡文化体育设施，丰富了群众文化生活，全市群众性文艺组织达到180余个，礼州镇的驼背拜年、安宁镇的采莲船、马道镇的舞狮、高枧乡的威风锣鼓、川兴镇的龙灯、海南乡的草龙、黄水乡的踩高跷、四合乡的彝族达体舞、响水乡的彝族打歌、荞地乡的彝族摔跤、安哈镇的射弩等民俗特色活动，丰富了农村文化生活。

水城新津　希望之城——四川新津

新津位于四川盆地西部，成都平原南部边缘，东及东北部邻双流，西接邛崃、大邑，南邻彭山，北毗崇州。自北周定名以来已有1450多年历史，古为“南方丝绸之路第一站”。全县辖区面积330平方公里，辖11个镇、1个乡，总人口30.63万人。2009年，全县完成地区生产总值100.09亿元，增长16.1%；全口径财政收入35.22亿元，增长75%；地方财政收入25.19亿元，增长80.8%；全社会固定资产投资133.16亿元，增长69.3%；城镇居民人均可支配收入14616元，增长16.8%；农民人均纯收入6962元，增长8.5%。

新津，成南门户

县城距成都市区28公里，距西南航空港18公里，距乐山港90公里，位于成都市“半小时”经济圈范围内，历来是川西平原连接川南、川西和西藏的交通咽喉。境内有机场和8条国家、省级公路，成雅（成乐）高速、牧山大道（大件路）、川藏路等3条快速通道直通成都，成绵乐城际高铁、成新蒲快速通道已启动建设，成昆铁路穿境而过，新津南北走向的公路、铁路交通将达10余条。同时，规划建设中的成都市五环路、成都第二绕城高速等道路贯穿境内东西走向。届时，将形成与成都中心城区全方位、无缝对接的网格化交通体系。新津优越的区位交通优势，使其经济辐射范围近至眉山、乐山、雅安，远达云贵及西藏，成为会聚人流、物流、资金流、技术流、信息流的理想之地。

新津，人杰地灵

自北周定名以来，相袭至今已有1450多年历史，自古以来“商贾云集、货如轮转、多出富商”，是川西重要的物资集散地和交通枢纽。新津江河纵横，风光旖旎，山水多娇，素有“蓉城南路第一景，川西名胜上河图”的美誉。杜甫、苏轼、陆游等大文豪曾多次游览新津，留下“川西供客眼、惟有此江郊”、“城阙辅三秦，风烟望五津……海内存知己，天涯若比邻”等千古叹咏。新津山灵水秀，人才辈出，先后走出了北宋名相张商英、反清义士侯宝斋、人民教育家刘绍禹、荣登世界财富杂志的希望集团刘氏兄弟……

新津，民营摇篮

新津是全国最大的民营企业——希望集团的诞生地。改革开放以来，新津从“四川省农村综合改革试点县”，到“四川省个体私营经济试验区”，再到“四川省非公有制经济示范区”，民营经济从无到有、从小到大、从弱到强，积累了多年的发展经验，目前正朝着“西部民营经济高地”的宏伟目标迈进。全县已拥有开利空调和法国液化空气等世界500强企业2家，中国化工、希望等国内500强企业9家，新筑路桥、建中香料等全国行业排名第一企业8家，以及琪乐塑业、恒力磁材等西部行业排名第一企业7家；拥有中国名牌8个、中国驰名商标8个、四川名牌11个、省级著名商标12个。目前，全县90%的企业是民营企业，民营经济发展实力不断增强，民营经济占GDP比重达70.9%，居四川省前列。民营企业已成为县域经济的主要部分、财政税收的主要来源、农民增收的主要渠道和就业创业的主要载体，成为新津最靓丽、最具特色的名片之一。

新津，产业基地

新津是成都市重要的现代制造业基地，这里有省级工业园区——四川新津工业园区，重点发展新材料产业、以路桥机械及构件为主的机械制造业和以肉类、方便食品为主的食品加工业，园区聚集工业企业216户，拥有多家国内外知名企业，如美国开利空调和法国液化空气等世界500强企业、中国化工集团和希望集团等国内500强企业、新筑路桥和建中香料等全国行业排名第一的企业等，县内规模以上企业146户，工业集中度达69.1%，工业对县域经济增长的贡献率达61.9%。近年来，县委、县政府始终坚持“工业强县”发展战略不动摇，按照全市产业布局规划，坚持突出特色，错位发展，主动承接成都市中心城区及东部沿海产业梯度转移，全力推进工业集中、集约、集群发展。已初步形成以新能源、新材料为主的化工产业为主导、路桥构件和食品深加工为特色的“1+2”产业集群格局。

新津，投资热土

境内现有省级开发区——四川新津工业园区，有区域合作的平台——成眉工业园（新津与毗邻的眉山市彭山县合作开发的园区）。按照成都市功能区建设规划，新津规划成立了八大功能区，分别是：新材料产业功能区，国际铁路物流枢纽综合功能区，临空经济综合产业功能区，金融后台中心功能区，水上运动休闲功能区，龙泉山生态旅游综合功能区、历史文化生态旅游功能区，水乡兴义，现代农业产业功能区。这些都为承接外资西进、内资西移提供了良好载体，为投资者提供了良好的发展平台。近年来，县委、县政府本着“把方便让给企业，把麻烦留给政府”的原则，做到既招商、引商，又亲商、安商，更扶商、富商，营造了包容开明、恪守诚信，公平竞争、安全稳定的发展环境。

新津，居家福地

新津四季分明，气候温润，平畴沃野，物产富饶，“山不高而堆绿叠翠，水不深而宽阔秀丽”，自然、地理、历史、人文相得益彰，是不可多得的旅游居家休闲胜地。境内五河汇聚，江河如带，以“黄辣丁”为代表的河鲜美食享誉省内外；花雪纷飞的梨花溪、“史前文明”宝墩遗址、“九莲胜景”观音寺、“天下第一忠孝儒林”纯阳观、“稠梗出云”老子庙等风景名胜古迹闻名遐迩，“赏梨花、品河鲜、观壁画、游南河”旅游品牌已初步形成。近年来，依托山水特色，突出“山水·生态·休闲·人居”品牌的房地产业快速发展，城市形象和品位不断提升；特别是围绕“成南门户，水城新津”的城市定位，以成都市南部新城建设为契机，着力打造“时尚水城”、“风情水城”、“欢乐水城”等以水为魂的城市组团，将成为成都南部最宜居的现代山水田园城市。

2010年，新津将围绕“扩大开放年”、“城乡形象提升年”和“生态环境建设年”，以八大功能区建设、城乡统筹“整县推进”和城乡环境综合治理为抓手，全面推进经济、社会、文化、生态协调发展，致力建设一座“水在城中（城在水中）、园在城中、山在城中、田城相融”的现代山水田园城市。

新津，这座冉冉升起的现代山水田园城市，热诚欢迎四海宾朋投资新津，建设新津，在这片生机勃勃的土地上共同开创美好、辉煌的明天！

南疆重镇　水韵之都——新疆阿克苏市

近年来，在自治区党委、人民政府，地委、行署的正确领导下，阿克苏市坚持以科学发展观为指导，积极树立首府意识，以争创一流的精神，把握全局、突出重点、团结拼搏，推动了经济社会又好又快发展，先后荣获“国家森林城市”、“全国园林绿化先进城市”、“国家卫生城市”、“中国优秀旅游城市”、“中国人居环境范例奖城市”、“全国双拥模范城”四连冠、“全国科技进步先进县(市)”、“中国西部大开发新疆十座投资环境最佳城市”、“中国红富士苹果之乡”和“国家级优质商品棉基地”等荣誉称号。2009年，实现地方生产总值68.3亿元，同比增长13.5%；人均GDP达到1.56万元，同比增长13.25%；三次产业比例为16.33∶25.8∶57.87；实现全口径地方财政收入8.57亿元，其中：一般预算收入6.47亿元，同比增长33.12%；实现外贸进出口额7712万美元，同比增长182.8%；实现社会消费品零售总额29.3亿元，同比增长19.29%；全社会固定资产投资完成35亿元，同比增长19.3%；实现每万元GDP综合能耗1.6186吨标准煤，同比下降5.06%；城镇居民人均可支配收入达13179.69元，同比增长8.05%；农牧民人均纯收入达到5774.97元，同比增加610.97元。阿克苏市在西部百强县市的排名位列第43位。在经济平稳较快发展的同时，注重把社会发展的成果与人民群众共享。科技投入逐年加大，2009年支出科技经费5351万元、占GDP的0.78%。教育质量稳步提高，“两基”顺利通过国家验收，民汉合校、“双语”教学稳步推进，在校生民汉比例为46.3∶53.7，小学升学率99%，初级中学升学率40.2%。群众文化体育生活进一步丰富，城乡文化站达12个，广播、电视覆盖率达100%。医疗卫生条件明显改善，共有各类医疗机构116个，每万人拥有床位12张，每万人拥有卫生技术人员14人。城镇化率达54.79%，城镇登记失业率为2.1%，人口出生率控制在15.82‰。城镇居民恩格尔系数为39.8%。社会保障机制不断巩固，新农合参合率达96.67%；城镇居民社会综合参保率达30.83%；城乡居民最低生活保障人数占常住人口的5.09%，农村低收入人口占农村总人口的2.56%，脱贫人口返贫率控制在4%以内。建城区绿地率达38.6%，人均公共绿地9平方米；城市道路163公里，人均拥有道路面积9平方米；城区集中供热率达34%，城市居民用气普及率达91.5%。

在不断总结历届班子成功经验的基础上，结合新形势、新任务、新要求，阿克苏市逐步形成了“32123”发展思路，即：坚持三个始终（始终以中国特色社会主义理论体系为指导，始终把维护上级党委权威、保持政令畅通作为神圣的责任，始终从当地实际和人民群众的所需所盼出发）、树立两个目标（一是把阿克苏市建设成区域性商贸中心和西北休闲之都；二是从“不愿、不能、不敢”三个层次，铸牢以民心为基础的维护边疆稳定的钢铁长城）、弘扬一种精神（弘扬“信念坚定、坚忍不拔、执著追求、甘于奉献”的阿克苏市精神）、实施两大战略（一是实施生态立市、“三农”夯市、商贸活市、旅游兴市、工业强市战略；二是实施龙头城市带动战略）、建设三大工程（一是“11911”工程，即：建设一个新农村，打造一个多浪文化品牌，建设九大基地，构筑一条阿温经济隆起带，托起一座龙头城市；二是坚定不移地推进党的建设新的伟大工程；三是大力实施“从我做起”工程）。“32123”发展思路全面贯彻了党的十七届三中、四中全会和胡锦涛总书记关于新疆工作的重要讲话、自治区党委七届八次全委（扩大）会议和全国对口支援新疆工作会议精神，紧密结合阿克苏市的实际，紧扣跨越式发展和长治久安的主题，是当前乃至今后相当长一个时期阿克苏市的发展思路。在这个发展思路的推动下，阿克苏市已步入经济发展的快车道。

新疆维吾尔自治区昌吉市

昌吉市地处新疆天山北坡经济带前沿，地处东经86°24′～87°37′，北纬43°06′—45°20′。位于亚欧大陆中心，是新疆首府乌鲁木齐市卫星城市和昌吉回族自治州州府市。全市总面积8215平方公里，建成区面积30平方公里，规划区面积42平方公里，城市化水平达到63%。总人口42万人，有汉、回、哈萨克、维吾尔等32个民族。市辖6个镇、4个乡，6个街道办事处，50个社区居委会，87个村民委员会。先后荣获国家卫生城市、中国优秀旅游城市、中国最佳休闲旅游城市、全国科技进步示范市和双拥模范城市等国家级荣誉。作为乌昌经济一体化战略核心发展城市，昌吉市紧紧抓住国家西部大开发和乌昌经济一体化战略机遇，不断加快工业化、产业化、城市化进程，国民经济和社会各项事业快速健康发展，全市生产总值连续多年保持两位数增长。2009年，全市实现地区生产总值154.2亿元，增长16.3%；经济结构进一步优化，三次产业比重调整为13.8∶44.3∶42.9；实现地方财政收入12.1亿元，增长28.9%；完成全社会固定资产投资51.2亿元，增长24.8%；社会消费品零售总额42.2亿元，增长21.2%；外贸进出口总额5.6亿美元，增长16.4%。

在新疆而言，昌吉市的投资发展环境优势主要体现在以下五个方面：

最佳的生态优势

昌吉是个生态城市——一流的空气，一流的水质，一流的森林，森林覆盖率高达72%，有天然大氧吧之称，在全国生态环境质量的评价中，我市的生态环境质量被评为优秀。走马昌吉大地满眼皆绿，青山、绿水、蓝天构成了一个360度的绿色空间，境内的水质常年稳定在国家地表水一类标准，空气质量特优，常年空气质量维持在国家一级标准，是新疆同时拥有一流水质、一流空气、一流森林的县级市之一。昌吉市既是个适合居住生活、休闲度假、观光旅游的生态城市，也是个适合高新技术产业，尤其是对空气、水质量要求较高的高新科技产业发展的环保新城。可为投资创业提供一个人与自然、发展与自然相和谐的生态环境。

便捷的区位优势

随着新疆维吾尔自治区乌昌一体化战略的深入实施，乌昌地区已成为新疆重点发展核心区域，目前，乌昌地区生产总值和财政收入分别占全疆的40%和50%以上。因而无论是从政治方面考虑，还是从经济发展方面考虑，昌吉市都具有其他地区不可比拟的绝对优势。就地理位置而言，昌吉市东距乌鲁木齐市中心30公里，距乌鲁木齐国际机场18 公里，312国道、乌奎高速公路和联通第二座亚欧大陆桥的国际通道北疆铁路穿城而过，处于承东启西、沟通南北、连接区内外的重要战略位置，它不仅使昌吉市融入了新疆首府乌鲁木齐“半小时经济圈”，而且是东联西出，面向中亚、欧洲市场的黄金通道和桥头堡。同时，乌鲁木齐市至昌吉市的轻轨铁路也已经开始规划立项，即将开工建设。

丰富的资源优势

拥有丰富的矿产和水电资源。矿产有煤、铁、金、硫磺、白矾、芒硝、石灰石等，特别是煤炭资源储量大、品位好，已探明地质储量达220亿吨以上，远景储量达500亿吨以上，天然气储量面积100平方公里。辖区可利用水资源总量为6亿立方米，城市自来水日供应能力为5万立方米。城市道路硬化率达95%，绿化覆盖率达38.2%，供水率和污水处理率均为100%，供热和供气覆盖率均达到95%以上，是全疆第一个实现污水全部处理的城市。电力供应充沛，乌鲁木齐和玛纳斯两大电网覆盖全市，完全有能力满足不断增长的工农业生产和居民生活用电需求。昌吉具有独具魅力的旅游资源，以南部天山风光、中部农家乐和北部荒漠为代表的旅游景区和以榆树沟烽火台、宁边古城、回族花儿、清代粮仓等

为主的历史文化古迹，构成了绮丽自然风光与悠久历史文化相得益彰的优美画面，在新疆被誉为“名吃之乡、休闲之都”。

雄厚的产业优势

依托良好的区位、丰富的资源等优势，昌吉市已形成了农副产品、机电制造、石油化工、新型建材、矿产资源深加工、高新技术六大工业支柱产业和粮食、棉花、番茄、制种等十大农业产业化基地。城市经济占到国民经济总量的90%，工业经济总量占到城市经济的80%。特变电工集团和中粮屯河集团是新疆上市公司的典型代表，特变电工集团目前已成为国际变压器行业产能第二的大型现代化企业。中粮屯河随着中粮集团的资本注入，目前产能已达到30万吨／年，已成为新疆红色产业发展的一面旗帜。拥有国家和自治区级农业产业化龙头企业21家，订单农业比重达85%以上，昌吉国家农业科技园区已成为中国西部农业发展的示范窗口。全市有国家级企业研发中心2个，自治区级研发中心 11个。在全疆19个“中国名牌产品”中昌吉市占8席，全疆4个“中国驰名商标”中昌吉市拥有1个。昌吉市对外贸易优势突出，全疆27个对外开放的口岸是我国面向中亚国家和周边区域的直接贸易通道和向西开放的前沿。昌吉市亚中商城国家二类口岸可实现不出市就可以全部完成“一关四检”的目标。

良好的环境优势

全力打造和维护“诚信政府、文明公民、和谐社会”的良好投资新形象，在全疆率先成立了“一站式”政务服务中心，对所有行政审批事项实行集中办公，对重点项目实行挂牌保护制度，同时，在全疆率先设立了驻上海、北京工作处，通过不断加强投资软环境建设，投资环境优化的效果逐渐显现。近年来，先后有200多家外地企业落户我市，世界500强中粮集团、美国嘉吉公司，中国500强神华集团、娃哈哈集团以及上好佳、汇源果汁、新加坡丰益集团等国际国内知名企业相继落户我市投资发展。昌吉高新技术产业开发区作为省级开发区，园区道路、供排水、电力等基础设施已基本达到“七通一平”条件，完全具备承载大项目、大投资的能力。

长期以来，昌吉市全市42万各族人民群众在党的政策的引领下，在中央、区、州党委、人民政府的关心支持下，团结拼搏，艰苦奋斗，在经济建设和社会各项事业发展等方面取得了骄人的成就，各族群众的生活水平明显提高，形成了社会安定团结，共建美好家园的良好局面。

现代新昆明的西部新城——云南安宁

安宁市域面积1301.69平方公里，辖7个镇、2个街道，总人口31.91万人。建成区面积20平方公里，城镇化率65.81%。自西汉设县以来，已有2100多年历史。

综合实力雄厚

1.经济快速增长。从2005年到2009年，GDP从75亿元增加到120.6亿元，年均增长12.61%；人均GDP从23939元增加到37270元，年均增长11.7%；地方财政一般预算收入从6.37亿元增加到12.8亿元，年均增长19.06%；规模以上工业增加值从38.15亿元增加到63.5亿元，年均增长13.58%；全社会固定资产投资年均增长10.46%；社会消费品零售总额从12.6亿元增加到25.3亿元，年均增长19.04%；非公经济占GDP比重从23%增加到35.31%。

2.人民生活改善。从2005年到2009年，城镇居民人均可支配收入从11189元增加到18172元，年均增长12.89%；农民人均纯收入从3759元增加到6170元，年均增长13.19%。

基础设施良好

已实现村村通柏油路，公交车覆盖全市所有乡镇行政村，已基本实现城乡公交一体化；村村通洁净水（自来水），用水普及率、水质综合合格率均达100%；村村通电和有线电视；村村通程控电话并实现移动信号全覆盖；城镇生活气化率（燃气及电气）95%。城市绿地率达40.8%，绿化覆盖率45.1%，人均公共绿地面积17.8平方米，城镇化率64.8%。主城区和集镇生活垃圾无害化处理率分别达100%和80%以上，建成区污水集中处理率达到86%。

产业基础坚实

安宁市现已形成以钢铁、磷矿化工、建材为主的工业结构，是云南省重要的钢铁、磷盐化工基地。工业对经济增长的贡献率长期保持在50%以上。其中：武钢集团昆明钢铁股份有限公司是全省最大的钢铁联合企业；云天化集团拥有国内最先进和大型化的磷矿资源深加工生产技术和装备；云南盐化股份有限公司通过“盐碱互补，平衡发展”的发展战略，实现了从盐到盐化工的战略转移。

区位优势明显

安宁市地处东经102°10′～102°37′、北纬24°31′～25°06′，位于昆明的西部，距昆明市中心28公里。主要交通要道有昆安、石安、安楚等高速公路以及320国道，是昆明通往滇西八个地州乃至南亚、东南亚各国的必经交通要道和云南省交通路网的重要节点。目前，安宁全市公路通车里程达到2170公里，成昆铁路、昆明铁路支线及大企业专用铁路运输线共121公里，交通及区位优势十分明显。

云南作为中国连接东南亚、南亚的国际大通道已进入全面建设阶段，泛亚铁路“东、中、西”三线铁路云南段的建设正在紧锣密鼓地进行中。而安宁处于昆明经楚雄、大理、瑞丽至缅甸仰光线重要的西线节点，通过与昆明的便利交通，可实现与东线、中线连接贯通。目前，经过安宁的320国道直通缅甸连接印度、孟加拉国等南亚地区，昆楚高速、成昆铁路等穿境而过，安晋高速、昆广铁路复线已开工建设，大瑞（大理至瑞丽）、大丽（大理至丽江）铁路已试运行。目前，全市仅成昆铁路、昆阳支线、安宁支线及盐矿、昆钢、大黄磷、长坡石油专用线等各类铁路运输线就有120多公里。随着国际大通道建设的推进，安宁区位优势愈加明显，对内对外开放的前沿地位更加突出。

安宁资源丰富

安宁古时就被誉为“连然金方，螳川宝地”。“天下第一汤”温泉驰名中外，是集生态旅游、文化观光、康体休闲为一体的旅游胜地。

安宁矿产资源丰富，已发现矿种39种，已开放利用23种，其中磷矿、岩盐、芒硝化工原料等非金属矿产资源在全省乃至全国占有重要地位。

磷矿：探明储量14.18亿吨，占全省磷矿石保有储量的36.5%，具有质优、量大、埋藏浅、水文地质条件简单、大部分可以露天开采等优点。

盐矿：探明储量140亿吨，占全省储量的50%，居全国内陆盐矿第二位，氯化钠平均品位57.97%。

芒硝：探明储量近73.3亿吨，平均品位23.3%，居全国前列。

其他：铁矿6000万吨；锰金属量近40万吨；耐火黏土储量1060万吨，占昆明市总量52%。

投资环境优越

安宁市委、市政府将“在思想上大突破、在制度上大创新、在软环境上再优化”作为当前及今后一段时期的重要工作。全市行政管理体制、财政管理体制、人事制度、土地利用制度改革不断深化；高效规范、公开透明的行政体系和推动发展的动力机制逐步建立；科学的考核激励机制和政府性投资项目投资、建设、管理“三分离”运作模式全面建立；精简行政审批事项、压缩行政审批时限、行政审批“零”收费等行政效能机制建设进一步推进；“阳光政府”四项制度全面实施；“三最四低”（创业最宽松、社会最文明、人居最安全；低交易成本、低生产成本、低行政成本、低社会成本）的投资发展软环境正在形成；治“推”、治“拖”、治“松”、治“混”和治“庸”计划深入实施；“三最三严”（最严厉的问责制度、最严格的限时办结制度和最严肃的服务承诺制度）强力推行。

发展前景与投资机遇

安宁作为现代新昆明建设的“一主四辅”中“四辅”之一和昆明市的“第一板块”，将成为昆明主城的副中心，城市基础设施建设和工业园区建设的步伐将加快。

滇中城市经济圈的构建为安宁的发展提供了新空间。

安宁工业园由国家工信部授牌为新型产业化磷化工产业示范基地，被定为全省30个重点工业园区和10个重点产业循环经济示范园区之一。

国际国内产业转移，武钢战略重组昆钢建设草铺特钢基地，中石油中缅油气管道配套石油炼化项目选址安宁等，将使安宁的产业发展达到新的高度。

国家对环境建设与节能环保项目的支持有利于安宁市现有高排放高耗能项目的升级和改造。

安宁市丰富的矿产资源为钢铁业、磷化工、盐化工及其他行业提供了充足的原料来源，为经济社会的可持续发展奠定了良好基础。

安宁市地处昆明通往滇西和缅甸的必经之地，随着昆明至曼谷公路和泛亚铁路（中线、西线经过安宁）的建设，安宁的交通枢纽地位将更为突出。

云南省最大的铁路货运枢纽在安宁大桃花开工建设，为安宁发展现代物流产业创造了必要条件。

休闲时代的到来为安宁休闲经济大发展提供了新方向。

2010年工作思路

围绕“把安宁建设成为森林式、环保型、园林化的现代绿色工业强市和休闲养生名城，建设成为现代新昆明的西部新城、中国西部重要的工业基地”的目标，安宁市2010年将以科学发展观为指导，紧紧围绕现代新昆明建设和“543”倍增计划，坚持“1366”的发展思路，一手抓“十一五”规划的全面完成，一手抓“十二五”规划的超前启动，实施大突破、大规划、大投资、大项目、大产业、大建设、大开发、大宣传“八大”方略，着力破解经济结构性矛盾，着力破解城乡二元结构矛盾，着力突破城市发展瓶颈，构建和谐平安安宁，全面开创跨越式发展新局面。

世界锡都——云南个旧

个旧市是国家重要的有色金属工业基地，是中国最大的锡生产出口基地、最大的锡材加工中心、锡化工中心和砷化工中心，中越边境唯一的中等工业城市。位于滇东南红河北岸，东经102°54′～103°25′、北纬23°01′～23°36′之间，北回归线横穿全境，总面积1587平方公里。市区距省会昆明市280公里，国家级口岸河口县244公里，海岸线北部湾直线距离450公里。仙人洞与锡都两个公路隧道、红河大道、鸡街至石屏高速公路建成通车后，使个旧的交通得到有效提升，北与昆明，南与金平、元阳、绿春、河口等边疆县和越南的交通更加便捷。个旧城市建成区面积12平方公里，平均海拔1685米，一年四季无严寒酷暑。

个旧是闻名世界的锡都

个旧是一个演绎千年璀璨锡文化的有色金属老工业城市，是闻名中外的锡都，是世界最大的锡产业基地、全国最大的锡材锡化工中心和铅生产基地。个旧“锡都”很早即被载入英国《大不列颠词典》等著名辞书和教科书、蜚声海内外。大锡，铸就了中国锡都，也铸就了个旧锡文化名城的独特品质和美誉度。

个旧因锡而立，因锡而兴。锡业开发历史可追溯至两千多年前的汉代，矿冶文明源远流长，千年炉火生生不息。东汉时，个旧矿业开采已形成规模。及至清康熙后，锡矿开采、冶炼始为兴盛。清末，政府设个旧厂官公司，由此开云南近代冶金工业生产之先河。新中国“一五”时期，个旧锡业开发被列为全国156个重点建设项目之一。个旧已具备较完备的以锡为主的有色金属采、选、冶配套设备，锡的采、选、冶等技术工艺可代表当今世界顶尖水平，并已形成了有色金属年采矿900万吨、选矿1100万吨、冶炼20万吨的生产规模。作为全国最大的锡现代化生产加工基地，个旧的锡产品同样享誉于海内外，精锡纯度高，在国际市场上一直享有免检信誉，在国际同类产品中占有举足轻重的地位。

个旧是一个满含价值的自然资源宝库

个旧拥有丰富的矿产资源。以锡为主的多金属超大型矿区，已探明锡、铜、铅、锌、钨、铋等有色和稀有及贵金属矿产20余种。累计探明有色金属储量800多万吨，其中锡占世界的1/4，占全国的1/3，占云南省的4/5。新近探明的白云山霞石正长岩首采块段储量5500万余吨，远景资源量达30亿吨，为全国霞石储量之冠。

个旧的崇山峻岭蕴藏着丰富生物资源。热带、南亚热带、中亚热带、北亚热带、南温带等五种立体气候带得天独厚，孕育了丰富多彩的生物世界。云南物种的80%可在个旧找到，拥有200多种树种，其中广泛分布国家一级保护植物中华桫椤(树蕨)、国家二级保护植物董棕；被誉为“生物活化石”的红河多歧苏铁，为个旧蔓耗热带雨林所独有。拥有珍稀动物长臂猿、云豹等十多种；野生药材、野生花卉均达200余种，具有开发价值的野生花卉、药材上百种。境内有热带雨林风光、高原湖泊、喀斯特溶洞、天然温泉和锡文化遗迹、古寺名园等多姿多彩旅游资源。

个旧是滇南的中心城市和面向东南亚的沿边工业中心

个旧是云南省建市历史最早的城市之一。从20世纪50年代中期开始，曾一直是红河哈尼族彝族自治州州府所在地，直到2003年州行政中心回迁蒙自。1988年，个旧市经国务院批准为云南省计划单列市，行使地州级经济管理权，并为对外国人开放城市。个旧城市化水平较高，城市化率达69%。在世界10项现代化指标中，个旧已有6项达到现代化标准。个旧是滇南的经济、金融、商业、文化和信息中心，时至今日，拥有滇南最大的城镇人口消费群体和消费市场、最强的综合经济实力、最大的商业流量、最多的金融机构和最完备的城市基础设施，滇南中心城市名至实归。

个旧是一座历史悠久的工业边城，也是中越边境上最具竞争力的城市。经过新中国六十年的建设，已发展成为一个以有色冶金工业为主体的涵盖化工、生物资源加工、轻纺、机电、建材、医药、食品等在内的多元化工业生产体系，工业经济占主导地位的中型城市和云南省沿边经济实力最强的工业城市。随着泛亚铁路、红河机场和滇越大通道的建成，中国—东盟自由贸易区的全面建成并步入零关税时代，个旧作为紧邻东南亚边境的工业重镇和桥头堡，区位优势的辐射力和对外开放的便利化日趋明显。

个旧是适宜人类居住的生态山水型城市

个旧是世界上少数几个位于北回归线上的城市之一，居住环境全国一流。坐落在青岭长谷间的个旧城依山环湖，别致而秀气，精致而繁华。在这座城市里，高山森林、高原湖泊和龙潭清泉、悬崖瀑布相互映带，诗画一般的湖光山色和时尚浪漫的都市风情交相辉映。

个旧年平均气温16℃，有“万紫千红花不谢，冬暖夏凉四季春”的美誉，是一个真正的气候湿润、景色迷人、四季如春的“春城”。有着良好的人居和生态环境，城市绿化覆盖率达45%，人均绿地面积逾10平方米，市区空气质量优于国家Ⅱ级标准。完备齐全的基础设施，便利安逸的生活条件，彰显着充满现代气息的精品城市的魅力。独特丰富的锡文化、宜人的气候、优越的城市环境及舒适的现代化城市生活，使个旧拥有了“中国特色魅力城市”、“中国人居环境范例奖城市”、“国家卫生城市”、“中国十佳绿色城市”等桂冠，成为一个正在崛起的生态新城。

个旧是充满生机活力的一方热土

个旧市位于云南省东南部、红河北岸，地处中越边境以北，与越南社会主义共和国紧邻。全市总人口约46万人，彝、回、壮、苗、傣等少数民族约占总人口的1/3。作为新中国最早一批因矿而建的资源型老工业城市，个旧富集的锡矿资源为国家一如既往地创造了巨额财富，为社会主义建设作出了重大贡献。2008年，个旧被国务院列为全国首批12个资源型枯竭城市转型试点之一。

2009年，地区生产总值超105.42亿元，工业总产值逾261.3亿元，财政总收入达18.14亿元，人均GDP已达到2.3万元；城镇居民人均可支配收入12767元，农村居民人均纯收入5335元；在中国西部百强县市县域经济基本竞争力评价中，居第19位。

浙江省慈溪市

慈溪市地处浙东沿海，杭州湾南岸，东靠宁波，西临杭州，北接上海，世界最长的杭州湾跨海大桥的通车，给慈溪带来了千载难逢的历史性机遇，从此慈溪一跃成为连接上海、宁波两大都市的“黄金节点”，融入沪、杭、甬2小时交通圈，这将极大提升慈溪在长三角城市群中的战略地位。慈溪历史悠久，秦代设县，古称“句章”，至唐因治南有溪，东汉董黯“母慈子孝”传说而得名，始称慈溪。1954年行政区划调整，现区域由原慈溪、余姚、镇海三县的北部组成，俗称“三北”。1988年撤县设市。全市总面积1361平方公里，户籍人口103.5万人，暂住人口82.5万，下辖5个街道、15个镇和1个国家级出口加工区。

改革开放30年来，慈溪百万人民艰苦创业、开拓创新，慈溪从一个种棉晒盐为主的农业县，发展成杭州湾南翼新兴的工业强市。去年全市实现生产总值626.24亿元，财政一般预算收入91亿元，自营出口51.38亿美元。以全国1/7000的土地，创造了1/752的财政收入、1/535的生产总值、1/234的出口额，在全国综合实力百强县（市）排名第14位，全国县域经济基本竞争力排名第3位。

慈溪是一座从大海中长成的围垦城市。随着杭州湾涌潮逐步淤积成陆，慈溪现区域70%的土地都是围涂而成的，海岸线长77公里，拥有极为丰富的滩涂资源。近千年来，四方移民围海造田，兴建慈溪。从唐代修筑第一条海塘——大古塘（现为329国道）开始，步步为营向大海推进，至今已修至十一塘，修筑海塘长达520余公里，围垦土地775平方公里，素有“唐涂宋地”之称。慈溪还是我国青瓷的发源地之一，是陶瓷输出“海上丝绸之路”的始发地。慈溪独特的发展历史，孕育了“围垦、移民、青瓷”三大传统地域文化，相互交融传承，造就了慈溪人民敢于创新创业、注重务实开拓、崇尚合作共赢、讲求开放诚信的人文精神。

慈溪是一座充满生机与活力的创业城市。慈溪在没有资源优势、区位优势和国家特殊优惠政策的条件下，抓住改革开放的发展机遇，依靠群众的求富创业热情，赢得了发展市场经济的先发优势。全市共有各类工商企业6万多家，平均每五户家庭就有一家经商办企业，成为中国民营经济最发达、市场经济发育最成熟的地区之一。形成了家电、轻纺、轴承、模具等特色块状产业，各类家电产品门类齐全，规模总量超过500亿元，成为与顺德、青岛齐名的全国三大家电生产基地之一。慈溪已完成从传统农业社会向工业社会转变，城乡经济均衡发展，全市15个镇全部入围全国千强镇。城乡基础设施均衡布局，农村交通、供电、供水、信息、污水处理等生产生活条件进一步改善。去年，我市人均GDP达到8873美元，城镇居民恩格尔系数降至33.3%，人民生活整体水平步入富裕阶段。城镇居民人均可支配收入和农村居民人均纯收入分别达到了28311元和13538元，社会消费品零售总额达到246.87亿元，连续16年居全省各县（市）首位。

慈溪是一座城乡统筹发展的现代化宜居城市。围绕建设宁波北部都市区的目标定位，强化区域协调、城乡统筹、片区联动的新理念，打破城乡界限，确定了“一中心、四片区”（即中心城区和杭州湾、慈东、观海卫、周巷四个片区）的市域空间布局构想。中心城区框架90平方公里，建成区面积达36.5平方公里，全市城市化水平达到63%。当前正对27平方公里桥头堡区域进行统筹规划、招商引资，目标是把它建成集现代物流、商务办公、休闲购物、教育培训、研发创新、宜居宜业的精品城市区块，作为展示慈溪乃至宁波城市形象的一张新名片。慈溪建立覆盖城乡全体居民的养老、医疗、低保社会保障和救助体系。大力发展文化、教育、卫生等各项事业，进入省文明城市、平安县市、科技强市和教育强市行列。

慈溪是一座面向世界承载未来的开放城市。杭州湾跨海大桥通车为慈溪发展创造了千载难逢的历史性机遇，这不仅改变了慈溪长期处于交通末端的区位条件，而且使慈溪更加紧密地融入以上海为龙头的长三角经济中心，从而全面加快参与区域合作和经济全球化的步伐。大桥经济蓬勃发展。立足产业基础，积极推进特色加工制造业、都市创汇农业、休闲旅游和现代物流“四大基地”建设。以产业集聚和集约发展为导向，特色制造业基地建设取得重大进展，自主创新能力明显增强，获得授权专利总量在全省各县（市、区）率先突破一万件，现有方太、沁园等91个中国驰名商标、10个中国名牌，全国每50只驰名商标中就有一件出在慈溪。本地上市企业达到4家。以发展绿色农业、加工农业和外向农业为重点，都市创汇农业基地初步形成，目前已建成国家级现代农业示范园区2家，省级现代农业示范园区3家，各类农业特色基地规模经营总面积达到32.1万亩，占全市耕地面积的50%。以打造大都市后花园和长三角物流圈重要节点为目标，面积达43.5平方公里的杭州湾GEF湿地项目、北部休闲旅游区、达蓬山风景旅游区、杭州湾大型物流园区等一批重点项目相继启动实施。开放平台建设取得重大突破。依托北部广阔滩涂兴建的143平方公里杭州湾新区和10平方公里慈东工业区，作为集聚国际国内优质要素的主要平台和引领慈溪未来发展的重要增长极，在产业集聚、科技转化、体制创新上迈出较大步伐。

慈溪，将充分利用杭州湾跨海大桥“经济、文化、信息”三大走廊优势，以无与伦比的气魄和决心，直面机遇与挑战，开创更加美好灿烂的未来！

浙江省德清县

德清地处长江三角洲杭嘉湖平原西部，东望上海、南接杭州、北靠环太湖经济圈、西枕天目山麓。陆域面积936平方公里，人口43万人。是杭州都市经济圈新兴卫星城市，积极参与区域分工，是长三角新兴制造业基地。

作为全国首批沿海对外开放县，德清交通便利，通信发达，商品流通快捷。杭宁高速公路、104国道、09省道、宣杭铁路、杭湖锡航道、京杭大运河以及申嘉湖（杭）高速公路、杭宁城际轻轨均穿越德清，具有得天独厚的经济地理位置。

德清是一个山水兼得的城市。西部有国家级风景名胜区莫干山，它是中国四大避暑地之一，以竹、云、泉“三胜”和绿、凉、清、静“四优”蜚声海内外，山上有清末民初以来建设的200多幢风格各异的别墅，被誉为“世界建筑博物馆”。中部有占地50平方公里的下渚湖湿地。5000年的良渚文化和防风文化为湿地积淀了深厚的文化底蕴。这里是鸟类和水生植物的天堂，全球濒危等级最高的鸟类物种，也是我国一级重点保护的“国宝级”物种朱鹮也在此栖息。德清东部是典型的江南水乡平原，处处是一派田园风光。具有1700多年的江南古镇新市，一直就有“千年小上海”的美誉。

德清山水毓秀，人文荟萃，物产丰富，民风淳厚。近年来德清还发掘出众多青瓷窑，成为中国青瓷发祥地之一。在这块土地上不仅哺育了许多杰出历史人物，也引来许多名流墨客在此吟咏羁留，唐代德清籍诗人孟郊的《游子吟》传唱千年。近代民间设奖现象蔚然成风，道德模范不断涌现，更使德清德名远扬。

近年来，德清按照省委“创业富民、创新强省”和市委“增强实力、激发活力、彰显魅力，在杭湖宁城市发展带中间奋力崛起”战略要求，充分发挥德清在区位、产业、生态、人文等方面比较优势，大力实施“开放带动、接轨沪杭”战略和“强工业、精农业、扩城市、兴三产”四个工作重点，经济社会持续健康发展。多次进入全国百强县（市）行列，在全省城乡统筹发展水平综合评价中列第14位，居全市第一，被评为全国首批文明县城、全国首批平安建设先进县、国家卫生县城、全国科技工作先进县、全国体育先进县、全国文化先进县、全国首个新农村建设气象工作示范县、省级园林城市、全省首批教育强县、全省首批科技强县、省旅游经济强县、全省农村基层组织“先锋工程”建设先进县，顺利通过国家生态县考核验收。

2009年，全县实现生产总值210亿元，增长10%；全社会固定资产投资110.7亿元，增长20.4%；社会消费品零售总额65.4亿元，增长16.1%；外贸进出口总额10.4亿美元，下降22.6%，其中出口9.0亿美元，下降23.1%；财政总收入28.4亿元，增长10.2%，其中地方财政收入14.8亿元，增长10%；城镇居民人均可支配收入25139元，农村居民人均纯收入12002元，分别增长9.3%和9.1%。

工业结构日趋合理

已形成生物医药、特色机电、新型建材、新型纺织为主导产业，其产值已占全县工业产值的72.7%；加快培育新材料、新能源和电子信息为重点的高新技术产业，全力构筑“4＋1”工业产业体系。全县共有规模企业705家，其中“亿千”企业达65家，拥有升华拜克、华盛达股份、德华兔宝宝、美都集团4家上市公司；高新技术产业增加值占工业增加值比重达20%以上。

生物医药　全县共有生物与医药企业30余家，已形成了以生物酶制剂、生物农药、生物兽药、生物中药和医药中间体为重点的特色产业集群。2008年8月，德清县已由国家科技部火炬中心批准生物与医药特色产业成为国家火炬计划基地。目前，有国家重点支持的高新技术企业3家、国家级火炬计划高新技术企业3家、国家农业产业化重点龙头企业1家。特色优势主导产品有32项处于国际先进水平，国内首创和填补国内空白的有18项，被列为国家一类新药有2项、国家二类

新药有3项，获得省级以上科技进步奖的有21项。“BIOK”、“佐力”、“欧诗漫”和“OSM”商标被认定为中国驰名商标，有20余种产品为浙江名牌产品。

特色机电 特色机电是德清县发展最快的产业，目前已经初步形成了以运达风电、恒立数控、鼎力机械、天杭汽轮、博雷机床为主的重工设备；以金恒电脑、恒业电脑为主的电脑纺机装备；以跃进机械、力富特为代表的汽摩配件业；以及以电光源工艺机械为主的产业链。

新型建材 新型建材产业目前已形成优质水泥、装饰材料及建筑模板、塑钢型材及制品、建筑保温材料、新型墙材、化学建材六大行业，拥有德华集团、五龙化工、中利达水泥、开元新材、华之杰等一大批行业龙头企业。

新型纺织 通过不断的技术、工艺创新和品牌建设，德清县传统纺织丝绸、服装产业面貌焕然一新。目前，整个服装产业已拥有5家省批企业技术中心。全县纺织产业累计开发新产品被列入省级新产品开发试制产计划的有58种，占全县省级新产品总量的23%。

新农村建设成效明显

作为湖州市唯一的省级社会主义新农村实验示范县，全县75%的农田已得到流转，78%的农村劳动力转移到第二、第三产业就业，农民来自非农收入已达80%以上；大力实施“383”现代农业园区建设工程，力争用3年左右时间，建成3个现代农业综合区、8个主导产业示范区、30个左右特色农业精品园，努力构筑以花卉苗木业、农产品加工业、休闲观光农业为主的现代高效生态农业圈。

现代服务业加快发展

“名山湿地古镇、生态休闲德清”旅游品牌在长三角地区已有一定知名度，获得了“中国最佳休闲旅游县”称号，下渚湖湿地风景区目前正加快与知名企业绿城集团的合作开发，努力建设成全国一流的湿地公园和具有江南特色的国家级旅游休闲度假区；形成了以杭州后街、正翔商业广场（沃尔玛）、杭嘉湖家居大市场等一批专业市场、专业特色街与大型商场互补发展的商贸集聚区，规划建设以县城永安街为中心的金融集聚区。临杭物流园区被列入省交通重点扶持物流基地。

城乡统筹、社会事业全面发展

编制完成了县域总体规划、中心城区城市设计，进一步完善了宁杭铁路德清站站前新区控制性详规等一批规划设计方案；2009年全年完成基础设施项目投资20亿元，进一步加强城市管理，省示范文明城市创建成果得到巩固。扎实开展“农村改革深化年”活动，制定出台了“中国和美家园”建设规划纲要，全力推进“一沿两环”重点区域建设，成立了全市首家新农村建设投资有限公司，我县成功创建成为全国首个新农村气象工作示范县。积极实施“科教兴县”战略，坚持依托科技带动发展，与大专院校、科研所全面合作，为产业结构调整、经济增长方式转换、市场竞争能力提高注入了新的活力。积极筹建科技新城，按照“一年规划，四年成型，八年成城”计划，各项前期工作有序推进。积极推进“教育强县”建设，全县拥有90所学校，在校学生7万多人，全县教育网实现校校通，2009年启动了中小学校舍安全工程建设，实施了义务教育学校教师绩效工资制度，高考本科重点万人人口上线率列全市第一。深入开展“欢乐德清”系列活动，全年举办各类文化活动1017场，送电影2028场，完成非物质文化遗产普查。每年举办的浙北乾龙灯会、新市蚕花庙会、洛舍钢琴节和三合防风旅游文化节等乡镇特色文化节多姿多彩。全县有县级医院4所，乡镇卫生院16所，拥有病床1420张。启动实施了5家社区卫生服务中心（乡镇卫生院）改造工程，择优录用30名大学生村医充实到社区卫生服务站。加强人口和计划生育综合治理及优质服务，免费婚检率达到91.7%。广泛开展群众体育活动，成功举办县第二届农民运动会。对口援建的青川县楼子乡中心小学、卫生院等工程交付使用。群众体育网络组织健全，健身活动场所广泛普及。

中国畲乡——浙江景宁畲族自治县

畲族是我国人口较少的民族之一，散居在我国东南部浙江、福建、江西、广东、安徽省境内，其中90%以上居住在浙江、福建广大山区。畲族是我国典型的散居民族之一，畲民自称“山哈”，只有自己的语言，没有文字。景宁畲族自治县地处浙江南部，与福建寿宁县接壤，是全国唯一的畲族自治县，也是华东地区唯一的少数民族自治县。景宁境内畲族历史悠久，早在唐永泰二年（766年）就有畲民从福建迁入，是浙江省畲族的发源地。景宁县域面积1950平方公里，现辖22个乡镇（管理区），总人口17万人，其中畲族人口1.8万。1984年6月国务院批准建立景宁畲族自治县。

景宁畲族自治县设县25年来，特别是近几年来，在上级党委、政府的大力关心扶持下，历届县委、县政府带领17万畲汉等各族群众艰苦创业，畲乡景宁的城乡面貌和畲汉群众的精神风貌发生了巨大的变化，在推动科学发展、促进社会和谐、增进民族团结等方面逐步积累起可供各民族自治县借鉴的经验。

立足优势谋发展、承接关爱求超越，探索出一条欠发达民族地区跨越发展之路

设县以来，畲乡人民紧紧依托上级党委、政府特殊关爱，在一穷二白的基础上，努力“补课赶趟”和“追赶超越”，经济社会发展取得了巨大的成就。在第九届全国少数民族自治县县域经济基本竞争力评价中，景宁畲族自治县列第15位，居民收入水平列第7位。

创机遇谋支持，外部推力实现最大化。景宁历届县委、县政府把借力发展作为推动科学发展的重要举措来抓，不断会聚外部发展推力，特别是近几年来，景宁的借力发展取得全面突破，也得到了上级党委、政府的空前关注。2009年，习近平副主席专门复信景宁，要求景宁努力走在全国民族自治县前列。浙江省委赵书记亲自联系景宁，浙江省委、省政府出台专门文件扶持景宁，省发改委、省财政厅挂钩联系景宁，30多个省直机关部门采取各种措施帮扶景宁，16个省直部门专门为景宁出台帮扶政策。

抓项目促发展，项目投资走向规模化。设县当年，景宁固定资产投资仅391万元，经过25年的发展与积累，景宁已累计完成固定资产投资89亿多元，年度投资规模增加到2009年的15.4亿元（为1984年的394倍），平均每年增长27%。尤其是“十一五”期间的前四年，投资总量达到49亿元，远超设县至“十五”末21年40.2亿元的总和。

兴产业扩增收，产业体系实现生态化。25年来，按可比价计算，地区生产总值年均增幅为9.5%，三大产业比重由1984年的60∶14∶26调整到2009年的17∶36∶47。一产形成了“茶、竹、菌、果、菜、药、花等多种经济作物齐头并进的构局；二产培育了小水电、农产品加工、洁净钢管等产业，特别是在“飞地”工业——占地4平方公里的丽景民族工业园全面动工建设；三产初步形成大均、大漈、望东洋等景区，成功创建了1个AAAA级景区。在产业不断发展的同时，生态环境质量也不断的优化，全县森林覆盖率达80%（1984年为62.5%），省级以上生态公益林面积达130万亩，生态环境总体质量全国第五。

重改革求实效，政府管理逐步社会化。先后开展了“治水”、“治沙”、“治矿”和“治城”等系列整治活动，建立和完善了4大国有公司，有力地促进了公共资源市场化配置和国有资产规范化管理。同时，大力推进森工企业、国有林场和经营性事业单位的改革改制，全面深化投融资体制和审批制度改革，积极推进乡镇综合改革、林权制度改革、生态功能区调整、山区农民异地转移等改革创新。在浙江省率先实施乡镇赋权工作、率先完成国有林场改革创新、率先开展社区卫生服务体系改革。

改善基础强民生、发展事业促和谐，始终保持社会和谐稳定

景宁县委、县政府高度重视民生工作，真心实意投入，全力推进民生民本建设。

全力构建保障体系，民生保障水平大幅提升。建县25年来，景宁民生保障得到长足发展。特别是近年来，景宁的民生工作取得新突破，社会保障已经实现了低水平的全覆盖。2009年末，全县基本养老保险参保人数达到13924人，农民养老保险参保人数达到13648人，基本医疗保险参保人数达到13335人，失业保险参保人数达到9927人。低保农户实现应保尽保，农村五保和城镇三无人员集中供养率达到88%。同时，启动了廉租房和农村危旧房改造工作，努力破解住房困难群众的住房难题。

大力发展社会事业，资源共享水平大幅提升。教育事业方面，投入3亿元实施城区教育资源优化整合工程，全县高中、初中、小学城区就学率提高到了100%、82%、71%，教育硬件设施位于全市前列；卫生事业方面，县、乡、村（社区）三级医疗卫生保健网络及卫生基础设施建设基本完成，全县有11万名农村居民参加了新型农村合作医疗；科技事业方面，科技进步对经济增长的贡献率达到30%以上。

努力改善基础设施，统筹城乡水平大幅提升。交通从无公路，到等级公路通车总里程达1659公里，行政村康庄公路通村率和硬化率分别达到91%和84%，云景高速公路建设全面推进；水利电力建设从无到有，现已建成小水电站154座，年发电量7亿多千瓦时，用户通电率100%；建城区面积从0.69平方公里，扩大到2.6平方公里，随着外舍防护工程建设的有序推进，城区面积还将扩大一倍多。

共同团结奋斗、共同繁荣发展，畲汉一家亲局面不断巩固

景宁始终将民族工作作为重中之重的工作来抓，特别是近几年来，该县紧紧围绕“共同团结奋斗、共同繁荣发展”主题，置于全国民族工作大局谋划景宁的民族工作，努力为全国民族团结和谐大局作出贡献。

践行“两个共同”主题，在民族团结和谐上创造经验。认真贯彻落实《民族区域自治法》，依法行使自治权，先后制定和修改了《浙江省景宁畲族自治县自治条例》、《景宁畲族自治县水资源管理条例》、《景宁畲族自治县民族民间文化保护条例》等一系列法规和文件。高度重视培养、选拔和使用少数民族干部，全县干部队伍中，少数民族副县以上领导占22.2%，少数民族科级领导干部占11.3%，少数民族科级后备干部占21.7%，均超过少数民族人口比例。

努力惠泽民族群众，在推动民族群众增收上创造经验。始终坚持将推进少数民族群众增收作为增进民族团结的重要举措来抓。县财政每年按上年度收入的10‰比例安排本年度的少数民族发展专项资金，2006年以来共为畲族村落实扶持资金1000万元，实施扶持项目61个，畲族农民的人均年收入在短短三年间增长了67.9%。对少数民族群众实行特殊倾斜的产业补助政策，引导少数民族群众发展特色种养业、民族工艺品加工业和“畲家乐”休闲旅游业，全县农村畲族群众人均收入水平超过了全县农村群众人均收入水平。

推进“文化基地”建设，在发展民族文化上创造经验。出台《全国畲族文化发展基地建设纲要（2008～2012）》，全面推进“文化基地”建设。成立畲族文化研究中心和畲族文化研究会，积极编写《畲族语言简本》，挖掘整理畲族传统体育项目，成功打造大型畲族歌舞《千年山哈》。投资6000万元建设畲族文化中心，建立畲族民间艺术团和“少数民族传统体育项目训练基地”，坚持每年举办中国畲乡“三月三”。2009年被文化部授予中华民族艺术之乡。

当前的畲乡景宁，17万畲汉等各族群众紧紧遵照习近平副主席和浙江省委、省政府的要求，立足25年来打下的坚实基础，大步朝着“全国十强、基本小康、文化基地”三大目标迈进，力争在推动科学发展、促进社会和谐、增进民族团结上走在全国民族自治县前列。

中国牡蛎之乡——浙江乐清市

乐清位于浙江省东南部沿海，东临乐清湾，南临瓯江。与温州市区隔江相望，跨桥相连，为温州市北翼副中心。乐清全市陆地面积1223.3平方公里，海域面积270平方公里，拥有海岸线193.33公里，户籍人口122.49万，外来人口60多万人，外出人口30多万人，常住人口150多万人，下辖21个建制镇、10个乡，是一个工业重市、经济强市和人口大市，为全国科技进步示范市、全国文化先进市、全国体育先进市、中国优秀旅游城市和浙江省文明城市、科技强市、教育强市、体育强市、双拥模范城，被评为“长三角最具投资价值县（市）”、“浙江新魅力之城”，为温州市首个工业产值超千亿的县（市、区），拥有11张国字号工业产业金名片、3张国字号农业产业金名片和2张国字号文化金名片。2009年度县域经济基本竞争力列全国第16位。

乐清是一座历史文化悠久、人文荟萃的千年古邑

乐清于东晋宁康二年（374年）建县，始称乐成，置县已有1600余年，1993年撤县设市，2006年被联合国地名专家组中国分部授予“千年古县”。乐成得名，源于王子晋和箫台山。传说周灵王姬泄心的太子—王子晋在箫台山顶垒石弄箫奏乐，引来群鹤飞舞；在箫台山下溪泉中沐箫，兴尽跨鹤离去。后梁开平二年（908年）八月，改乐成为乐清，一直沿用至今。乐清历代名人辈出，共出文科状元1人、进士196人，武科进士8人，古有王十朋、翁卷、李孝光、赵士祯、章纶、高友玑等杰出代表，近现代有版画家野夫、张怀江，国画家周昌谷，国学大师南怀瑾等名人。王十朋为南宋开科状元；翁卷为南宋“永嘉四灵”诗派的杰出代表；李孝光为元朝一代文豪，《元史》称其“以文章负名于世”；赵士祯为明代杰出兵器专家，其火器发明列为当时世界先进；南怀瑾是“禅宗大师”和“国学大师”，中国传统文化的积极传播者，曾名列“台湾十大最有影响的人物”。同时，乐清还是“中国民间文化艺术之乡”和“中国工艺美术之都”，民间工艺在海内外有广泛影响，乐清黄杨木雕为浙江省著名三雕之一，细纹剪纸在国内独树一帜，龙档制造历史悠久，均被列入国家非物质文化遗产名录。南岳、蒲岐的民间艺术“抬阁”、“高跷”、象阳的“首饰龙”等，地方特色浓郁。乐清山歌——《对鸟》，被联合国教科文组织确定为亚太地区优秀民歌。

乐清是一座自然资源独特、山海相映的旅游城市

拥有旅游、滩涂、港口三大自然资源优势。一是旅游资源。乐清有两个国家级风景区，雁荡山是国家重点风景名胜区、世界地质公园和国家首批AAAAA级旅游景区，被誉为“海上名山”、“寰中绝胜”、“中国东南第一山”，被联合国教科文组织誉为“岩石、水流、生命的交响曲，世界一大奇观”；中雁荡山为国家AAAA级旅游景区、国家重点风景名胜区。二是港口资源。乐清有两个港口，分别是七里港和正在开发建设中的乐清湾港区。七里港在1998年被国家列为全国20个重点港口之一，港区岸线长14公里，水深5～10米，可建造万吨级以上泊位40多个，主航道150多年来恒稳不变；乐清湾港区是一个集码头运输、临港工业、现代物流、船舶修造和海上休闲旅游为一体的现代化、多功能、综合性深水避风良港，为温州港战略转移的承接地和主要港区，可开发岸线34公里，一期岸线16.6公里，布置泊位43个，其中5万吨级以上18个，设计吞吐能力8200万吨，集装箱595万标箱，建成后将成为温台沿海产业带的物流中心和主要对外开放窗口。三是海涂资源。乐清湾是国家重点养殖基地，拥有浅海滩涂30多万亩，已获得“中国泥蚶之乡”、“中国牡蛎之乡”、“中国鲨鱼加工基地”的称号。

乐清是一座民营经济发达、充满活力的创业城市

乐清是“温州模式”的主要发祥地之一。改革开放以来，广大在外乐清人凭着敢闯敢冒的勇

气、不屈不挠的毅力和多谋善断的经营能力，走南闯北、经商创业，足迹遍及全国乃至世界各地。自1995年乐清人在昆明成立第一家异地温州商会—昆明温州总商会至今，以乐清人为主的在外温州人已在全国地市级以上城市共组建180余家温州商会，其中商会会长为乐清人的比例达40%，商会理事、副会长为乐清人的比例高达65%以上。此外，全国各地还建有12家异地乐清商会。目前，在外乐清企业家创办工业企业约3800余家，创办商品交易市场200多个，实现年工业总产值1000亿元以上，年市场成交额达到1000亿元以上。

近年来，乐清坚持以科学发展观为指导，加快推进经济结构调整和发展方式转变，工业经济持续保持平稳较快健康发展，呈现出“五个化”的发展态势：一是集群化。经过30年的发展，已经初步形成了两大产业带，即沿104国道产业带和沿海产业带，十几个优势特色产业集群，主要有高低压电器、电子、摩托头盔、服装、机械、钻头、精密模具、水产品加工和船舶制造等产业集群。其中，低压电器、电子元器件和建工钻头的国内市场占有率分别达55%、33%和70%左右。目前，乐清已获得了中国电器之都、中华全国钻头（建工）产业基地、中国休闲服装名城、中国电子元器件产业基地、中国精密模具生产基地、中国防爆电器生产基地、中国断路器产业基地、国家火炬计划智能电器产业基地、中国低压电器出口基地、中国气动元件行业生产出口基地、“中国塑料配线器材工贸基地”等11张国字号工业产业金名片。二是规模化。去年全市实现工业总产值1087.91亿元，其中规模以上企业实现产值878.62亿元，规模以上企业总数达1794家，其中年产值超亿元的企业达145家，产值超10亿元企业达到13家，超100亿元企业达到5家。其中12家企业跻身中国民营企业500强行列，5家企业跨入中国企业500强行列，3家企业成为上市公司。三是科技化。积极构筑区域科技创新体系，大力推进产学研结合，与全国150多所大专院校、科研机构建立了科技合作关系，自主创新能力大大增强，科技进步对生产总值的贡献率达到54.8%。每年技改投入都超过15亿元，发明专利申请量、实用新型专利授权量均居浙江省前列。四是品牌化。已经形成了一批在浙江省乃至全国具有相当知名度的企业和产品。截至目前，共拥有中国驰名商标50个，中国名牌产品12个，名牌数量位居全国各县（市、区）前列。五是国际化。在开拓国内市场的同时，把目光瞄向国外市场，深入实施经济国际化战略，2009年全市实现外贸出口12.3亿美元。同时，乐清民营企业参与国际分工和竞争的程度不断深入，如正泰集团、德力西集团、雁荡山金狮啤酒等公司与世界500强、国际知名企业成功对接合作，大大提升了产业层次和企业竞争力。

乐清是一座城乡均衡发展、安居乐业的文明城市

坚持城乡统筹发展，城市中心区框架不断拉大，建成区面积已达51平方公里。城市功能日臻完善，相继建成甬台温高速公路乐清段、104国道乐清段改扩建、山老区连线公路以及行政管理中心、市民活动中心、公共卫生中心、市人民医院等一大批重大基础设施项目，甬台温铁路乐清段、温州绕城高速北线乐清段、楠溪江引供水等一批重点工程加快推进。城市生态环境逐渐改善，兴建了东塔公园、云浦公园、晨沐广场和中心公园一期等一批公共绿地，市区绿化覆盖率达到31.3%，具有山海风情、水乡韵味的现代城市初见规模。新农村建设深入开展，9个欠发达乡镇实现全部摘帽，欠发达乡镇农民人均纯收入高于全国平均水平，实现了村村通电、通公路、通电话、通广播电视。教育、科技、文化、体育、计生等各项事业全面推进，各种社会保障的覆盖面不断扩大。“平安乐清”创建深入开展，建立完善了矛盾纠纷化解和信访工作机制，安全生产形势总体稳定，获得省平安县（市、区）、省法治建设创建先进市、省无毒社区创建先进市、省人民调解工作先进市等称号。

生态型经济强县——浙江宁海县

浙江省宁海县位于浙江沿海中部，象山港和三门湾之间，为我国计划单列市宁波市属县，是国务院批准的第一批沿海对外开放地区之一。全县陆域面积1843平方公里，呈“七山一水二分田”分布，现设14个镇乡、4个街道，人口60.5万人，是宁波市首个通过验收的国家级生态示范区。宁海历史悠久，人文荟萃，自西晋太康元年（280年）建县，距今已有1700多年，历史上曾涌现胡三省、方孝孺、柔石、潘天寿等一大批志士名人，是明代大旅行家徐霞客的《徐霞客游记》开篇地。宁海依山傍海，旅游资源丰富，森林温泉、古村群岛、碧海渔帆、儒乡艺苑、滨海闹市，各领风骚，是一块以生态旅游为主，结合丘陵海岸观光和历史文化探源等旅游的黄金海隅。

近年来，我县坚定不移地坚持以经济建设为中心，以科学发展观为指导，紧紧围绕“构筑现代化中等城市、建设生态型经济强县”的奋斗目标，加快推进改革开放和现代化建设，全县经济和社会各项事业持续快速健康发展，先后跻身全国综合实力百强县、全国县域经济基本竞争力百强县行列，相继获得国家卫生县城、省级文明城市、省级教育强县、省级科技强县等称号。2009年，全县实现生产总值235.55亿元，比上年增长8.5%，完成财政一般预算收入34.46亿元，增长7.0%。城镇居民人均可支配收入达到25946元，增长10.5%，农民人均纯收入11367元，增长10.0%。

坚持走新型工业化道路，工业经济综合竞争力显著增强

着力培育特色行业。凭借开放早、转换经济管理机制先而形成的先发优势，立足本地实际，积极实施“以特取胜”战略。经过十多年的滚动发展，培育形成了以模具、文具、灯具、五金机械、汽车配件、电子电器六大特色行业为主体的块状产业集群。2009年六大特色行业规模以上企业实现产值205.34亿元，占全县规模以上企业总产值的56.6%。国家级品牌建设实现重大突破，先后被授予“中国模具产业基地”、“中国模具生产基地”、“中国文具生产基地”和“中国汽车橡胶零部件生产基地”等称号。以产业基地建设为抓手，促进产业集群集聚发展，适时谋划汽车部件、模具、新型建材与家居等产业园建设，推动开发区整合提升，新能源、高档模具和精品文具基地被列为宁波市第一批新兴产业和特色产业基地。

突出发展循环经济。牢固树立生态生产力理念，以促进生产“减量”化、废弃物资源化、产业组合化和资源利用集约化为核心，以实施“2133”工程（即打造2个循环经济示范基地，建设10个循环经济重点项目，创建30家清洁生产示范企业，培育30家废弃物回收和资源综合利用企业）为重点，在各个领域积极探索发展循环经济，初步走出了一条具有宁海特色的循环经济发展之路。在浙江省实施的循环经济发展“991”工程和工业领域“4121”示范工程，我县被列为省循环经济试点示范县。《领导决策信息》刊发编辑部文章，将我县的第一、第二、第三产业资源共享模式归纳为全国县域循环经济发展五大模式之一。

积极推进科技创新。把提高科技创新能力作为转变经济增长方式的中心环节，不断强化技术要素支撑，先后建成国家文教用品质量监督检验中心、国家产学研激光技术中心宁海产业基地、宁波市模具检测中心等服务平台，建立了县生产力促进中心、文具设计中心等科技创新公共服务机构和中国文具网、中国模具资源网等特色产业信息平台，并计划建立科技创业园和国家级模具检测中心、省级汽配橡胶件检验中心等科技服务机构，从而使我县的六大特色产业都拥有一个公共技术服务平台。深入实施科技创新提升行动和品牌、标准、专利三大战略，成功创建全市首个国家可持续发展实验区。

坚持以发展生态高效农业为核心，农业产业化水平明显提高

宁海农业资源丰富，山有竹木茶桑果之盛，海有鱼虾蟹贝藻之丰，为浙东的“鱼米之乡”。近年来，我县充分依托资源的比较优势，按照工业思路抓农业，围绕“一二三四”的总体思路（即“围绕一个中心，突出两个重点，深化三项改革，建设四大体系”），以“产业特色化、生产规模化、产品品牌化、经营公司化”为方向，大力发展生态高效农业，着力构筑现代化农业产业体系。

大力扶持主导产业和主导产品，培育形成了海水养殖、林特、畜禽三大优势产业和茶叶、土鸡、无公害蔬菜等十大主导产品。加快粮食生产功能区、现代渔业园区和农业产业基地建设，着力培育提升特色优势农产品，积极打造循环农业宁海模式，农业生产稳步发展。2009年实现农业增加值25.2亿元，增长4.8%。不断加强生态农业基地建设力度，浙江东海岸10万亩绿色农产品基地被列为国家级建设示范项目，三门湾百里生态型海水养殖基地和西部山区万亩绿色农业基地建设初具规模，逐步形成了“蓝色东部”和“绿色西部”的特色农业发展格局。

坚持以产业结构调整为主线，生态休闲旅游业兴起

近年来，我县以产业结构调整为主线，在做优一产、做强二产的同时，按照“规模适应、特色鲜明、功能完善、结构合理”的原则，积极构筑生态休闲旅游、现代商贸、现代物流“三大高地”，倾力打造长三角地区著名的生态休闲旅游中心和宁波南部区域现代商贸中心、现代物流中心“三大中心”，不断加快发展现代服务业。服务业已成为拉动我县经济增长的重要力量，2009年，实现服务业增加值78.7亿元，增长12.3%。

我县生态资源丰富，历史文化底蕴深厚，森林温泉、古村群岛、碧海渔帆，各具魅力。2009年3月，被命名为省级生态县。近年来，我县深入挖掘生态资源优势，将生态休闲旅游作为现代服务业发展的重点和突破口，坚定不移地实施“生态立县”发展战略。通过“做足宁海真山真水、培育生态休闲天地、打造黄金度假海湾”的战略路径，大力整合旅游资源，相继建成并对外开放了浙东大峡谷、宁海温泉、前童古镇、“十里红妆”江南民俗艺术馆、野鹤湫、伍山石窟等景区景点，逐步形成了“一带、两区、多点”旅游发展大格局。2009年，全年实现旅游总收入46.4亿元，增长20%，通过省旅游经济强县验收，确定为“浙江省生态旅游名城”。宁海现已成为“长三角”地区重要的生态休闲旅游基地。

坚持以人为本，城乡统筹建设步伐不断加快

不断加快城乡一体化进程。切实加大中心镇培育力度，全面启动以中心镇为依托的区域性工业区块建设。以“千村示范、万村整治”工程为载体，广泛开展新农村建设，新农村建设步伐加快。“净化大地，美化家园”活动不断深入，村企结对共建广泛开展，被评为宁波市新农村建设示范县。2009年建成区面积达到27.6平方公里，建成区人口12.4万人，增长2.5%。

积极实施城乡一体的“五大网络”工程，促进城市优质公共资源向农村延伸。“路网”建设方面，建成“十横八纵”的城市交通网络，基本形成县内“半小时交通圈”。“水网”建设方面，全面实施水资源可持续开发利用规划，有序推进水源工程、供水工程和供水管网建设。“垃圾处理网”建设方面，基本形成县、镇乡、村“三级联动、三级负责”的垃圾处理运行机制。“就业网”建设方面，建成重点镇乡劳动力分市场，实现就业信息联网运作，大力实施农民素质培训工程。“保障网”建设方面，新型农村合作医疗制度全面推开，农村低保覆盖面继续扩大，五保供养率达93%。

社会各项事业全面发展。教育工作实现新突破。全县中小学优质教育资源覆盖率分别达到100%和76.1%。目前拥有国家级重点中等职业学校1所、省一级重点中学2所、省特级教师6名。文化事业健康发展。2009年被浙江省人民政府命名为省级文化先进县。越剧精品《西湖遗梦》

选入上海世博会演出。十里红妆婚俗组队参加省文艺大巡游，泥金彩漆参加首届中国非物质文化遗产博览会展出，我县非遗普查保护成果作为浙江省唯一代表进京参加全国非遗普查成果展。卫生事业不断进步。年末拥有各级医疗卫生机构461个。进一步提高新型农村合作群众受惠标准，全年共有47.92万人参加农村合作医疗保险，参保率达97.59%。体育事业蓬勃发展。2009年积极创建省级体育强县并顺利通过验收。全国山地户外运动基地落户宁海，目前100公里的国家级登山健身步道的建设已完成。

党的十七大为加快现代化建设、全面建设小康社会进一步明确了目标，指明了方向。宁海县委、县政府将以邓小平理论和“三个代表”重要思想为指导，坚定不移地以科学发展观统领经济社会发展全局，紧紧围绕“构筑现代化中等城市，建设生态型经济强县”的总体目标，全面贯彻实施县委“五五举措”，加快建设活力宁海、宜居宁海、人文宁海、和谐宁海，转变发展观念、创新发展模式、提高发展质量，努力推进增长方式转变、经济体制转轨、社会结构转型，积极培育循环经济示范区、最佳生态人居区、和谐发展先行区的三大优势，着力构筑宁波大都市南部核心区。

浙江省嵊州市

嵊州市地处浙江东部，北靠杭州，东邻宁波，是全国第一批经济开放县（市），属长江三角洲经济圈。境内四面环山，中为盆地，剡溪流贯全境，有“七山一水二分田”之称，气候温润，四季分明。全市总面积1790平方公里，辖4个街道、11个镇、6个乡、1个开发区，行政村463个，总人口73.37万人。

历史悠久，山川秀丽，文化鼎盛

早在秦汉之际就已建县设剡，至今已有2100多年历史，唐初曾设嵊州，北宋年间始名嵊县，于1995年撤县设市。嵊州以“百年越剧诞生地、千年剡溪唐诗路、万年文化小黄山”闻名于世。全国第二大剧种越剧诞生于嵊州，至今已有百年历史；嵊州是浙东唐诗之路的重要线段，谢灵运、李白、杜甫、陆游等著名诗人300多人曾先后入剡览胜，留下了许多脍炙人口的名篇佳句；具有万年历史的嵊州小黄山遗址，是目前长江中下游地区发现的同一时代中规模最大的聚落遗址，名列2005年“全国十大考古新发现”之首。嵊州的深厚文脉和青山绿水哺育了众多名人名家、仁人志士，知名人士有马寅初、任光、王金发、刘文西、邢贲思、马晓春、袁雪芬、范瑞娟、傅全香等，书圣王羲之晚年归隐终老于嵊州金庭。

工业强市、和谐惠民

近年来，嵊州市始终坚持以科学发展观统领全局，突出“工业强市、和谐惠民”工作主线，聚精会神抓经济、同心同德谋发展，经济社会保持健康持续快速发展态势，先后7年跻身全国县域经济基本竞争力百强县市行列。2009年，全年实现地区生产总值231.18亿元，财政总收入20.83亿元，其中地方财政收入10.86亿元，城镇居民人均可支配收入26597元，农村居民人均纯收入10087元。

制造业发展特色鲜明

实施产业集群战略，加快产业融合升级，形成了领带服装、电器厨具、机械电机三大产业集群，2009年三大产业分别实现规模以上产值116.2亿元、53.5亿元和60亿元。新型材料、电子信息等新兴产业快速成长，先后被命名为“21世纪国际性领带都市”、“中国厨具之都”、“中国电声零件之都”和“中国丝针织服装生产基地”。嵊州的茶叶、花木、香榧、果蔬和长毛兔等特色优势农业发展迅速，先后被命名为中国茶叶之乡、花木之乡、香榧之乡、根雕之乡、竹编之乡、桃形李之乡，是浙江省农业特色优势产业综合强县（市）和联合国绿色产业先进示范区。

城乡建设日新月异

切实加强中心城市建设和管理，人居环境和城市功能不断改善，成功创建省级园林城市。扎实开展“整治环境、整洁家园”主题活动，全面小康示范村和环境整治村建设取得积极成效。深入实施“强镇兴市”战略，五大中心镇的集聚和辐射功能不断提升。

社会事业协调推进

深入实施就业促进、社保扩面、百姓安居、教育公平、农村水电等“十大惠民工程”，切实解决人民群众最关心、最直接、最现实的利益问题，百姓安居乐业，社会和谐稳定。先后被评为浙江省文明城市、浙江省教育强市、浙江省卫生城市。

倾力打造幸福之城——浙江余姚市

余姚是一座文化底蕴极为深厚的城市。余姚历史悠久，秦时就已置县，距今已有2200多年历史，素有“文献名邦”、“东南名邑”之美称，是浙江省首批历史文化名城。境内的河姆渡文化遗址距今已有7000多年历史，证明了长江流域是中华民族的发祥地之一，是水稻的故乡，这个结论已体现在联合国教科文组织编写的人文地图上。余姚历代名人辈出，历史上出现了一大批名人学者，余姚先贤。

余姚是一座区位优势非常明显的城市

地处浙东沿海和长三角的中心地带，交通便捷，地理位置重要。北濒杭州湾，南屏四明山，西连绍兴市，东接宁波港，全市共辖14个镇、1个乡、6个街道、1个开发区，总面积1527平方公里，人口85万人。特别是世界第一跨海大桥——杭州湾大桥现已建成通车，余姚至上海仅需2个小时。目前余姚已经真正融入了上海“两小时交通圈”和以上海为中心的世界级特大型国际都市圈范围。

余姚是一座产业特色非常鲜明的城市

余姚不仅是全国著名的“塑料王国、模具之乡”，而且也是全国小家电、模具加工和金属制品制造的重要基地。目前，全市已形成以家用电器、塑料模具、机械五金、纺织化纤等四大支柱产业和电子信息、新材料、光机电一体化、生物化工等四大新兴产业为代表的工业体系。拥有两个省级开发区和十多个工业功能区，建成了水暖器材、灯具、五金工量具、汽车零配件、电动工具、消防器材、不锈钢制品等产值超10亿元的十多个特色产业集群。同时，作为全国的市场大市，中国塑料城、中国轻工模具城等专业特色市场转型步伐加快，现代物流业、会展业等现代服务业快速发展，产业的综合配套能力较强，这些都为打造先进特色制造业基地提供了重要条件。

余姚是一座开明开放、宜居宜业的城市

早在20世纪80年代初，余姚就开始引进外资，发展对外贸易，是中国最早对外开放的县级城市之一，也是中国大陆开放型经济高度发达的城市。2009年，全市实现进出口总额50.5亿美元，其中自营出口37.2亿美元。历年累计批准外商投资企业1600余家，实际利用外资达29亿美元。余姚的外资利用工作已经连续9年位居浙江省各县（市）首位。余姚已经连续五年上榜“台商值得推荐城市”，荣获长三角最具投资价值城市综合实力奖，在福布斯中国大陆最佳商业城市县级城市排名中列第4位，成为中外客商投资兴业的首选之地。

2009年，面对国际金融危机的持续影响，余姚市委、市政府带领全市人民，积极应对各种挑战，着力转变发展思路，大力实施创新发展战略，全市经济社会继续保持平稳协调发展。2009年全市国内生产总值500亿元，财政总收入72.6亿元，全社会固定资产投资173.3亿元，自营进出口总额50.5亿美元，实现工业总产值1886亿元。目前，该市有产值超亿元企业167家，其中，超10亿元企业6家。余姚在全国县域经济基本竞争力排名第9位，去年，余姚还被评为首届中国十大（县级）最具幸福感城市。

2010年是“十一五”规划顺利实施的最后一年，是夺取“十一五”经济社会发展全面顺利的关键一年。为此，余姚市委市政府精心谋划、多箭齐发，不断夯实经济基础，让余姚这座幸福之城更幸福。

出台61条经济新政，力促经济转型升级。余姚市根据当前经济形势变化和本地经济扶持政策的实际执行情况，对往年的各项经济扶持政策进行了整合和充实，组织相关部门就2010年度经济扶持政策进行了调研与起草，最终制定出台了《关于加快推进经济发展方式转变和经济结构调整的若干政策意见》。意见包括工业经济、自主创新、企业上市等十方面内容，共61条，明确了十个方面的政策扶持资金盘子，总的资金安排

为2.17亿元。新政策推出一套“组合拳”大力推进余姚经济发展方式的转变和经济结构的调整：安排6400万元专项资金着力振兴工业经济，安排5100万元专项资金大力实施自主创新战略，安排2100万元加快发展商贸和会展物流业，安排1500万元专项资金推进节能减排工作等，这一系列大手笔的扶持，必将提高该市经济发展的稳定性、协调性和可持续性，极有力地助推该市经济漂亮转型。

积极实施工业振兴，加快工业发展步伐

多年来，余姚坚持“工业立市”，围绕主攻工业、提升工业的目标，坚定不移地走新型工业化道路。一是集群集聚。该市理顺余姚经济开发区整合提升后的体制机制，加快滨海新城、城西工业园区的开发建设步伐，推进模具城三期、远东工业城二期等重点区块的建设。该市还不断优化余姚工业园区的基础设施，加快“商业居住、新型工业”两大板块建设。二是扶大扶强。继续实施规模企业培育计划、中小企业成长计划和上市公司梯度培育计划，鼓励行业龙头企业收购、兼并、控股中小企业，鼓励优势企业通过资本联合、资产重组和营销联盟等形式组建行业旗舰型企业集团，鼓励同类企业、上下游企业抱团作战，增强竞争优势。三是创新创优。鼓励企业建立和引进研发中心，充分发挥宁波塑料研究院等已有创新平台的功能，加快推进科创中心、余姚灯具研发中心等科技创新服务平台建设。该市还努力把经济增长建立在优化结构、增进效益、节约能源资源和保护环境的基础之上。

全力提升产业档次，培育发展新兴产业

一是做精做优特色优势农业。该市发展多种形式的土地适度规模经营，切实抓好宁波市级产业化基地、循环农业示范基地、现代农业科技示范园、万亩以上优质农产品基地和“万元亩值”示范工程建设，抓好余姚榨菜、瀑布仙茗茶叶的巩固提升工作。二是提速发展现代服务业。该市不断加快推进城北、姚北等生产性服务业集聚区建设，抓好中国有色金属材料城等重大项目，进一步培育壮大专业市场。进一步做大做强中国塑料城品牌，抓好中央商务区、中塑世纪大厦等工程建设，积极谋划中国塑料城上市前期工作。三是培育发展战略性新兴产业。该市积极推进信息化和工业化融合，加大政策扶持、财政投入的力度，力争在新光源、先进装备等基础良好、前景广阔的领域率先实现突破。该市还按照低碳经济发展的要求，积极用节能减排和新能源技术改造提升传统产业，推广使用绿色技术和产品，努力构建“三低一高”的经济发展模式。

精心开展招商引资“一号工程”

当前，余姚的发展正面临难得的机遇。随着经济开发区整合提升、统筹城乡综合配套改革、泗门卫星城市建设试点、高铁新城建设等决策部署的落实和推进，余姚将迎来新一轮发展的高潮。为此，市委、市政府审时度势，早早明确了今年经济社会发展的总体目标和具体措施，作出了实施招商引资“一号工程”的重大决策，并确定了今年该市招商引资的目标：力争全年完成合同外资6亿美元、实到外资3亿美元、引进市外内资30亿元。在招商引资“一号工程”这一重大决策的指引下，今年以来，全市上下迅速掀起了一股招商引资的热潮。市里专门成立了市政府招商局，进一步加强对招商引资工作统筹、协调和指导的力度，各地各部门按照视野“求宽”、项目“求好”、方式“求新”、环境“求优”的总体要求，全方位、多层次、大规模地开展招商引资。

西施故里　产业高地——浙江诸暨市

诸暨是越国古都、西施故里，区域面积2311平方公里，户籍人口107万人，现辖27个镇乡(街道)，468个行政村、67个城镇社区(居委会)。2009年，全市实现生产总值527.50亿元，财政总收入54.69亿元，全社会固定资产投资227.75亿元，消费品零售总额144.01亿元，城镇居民人均可支配收入27897元，农村居民人均纯收入12762元。

区位优势明显

位于长江三角洲南翼、浙江省中北部，浙赣铁路、杭金衢高速公路、诸永高速公路和正在建设的铁路杭长客运专线、诸暨至绍兴高速公路贯穿全境，距上海200公里，杭州90公里，萧山国际机场60公里，是规划中的杭州都市经济圈大城市。

人文历史厚重

建县已有2000多年历史，是越国古都、西施故里和於越文化的发祥地之一。古有王冕、杨维桢、陈洪绶并称“诸暨三贤”，近有著名教育家、北大首任校长何燮侯，著名的核物理学家赵忠尧，早期革命运动家张秋人、俞秀松、宣中华、何赤华等，有两院院士13人。

产业集群发达

县域经济基本竞争力居全国第13位，福布斯最佳商业城市县级市居全国第10位，城市综合创新能力居全国县市第9位，商标品牌综合实力位居全国县市第6位，是长三角最具投资价值县市。诸暨产业集群特色明显，共有工商登记注册的个体工商企业10万余家，形成了袜业、珍珠、铜加工及新型材料、机械装备制造、纺织服装、环保新能源等六大工业主导产业集群，是“中国珍珠之都”和“中国袜业之都”。

当前，诸暨市正着力加快建设“6+2”现代产业体系。“6”是指工业六大产业集群，它们是袜业、珍珠业、铜加工及新型材料业、机械装备制造业、纺织服装业、环保新能源产业等六大产业；“2”是指现代服务业和现代农业。力争通过几年努力，使主导产业的主导地位更加突出，对全市经济发展的支撑作用更加凸显，产业结构调整和转型升级取得实质性成效。

投融资环境优越

政务环境高效，建成启用全国县级市最大的公共服务中心，整合资源构建大服务格局，全面提升行政审批服务效能，努力建设服务型、效能型政府。

社会平安和谐，作为“枫桥经验”的发源地，近年来致力于创新发展新时期“枫桥经验”，全力推进法治诸暨、平安诸暨、和谐诸暨建设，连续五年被授予“浙江省平安县市”称号。

生态环境良好，先后荣获中国优秀旅游城市、国家卫生城市、国家园林城市、国家环保模范城市和省首批生态城市等殊荣。

金融生态环境优良，制定出台《关于加强金融生态环境建设的若干意见》等政策，继引进浦发银行、绍兴市商业银行、中信银行后，又引入华夏银行、招商银行等，设立小额贷款公司，创新银团贷款、集合债券等模式，在全省率先实行排污权、商标权、珍珠仓单等质押贷款，严厉打击各类非法金融活动。制定《诸暨市企业风险预警机制》，由各部门按照各自职责，通过监测、检查、分析、访谈等途径，对辖区内年销售收入500万元及以上的各类企业生产经营出现的异常情况或突发事件进行控制、化解和处置，有效防范企业风险，维护经济社会稳定。同时制定《处置金融机构突发事件应急预案》，实行分级控制，明确部门职责，健全报告制度，预设不同处置措施。围绕产业发展导向开展个性服务、分类服务、结对服务，围绕行业不断创新服务产品和手段，围绕重点项目确保项目资金顺畅运转，促进经济金融良性互动。成立经济咨询中介机构，为企业开展金融咨询服务。充分发挥人民银行、银监办、发改局、统计局等部门“瞭望所”的作用，定期

监测金融运行情况，每月预报分析宏观金融形势和资金流动情况；建立健全企业信用等级评定、中小企业信用档案征集等机制，对逃废银行债务的企业在金融机构通报或媒体公开曝光。建立健全金融监管网络，将“不良贷款率”和“逃废债率”列入镇乡（街道）岗位目标责任制考核内容，全力防范化解金融风险，着力打造金融强市。为预防企业突发性资金链断裂风险，该市组织企业家协会建立了1个亿的“企业应急互助基金”，起到了“速效救心丸”的作用。

招商引资政策优惠

推进行政审批制度改革，优化服务环境，鼓励外来企业来诸投资发展。对实施投资在2亿元以上的重点服务业项目和投资在1亿元以上、无房产出让的纯商业服务项目且新设立独立核算在本市纳税的企业，自企业项目开业年度起三年内，给予其实缴地方税费市所得可用部分50%的奖励。鼓励高新技术企业发展，可适当减免房产税、城镇土地使用税和水利建设专项资金。加快发展现代物流业，强化规划引导与专项扶持，依托产业、企业集聚区和专业市场，努力打造物流基地（中心），培育物流龙头企业。鼓励发展新兴服务业，积极培育发展电子商务、会展经济、中介服务和连锁服务业。鼓励国内外服务外包企业来诸投资落户，对落户总部经济区的服务业外包企业总部（含地区性总部），参照享受有关总部经济扶持政策。对引进的国内外著名品牌、大型连锁企业、世界500强企业在诸暨市注册新办连锁企业，营业面积在1万平方米以上的，给予一次性10万元至20万元的奖励。

旅游资源丰富

具有丰富的自然与人文旅游资源，名人（西施）、名胜（五泄）、名居（斯宅千柱屋等）、名品（珍珠、香榧）在全国有较高的地位与影响，形成了以“西线山水风光、中线休闲商贸、东线生态文化”为核心的“大三线”旅游格局。

五泄风景区系国家级风景名胜区、国家AAAA级旅游区、国家级森林公园，一水五折的瀑布或以蜿蜒曲折之情，或以奔放豪迈之势，为世人所赞叹。五泄还有佛教曹洞宗祖庭，曹洞宗创始人良价披剃的五泄禅寺。有华东地区最大的楠木林，江南罕见的鱼化石。苍翠葱郁的森林植被，奔放豪迈的五泄瀑布，虔诚创新的曹洞宗教义，记录亿万年前沧桑变化的鱼化石群，每年倾倒30多万海内外游客。

汤江岩景区是浣江—五泄风景名胜区的重要景点，是全国青少户外体育营地，景区三面青山一面湖，由汤江岩、虎洞山、灵屏寺、五指山、安华湖等主要景点构成，有着“岩高百丈，奇险历落，无山不崖、无崖不石，无石不洞，无洞不穿”的美妙。

东白湖生态旅游区由东白湖、东白山、西岩瀑布、斯氏古民建筑群等景点组成，山水秀美，风光旖旎，尤以斯氏古民建筑群闻名于世，建于清嘉庆年间，整个建筑群以14个单体建筑组成，最大达12500平方米，至今保存完好。以建筑恢弘，构思巧妙，三雕（木雕、石雕、砖雕）精湛而闻名，是国务院批准的全国文物保护单位和省级历史文化保护区。

诸暨还有风景优美的白塔湖湿地公园、国家级香榧公园、杭坞山、斗岩、东化城寺塔等景点星罗棋布，国家AAAA级旅游景点、浙江省五星级文明规范市场华东国际珠宝城和大唐袜业市场大型旅游购物场所，17家星级宾馆，19家旅行社。

重庆市铜梁县

基本县情

铜梁位于重庆市西北部，唐长安四年（704年）建县，是国际主义战士邱少云烈士的故乡和蜚声中外的铜梁龙舞艺术的发祥地。全县辖区面积1334平方公里，辖25个乡镇、3个街道办事处，人口82万人。

历史悠久，文化灿烂。有中科院命名的“铜梁文化”，有风格独具的明代石刻小兵马俑，有保存完好的“中华第一匾廊”。铜梁龙舞艺术源远流长，先后进京参加建国35周年、50周年、60周年庆典以及2008年北京奥运会开幕式前表演，被誉为“中华第一龙”。铜梁是著名音乐家刘雪庵、金砂的故乡，他们的代表作《长城谣》、《何日君再来》、《红梅赞》等，被全国各族人民广为传唱。铜梁基础教育实力雄厚，巴渝名校铜梁中学位居全国状元学校排行榜第25位、重庆市第3位。

经济发展，社会稳定。2009年，全县地区生产总值达到128.8亿元，地方预算内财政收入达到15.04亿元，地方财政一般预算收入9.48亿元，社会消费品零售总额达到39.9亿元，固定资产投资完成112亿元，城镇居民人均可支配收入达到15503元，农民人均纯收入达到5954元。铜梁在中国西部百强县的排名由2006年的第51位上升到2009年的第27位，在全市经济社会年终目标考核中，铜梁连续三年名列22县组第一名；选人用人公信度连续三年列全市第一，全县经济社会保持又好又快的发展态势。

投资环境

区位优势明显。位于成渝经济区腹心地带，处于重庆主城区三环以内，是重庆“一小时经济圈”的核心扩散层、川渝两地的交通枢纽和成渝经济区城市群轴心城市之一，是重庆规划发展的重要产业承接地、重庆制造加工业的中心区域和市政府确定的全市十个笔记本电脑配套基地之一。随着重庆二环高速公路建成通车，铜梁县城距重庆主城30公里、距成都200余公里、距长江集装箱码头60公里、距重庆机场65公里，其余出境公路都是高标准油路，交通方便快捷，四通八达。

发展环境优越。生产要素成本低廉，县内拥有充足的劳动力和水、电、气资源，其成本比沿海地区低30%以上；投资政策优惠，《国务院关于推进重庆市统筹城乡改革和发展若干意见》（国发［2009］3号文件）的优惠政策、西部大开发优惠政策、重庆统筹城乡综合配套改革试验区优惠政策，以及铜梁县招商引资优惠政策共同构筑了中国最优惠的招商引资政策体系；融资渠道广阔，中行、建行、工行、农行四大国有商业银行和重庆银行在我县均设有分行或支行，2009年，金融机构各项存款余额145.4亿元，贷款余额54.6亿元；成立了铜梁县金龙城市建设投资公司，整合国有资产，搭建投融资平台，为项目建设提供资金支持；进一步发挥中小企业担保公司的作用，建立民营商业银行，融资渠道进一步拓宽。先后荣获“浙商（中国）最佳投资城市”和“中国特色魅力百强县”等称号。

对外开放度较高。目前，全县已基本形成工业园区、玄天湖旅游度假区、职业教育园、外派劳务基地四大对外开放平台并驾齐驱的发展新格局。工业园区已形成5平方公里，入园企业达到196家，园区总产值达到115亿元，引进了浙江吉利集团等一批大项目。玄天湖旅游度假区将打造成为独具龙文化特色的休闲旅游度假基地。职业教育园已引进重庆传媒学院、国家法官学院重庆分院以及重庆美术职业学院三所院校，结束了铜梁无高校的现状。外派劳务基地已累计向10多个国家输出劳务5000余人，占全市的1/3。被授予“对外劳务合作行业外派劳务基地”称号，成为全市首个国家级外派劳务基地。

产业基础

经过多年的发展，目前已基本形成了机械制造、新型建材、农产品加工、电子电气等主导产

业，全县规模以上工业企业达到291户。铜梁工业园区发展势头迅猛，连续多年荣获市级先进特色园区称号。

机械加工产业。目前，以重庆凌达实业有限公司、重庆黎明汽车配件有限公司、琼江机械厂、重庆兰英汽车配件厂等为代表的原有机械制造企业不断发展壮大，随着铜梁县伦达机械制造有限公司、杜克实业公司、铜梁县伦源机械制造有限公司以及重庆威斯特电梯有限公司等机械制造企业的引进，机械制造业逐渐成为我县一大支柱产业，形成了以汽摩零部件生产、汽车座椅面料生产、装备制造等门类齐全的机械工业体系。2009年，全县机械制造企业达到226户，工业产值37.68亿元，实现利润1.16亿元。

新型建材产业。我县新型建材工业发展迅速，形成了以水泥、机制砖、水泥预构件、新型型材、石材等为主体的建材工业体系，主要以年产300万吨水泥的金江水泥公司、年产200万吨碎石的岚峰建材公司、年产5万吨新型铝材的奥博铝业为代表，其中新型干法水泥和铝型材的科技含量较高。2009年，全县建筑建材企业达到375户，实现工业产值44.1亿元，利润2.38亿元。

农副产品加工产业。已逐步形成了以铜龙食品、沙心生态食品为代表的米面加工业；以益星食品、跃力畜牧为代表的家禽屠宰加工业；以嘉盛库业为代表的保鲜库藏业等。其中“铜龙牌”大米和“铜龙牌”挂面为市级名牌产品。近年，我县又引进了渝粮集团、天厨味精等知名企业，形成了初具规模的食品加工基地，食品工业开始走上集约化、规模化发展道路。2009年实现食品工业产值达到23.6亿元，利税1.24亿元。

电子电气产业。2004年，西部首条发光二极管（LED）生产线在我县建成投产，为我县半导体照明产业发展奠定了重要基础。目前，我县已引进重庆大雁半导体有限公司、重庆创祥电源有限公司、重庆华仁空调设备有限公司等电子电气生产企业。2009年，已形成年产半导体照明产品100万套（件）生产能力，实现半导体照明产业工业总产值5亿元，工业增加值2.3亿元，利税1.5亿元。

职业教育业。铜梁县职业教育起步较早。目前全县有公、民办中等职业学校4所，占地291亩，校舍面积106314平方米，总资产9500万元，教学设备资产2200万元；有187个教学班，在校学生9354人，专兼职教师238人。已规划建设铜梁县教育科技园区，近期规划用地面积为3.26平方公里；中远期规划面积10平方公里，规划总人口规模为5万人，其中在校学生人数为3.3万人。项目建成后，每年能为县内外企业提供充足的各类中高级技术人才。目前，已成功引进重庆传媒职业学院、国家法官学院重庆分院、重庆美术职业学院落户。

发展方向

重庆全面进入“二环时代”，拉近了铜梁与主城和出市大通道的距离，铜梁的区位条件将得到进一步改善，给铜梁发展带来了重大机遇。伴随着重庆快速提升的发展势头，当前及今后一个时期，既是铜梁“爬坡上坎、负重前行”的关键阶段，也是“抢抓机遇、跨越发展”的重要时期，铜梁实现赶超跨越，有基础、有条件，也有信心。我们进一步完善了发展思路，即咬定一个总任务：坚持改革开放，贯彻三号文件，推动科学发展，实现提速跨越；明确五个发展定位：渝西工业强县、生态宜居城市、都市农业基地、基础教育高地、中国龙舞之乡；狠抓四大工作重点：贯彻落实市委三届三次、四次、五次、六次全委会精神，扎实推进森林铜梁、畅通铜梁、健康铜梁、平安铜梁、宜居铜梁“五个铜梁”建设，深入开展大下访、三进三同、结穷亲“三项活动”，积极开展“唱红歌读经典讲故事传箴言”活动；实现两个目标：把铜梁建设成为重庆主城功能拓展区，争当全市县域经济排头兵。

辽宁省海城市

中共海城市委书记　王　潜

海城市人民政府市长　项世伟

海城市位于辽东半岛腹地，沈阳经济区之中，处于辽东半岛与内陆的连接点上，是辽南重要的交通枢纽城市。东接边城丹东，南邻港城营口和大连，西依油城盘锦，北靠钢都鞍山和省会沈阳。境内沈大高速公路、长大铁路和即将建设的沈大高速铁路客运专线纵贯南北，海沟铁路、海岫铁路和即将建设的京丹高速公路横越东西。北距桃仙机场 100 公里，南距大连周水子机场 240 公里。全境总面积 2732 平方公里，辖 29 个镇区，其中包括 2 个省级经济开发区，总人口 118 万，其中市区人口 36 万人。

海城是一座拥有两千多年历史的文明古城，自燕秦开始置县，素有“辽左重地”之誉。境内的孤山仙人洞古人类遗址、析木石棚为国家级重点文物保护单位，海城高跷、牛庄喇叭腔被列为国家级非物质文化遗产，海城喇叭戏、皮影戏被列为省级非物质文化遗产，古镇牛庄被国家文化部列为“全国历史文化名镇”。海城是清平南王尚可喜、爱国将领张学良、著名政治活动家阎宝航、开国将军吕正操的故乡。

城市建设

城市全景

希望宜城

居民小区

白云山省级自然保护区

河滨花园全景

中共商丘市委常委
永城市委书记 吴孟铎

永城市人民政府市长 朱明伦

居民小区

授予：河南省永城市
中国面粉城
ZHONGGUOMIANFENCHENG
中国食品工业协会
二〇〇五年十月十二日

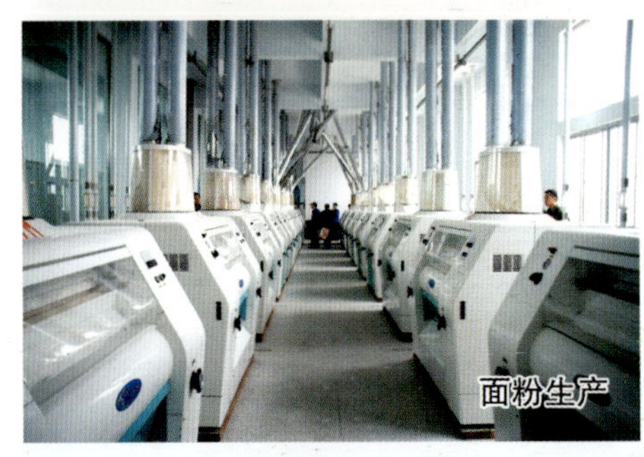

面粉生产

陈四楼煤矿

永城市位于豫、鲁、苏、皖四省结合部，芒砀北峙，浍水南环，东接徐淮，西连梁宋，素有“豫东门户”之称。全市地域面积 2000 平方公里，人口 148 万，是河南省 6 个重点扩权县（市）之一。这里地灵人杰，资源丰富，历史文化源远流长，以“汉兴之地、面粉之城、能源之都、生态之市”四张名片闻名遐迩。近年来，市委、市政府以科学发展观统领全局，依托资源优势，大力实施“黑白经济”发展战略，积极推进农业产业化、工业化和城镇化进程，着力打造新兴能源城、中国面粉城、文化旅游城、文明生态城，全市经济和社会各项事业都实现了历史性突破。跻身于全省县域经济发展第一方阵。先后被评为“中国金融生态市”、“浙商最佳投资城市”、“苏商最佳投资城市”、“河南省最佳投资城市”、“全省信访稳定工作先进市”，保持了“全国粮食生产先进市”、“全国科为示范市”、“全国计划生育优质服务先进市”、“全省农村基层组织建设先进市”等荣誉称号。

科技馆

优质铝锭

天下奇观——斩蛇碑